D0012519

L'ILLUSION SCORPIO

DU MÊME AUTEUR
CHEZ POCKET

LE MANUSCRIT CHANCELLOR
SUR LA ROUTE D'OMAHA

ROBERT LUDLUM

L'ILLUSION
SCORPIO

ROBERT LAFFONT

Titre original
THE SCORPIO ILLUSION

Traduit de l'original par
Dominique Defert

© Robert Ludlum, 1993, publié avec l'accord de Henry Morrison INC,
Bedford Hills, New York, U.S.A.

Traduction française : Éditions Robert Laffont, S.A., 1995

ISBN 2-256-06183-6

(édition originale : ISBN 0-553-09441-6 Bantam Books, New York)

Pour Jeffrey, Shannon et James,
Sources sans fin d'émerveillement!

PROLOGUE

Ashkelon, Israël, 2 h 47 du matin

La pluie dessinait des lames d'argent dans la nuit, le ciel charriait de gros nuages noirs, tandis que la houle et les embruns cinglants malmenaient les deux frêles canots pneumatiques qui approchaient du rivage, arrimés l'un à l'autre.

Les membres du commando étaient trempés jusqu'aux os, leurs visages sombres ruisselant de sueur et de pluie, les yeux plissés, les paupières battantes, dans l'espoir d'apercevoir la plage où ils devaient accoster. Le groupe armé était constitué de huit Palestiniens originaires de la plaine de la Beqaa, et d'une femme. Elle n'était pas de leur ethnie, mais elle était tout entière dévouée à leur cause, car leur combat faisait partie intégrante d'un serment qu'elle s'était fait des années auparavant. *Muerte a toda autoridad!* C'était la femme du chef du commando.

— On y est presque ! annonça l'homme en s'agenouillant à côté d'elle.

Comme les autres, ses armes étaient solidement sanglées à ses habits noirs et il portait un sac à dos imperméable bourré d'explosifs.

— Dès que nous aurons sauté à l'eau, jette l'ancre entre les bateaux. N'oublie pas, c'est très important !

— Je sais, mon chéri, mais je préférerais venir avec toi...

— Et nous priver de tout moyen de retraite ? lança-t-il. Les lignes à haute tension se trouvent à moins de trois kilomètres de la côte. Elles alimentent en électricité tout Tel-Aviv. Une fois que nous les aurons fait sauter, ce sera la panique générale là-bas. Nous volerons un véhicule pour revenir. Tout sera fini avant une heure. Mais il faut que les bateaux soient là à notre retour !

– Je sais.

– Je compte sur toi. Cela va être superbe... Pratiquement tout Tel-Aviv plongé dans l'obscurité ! Et Ashkelon, évidemment. Un coup de maître ! Et c'est toi, mon amour, qui as su trouver leur talon d'Achille, trouver la cible idéale.

– Je n'ai fait que proposer l'idée. (Elle lui caressa la joue.) Reviens-moi vite, mon amour, mon seul amour.

– Je te le promets, mon impétueuse Amaya... rien ne saurait nous séparer...

Puis le chef du commando se tourna vers ses hommes :

– Allons-y !

Ils sautèrent à l'unisson dans les rouleaux, tenant leurs armes au-dessus de leurs têtes, et progressèrent péniblement dans le sable mou, assaillis par les déferlantes. Une fois arrivés sur la plage, le chef se retourna et alluma brièvement sa lampe-torche, un bref éclair destiné à signaler à sa femme que le groupe était arrivé sur la terre ferme et qu'ils s'apprêtaient à pénétrer en terrain ennemi pour accomplir leur mission. La jeune femme jeta aussitôt une lourde ancre entre les deux canots jumelés, pour éviter qu'ils ne dérivent sur la houle. Elle sortit son talkie-walkie de sa ceinture – à n'utiliser qu'en cas d'urgence, car les Israéliens surveillaient évidemment toutes les communications radio aux abords des côtes. Ils n'étaient pas bêtes à ce point-là.

Soudain, avec une funeste et terrible fatalité, le son strident de fusils-mitrailleurs retentit de part et d'autre des membres du commando, ruinant dans la seconde tout espoir de triomphe. C'était un massacre. Des soldats surgirent des dunes et se ruèrent sur eux, vidant leurs munitions sur les corps secoués de soubresauts, faisant voler les crânes en morceaux, achevant sans pitié les envahisseurs jusqu'au dernier. *Pas de quartier !* En quelques secondes, le commando Ashkelon n'était plus.

La femme dans le canot, malgré le choc et l'effroi qui lui glaçaient le sang, réagit dans l'instant – un réflexe de survie chez elle qui n'atténuait en rien la douleur qui l'envahissait. Elle plongea la lame de son couteau dans les boudins des canots, saisit son sac imperméable qui renfermait armes et faux papiers, et se glissa sans bruit dans l'eau. Luttant contre la houle, elle progressa vers le sud, longeant la plage sur une cinquantaine de mètres, puis obliqua vers le rivage, tapie dans le creux des vagues. À plat ventre dans l'eau, sous une pluie battante, elle rampa jusqu'au lieu du drame. Elle distingua bientôt les paroles des soldats israéliens, chaque fibre de son corps tétanisée de haine au son de ces voix parlant hébreu.

— *On aurait dû faire des prisonniers.*

— *Pour quoi faire? Pour qu'ils continuent à tuer nos enfants? Ils ont déjà massacré mes deux fils dans le car scolaire, ça suffit, non?*

— *On va se faire taper sur les doigts; ils sont tous morts.*

— *Ma mère et mon père aussi sont morts. Ces salauds les ont descendus au milieu des vignes, deux pauvres vieux qui étaient en train de ramasser du raisin.*

— *Qu'ils crèvent tous, ces charognes! Le Hezbollah a assassiné mon frère. Ils l'ont torturé à mort.*

— *Pourquoi ne pas prendre leurs armes, vider leurs chargeurs... et nous faire quelques égratignures aux bras et aux jambes?*

— *Jacob a raison! On dira qu'ils ont riposté; on aurait pu tous y passer!*

— *Il faudrait envoyer quelqu'un demander du renfort!*

— *Où sont leurs bateaux?*

— *Ils sont loin, maintenant. Pas de témoins! Ils étaient probablement des dizaines, compris! C'est pour ça que nous avons tué ceux que nous avons vus!*

— *Il faut faire vite, Jacob. Je ne veux pas donner aux libéraux la moindre chance de hurler au scandale.*

— *Attends! Il y en a un qui vit encore.*

— *Laisse-le crever. Va prendre leurs armes et commence à tirer.*

Sous les trombes d'eau, les rafales retentirent dans la nuit. Puis les soldats jetèrent les fusils-mitrailleurs à côté des cadavres et s'égaillèrent dans les dunes parsemées d'herbe. De temps en temps, la flamme d'un briquet ou d'une allumette perçait les ténèbres; le massacre était terminé, la dissimulation commençait.

Sans bruit, la femme s'approcha en rampant, la tête

résonnant encore des échos des déflagrations, emplie d'une haine indicible, et de chagrin. Ils avaient tué le seul homme qu'elle eût jamais aimé, le seul qui fût son égal, le seul qui fût aussi fort qu'elle, aussi déterminé. Et voilà qu'il était mort. Personne ne pourrait le remplacer – personne n'avait cette flamme quasi divine dans les yeux, cette voix charismatique capable de soulever les foules, de les faire passer du rire aux larmes. Elle était toujours restée à ses côtés, tour à tour guide et adoratrice. Jamais dans leur monde de cris et de fureur, on n'avait vu plus belle équipe.

Un gémissement se fit entendre, une plainte étouffée qui perçait le bruit de la pluie et du ressac. Un corps roula sur la pente de sable et s'immobilisa à un mètre du rivage, presque à portée de ses mains. La femme rampa rapidement vers la forme gisante. L'homme était face contre terre. Elle le retourna et la pluie lava aussitôt ce visage maculé de sable et de sang. C'était son mari. Sa gorge et une portion de son crâne n'étaient plus qu'une plaie béante écarlate. Elle le serra contre elle de toutes ses forces ; l'homme ouvrit une dernière fois les yeux, puis les referma à jamais.

La jeune femme releva les yeux vers les dunes où rougeoyaient, derrière le rideau de pluie, les braises des cigarettes ennemies. Avec de l'argent et de faux papiers, elle pouvait traverser Israël, cette nation honnie, en semant la mort sur son passage, et rejoindre la Beqaa et le grand conseil. Sa route était toute tracée.

Muerte a toda autoridad !

La Beqaa, Liban, 12 h 17

Le soleil au zénith chauffait à blanc les routes poussiéreuses du camp de réfugiés – une enclave de personnes déplacées, victimes soumises, pour la plupart, d'événements qu'ils ne pouvaient ni concevoir ni maîtriser. Ils déambulaient d'un pas lent, le visage fermé, avec des yeux noirs et vides, comme tournés vers le souvenir d'un monde à jamais disparu. D'autres, en revanche, relevaient la tête. Toute soumission, toute entente avec l'oppresseur était inacceptable et devait être traitée par le mépris. C'étaient les moudjahidin, les soldats d'Allah, les vengeurs de Dieu. Ils marchaient d'un pas décidé, leur arme toujours en bandoulière, le front haut, l'œil aux aguets, le regard chargé de haine.

Quatre jours s'étaient écoulés depuis le massacre d'Ashkelon. La femme, vêtue d'un treillis kaki, les manches relevées, sortit de son baraquement – le terme « maison » pour ces trois pièces délabrées aurait été grandement usurpé. Elle avait suspendu un tissu noir à sa porte en signe de deuil, et les passants, devant le seuil, levaient les yeux au ciel en marmonnant une prière pour le défunt. De temps en temps, une plainte montait, implorant la vengeance d'Allah pour ce crime honteux. Car tous savaient que c'était la maison du chef du commando Ashkelon, et que la femme qui descendait maintenant la route poussiéreuse à pas vifs était son épouse. Plus qu'une femme, plus qu'une épouse, elle faisait partie des grands moudjahidin, et, dans cette vallée tourmentée où se mêlaient les parfums de la soumission et de la révolte, elle et son mari étaient les symboles d'espoir d'une juste cause.

Lorsqu'elle arriva sur la place du marché, la foule s'écarta sur son passage ; beaucoup de gens lui touchèrent doucement l'épaule, commençant à entonner avec ferveur des prières, jusqu'à ce que tous reprennent à l'unisson : « *Baj... Baj... Baj !* »

La jeune femme, sans montrer le moindre signe de reconnaissance, pressa le pas en direction d'une baraque de bois au bout de la rue, qui faisait office de salle de réunion. À l'intérieur, les chefs du grand conseil de la Beqaa l'attendaient. Un garde referma la porte derrière elle. Neuf hommes étaient assis derrière une longue table. Les mots de bienvenue furent brefs, des condoléances furent présentées. Le président du conseil, un vieil Arabe, prit la parole :

– Nous avons eu connaissance de votre projet. Je ne vous cache pas qu'il nous a grandement étonnés.

– C'est le moins que l'on puisse dire, renchérit un homme d'une cinquantaine d'années, portant l'une des célèbres tenues des moudjahidin. Vous savez, sans doute, que c'est la mort qui vous attend.

– Dans ce cas, je rejoindrai plus vite mon mari.

– Je ne savais pas que vous partagiez nos croyances, ajouta un autre.

– Peu importe ce que je crois ou non. Je vous demande simplement un soutien financier. J'estime que je l'ai amplement mérité après toutes ces années.

– Sans aucun doute, admit un autre membre du conseil. Vous avez été une combattante émérite, et avec votre mari, que son âme repose en paix, vous avez été d'une efficacité extraordinaire. Mais, il subsiste un problème...

– J'agirai seule et en mon nom propre, avec l'aide d'une ou deux personnes de mon choix, dans l'unique but de venger le massacre d'Ashkelon. Nous opérerons de façon totalement autonome. Cela solutionne-t-il votre « problème » ?

– Encore faut-il en être capable, répliqua un autre membre du conseil.

– J'ai déjà prouvé que je l'étais. Il vous suffit de consulter mes antécédents, si vous avez des doutes.

– Non, ce n'est pas nécessaire, répondit le président. En de nombreuses occasions, vous avez réussi à brouiller les pistes, à tel point que nos ennemis ont accusé bon nombre d'États frères qui n'y étaient pour rien.

– S'il le faut, j'adopterai de nouveau cette tactique. Ennemis et traîtres sont partout autour de nous, y compris dans vos « États frères ». Le pouvoir corrompt tous les êtres.

– Vous ne faites confiance à personne, n'est-ce pas ? demanda l'homme d'une cinquantaine d'années.

– Ces paroles sont insultantes. Je vous rappelle que j'ai été mariée à l'un des vôtres, et que je vous ai donné sa vie.

– C'est juste. Je vous prie de m'excuser.

– Vous pouvez, oui. Alors, quelle est votre réponse ?

– Vous aurez ce que vous demandez, répondit le président du conseil. Mettez-vous en rapport avec Bahreïn, comme par le passé.

– Merci.

– Lorsque vous serez aux États-Unis, vous travaillerez avec un autre réseau. Ils vont vous observer, vous tester, et, lorsqu'ils seront convaincus que vous êtes une arme secrète redoutable et que vous ne représentez pas une menace pour eux, ils vous feront entrer dans leur organisation.

– Qui sont ces gens ?

– C'est la plus secrète des organisations, connue d'une petite poignée d'initiés dans le monde. On les appelle les « Scorpions ».

1

Le soleil se couchait à l'horizon. Le sloop délabré, son mât brisé par la foudre, ses voiles déchirées par les vents, dérivait vers la petite plage d'une île privée des Petites Antilles. Durant les trois derniers jours, avant que le calme ne revienne, cette région des Caraïbes avait essuyé tour à tour un ouragan de la violence du célèbre Hugo et un orage tropical qui avait embrasé des milliers de palmiers et terrorisé les cent mille habitants des îles, que l'on avait vus prier à l'unisson pour leur salut.

La grande maison sur l'île avait néanmoins résisté aux deux cataclysmes. Elle était faite de pierres et de poutrelles d'acier, et se trouvait plantée sur le flanc nord d'une colline. Un édifice indestructible. Une forteresse. Le fait que le sloop mal en point ait résisté aux tempêtes et soit parvenu à se frayer un chemin entre les récifs jusqu'à cette petite plage tenait du miracle. Mais, aux yeux de la servante en blouse blanche qui descendait quatre à quatre l'escalier de pierre, ce miracle n'était ni un signe du Tout-Puissant ni de bon augure. La femme noire tira quatre coups de fusil en l'air.

– Pas de *ganja*, ici ! hurla-t-elle. Pas de cette saloperie d'herbe ici ! Allez-vous-en.

La femme, agenouillée sur le pont du bateau, avait une trentaine d'années. Un visage anguleux, de longs cheveux raides et poisseux, un short et un haut de maillot de bain élimés par les intempéries... Elle posa son fusil sur le plat-bord, colla un œil étrangement froid dans la lunette de visée et pressa la gâchette. La déflagration rompit la quiétude de la petite anse, résonnant contre les rochers et le versant de la colline. Dans la seconde qui suivit, la servante s'écroula, le visage dans les vagues.

– Des coups de feu ! J'ai entendu des coups de feu !

Un jeune homme, torse nu, sortit de la cabine. Il dépassait le mètre quatre-vingt-cinq et avait à peine dix-sept ans. Il était beau et musclé, avec un profil de statue antique.

– Qu'est-ce qui s'est passé ? Qu'est-ce que vous avez fait ?

– Ce que je devais faire, c'est tout, répondit tranquillement la jeune femme. Va donc à la proue et saute à l'eau dès que tu auras pied ; il y a encore assez de lumière pour voir le fond. Et puis tire-nous au sec.

Mais le jeune homme restait figé d'effroi, les yeux rivés sur la forme blanche gisant sur la plage. Il frotta nerveusement ses mains sur son bermuda en jean.

– Mais ce n'était qu'une domestique ! lança-t-il avec un fort accent italien. Vous êtes pire qu'une tigresse.

– C'est comme ça, mon garçon. Pour l'instant, tu n'as pas trop eu à t'en plaindre – ni au lit, à ce que je sache, ni lorsque j'ai tué ces trois types qui t'avaient passé une corde au cou et s'apprêtaient à te pendre sur la jetée pour le meurtre du *suprèmo* du coin.

– C'est pas moi qui l'ai tué ! Je vous l'ai dit des centaines de fois !

– Mais eux étaient persuadés que c'était toi. C'est ça qui compte.

– Je voulais aller à la police, mais vous m'en avez empêché !

– Idiot que tu es ! Tu imagines peut-être que tu aurais eu droit à un procès ? Tu rêves. Ils t'auraient descendu dans la rue, comme un chien. Le *suprèmo* avait tous les dockers dans la poche.

– Je n'ai eu que des mots avec lui, c'est tout. Après, je suis parti me soûler.

– C'est le moins que l'on puisse dire. Lorsqu'ils t'ont ramassé dans une ruelle, tu tenais une sacrée cuite, à tel point que tu n'as repris tes esprits qu'au moment où tu avais une corde au cou et les pieds au bord de la jetée... Pendant combien de temps t'ai-je caché ? Combien de fois a-t-on changé d'hôtel, pendant que les dockers écumaient les rues à tes trousses, prêts à tirer à vue ?

– C'est vrai. Je n'ai jamais compris pourquoi vous avez été si bonne avec moi.

– J'avais mes raisons... et je les ai toujours.

– Que Dieu m'en soit témoin, Cabi, je vous dois la vie, reconnut le jeune homme en continuant de fixer le cadavre sur la plage. Mais je ne m'attendais pas à... quelque chose comme ça !

– Tu préfères peut-être rentrer en Italie, à Portici, et retrouver ta famille et une mort certaine ?

– Non, non, bien sûr que non ! signora Cabrini.

– Alors, bienvenue au Nouveau Monde, mon bijou d'amour, répondit la femme en souriant. Tu vas voir, tu vas en redemander. Tu es si parfait – tu ne peux savoir à quel point. Allez, mon adorable Nico. Il est temps de sauter à l'eau. Va !

Le jeune homme s'exécuta.

Direction des renseignements militaires, Paris

– C'est elle, annonça l'homme, derrière son bureau, dans la pièce plongée dans la pénombre.

Sur le mur, une carte des Petites Antilles était projetée. La flèche bleue de la règle lumineuse désignait l'île de Saba.

– On suppose qu'elle a emprunté le passage d'Anegada, entre Dog Island et Virgin Gorda. C'était le seul moyen de survivre à la tempête. Si tant est qu'elle ait survécu.

– Peut-être y est-elle restée ? lança un assistant assis sur le bord du bureau, les yeux rivés sur la carte. Cela nous faciliterait la vie.

– C'est possible, annonça le chef de la DRM en allumant une cigarette. Mais, avec une louve comme elle qui a survécu aux guerres de Beyrouth et de la Beqaa, je veux voir son cadavre de mes propres yeux avant de rappeler mes chiens.

– Je connais cette mer, intervint un homme, adossé au coin gauche du bureau. J'étais en poste à la Martinique pendant l'affaire de la baie des Cochons, et je peux vous dire que les vents peuvent être mauvais là-bas. Connaissant la violence des tempêtes dans cette région, il est hautement vraisemblable qu'elle a coulé avec son bateau.

– Et moi, quelque chose me dit qu'elle est toujours en vie, répliqua le chef des services de renseignements français. Je ne peux me fier à de simples conjectures. Je ne connais pas ces eaux, mais je vois de nombreuses criques et une pléthore de petits ports où s'abriter. J'ai étudié attentivement ces cartes.

– Ce que vous ne savez pas, Henri, c'est que ces tempêtes sont fulgurantes. Les vents changent de sens sans arrêt. Si de tels abris existaient dans ces parages, ils seraient répertoriés et habités. Je connais cette région. Étudier une carte ne sert à rien. Ce n'est qu'un exercice intellectuel, sans rapport avec la réalité. Vous n'avez pas plus de chances de localiser ces criques que de repérer un sous-marin soviétique. Je vous le dis, elle n'a pas survécu.

– J'espère que vous avez raison, Ardissonne. Le monde serait heureux de se passer d'Amaya Bajaratt.

CIA, Langley, Virginie

Dans des sous-sols aux murs blancs, là où se trouvait le service des transmissions de la CIA, une petite pièce était réservée à un groupe de douze analystes, neuf hommes et trois femmes, qui se relayaient à leur poste d'écoute jour et nuit. C'étaient des spécialistes multilingues, experts en communications radio internationales. Parmi eux se trouvaient deux des plus éminents cryptologues de la CIA. Et tous travaillaient sous le sceau du secret absolu.

Un homme d'une quarantaine d'années en chemise à manches courtes se recula sur son siège à roulettes et jeta un coup d'œil vers ses collègues du moment – une femme et deux hommes. Il était près de quatre heures du matin, et il leur restait encore trois heures de garde.

– J'ai peut-être quelque chose, lança-t-il à la cantonade.

– Ah bon ? rétorqua la femme. Parce que moi, je n'ai rien eu de toute la nuit.

– Vas-y, raconte, Ron, dit l'homme à côté de lui. Radio Bagdad me soûle avec ses inepties.

– Laisse tomber Bagdad. Branche-toi donc sur Bahreïn ! rétorqua Ron en prenant le document qui sortait de l'imprimante.

– Il y a du nouveau dans la cour des grands ? demanda le troisième homme en relevant les yeux de sa console.

– Tout juste ! Notre contact à Al-Manamah annonce un virement d'un demi-million de dollars sur un compte numéroté à Zurich, destiné aux...

– Un demi-million ? lança le collègue. Pour eux, c'est de la roupie de sansonnet !

– Attends, je ne t'ai pas dit la destination ni le mode de transfert. Il s'agit de la banque d'Abu Dhabi via le Crédit suisse de Zurich pour...

– Ça vient de la Beqaa. C'est signé ! lança la femme en reconnaissant tout de suite le processus de transfert. Quelle destination ?

– Les Antilles. Localisation précise encore inconnue.

– Il faut la trouver !

– Impossible, pour le moment.

– Pourquoi ? demanda l'autre homme. Parce que le transfert n'a pas encore été confirmé ?

– Au contraire, il a été confirmé on ne peut plus clairement, et de la pire manière qu'il soit. Notre contact a été tué une heure après avoir joint notre agent de liaison là-bas, un officier du corps de l'ambassade qui a été muté dare-dare.

– La Beqaa... les Antilles, répéta pensivement la femme. C'est Bajaratt !

– Je vais faxer ça à O'Ryan. Nous allons avoir besoin de ses lumières.

– Aujourd'hui, c'est un demi-million de dollars, dit l'autre homme. Cela risque d'être cinq, demain, si la chaîne fonctionne.

– Je connaissais notre contact à Bahreïn, articula la femme. C'était un brave type qui avait une charmante femme et de gentils gosses. Maudite soit cette Bajaratt !

MI6, Londres

– Notre homme de liaison à la Dominique a survolé le secteur et confirme l'information des Français.

Sir John Howell, chef des services secrets britanniques, s'approcha d'une table rectangulaire trônant au milieu de la salle de réunion. Un gros atlas y était ouvert et couvrait toute sa surface – choisi parmi les vastes rayonnages qui renfermaient les cartes détaillées de toutes les régions du monde. En lettres d'or, on pouvait lire sur la reliure de cuir noir : *Les Caraïbes – Îles du Vent et Sous-le-Vent – Les Grandes et Petites Antilles – Îles Vierges et territoires anglais et américains.*

– Trouvez-moi un endroit nommé le passage d'Anegada, je vous prie, demanda-t-il à l'homme qu'il avait convoqué !

– Bien sûr.

L'homme s'exécuta rapidement, en remarquant la frustration de son supérieur. C'était moins la gravité de la situation que la raideur de sa main droite qui l'empêchait de s'acquitter de cette tâche. L'agent tourna donc les grandes pages de l'atlas, jusqu'à l'endroit en question.

– Ah voilà... Mon Dieu, personne n'aurait pu passer par là avec ces tempêtes, et encore moins avec un bateau de cette taille.

– Peut-être n'est-elle pas arrivée à destination ?

– Mais où allait-elle ?

– Ça, je donnerais cher pour le savoir, répondit le chef du MI6.

– Non, c'est impossible, poursuivit l'homme. Elle n'a pas pu faire le voyage de Basse-Terre à Anegada en trois jours, pas avec une météo pareille. Pour faire aussi vite, il lui aurait fallu naviguer en haute mer la moitié du temps.

– C'est pour cette raison que je vous ai fait venir. Vous connaissez bien cette région, n'est-ce pas ? Vous avez été en poste là-bas.

– J'imagine que je peux faire office d'expert, d'un certain point de vue. J'ai travaillé pour le MI6 pendant neuf ans, à Tortola, et j'ai survolé toute cette satanée région – où la vie y est plutôt douce, il faut le reconnaître. J'ai toujours de bons amis là-bas. Ils étaient tous persuadés que je m'offrais, plus ou moins légalement, une retraite dorée et que je faisais des virées en avion par plaisir.

– Je sais, j'ai lu votre dossier. Vous avez fait du bon boulot, là-bas.

– J'ai profité de la guerre froide et j'avais quatorze ans de moins, mais je n'étais déjà plus tout jeune. Pour rien au monde, je ne survolerais aujourd'hui ces eaux à bord d'un petit bimoteur.

– Je comprends, répondit Howell en se penchant sur la carte. Donc, selon vous, elle n'a pas survécu à la tempête ?

– Je ne saurais être aussi catégorique. Disons que le contraire est hautement improbable, voire quasi impossible.

– C'est l'avis de votre homologue des services secrets français.

– Ardissonne ?

– Vous le connaissez ?

– Nom de code *Richelieu*. Oui, bien sûr. C'est un type bien, quoiqu'un peu entier à mon goût. Il était en poste à la Martinique.

– Il est convaincu qu'elle a sombré en mer.

– Dans ce cas précis, il a sans doute raison. Toutefois, puisque vous m'avez fait venir pour connaître mon sentiment personnel, j'aimerais que vous éclairiez ma lanterne sur un ou deux points, si vous n'y voyez pas d'inconvénient.

– Allez-y, Cooke.

– Cette Bajaratt est une légende vivante dans la Beqaa, n'est-ce pas ? Pourtant, je ne me rappelle pas avoir vu figurer son nom dans toutes ces listes que j'ai épluchées ces dix dernières années. Comment cela se fait-il ?

– Parce que Bajaratt n'est pas son nom, répondit le chef du MI6. C'est un nom qu'elle s'est donné voilà plusieurs années. Elle pense de cette façon protéger son anonymat, présumant que personne ne connaît l'origine de ce nom d'emprunt ni sa véritable identité. Dans l'hypothèse où nos services soient infiltrés et qu'elle soit vouée à des missions plus importantes, nous préférons garder secret le fait que nous savons qui elle est vraiment.

– Je comprends. Si vous connaissez son pseudonyme et les origines de celui-ci, ainsi que sa véritable identité, vous pouvez reconstruire une psychologie, une histoire, prévoir, le cas échéant, certains de ses gestes. Mais qui est-elle ? D'où vient-elle ?

– C'est l'une des plus grandes terroristes vivantes à ce jour.

– Une Arabe ?

– Non.

– Une Israélienne ?

– Non, et je préfère ne pas imaginer ce genre d'éventualité.

– Cela n'aurait rien de si extraordinaire. Tout le monde sait que le Mossad a un champ d'activité très large... Mais j'aimerais que vous répondiez à ma question. Je vous rappelle que j'ai passé la majeure partie de mon temps à l'autre bout du monde ; j'aimerais donc que vous m'expliquiez pourquoi cette femme est la priorité numéro un.

– Parce qu'elle est à vendre.

– Pardon ?

– Elle va là où règnent le désordre, la révolte, l'insurrection, et vend ses talents aux plus offrants – et elle est d'une efficacité redoutable, il faut bien l'admettre.

– Désolé, mais j'ai du mal à avaler ça. Une femme seule pénétrerait des groupes de guérilleros et monnaierait ses conseils ? Comment fait-elle ? Elle passe des petites annonces dans les journaux ?

– Elle n'a pas besoin de ça, Geoff, répondit Howell en tirant maladroitement sa chaise de sa main gauche pour se rasseoir. C'est une spécialiste de la déstabilisation politique. Elle connaît les forces et les faiblesses des factions en guerre, ainsi que tous leurs chefs. Elle n'a aucune attache, ni morale ni politique. Son seul credo, c'est la mort. C'est aussi simple que ça.

– Simple, vous dites ?

– La finalité l'est, à défaut du pourquoi et du comment... Venez vous asseoir, Geoffrey. Je vais vous raconter une histoire ; la petite histoire d'Amaya Bajaratt que nos experts sont parvenus à reconstruire, petit à petit.

Le chef du MI6 ouvrit une grande enveloppe posée devant lui et en sortit trois photos – des clichés visiblement pris à l'insu du sujet. Sur chacune, toutefois, le visage de la femme photographiée était parfaitement visible, en pleine lumière.

– Voici la belle.

– C'est incroyable ! s'exclama Cooke en regardant les trois agrandissements. Il ne s'agit pas de la même personne !

– Qui est la vraie Bajaratt ? Celle-là, celle-là, ou bien les trois ?

– Je vois le problème..., répondit l'agent des services secrets d'un air songeur. Ses cheveux sont différents sur

22

chaque photo. Blonds ici, bruns là, et ici châtain clair, je suppose une fois longs, une fois courts, une fois entre les deux. Et même les traits de son visage diffèrent... ils ne sont pas radicalement différents, mais ce n'est pas le même visage.

— Chirurgie esthétique ? Cire ? Contrôle des muscles faciaux ? Tout est possible.

— Une spectrographie vous le dirait, non ? Du moins en ce qui concerne les ajouts, la silicone, la cire.

— En théorie, oui. Mais nos experts prétendent que certains composés chimiques aujourd'hui sont transparents aux cellules de nos appareils et qu'un reflet peut parfois suffire à fausser l'analyse. Aussi refusent-ils de se prononcer.

— D'accord, dit Cooke. Il y a de fortes chances qu'elle soit l'une de ces femmes, voire les trois, mais comment pouvez-vous en être si sûr ?

— À cause du prix.

— Du prix ?

— Oui. Les Français et nous avons payé très cher ces clichés, chacun d'eux ayant été pris par des agents de toute confiance avec qui nous travaillons depuis des années. Aucun service de renseignements ne dépenserait autant d'argent s'il n'était pas certain d'avoir pris en photo la véritable Bajaratt.

— Mais où comptait-elle aller ? Vous parlez du passage d'Anegada, mais c'est à plus de deux cents kilomètres de Basse-Terre, et la tempête faisait rage. Pourquoi pensez-vous qu'elle a emprunté cette passe ?

— On a aperçu son bateau au large de Marigot – elle ne pouvait pas passer par la côte à cause des récifs, et le petit port a été mis en charpie par l'ouragan.

— Qui a repéré le sloop ?

— Des pêcheurs qui approvisionnent les hôtels d'Anguilla. Leur témoignage a été corroboré par notre agent à la Dominique, poursuivit le chef du MI6, sous les yeux ahuris de Cooke. Notre homme s'est envolé pour Basse-Terre, suite aux informations que nous avait transmises Paris, et a appris qu'une femme, approximativement de l'âge de Bajaratt, avait loué un bateau, accompagnée d'un jeune homme – un type grand et musclé. Cela correspondait avec les renseignements de Paris, disant qu'une femme grosso modo de son âge et de sa morphologie – sans doute avec un faux passe-

port – avait pris l'avion à l'aéroport de Marseille à destination de la Guadeloupe, en compagnie d'un garçon
répondant à ce signalement.

– Comment les douanes de Marseille ont-elles fait le
rapprochement entre ce jeune type et notre dame ?

– Il ne parlait pas un mot de français. Elle a dit qu'il
était un lointain cousin de Lettonie et qu'elle en avait la
garde depuis la mort de ses parents.

– C'est léger comme explication.

– Peut-être, mais cela suffisait amplement à nos amis
d'outre-Manche. En ce moment, c'est le Sud qu'ils ont à
l'œil.

– Que peut-elle bien faire avec un petit jeune ?

– Je n'en ai pas la moindre idée. C'est à vous de me
le dire.

– Et, encore une fois, nous ne savons pas où elle
va.

– Ça, c'est la grande énigme. À l'évidence, c'est
une navigatrice expérimentée. Elle en sait assez pour
aller se mettre à couvert avant qu'il y ait de la casse,
en particulier depuis que le sloop a été équipé d'une
radio qui dispense des bulletins météo en quatre
langues.

– À moins qu'elle n'ait eu un rendez-vous urgent.

– C'est sans doute la seule explication possible,
mais sommes-nous pour autant assurés de sa mort ?

– Certes, non, admit l'ancien officier de liaison. Il y
a trop de données qui nous échappent... mais je vous
ai interrompu. Vous alliez me raconter quelque chose.

– Oh, une simple anecdote, je le crains, sans grande
utilité. Nous sommes partis du fait qu'un terroriste ne
naît pas terroriste, mais le devient à la suite de certains événements, et qu'à plusieurs reprises on l'a
entendue parler une langue pratiquement incompréhensible...

– Dans un contexte européen, ce pourrait être du
basque.

– Précisément. Nous avons envoyé une équipe dans
les provinces de Vizcaya et d'Alva pour y mener une
petite enquête. Ils ont appris une histoire horrible qui
s'est passée des années auparavant dans un village
rebelle des Pyrénées occidentales. Le genre de drame
qu'on se raconte de père en fils à la veillée dans les ber-
geries.

– Comme celui d'Oradour-sur-Glane ou de My

Lai[1] ? demanda Cooke. Toute une population massa-
crée ?

— Pire encore, si on peut dire. Un raid a eu lieu sur le
village et tous les adultes ont été passés par les armes
sans autre forme de procès – quand je dis adultes, ça
veut dire hommes, femmes et enfants au-dessus de
douze ans. Les plus jeunes ont été contraints d'assister à
l'exécution de leurs parents, puis abandonnés dans la
montagne jusqu'à ce que mort s'ensuive.

— Bajaratt faisait partie de ces gosses ?

— Il faut savoir que les Basques dans les montagnes
vivent presque en autarcie. La coutume veut qu'on
enterre les archives de chaque village dans les forêts de
cyprès à la pointe nord de leur territoire. Dans notre
équipe se trouvait un anthropologue, un spécialiste des
populations de montagne des Pyrénées qui connaissait
le basque ; il a mis la main sur les archives de ce village.
Les dernières pages avaient été écrites par une fillette,
où elle décrivait la tragédie, dont le meurtre de ses
parents, décapités à coups de baïonnette, après avoir vu
leur bourreau affûter sa lame sur les rochers.

— C'est horrible ! Et cette fillette, c'était Bajaratt ?

— Elle a signé : *Amaya el Baj... Yovamanaree*, ce qui
est l'équivalent de *jovena mujer* en espagnol, c'est-à-
dire « jeune femme ». Et, à la fin, elle conclut par une
petite phrase, écrite dans un espagnol irréprochable :
Muerte a toda autoridad...

— « Mort à toute autorité », traduisit Cooke. C'est
tout ?

— Non. Deux petites choses encore. Elle a ajouté un
dernier mot, *Shirharra Baj*.

— Qu'est-ce que ça veut dire ?

— En gros, jeune femme prête à enfanter mais qui
refuse d'avoir un enfant dans ce monde-ci. Et elle avait
dix ans quand elle a écrit ça !

— C'est pour le moins macabre, mais compréhensible
au fond.

— La légende parle d'une sauvageonne qui aurait
conduit les autres enfants du village dans la montagne.
Elle aurait su leur faire éviter les patrouilles, elle aurait
même tué des soldats avec leurs propres baïonnettes en
leur tendant des traquenards...

1. Village vietnamien où les GI de la compagnie Charlie ont massacré tous les habitants – hommes, femmes et enfants. *(N.d.T.)*

– Une gamine de dix ans, répéta Cooke. C'est à peine croyable ! Mais vous aviez parlé de deux choses...

– Oui, il y a effectivement un dernier point qui corrobore cette histoire – la preuve que cette fillette était bien Bajaratt : parmi les archives, on a retrouvé les généalogies des familles alentour. Certains groupes très isolés redoutant la consanguinité envoyaient garçons et filles vers d'autres villages. Aquirre est un nom très courant que l'on retrouve donc un peu partout dans le Pays basque, mais on a trouvé une Amaya Aquirre, dont le nom de famille était raturé, comme rayé rageusement par une enfant en colère, et remplacé par le nom de Bajaratt.

– Mais pourquoi ce nom ? Vous l'avez découvert ?

– Oui. Nous avons mené une enquête, et ce fut un sale boulot. Je vous épargnerai les détails les plus sordides. Disons que nos agents ont bataillé ferme avec leurs homologues madrilènes pour qu'ils les laissent accéder à certains dossiers secrets concernant la répression des Basques – nous avons même menacé de nous retirer de certaines affaires où le soutien de la Grande-Bretagne leur est plus que vital. Vous avez dit que c'était une histoire macabre, tout à l'heure ; vous ne soupçonniez pas à quel point. Nous avons effectivement trouvé un Bajaratt – un sergent, mère espagnole, père français – qui avait participé à ce raid atroce. En deux mots, c'est ce sergent qui a coupé la tête de la mère de la petite Amaya Aquirre. La fillette a adopté ce nom pour toute l'horreur qu'il peut renfermer – évidemment pas en l'honneur du bourreau, mais plutôt dans le but de graver ce moment dans sa mémoire le restant de sa vie. Elle allait devenir une machine à tuer aussi écœurante que l'homme qui avait plongé sa baïonnette dans la gorge de sa mère.

– C'est tortueux, articula Cooke d'une voix blanche, mais parfaitement plausible. Un enfant endosse la peau d'un monstre, et assouvit sa vengeance par un processus d'identification. Ce n'est pas très loin du syndrome de Stockholm, lorsque certains prisonniers de guerre dans des conditions particulièrement éprouvantes s'identifiaient à leurs geôliers. Ce genre de traumatisme pourrait avoir, sur un enfant, des effets décuplés... Voilà pourquoi Amaya Aquirre se fait donc appeler Amaya Bajaratt. Il reste toutefois un point obscur. Certes, elle renie son véritable nom, mais elle n'a jamais signé *Baja-ratt* en entier.

— Nous avons demandé des éclaircissements à un psychiatre spécialiste des traumatismes chez l'enfant, répondit le chef du MI6. Il nous a expliqué qu'une fillette de dix ans est plus mûre qu'un garçon du même âge – j'ai de nombreux petits-enfants, et je suis bien obligé de reconnaître que c'est la vérité. Une fille de cet âge, selon lui, ayant subi un tel choc, aura tendance à dissimuler toujours une part d'elle-même, à ne jamais se livrer tout entière.

— Je ne vous suis pas très bien.

— Il appelle ça le « syndrome testostérone ». Un garçon dans les mêmes circonstances pourrait très bien écrire : « Mort à toute autorité », et signer de son nom entier, pour marquer sa vengeance face à quiconque lira le message, alors qu'une fille aura une approche différente. Elle ne donnera pas toute l'information, car elle préférera se protéger pour accomplir sa vengeance. Elle sait qu'elle devra surpasser ses ennemis, mais pas en force – en intelligence. Toutefois, elle ne pourra s'empêcher de laisser un peu d'elle-même.

— Ça se tient, répondit Cooke en hochant la tête d'un air perplexe. Un vrai film d'horreur, cette histoire ! De vieux grimoires enterrés sous des arbres, des villages perdus dans la montagne, des rites millénaires, du sang, des exécutions massives, des têtes coupées à la baïonnette, et une fillette de dix ans, témoin de tout ça ! Mon Dieu, on a affaire à une véritable psychopathe ! Tout ce qu'elle veut, c'est faire tomber des têtes, les voir rouler sur le sol comme celles de ses parents.

— *Muerte a toda autoridad*. Couper toutes les têtes – partout à travers le monde.

— Oui, je comprends mieux cette phrase.

— Je crains que vous ne puissiez en concevoir toute sa portée.

— Comment ça ?

— Durant ces dernières années, Bajaratt a vécu dans la vallée de la Beqaa, avec le chef d'une faction palestinienne particulièrement virulente. Rapidement, elle s'est convertie à leur cause. Il semble qu'ils se soient mariés au printemps dernier, une grande fête sous les orangers en fleur comme ils savent les faire. Il a été tué il y a deux mois, au cours d'un raid de nuit sur les plages d'Ashkelon, au sud de Tel-Aviv.

– Ah oui ! je me souviens de cette histoire, répondit Cooke. Ils ont été tués jusqu'au dernier. Pas un survivant.

– Vous vous rappelez du communiqué diffusé par cette faction après les événements ?

– Il y était question des armes, je crois.

– Exact. Ils disaient que les fusils des Israéliens qui avaient abattu « les combattants pour la liberté » provenaient des États-Unis, d'Angleterre et de France, et que le peuple palestinien, spolié de sa terre, ne pardonnerait jamais à ces monstres marchands de mort d'avoir vendu ces armes.

– Toujours la même rengaine... et alors ?

– Alors, Amaya Bajaratt, nom de guerre *l'Impitoyable*, a envoyé un message au grand conseil de la Beqaa ; par chance, vos amis ou ex-amis du Mossad l'ont intercepté. Il disait qu'elle et ses amis ont fait le vœu de « couper les têtes des quatre monstres de la planète » et qu'elle serait bientôt l'étoile qui donnerait le signal.

– Le signal de quoi ?

– Selon le Mossad, ce serait le signal pour que des tueurs embusqués à Londres, Paris et Jérusalem passent à l'attaque. Les Israéliens prétendent que c'est annoncé clairement dans une certaine partie du message, à savoir : « Lorsque le plus immonde de ces monstres s'écroulera de l'autre côté de l'océan, les autres le suivront rapidement dans sa chute. »

– *Le monstre le plus immonde..., de l'autre côté de l'océan...* Mon Dieu, ce sont les États-Unis !

– Oui, Cooke. Amaya Bajaratt s'apprête à assassiner le président des États-Unis. Voilà son signal.

– C'est de la folie !

– Ses états de service méritent qu'on y regarde à deux fois. Professionnellement, elle n'a jamais connu d'échec. Dans son domaine, c'est une sorte de génie. L'Amérique est la cible idéale, le symbole de l'autorité « brutale »... et aujourd'hui il faut y ajouter une nouvelle motivation : se venger de la mort de son mari. Il faut l'arrêter, Geoffrey. C'est pourquoi le Foreign Office a décidé de vous renvoyer à votre ancien poste aux Caraïbes. Pour reprendre vos propres termes, vous êtes le seul qui puisse faire office d'expert en la matière.

– Nom de Dieu, j'ai soixante-quatre ans passés et je suis sur le point de prendre ma retraite !

– Vous avez conservé vos contacts dans les îles. Nous vous en trouverons d'autres, le cas échéant. En toute honnêteté, nous pensons que vous vous en sortirez mieux que quiconque. Il faut retrouver cette femme et l'éliminer.

– Le temps que je débarque là-bas, la belle se sera envolée Dieu sait où, c'est évident ! Sauf votre respect, j'ai l'impression que vous avez tous perdu la boule, si vous voulez mon avis.

– En ce qui concerne le présumé envol de la belle, poursuivit le chef du MI6, en esquissant un bref sourire, nous sommes convaincus, comme les Français de la DRM, qu'elle va séjourner là-bas quelques jours, voire une semaine ou deux.

– C'est votre boule de cristal qui vous a dit ça ?

– Non, le simple bon sens. Étant donné l'ampleur de la tâche qui l'attend, il lui faut du temps pour organiser son plan de bataille, pour recruter des gens, rassembler des fonds, du matériel, des moyens logistiques – un avion, par exemple. C'est peut-être une psychopathe, mais elle n'est pas idiote ; elle ne va pas monter toute son affaire sur le territoire américain.

– Les Caraïbes sont effectivement l'endroit idéal, reconnut Cooke à contrecœur. C'est suffisamment éloigné pour échapper au contrôle immédiat des fédéraux, et suffisamment proche pour avoir accès aux banques et entretenir des contacts sur le continent.

– C'est bien ce que nous nous sommes dit, acquiesça Howell.

– Mais pourquoi a-t-elle envoyé ce message au conseil de la Beqaa ?

– Pour la gloire, peut-être. Elle voulait que l'on sache qu'elle se mettait en chasse. Psychologiquement, ça se défend.

– Vous me faites une proposition que je ne peux décemment pas refuser.

– J'espère vous avoir convaincu.

– Vous m'avez tout apporté sur un plateau. Du grand art. D'abord un mystère aux antipodes, une affaire terrible mais fascinante, et, pour couronner le tout, la menace d'une crise internationale imminente. Vous avez poussé toutes les manettes à fond.

– Je n'avais pas le choix.

– C'est vrai. Vous êtes un expert en ce domaine, et

vous ne seriez pas derrière ce bureau si ce n'était pas le cas, répondit Cooke en se levant, les yeux rivés dans ceux de son supérieur. Puisque vous êtes assuré maintenant de ma collaboration, j'aimerais vous faire une suggestion.

– Je suis tout ouïe.

– Je n'étais pas totalement honnête tout à l'heure, lorsque je vous disais que j'étais resté en contact avec mes vieux amis, sous-entendant de simples échanges épistolaires. Ce n'est pas tout à fait exact. En fait, je passe toutes mes vacances aux Antilles – on ne peut résister aux charmes des îles. Et, évidemment, jeunes et anciens se retrouvent pour évoquer le bon temps.

– C'est tout naturel.

– Il y a donc deux ans, j'ai rencontré un Américain qui connaît les îles sur le bout des doigts, bien mieux que je ne les connaîtrais jamais. Il loue ses deux bateaux pour des croisières entre Charlotte Amalie et Antigua. Il connaît le moindre petit port, la moindre crique. Il est bien obligé, dans son travail.

– Cela me paraît très bien, mais je ne vois pas en quoi...

– Patience, l'interrompit Cooke. Ce n'est pas tout. Pour répondre d'avance à votre objection, sachez que c'est un ancien agent de renseignements de la marine américaine. Il est relativement jeune – la quarantaine, je dirais ; je ne sais pas trop pourquoi il a quitté les services secrets, mais je suppute que ce fut en des circonstances douloureuses. Toutefois, je pense qu'il serait l'homme idéal pour cette mission.

Le chef du MI6 se pencha sur son bureau, sa main gauche cachant sa main infirme.

– Il s'appelle Tyrell Nathaniel Hawthorne. C'est le fils d'un professeur de littérature de l'université de l'Oregon, et les raisons de son départ de la marine sont, en effet, plutôt douloureuses. Certes, il serait d'une aide précieuse dans cette affaire, mais aucun responsable des services secrets à Washington ne pourra le recruter. Ils passent leur temps à le relancer avec des offres faramineuses, mais rien n'y fait. Il n'a que mépris pour ces gens, convaincu qu'ils ne font plus la différence entre la vérité et le mensonge. Il les envoie tous au diable.

– Mon Dieu, s'écria Geoffrey Cooke, vous savez tout de mes vacances, rien ne vous échappe ! Vous saviez même que je l'avais rencontré.

– Au cours d'une agréable croisière de trois jours dans les îles Sous-le-Vent, avec votre ami français Ardissonne, nom de code *Richelieu*.

– Vous devriez avoir honte !

– Allez, Cooke, c'est de bonne guerre, lança Howell. Au fait, je vous annonce que votre ancien commandant Hawthorne, qui s'apprête à rentrer à la marina de Virgin Gorda, va connaître, selon toute vraisemblance, des problèmes de moteur sur son bateau. Votre avion décolle pour Anguilla à cinq heures, ce qui vous laisse largement le temps de faire vos bagages. Une fois là-bas, vous et votre ami Ardissonne, prendrez un avion privé pour vous rendre à Virgin Gorda, annonça le chef du MI6 avec un sourire malicieux. Une belle réunion en perspective ! Je regrette de manquer ça !

Ministère des Affaires étrangères, Washington

Les ministres des Affaires étrangères et de la Défense, le directeur de la CIA, du FBI, les responsables des services secrets de l'armée de terre et de la marine, ainsi que le chef du grand état-major inter-armées se trouvaient rassemblés autour de la grande table de réunion. Chaque membre de l'assemblée était flanqué à sa gauche d'un assistant, une personne de confiance triée sur le volet. Le ministre des Affaires étrangères présidait la rencontre.

– Vous avez tous reçu la même information que moi, aussi pouvons-nous entrer tout de suite dans le vif du sujet. Certaines personnes ici présentes considèrent que nous nous affolons un peu vite, et je dois reconnaître que jusqu'à ce matin je me comptais parmi eux. Croire qu'une femme seule puisse assassiner le Président et, par suite, déclencher l'assassinat des dirigeants de Grande-Bretagne, de France et d'Israël, peut sembler quelque peu farfelu. Cependant, j'ai reçu un coup de fil à six heures du matin du directeur de la CIA, pour m'expliquer la gravité de la situation. Il m'a rappelé à onze heures, et je me suis laissé convaincre. Nous vous écoutons, Mr. Gillette.

– Je vais tenter d'être le plus clair possible, commença l'imposant chef de la CIA. Hier, notre contact à Bahreïn qui surveille les transactions financières en provenance de la Beqaa a été assassiné une heure après avoir informé notre agent de liaison qu'un transfert d'un demi-million de dollars avait eu lieu vers le Crédit suisse de Zurich. Cette somme n'avait rien d'alarmant en soi, mais, lorsque notre agent à Zurich a tenté de contacter notre informateur à la banque, un type qui nous coûte une fortune, il lui a été impossible de le joindre. Lorsqu'il a fait une nouvelle tentative – un peu plus tard, feignant d'être un vieil ami – on lui a répondu que notre homme avait pris l'avion pour Londres. Plus tard encore, lorsque notre agent est rentré chez lui, il y avait un message sur son répondeur. Un message de notre informateur, qui ne se trouvait visiblement pas à Londres, puisqu'il demandait, l'air passablement aux abois, à le rencontrer dans un café de Dudendorf, une ville à une trentaine de kilomètres de Zurich. Notre agent s'est rendu au rendez-vous, mais notre mouchard n'y était pas.

– Et vous en concluez quoi ? demanda le chef des services secrets de l'armée.

– Qu'il a été éliminé pour effacer toute trace de la transaction, répondit un homme bourru aux cheveux roux, assis à la gauche du chef de la CIA. C'est une supposition probable, pour l'instant non confirmée.

– Qu'est-ce qui vous fait dire ça ? s'enquit le ministre de la Défense.

– Pure logique, répondit l'adjoint de Gillette d'un ton sec. D'abord Bahreïn élimine notre contact pour avoir vendu la mèche, puis Zurich invente cette histoire de voyage à Londres, pour qu'il puisse rencontrer notre agent à Dudendorf, hors de son secteur. Mais la Beqaa est sur ses talons et veut effacer toute trace de la transaction. Elle le retrouve et règle le problème.

– Tout ça pour cinq cent mille malheureux dollars ? lança le chef des services secrets de la marine. C'est beaucoup d'agitation pour pas grand-chose, vous ne trouvez pas ?

– Peu importe le montant, rétorqua l'assistant au visage rougeaud. C'est le bout de la chaîne qu'il fallait garder secrète, la personne à qui ce transfert était destiné. C'est pour cette raison qu'ils se sont démenés. Une fois que le pont est établi, l'argent peut alors affluer par dizaines de millions.

– Bajaratt, articula le ministre des Affaires étrangères. Elle passe donc à l'action... Très bien, à nous d'ouvrir l'œil, dans le plus grand secret. À l'exception des gens du département des transmissions de la CIA, seuls ceux qui sont à cette table, et je dis bien ceux-là uniquement, se chargeront de retransmettre les informations à mesure que nos différents services les récolteront. Placez vos fax sous code confidentiel, passez vos appels téléphoniques par les lignes protégées. Rien ne doit sortir de ce groupe, sans mon accord ou celui du directeur de la CIA. La moindre fuite risquerait de tout remettre en cause et de nous jouer des tours.

Une sonnerie retentit dans la pièce. C'était le téléphone rouge. Le ministre des Affaires étrangères décrocha.

— C'est pour vous, annonça-t-il en tendant le combiné à Gillette.

Le directeur de la CIA se leva de sa chaise et fit le tour de la table pour prendre la communication.

— Gillette, j'écoute... Oui, je comprends, répondit-il après avoir écouté son interlocuteur pendant une minute.

Il raccrocha et regarda son assistant.

— Vous l'avez, votre confirmation, O'Ryan. Notre informateur à Zurich a été retrouvé dans le Spitsplatz, avec deux balles dans la tête.

— De toute évidence, ils ne veulent pas qu'on mette la main sur leur protégée, lança l'analyste de la CIA nommé O'Ryan.

2

Un homme de grande taille, mal rasé, en short blanc et T-shirt noir, la peau brunie par le soleil des tropiques, sauta du quai et courut sur le ponton de la marina. Il s'arrêta à l'extrémité de la construction de bois et regarda les deux hommes qui revenaient dans un petit canot.

– Comment ça, il y a une fuite d'huile ? J'ai fait tourner le moteur pendant un calme plat et tout était OK ! hurla-t-il à leur adresse.

– Écoute, bonhomme, répondit le mécanicien anglais avec lassitude en lançant la corde à Tyrell Hawthorne. J'en ai rien à foutre qu'il soit neuf ton moteur ! Je te dis qu'il n'y a plus une goutte d'huile dans le carter ; tout est parti à la baille pour dégueulasser notre petit coin de paradis ! Maintenant, si tu veux sortir quand même, vas-y et fusille le moteur ! Mais je ferai un rapport. Je ne veux pas être tenu pour responsable de tes bourdes.

– Ça va, ça va, répondit Hawthorne en aidant l'homme à grimper sur le ponton. Quels sont les dégâts, à ton avis ?

– Un joint de culasse et deux cylindres foutus, répondit le mécanicien tout en attachant une seconde amarre à un poteau pour que son compagnon puisse monter à terre. Combien de fois te l'ai-je répété, Tye-Boy ? Ce n'est pas parce que tu te débrouilles comme un chef avec les vents et les nuages qu'il ne faut pas faire tourner tes moteurs. Toute la mécanique dérouille sous ce satané soleil ! Je te l'ai bien dit vingt fois, non ?

– C'est vrai, Marty. Je ne peux pas dire le contraire.

– Tu n'as pas intérêt. Avec les prix que tu pratiques, tu pourrais au moins brûler quelques litres de gas-oil de temps en temps.

– Ce n'est pas une question d'économie, protesta le capitaine. Hormis les cas de calme plat, les clients préfèrent naviguer à la voile, tu le sais aussi bien que moi. Quand auras-tu réparé ? Dans deux heures ?

– Compte là-dessus ! Disons demain midi, à condition que j'arrive à me faire livrer le matin les pièces de Saint Thomas.

– Quelle guigne ! J'avais de gros clients. Ils espéraient être à Tortola ce soir.

– Offre-leur un punch bien tassé, Tye-Boy, et trouve-leur une chambre au club. Ils n'y verront que du feu.

– De toute façon je n'ai pas le choix, répondit Hawthorne en faisant demi-tour. J'ai déjà commandé quatre assommoirs à Roger ! lança-t-il en pressant le pas.

« Désolé, bonhomme, songea le mécanicien en regardant s'éloigner son ami. C'est un sale coup que je te fais, mais les ordres sont les ordres. »

L'obscurité enveloppait les îles. La nuit était déjà bien avancée lorsque le capitaine Tyrell Hawthorne, patron et seul gérant de la société des Croisières Olympic, conduisit ses clients à l'hôtel du yacht-club. Les chambres ne correspondaient pas à proprement parler à l'image d'Épinal que pouvaient se faire ses clients des Antilles, mais le sommeil ne se ferait pas attendre – le barman y avait veillé personnellement. Tye Hawthorne retourna donc au bar en plein air pour remercier de façon plus concrète l'homme derrière le comptoir. Il lui tendit un billet de cinquante dollars.

– Ça va, Tye-Boy. T'es pas obligé.

– Alors pourquoi t'empresses-tu de le prendre ?

– C'est l'instinct, vieux. Je peux te les rendre si tu veux.

Ils éclatèrent de rire, en vieux complices.

– Comment vont les affaires, capitaine ? demanda le barman en offrant à Hawthorne un verre de vin blanc.

– On fait aller, Roger. Nos deux bateaux sont loués et, si mon idiot de frère retrouve son chemin jusqu'à Red Hook à Saint Thomas, on aura même fait quelques bénéfices cette année.

– J'aime bien ton frère. Il est marrant.

– C'est un sacré numéro, oui ! Tu savais que ce blanc-bec était docteur ?

– Docteur ? Moi qui ai mal à la tête et des douleurs partout... la prochaine fois que je le vois, je lui demande de me soigner...

– Non, non, ce n'est pas ce genre de docteur ! lança Tyrell. Il a un doctorat de littérature, comme notre père.

– Il ne sait ni soigner les maux de tête ni réparer les bras cassés ? À quoi ça sert d'être docteur, alors ?

– C'est ce qu'il dit justement. Il a trimé comme un forçat pendant huit ans, pour finalement gagner moins qu'un éboueur de San Francisco ! Il s'est fait avoir.

– Comme moi, répliqua le serveur. Il y a cinq ans, je déchargeais la pêche des touristes sur les bateaux, je nettoyais leurs dégueulis et les mettais au lit quand ils avaient trop bu. C'était pas une vie ! Alors, je me suis vite repris. Maintenant, c'est moi qui les soûle !

– Voilà une sage décision.

– Attention, Tye, chuchota soudain Roger en passant les mains sous le comptoir, il y a deux types qui s'amènent. Ils cherchent visiblement quelqu'un, et il n'y a que toi ici. J'aime pas ça. Ils n'arrêtent pas de tâter leurs poches et ils marchent trop lentement. Mais, rassure-toi, j'ai mon fusil.

– Tout doux, Roger, lança Hawthorne. Geoff ! cria-t-il. Vous ici ? Et Jacques aussi ? Qu'est-ce que vous faites dans le coin ? (Tyrell se tourna vers le serveur.) Tu peux ranger la quincaillerie, Roger, ce sont des amis.

– Je rangerai mon fusil quand ils auront vidé leurs poches, Tye-Boy.

– Les gars, je vous présente un vieil ami. Il y a eu ces derniers temps un peu de grabuge, alors si vous voulez bien sortir vos mains de vos poches et lui dire que vous n'avez pas d'armes, ça le rassurera.

– Et où est-ce qu'on les aurait mises ? répliqua Geoffrey Cooke d'un air méprisant. On débarque de deux vols internationaux, où il y a des détecteurs de métal tous les vingt mètres.

– C'est vrai ! renchérit Ardissonne, nom de code *Richelieu*.

– Ça va, Roger, il n'y a rien à craindre, lança Hawthorne en sautant de son tabouret pour aller leur serrer la main. Ravi de vous voir. Ça me rappelle le bon vieux temps, lorsque nous avons essuyé en bateau cette tempête qui... Mais, au fait, qu'est-ce que vous faites ici ? Je vous croyais tous les deux à la retraite ?

– On voudrait vous parler, Tyrell, répondit Cooke.

– C'est urgent, insista Ardissonne. Il n'y a pas une seconde à perdre.

– Quelle coïncidence ! Mon moteur tout neuf tombe soudain en rideau ; et voilà que Cookie débarque sans crier gare avec notre vieil ami Richelieu... Il y a anguille sous roche, non ?

– Nous avons des choses à vous dire, Tyrell, répéta Geoffrey Cooke du MI6.

– Je ne suis pas sûr de vouloir les entendre, répliqua l'ancien commandant des services secrets de la marine américaine. Si cela a un rapport avec cette histoire que Washington essaie de me faire gober, vous pouvez rentrer chez vous.

– Vous avez toutes les raisons d'en vouloir à Washington, répondit Ardissonne avec un accent français à couper au couteau, mais nous n'y sommes pour rien. Vous pouvez bien nous accorder quelques minutes d'attention. Vous avez raison, nous étions à la retraite, et voilà que nous débarquons sans crier gare, pour reprendre votre expression. Ça vous intéresse peut-être de savoir pourquoi ?

– Écoutez-moi, les gars, et ouvrez bien vos oreilles. Les services que vous représentez m'ont pris la femme avec qui je comptais passer le restant de ma vie. Vos sales combines l'ont tuée à Amsterdam ; vous comprendrez aisément, j'en suis sûr, que je n'ai rien à vous dire... Roger, sers donc un verre à ces deux « agents secrets », et mets ça sur ma note. Je retourne sur le bateau.

– Vous savez très bien, Tyrell, qu'Ardissonne et moi n'avons rien à voir avec cette histoire d'Amsterdam, lança Cooke.

– Peut-être, mais vous étiez au courant de leurs sales combines !

– C'est totalement faux, mon cher, rétorqua Ardissonne. Comment aurions-nous pu naviguer ensemble sinon ?

– Écoutez-moi, Tye, commença Cooke en refermant brusquement sa main sur l'épaule de Hawthorne. Nous étions amis, et nous devons absolument vous parler.

– Nom de Dieu ! s'écria Tyrell en portant une main à

son omoplate. Il m'a planté une aiguille ! À travers ma chemise ! Sors ton arme, Roger, vite !...

Avant que le serveur ait eu le temps de faire le moindre mouvement, Ardissonne avait levé son bras et replié l'index. Une fléchette imbibée de sédatif jaillit de sa manche et se planta dans le cou de l'homme.

Le soleil se levait. La vue lui revenait peu à peu, mais ce qu'il voyait ne correspondait pas aux dernières images dont il avait le souvenir – aucun visage penché au-dessus de lui, ni celui de Cooke ni celui d'Ardissonne. Il apercevait les silhouettes familières de Marty et de son acolyte, Mickey, le mécanicien du port de Virgin Gorda.

– Comment ça va, bonhomme ? s'enquit Marty.

– Tu veux un verre de gin ? proposa Mickey. Parfois, ça éclaircit les idées.

– Qu'est-ce qui s'est passé, bon Dieu ? demanda Tyrell en clignant des yeux sous les rayons du soleil qui filtraient de la fenêtre. Où est Roger ?

– Dans le lit à côté, répondit Marty. On a réquisitionné ce bungalow. On a dit au bureau qu'on a vu des serpents y entrer.

– Il n'y a pas de serpents à Gorda.

– Ça, ils n'en savent rien, répondit Mickey. On leur fait gober tout ce qu'on veut, à ces Londoniens.

– Et où sont Cooke et Ardissonne – les deux types qui nous ont drogués ?

– Juste à côté de toi, Tye-Boy, répondit Marty en désignant deux chaises au milieu de la pièce.

Geoffrey Cooke et Jacques Ardissonne y étaient ficelés avec des serviettes, un bâillon sur la bouche.

– J'ai expliqué à Mick que je t'avais menti parce que les autres disaient que c'était pour le pays, mais personne ne m'a dit quoi faire ensuite. On ne t'a pas quitté de l'œil, et, si ces deux affreux t'avaient touché, ils seraient en ce moment en train de servir de petit déjeuner aux requins de la baie.

– Alors, le moteur n'a rien ?

– Rien de rien, bonhomme. Le type de l'ambassade m'a appelé personnellement, et m'a dit que c'était pour ton bien. Tu parles, Charles !

– Tu l'as dit ! admit Hawthorne en se redressant pour regarder ses deux anciens clients.

– Je me sens pas bien, les gars, articula Roger sur le lit à côté, la tête chancelant d'avant en arrière.

– Va voir ce qu'il a, Marty, ordonna Tyrell en posant les pieds au sol.

– Tout va bien, Tye-Boy, répondit Mickey en s'agenouillant au chevet du Noir. Je me suis arrangé pour que le Frenchie nous dise ce qu'il vous avait fait à tous les deux – c'était ça, ou il retrouvait ses couilles en bouillie – et il a dit que c'était inoffensif et que l'effet se dissipait en cinq ou six heures.

– Les six heures sont passées, Mick. Et les six prochaines risquent d'être longues.

La femme aida le jeune homme à arrimer la proue du sloop à une saillie du mur de pierre, caché derrière un rideau de vigne vierge et de lianes.

– Il ne bougera plus, Nicolo, annonça-t-elle en contemplant le bateau mal en point. Peu importe, en fait. On ferait mieux d'en faire du petit bois.

– Vous êtes folle ! répondit l'adolescent, s'apprêtant à débarquer sur la plage quelques affaires. Sans la grâce de Dieu, nous serions morts à l'heure qu'il est, nos corps seraient quelque part au fond de la mer.

– Prends le fusil et laisse le reste. Nous n'en avons plus besoin, ordonna Bajaratt.

– Qu'est-ce que vous en savez ? Où sommes-nous d'abord ?... Et puis, pourquoi est-ce que vous l'avez tuée ?

– Parce qu'il le fallait.

– Ce n'est pas une réponse !

– Très bien, mon bel enfant. Au fond, tu as peut-être le droit de savoir.

– Le droit ? Trois jours d'horreur, trois jours entre la vie et la mort ! Oui, je crois que j'ai le droit de savoir.

– Allez, ce n'était pas aussi terrible que ça ! Ce que tu ignores, c'est que nous n'étions jamais à plus de deux ou trois cents mètres des côtes, et toujours sous le vent ; c'est pourquoi nous virions de bord si souvent. Bien sûr, je ne pouvais pas contrôler la foudre.

– Vous êtes folle ! Folle à lier !

– Pas vraiment. J'ai navigué dans ces eaux pendant près de deux ans. Je connais très bien la région.

– Pourquoi vous avez fait ça ? répéta-t-il. On a failli y laisser notre peau ! Et cette femme ? Pourquoi vous l'avez abattue ?

Bajaratt désigna le cadavre.

– Prends-lui son arme. La marée va monter jusqu'au milieu du mur. La mer l'emportera durant la nuit.

– Je veux une réponse!

– Je vais être très claire, Nicolo. Tu as le droit de savoir uniquement ce que je veux bien te dire. Je t'ai sauvé la vie, jeune homme, et à grands frais, je t'ai caché pour que la racaille des docks ne te fasse pas la peau. J'ai, en plus, déposé des millions de lires pour toi à la Banco di Napoli, et cela me donne le droit de refuser de discuter de certaines choses. Maintenant, va prendre son arme!

– *Mamma mia,* murmura le jeune homme en se penchant au-dessus du cadavre.

Le clapotis léchait déjà le visage de la femme.

– Il n'y a personne d'autre ici? demanda-t-il en détournant les yeux.

– Personne d'important, répondit la femme en levant la tête vers la forteresse, tandis que de vieux souvenirs remontaient à sa mémoire. Il n'y a qu'un vieux jardinier attardé et sa meute de mastiffs. Lui non plus ne posera pas de problèmes. Le propriétaire de l'île est un vieil ami à moi. Il est à Miami en ce moment pour suivre une radiothérapie. Il y va le premier de chaque mois, pendant cinq jours. C'est tout ce qu'il te suffit de savoir pour le moment. Allez, viens!

– Qui est cet homme? demanda le garçon, regardant Bajaratt quitter la plage.

– Mon père spirituel. Mon véritable père, répondit Amaya Aquirre-Bajaratt à mi-voix, l'air songeur, avant de se murer dans le silence.

Nicolo la regarda s'éloigner, sachant qu'il valait mieux ne pas interrompre le fil de ses pensées – ni en connaître la teneur!

Les deux plus belles années d'une vie au service du mal. Le *padrone* était l'homme qu'elle admirait le plus sur terre. À vingt-quatre ans, il contrôlait tous les casinos de La Havane, ce grand jeune homme blond de bonne famille, celui que les parrains de Palerme, de New York et de Miami avaient choisi. Il n'avait peur de personne; au contraire, ses yeux d'un bleu translucide en faisaient trembler plus d'un. Rares avaient été ceux qui s'étaient opposés à lui, et ceux qui s'y étaient risqués n'étaient plus de ce monde. La Baj avait eu vent de ces histoires – dans la Beqaa, à Bahreïn, au Caire.

Le *capo dei capi* de la mafia l'avait choisi, voyant en lui leur meilleur ambassadeur depuis Al Capone, qui avait régné sur Chicago à l'âge de vingt-sept ans. Mais tout s'était effondré pour le jeune padrone lorsque ce dingue de Fidel était descendu de ses collines, ruinant du même coup les affaires mafieuses et le pays qu'il voulait sauver.

Cependant, rien ne pouvait arrêter le padrone, que certains aux Antilles surnommaient « le Mars des Caraïbes ». Il se rendit tout d'abord à Buenos Aires, où il fonda une grande organisation qui collaborait, évidemment, avec les généraux. Puis il partit pour Rio de Janeiro, toujours aussi entreprenant, dépassant les espoirs les plus fous de ses parrains. Du fond de son fief de plus de quatre mille hectares, il semait la mort à travers le monde pour le plus offrant. Il avait une armée secrète, des mercenaires, des experts, des tueurs, et autres rebuts des états-majors du monde entier, et vendait ses services pour des sommes tenues secrètes. L'assassinat était sa spécialité, et la liste des clients était longue dans un monde politiquement instable. Les parrains de la mafia, ravis et hilares, appelaient cette armée de l'ombre « *la nostra Legione Straniero* », et lui souhaitaient longue vie en levant leur verre de vin à Palerme, New York, Miami, Dallas, tandis que tombait dans leurs caisses un pourcentage sur le prix de chaque assassinat. L'armée invisible et secrète du padrone était bel et bien leur Légion étrangère.

Puis l'âge et la maladie avaient contraint le padrone à se retirer dans son île fortifiée des Antilles. Et, soudain, une femme était entrée dans sa vie. De l'autre côté du globe, Bajaratt avait été grièvement blessée dans le port chypriote de Vasilikos tandis qu'elle traquait une unité de tueurs envoyée par le Mossad pour abattre un héros palestinien qui avait été repéré dans les parages – l'homme qui allait devenir son mari. Elle avait mené la contre-attaque et avait acculé le corps expéditionnaire dans une baie. Comme une reine pirate, elle les avait rattrapés et harcelés avec une vedette, tirant sur les malheureux Israéliens pris au piège, jusqu'à ce qu'ils s'écrasent contre les récifs. Au cours de l'affrontement, elle avait reçu quatre balles dans le ventre, qui lui avaient déchiré les entrailles. Sa vie ne tenait plus qu'à un fil.

Un médecin chypriote, rallié à leur cause, leur fit comprendre qu'il ne pouvait que la recoudre, et réduire autant que possible l'hémorragie interne. Bourrée de médicaments, elle pouvait survivre un jour ou deux, mais c'est tout ce qu'il pouvait faire sans un équipement de pointe. Or, aucun hôpital, ni dans le Bassin méditerranéen ni en Europe, n'accepterait de soigner une terroriste sans alerter les autorités... Et il n'était déjà plus question à l'époque de se réfugier en Union soviétique.

Après avoir lancé de nombreux SOS en direction de la Beqaa, une solution se profila ; nullement une garantie de survie, juste un espoir – à condition qu'elle puisse tenir le coup pendant deux jours, voire trois. Il existait un homme aux Antilles, un homme puissant en maints domaines – trafic de drogue, espionnage industriel, secrets militaires et convoyage d'armes en tout genre. Il avait souvent travaillé avec la Beqaa et reçu près de deux milliards de dollars pour ses interventions au Moyen-Orient. Il ne refuserait pas de rendre ce service au grand conseil – ou n'oserait sans doute pas refuser.

Pendant plusieurs heures, toutefois, il avait eu cette effronterie. Mais le célèbre combattant pour la liberté ne voulait pas abandonner cette femme qui lui avait sauvé la vie. Si cet homme des Antilles s'entêtait dans son refus, il menaçait d'alerter toutes les fines lames de la Beqaa et de venir lui couper la gorge, à lui et à tous ses alliés à travers le monde.

À demi morte, la Baj avait rallié la Martinique, via Ankara, à bord d'un avion-cargo, avant d'être emportée dans un petit hydravion. Onze heures après son envol de Chypre, elle arrivait dans l'île non cartographiée du padrone. Une équipe de chirurgiens de Miami, qui avaient été mis en rapport avec le médecin chypriote, l'attendait à son arrivée. La Baj avait été sauvée, à grands frais et de mauvaise grâce, par le padrone.

Alors qu'ils gagnaient l'escalier en pierre qui menait à la forteresse, Bajaratt ne put s'empêcher d'émettre un petit rire.

– Qu'est-ce qu'il y a ? lança Nicolo. Je ne vois pas ce qu'il y a de drôle !

– Rien, mon bel Adonis. Je me souvenais simplement du jour de mon arrivée ici. Je te raconterai ça un jour... Allez, accroche-toi. L'escalier est raide. Mais il n'y a rien de tel pour retrouver la forme.

– Je n'ai pas besoin d'exercice.

– J'en ai eu besoin, autrefois.

À mesure qu'ils gravissaient les échelons de pierre, les images de son séjour avec le padrone lui revenaient en mémoire... oui, il y avait de quoi rire. Au début, lorsqu'elle put se lever, ils s'observaient mutuellement, se regardaient en chiens de faïence – elle, outrée par cette débauche de luxe, lui, agacé par ce regard réprobateur. Et un jour, tout à fait par hasard, elle s'était mise au fourneau après que le maître des lieux eut vivement critiqué les cannellonis à la florentine de sa cuisinière – celle-là même qui gisait dans l'eau quinze mètres plus bas. En s'excusant auprès de la servante, la Baj avait tenté sa chance avec sa propre recette. Ce fut un succès auprès de son hôte revêche. Puis les parties d'échecs achevèrent de porter le coup de grâce à leur inimitié. Le padrone arguait d'être un maître en la matière. La jeune femme le battit deux fois coup sur coup, puis le laissa gagner la troisième manche. Le padrone éclata de rire devant un tel élan de charité.

– C'est très gentil de votre part, avait-il lancé, mais ne vous avisez pas de recommencer !

– Alors je vais vous battre chaque fois, et ça va vous mettre en colère.

– Non, mon enfant, j'apprendrai vos astuces. C'est toute l'histoire de ma vie. J'ai tiré enseignement de toutes choses... j'ai voulu, quand j'étais jeune, faire du cinéma, croyant que mon physique et mes cheveux blonds étaient faits pour la caméra. Vous savez ce qui s'est passé quand Rossellini a vu les essais que j'avais tournés pour la Cinecittà à Rome ? Vous savez ce qu'il a dit ?... Qu'il y avait quelque chose de glacé dans mes yeux bleus, quelque chose qui lui faisait peur. Il avait raison. Et j'ai changé de voie.

À partir de ce jour-là, ils devinrent inséparables. Se parlant d'égal à égal, chacun respectant les idées et le génie de l'autre. Un soir, regardant depuis la terrasse un soleil violet s'enfoncer dans l'eau, le padrone lui avait dit :

« Tu es la fille que je n'ai jamais eue.

– Vous êtes mon seul père », avait répliqué Bajaratt.

Nicolo, devant elle, se retourna et lui tendit la main pour l'aider à gravir la dernière marche. Une allée dallée conduisait à une énorme porte sculptée, d'au moins dix centimètres d'épaisseur.

– Je crois que c'est ouvert, Cabi.

– Tu as raison, reconnut Bajaratt. Hectra a dû oublier de la refermer.

– Qui ça ?

– Peu importe. Donne-moi le fusil, au cas où un chien est lâché. (Ils s'approchèrent de la porte.) Vas-y, pousse-la du pied, Nicolo.

Soudain, alors qu'ils pénétraient à l'intérieur, des coups de feu retentirent dans le grand hall d'entrée. Des tirs de puissants fusils à canon scié résonnèrent contre les murs de pierre tandis que Bajaratt et le garçon se couchaient sur les dalles de marbre. Amaya tira au hasard, tous azimuts, jusqu'à ce qu'elle soit à court de munitions. Puis, alors que les volutes de fumée se dissipaient vers le plafond, le silence revint – un silence presque paisible. Ni l'un ni l'autre n'étaient blessés. Ils levèrent la tête, regardant la fumée luire dans les rayons du couchant et s'échapper par les petites fenêtres. Ils étaient indemnes. Un miracle. Puis un homme en fauteuil roulant apparut dans le brouillard, sortant d'une alcôve au bout de la pièce. Sur un balcon surplombant le grand escalier se tenaient deux hommes, avec au poing l'arme fétiche des Siciliens – un Lupo à canon scié. Ils souriaient ; ils avaient tiré à blanc. Des balles sans leur ogive de plomb mortelle.

– Annie ! Toi, ici ! lança la voix frêle du vieillard. Je n'aurais jamais cru que tu ferais ça.

Son anglais gardait des traces d'accent.

– Mais vous deviez être à Miami – vous êtes toujours à Miami ! Pour vos rayons !

– Foutaises ! Ils ne peuvent plus rien pour moi... Comment as-tu pu tuer ta vieille amie Hectra, celle qui t'a soignée et t'a remise sur pied, il y a cinq ans. C'est de la folie furieuse... Et qui va remplacer cette femme à la loyauté irréprochable. Toi, peut-être ?

Bajaratt se releva lentement.

– Je comptais rester quelques jours seulement et personne – absolument personne – ne devait savoir que j'étais ici ni ce que j'y faisais. Pas même Hectra. Vous avez des radios, ici, des liaisons satellite – vous me les avez montrées vous-même !

– Tu dis que personne ne doit savoir ce que tu fais ici ni ce que tu projettes de faire. Crois-tu, par hasard, que mon esprit soit aussi sénile que mon corps rongé de l'intérieur ? Détrompe-toi, j'ai encore toute ma tête. Comme j'ai toujours mes sources d'information, à la Beqaa comme à la DRM, au MI6 et à leurs éminents collègues américains. Je sais exactement ce que tu fais ici, et quelles sont tes intentions... « *Muerte a toda autoridad* », je me trompe ?

— C'est ma vie – sa fin, également. Sans aucun doute. Mais je dois le faire, padrone.

— Je sais, mon enfant. Peu importe le mal que l'on peut rendre, rien n'efface celui dont on est victime. J'ai appris la triste nouvelle. Je suis désolé, Annie. Je parle du drame d'Ashkelon, évidemment. Il paraît que c'était un homme hors du commun, un véritable chef, sans peur et sans reproche.

— Il était de la même trempe que vous, padrone. Vous deviez lui ressembler à son âge.

— En moins idéaliste, j'imagine.

— Il pouvait faire tant de choses, tout lui était possible, mais ce monde ne lui en a pas laissé la possibilité. Pas plus qu'à moi. Il y a deux races sur cette terre, les maîtres et les esclaves, c'est tout.

— C'est vrai, mon enfant. T'ai-je déjà dit que je rêvais d'être une star de cinéma ?

— Vous auriez été un grand acteur, mon père, répondit Bajaratt. Mais répondez-moi : allez-vous me laisser accomplir ma mission, celle qui couronnera toute ma vie ?

— À condition que tu acceptes mon aide, mon enfant. Moi aussi, je hais les maîtres – ce sont eux qui ont fait de nous ce que nous sommes... Viens m'embrasser, ma fille, comme avant. Tu es ici chez toi.

Tandis que Bajaratt s'agenouillait auprès du vieillard invalide, le padrone montra du doigt le jeune homme toujours blotti par terre, regardant la scène avec des yeux ronds.

— Qui c'est, celui-là ? demanda-t-il.

— Il s'appelle Nicolo Montavi, et il est la pièce maîtresse de mon plan, chuchota la Baj. Pour lui, je suis la *signora* Cabrini et il m'appelle « Cabi ».

— Cabrini ? Comme le célèbre saint américain ?

— *Naturalmente.* Lorsque j'aurai fait ce que j'ai à faire, je serai le deuxième saint de l'Amérique.

— Les rêves ouvrent la soif et l'appétit. Je vais m'occuper de ça.

— Vous allez donc me laisser continuer, padrone ?
— Bien sûr, mon enfant. Mais tu auras besoin de mon aide. L'assassinat de tels gens va plonger le monde dans le chaos et la panique. Ce sera notre dernier cri avant de mourir !

3

Le soleil des Antilles chauffait le sable et la rocaille de l'île de Virgin Gorda. Il était onze heures du matin, prélude à la fournaise de midi, et les clients de Tyrell Hawthorne cuisaient à l'ombre des paillotes de la buvette de la plage, faisant leur possible pour oublier la chaleur étouffante. Lorsque leur capitaine vint leur dire qu'à cause d'un ennui mécanique ils ne pourraient pas naviguer, au plus tôt, avant le milieu de l'après-midi, quatre soupirs de soulagement se firent entendre.

— Pour l'amour du ciel, ne partons que demain matin, l'implora un banquier du Connecticut en lui glissant trois billets de cent dollars dans la main.

Tyrell retourna au bungalow, où Mickey surveillait seul Cooke et Ardissonne, puisque Marty était reparti au port. Les deux hommes étaient en caleçon, et leurs vêtements avaient été laissés à la laverie de l'hôtel. Hawthorne claqua la porte derrière lui et se tourna vers le mécanicien.

— Mick, tu peux me rendre un service ? Va me chercher deux bouteilles de montrachet grand cru – non, c'est pour rire ! Deux braves bouteilles de blanc feront l'affaire. Et peu importe si c'est de la piquette.

— Quelle année ?

— Disons la semaine dernière ! répliqua Tyrell, puis il se tourna vers les deux hommes, une fois que Mickey eut quitté la chambre. Alors, les Dupont des services secrets, on reprend du service ?

— Vous n'êtes pas drôle, répondit Cooke.

— Vous êtes impayables, vous autres du Vieux

47

Continent, lorsque vous débarquez de vos ruelles noyées de brouillard, et que vous rôdez sur les quais avec vos trench-coats. Mais ouvrez donc les yeux ! La haute technologie vous a évincés, tout comme moi. J'aurais au moins appris ça à Amsterdam – il aurait fallu, sinon, qu'ils me jouent tous la comédie, ce qui est mathématiquement impossible. La vérité, c'est qu'ils étaient programmés comme des machines : fais ce que t'ordonne l'ordinateur et ne pose pas de question !

– Mon cher, vous poussez le bouchon un peu loin. Disons simplement que nous n'avons pas tous les moyens de maîtriser cette technologie. Nous sommes de la vieille école et, croyez-moi, les bonnes vieilles méthodes vont être de nouveau au goût du jour. Tous ces ordinateurs, ces modems, ces photos satellite, ces signaux radio et TV qui ne connaissent pas les frontières, c'est bien beau, mais aucune machine ne pourra appréhender la réalité humaine. C'est ce que nous faisons, vous comme nous. Lorsque nous rencontrons un homme, une femme, on se regarde les yeux dans les yeux, et on sait d'instinct s'il s'agit d'un ennemi ou non. Aucune machine ne nous égalera sur ce point.

– Vous voulez me faire croire qu'en associant nos techniques antédiluviennes nous pourrons trouver notre dragon, cette Bajaratt, plus rapidement qu'en faxant dans les cinquante îles habitables du coin sa photo, sa fiche signalétique et toutes les informations que vous aurez sur elle ? Si vous croyez ça, je peux vous dire que l'on va vous recoller à la retraite, vite fait, bien fait.

– Je reste de l'avis de Jacques, intervint Cooke. En associant votre expérience sur le terrain à la haute technologie, nous obtiendrons davantage de résultats qu'en travaillant avec l'une ou l'autre séparément.

– Je ne saurais dire mieux. Cette psychopathe, cette tueuse, n'est ni folle ni démunie.

– Selon Washington, elle se trimballe une sacrée dose de haine.

– Mais cela n'explique en rien ses actes passés ou à venir... puisse Dieu nous préserver des derniers ! lança l'agent du MI6 avec des airs de tragédien.

– Certes, admit Hawthorne, mais je me demande ce qu'elle aurait pu devenir si quelqu'un l'avait aidée des années plus tôt... Imaginez la scène – voir la tête de sa mère et celle de son père couper devant ses yeux. Je pense que si une telle chose était arrivée, à moi ou à mon frère, nous pourrions bien lui ressembler un peu.

– Vous avez perdu une femme qui vous était très chère, Tyrell, rétorqua Cooke. Et vous n'êtes pas devenu un tueur pour autant.

– C'est vrai, répondit Hawthorne. Mais je dois vous avouer que j'ai eu envie de faire la peau à pas mal de gens – et pas seulement l'envie, j'y ai parfois songé très sérieusement.

– Mais vous n'êtes jamais passé aux actes.

– Parce qu'on m'a aidé... Et pour cette seule raison, croyez-le bien... Parce qu'il y avait quelqu'un pour m'en empêcher.

Tyrell contempla la mer par la fenêtre. Le va-et-vient de la houle l'hypnotisa un moment. Il y avait eu quelqu'un, oui. Et Dieu qu'elle lui manquait ! Lorsqu'il avait trop bu, il lui expliquait ce qu'il voulait faire, comment il allait éliminer tel ou tel. Il allait même jusqu'à sortir d'un tiroir plans et diagrammes, et lui montrer, étape par étape, comment il allait régler leur compte à tous ceux qui étaient responsables de la mort de sa femme. Dominique le prenait dans ses bras, le berçant d'un mouvement apaisant tandis qu'il flottait dans les brumes de l'alcool, lui expliquant qu'aucune vengeance ne lui rendrait sa femme, et que cela ne ferait qu'étendre la souffrance à ceux qui n'avaient aucun lien avec Ingrid Johansen Hawthorne. Elle restait parfois avec lui jusqu'au matin, conjurant ses paroles de la veille d'un petit rire, tout en s'inquiétant de le voir habité par de telles obsessions. Mon Dieu, comme il l'aimait ! Elle s'évanouit un jour et, avec son départ, Hawthorne perdit tout goût pour le whisky. Peut-être n'avait-elle été qu'un rêve ? Mais, aujourd'hui encore, il se disait que, s'il avait arrêté de boire plus tôt, elle serait encore avec lui.

– Je suis désolé de devoir rompre le cours de vos pensées, lança Ardissonne, surpris par le brusque silence de Hawthorne.

– Il n'y a pas de mal. Ce n'était qu'une vieille histoire.

– Alors, commandant, quelle est votre réponse ? On vous a tout dit, et on vous présente nos excuses pour le tour que nous avons voulu vous jouer hier soir... sur le moment, pourtant, cela nous paraissait une bonne idée.

Vous savez, quand on voit un barman patibulaire vous regarder d'un mauvais œil et passer les mains sous le comptoir... il vaut mieux prendre les devants. Jacques et moi, on connaît les îles.

– C'est vrai, mais vous n'y avez pas été de main morte ! Vous prétendez avoir à me dire quelque chose d'urgent, et vous m'envoyez dans les bras de Morphée pendant six heures. Vous avez une curieuse notion de l'urgence, les gars !

– Ce n'était ni contre vous ni contre votre ami le barman, répondit Ardissonne. C'était simplement par mesure de sécurité.

– De sécurité ?

– Allons, Tyrell, vous n'êtes pas né de la dernière pluie. Vous savez très bien que la Beqaa a des agents partout, et il faudrait vraiment être naïf pour croire qu'il n'y a pas de fuites dans nos services. Vingt mille livres pourraient tourner la tête à plus d'un fonctionnaire.

– Vous craigniez qu'on apprenne votre présence ici ?

– C'était une éventualité non négligeable. C'est pourquoi nous n'avons sur nous aucun document – pas de photos, pas de dossiers, pas le moindre renseignement écrit. Tout était dans nos têtes. De toute façon, si quelqu'un a vendu la mèche, nous saurons bien nous défendre. Que ce soit à Paris, à Londres ou à Antigua.

– Alors vous revoilà sur le pied de guerre, avec vos trench-coats et vos ruelles sombres à la Sherlock Holmes.

– Pourquoi rejeter en bloc les bonnes vieilles méthodes, les secrets bien gardés et les armes cachées dans les revers de veste et de pantalon ? Elles vous ont sauvé la vie plus d'une fois pendant la guerre froide, non ?

– Peut-être une fois ou deux, pas plus, et j'ai fait tout ce que j'ai pu pour ne pas devenir paranoïaque. Jusqu'à Amsterdam, tout était clair et net. On savait qui allait vous trahir et le prix à payer.

– Le monde a changé, commandant. Nous n'avons plus la chance de connaître nos ennemis. Ils sont d'une nouvelle espèce aujourd'hui – finis les espions, finis les agents doubles, finies les taupes dans l'un ou l'autre camp qu'il faut déterrer. Ce temps-là est révolu. Un jour, nous regarderons en arrière, et nous verrons à quel point ce monde-là était simple, parce que nous n'étions pas si différents les uns des autres. Aujourd'hui, nous avons affaire à des gens qui ne raisonnent pas de la même façon que nous. Nous avons à traiter avec la haine, et non plus avec le pouvoir ou avec des influences politiques. La haine est le seul moteur. La haine à l'état pur. La lie de l'humanité se réveille, toutes les colères contenues explosent, c'est un déferlement de haine aveugle.

– C'est vrai que la situation est grave, Geoff, mais je crois que vous dramatisez un peu les choses. Washington sait tout de cette femme et, jusqu'à ce qu'on l'élimine, la Maison-Blanche s'arrangera pour assurer la sécurité du Président. J'imagine qu'il en sera de même à Londres, Paris et Jérusalem.

– Personne n'est jamais totalement en sécurité.

– C'est vrai, reconnut Hawthorne, mais il faudra qu'elle soit une sacrée magicienne pour tromper les gardes et les systèmes de sécurité parmi les plus pointus du monde. D'après les dires de Washington, les moindres faits et gestes du président Bartlett sont sous haute surveillance. Pas de visites à l'extérieur, pas de bain de foule, la Maison-Blanche est sous quarantaine, coupée du reste du monde. Alors je vous le demande pour la énième fois, qu'est-ce que je viendrais faire là-dedans ?

– Ce n'est pas une magicienne, c'est une véritable illusionniste ! lança Ardissonne. Elle a dupé la DRM, le MI6, le Mossad, Interpol, et tous les services d'espionnage et de contre-espionnage possibles ! Mais cette fois, enfin, nous savons où elle se trouve, une région que nous pouvons passer au crible avec toute notre technologie moderne et nos meilleurs limiers humains. Organiser une battue, une traque menée par des chasseurs avertis qui connaissent les moindres recoins du territoire de la bête, les sorties dérobées, les entrepôts, et tout le toutim.

Hawthorne étudia un moment les deux hommes sans rien dire, les dévisageant tour à tour.

– Supposons que j'accepte, sous certaines conditions, finit-il par dire. On commencerait par quoi ?

– Par cette technologie que vous tenez tant en estime, répondit Cooke. Toutes les antennes de l'OTAN et toutes les autorités locales ont reçu une fiche signalétique de Bajaratt et du jeune type avec qui elle voyage.

– Magnifique, lança Tyrell avec sarcasme. Vous envoyez des bouteilles à la mer et vous attendez des réponses ? Je croyais, messieurs, que vous connaissiez un peu mieux la réalité des îles !

– Vous avez mieux à proposer ? demanda Ardissonne, avec une pointe d'agacement.

– Avec cette méthode, vous avez à peine trente pour cent de chances d'obtenir quelque chose, tant par voie officielle que par voie officieuse. Si quelqu'un la repère, il ne va pas courir vous le dire, il ira d'abord voir la belle et quelques milliers de dollars le rendront muet comme une carpe. Vous êtes restés trop longtemps absents, les gars. Mis à part quelques endroits comme celui-ci, les îles ne sont que misère et pauvreté.

– Qu'est-ce que vous feriez à notre place ? demanda Cooke.

– Ce que que vous auriez dû faire en premier, répliqua Hawthorne. Vous dites qu'elle doit être entrée en contact avec une banque du coin, c'est votre grand truc. Personne ici ne délivrera de grosses sommes d'argent à un étranger sans le rencontrer de visu. Concentrez vos recherches sur les îles où se trouvent ces banques, ce qui réduit leur nombre à une vingtaine. À vous deux, vous pourrez couvrir leur quasi-totalité. Allez les voir avec une valise de billets et convainquez-les de collaborer avec les autorités. Ici, il vaut toujours mieux passer par l'entrée de service. Je suis étonné de devoir vous l'apprendre.

– Votre raisonnement se tient, mais je crains que nous ne soyons pressés par le temps. Selon Paris, elle risque de rester ici deux semaines. Londres est plus pessimiste et annonce sept ou huit jours, grand maximum.

– Alors, vous faites la course pour rien. Elle va vous filer entre les doigts.

– Ce n'est pas si sûr, répondit Ardissonne.

– C'est Londres qui dirige l'opération, expliqua Cooke. Et nous n'avons pas négligé le parfum de corruption qui règne ici. Avec les avis de recherche, il y a un alinéa qui ne risque pas de passer inaperçu. La Grande-Bretagne, la France et les États-Unis offrent chacun un million de dollars à quiconque permettra l'arrestation des deux fugitifs. Inversement, toute personne omettant de transmettre aux autorités des informations importantes sera passible de sanctions extrêmes.

– Dites donc, s'exclama Hawthorne, vous n'y êtes pas allés avec le dos de la cuillère ! Trois millions de dollars ou une balle dans la tête, faites vos jeux !

– Exactement, reconnut l'ancien du MI6.

– Vous reprenez les bonnes vieilles méthodes du NKVD. Même le KGB était plus coulant.

– À peine. C'est vieux comme Mathusalem et c'est très efficace.

– L'heure tourne, Tyrell, lança Ardissonne. Il faut agir vite.

– Quand avez-vous envoyé son portrait-robot et son signalement ?

Cooke consulta sa montre.

– Il y a environ six heures, à cinq heures du matin en temps universel.

– Où se trouve le QG ?

– Pour l'instant, à Tower Street, à Londres.

– Le MI6, conclut Hawthorne.

– Vous avez parlé de certaines conditions, Tyrell, reprit Cooke. Est-ce à dire que vous êtes prêt à nous aider à sauver le monde d'une crise planétaire ?

– Il y a une seule chose qui soit certaine : c'est que je n'ai aucune affection pour les salauds qui le dirigent. Vous voulez que j'intervienne. Très bien ; alors, il va falloir payer. Et d'avance.

– Comme une star de cinéma.

– Il n'est pas question de cinéma ici. Pour avoir une chance de nous en sortir, mon frère et moi, il nous faut deux autres bateaux – des bateaux de classe A, d'occasion mais en bon état. En gros, sept cent cinquante mille dollars pièce, soit au total un million et demi de dollars que je veux voir versés sur mon compte à Saint Thomas à la première heure.

– Vous ne trouvez pas que vous y allez un peu fort ?

– Un peu fort ? Alors que vous êtes prêts à payer trois millions de dollars le moindre quidam qui tombera par hasard sur la belle et son gamin ? Soyons sérieux, Geoff. Payez ou je rentre à Tortola à dix heures demain matin.

– Vous exagérez, Hawthorne. Pour qui vous prenez-vous ?

– Très bien, laissez tomber, et moi, je mets le cap sur Tortola.

– Vous savez bien que nous sommes le dos au mur. Mais je me demande si VOUS valez ce prix-là.

– Vous le saurez quand vous m'aurez payé.

CIA, Langley, Virginie

Raymond Gillette, le directeur de la CIA, fixait des yeux l'officier de marine assis en face de lui, avec un air de mépris et un respect de pure convenance.

– Le MI6, avec l'aide de la DRM, a réussi là où vous avez échoué, colonel, annonça-t-il. Ils ont recruté Hawthorne.

– Nous avons essayé, répondit le colonel Henry Stevens, âgé d'une cinquantaine d'années, en carrant son corps longiligne au fond de son siège.

Pas le moindre mot d'excuse, pas le moindre regret dans la réponse lapidaire du chef des services secrets de la marine qui se sentait physiquement pétri d'un sentiment de supériorité devant l'obésité criante du directeur de la CIA.

– Hawthorne est un entêté de la pire espèce. Ce n'est qu'un type obtus et borné qui refuse de reconnaître la vérité lorsque nous lui mettons sous le nez des preuves irréfutables.

– Vous faites allusion, je suppose, au fait que sa femme suédoise était un agent de l'Est, ou du moins l'une de leurs informatrices ?

– Exactement.

– Et quelles preuves aviez-vous à présenter ?

– Les nôtres ; suite à notre propre enquête, menée avec le plus grand soin.

– Par qui ?

– Par l'un de nos hommes, auprès de sources au-dessus de tout soupçon, présentes sur les lieux.

– Vous voulez dire à Amsterdam ? annonça Gillette, connaissant déjà la réponse.

– C'est exact.

– J'ai lu votre rapport.

– Vous savez donc comme moi que les preuves sont accablantes. Cette femme était sous surveillance constante. Mariée deux mois après sa rencontre avec un officier des services secrets de la marine, et on la voit – que dis-je, on la photographie – entrer la nuit dans

54

l'ambassade soviétique à onze reprises, par une porte dérobée. Que vous faut-il de plus !

– Recouper les informations, peut-être ? Avec nous, par exemple ?

– Les ordinateurs s'en chargent.

– Pas toujours. Si vous ne savez pas ça, vous méritez qu'on vous renvoie éplucher les patates dans les soutes.

– Je n'ai pas de leçon à recevoir d'un civil !

– Vous feriez mieux de changer de ton et d'écouter ce que moi, qui ai encore un vague respect pour vos autres états de service, ai à vous dire, autrement vous pourriez vous retrouver devant les tribunaux, tant civils que militaires. Si toutefois vous parvenez à échapper à Hawthorne qui risque fort de vous faire la peau sitôt qu'il apprendra la vérité.

– Mais de quoi parlez-vous donc ?

– Il se trouve que, nous aussi, nous avons un rapport sur cette affaire.

– Et alors ?

– Vous avez fait en sorte que tous nos agents à Amsterdam sachent que la femme de Hawthorne, une interprète avec laissez-passer diplomatique, travaillait pour Moscou. Chacun d'eux recevait sous le code 12 – top secret – ces mêmes mots de conclusion : Ingrid Hawthorne trahit l'OTAN ; elle est en contact constant avec les Soviétiques. C'était comme un disque rayé répétant inlassablement le même passage.

– C'était la vérité !

– C'était faux, colonel ! Elle travaillait pour nous.

– Vous perdez la tête ou quoi ? C'est impossible !

– J'ai lu notre dossier... et j'ai reconstitué le puzzle. Pour avoir les mains propres, vous avez divulgué une autre information, malheureusement vraie cette fois-ci, et qui lui fut fatale. Vous avez fait savoir à quelques membres choisis du KGB que Mrs. Hawthorne était un agent double, et que son mariage était réel, que ce n'était pas une cérémonie de convenance, comme les Soviétiques le croyaient. Ils l'ont donc éliminée et ont jeté son corps dans le canal Heren. C'est ainsi que nous avons perdu un extraordinaire moyen d'infiltration et Hawthorne son épouse.

– Oh, mon Dieu, articula Stevens en se tortillant sur son siège, balançant son buste d'avant en arrière. Pourquoi est-ce que personne ne nous a prévenus ?... (Soudain, il se figea, et toisa du regard le directeur de la CIA.) Eh, attendez une minute ! Si ce que vous dites est vrai, pourquoi n'en a-t-elle rien dit à Hawthorne ?

– Nous n'en savons rien. Ils étaient dans la même branche ; elle était au courant de ses activités, mais lui ne savait rien des siennes. S'il avait su la vérité, il l'aurait contrainte à laisser tomber, ne connaissant que trop bien les risques qu'elle courait.

– Comment a-t-elle pu lui cacher ?

– Le sang-froid scandinave, peut-être ? Regardez le calme olympien de leurs joueurs de tennis. Elle ne pouvait pas s'arrêter. Son père était mort au goulag, condamné pour activité antisoviétique. Il avait été arrêté à Riga lorsqu'elle était enfant. Elle changea de nom, se construisit une nouvelle histoire, apprit le russe, l'anglais et le français, et partit travailler pour nous à La Haye.

– Nous n'avions rien de tout ça dans nos dossiers !

– Il vous suffisait de décrocher un téléphone avant de prendre des initiatives. Elle n'était pas inscrite sur les fichiers interservices.

– On ne peut donc se fier à rien ni à personne !

– C'est peut-être la raison pour laquelle je suis dans ce fauteuil, lança Gillette, ses petits yeux étroits chargés à part égale de mépris et de compréhension. Je suis un vieux de la vieille du G-2. Au Vietnam, c'était une telle merde que j'en suis sorti avec une réputation que je ne méritais pas – au contraire, j'aurais dû passer dix fois en cour martiale. Je sais donc, colonel, par où vous êtes passé, ce qui ne nous donne aucune excuse, ni à vous ni à moi ; je considère simplement que vous aviez le droit de connaître la vérité.

– Pourquoi avez-vous donc accepté ce poste ?

– Vous m'avez bien fait savoir que j'étais un civil, et vous avez tout à fait raison. Je suis un civil. Parmi les plus riches. Je gagne beaucoup d'argent, en partie grâce à cette réputation largement usurpée ; aussi, lorsqu'on m'a proposé ce boulot, je me suis dit que c'était peut-être l'occasion pour moi de rembourser ma dette. J'aimerais améliorer un peu les choses dans cette branche indispensable de l'État... peut-être pour rattraper mes erreurs du passé.

– Comment, étant donné ce passif, avez-vous pu croire que vous aviez la stature pour ce poste ?

– À cause justement de toutes ces erreurs que j'ai commises autrefois. Nous sommes trop prisonniers du secret, nous ne savons plus communiquer l'essentiel – ni même le discerner dans l'ivraie. Voilà la leçon de l'expérience. Je ne crois pas, par exemple, que vous commettrez de nouveau la même erreur avec une autre Ingrid Hawthorne.

– Ce n'était pas ma faute ! Vous venez de le dire : elle n'était pas inscrite dans nos fichiers !

– Comme une centaine d'autres personnes. Ça donne à réfléchir, non ?

– Je dis surtout que ça pue !

– Parmi eux se trouvent une douzaine de vos propres hommes.

– C'était avant mon arrivée, rétorqua le colonel. Un système ne peut être fiable sans la vigilance de tous. Les logiciels sont garantis sans erreur dans ces ordinateurs.

– Allez donc raconter ça aux pirates qui s'introduisent dans les machines du Pentagone. Ils vous riront au nez !

– Il y a un risque sur un million !

– C'est en gros la même probabilité pour qu'un spermatozoïde donné fertilise un ovule, et pourtant, neuf mois plus tard, la vie est là. Et vous avez éliminé une de ces vies, colonel.

– Vous êtes un...

– Allons, allons, lança le directeur de la CIA, en levant les mains. Cet entretien restera strictement confidentiel. Pour votre gouverne, sachez que j'ai commis la même erreur sur la piste Hô Chi Minh [1] – et cela aussi restera strictement entre nous.

– Vous avez terminé ?

– Pas encore. Je ne peux vous donner aucun ordre, mais je ne saurais trop vous suggérer de contacter Hawthorne et de lui donner tout ce dont il aura besoin. Vous avez des moyens logistiques sur place. Nous, nous sommes un peu coincés ici.

– Il ne voudra pas me parler, répondit le colonel. J'ai essayé plusieurs fois. Dès qu'il comprend à qui il a affaire, il raccroche.

1. Ensemble des itinéraires logistiques du Viêt-minh puis de l'armée nord-vietnamienne utilisés durant les deux conflits indochinois pour acheminer du Nord-Vietnam au Sud-Vietnam renforts et matériel de guerre. (N.d.T.)

– Il a pourtant parlé à quelqu'un de chez vous. Le MI6 l'a confirmé. Selon leur agent, un certain Cooke, à Virgin Gorda, Hawthorne savait tout de cette Bajaratt, tout comme il savait que la Maison-Blanche était placée sous haute surveillance et que le Président se baladait avec un gilet pare-balles. Si ce n'est pas vous qui le lui avez dit, comment sait-il tout ça ?

– J'ai lâché quelques hameçons, répondit Stevens à contrecœur. Voyant que je faisais chou blanc avec cette tête de mule, j'ai demandé à quelques hommes qui connaissaient Tye d'aller le voir et de lui expliquer la situation s'ils avaient l'impression qu'ils pouvaient arriver à le faire revenir sur sa décision.

– Tye ?

– On se connaît, pas très bien, mais on a pris quelques verres ensemble. Ma femme travaillait à l'ambassade à Amsterdam ; ils étaient amis.

– Il a des soupçons ?

– Je lui ai montré les photos de sa femme à l'ambassade soviétique, en lui jurant que nous n'avions rien à voir avec sa mort – ce qui est vrai, en un sens.

– Mais vous en êtes le responsable.

– Ça, il ne peut pas le savoir ; en plus, les Soviétiques signent toujours leurs actes, en guise d'avertissement.

– Reste l'intuition, l'instinct.

– Qu'est-ce que vous voulez au juste, Mr. Gillette ? Cette conversation devient pénible.

– Puisque les Anglais l'ont recruté, organisez au plus vite une rencontre et voyez l'aide que vous pouvez apporter.

Le directeur de la CIA se pencha sur son bureau et commença à écrire dans son bloc-notes.

– Coordonnez vos actions avec le MI6 et les Français ; voici les deux hommes que vous devrez contacter – eux et personne d'autre, et toujours sur ligne brouillée.

Gillette lui tendit un papier.

– Le gratin, à ce que je vois, lança l'officier de marine. Quel est le nom de code ?

– *Petite Amazone.* Et uniquement sous système de brouillage.

– Vous savez, dit Stevens en se levant de sa chaise après avoir rangé le papier dans sa poche, je me demande si nous ne nous affolons pas un peu vite. Nous avons connu une dizaine d'alertes comme celle-là. Des

58

commandos de choc envoyés du Moyen-Orient, des psychopathes prêts à faire un carton sur le grand homme dans les aéroports, des dingues proférant les menaces les plus folles, et quatre-vingt-dix-neuf fois sur cent, ce n'était que du vent. Et voilà qu'une femme seule, voyageant avec un gosse, apparaît sur nos écrans et toutes les sirènes se déclenchent de Jérusalem à Washington, en passant par Paris et Londres. C'est un peu beaucoup, vous ne trouvez pas ?

— Vous avez lu le rapport que j'ai reçu de Londres ? demanda le chef de la CIA.

— Dans le menu. C'est une psychopathe, avec tous les antécédents freudiens possibles, victime, à l'évidence, de troubles obsessionnels patents. Mais cela ne fait pas d'elle une superwoman pour autant.

— Justement, elle ne l'est pas. Plus les gens sont exceptionnels, plus ils sont vulnérables. Bajaratt pourrait être votre voisine de palier, ou un de ces mannequins faisant leurs emplettes rue du Faubourg-Saint-Honoré, ou encore une timide jeune fille de l'armée israélienne. Elle ne dirige personne, colonel, elle orchestre, c'est là où est son génie. Elle suscite l'événement, et entraîne bourreaux et victimes vers le destin qu'elle a conçu. Si elle était américaine, ou d'une autre mentalité, elle serait probablement assise dans ce fauteuil.

L'officier de marine remua sur place, mal à l'aise, respirant profondément, le visage tout empourpré.

— Mon Dieu, qu'est-ce que j'ai fait ? Vous dites que cela restera entre nous ?

— Je vous le promets.

— Seigneur, comment ai-je pu faire ça ? répéta Stevens, tandis que son regard se voilait. J'ai tué la femme de Tye...

— C'est fini, colonel. Pour votre malheur, vous allez vivre avec ce remords jusqu'à la fin de vos jours – comme moi depuis trente ans avec l'affaire de la piste Hô Chi Minh. C'est notre punition.

Le frère de Tyrell, Marc Antony Hawthorne, surnommé Ti-Marc en créole, avait atterri à Virgin Gorda pour s'occuper des clients de son frère. Marc Hawthorne, à bien des égards, était resté le petit frère de Tye. Il le dépassait d'un cheveu, ou presque, mais il était deux fois moins épais, et son visage était lisse, sans les pattes-d'oie de son aîné. Il avait sept ans de moins que Tye et, bien qu'il fût évident qu'il aimait son grand frère, il s'interrogeait souvent sur son bon sens.

— Tye ! lança-t-il sur le quai désert, le soleil se couchant dans son dos. Tu ne vas pas tout plaquer ! Je ne te laisserai pas replonger !

— J'aimerais bien que tu puisses m'en empêcher, mais tu n'es pas de taille.

— Mais que cherches-tu, à la fin ? commença Marc en prenant une voix grave d'imprécateur. Lorsqu'on naît marin, on l'est toute sa vie. Ce n'est pas ce que tu disais ?

— C'est vrai. Mais, sans moi, ils sont perdus. Cooke et Ardissonne ont survolé toute la région. Je les ai emmenés en bateau. Je connais chaque anse, chaque pouce de terre, cartographié ou non, et il y a trop d'autorités qu'on peut acheter pour dix dollars.

— Mais pourquoi replonger, nom de Dieu ?

— Je ne sais pas trop, Marc. C'est peut-être à cause de ce qu'a dit Cooke. La lie de l'humanité se réveille. Ce ne sont plus les ennemis de naguère. C'est une nouvelle espèce, des fanatiques qui veulent détruire tout ce qui les opprime et les confine, selon eux, dans la misère.

— Socio-économiquement parlant, c'est sans doute la vérité. Mais, encore une fois, je ne vois pas en quoi cela te regarde.

— Je viens de te le dire. Sans moi, ils sont paumés.

— Ce n'est pas une raison, c'est tout au plus une justification égocentrique.

— Ça va, monsieur Je-sais-tout, je vais essayer de t'expliquer. Ingrid a été tuée – pour des raisons qui me resteront peut-être à jamais inconnues. Mais on ne peut pas vivre avec quelqu'un comme elle et oublier qu'elle voulait mettre fin à toute forme de violence. À l'heure actuelle, en toute honnêteté, je suis incapable de dire pour quel bord elle était, mais, ce que je sais, c'est qu'elle voulait ardemment la paix. Parfois, lorsque je la tenais dans mes bras, elle se mettait soudain à pleurer. « Pourquoi cela n'a-t-il pas de fin ? Pourquoi tant de haine ? » Plus tard, on m'a dit qu'elle était une taupe de l'Est... et je n'arrive toujours pas à y croire. Mais, même si c'était le cas, je suis persuadé qu'elle l'était pour une juste cause. Elle voulait vraiment la paix ; c'était ma femme, je l'aimais, et dans mes bras elle ne pouvait me mentir.

Il y eut un moment de silence. Finalement, Marc reprit doucement :

— Je ne saurais comprendre ce monde dans lequel tu vivais. Dieu sait que j'en serais incapable. Mais, pour la dernière fois, je veux une réponse. Pourquoi replonges-tu ?

— Parce que quelqu'un qui représente une menace dépassant tout entendement doit être arrêté. Et si je peux aider à éliminer cette psychopathe, car je connais quelques ficelles de ce monde pourri, je me sentirai peut-être un jour comme vengé de la mort d'Ingrid. Parce que ce sont ces mêmes combines pourries qui l'ont tuée.

— Tu sais te montrer persuasif, Tye.

— Heureux de te l'entendre dire, répondit Hawthorne en tapotant l'épaule de son petit frère. Parce que, pour les deux semaines à venir, c'est toi qui vas tenir la boutique, et qui devras chercher deux nouveaux sloops de classe A, avec grand-voile, foc et beaupré. Si tu en vois un à un bon prix et que je ne sois pas joignable, prends une option dessus.

— Avec quoi ?

— L'argent sera viré à la banque demain matin à Saint Thomas — un petit geste de mes employeurs temporaires.

— Je suis heureux de voir que tu sais concilier idéalisme et pragmatisme.

— Ils me doivent bien ça, et encore j'y suis de ma poche.

— En attendant, il faut que je trouve un autre skipper. Je te rappelle que nous avons deux croisières retenues pour lundi.

— J'ai appelé Barbie à Red Hook ; elle marche avec nous. Son bateau n'est pas encore réparé des dégâts causés par l'ouragan.

— Tye, tu sais que les clients ne se sentent pas rassurés lorsque ce sont des femmes qui sont à la barre !

— Dis-lui de faire comme avec ses propres clients, lorsqu'ils découvrent que le *B* de B. Pace ne signifie pas Bruce ou Ben, mais Barbara. Il faut la voir rudoyer son second dès que l'ancre est levée ! Un vrai tyran !

— Elle le paie aussi grassement pour encaisser tout ça.

– Paie, nous sommes riches.

Brusquement, le rugissement d'un moteur, suivi d'un crissement de pneus, résonna sur le parking plongé dans le crépuscule. Quelques instants plus tard, les voix étouffées de Cooke et d'Ardissonne appelant Marty et Mickey dans l'atelier de réparation du port se firent entendre. Puis l'Anglais et le Français apparurent sur le ponton en courant.

– Qu'est-ce qui se passe ? demanda tranquillement Tyrell.

– Qu'est-ce qui se passe ! s'exclama Geoffrey Cooke, hors d'haleine. Nous venons de chez le gouverneur, voilà ce qui se passe... Bonjour, Marc. Je suis désolé mais nous allons devoir avoir une conversation avec votre frère en privé.

L'homme du MI6 attira Hawthorne à l'écart, suivi de près par Ardissonne.

– Du calme, dit Hawthorne. Reprenez donc votre souffle.

– Nous n'avons plus le temps ! répondit Ardissonne. On vient de recevoir quatre rapports : chacun prétend avoir repéré la femme et le gamin.

– Dans la même île ?

– Non, dans trois différentes ! lança Cooke. Mais dans chacune d'elles, il y a une succursale d'une banque internationale.

– Cela veut dire que deux des rapports viennent de la même île.

– Oui, de Sainte-Croix. De Christiansted. Un avion nous attend à l'aérodrome. Je vais y faire un saut.

– Pourquoi ? intervint Hawthorne, agacé. Je ne veux pas vous blesser, Geoff, mais je suis le plus jeune et, à l'évidence, en bien meilleure forme que vous. Laissez-moi Sainte-Croix.

– Vous n'avez même pas vu les photos !

– Comme elle est différente sur les trois, elles ne nous sont guère utiles.

– Vous avez la mémoire courte, Tyrell. Il y a une toute petite chance que l'une de ces photos soit la bonne. En ce cas, nous ne la raterons pas.

– Montrez-moi donc ces photos !

– Elles vont arriver par courrier ; Virgin Gorda n'est pas dans notre zone de sécurité. Les Français vont vous les faire parvenir de la Martinique, à la première heure demain, par voie diplomatique.

– Nous ne pouvons perdre davantage de temps, insista Ardissonne.

– Je vous donnerai les noms de nos contacts, Tyrell, dit Cooke. Vous irez à Saint-Barthélemy. Jacques ira à Anguilla.

Hawthorne se réveilla dans le petit lit de l'hôtel de Saint-Barthélemy, toujours aussi irrité de voir que Cooke l'avait envoyé dans une impasse manifeste. Le témoin qu'il avait retrouvé par l'entremise du chef de la police de l'île était un indicateur connu des services policiers, un bluffeur excité par les trois millions de dollars en jeu. Il avait vu une vieille Allemande, accompagnée par son petit-fils, débarquer de l'hydrofoil de Saint-Martin. Avec ce témoignage plus que léger, il était venu trouver les autorités, pour toucher la prime. La grand-mère en question se révéla être une mamma toute teutonne qui, désapprouvant le mode de vie bohème de sa fille, avait décidé d'emmener en croisière son petit-fils dans les îles.

Hawthorne explosa de rage et décrocha le téléphone pour commander ce que l'hôtel pouvait lui offrir comme petit déjeuner.

Tyrell déambulait dans les rues de Saint-Bart, tuant le temps jusqu'à l'heure de prendre un taxi pour l'aérodrome où un avion le ramènerait à Virgin Gorda. Il n'y avait rien d'autre à faire que de se promener. Il détestait rester seul dans une chambre d'hôtel. Il avait l'impression d'être en prison et, rapidement, il ne supportait plus sa propre présence.

Et soudain, l'impensable arriva. À une cinquantaine de mètres de lui, traversant la rue en direction de l'entrée de la Bank of Scotland, il aperçut la femme qui l'avait sauvé de la folie et qui l'avait même empêché de mettre fin à ses jours. Elle était, si tant est que ce fût possible, encore plus belle qu'avant. Ses longs cheveux bruns qui soulignaient son visage de rêve hâlé par le soleil, sa façon de marcher, cette démarche souple et chaloupée de Parisienne, cet air courtois qui savait garder à distance tout étranger... tout lui revenait en mémoire, avec cette apparition magnifique, cette bouffée de bonheur presque insupportable.

– Dominique ! cria-t-il en écartant les gens sur son

passage pour rattraper cette femme qu'il n'avait plus vue depuis si longtemps, depuis trop longtemps.

Elle se retourna, son visage resplendissant, un sourire de bonheur aux lèvres. Il la plaqua contre une vitrine de boutique et il l'embrassa, retrouvant dans l'instant l'ardeur et la tendresse d'autrefois.

– Ils m'ont dit que tu étais rentrée à Paris !

– C'est vrai, mon amour. Ma vie m'attendait là-bas.

– Pas un mot, pas une lettre, pas même un coup de fil. J'ai cru devenir fou !

– Je ne remplacerai jamais Ingrid, c'était évident.

– Si tu savais comme j'aurais voulu que tu essaies.

– Nous venons de deux mondes différents, mon tendre amour. Ta vie est ici, la mienne est en Europe. J'ai des responsabilités que tu n'as pas, Tye. J'ai essayé de te l'expliquer plusieurs fois.

– Je ne m'en souviens que trop bien. Des actions pour l'Unicef, du pain pour la Somalie... et j'en passe et des meilleures.

– J'étais restée absente trop longtemps, bien plus que prévu. L'organisation battait de l'aile, et plusieurs gouvernements cessaient de nous aider. Mais, maintenant que le Quai d'Orsay est derrière nous, les choses sont plus faciles.

– Comment ça ?

– Par exemple, l'année dernière en Éthiopie...

Tandis qu'elle narrait les exploits de son organisation humanitaire – contre la bureaucratie, ou autres Goliaths –, elle resplendissait d'enthousiasme, comme si elle était entourée d'une aura magique et irrésistible. Ses grands yeux pétillants de vie, son visage expressif révélaient tout l'espoir et la force intarissable qui l'animaient. Elle semblait avoir une compassion infinie pour autrui, soutenue par une sincérité à toute épreuve, qui frisait parfois la naïveté, sans jamais perdre pour autant sa clairvoyance d'esprit et sa science des mondanités.

– ... et c'est ainsi que nous avons pu faire passer vingt-huit camions ! Tu ne peux savoir ce que c'était de voir tous ces villageois, en particulier les enfants, le visage creusé par la faim, et les vieux, qui avaient pratiquement perdu tout espoir. Je pleurais de bonheur comme une Madeleine ! Et maintenant, Dieu merci, les vivres arrivent régulièrement, et nous établissons des liaisons un peu partout dans le pays, mais, si nous relâchons la pression, tout s'arrête !

– La pression ?

– Tu sais, mon amour, nous ne cessons de harceler les oppresseurs avec nos propres armes, d'une façon tout à fait pacifique, bien entendu, bardés d'une batterie de documents officiels. On ne plaisante pas avec la République française ! lança Dominique, avec un sourire triomphant et malicieux.

Il l'aimait tant. Il ne la laisserait pas s'en aller une deuxième fois !

– Allons boire un verre, lança-t-il.

– Bonne idée ! J'ai tant de choses à te dire. Tu m'as tant manqué. J'ai rendez-vous avec l'avocat de mon oncle à la banque, mais ça peut bien attendre.

– C'est ce qu'on appelle le « charme des îles ». Personne n'arrive jamais à l'heure à ses rendez-vous.

– Je lui passerai un coup de fil du café.

4

Ils étaient assis à la terrasse d'un café, leurs mains jointes au-dessus de la table, tandis que le serveur apportait un thé glacé à Dominique et un pichet de vin blanc à Hawthorne.

– Pourquoi es-tu partie si soudainement? demanda Tyrell.

– Je te l'ai dit. J'avais d'autres obligations.

– J'aurais pu en devenir une, moi aussi.

– C'est bien ça qui me faisait peur. Tu commençais à prendre trop de place dans ma vie, c'est aussi simple que ça.

– Pourquoi cela te faisait-il peur? Je pensais que tu avais les mêmes sentiments que moi?

– Ton chagrin pour Ingrid était étouffant, Tye. Tu ne buvais pas parce que tu étais alcoolique – tu l'as prouvé maintes fois avec tes clients. Il fallait simplement que tu te déconnectes de la réalité lorsque tu te retrouvais face à toi-même. Tu n'arrivais pas à te pardonner sa mort.

– Je commence à comprendre...

– À comprendre quoi?

– Tu ne voulais pas n'être qu'une simple infirmière, et j'étais tellement replié sur moi-même que je n'ai pas su le voir. Si tu savais comme je m'en veux...

– Tye, tu étais blessé au plus profond de ta chair, et complètement perdu, c'était normal. Si j'avais souffert de notre relation, je ne serais pas restée avec toi aussi longtemps. Presque deux ans, mon chéri.

– C'était trop court.

– C'est vrai.

– Tu te souviens de notre rencontre ? demanda Hawthorne en la regardant avec tendresse.

– Comment pourrais-je l'oublier ? répliqua-t-elle en riant doucement, les mains dans les siennes. J'avais loué un bateau et je rentrais dans la marina de Saint Thomas. Et j'avais du mal à me glisser dans l'emplacement qu'on m'avait alloué.

– Du mal ? Tu arrivais toutes voiles dehors, comme pour le départ d'une régate. Tu m'as fichu une de ces frousses !

– Je n'avais pas vu que tu avais peur ; en revanche, ta colère était évidente.

– Dominique, mon sloop était amarré en plein sur ta trajectoire.

– Oui, je me souviens. Tu es sorti sur le pont en agitant les bras et en jurant comme un forcené. Mais je ne t'ai pas rentré dedans, hein ?

– Je ne sais toujours pas comment tu as fait pour m'éviter.

– Tu ne le sauras jamais, mon chéri. Tu étais tellement en colère que tu as fait un faux pas, et tu es tombé à l'eau !

Ils éclatèrent tous les deux de rire, en se rapprochant l'un de l'autre.

– Je me sentais horriblement honteuse, poursuivit Dominique à mi-voix. Mais je me suis excusée quand tu es remonté sur le quai.

– C'est vrai, tu l'as fait au Fishbait's Whisky Shack, et de la plus belle manière. Ton arrivée dans ma vie m'a fait bénir mon métier... Et tu allais me donner quelques-uns des plus beaux moments de mon existence. Je me souviens de nos balades en bateau parmi toutes ces minuscules îles, lorsqu'on dormait sur les plages, lorsqu'on y faisait l'amour.

– Lorsqu'on s'aimait, mon chéri...

– On pourrait recommencer ? Le passé s'efface, et je suis moins paumé qu'avant. J'ai réappris à vivre, tu sais. Je connais même des blagues idiotes, et je suis sûr que tu aimerais bien mon frère... Si on recommençait, Dominique ?

– Je suis mariée, Tye.

Hawthorne eut l'impression de recevoir un coup de bôme sur la nuque. Pendant plusieurs instants, il ne put articuler un mot, comme s'il avait perdu l'usage de la parole. Tout ce qu'il parvint à faire, ce fut de baisser les yeux et de tenter de respirer normalement. Il commença à lâcher la main de Dominique ; elle arrêta brusquement son geste et prit ses deux mains dans les siennes.

– Mon chéri...

– Cet homme a de la chance, dit Tyrell en regardant leurs mains enlacées. Il est gentil, au moins ?

– Il est gentil, dévoué et très riche.

– Je ne suis pas de taille sur au moins deux points. Mais je serais dévoué.

– L'argent a pesé dans la balance, je dois le reconnaître. Je n'ai pas des goûts de luxe, mais mes combats coûtent cher. Le milieu de la mode m'a, certes, offert un appartement charmant et de beaux habits, mais se contrefiche de mener des croisades pour la paix à l'autre bout du monde. J'ai laissé tout ça derrière moi sans le moindre remords. Je n'ai jamais beaucoup aimé l'idée que seule une infime partie de la population puisse s'offrir les vêtements que je dessinais.

– Nous ne sommes pas du même monde, effectivement. Tu as donc fait un mariage heureux ?

– Je ne dirais pas ça, répondit Dominique sans hésitation, en baissant à son tour les yeux vers leurs mains jointes.

– Je ne te suis plus.

– Il s'agit d'un mariage de convenance, comme disait La Rochefoucauld.

– Pardon ?

Hawthorne releva la tête et scruta son visage impassible.

– Mon mari est un homosexuel invétéré.

– Que Dieu soit loué de ses bontés !

– Cette remarque l'amuserait... Nous menons une vie étrange, Tye. Il est très influent et extrêmement généreux. Non seulement il m'aide à trouver des fonds, mais il obtient le soutien de gens haut placés, ce qui nous est absolument indispensable.

– Comme ces documents auxquels tu faisais allusion tout à l'heure ? lança Tyrell.

– On a des contacts jusqu'à la tête du Quai d'Orsay, précisa Dominique avec son sourire enjôleur. Il dit que c'est la moindre des choses qu'il puisse faire, car il persiste à croire que je lui suis d'une aide inestimable.

– C'est évident. Personne ne saurait passer inaperçu en t'ayant à ses côtés.

– Oh, il va plus loin que ça. Il est persuadé que j'attire les clients haut de gamme ; il dit souvent que seul un grand de ce monde aurait les moyens de s'offrir une fille comme moi. Il plaisante, évidemment.

Avec une sorte de regret, elle retira ses mains de celles de Hawthorne.

– Évidemment, répéta-t-il en se versant le fond de son pichet de vin, avant de se laisser aller contre le dossier de sa chaise. Alors, comme ça, tu viens rendre une petite visite à ton oncle de Saba ?

– Mon Dieu, j'ai complètement oublié ! Je dois absolument téléphoner à la banque et prévenir son avocat... Voilà, tu sais tout sur moi. Ce sera du temps de gagné quand on se reverra la prochaine fois.

– J'aimerais tant être sûr que l'on va...

– C'est promis, Tyrell, l'interrompit Dominique en se penchant vers lui, ses grands yeux noisette vrillés dans les siens. Fais-moi confiance, mon chéri... Où est le téléphone ? Je crois en avoir aperçu un en entrant.

– Dans le hall.

– Je reviens dans une minute. Mon pauvre oncle songe à déménager de nouveau ; les voisins commencent à devenir un peu trop envahissants.

– Saba, la plus recluse d'entre toutes les îles, répondit Tyrell, sourire aux lèvres. Pas de téléphone, pas de courrier et pas de visiteurs.

– Je lui ai acheté une antenne satellite, dit Dominique en se levant de sa chaise. Il adore regarder les matches de football ; il trouve que toute cette technologie tient de la sorcellerie, mais il ne peut pas quitter sa télé des yeux... Ne bouge pas, je reviens tout de suite.

– Je t'attends, répondit Hawthorne en regardant s'éloigner la femme qu'il avait pensé ne jamais revoir de sa vie.

Toutes ces nouvelles, coup sur coup, l'avaient mis à rude épreuve ; il avait l'impression d'être au milieu de l'océan, emporté par des vagues successives. L'annonce du mariage avait manqué de l'envoyer par le fond, mais la découverte que cette union n'était qu'une façade lui avait sorti la tête de l'eau, et lui donnait à présent du baume au cœur... Il ne pouvait pas la perdre, pas une seconde fois. Il ne la laisserait pas s'en aller.

Peut-être allait-elle appeler son oncle pour lui dire qu'elle rentrerait tard à Saba ? Des avions-taxis assuraient la navette entre les îles toutes les heures, jusqu'au soir. Ils ne pouvaient pas se quitter ainsi, aussi vite ; c'était inconcevable, et elle le savait aussi bien que lui. Il sourit en songeant à cet oncle excentrique qu'il n'avait jamais rencontré, à cet avocat parisien qui avait passé plus de trente ans dans le milieu de requins du droit, courant de conseils d'administration en salles de tribunal, jonglant avec des millions à la moindre décision, et qui s'était soudain lassé de ses clients hystériques qui plaçaient trop souvent l'argent au-dessus de tout et lui faisaient détester ce métier.

Tout ce qu'il désirait, c'était une vie tranquille, échapper à ce monde de fous pour peindre des fleurs et des couchers de soleil, et se prendre pour un nouveau Gauguin. Dominique disait qu'il était parti avec sa vieille cuisinière, en laissant au pays une épouse cupide et ambitieuse avec de quoi continuer à mener grand train, et deux chipies de filles, toutes deux marchant sur les traces de la mère ; il s'était envolé vers les Antilles, à la recherche de son Tahiti.

C'est par hasard qu'il entendit parler de Saba, en discutant avec un inconnu au bar de l'aéroport de la Martinique. L'homme avait autrefois fui la civilisation, mais il avait décidé aujourd'hui de retrouver les lumières de Paris pour ses dernières années ; il vendait sa maison. Une construction modeste, mais soignée, sur l'île de Saba. Sa curiosité piquée au vif, l'oncle de Dominique voulut en savoir plus. On lui montra des photos de la maison en question. Sans l'avoir jamais vue, sauf sur ces clichés écornés, l'avocat à la retraite acheta aussitôt la propriété, rédigeant l'acte de vente lui-même sur un coin de table, tandis que sa cuisinière le regardait, sidérée. Il joignit ensuite son cabinet à Paris, pour demander à son ancien vice-directeur, devenu P-DG depuis, de payer l'homme à son arrivée à Paris et de déduire le prix d'achat de la propriété de la rente confortable dont il jouissait. L'oncle posa une seule condition, au moment de signer le contrat dans le bar de l'aéroport. Le propriétaire devait contacter la compagnie des téléphones de Saba et lui demander de couper la ligne et de retirer tous les appareils dans la maison. L'homme rentra au pays éberlué, sa fortune faite ; il contacta l'agence locale de Saba d'une cabine téléphonique à l'aéroport, et dut se mettre en colère pour que l'on suive ses instructions.

Ce genre d'histoire courait dans toutes les Antilles, car les îles étaient des asiles tentants pour les dissidents, les têtes brûlées et les âmes égarées. Il fallait faire preuve de beaucoup de compassion et d'attention pour ces exilés, et Dominique, l'une des plus grandes bienfaitrices sur terre, veillait sur son vieil oncle lassé du monde et de ses laideurs.

– C'est incroyable ! lança Dominique à son retour, mettant un terme aux rêveries de Tyrell. L'avocat me fait dire qu'il est débordé et propose que l'on se voie demain, en insistant sur le fait qu'il aurait pu me prévenir s'il y avait eu un téléphone dans la maison.

– C'est un fait indéniable.

– J'ai donc passé un autre coup de fil, commandant. Tu étais bien commandant, hein ? lança Dominique.

– Il y a longtemps, répliqua Tyrell en secouant la tête. Et depuis, je suis monté en grade. Je suis le capitaine de mon propre bateau.

– Tu appelles ça une promotion ?

– Crois-moi, c'en est une, et une sacrée ! Qui d'autre as-tu appelé ?

– Les voisins de mon oncle, ce couple si attentionné qui incite mon oncle à déménager. Ils n'arrêtent pas de venir lui apporter des légumes de leur jardin ; ils évitent le barrage de la cuisinière et viennent le déranger dans sa peinture – ou pendant ses matches de foot.

– Des gens charmants, quoi !

– C'est vrai. Mais lui, c'est un vieil ours ! J'ai donc donné l'occasion à ces gens charmants de se rendre utiles. Je leur ai demandé d'aller lui dire qu'il y a quelques difficultés pour faire venir les actes de propriété du continent, que son avocat, la banque et moi-même essayons en ce moment de régler le problème, et que par conséquent je rentrerai tard.

– Magnifique ! lança Hawthorne, se sentant pousser des ailes. Tu exauces mon vœu le plus cher.

– Je ne pouvais pas faire moins, Tye. Je n'ai pas été très polie la dernière fois. Tu m'as manqué aussi.

– Je viens de rendre une chambre d'hôtel à deux pas d'ici, annonça Tyrell en se tortillant les doigts. Je suis sûr qu'elle est encore libre.

– Bonne idée! Allons-y vite. Comment s'appelle cet hôtel?

– Dire que c'est un hôtel est un peu exagéré. Il s'appelle Le Flamboyant, et je peux t'assurer qu'il n'a rien de tel.

– Vas-y vite, mon chéri. Je t'y rejoindrai dans dix minutes. Préviens la réception de mon arrivée et donne-moi le numéro de ta chambre.

– Pourquoi?

– Je veux nous faire un petit cadeau. À toi et à moi. Il faut fêter ça, non?

Ils étaient enlacés dans un coin de la petite chambre d'hôtel, Dominique toute tremblante dans ses bras. Elle avait acheté trois bouteilles de champagne, que le réceptionniste de l'hôtel venait de leur apporter dans des seaux à glace, contre un généreux pourboire.

– C'est presque comme du vin blanc, lança Tyrell en la lâchant pour se diriger vers le plateau et ouvrir la première bouteille. Tu sais qu'après ton départ je n'ai plus jamais bu une goutte de whisky? Bien sûr, j'ai écluse toutes les réserves de l'île pendant les quatre jours suivants, et perdu deux clients, mais, depuis, plus une goutte.

– Le whisky, pour toi, n'était qu'une sorte de soutien, pas une nécessité. Au moins, mon départ aura eu quelque chose de positif...

Dominique s'assit devant la fenêtre qui donnait sur le port de Saint-Bart.

– J'ai changé, tu sais... (Hawthorne posa leurs coupes et la bouteille sur la table basse et s'assit en face d'elle.) Épargne-moi, je t'en prie, ce genre de phrase cliché; c'est aussi ridicule que si tu me disais : « Je ne songe qu'à ton bonheur [1]. »

– C'est pourtant vrai. Je ne songeais qu'à notre bonheur à tous les deux, mon chéri.

Ils vidèrent leur champagne et Hawthorne remplit leurs coupes.

– Alors, comme ça, tu as des clients dans le coin? demanda Dominique.

– Non... (Il tourna la tête vers la fenêtre, le temps d'inventer quelque chose.) Je fais des repérages pour

1. Dernière réplique d'Humphrey Bogart à Ingrid Bergman dans *Casablanca*. (N.d.T.)

une chaîne d'hôtels de Floride ; ils misent sur le fait que les jeux feront bientôt fureur ici et ils ont besoin de moi comme éclaireur. Ce fléau gagne toutes les îles. Il y a trop d'argent en jeu.

– Oui, j'ai appris ça. C'est triste, d'une certaine manière.

– Oui, c'est triste, et sans doute inévitable. Les casinos créent des emplois et... mais je ne veux pas que l'on parle des îles, parlons de nous, plutôt.

– Il n'y a pas grand-chose à dire, Tye. Ta vie est ici, la mienne est en Europe, en Afrique, ou dans des camps de réfugiés à travers la planète – partout où les gens ont besoin de notre aide... Verse-moi un autre verre. Le champagne et toi me font tourner la tête.

– Mais ta vie à toi ? insista Hawthorne en remplissant leurs coupes.

– J'y songerai bientôt, mon chéri. Un jour ou l'autre, je reviendrai et, si tu es toujours libre, je m'assiérai sur les marches des Croisières Olympic et je te dirai : « Coucou, c'est moi, commandant. Si vous ne voulez pas de moi, jetez-moi aux requins ! »

– Mais quand ?

– Dans pas longtemps. Même moi, je commence à me lasser... Mais ne parlons pas du futur, Tye. Parlons d'aujourd'hui.

– Comment ça ?

– Toujours grâce à la gentillesse des voisins de mon oncle, j'ai pu téléphoner à mon mari ce matin. Je dois rentrer à Paris ce soir. Il a des affaires à traiter avec la famille princière de Monaco et il voudrait que je sois à ses côtés.

– Ce soir ?

– Je ne peux pas lui refuser ça, Tye, il a tant fait pour moi, et il ne réclame que ma présence. Il m'envoie un jet privé à la Martinique. Je serai à Paris dans quelques heures ; le temps de faire ma valise et quelques emplettes, je m'envole pour Nice et le retrouve là-bas le soir même.

– Tu disparais de nouveau, annonça Hawthorne, le champagne rendant sa bouche pâteuse. Et tu ne reviendras pas !

– Tu as tout faux, mon chéri ! Je serai de retour dans deux ou trois semaines, je te le promets. Mais, pour les quelques heures qu'il nous reste à passer ensemble, sois avec moi, sois tout à moi, et fais-moi l'amour.

Dominique se leva de sa chaise, retira sa veste et son pantalon de coton blanc, et commença à dégrafer son chemisier. Tyrell se leva et se déshabilla, s'interrompant un instant pour remplir de nouveau leurs verres.

– Pour l'amour du ciel, viens ! l'implora-t-elle en l'attirant à elle. Viens !

La fumée de leurs cigarettes planait au plafond dans la lumière de l'après-midi, leurs corps assouvis, l'esprit de Hawthorne enfin apaisé par l'intensité de leur plaisir et les multiples coupes de champagne.

– Comment va mon amour ? murmura Dominique en roulant sur le torse de Tyrell, sa poitrine généreuse reposant contre ses joues.

– Peu importe qu'il existe un paradis au ciel, celui-ci me suffit, répondit Hawthorne avec un sourire malicieux.

– Après de telles considérations métaphysiques, un nouveau verre s'impose – pour toi, comme pour moi.

– C'est la dernière bouteille, et nous sommes complètement ronds, jeune fille.

– Peu importe. C'est notre dernière heure – jusqu'à la prochaine fois.

Dominique se pencha au-dessus du lit et vida le fond de champagne dans leurs coupes, en aspergeant abondamment le sol autour d'elle.

– Tiens, bois, mon chéri, dit-elle en portant la coupe aux lèvres de Hawthorne. Je veux me souvenir de chaque instant passé avec toi.

– Comment pourrais-je oublier ce moment ? répondit Hawthorne en regardant le sein de Dominique frôler son visage. Tu es unique, faite en un seul exemplaire...

– Merci du compliment, commandant... Oh ! pardon, j'ai oublié que tu n'aimais pas ce titre.

– Je t'ai parlé d'Amsterdam, articula-t-il de façon quasi inintelligible. Je hais ce titre militaire... Oh, mon Dieu, je suis ivre... Ça fait si longtemps que je n'ai pas été soûl... J'ai l'impression que cela fait des siècles...

– Tu n'es pas ivre, mon chéri. Nous ne faisons que fêter nos retrouvailles. Tu te souviens ?

– Oui, bien sûr.

– Fais-moi encore l'amour.

– Quoi ? parvint-il à marmonner avant que sa tête ne retombe lourdement sur l'oreiller.

Il n'avait plus l'habitude d'ingurgiter de telles quantités d'alcool et n'eut pas le temps de demander grâce qu'il dormait déjà.

Dominique se leva sans bruit et s'habilla rapidement. Soudain, elle regarda la veste de coton de Hawthorne abandonnée à terre ; c'était une tenue classique des Antilles, un habit léger à quatre poches que l'on portait à même la peau sous les tropiques. Ce n'était pas la veste qui attirait ainsi son regard, mais une enveloppe pliée en deux, à moitié froissée, entourée d'un liséré bleu et rouge, comme sur les documents officiels ou prétendus tels. Elle s'agenouilla, tira l'enveloppe de la poche et sortit le document qu'elle contenait. Il s'agissait d'une note manuscrite, rédigée dans un style télégraphique. Elle s'approcha de la fenêtre. La note avait été écrite sur le bloc d'un yacht-club :

Sujet : *Femme d'âge mûr voyageant avec jeune homme d'environ dix-huit ans.*

Signalement : *Description incomplète mais pourrait être Bajaratt, accompagnée du garçon repéré à Marseille. Noms sur registre de bord de l'hydrofoil : Frau Marlene Richter et Hans Bauer, son petit-fils. Première fois que Bajaratt utilise une identité germanique. On ignorait qu'elle parlait allemand, mais tout est possible.*

Contact : *Inspecteur Lawrence Major, chef de la police de saint Barthélemy.*

Source : *Non communiquée. À demander sur place.*

Méthode : *Approcher les sujets par-derrière, arme au poing, crier le nom de Bajaratt et être prêt à faire feu.*

Dominique rangea la note dans l'enveloppe, traversa la chambre plongée dans le clair-obscur des volets et replaça le document dans la poche de la veste. Elle se redressa pour contempler la silhouette nue endormie sur le lit. Son bel amant lui avait menti. Le commandant Tyrell Hawthorne, patron des Croisières Olympic de Virgin Gorda, reprenait du service dans la marine, pour traquer une terroriste venant de la Beqaa dont on avait suivi la trace de Marseille jusqu'aux Antilles. « Quel mélo ! songea Dominique en se dirigeant vers le bureau pour ramasser son sac à main. Quel ridicule mélo ! »

Elle s'approcha de la table de nuit, alluma la radio et monta progressivement le volume jusqu'à ce que la musique tonitruante emplisse toute la pièce. Hawthorne ne bougea pas.

C'était terrible et nécessaire... Elle était pleine d'un chagrin qu'elle s'interdisait de s'avouer et cela ne faisait que plus mal encore. Elle avait rêvé d'une autre vie, une vie où elle n'aurait pas eu besoin de tuer pour survivre, où un gentil mari aurait été à ses côtés, la laissant chercher le bonheur à sa manière, à l'écart de ce monde plein de honte et de duperie. Comme tout aurait été simple, facile... mais ce n'était pas le cas ! Elle aimait cet homme nu endormi sur ce lit, son corps, son esprit, même sa souffrance, car elle le comprenait tout entier. Mais il était temps de redescendre sur terre. Le monde réel l'attendait.

Elle ouvrit son sac à main et lentement, avec d'infinies précautions, elle en sortit un petit pistolet automatique. Elle l'enfonça dans l'oreiller et le plaqua contre la tempe de Hawthorne. Son index se referma sur la détente, tira millimètre par millimètre sur le mécanisme tandis que la musique reggae atteignait un paroxysme... *Impossible !* Elle se maudissait mais c'était plus fort qu'elle. Elle ne pouvait presser la gâchette. Elle aimait cet homme, autant qu'elle avait aimé son justicier d'Ashkelon !

Amaya Bajaratt rangea son arme dans son sac à main et sortit rapidement de la chambre.

Hawthorne se réveilla, la tête douloureuse, l'œil vague, sentant aussitôt que Dominique n'était plus à ses côtés. Où était-elle ? Il sauta du lit et chercha des yeux le téléphone. Il aperçut le vieil appareil sur la table de nuit de l'autre côté du lit. Il se précipita et appela la réception.

– La femme qui était avec moi ! cria-t-il. Quand est-elle partie ?

– Il y a environ une heure, répondit l'employé. Une femme très gentille.

Tyrell raccrocha le téléphone d'un geste rageur et se dirigea vers la minuscule salle de bains. Il ouvrit le robinet du lavabo et s'aspergea le visage d'eau froide, toutes ses pensées tournées vers l'île de Saba. Elle ne s'en irait pas sans aller dire au revoir à son oncle... Mais il devait d'abord contacter Cooke à Virgin Gorda, pour lui dire que son tuyau était pourri.

– Sainte-Croix n'a rien donné non plus, comme Anguilla, répondit Cooke. C'est à croire que l'on nous a envoyés chasser le dahu. Vous rentrez ce soir ?

– Non, je suis sur les traces de quelqu'un d'autre.

– Vous avez trouvé quelque chose ?

– Trouvé et perdu, Geoff. C'est important pour moi, mais pas pour vous. Je vous rappelle plus tard.

– Faites. Nous avons encore deux autres pistes à vérifier, Jacques et moi.

– Vous direz à Marty où je pourrai vous joindre.

– Marty, le mécanicien ?

– Entre autres, oui.

Les flotteurs de l'hydravion crevèrent la mer d'huile, puis l'appareil manœuvra pour s'enfoncer dans la petite crique de l'île privée. Le pilote approcha son avion du petit ponton où l'un des gorilles armés de Lupo montait la garde. L'homme attrapa l'aile au-dessus de lui, stabilisa l'engin, et aida Bajaratt, de sa main libre, à sauter sur le ponton.

– Le *padrone* a passé une bonne journée, *signora*, annonça le garde avec un fort accent, en hurlant pour couvrir le bruit des moteurs. Votre présence vaut tous les traitements du monde. Il chantait des airs d'opéra dans son bain.

– Vous pouvez vous occuper de l'avion ? demanda la Baj rapidement. Je dois aller voir le *padrone* tout de suite.

– Il n'y a pas grand-chose à faire, *signora*. Il suffit de pousser l'aile et notre ami de confiance fera le reste.

– *Va bene !*

Amaya monta quatre à quatre l'escalier et reprit son souffle en arrivant au sommet. Mieux valait ne pas montrer son anxiété. Le padrone n'aimait pas les gens qui perdaient leur sang-froid, ce qui n'était pas son cas, mais le fait que sa présence aux Antilles fût connue des services secrets internationaux lui avait causé un choc. Elle pouvait accepter que le padrone soit au courant, car il avait des liens étroits avec la Beqaa, mais qu'une vaste traque ait été montée à son sujet, au point de faire reprendre du service à Hawthorne, était pour le moins inquiétant. Elle prit une profonde inspiration, s'engagea dans l'allée et tourna la poignée de bronze de la porte. Elle s'arrêta sur le seuil, apercevant la frêle silhouette dans son fauteuil roulant, qui lui faisait des petits signes de l'autre côté d'une énorme cheminée.

– *Ciao*, Annie ! lança le padrone, un petit sourire aux

lèvres pour montrer sa joie malgré ses faibles forces. Tu as passé une bonne journée, mon enfant ?

– Je n'ai jamais mis les pieds à la banque, répliqua Bajaratt en entrant dans la pièce.

– C'est dommage. Pourquoi donc ? Je t'aime trop pour laisser des fonds être transférés de mon compte vers le tien. Ce serait bien trop risqué. Et mes amis du Moyen-Orient ont largement de quoi répondre à tous tes besoins.

– Ce n'est pas l'argent qui m'inquiète, répondit Amaya. Je pourrais y retourner demain pour l'avoir. Ce qui m'inquiète, c'est que les Américains, les Anglais et les Français savent que je suis aux Antilles !

– Évidemment qu'ils sont au courant, Annie ! Comment crois-tu que j'ai eu vent de ton arrivée ?

– J'imaginais que la Beqaa vous avait prévenu.

– Je t'ai pourtant dit que la DRM, le MI6 et même les Américains te cherchaient partout ?

– Ne m'en voulez pas, *padrone*, mais le brillant acteur qui sommeille en vous a souvent tendance à l'exagération.

– Un point pour toi ! lança l'invalide en poussant un rire rendu rauque par ses cordes vocales fatiguées. Mais ce n'est pas entièrement vrai. J'ai quelques noms aux États-Unis dans mon carnet d'adresses. Ils m'ont dit qu'ils étaient à tes trousses et qu'ils avaient suivi ta trace jusqu'aux Antilles. Mais où ? Dans quelle île exactement ? Ils n'en savent rien. Personne ne sait à quoi tu ressembles. Tu es passée maître dans l'art du déguisement. Tu ne cours aucun risque.

– Vous vous souvenez d'un certain Hawthorne ?

– Oui, bien entendu. C'était un officier des services de renseignements de la marine, je crois. Marié à un agent double. Une fois que tu as su qui il était, tu t'es arrangée pour le rencontrer. Tu as pris du bon temps avec lui pendant quelques mois, durant ta convalescence ici. Tu te disais que tu pourrais peut-être recueillir quelques informations.

– Je n'ai pas appris grand-chose. Mais il a repris du service. Il a été embauché pour traquer Bajaratt. Je suis tombée sur lui par hasard. On a passé l'après-midi ensemble.

– Quelle coïncidence, mon enfant ! dit le padrone en dévisageant Bajaratt de ses yeux gris-bleu. Et quelle joie cela a dû être pour toi! Si je me souviens bien, tu étais très heureuse en sa compagnie.

– On prend des petits plaisirs où l'on peut. Il n'était qu'un instrument pour moi, le moyen d'obtenir quelques informations.

– Un instrument peut-être, mais qui a su faire résonner en toi quelques cordes sensibles.

– Foutaises!

– Tu chantais et gazouillais comme une enfant pour la première fois de ta vie.

– Vous avez vu trop de films. Mes blessures cicatrisaient, c'est tout... Il est sur mes traces, je vous dis! Il va aller à Saba et essayer de me retrouver.

– Ah oui, je me souviens! Cette histoire de vieil oncle français?

– Il doit mourir, *padrone!*

– Pourquoi ne l'as tu pas tué cet après-midi, mon enfant?

– Je n'en ai pas eu l'occasion. On m'avait vue avec lui. On m'aurait coincée.

– Je n'en crois pas mes oreilles, répondit le vieil Italien. Je me suis laissé dire que Bajaratt savait créer ses propres occasions?

– Ça suffit, *padrone,* tuez-le.

– Entendu, mon enfant. Le cœur ne dicte pas toujours sa loi... Saba, tu dis? C'est à moins d'une heure avec notre hors-bord... Scozzi! cria-t-il, appelant l'un de ses gardes.

Il fallait faire vite car on avait souvent la mémoire courte dans les îles, ce qui arrangeait presque tout le monde. Saba n'était pas une halte de croisière habituelle, mais Hawthorne y avait navigué quelquefois. Toute la population des îles environnant Saint Thomas et Tortola ne demandait qu'à rendre service aux compagnies de croisières – toujours très généreuses en contrepartie – et Tyrell comptait sur ce trait de caractère.

Il loua un hydravion à Saint-Barthélemy et amerrit dans le petit port de Saba. Il avait besoin de toute la coopération des habitants. Il l'obtint sans problème, mais ce lui fut d'une piètre utilité.

Personne dans la marina ne connaissait de vieil homme accompagné d'une cuisinière française et personne n'y avait vu de femme correspondant au signalement de Dominique. Il était pourtant impossible de ne pas remarquer cette belle femme blanche qui rendait si souvent visite à son oncle ! C'était étrange. Les dockers généralement savaient tout ce qui se passait dans ces petites îles. En particulier sur le port. Les bateaux arrivaient avec des marchandises et celles-ci devaient être livrées à leurs destinataires. Les livraisons étaient le cœur même de l'économie des Petites Antilles et, dans une petite île comme Saba, on connaissait l'emplacement de chaque maison. Certes, comme disait Dominique, son oncle était « le plus reclus des reclus » et la petite piste d'avion suffisait peut-être à acheminer les maigres provisions dont avaient besoin le vieil homme et sa cuisinière.

Tyrell marcha sous une chaleur étouffante jusqu'à la bicoque qui faisait office de bureau de poste. Le guichetier, de mauvaise humeur, le reçut comme un chien dans un jeu de quilles.

– C'est complètement ridicule ! Aucun Français de cet âge n'a de boîte aux lettres ici.

Le mystère s'épaississait. Dominique lui avait expliqué quelques années plus tôt que son oncle touchait une rente « substantielle » de la part de son ancien cabinet ; on lui envoyait un chèque tous les mois. Encore une fois, la piste pouvait apporter un élément de réponse. La poste n'était pas très sûre dans les petites îles. Peut-être que le cabinet de Paris préférait envoyer à son président en retraite son argent par avion de la Martinique. C'était certainement plus sûr et plus efficace.

Tyrell sut rapidement grâce au postier où l'on pouvait louer des mobylettes, le moyen de transport le plus répandu à Saba. C'était simplissime. Il en avait lui-même plusieurs à louer. Il suffisait à Tyrell de laisser une généreuse caution avec son permis de conduire et de signer un papier où il se déclarait responsable de toutes éventuelles réparations. Pendant près de trois heures, Hawthorne sillonna l'île par monts et par vaux, visitant chaque maison, chaque fermette, chaque cabane, pour être reçu invariablement par des propriétaires belliqueux, pistolet à la ceinture, entourés de leurs meutes de chiens. Son dernier arrêt fut l'exception qui confirmait la règle. Il fut reçu par un prêtre anglican à la retraite dont le nez enflé et la couperose trahissaient une inclination inavouée pour l'alcool. Il lui proposa aussitôt du rhum et l'invita à se reposer un peu, le temps d'épousseter ses vêtements. Tyrell déclina gentiment l'offre. Les réponses du vieux pasteur ne firent que confirmer ses craintes.

– Je suis vraiment désolé de vous décevoir, mais il n'y a personne sur l'île qui corresponde à cette description.

– Vous en êtes sûr ?

– Oh oui ! répliqua le pasteur, l'air rêveur, non sans un certain amusement. Connaissant ma petite faiblesse, je ressens parfois le besoin d'œuvrer pour le Tout-Puissant, comme autrefois. Alors je reprends la route, comme saint Pierre, je vais de maison en maison, apporter la bonne parole. Je sais bien que l'on me prend pour un vieux fou, mais je me sens comme purifié. Et je vous assure que j'ai encore toute ma tête. Depuis mon arrivée ici, voilà deux ans, j'ai rendu visite à tout le monde – riche ou pauvre, Noir ou Blanc – au moins une fois, souvent davantage... et je peux vous dire que les gens que vous cherchez n'habitent pas l'île. Vous êtes sûr que vous ne voulez pas un punch ? C'est tout ce que je peux vous offrir – mes moyens sont ce qu'ils sont, mais je fais pousser des citrons et des mangues ; leurs jus se marient bien avec le rhum.

– Non, merci, mon père. Je suis très pressé.

– Je vois bien que vous n'avez aucune envie de me remercier. Cela s'entend dans votre voix.

– Mille pardons. Je suis si inquiet.

– Qui ne l'est pas, mon fils ?

Hawthorne enfourcha de nouveau sa mobylette et retourna au bureau de poste, où il récupéra son permis de conduire et seulement la moitié de sa caution. Mais il ne pipa mot. Une fois de retour sur le port, il découvrit que son hydravion de location avait disparu.

Il pressa le pas et finalement se mit à courir. Il fallait qu'il rentre à Gorda... Où était donc passé ce satané avion ? Il était arrimé au ponton ; le pilote et le gars du port lui avaient assuré qu'ils resteraient là jusqu'à son retour.

C'est alors qu'il vit les écriteaux peints à la hâte et cloués aux poteaux, rédigés pour la plupart avec des fautes d'orthographe : ATTENTION DANGER, RÉPARATION DES PYLONES EN COURS, ACCÈS INTERDIT JUSQU'À LA FIN DES TRAVAUX.

Bon sang, il était près de six heures du soir. Les eaux s'assombrissaient et il faisait presque nuit sous le ponton car le soleil commençait à se coucher. Personne n'allait entreprendre de réparer des pontons dans ces conditions; dans cette obscurité, une traverse pouvait se décrocher, surprendre un ouvrier en plongée et l'entraîner par le fond. Tyrell franchit la barrière de fortune et se précipita vers le seul atelier de réparations du port, qui se trouvait à l'autre bout du quai, avec sa grosse grue de déchargement face à la mer. Personne à l'intérieur de l'atelier. C'était incroyable. Des hommes travaillaient sous l'eau à cette heure indue, sans équipe de sécurité en surface, ni équipement médical en cas d'accident. Il sortit en courant de l'atelier et descendit sur la plage qui menait au ponton en réparation, tandis qu'un nuage venait masquer les rayons du soleil couchant. Comment était-il possible de travailler dans ces conditions ? Certes, il avait réparé des coques dans des circonstances critiques, mais toujours avec un soutien en surface et un filin de sécurité prêt à le hisser hors de l'eau en cas d'urgence. Il monta sur le ponton et commença à s'approcher avec précaution. Les nuages voilaient maintenant totalement le soleil – de gros nuages noirs d'orage.

Il avait envie de sortir l'ouvrier de l'eau manu militari et de passer un savon à tout le monde, devant tant de stupidité, avant de renvoyer chacun dans ses pénates.

Mais sa colère s'évanouissait à chaque pas; il ne voyait ni tuyau ni bulles dans les eaux noires. Personne alentour. La marina était déserte.

Soudain, les projecteurs plantés sur leur poteau d'aluminium s'allumèrent, répandant sur le quai une lumière aveuglante. Dans la seconde qui suivit, il ressentit une douleur vive à son épaule gauche, comme un coup de fouet, accompagnée d'une déflagration; il porta la main à sa blessure et plongea dans l'eau, entendant une salve de coups de feu retentir au-dessus de ses oreilles. Il se laissa alors guider par son instinct. Il nagea sous l'eau en retenant son souffle, en direction du bateau le plus proche. Il fit surface deux fois, le plus discrètement possible, pour remplir ses poumons d'air. Il atteignit enfin la coque de bois du bateau, prit une nouvelle inspiration et passa de l'autre côté. Il s'accrocha à la proue et scruta le ponton qui se trouvait baigné par les lumières mêlées du couchant et des projecteurs.

– *E il suo sangue!* cria quelqu'un.

– *Non è sufficiente!* rugit l'autre en sautant dans un petit canot.

Il mit le moteur en marche, ordonnant à son comparse de détacher le bateau et de sauter à bord. Ils sillonnèrent le petit port, l'un avec un AK-47, l'autre avec son Lupo.

Hawthorne monta à bord et trouva, comme il s'y attendait, un couteau à écailler dans une petite sacoche en nylon pendue au bastingage. Il retourna discrètement à l'eau. Ayant perdu ses chaussures durant la traversée, il décida de se débarrasser de son pantalon, en essayant de mémoriser l'endroit où il l'abandonnait – au cas où il survivrait. Puis il se contorsionna pour ôter sa veste, traversé par une idée saugrenue : Geoffrey Cooke avait intérêt à lui rembourser la perte de ses vêtements, de ses papiers et de son portefeuille ! Il s'enfonça dans les eaux glauques, sentant passer au-dessus de lui un faisceau de projecteur qui balayait la surface de l'eau. Tyrell, sous l'eau, laissa le bateau venir vers lui.

Coordonnant ses mouvements, Hawthorne fit surface juste derrière le canot et s'accrocha au bloc moteur. La tête dissimulée derrière le flanc du bateau, il bloqua de la main le gouvernail pour l'empêcher de tourner. Furieux de voir que le moteur ne répondait plus à ses commandes, le conducteur se pencha au-dessus de la poupe, le visage à trente centimètres de l'eau. Ses yeux s'écarquillèrent soudain en voyant la main de Tyrell crever la surface, jaillissant vers lui tel un monstre des profondeurs. Avant qu'il ait pu avoir la moindre réaction, la lame du couteau se plantait dans son cou, et la main gauche de Tyrell se refermait sur sa gorge pour étouffer son cri. Hawthorne tira alors le corps par-dessus bord, fit pivoter le moteur et prit discrètement la place du conducteur, tandis que l'homme à la proue continuait de balayer les eaux avec sa lampe-torche.

– Avec le clapot et le bruit de ce moteur, pas étonnant que tu n'aies rien entendu ! lança Hawthorne en ramassant le AK-47. Je te conseille de poser tout de suite ton arme, sinon je t'envoie rejoindre ton petit copain. Toi aussi, tu ferais un mets de choix pour les requins. Ce sont de charmantes bêtes et les cadavres sont leur péché mignon !

— *Ma che cosa ? Impossibile !*

— Je crois que nous avons pas mal de choses à nous dire, répondit Hawthorne en mettant le cap vers le large.

5

La nuit tombait. La mer était étale, la lune à peine visible derrière un rideau de nuages, tandis que le petit esquif oscillait doucement sur la houle. L'homme était assis à la proue, clignant des yeux sous le faisceau de la lampe-torche dirigé vers lui.

– Baisse les bras, ordonna Hawthorne lorsque son prisonnier voulut mettre ses mains en visière.

– Ça me fait mal aux yeux, cette lumière. Ça m'aveugle.

– Tu regretteras bientôt de ne pas l'être si tu te retrouves en train de pisser le sang dans la flotte.

– Je ne comprends pas.

– Nous devons tous mourir un jour. Mais il y a des morts plus ou moins horribles.

– Mais qu'est-ce que vous racontez, *signore* ?

– Tu as intérêt à répondre à mes questions, sinon tu vas servir de nourriture aux requins. Aveugle, tu ne verrais pas s'ouvrir la gueule bardée de dents du « grand blanc » avant qu'il ne te coupe en deux. Il est presque phosphorescent la nuit et on le voit arriver de loin. Tiens, regarde, un aileron ! Il doit bien faire ses six mètres ; c'est la saison, tu es au courant ? Tu n'avais pas remarqué qu'il y a des concours de pêche aux requins dans toutes les îles à cette époque de l'année ?

– Non, je ne suis au courant de rien !

– Tu ne lis donc pas les journaux ? Pourquoi le ferais-tu, au fond ? On n'y parle pas beaucoup de la Sicile, hein ?

– De la Sicile ?

— C'est vrai que tu n'as rien d'un nonce du pape, mais il serait sans doute meilleur tireur que toi. Allez, paysan, redescends sur terre ! Sinon, je t'envoie, avec une épaule dégoulinante de sang comme la mienne, jouer avec notre petit camarade qui a des dents grosses comme tes cuisses et qui fait des cercles, en ce moment autour de nous.

L'homme tourna la tête de droite à gauche, avec des yeux écarquillés d'horreur, mettant de nouveau sa main en visière pour se protéger de la lumière.

— Où il est ? Où il est ?

— Juste derrière toi. Vas-y, tourne-toi, tu le verras.

— Pour l'amour du Ciel, ne faites pas ça !

— Pourquoi est-ce que vous avez essayé de me tuer ?

— C'étaient les ordres !

— Les ordres de qui ?

Pas de réponse.

— C'est de ta mort dont il s'agit, pas de la mienne, poursuivit Tyrell en armant le AK-47. Je vais t'arracher le bras et le balancer par-dessus bord. Ça saignera à gros bouillons. Les grands requins blancs adorent ce genre de petit amuse-gueule avant le plat de résistance.

Hawthorne pressa la détente. Les coups de feu retentirent dans la nuit tandis que les balles zébraient la surface de l'eau juste à côté du mafioso.

— Arrêtez ! Arrêtez pour l'amour du ciel !

— C'est fou comme les Italiens redeviennent pieux dans les moments critiques !

Hawthorne tira une nouvelle rafale assourdissante qui égratigna l'épaule gauche de l'homme.

— *Per piacere !* Je vous en supplie, arrêtez !

— Mon petit copain a faim. Pourquoi lui refuserais-je ce plaisir ?

— Vous... vous avez entendu parler d'une vallée ?... bredouilla le mafioso, complètement affolé. D'une grande vallée, très loin d'ici, de l'autre côté de la mer.

— La vallée de la Beqaa ? Oui, je connais, répondit Tyrell d'un ton las. C'est à l'autre bout de la Méditerranée. Et alors ?

— C'est de là que viennent les ordres, *signore*.

— Qui est l'intermédiaire ? Qui vous a transmis cet ordre ?

— Il venait de Miami. C'est tout ce que je peux vous dire. Je ne connais pas le chef.

– Pourquoi moi ?

– Je ne sais pas, *signore*.

– Bajaratt ! lança Hawthorne d'un ton rageur, lisant la réponse dans les yeux écarquillés du mafioso. Il s'agit bien d'elle, n'est-ce pas ?

– Oui, oui, Bajaratt. J'ai entendu ce nom-là. Mais c'est tout ce que je sais.

– Alors comme ça, ça vient de la Beqaa ?

– Je vous en prie, *signore*, je ne suis qu'un exécutant. Qu'est-ce que vous allez faire de moi ?

– Comment m'avez-vous retrouvé ? Vous avez suivi une femme nommée Dominique Montaigne ?

– *Non capisco*, je ne connais pas ce nom.

– Menteur !

Tyrell fit de nouveau feu, mais cette fois sans toucher l'épaule du mafioso, sachant d'expérience que l'homme se savait à sa merci.

– Je le jure ! hurla le mafioso. D'autres aussi vous cherchent.

– Parce qu'ils savent que je suis sur les traces de cette Bajaratt ?

– Tout ce que je sais, c'est que tout le monde est à vos trousses, *signore*.

– Et, apparemment, vous m'avez trouvé, répondit Tye en faisant faire demi-tour au bateau.

– Vous n'allez pas me tuer ? demanda l'assassin en herbe en fermant les yeux, tandis que Hawthorne détournait le faisceau de la lampe de son visage. Je ne vais pas servir de nourriture aux requins ?

– Tu sais nager ? demanda Tye, ignorant la question.

– *Naturalmente*, répondit l'homme. Mais pas ici, pas avec les requins, alors que je perds du sang.

– Tu es un bon nageur ?

– Je suis sicilien, je suis né à Messine. Quand j'étais petit, je plongeais pour aller chercher les pièces jetées par les touristes des bateaux.

– C'est très bien. Parce que je vais te laisser à un kilomètre des côtes. Il faudra que tu fasses le reste tout seul.

– Et les requins ?

– Il n'y a pas eu un requin dans les parages depuis vingt ans. L'odeur des coraux les repousse.

Le tueur sicilien mentait. Celui qui avait commandité son assassinat avait acheté toute la marina. La Beqaa n'avait pas les moyens de faire ça, avec ou sans l'appui de la mafia. Il y avait quelqu'un d'autre de mèche, qui connaissait parfaitement les îles. Et ce quelqu'un protégeait cette psychopathe de Bajaratt. Hawthorne, après avoir volé un bleu de travail maculé de cambouis, attendit que réapparaisse son tueur, dissimulé derrière le mur de l'atelier de réparations. L'homme, épuisé, approcha bientôt du rivage, porté par les vagues. Il s'écroula sur la plage, hors d'haleine, le corps traversé de spasmes. Il s'était débarrassé de sa veste et de ses chaussures, mais la bosse que formait la poche droite de son pantalon indiquait qu'il avait pris la peine de sauvegarder certains effets personnels. Tyrell comptait sur un tel réflexe. Un pigeon voyageur sans son message était un oiseau inutile.

Deux minutes plus tard, le mafioso relevait la tête sous la lueur des projecteurs. Il se mit péniblement debout, regardant à droite et à gauche, cherchant visiblement à s'orienter. Et soudain son regard s'arrêta net, rivé sur l'atelier de réparations. C'est de cet endroit que lui et son défunt acolyte avaient lancé leur opération. Il fallait repasser par la case départ. C'était là que se trouvait l'interrupteur pour les projecteurs, là que se trouvait une promesse d'argent. Et il y avait un téléphone sur le comptoir... Hawthorne se souvenait de dizaines de pièges ainsi tendus à Amsterdam, Bruxelles et Munich – la proie se comportait comme un robot télécommandé. Il ne pouvait que se fier à son instinct pour survivre... C'est ce qu'il fit.

Le souffle court, l'homme monta l'escalier qui menait au ponton, enjamba le parapet et s'approcha de l'atelier, serrant de temps en temps son épaule égratignée avec une grimace de douleur. Tyrell sourit ; l'eau de mer avait nettoyé sa plaie et il ne ressentait plus qu'un vague picotement. Un petit pansement leur suffirait à tous deux, mais le mafioso ne pouvait s'empêcher de faire des effets de chanteur d'opéra.

Le tueur enfonça la porte d'un coup de pied rageur complètement disproportionné et s'engouffra à l'intérieur. Quelques instants plus tard, les projecteurs s'éteignaient et une ampoule s'allumait dans la pièce. Hawthorne s'approcha discrètement et écouta le mafioso discuter au téléphone avec un standardiste local.

– Oui, c'est un numéro à Miami !

L'homme répéta un à un les chiffres et Hawthorne les grava dans sa mémoire – « comme au bon vieux temps », songea-t-il.

– *Emergenza !* lança le mafioso une fois qu'il eut son interlocuteur à Miami. *Cerca il padrone via satellite ! Presto !* – (Quelques instants plus tard, l'homme affolé, se tenant l'entrejambe cette fois, recommençait à crier :) *Padrone, esso incredible ! Scozzi è morto ! Un diavolo da inferno... !*

Tyrell ne saisit pas toutes les paroles débitées dans un italien frénétique, mais il en comprit les grandes lignes. Il connaissait un numéro à Miami et avait appris l'existence d'un certain *padrone* que l'on pouvait joindre via un relais satellite – quelqu'un habitant les Antilles, qui aidait la terroriste Bajaratt.

– *Ho capito ! Nuova York. Va bene !*

Ces derniers mots n'étaient pas difficiles à comprendre, songea Hawthorne tandis que le mafioso raccrochait pour se diriger vers la porte. On venait de lui dire d'aller se cacher à New York jusqu'à avis contraire. Tyrell ramassa une vieille ancre rouillée qui traînait par terre et, lorsque le tueur passa le seuil de la porte, il abattit le lourd objet de métal dans les jambes du mafioso, lui brisant les deux genoux.

L'homme hurla et s'effondra sur la plate-forme de bois de l'atelier, inconscient.

– *Ciao*, lança Hawthorne en se penchant au-dessus du corps inanimé.

Il plongea la main dans la poche boursouflée du pantalon et sortit les objets qu'elle contenait. Il les étudia un moment un à un, dépité. Il y avait une grosse Bible rédigée en italien, un rosaire et une liasse de neuf cents francs. Pas de portefeuille, pas de papiers – l'*Omertà* [1].

Tyrell empocha l'argent, se releva et s'enfuit en courant. Il fallait qu'il trouve d'urgence un avion et un pilote.

Le vieillard dans son fauteuil roulant sortit de son bureau et gagna la grande volière dallée de marbre où l'attendait Bajaratt.

– Amaya, il faut partir ! Tout de suite ! lança-t-il. L'avion sera là dans une heure, et Miami m'envoie deux hommes pour s'occuper de moi.

1. La loi du silence. *(N.d.T.)*

– *Padrone*, vous êtes fou ! J'ai tous mes contacts ici – les vôtres en l'occurrence. Ils doivent venir me rendre visite dans les jours qui viennent. Vous avez couvert le virement de la Beqaa à Saint-Bart. Il n'y aura aucune trace.

– Il en reste une, et la plus terrible de toutes, mon enfant. Scozzi est mort, tué par votre Hawthorne. Maggio est complètement affolé à Saba. Il dit que votre amant est un démon sorti tout droit de l'enfer !

– Ce n'est qu'un homme, répondit Bajaratt d'un ton sec. Pourquoi ne l'ont-ils pas tué ?

– J'aurais bien voulu le savoir, mais il est trop tard, maintenant. Il faut partir. Sur-le-champ !

– *Padrone*, il est impossible que Hawthorne puisse faire le moindre rapprochement entre vous et moi. Et encore moins entre Dominique Montaigne et moi. Nous avons fait l'amour cet après-midi et il est persuadé que je suis rentrée à Paris ! Il est amoureux de moi, l'idiot !

– Il est peut-être plus futé que nous ne l'imaginons ?

– Impossible ! C'est un écorché vif, qui a besoin d'une nounou, il est complètement paumé.

– Et toi, mon enfant ? Il y a quatre ans, tu chantais ton bonheur dans les couloirs. Tu tenais un autre discours.

– C'est ridicule ! J'étais à deux doigts de l'abattre, il y a quelques heures encore, mais je me suis souvenue au dernier moment que la réception savait que je me trouvais avec lui... Vous avez vous-même approuvé ma décision, *padrone*, et même fait les éloges de ma sagesse. Que voulez-vous que je vous dise de plus ?

– Rien, Baj. C'est moi qui décide, un point c'est tout. Tu vas t'envoler pour Saint-Bart. Tu récupéreras ton argent demain matin et tu iras à Miami, où dans quelque endroit de ton choix.

– Et mes contacts ? Ils espéraient me trouver ici.

– Je leur expliquerai. Je vais te donner un numéro de téléphone. Jusqu'à ce que tu sois contactée par une plus haute autorité, ces gens-là se mettront en quatre pour toi... Tu es toujours mon seul enfant, Annie.

– *Padrone*, donnez-moi ce numéro ! Je sais très bien où je mets les pieds, ne vous en faites pas.

– J'espère que je serai le premier informé.

– Nous avons tous les deux des amis à Paris ?

– *Naturalmente*.
– Alors, tout est pour le mieux.

Hawthorne cherchait toujours désespérément un avion et un pilote, mais ce n'était plus sa priorité numéro un. Il y en avait une nouvelle : contacter un certain colonel Henry Stevens, chef des services de renseignements de la marine américaine – un salaud de première. Le spectre d'Amsterdam se dressait de nouveau devant lui, tel un phénix renaissant de ses cendres. La disparition de Dominique à Saint-Barthélemy ressemblait trop aux tragiques événements qui avaient précédé la mort de sa femme. C'était une histoire de fou ! Il fallait qu'il sache si Stevens était mêlé de près ou de loin à cette affaire. Après avoir lâché un billet de cent francs et répété quinze fois son nom et son grade à l'unique opérateur radio de l'aérodrome de Saba, il fut enfin autorisé à se servir du téléphone de la tour de contrôle – qui n'était en fait pas une tour et qui ne contrôlait rien, sinon les balises de la petite piste. Il avait rangé le numéro de Miami dans un coin de sa mémoire. Un pressentiment lui disait de contacter d'abord Washington.

– Ministère de la Marine, répondit la voix à trois mille kilomètres de là.

– Passez-moi les services de renseignements, division 1, s'il vous plaît. Code de sécurité 4-0.

– C'est pour une urgence ?

– Tu l'as dit, moussaillon !

– Ici la D-1, répondit une seconde voix quelques instants plus tard. J'ai cru comprendre qu'il s'agissait d'un code 4-0 ?

– Exact.

– Peut-on en connaître la teneur ?

– Non. Je dois en informer le colonel Stevens en personne. Trouvez-le. Et vite !

– Ils sont en réunion au premier. Qui est à l'appareil ?

– Dites-leur « Amsterdam », et ça va vous ouvrir toutes les portes. Stevens va accourir ventre à terre.

– C'est ce que nous allons voir.

Peu après, l'officier soupçonneux s'aperçut qu'il disait vrai.

– Hawthorne ? s'exclama Stevens.

– Je savais bien que vous étiez dans le coup, espèce de salaud !

— Mais de quoi parlez-vous ?

— Vous le savez très bien ! Vos sbires m'ont trouvé et, comme votre petit ego ne supportait pas que le MI6 me recrute, vous avez kidnappé Dominique pour lui tirer les vers du nez, parce que vous saviez que je refuserais de vous dire quoi que ce soit. Je vais vous coller en cour martiale, Henry.

— Holà ! Tout doux. Je ne sais ni où vous êtes ni qui est cette Dominique ! J'ai passé deux heures pénibles avec Gillette hier, à me faire chauffer les oreilles parce que justement je n'arrivais pas à renouer le contact avec vous, et voilà que vous me dites que je vous ai retrouvé... et que j'ai kidnappé une femme que je ne connais ni d'Ève ni d'Adam ! Soyons sérieux !

— Vous mentez encore ! Comme vous m'avez menti à Amsterdam !

— J'avais des preuves, je vous les ai montrées !

— Vous les avez inventées !

— Je n'ai rien inventé du tout, Hawthorne. On me les a données telles quelles.

— Ça recommence, comme avec Ingrid !

— Ça suffit, Hawthorne ! Je vous le répète encore une fois, nous n'avons personne aux Antilles qui sache quoi que ce soit sur vous ou sur cette femme !

— Ah oui ? Deux de vos guignols m'ont téléphoné ici et ont essayé de me faire croire que c'était la panique à Washington. Ils savaient très bien où me trouver ! Il était facile de faire le reste, même pour eux.

— Alors, c'est qu'ils savent des choses que j'ignore ! Ce matin, je dois justement rencontrer ces deux « guignols », comme vous dites, peut-être en apprendrai-je davantage ?

— Ils ont dû me suivre jusqu'à Saint-Bart, voir que j'étais avec elle, et la kidnapper à sa sortie de l'hôtel.

— Tye, bon sang, c'est ridicule ! Bien sûr que nous avons tout fait pour vous récupérer – nous aurions été idiots de ne pas tenter notre chance. Mais nous avons fait chou blanc, comme vous le savez. Les Anglais et les Français ont réussi, mais pas nous, point final. Maintenant que vous êtes parti vous faire « dorer la pilule dans les îles », comme vous dites, personne de chez nous ne pourrait vous reconnaître.

— Je ne suis pas difficile à trouver ; je fais même de la publicité sur tous les ports !

– Sachant que nous avions besoin de votre aide, la dernière chose à faire aurait été d'emmener de force votre amie pour l'interroger. Nous ne sommes pas stupides à ce point-là !... Tye, vous avez replongé ?

– Un moment d'égarement. Quelques verres sans importance.

– On dit ça.

– C'est le cas. Sinon, je ne pourrais pas emmener mes clients en croisière, c'est évident.

– D'accord, vous marquez un point.

– Vous aussi, au fond, admit Hawthorne. Elle devait rentrer à Paris aujourd'hui et descendre à Nice. Mais elle n'avait pas envie de partir.

– C'est pourtant probablement ce qui s'est passé. Elle aura voulu écourter les adieux.

– Je n'arrive pas à y croire !

– Peut-être l'alcool vous empêche-t-il encore de l'admettre ?

– Vous savez, répliqua Hawthorne, sentant sa colère s'évanouir, elle a déjà fait ça une fois. Elle a disparu du jour au lendemain.

– Je vous parie mon salaire qu'elle a recommencé. Appelez-la à Paris ce soir. Quelque chose me dit que vous la trouverez là-bas.

– Je ne peux pas. Je ne connais pas le nom de son mari.

– Je vois...

– Mais non, vous ne comprenez pas...

– Je préfère ne rien savoir.

– Cela remonte à quatre ou cinq ans.

– De mieux en mieux... autrement dit, à l'époque où vous avez claqué la porte.

– Oui, j'ai claqué la porte ! Parce que je sentais quelque chose de pas clair, quelque chose qui puait à Amsterdam, et je garderai cette impression le restant de ma vie.

– Je ne peux rien faire pour vous, répondit Stevens, après plusieurs secondes de silence.

– Je le sais, répondit Hawthorne, lui aussi après un moment de pause.

– Comment ça se passe avec le MI6 et les Français ? demanda finalement Stevens. Ça avance ?

– Oui. Du moins, ça a bougé il y a moins d'une heure.

– J'ai contacté Londres et Paris, comme l'a suggéré

Gillette. Je sais que vous demanderez confirmation, mais je préfère vous en parler tout de suite, puisque je vous ai au bout du fil. Comme nous avons une base là-bas, on m'a demandé de vous fournir toute l'assistance dont vous aurez besoin.

– Je n'irai pas demander confirmation. Vous ne pouvez vous permettre de mentir dans une situation qui vous échappe comme celle-là, ce serait vous passer tout seul la corde au cou. Votre servilité n'irait pas jusque-là.

– Ne poussez pas le bouchon trop loin, Hawthorne.

– Je le pousse jusqu'où je veux, Henry. Je ne dépends ni de vous ni de personne, ne l'oubliez pas ! C'est moi qui donne les ordres, pas vous. Parce que, si vous vous y risquez, je m'en vais. C'est clair ?

Un nouveau silence s'étira entre les deux hommes.

– Je peux faire quelque chose pour vous ? dit finalement le chef des services secrets de la marine.

– Oh oui, et toute affaire cessante ! J'ai obtenu un numéro de téléphone à Miami, qui a un relais satellite pour joindre une île dans le coin. Il me faut sa localisation le plus vite possible.

– Bajaratt ?

– Possible. Voici le numéro.

Par sécurité, Tyrell demanda à Stevens de répéter les chiffres qu'il venait de lui annoncer, et lui donna le numéro de l'aérodrome de Saba.

– Tyrell, lança Stevens au moment où Hawthorne s'apprêtait à raccrocher, nos divergences mises à part, vous ne pouvez vraiment pas me donner la moindre information ?

– Non.

– Pourquoi, nom de Dieu ? Je suis votre contact officiel, assermenté par tous vos gouvernements, et vous savez ce que ça veut dire. Je suis l'engrenage de la machine. Je vais avoir besoin de gros moyens et on va me demander des explications.

– Ce qui veut dire que les informations vont circuler, n'est-ce pas ?

– Tout restera top secret, évidemment. Comme d'habitude.

– Alors, c'est deux fois non. Vous ne savez pas ce qu'est la Beqaa, moi si. Ce n'est pas une station de ski, Stevens. J'ai vu ses tentacules s'étendre du Liban à Bahreïn, de Genève à Marseille, de Stuttgart à Lockerbie.

Votre service est infiltré, Henry, et vous ne le savez même pas... Si vous avez quelque chose dans la minute qui vient, appelez-moi à Saba, sinon contactez-moi au yacht-club de Virgin Gorda.

Pendant l'heure qui suivit, trois avions privés atterrirent sur la piste de Saba, mais aucun d'eux n'accorda foi aux explications de Hawthorne ni à ses promesses de paiement s'ils acceptaient de l'emmener jusqu'à Gorda. Selon l'opérateur radio, un quatrième et dernier avion devait arriver une demi-heure plus tard. Après l'atterrissage de l'appareil, la piste serait fermée jusqu'au lendemain.

— Est-ce qu'il va appeler avant d'atterrir ?
— Bien sûr. Il commence à faire nuit. Je vais lui donner la direction et la vitesse du vent.
— Lorsque le pilote se manifestera, passez-le-moi, je veux lui parler.
— Entendu. Si ce sont les ordres du gouvernement !

Quarante longues minutes plus tard, la radio se mit à crachoter :

— Saba ? Nous arrivons d'Orangestad [1], vol F-O-465, comme prévu. Comment est la météo en bas ?
— À dix minutes près, tu te cassais le nez, vieux, il y a un règlement ici. Tu es en retard, 465.
— Ça va. J'ai de gros clients à bord.
— C'est toi qui le dis. Parce que, moi, je ne te connais pas...
— Nous sommes une nouvelle compagnie. J'aperçois vos lumières maintenant. Je répète, quelle est la météo ? Ça a pas mal tabassé dans le coin, ces derniers temps.
— Tout est normal ici, sauf qu'il y a quelqu'un qui voudrait te parler, Petit-gris.
— Eh, dis donc, Blanche-Neige, tu as intérêt à baisser d'un ton, sinon je...
— Ici le commandant T. Hawthorne, de la marine américaine, lança Tyrell en empoignant le micro antédiluvien. Nous avons une urgence ici, à Saba, et votre appareil est réquisitionné pour m'emmener à Virgin Gorda. Le plan de vol est fait et vous serez grassement dédommagé. Où en êtes-vous question carburant ? On vous apporte un camion-citerne si besoin est.
— Tout doux, marin ! lança le pilote tandis que Haw-

---

1. Saint-Eustache (Antilles néerlandaises). *(N.d.T.)*

thorne se tournait vers la baie vitrée qui surplombait l'aérodrome, apercevant les feux clignotants de l'avion.

À son grand étonnement, il vit l'engin rebondir sur la piste et remettre les gaz pour s'enfuir à toute allure de Saba.

— Mais qu'est-ce qu'il fait ? lança Tyrell. F-O-465, répondez ! Je vous dis que c'est un cas de force majeure !

Le haut-parleur resta silencieux.

— Il ne veut plus atterrir ici, annonça l'opérateur radio.

— Mais qu'est-ce qui lui prend ?

— C'est peut-être à cause de ce que vous lui avez dit ? Il a dit qu'il venait d'Orangestad... Allez savoir. Peut-être bien qu'il venait de Vieques, autrement dit de Cuba ?

— Nom de Dieu ! lâcha Hawthorne en frappant du poing le dossier d'une chaise. Mais qu'est-ce que c'est que ce bordel ?

— Ne commencez pas à vous en prendre à moi. Je fais des rapports tous les jours, mais tout le monde s'en fiche. Des avions clandestins atterrissent en pagaille ici, et personne ne lève le petit doigt !

— Excusez-moi, vous n'y êtes pour rien, annonça Tyrell en regardant l'air ennuyé du Noir. Je peux passer un autre coup de fil ? La marine paiera.

Il appela Virgin Gorda.

— Tye ! Où étais-tu passé, nom de Dieu ? lança Marty. Voilà des plombes que tu devrais être ici !

— Je n'arrive pas à avoir un avion ! Ça fait trois heures que j'essaie en vain de quitter Saba.

— Ils ferment tôt dans des petites îles comme ça.

— Je tiendrai jusqu'à demain matin, mais, si je n'arrive pas à trouver un vol, tu m'enverras un taxi.

— Pas de problème... Au fait, tu as eu un message, Tye...

— D'un certain Stevens ?

— Je ne sais pas. Ça vient de Paris. La réception m'a appelé il y a deux heures en me demandant si ton bateau était toujours là et, naturellement, j'ai dit que je prenais tous tes messages. Je l'ai ici. C'est signé *Dominique*, avec un numéro de téléphone à Paris.

— Donne-le-moi, vite !

Hawthorne saisit un stylo sur le bureau. Le mécanicien de Gorda lui lut lentement le numéro.

— Une chose encore, dit Hawthorne. Attends, ne quitte pas... (Tye se tourna vers l'opérateur radio.) À l'évidence, je ne pourrai pas avoir d'avion ce soir. Où est-ce que je peux passer la nuit ? Il faut que je le sache, c'est important.

— Eh bien, si c'est important, restez donc ici. Il y a un lit dans la pièce à côté. Mais vous n'aurez rien à vous mettre sous la dent, je vous préviens ; il n'y a que du café. Mes supérieurs enverront la note à la marine et se débrouilleront ; moi, je ne vois pas d'inconvénient à ce que restiez ici lorsque je m'en irai. Je vous apporterai de quoi manger demain matin, à six heures.

— Je vous rembourserai au centuple et vous pourrez faire un bras d'honneur à vos supérieurs !

— C'est tentant.

— Quel est le numéro ici ?

L'opérateur lui communiqua le numéro de téléphone et Tyrell le transmit à Marty.

— Si un certain Stevens appelle – ou si quiconque appelle – donne-lui ce numéro, d'accord ?

— Dis donc, bonhomme, commença le mécanicien, tu n'aurais pas encore mis ton nez là où il ne fallait pas ?

— J'espère bien que non, répliqua Hawthorne. Merci pour tout, ajouta-t-il avant de raccrocher.

Il appela aussitôt Paris.

— Allô ! Ici le domicile de la famille Couvier, répondit une voix de femme.

— Je voudrais parler, s'il vous plaît, à Mrs. Dominique Montaigne, articula laborieusement Tyrell en français.

— Je regrette, monsieur, mais madame avait à peine posé ses bagages que son mari l'appelait pour lui demander de venir le rejoindre à Monte-Carlo immédiatement... Je suis la confidente de madame. Vous êtes le monsieur des Antilles ?

— Oui, c'est moi.

— Elle m'a demandé de vous dire que tout va bien, et qu'elle reviendra le plus vite possible. J'en serais fort heureuse. Vous êtes l'homme qu'il lui faut, l'homme qu'elle mérite. Je m'appelle Pauline, et vous ne devez ne parler ici qu'à moi seule. Il faudrait convenir d'un code entre nous, par sécurité.

— Je n'en vois qu'un seul : « Ici Saba ». Et dites-lui que je ne comprends pas. Elle n'était pas à Saba !

— Je suis sûre qu'il y a une raison à tout ça, monsieur. Je suis certaine que madame vous expliquera.

– Je compte sur vous, Pauline.
– Soyez sans crainte, je suis votre amie.

Sur son îlot privé, le padrone s'approcha du téléphone en gloussant et appela l'hôtel de Saint-Bart, tandis qu'accouraient ses nouveaux serviteurs.

– Tu avais raison, mon enfant! lança-t-il, une fois qu'il eut obtenu la communication. Il a tout gobé! Il a mordu à l'hameçon, comme on dit! Le voilà maintenant en confidence avec son amie Pauline de Paris!

– Je n'en doutais pas! répondit Bajaratt. Mais j'entrevois un autre problème, qui m'inquiète beaucoup.

– Qu'est-ce que c'est, Annie? Tes intuitions se sont toujours révélées fondées. Je t'écoute.

– Leur QG se trouve pour l'instant au yacht-club de Virgin Gorda. Quelles informations leur a données le MI6, voire la CIA?

– Que veux-tu que je fasse?

– Faites venir l'un de vos furets de Miami ou de Porto Rico et envoyez-le là-bas. Je veux savoir combien ils sont ici, et ce qu'ils savent.

– C'est comme si c'était fait, mon enfant.

Il était quatre heures du matin lorsque la sonnerie du téléphone retentit dans la tour de contrôle déserte de Saba. Hawthorne se leva en toute hâte, les paupières lourdes, et se précipita vers le bureau le temps de reprendre ses esprits.

– Oui? Qui est à l'appareil? lança-t-il en se frottant les yeux.

– Stevens, qui voulez-vous que ce soit! lança le chef des services secrets. Cela fait six heures que je planche sur votre histoire! Vous irez expliquer ça à ma femme – qui, pour des raisons qui me dépassent, vous aime bien! Vous avez intérêt à lui dire que j'ai travaillé pour vous et que je ne suis pas sorti faire la nouba avec des minettes!

– Ne vous faites pas de souci, tout le monde sait que vous n'êtes plus dans le coup... Alors, vous avez quelque chose?

– D'abord, tout est enterré si profond qu'il faudrait être archéologue pour s'y retrouver! Le numéro à Miami n'est pas dans l'annuaire, évidemment.

– J'espère que cela ne vous a pas bloqué, lança Tyrell d'un ton sarcastique.

Stevens ignora la pique et poursuivit :

– La ligne appartient à un petit restaurant de l'avenue Collins, nommé Wellington's, mais le propriétaire n'est au courant de rien car il n'a jamais reçu la moindre facture. Il a donné le nom du cabinet qui s'occupe de sa comptabilité et règle ses factures.

– On peut suivre sa trace, quand même ! Les lignes téléphoniques ne tombent pas toutes seules du ciel !

– Oh ! on l'a suivie et jusqu'au bout. Jusqu'à un répondeur sur un yacht dans le port de Miami. Il appartient à un Brésilien qui se trouve en ce moment au Brésil.

– Ce mafioso ne parlait pas à une machine ! insista Hawthorne. Il y avait quelqu'un à l'autre bout du fil.

– Je n'en doute pas. Combien de fois vous comme moi avons utilisé des cabines téléphoniques pour recevoir un message ? Il suffisait d'avoir quelqu'un dans le yacht au moment où votre homme appelait.

– Autrement dit, vous n'avez rien.

– Je n'ai pas dit ça, rectifia Stevens. J'ai appelé nos petits sorciers de l'informatique et leurs boîtes magiques. À l'aide de centaines de programmes, ils sont partis sonder ce répondeur pièce par pièce, comme un horloger démontant un réveil, et sont revenus avec ce qu'ils appellent une « modélisation satellite ».

– En clair ?

– En clair, cela veut dire qu'ils ont dressé une carte de toutes les transmissions satellite possibles. Ils ont localisé la zone de réception et l'ont réduite à une aire d'un centaine de kilomètres carrés.

– Autant chercher une aiguille dans une meule de foin !

– Pas exactement. Premièrement, ce yacht est sous haute surveillance. Quiconque s'en approchera sera interrogé, de manière douce ou non.

– Et le deuxièmement ?

– Il s'agit d'une méthode un peu plus contournée, je le crains, répondit Stevens. Nous avons, en Floride, une sorte d'Awacs miniature sur la base aérienne de Patrick, à Cocoa. Cet engin peut repérer la moindre liaison satellite, mais il faut qu'elle soit en activité pour qu'il puisse localiser l'antenne de réception. Il est prêt à décoller.

– Alors, ils sont protégés des deux côtés. Tout passe par satellite !

— C'est notre chance, justement. Quelqu'un va venir sous peu sur ce yacht pour contrôler cette machine. C'est obligatoire. Nous avons court-circuité le relais satellite ; tôt ou tard, ils vont vouloir vérifier ce qui cloche et récupérer les messages. C'est infaillible, Tye. Ils ne savent pas qu'on les a découverts et le prochain qui s'approchera de ce bateau tombera entre nos mains.

— J'ai un mauvais pressentiment, annonça Hawthorne. Je ne sais pas ce que c'est, mais je ne suis pas tranquille.

Le dernier quartier de lune disparut derrière les gratte-ciel de Miami tandis que les premières lueurs de l'aube pâlissaient à l'horizon. Le téléobjectif d'une caméra vidéo était braqué sur le yacht de la marina, envoyant ses images dans un entrepôt désaffecté du port à deux cents mètres de là. Trois agents du FBI se relayaient devant l'écran, avec à portée de main un téléphone rouge les mettant en communication directe avec la CIA et les services secrets de la marine de Washington.

— Ras le bol ! lança l'homme de garde en se levant de sa chaise pour se diriger vers la porte. La pizza est là, et c'est toujours moi qui paie !

Ses deux compagnons dans leurs chaises se réveillèrent en bâillant tandis que, dans leurs dos, la porte s'ouvrait.

La rafale de mitraillette fut courte et fatale. En quelques secondes, les trois agents du FBI s'écroulèrent par terre, baignant dans leur sang, leurs corps criblés de balles. Et sur l'écran de télévision, le yacht explosa, dessinant dans le ciel de Miami une gerbe de feu étincelante.

6

– Nom de Dieu, s'écria Stevens au téléphone, ce fut un massacre à Miami! Ils sont partout, ils connaissent nos moindres faits et gestes!

– Ça veut dire qu'il y a une fuite, répondit Hawthorne.

– Je n'arrive pas à le croire!

– C'est pourtant la vérité. Je serai de retour à Gorda dans une heure environ et...

– Laissez tomber Gorda, on va venir vous chercher à Saba. Vous êtes plus prêt de la zone de réception.

– Votre avion ne pourra jamais atterrir sur cette piste, Henry.

– Bien sûr que si. Je me suis renseigné, la piste fait près de un kilomètre; en inversant la poussée des réacteurs, ils peuvent y arriver. Je veux que vous passiez au peigne fin cette zone, c'est tout ce qui nous reste. Si vous trouvez quoi que ce soit, vous avez carte blanche. L'avion est sous votre commandement.

– Passer au crible deux cent cinquante kilomètres carrés entre Anegada et Saint Christopher? Vous êtes tombé sur la tête!

– Vous avez une meilleure idée? On a affaire à une psychopathe qui peut mettre le pays à feu et à sang d'un instant à l'autre. Franchement, avec ce que j'ai lu sur elle, je n'en mène pas large, Tye.

– Non, je n'ai pas de meilleure idée, reconnut Hawthorne. C'est d'accord, je vous attends ici. J'espère que Patrick nous a déniché un as du manche à balai.

L'Awacs-II apparut dans le ciel, un engin disgracieux avec un énorme disque au-dessus du fuselage. Le dernier cri de la technologie américaine commença son approche mais, au lieu d'atterrir, il survola la piste et remonta dans le ciel. Il décrivit une longue courbe et fit un nouveau passage au-dessus de l'aérodrome. Tyrell, qui observait la scène, supputa que le pilote appelait la base de Patrick pour leur dire qu'ils étaient fous à lier lorsque, à la troisième approche, l'avion sembla tomber comme une crêpe dès l'entrée de la piste et fit rugir aussitôt le flux inversé de ses réacteurs.

– Gonflé, le type ! s'exclama le contrôleur de la tour, les yeux écarquillés, le souffle suspendu, en regardant l'avion finir sa course à une dizaine de mètres de l'extrémité de la piste. Un sacré pilote ! Je n'ai jamais vu un engin comme ça à Saba, on croirait une grosse vache !

– Je m'en vais, Calvin, annonça Hawthorne en se dirigeant vers la porte, tu auras de mes nouvelles par moi ou par mes associés. Tu auras l'argent.

– Comme je l'ai dit hier, ce ne sera pas de refus !

Tyrell accourut sur la piste tandis que la porte latérale de l'Awacs-II s'ouvrait. Un officier, suivi par un sergent-chef, descendit les marches métalliques et s'étira.

– Bravo, quel atterrissage, lieutenant ! lança Hawthorne en repérant les bandes argentées sur le col de l'officier.

– Nous sommes les Saint-Exupéry des temps modernes. Le courrier électronique est notre mission.

L'homme était tête nue, avec des cheveux châtain clair et un fort accent du Sud.

– Vous êtes le mécano du coin ? demanda-t-il en regardant le bleu de travail de Tyrell.

– Non, je suis le paquet que vous devez ramasser.

– Sans blague ?

– Demande-lui ses papiers, lança le sergent-chef derrière lui, la main droite plongée de façon inquiétante dans la poche de son blouson.

– Je suis Hawthorne !

– Prouve-le, mon pote, insista le sergent-chef. Tu ne ressembles pas vraiment à un commandant.

– Je ne suis plus dans la marine. Enfin, je l'ai été autrefois mais plus maintenant. Nom de Dieu, Washington ne vous a rien dit ? Tous mes papiers reposent au fond du port en ce moment.

– Voilà qui est bien regrettable, poursuivit l'homme en sortant lentement son colt 45 de son blouson. Mon collègue lieutenant a en charge tout le matériel à bord, mais moi, je dois veiller à d'autres intérêts, comme la sécurité des biens et des personnes, si vous voyez ce que je veux dire...

– Laisse tomber, Charlie, lança une femme en uniforme apparaissant soudain en haut des escaliers.

La femme s'approcha de Hawthorne et lui tendit la main.

– Bonjour, commandant, je suis le capitaine Catherine Neilsen. Désolée pour ces deux passages au-dessus de la piste, mais les craintes que vous avez exprimées au colonel Stevens étaient fondées. C'était un atterrissage pour le moins hasardeux... Tout va bien, Charlie, Washington vient de me faxer sa photo, c'est bien notre homme.

– C'est vous le pilote ?

– Ça choque votre machisme de commandant ?

– Je ne suis pas commandant...

– La marine prétend le contraire. Sergent, vous pourriez peut-être ranger votre arme.

– À vos ordres, capitaine.

– Et si on arrêtait un peu toutes ces conneries de...

– Toutes ces conneries de grades, vous voulez dire ? demanda le pilote.

– Exactement.

– C'est peut-être là que le bât blesse. Nous acceptons sans problème le fait que divers services coopèrent, mais, lorsqu'on nous dit qu'un ancien officier de marine que l'on ne connaît ni d'Ève ni d'Adam va prendre le commandement de notre avion, on trouve la pilule un peu difficile à avaler.

– Écoutez, Miss Neilsen... je veux dire : capitaine Neilsen, je n'y suis pour rien. Comme vous, je me suis trouvé embringué malgré moi dans cette histoire.

– La différence, c'est que nous ne sommes au courant de rien, Mr. Hawthorne. Tout ce que nous savons, c'est que nous devons explorer une certaine zone à la recherche de transmissions satellite et vous communiquer toutes les informations que nous pourrons récolter. Et ensuite, vous, et vous seul, nous direz la marche à suivre.

– C'est... stupide.

– De la connerie à l'état pur, commandant.

– Je ne vous le fais pas dire.

– Je suis heureuse de voir que nous sommes du même avis.

Le capitaine Neilsen ôta sa casquette, retira quelques barrettes et libéra son épaisse chevelure blonde.

– Sans vouloir porter atteinte à la sécurité de l'État, j'aimerais bien savoir en gros ce que vous attendez de nous, commandant.

– Écoutez, capitaine, je suis un brave organisateur de croisières dans les îles, j'ai abandonné le grand tintouin de la marine il y a environ cinq ans et je me retrouve soudain embauché par trois pays à la fois qui sont tous persuadés que je peux les aider à résoudre ce qu'ils appellent une « crise mondiale ». Alors, si vous êtes d'un avis contraire, reprenez votre espèce de grosse vache volante et foutez-moi la paix !

– Impossible.

– Et pourquoi donc ?

– Parce que j'ai des ordres.

– Vous êtes une tête de mule, capitaine.

– Et vous, un ours mal léché, comme tous les marins !

– Qu'est-ce qu'on fait ? On reste ici à s'insulter mutuellement ou on se met au boulot ?

– Vous avez raison. Plus vite on en aura terminé, mieux ce sera pour tout le monde. Montez à bord.

– C'est un ordre ?

– Vous savez bien que je n'en ai pas le droit, répondit le pilote en repoussant ses cheveux en arrière. Nous sommes au sol et vous êtes mon supérieur hiérarchique. En vol, la différence s'estompera... Même si vous êtes officiellement le commandant de bord.

– Parfait. Alors, bougez-vous le cul et grouillez-vous de décoller !

Le son étouffé des réacteurs bourdonnait dans l'habitacle tandis que l'Awacs-II sillonnait le ciel, quadrillant la zone d'est en ouest, puis du nord au sud. Le lieutenant, devant ses machines magiques, pressait d'énigmatiques boutons, tournait des manettes mystérieuses tandis que des bips de toutes sortes se faisaient entendre. De temps en temps, lorsque les bips changeaient de tonalité, il tapait quelques instructions sur le clavier d'un ordinateur, qui aussitôt lui délivrait le résultat de ses efforts sur papier.

– Nom de Dieu, ça vous dérangerait de m'expliquer ce que vous faites ? lança Hawthorne, harnaché dans un fauteuil pivotant en face du jeune officier.

– Les chiens aboient, capitaine, répliqua le jeune lieutenant. Et la caravane passe !

– Autrement dit ?

– Autrement dit, je vous dis de la fermer, parce que j'ai besoin de me concentrer... si la marine n'y voit pas d'objection, bien entendu !

Tyrell détacha sa ceinture et se dirigea vers la cabine de pilotage.

– Je peux m'asseoir, demanda-t-il au capitaine Catherine Neilsen, en désignant le siège libre du copilote.

– Vous êtes chez vous, commandant. C'est vous le chef ici, sauf lorsque la sécurité en vol est en jeu.

– Si on laissait tomber toutes ces conneries hiérarchiques ? lança Hawthorne en bouclant sa ceinture, heureux de voir que dans la cabine le bourdonnement des réacteurs était moins oppressant. Je vous ai dit que je ne suis plus officier et que j'ai davantage besoin de votre aide que de votre hostilité.

– Entendu. Qu'est-ce que je peux faire pour... Quoi, Jackson ! lança-t-elle soudain en ajustant ses écouteurs, Tu veux que nous revenions sur nos pas ? Très bien, petit génie.

Neilsen fit faire aussitôt demi-tour à son appareil.

– Désolé, commandant, pour cette interruption. Où en étions-nous ?... Ah oui ! qu'est-ce que je peux faire pour vous ?

– D'abord, peut-être, m'expliquer ce qui se passe. Pourquoi faisons-nous demi-tour, et qu'est-ce que fait, au juste, votre « petit génie » ?

Le capitaine éclata de rire ; un rire agréable, dénué de tout mépris – le rire d'une jeune femme trouvant la situation amusante.

– D'abord, Jackson est réellement un génie, commandant.

– Laissez tomber les « commandant », voulez-vous ? Je ne suis plus dans la marine. Et mon grade exact est capitaine de corvette, ce qui n'est en rien supérieur à un commandant de bord de l'armée de l'air.

– Entendu, Mr. Hawthorne...

– Essayez plutôt « Tye ». C'est le diminutif de Tyrell.

– Tyrell ? Quel terrible prénom ! C'est bien lui qui estourbit deux jeunes princes dans *Richard III* ?

– Mon père avait un sens de l'humour un peu spécial. Si mon frère avait été une fille, il l'aurait appelée Médée. Lorsqu'il apprit qu'il s'agissait d'un garçon, il alla le déclarer sous le nom de Marcus Antonius Hawthorne. Notre mère mit rapidement le holà et le fit appeler Marc Antony.

– Votre père me paraît bien sympathique. Le mien est fermier ; il a du mal à joindre les deux bouts et il vient d'une pauvre famille d'émigrants suédois. Soit j'étudiais comme une folle pour entrer à West Point et faire des études gratuites, soit je passais le restant de mes jours à ramasser les bouses de vache. Il a été on ne peut plus clair.

– Je crois que j'aurais bien aimé votre père, aussi.

– Pour en revenir à votre question, annonça Neilsen, reprenant ses distances, Jackson Poole est né – tenez-vous bien – à Louisiana Pooles (elle esquissa un sourire), c'est un génie de l'informatique et un pilote hors pair. Il est mon second, mais gare à moi si je m'approche de ses machines !

– Cela nous fait deux caractères de cochon à bord. Vous en faites un portrait plutôt élogieux.

– Il le mérite. Il est entré dans l'armée parce que c'est l'endroit où il y a de gros budgets pour l'informatique et une nette carence en personnel qualifié. Il a eu tôt fait de monter en grade. La compétence prime dans l'armée ; quand on tient un génie, on ne le lâche pas... Au fait, il m'a demandé de faire demi-tour, parce qu'il veut que nous fassions un second passage au-dessus de notre zone cible en décrivant une trajectoire identique avec les mêmes paramètres d'entrée.

– En termes clairs ?

– Il essaie d'obtenir une modélisation, en écartant les transmissions qu'il peut identifier et qui occupent cinquante à soixante-quinze pour cent du trafic, sans compter les messages codés militaires et diplomatiques, et en portant son attention sur les aberrations, les discontinuités, sur tout ce qui paraît plus ou moins aléatoire.

– Et tout ça avec ses petites manettes et ses petits boutons ?

– Oui, rien qu'avec ça.

– Je hais les jeunes d'aujourd'hui !

– Je vous ai dit qu'il était aussi le prof de karaté de la base ?

– S'il y a une bagarre entre vous, capitaine, rétorqua Hawthorne dans un sourire, je vous avertis que je me mettrais de son côté ! Un cul-de-jatte serait capable de me mettre K-O !

– Ce n'est pas ce que dit votre dossier.

– Mon dossier ? Il n'y a donc rien de sacré pour l'armée ?

– Pas quand un officier de la marine est supposé prendre le commandement, même limité, d'une unité de pointe de l'armée de l'air. Le protocole veut que l'officier qui va être démis temporairement de son commandement s'assure que le nouveau venu a les compétences requises. Au vu de ce que j'ai lu, cela ne fait aucun doute.

– Ce n'est pas l'impression que vous donniez tout à l'heure !

– J'étais en colère, comme n'importe qui lorsqu'un étranger débarque de nulle part et déclare que c'est lui le chef.

– Je n'ai rien dit de tel.

– Bien sûr que si ! Je me souviens encore de votre « bougez-vous le cul et grouillez-vous de décoller ! » ; on ne pouvait être plus clair. C'est à ce moment-là que j'ai compris, quoi que vous puissiez dire, que vous étiez toujours le commandant Tyrell Nathaniel Hawthorne.

– Ça y est, je le tiens ! s'écria Jackson dans les écouteurs.

Il hurla si fort que l'on entendit son cri par-dessus le bruit des moteurs.

– C'est dingue ! lança le lieutenant en gesticulant devant son pupitre en Formica.

– Du calme, mon chéri ! ordonna Neilsen en maintenant l'avion en ligne. Assieds-toi et raconte-nous calmement ce que tu as trouvé... Mettez vos écouteurs, commandant, si vous voulez entendre quelque chose.

– Vous l'appelez « mon chéri » ? lança Hawthorne, surpris d'entendre sa voix déformée dans les écouteurs.

– C'est le jargon des aviateurs, commandant. Gardez-vous d'en conclure quoi que ce soit, répondit Neilsen.

– Rien de rien, renchérit Charlie, le sergent-chef chargé de la sécurité. Vous êtes peut-être le gros bonnet ici, mais vous ne restez qu'un invité.

– Sergent, vous commencez à m'emmerder sérieusement.

– Du calme, Hawthorne, lança le pilote. Qu'est-ce que t'as trouvé, Jackson ?

– Ce qui n'existe pas, Cathy ! Ce n'est sur aucune carte – je parle des cartes géographiques. Et je viens toutes de les éplucher sur l'écran !

– Tu peux être plus clair ?

– Le signal est reçu par un satellite japonais et renvoyé au beau milieu de la flotte – du moins selon nos cartes ! Mais je suis formel, c'est là qu'est dirigée la transmission. Et à cet endroit, il n'y a rien, c'est le no man's land complet.

– Lieutenant, intervint Tyrell, vos machines peuvent-elles nous dire d'où part le signal ?

– Pas véritablement. Les grands frères de cet Awacs le pourraient certainement, mais nous sommes limités ici. Tout ce que nous pouvons vous fournir, c'est une simulation numérique.

– C'est-à-dire ?

– C'est comme ces jeux de golf d'appartement ; vous frappez la balle et un écran, géré par ordinateur, va vous simuler sa trajectoire sur le fairway, selon l'angle et la violence avec lesquels elle aura heurté le capteur sur l'écran.

– Je ne suis pas golfeur, mais je vous crois sur parole. Combien de temps cela va prendre ?

– Je suis déjà en train d'y travailler, pendant qu'on discute... Voilà, pour celle-là, j'ai presque trouvé.

– Comment ça ?

– La transmission que le satellite japonais Noguma renvoie vers nulle part vient du Bassin méditerranéen.

– L'Italie du Sud ?

– Possible. Ou l'Afrique du Nord. C'est en gros ce coin-là.

– Ce sont eux ! lança Hawthorne.

– Vous en êtes sûr ? demanda Neilsen.

– J'ai une épaule en compote pour vous le prouver... Lieutenant, vous pouvez être plus précis, me donner l'emplacement de ce soi-disant no man's land, en degrés de latitude et de longitude ?

– Évidemment, Yankee. Suffit de demander. Voilà, il s'agit de petites îles inhabitées qui se trouvent à environ cinquante kilomètres au nord d'Anguilla.

– Je connais ce coin ! Et comment ! Poole, vous êtes effectivement un génie.

– Ce n'est pas moi, commandant. Ce sont les machines.

– On peut faire mieux que ça, lança Catherine Neilsen en amorçant une descente. On va chatouiller un peu les cailloux de ces îles au point d'en connaître chaque centimètre carré !

– Non, surtout pas !

– Pourquoi donc ? Nous avons l'endroit, c'est un jeu d'enfant.

– Et ceux qui sont en bas sauront qu'on les a trouvés !

– Vous avez raison. Ce serait dommage.

– Ce serait même catastrophique. Où pouvez-vous poser cette grosse vache ? Au plus près, j'entends ?

– Cet *avion*, je vous prie. Et sachez que j'y suis très attachée. Même s'il a effectivement quelque chose de bovin... Il vaudrait mieux se poser sur un territoire américain. Cet appareil est classé top secret.

– Je n'ai pas dit « où ce serait le mieux », j'ai dit « au plus près ». Alors ?

– Saint-Martin n'est pas loin. C'est franco-hollandais.

– Je suis au courant. Je vous rappelle que j'y organise des croisières... Est-ce qu'il y a parmi cette panoplie de haute technologie devant moi un brave téléphone ?

– Évidemment. Il y en a un juste sous votre accoudoir.

– C'est vrai ? (Hawthorne dénicha l'appareil et le sortit de son support.) Comment ça marche ?

– Comme n'importe quel téléphone, sauf que votre conversation sera enregistrée par la base et transmise immédiatement au Pentagone.

– Charmant ! soupira Tyrell en pianotant sur le combiné d'un doigt rageur. Passez-moi la D-1, moussaillon, lança-t-il après quelques secondes d'attente. Et fissa ! Code 4-0. Mon contact est le colonel Henry Stevens et soyez gentil de me shunter l'abruti qui veut chaque fois que je lui raconte ma vie. Mon nom est Tye. T-Y-E. Ce nom-là vous ouvrira toutes les portes.

– Hawthorne, où êtes-vous ? répondit Stevens pratiquement dans la seconde. Qu'est-ce que vous avez eu ?

– Notre conversation est enregistrée et transmise à Arlington...

– Pas dans cet avion. J'ai imposé le black-out dessus. Je puis vous assurer que toutes nos paroles resteront strictement confidentielles. Alors ? Quoi de neuf ?

– Ce gros avion est une petite merveille. Nous avons trouvé le lieu de réception et je veux, sur-le-champ, que vous nommiez colonel ou général un certain lieutenant Poole.

– Tye, vous êtes soûl ?

– Je regrette bien de ne pas l'être. Et puisque vous êtes dans les petits papiers du Pentagone, placez donc le pilote Neilsen, Catherine de son prénom, à la tête de l'US Air Force !

– Vous avez replongé, Hawthorne, je le savais bien !

– Mais non, Henry, se reprit Hawthorne. Je voulais simplement vous dire à quel point ils sont doués.

– Très bien. Je le ferai savoir, ça vous va ? Maintenant, je vous écoute.

– C'est un endroit non cartographié. Mais je connais ces îlots, soi-disant inhabités – il y en a cinq ou six. Et, grâce à cet avion, nous avons les coordonnées exactes.

– Magnifique ! Bajaratt est forcément là-bas ! Nous allons envoyer un commando !

– Pas encore. Laissez-moi y aller et m'assurer que la belle s'y trouve bien. Je veux savoir qui la protège. On pourra ainsi remonter le réseau.

– Tye, vous étiez peut-être très efficace il y a quelques années pour ce genre de chose, mais le temps a passé... Honnêtement, commandant, vous pensez encore être de taille ? Je ne veux pas avoir votre mort sur ma... conscience.

– La mort de ma femme vous suffit, j'imagine, colonel.

– Je refuse d'entrer de nouveau dans ce débat. Nous n'avons rien à voir avec la mort de votre femme.

– Alors, pourquoi tous ces doutes ne me quittent-ils pas ?

– C'est votre affaire, Tye, pas la nôtre. Je veux juste m'assurer que vous n'avez pas les yeux plus gros que le ventre.

– Vous n'avez personne d'autre sous la main, alors épargnez-moi ce paternalisme de chiottes ! Je veux que cet avion atterrisse à Saint-Martin, du côté français. Contactez la DRM et réglez les détails avec la base de Patrick en Floride. Je veux avoir tout à disposition à

mon arrivée. Et je dis bien tout, Henry. Vous avez intérêt à vous remuer !

Hawthorne raccrocha et ferma les yeux un moment
avant de se tourner vers Neilsen.

– Mettez le cap sur Saint-Martin, capitaine, ordonna-
t-il d'une voix lasse. Tout sera en ordre à notre arrivée,
je peux vous l'assurer.

– Je m'étais branchée sur la ligne, annonça Neilsen,
sûre de son autorité. Le devoir d'un commandant de
bord dans un avion comme celui-là est de surveiller
toutes les conversations avec l'extérieur. Sécurité
oblige, vous le comprenez bien.

– Je n'ai pas le choix.

– Vous avez parlé de votre femme... de sa mort.

– C'est possible, oui. Stevens et moi avons fait un
bout de chemin ensemble, et je parle parfois un peu
trop du passé.

– Je suis désolée. Pour votre femme, je veux dire.

– C'est gentil, répondit Tyrell avant de se murer dans
le silence.

*C'étaient ces deux mots : « mon chéri », qui lui avaient
fait voir tout rouge et sortir de ses gonds. Ces mots lui
appartenaient. Personne n'avait le droit de prononcer ces
mots d'amour, et encore moins une femme pilote de
l'armée de l'air pleine d'arrogance s'adressant à l'un de
ses subalternes ! C'était une expression si européenne,
deux mots que l'on devait dire sans hausser la voix, avec
amour, ou avec un tel naturel que la tendresse et la
complicité en filtraient de chaque syllabe. Seules deux
femmes dans sa vie lui avaient dit ces mots avec la même
douceur. Ingrid et Dominique – les seules femmes qu'il
eût jamais aimées. Son épouse qu'il chérissait, et une fée
pleine d'amour et de compassion, aussi belle qu'insaisis-
sable, qui lui avait redonné le goût de vivre. Ces mots
leur appartenaient, ces mots ne pouvaient être adressés
qu'à lui seul... Il n'empêche qu'il s'était comporté comme
un idiot ; les mots appartenaient à tout le monde, évidemment. Mais il ne fallait pas les salir. Ils étaient sacrés. On
ne pouvait les... Assez ! Le passé était le passé ! Du travail
l'attendait ! Bajaratt !*

– Saint-Martin... droit devant, Tye, annonça doucement Neilsen.

Hawthorne sursauta.

– Quoi ? Excusez-moi, je n'ai pas entendu ce que vous avez dit.

– Soit vous étiez en transe, soit vous dormiez les yeux ouverts. J'ai l'autorisation d'atterrir : la base et les Français ont donné le feu vert. On ira se garer en bout de piste et un cordon de sécurité viendra entourer l'avion. Charlie restera à bord pour veiller au grain... Je vous ai demandé de me prouver que vous étiez un pro, mais je n'en demandais pas autant.

– Vous m'avez appelé « Tye » ?

– Sur votre ordre, commandant. N'y voyez rien de personnel.

– Promis.

– Aux dires de la base et des Français, nous restons à votre service jusqu'à avis contraire de votre part. Il paraît que ça peut durer un jour ou deux... Qu'est-ce qui se passe, Hawthorne ? On parle de terroristes et de réseau clandestin, et voilà que la marine s'apprête à faire sauter des îles non répertoriées sur les cartes. Ça sort quelque peu de notre quotidien !

– L'expression est faible. La situation est exceptionnelle, Cathy... je dis « Cathy », mais n'y voyez rien de personnel.

– Sérieusement, nous avons le droit de savoir. Les grosses huiles sont à vos pieds, j'en ai eu la preuve tout à l'heure. Mais je reste le pilote à bord. Je suis responsable de ce petit joujou hors de prix et de son équipage.

– Vous avez raison, vous êtes le pilote. Mais alors, dites-moi où se trouve votre copilote, comme on dit dans le civil ?

– Je vous l'ai dit, Poole est parfaitement qualifié, répondit Neilsen, sa belle assurance mourant dans un filet de voix.

– C'est drôle, j'ai quand même l'impression qu'il manque quelqu'un à bord, comment expliquez-vous ça, capitaine Neilsen ?

– Très bien, répondit Catherine, l'air embarrassée. Votre Stevens semblait pressé de nous voir décoller ce matin, et nous n'arrivions pas à joindre Sal, qui d'ordinaire est assis à votre place. Nous savons tous qu'il y a des problèmes dans son ménage et, donc, nous n'avons pas voulu trop insister. Mais, encore une fois, le lieutenant Poole est aussi compétent que moi aux commandes.

– Et Sal, j'imagine, est une autre superwoman du manche à balai ?

– Sal est le diminutif de Salvatore. C'est un type adorable, mais sa femme est toujours entre deux vins. Elle picole du matin au soir. Puisque Poole était là, on a décollé pour exaucer les vœux, que dis-je, les exigences de la marine.

– Ce n'est pas contraire au règlement, ça ?

– Écoutez, vous n'allez pas me dire que vous n'avez jamais couvert l'un de vos amis. On pensait qu'on n'en avait que pour deux ou trois heures, et que personne n'allait s'en apercevoir. Cela aurait peut-être pu laisser le temps à Mancini de régler ses problèmes. Ce n'est pas un crime !

– Non, c'est vrai, répliqua Hawthorne, ses pensées se bousculant dans sa tête, songeant à tous ces petits accrocs qui avaient fait capoter tant d'opérations top secret. Vous avez dit que la base pouvait écouter toutes les communications en provenance de cet avion ?

– Bien sûr, mais vous avez entendu ce qu'a annoncé Stevens : rien n'est enregistré pour le Pentagone. C'est le black-out.

– Certes, mais la base peut néanmoins les écouter ?

– Un cercle très limité de personnes, effectivement.

– Appelez la base et demandez à parler à votre ami Mancini.

– Quoi ? C'est comme si vous me demandiez de le dénoncer.

– Contentez-vous de faire ce que je vous dis, capitaine. Je vous rappelle que je suis le maître à bord.

– Espèce de salaud !

– Faites ce que je vous dis. Tout de suite !

Neilsen se brancha sur la fréquence de la base aérienne et, avec une mauvaise volonté évidente, demanda à l'opératrice :

– Je voudrais parler au lieutenant Mancini. Il est là ?

– Bonjour, capitaine, répondit la voix dans le haut-parleur. Je suis désolée, Sal est rentré chez lui il y a dix minutes. Puisque nous ne sommes pas enregistrées, je peux te dire, Cathy, qu'il t'est très reconnaissant de lui avoir sauvé la mise.

– Ici le commandant Hawthorne, des services de renseignements de la marine, intervint Tyrell en plaquant le micro contre ses lèvres. Est-ce que le lieutenant Mancini a écouté nos conversations ce matin ?

– Bien sûr, il fait partie des personnes autorisées... Cathy ? Qui c'est, celui-là ?

– Réponds aux questions, Alice, lança Neilsen en jetant un regard torve vers Tyrell.

– À quelle heure est arrivé Mancini dans la salle des transmissions ?

– Je ne sais pas, il y a environ trois ou quatre heures. Peut-être deux heures après que l'Awacs-II a décollé.

– Vous ne trouvez pas curieux qu'il se soit montré à cette heure-là ? Il aurait dû être à bord.

– Vous savez, commandant, l'erreur est humaine. Ils n'ont pas pu le joindre et nous savons tous que Poole peut faire office de copilote.

– Je me demande bien pourquoi il est venu dans cette salle de transmissions top secret. À sa place, j'aurais évité de me faire remarquer.

– Comment voulez-vous que je le sache ? Sal a beaucoup de problèmes familiaux. Peut-être qu'il se sentait coupable, ou quelque chose comme ça. Il a pris des notes sur tout ce que vous avez dit.

– Lancez un mandat d'arrêt à son encontre ! ordonna Hawthorne.

– Pardon ?

– Vous m'avez très bien entendu. Je veux son arrestation immédiate et qu'il soit placé sous haute surveillance jusqu'à ce que se manifeste un dénommé Stevens, des services de renseignements de la marine. Il vous dira quoi faire alors.

– C'est incroyable !

– Vous avez intérêt à vous remuer, sinon non seulement vous allez perdre votre place, Alice, mais vous allez vous retrouver à l'ombre pour un bon bout de temps, lança Hawthorne avant de reposer le micro.

– Mais vous êtes fou ! s'écria Catherine Neilsen.

– Vous savez très bien que non. Comment expliquez-vous qu'un homme susceptible d'être joint à tout moment en cas d'alerte ne puisse être contacté ni aux numéros de téléphone qu'il a laissés à la base ni au poste de sa voiture de fonction, et réapparaisse sans crier gare dans la salle de transmissions juste après le décollage ? Comment savait-il que vous étiez partis puisqu'il prétend n'avoir eu aucun de vos messages ? Et, quand bien même il les aurait eus, la salle des transmissions aurait été le dernier endroit où il aurait eu l'idée de se montrer.

– Je ne veux pas y croire.

– Donnez-moi donc une autre explication.

– Je n'en ai pas.

– Alors, accordez-moi celle-là. Et, pour mémoire, je vais vous citer ce que m'a dit ce Stevens à qui vous avez parlé ce matin... « Ils sont partout, ils connaissent nos moindres faits et gestes. » Ça commence à vous ouvrir les yeux ?

– Sal ne ferait jamais une chose pareille !

– Il a quitté la base il y a dix minutes. Rappelez Alice et demandez-lui de vous connecter avec son téléphone de voiture.

Neilsen s'exécuta, en branchant le retour sur les haut-parleurs de la cabine. Bientôt les sonneries dans la voiture de Mancini retentirent dans le cockpit. Pas de réponse.

– Oh non !

– À quelle distance habite-t-il de la base ?

– À environ quarante minutes, répondit Neilsen d'une voix atone. Il est obligé d'habiter loin de la base, à cause de ses problèmes familiaux.

– Vous êtes déjà allée chez lui ?

– Non.

– Vous avez déjà rencontré sa femme ?

– Non. Chacun sa vie privée.

– Alors comment savez-vous qu'il est marié ?

– C'est sur son dossier ! Et nous sommes amis. On discute.

– Ben voyons ! Combien de fois survolez-vous les Antilles ?

– Deux ou trois fois par semaine.

– Qui prépare le plan de vol ?

– Mon navigateur, évidemment... Sal.

– Mon ordre tient toujours. Faites-nous atterrir à Saint-Martin, capitaine.

Le lieutenant Salvatore Mancini habillé en civil entra dans le restaurant Wellington's de l'avenue Collins, à Miami Beach. Il s'approcha du bar bondé et questionna du regard le serveur, qui lui répondit par deux hochements de tête si discrets qu'aucun des clients ne s'en rendit compte.

Mancini pénétra dans un grand couloir qui menait aux toilettes et à la cabine téléphonique. Il inséra une pièce et composa un numéro à Washington en PCV, en donnant le nom de Wellington à la standardiste.

— Ici Scorpion Neuf, annonça Mancini. Vous avez un message ?

— Vous êtes grillé. Tirez-vous d'ici, répliqua la voix à l'autre bout du fil.

— C'est une plaisanterie !

— Vos associés le regrettent encore plus que vous, croyez-le bien. Vous allez louer une voiture avec votre troisième permis de conduire et vous rendre à l'aéroport de West Palm Beach où une place a été réservée à ce nom-là pour les Bahamas sur la Sunburst Jetlines. Votre avion décolle à seize heures. Quelqu'un vous attendra à Freeport et vous donnera vos instructions.

— Qui va donc jouer les gardiens pour le vieux sur son île ?

— Pas vous en tout cas, je viens d'en recevoir l'ordre par notre ligne directe de la base de Patrick. Il y a un mandat d'arrestation lancé contre vous, ils vous ont repéré.

— Mais qui ?... Qui donc ?

— Un certain Hawthorne.

— Je vais lui régler son compte.

— Vous n'êtes pas le seul à avoir cette idée en tête.

7

Nicolo Montavi était accoudé à la fenêtre qui surplombait la terrasse de l'hôtel sur l'île Saint-Barthélemy. Des bruits étouffés de conversation lui parvenaient, ponctués de tintements de verres et d'éclats de rire. C'était la fin de l'après-midi. Antillais et touristes se préparaient à jouir de la soirée, les uns pour le plaisir, les autres pour le profit. L'endroit lui rappelait le front de mer de Naples et ses cafés, en moins grand peut-être, et la petite promenade de Portici... Ah! Portici! Y retournerait-il un jour?

Ce ne serait plus jamais comme avant, il le savait. Il était un traître aux yeux de tous là-bas. Il serait mort à l'heure actuelle, si une étrange et riche *signora* ne l'avait pas sauvé au moment où on lui passait la corde au cou. Et puis il y avait eu ces semaines de terreur à se cacher de ville en ville, d'hôtel en hôtel, sachant que toute la mafia était à ses trousses, craignant de se montrer le jour comme la nuit – la nuit surtout, lorsque ses chasseurs écumaient les rues, armés de barres à mine, de couteaux, de fusils, pour se venger d'un crime qu'il n'avait pas commis.

— Même moi je ne peux rien pour toi, lui avait dit son grand frère au téléphone, lors d'une de leurs brèves conversations. Si je te vois, je devrais te tuer de mes propres mains ou alors c'est moi, notre mère et nos sœurs qui serons tués. Notre maison est surveillée. Des hommes attendent ton retour. Si notre père – que Dieu ait son âme – n'avait pas été si estimé, nous serions déjà tous morts, à l'heure qu'il est.

– Mais je n'ai pas tué le *capogruppo* !

– Mais alors qui l'a fait, espèce d'idiot ? Tu as été le dernier à l'avoir vu vivant et tu as menacé en public de lui arracher les tripes.

– Ce n'étaient que des mots en l'air. Il m'avait volé !

– Tu sais bien qu'il vole tout le monde ! En particulier les cargaisons de bateaux. Et sa mort nous coûte des millions de lires, car il avait besoin de notre coopération et de notre silence.

– Qu'est-ce que je vais devenir ?

– Ta *signora* a parlé avec maman. Elle lui a dit que tu serais en sécurité à l'étranger et qu'elle veillera sur toi comme sur un fils.

– Comme sur un fils, tu parles...

– Va avec elle ! Qui sait, dans quelques années les choses auront peut-être changé...

« Rien ne changera », songea Nicolo en détournant les yeux de la fenêtre. Du coin de l'œil, il aperçut sa belle protectrice assise devant la coiffeuse de leur grande chambre d'hôtel. Ses mains et ses doigts s'agitaient, modifiant peu à peu sa chevelure. L'effet était saisissant. À son grand étonnement, il la vit ensuite se lever, refermer une sorte de corset rembourré autour de sa taille, enfiler une ample combinaison, et se regarder dans le miroir. Elle était si absorbée par ce qu'elle faisait qu'elle oublia sa présence et ne s'aperçut pas qu'il la regardait. Elle tourna devant la glace en ne quittant pas des yeux son reflet. Ce n'était plus la même femme ! Ses longs cheveux bruns avaient perdu leur charme ; ils étaient tirés en arrière et rassemblés sur sa nuque en chignon. Et son visage n'était plus qu'une chose grise et disgracieuse, les yeux soulignés de cernes, les traits fatigués, arborant soudain le masque de la vieillesse... Son corps n'avait plus aucun attrait, une chose boudinée, sans courbe, dépourvue de cette taille et de cette poitrine qui l'excitaient tant.

Nicolo se tourna de nouveau vers la fenêtre, sachant d'instinct qu'il aurait mieux valu ne pas être témoin de cette scène. Il eut bientôt la confirmation de ce pressentiment.

– Je vais prendre une douche, mon chéri, lança la signora Cabrini en traversant rapidement la chambre, si l'eau, toutefois, arrive à monter trois étages dans cet hôtel de malheur !

– Entendu, Cabi, répondit Nicolo en continuant de regarder la terrasse en contrebas.

– Quand j'aurai fini, il faudra qu'on ait une discussion tous les deux, car tu es sur le point de vivre la plus grande aventure de ta vie.

– *Certo, signora.*

– En outre, mon Adonis, je t'annonce qu'à partir d'aujourd'hui tu ne devras plus parler qu'italien.

– Mon père va se retourner dans sa tombe, Cabi ! Il tenait à ce que tous ses enfants apprennent l'anglais. Il disait que c'était la seule façon de s'en sortir dans la vie. Il nous aurait fichu une raclée si on s'était avisés de parler italien à table.

– Ton père était un vestige de la guerre, Nico. Il vendait des femmes et du vin aux soldats américains mais les temps ont changé... J'en ai pour un instant, lança-t-elle avant de se diriger vers la salle de bains.

– Quand vous reviendrez, on ira au restaurant ? Je meurs de faim !

– Tu es toujours affamé, Nico. Je crains, malheureusement, que ce ne soit impossible. Mais j'ai prévenu l'hôtel. Tu pourras commander tout ce qu'il y a sur la carte en bas. Tu m'as dit que ça t'amusait de commander tes repas par téléphone.

– *Certo*, répéta Nicolo en se tournant brusquement vers elle.

– *Va bene*, lança-t-elle en tournant les talons. Et n'oublie pas : *Solo italiano. Grazie !*

Elle le prenait pour un demeuré ! Cette belle plein aux as qui disait prendre tant de plaisir avec son corps d'Apollon – et qui le lui rendait bien, il devait le reconnaître – ne le traitait pas avec une telle générosité, une telle constance, sans avoir une idée derrière la tête. Il était courant pour une belle gueule de docker de se faire quelques milliers de lires en couchant avec une touriste fortunée – on commençait par lui porter ses bagages contre un petit pourboire, en attendant de décrocher le jackpot. *Benissimo !* Mais la signora Cabrini n'était pas de cette espèce ; elle en avait trop fait pour lui. Elle parlait de lui offrir une éducation, de l'arracher aux bas-fonds de Portici, allant jusqu'à déposer de l'argent à son nom à la Banco di Napoli, afin d'assurer son avenir – tout serait à lui à condition qu'il fasse un certain voyage avec elle. Il n'avait pas le choix !

Soit il acceptait, soit il se faisait abattre par les tueurs de Portici. Et elle n'arrêtait pas de lui dire qu'il était l'être parfait... Parfait pour quoi, pour qui ?

Ils étaient allés voir la police à Rome, une police spéciale, des gens qu'on ne rencontrait que la nuit dans des pièces obscures. On lui avait pris ses empreintes, fait signer des documents que la signora gardait avec elle. Puis il y avait eu les visites dans deux ambassades pratiquement désertes, la nuit encore, pour remplir d'autres documents, laisser des photos. Mais dans quel but ?... Elle allait enfin le lui dire. « Tu es sur le point de vivre la plus grande aventure de ta vie. » Enfin, il allait savoir. De toute façon, il n'était pas en position de refuser. Pour l'instant du moins. Comme on disait sur le port : « Lèche la main des touristes en attendant de lécher leurs billets. » Avec une femme comme elle, qui tuait comme elle respirait, la maxime était toujours bonne à suivre. Il serait son jouet jusqu'à ce qu'il puisse tirer son épingle du jeu. Le moment arriverait bien, tôt ou tard.

Nicolo contempla une nouvelle fois la terrasse en contrebas, se sentant prisonnier, comme pendant les semaines terribles qui avaient précédé leur départ d'Italie. Il n'avait jamais pu supporter l'enfermement, que ce soit dans leurs chambres d'hôtel, à bord du bateau appartenant à cet ami de Cabi, ou même dans ce camping-car que la signora avait loué pour faciliter leurs déplacements. Ils ne pouvaient faire autrement, lui avait-elle expliqué. Ils devaient rester dans la région de Naples parce qu'elle attendait l'arrivée d'un cargo pour récupérer un colis qui lui était destiné. Enfin, un mardi matin, après des jours et des jours passés à se terrer, ils apprirent par la presse locale que le cargo en question devait arriver dans la nuit. Bien avant l'aube, la signora avait quitté leur hôtel et n'était revenue qu'en fin de matinée, toutefois sans le moindre colis sous le bras.

– Nous nous envolerons pour Marseille cet après-midi, mon bel Adonis, avait-elle annoncé, notre grand voyage commence.

– Où allons-nous, Cabi ?

Elle lui avait suggéré ce diminutif par égard aux sentiments profondément religieux de Nicolo, même si en vérité Cabrini était simplement le nom d'un riche domaine aux environs de Portofino.

– Fais-moi confiance, Nico, avait-elle répliqué. Pense à l'argent que j'ai déposé sur un compte pour assurer ton avenir et fais ce que je te dis.

– Vous n'avez pas votre colis ?

– Détrompe-toi, je l'ai bel et bien.

Elle ouvrit son sac à main et en tira une grosse enveloppe blanche.

– Voici notre itinéraire, et nos billets.

– On ne pouvait pas vous les envoyer par la poste, tout simplement ?

– Tu sais, Nico, certaines choses, parfois, doivent être remises en main propre... Mais, assez discuté, il faut faire nos bagages le plus vite possible en n'emportant que le strict minimum.

Le jeune homme s'écarta de la fenêtre, songeant à cette conversation qu'ils avaient eue à peine une semaine plus tôt. Que d'événements s'étaient produits depuis ! Il avait côtoyé la mort à plusieurs reprises lors de leur traversée, pour tomber finalement nez à nez avec elle, sous les traits d'un cadavre gisant sur la plage d'une île habitée par un mystérieux vieillard. Ce matin encore, le padrone avait laissé éclater sa fureur en apprenant que l'hydravion avait été retardé par le mauvais temps – il fallait qu'ils partent au plus vite. Et maintenant, sur cette île plus civilisée, Cabi faisait toutes les boutiques, achetant de quoi remplir deux malles, dont une espèce de costume bon marché pour lui qui ne lui allait même pas.

– Nous jetterons bientôt tout ça à la poubelle, avait-elle annoncé.

Nicolo s'approcha de la coiffeuse, contemplant l'assortiment de crèmes, de poudres et de petits flacons qui lui rappelaient ceux de ses trois sœurs à Portici. C'était le grand sujet de colère de son père, même sur son lit de mort lorsque ses filles lui avaient fait l'outrage de venir lui dire adieu avec du rose sur les joues.

– Qu'est-ce que tu fais, Nico ? demanda Bajaratt en sortant de la salle de bains, une serviette nouée sur la poitrine.

– Rien, Cabi, répondit-il en sursautant, je pensais à mes sœurs... C'est à cause de toutes ces choses sur votre coiffeuse.

– Nous autres femmes adorons ce genre de petites choses.

– Mais vous n'avez pas besoin de ces...

– Tu es un amour, l'interrompit la Baj en lui faisant signe de se reculer pour la laisser s'asseoir. Il y a une bouteille de vin dans l'un des sacs sur la table basse, va la chercher et sers-nous à boire, une longue nuit de travail nous attend.

– Ah bon ?

– Disons que commence une partie de ton apprentissage, grâce auquel tu pourras un jour t'arracher de ton miséreux Portici.

– Ah bon ?

– Allez, sers-nous à boire, mon chéri.

Une fois leurs verres remplis, Bajaratt tendit à son jeune protégé l'enveloppe blanche que le cargo napolitain lui avait apportée. Elle lui dit de s'asseoir sur le canapé et de sortir les documents qu'elle contenait.

– Tu sais lire, n'est-ce pas, Nico ?

– Vous savez bien que oui, répliqua-t-il, j'ai failli aller au collège.

– Alors, vas-y, lis, et je t'expliquerai au fur et à mesure.

– *Signora*, bafouilla Nicolo, les yeux rivés sur la première page. Qu'est-ce que c'est que ça ?

– L'aventure de ta vie, mon bel Apollon. Je vais faire de toi un jeune baron.

– C'est de la folie ! Je ne passerai jamais pour un baron.

– Il te suffira d'être toi-même, réservé et courtois comme tu sais l'être. Les Américains n'aiment pas les nobles qui jouent les grands seigneurs. Ils préfèrent la modestie et l'humilité. Ils trouvent ça irrésistible.

– Cabi, mais qui sont ces gens ?...

– Tes ancêtres, mon petit. Ils appartiennent à une vieille noblesse de la région de Ravello qui connut quelques difficultés financières voilà un an ou deux. Ils avaient du mal à payer leurs factures, ils ne pouvaient plus entretenir leurs terres et leurs domaines – vignes à l'abandon, mœurs dépravées, rejetons indignes, tous les symptômes classiques de la décadence. Et soudain, comme par miracle, ils se renflouent. Étonnant, non ?

– C'est tant mieux pour eux, mais je ne vois pas le rapport avec... ?

– Lis donc ! l'interrompit Bajaratt. Ils ont des millions, aujourd'hui ; tout le monde les respecte de nouveau et ils sont les chouchous de toute l'Italie. La roue de la fortune a tourné pour eux. De vieux investissements se sont soudain révélés mirifiques, des cépages de vigne ont été, du jour au lendemain, classés grands crus, des biens immobiliers à l'étranger ont valu brusquement de l'or. Tu me suis, Nico?

– J'essaie de lire le plus vite possible, et de vous écouter en même temps...

– Regarde-moi, Nicolo, ordonna Bajaratt. Il y avait un fils. Mort d'overdose, il y a dix-huit mois à Wädenschwill, dans cet infâme ghetto pour drogués. Son cadavre a été incinéré à la demande de la famille, sans faire-part, dans le plus grand secret. Ils avaient trop honte.

– Où voulez-vous en venir, *signora* Cabrini? demanda-t-il tout bas.

– Tu as le même âge que lui, tu lui ressembles beaucoup, du moins avant qu'il ne se drogue... Tu vas prendre sa place, Nicolo, c'est aussi simple que ça.

– C'est de la folie, Cabi, marmonna l'ancien docker de Portici d'une voix blanche.

– Je t'ai cherché longtemps avant de te trouver, mon bel enfant. Il me fallait quelqu'un qui ait à la fois l'humilité et la prestance du noble, quelqu'un qui corresponde à l'image d'Épinal que les gens, en particulier les Américains, se font des aristocrates. Tout ce que tu dois savoir est écrit sur ces feuilles : ta vie, tes parents, tes études, ainsi que les noms de certains amis proches et d'anciens employés, tous, évidemment, injoignables en ce moment... Allez, ne fais pas cette tête ! Tu vas t'y faire. Ce n'est pas la mer à boire – je serai officiellement ta tante et je resterai toujours à tes côtés. Mais souviens-toi d'une chose, tu ne comprends pas l'anglais. Tu ne parles qu'italien.

– Mais pourquoi, *signora*? bredouilla Nicolo. Je ne comprends pas.

– Encore une fois, pense à l'argent qu'il y a à la banque pour toi et fais ce que je te dis. Je vais te présenter à plein de gens influents en Amérique – des gens très riches, très puissants. Ils vont t'adorer.

– Parce qu'on me prendra pour l'autre ?

– Parce que ta famille à Ravello veut investir de gros capitaux dans l'économie américaine. Tu vas promettre de soutenir bon nombre de causes – les musées, la musique, l'aide humanitaire –, voire certains hommes politiques qui seraient susceptibles d'aider ta famille.

– Rien que ça ?

– Oui, mais tout passera exclusivement par moi. Pense qu'un jour tu risques d'être invité à la Maison-Blanche pour être reçu par le président des États-Unis en personne.

– *Il presidente ?* s'exclama l'adolescent, les yeux pétillants d'excitation. C'est fantastique ! Dites-moi que je rêve !

– Un rêve, oui, mais soigneusement préparé, mon bel amour. Demain, nous irons t'acheter une garde-robe qui sied à un jeune homme comptant parmi les plus riches de la terre. Demain commencera le rêve, Nicolo, le tien, comme le mien.

– Et vous, *signora*, quel est votre rêve ?

– Pourquoi ne pas te répondre au fond ? Tu n'y comprendras rien, de toute façon... D'ordinaire, lorsque quelqu'un pourchasse quelqu'un d'autre, il préfère l'ombre et les chemins obscurs, le versant caché de la montagne. Et il déteste se retrouver en pleine lumière.

– Vous avez raison, *signora*. Je ne comprends pas.

– Alors, tout est pour le mieux, répondit Bajaratt.

Mais Nicolo ne comprenait que trop bien ce que pouvaient lui offrir ces pages. Chez lui, cela s'appelait du chantage : se faire rembourser au centuple ses léchages de mains parce que le silence n'avait pas de prix pour le propriétaire. Son heure viendrait, songea le fils de docker de Portici, mais, en attendant, il entrerait dans le jeu de la signora de bonne grâce. Elle avait la gâchette facile !

Il était dix-huit heures quarante-cinq lorsque l'inconnu pénétra dans l'hôtel de la marina à Virgin Gorda. C'était un petit homme râblé, au crâne dégarni, vêtu d'un blazer aux armes du yacht-club de San Diego. C'était un emblème impressionnant, car ce club de San Diego était intimement lié à la célébrissime America's Cup.

Il remplit le registre au nom de Ralph Grimshaw, avocat à Coronado, Californie.

– Nous faisons ici évidemment des tarifs privilégiés pour les membres du yacht-club de San Diego, annonça le réceptionniste derrière son comptoir en feuilletant nerveusement ses dossiers. Je suis nouveau ici et il va me falloir quelques minutes pour trouver les réductions que nous pouvons vous consentir.

– Aucune importance, jeune homme, répondit Grimshaw dans un sourire. Oublions ces réductions. Les temps sont durs pour tout le monde. Je serais heureux de payer le plein tarif. J'y tiens même.

– C'est très gentil de votre part, Mr. Grimshaw.

– Vous êtes anglais, n'est-ce pas ?

– Oui. Les hôtels Savoy m'ont envoyé ici... une sorte de stage sur le terrain.

– Je vois. Il n'y a pas de meilleur endroit pour apprendre son métier. Je dirige moi-même deux hôtels en Californie du Sud et je peux vous dire qu'on envoie toujours nos meilleurs éléments dans les lieux les plus difficiles pour qu'ils se fassent les dents.

– Vraiment ? Ce n'est pas l'impression que j'avais.

– C'est comme cela que ça fonctionne, jeune homme. C'est la seule manière de tester les jeunes recrues sur qui nous fondons tous nos espoirs.

– Je n'avais pas vu ça sous cet angle...

– Ne dites pas à vos chefs que je vous ai mis dans la confidence, parce que je connais bien les gens de chez Savoy. Ce sont des amis. Briquez votre sonnette, et sachez repérer les gros bonnets lorsqu'ils arrivent en ville, voilà l'autre secret.

– Je vous remercie de ces précieux conseils. Combien de temps comptez-vous rester chez nous, Mr. Grimshaw ?

– Peu de temps. Un jour ou deux, peut-être. Je viens voir un bateau que nous allons peut-être acheter pour notre club, et je repars pour Londres.

– Le garçon d'étage va s'occuper de vos bagages, annonça l'employé en fouillant du regard le hall d'accueil vide de monde à la recherche d'un chasseur.

– C'est bon, mon garçon, je n'ai qu'une trousse de toilette avec moi. J'ai laissé le reste de mes affaires à la consigne. Donnez-moi les clés, je me débrouillerai. Je suis très en retard.

– En retard ?

– Oui. Je dois rencontrer notre vendeur à la marina et j'ai une heure de retard. Un certain Hawthorne. Vous le connaissez ?

– Le capitaine Tyrell Hawthorne ? demanda le jeune Anglais, avec des yeux ronds.

– Oui, c'est lui.

– Je crains qu'il ne soit absent.

– Quoi ?

– Son bateau est parti en début d'après-midi, je crois bien.

– Mais c'est impossible !

– Il se passe des choses curieuses, commença l'employé en se penchant, avec un air de confidence, vers ce « gros bonnet » qui connaissait si bien ses supérieurs. Nous avons reçu plusieurs appels pour le capitaine Hawthorne. Toutes ses communications devaient être renvoyées vers notre atelier de maintenance sur la marina, à l'attention d'un certain Martin Caine.

– C'est curieux, effectivement. Nous avons fait parvenir une avance à ce type, et voilà que j'apprends qu'un dénommé Caine est aussi sur le coup ?

– Et ce n'est pas tout, poursuivit le réceptionniste, ravi de resserrer les liens avec un avocat qui avait des relations si enviables à Londres. L'associé du capitaine Hawthorne, Mr. Cooke – Geoffrey Cooke –, a laissé une grosse enveloppe dans notre coffre à son intention.

– Cooke ?... Ah oui, notre trésorier ! Je sais parfaitement ce que contient cette enveloppe, jeune homme. C'est le rapport d'expertise.

– Le rapport d'expertise ?

– On ne va pas acheter un yacht deux millions de dollars si le montant des réparations s'élève à cinq cent mille dollars.

– Deux millions...

– Ce n'est qu'un bateau de taille moyenne, mon garçon. Si vous me donnez cette enveloppe, je pourrai conclure l'affaire dès ce soir et attraper l'avion de Porto Rico pour rentrer à Londres... Au fait, laissez-moi votre nom. L'un de nos experts est membre du CA du groupe Savoy – un dénommé Bascomb, vous le connaissez sûrement.

– Non, je regrette.

– De toute façon, lui ne va pas tarder à savoir qui vous êtes. Maintenant, soyez gentil de me donner cette enveloppe.

– Mr. Grimshaw, je suis dans une situation délicate. Nous avons l'ordre exprès de la remettre en main propre au capitaine Hawthorne.

– Certes, mais il n'est pas là et je viens de vous

démontrer que Mr. Hawthorne et Mr. Cooke sont, *de facto*, mes employés, n'est-ce pas ?

– C'est exact. Je ne discute pas ce fait.

– Parfait. Vous irez loin avec mes amis de Londres. Donnez-moi votre carte, jeune homme.

– Je n'ai pas de carte. Elles ne sont pas encore imprimées.

– Écrivez-moi donc votre nom sur l'une de ces fiches de l'hôtel, cela attirera l'attention de ce bon vieux Bascomb.

L'employé s'empressa de s'exécuter. L'inconnu prit la fiche en lui lançant un sourire.

– Un jour, lorsque vous serez à la tête de cet hôtel, vous m'enverrez une bourriche de ces magnifiques huîtres pour me remercier.

– Avec grand plaisir.

– Allez me chercher cette enveloppe, mon petit.

– Tout de suite, Mr. Grimshaw !

Une fois arrivé dans sa chambre, le dénommé Grimshaw décrocha le téléphone et composa un numéro à Miami de sa main gantée.

– J'ai tous leurs documents, annonça-t-il. Le gros lot ! Dont trois photos de Bajaratt, que personne n'a probablement encore vues depuis leur envoi de Londres. Je vais les brûler et me tirer d'ici. Je ne sais pas quand Hawthorne ou ce Cooke du MI6 vont revenir, mais je ne tiens pas à être dans les parages... Oui, je sais, les avions ne décollent plus après sept heures et demie ; vous avez une idée ?... Un hydravion à Sebastian Point ?... Non, inutile, je le trouverai bien tout seul. À neuf heures, entendu. Si je suis en retard, ne vous affolez pas, j'arriverai bien à temps... J'ai encore un détail à régler ici. Le standard de Hawthorne doit sauter !

Tyrell, en compagnie du capitaine Neilsen et du lieutenant Poole, patientait dans le hall de l'aéroport de Saint-Martin, attendant le feu vert du sergent-chef Charles O'Brian, responsable de la sécurité sur l'Awacs-II.

Soudain, le sergent franchit les doubles portes, et tourna la tête vers la piste.

– Je vais rester à bord, capitaine ! Personne ne parle anglais ici ! Et je me méfie toujours de ceux qui ne parlent pas la même langue que moi.

– Ce sont nos alliés, Charlie, répondit Neilsen. La base leur a dit que nous passerons sans doute la nuit ici. Laisse l'oiseau tranquille, personne ne va y toucher.

– Impossible, Cathy... capitaine, je veux dire.

– Charlie, détends-toi un peu.

– Impossible, non plus. Pas ici. Cet endroit ne me dit rien qui vaille.

La nuit vint. Hawthorne étudiait les documents fournis par les ordinateurs de Poole.

– L'antenne doit se trouver sur l'une de ces quatre îles, annonça-t-il au lieutenant assis à côté de lui, en approchant la lampe.

– Si nous avions pu les survoler, comme l'avait proposé Cathy, on aurait pu savoir laquelle des quatre.

– Autant annoncer notre arrivée en fanfare !

– Et alors ?... Cathy a raison, vous êtes une vraie tête de lard.

– Elle ne m'aime pas beaucoup, n'est-ce pas ?

– Oh, ce n'est pas vous en particulier. C'est une « brûleuse de soutien-gorge », comme on dit en Louisiane. Une féministe pure et dure, genre : « les femmes d'abord ! ».

– Pourtant vous semblez bien vous entendre avec elle.

– Parce qu'elle est la meilleure.

– Alors, vous êtes pour les matrones ?

– Bien sûr que non ! C'est elle la chef, mais je serais un fieffé menteur si je disais que je n'avais pas quelques chaleurs de temps en temps. Regardez-la donc, c'est une femme, et une vraie. Mais je le répète, c'est ma chef. C'est une militaire jusqu'au tréfonds. Ne vous y trompez pas.

– Elle pense le plus grand bien de vous.

– Ouais, comme une grande sœur avec son idiot de frère qui saurait régler le magnétoscope de la maison.

– Vous l'aimez bien, hein, Jackson ?

– Je serais prêt à tuer père et mère pour elle, mais je ne suis pas de sa classe. Je ne suis qu'un technicien à ses yeux, et je le sais. Un jour, peut-être...

On se mit à tambouriner rageusement à la porte.

– Ouvrez, nom de Dieu ! cria le capitaine Catherine Neilsen.

Hawthorne se précipita pour dégager le verrou. Neilsen s'engouffra dans la chambre.

— Ils ont fait sauter notre avion! Charlie est mort!

Le padrone raccrocha, les traits sombres et creusés, l'air résigné. Une fois encore, un lâche venait de trahir pour lui, avide des largesses qu'il dispensait. Une brebis galeuse à la DRM qui redoutait de vivre privée des rentes d'un « héritage » qu'une organisation inconnue des Antilles pouvait annuler du jour au lendemain. L'homme était un être faible, incapable de résister à ses instincts primaires savamment dissimulés derrière un masque de convenance, et toujours prêt, pourtant, à clamer son intégrité et à nier une corruption qui le faisait vivre et concourait en même temps à sa perte. Il existait toujours un lâche quelque part, prêt à se laisser gaver comme une oie. Il suffisait ensuite de maintenir la pression pour le voir enfler comme une baudruche et traîner son corps obèse à vos pieds, suant sang et eau, quémandant sa ration. De Miami à Saint-Martin, il infligeait à ses ennemis une suite d'affronts et d'humiliations. Il était même venu leur voler des documents sous le nez. Les poursuivants de Bajaratt n'allaient plus savoir où donner de la tête. Ils allaient s'égailler dans tous les sens, retourner toutes les pierres sans voir ce qui se trouvait devant leurs yeux. Il n'y aurait pas d'avions espions dans le secteur pendant au moins trois heures. C'était amplement suffisant. Passé ce délai, les antennes seraient démontées, et les transmissions seraient renvoyées vers le néant.

Le vieil homme infirme décrocha le téléphone, se pencha sur son fauteuil roulant et composa lentement un numéro sur sa console électronique. La sonnerie à l'autre bout du fil s'interrompit et laissa place à la voix métallique d'une boîte vocale : *Au bip, tapez votre code d'accès.* Après le long signal, le padrone entra cinq autres chiffres. Une nouvelle sonnerie se fit entendre. Quelques instants plus tard, une voix humaine retentit :

— Comment ça va, les Antilles? Vous prenez un sacré risque en m'appelant, j'espère que vous savez ce que vous faites!

— La voie est libre depuis huit minutes, Scorpion Deux. L'avion espion n'est plus.

— Quoi?

— On vient de le faire sauter sur le terrain où il devait passer la nuit. Il n'y aura rien dans le ciel avant trois heures.

– Nous ne sommes au courant de rien, ici !

– Restez à côté de votre téléphone. Vous n'allez pas tarder à l'apprendre.

– Vous risquez d'être tranquille pendant un sacré bout de temps. L'Awacs le plus proche se trouve sur la base d'Andrews.

– Voilà une bonne nouvelle, répondit le padrone. J'ai un service à vous demander, Scorpion Deux. Un cas de force majeure au sujet duquel il est préférable que vous en sachiez le moins possible.

– Je ne vous ai jamais demandé la moindre explication, *padrone*. Encore merci, pour l'« héritage », l'éducation de mes enfants est assurée. Ce n'est pas avec ce que le gouvernement me paie que j'aurais pu leur offrir ce genre d'école.

– Comment se porte votre femme ?

– C'est tous les jours fête pour elle ! Et tous les dimanches elle va à l'église, pour remercier le ciel de nous avoir offert cet oncle éleveur de chevaux en Irlande.

– Parfait, tout va pour le mieux, alors ?

– Oui, c'est comme si le gouvernement avait acquitté sa dette envers moi. Je me suis usé les méninges pour eux pendant vingt et un ans, mais ils trouvent que je ne suis pas présentable, que je ne donne pas une bonne image, alors ce sont des fantoches tirés à quatre épingles qui annoncent à la presse mes découvertes, sans que jamais mon nom ne soit cité !

– Du calme, mon cher. Comme on dit, rira bien qui rira le dernier, n'est-ce pas ?

– C'est vrai, et je vous en suis reconnaissant.

– Vous allez donc pouvoir me rendre ce petit service ; cela ne devrait pas vous poser trop de problèmes.

– Je vous écoute.

– De par votre fonction officielle, vous pouvez ordonner au service des douanes de laisser entrer dans le pays un avion privé sans soumettre ses passagers au moindre contrôle ?

– Certainement... pour des raisons de sécurité d'État. Mais il me faut le nom de la compagnie, le numéro de l'avion, l'aéroport d'arrivée et le nombre de passagers.

– Il s'agit de la Sunburst Jetlines de Floride. Le numéro du vol est NC-21-BFN. L'aéroport d'arrivée est celui de Fort Lauderdale. Il y a un pilote, son copilote et un unique passager.

130

– Je peux savoir de qui il s'agit ?

– Pourquoi pas ? Nous n'avons ni l'intention de garder son identité secrète ni de le faire entrer aux États-Unis clandestinement – au contraire ; dans quelques jours, tout le gratin de la société américaine sera au courant de sa présence. Et on se pressera au portillon pour le rencontrer. Mais il voudrait jouir de quelques jours de tranquillité le temps de rendre visite à ses vieux amis.

– Qui est-ce donc ? Le pape ?

– Non, mais ils seront nombreux de Palm Beach à Park Avenue à le traiter avec autant d'égards.

– Je ne dois effectivement pas le connaître.

– C'est fort probable, et bien naturel. Mais, rassurez-vous, nous présenterons tous ses papiers d'identité à vos douaniers de Fort Lauderdale, qui, je suis prêt à le parier, ne le connaissent pas plus que vous. Nous aimerions simplement qu'il puisse rester à bord jusqu'à ce que l'avion atterrisse sur une piste privée de Palm Beach, où une limousine l'attendra.

– Je peux donc savoir son nom ?

– Il s'appelle Dante Paolo, c'est le fils du baron de Ravello, Ravello étant à la fois son nom de famille et le nom de la province où ont vécu ses aïeux depuis plusieurs siècles. (Le padrone baissa la voix.) Ce jeune homme est voué à accomplir de grandes choses, mais ceci doit rester strictement entre nous. C'est le fils d'une des plus riches noblesses du monde : la baronnie de Ravello.

– Elle fait partie du club des cinq cents ?

– Et parmi les mieux classées ! Leurs vignes produisent le célèbre Greco di Tufo, et leurs investissements industriels rivalisent avec ceux de Giovanni Agnelli. Dante Paolo vient étudier les possibilités d'investissement dans votre pays et faire son rapport à son père. En toute légalité, je tiens à le préciser, et si nous pouvons aider au mieux cette grande famille, qui sait plus tard comment nous en serons récompensés ? N'est-ce pas ainsi que fonctionne le monde ?

– Ma coopération ne vous est absolument pas indispensable. Les types du ministère du Commerce et de l'Industrie se seraient pliés en quatre pour faire plaisir à votre richissime rejeton.

– Certes ! Mais il est en tout point préférable d'épargner à ce jeune homme le désagrément de faire la moindre démarche... Et les Ravello sauront se souvenir de ceux qui leur auront rendu ce service. Alors, je compte sur vous.

– C'est comme si c'était fait. Tout sera réglé à leur arrivée. À quelle heure et dans quel type d'avion atterrissent-ils ?

– À sept heures demain matin et l'avion est un Lear-25.

– C'est noté... Une seconde, s'il vous plaît, mon téléphone rouge s'affole. Ne quittez pas, *padrone*...

À peine deux minutes plus tard, son contact était de nouveau en ligne.

– Vous aviez raison, la nouvelle vient de tomber ! L'Awacs-II vient de sauter sur l'aéroport de Saint-Martin avec un homme d'équipage à bord. C'est l'alerte rouge, ici. Vous avez de nouvelles instructions ?

– Non, aucune, Scorpion Deux. Pour nous, l'affaire est close. Ce sera mon dernier appel. Je vais couper la liaison et disparaître.

À trois mille cinq cents kilomètres de là, un homme obèse, le crâne dégarni, le visage bouffi et parsemé de taches de rousseur, resta assis, l'air songeur, derrière son bureau de la CIA, à Langley, en Virginie. Des cendres tombées de son cigare avaient atterri sur sa cravate bleue ; il les chassa du revers de la main et regarda les petits cratères qui s'étaient creusés dans les fibres synthétiques. Il rangea le téléphone rouge dans le tiroir d'acier sous son bureau – un tiroir qui avait des airs de coffre-fort. Il ralluma son cigare ; la vie était douce, vraiment douce. Le reste du monde pouvait bien partir en fumée.

8

Sous les projecteurs de l'aéroport, le cadavre fut glissé dans un sac plastique et emporté par une ambulance. Hawthorne avait officiellement reconnu les restes calcinés du sergent-chef, après avoir demandé à Neilsen et Poole de ne pas s'approcher. Sur la piste, l'avion de surveillance radio n'était plus qu'un squelette informe, un amas de poutrelles gauchies saillant des restes fumants de l'avion qui se désagrégeait comme une énorme carcasse d'insecte éventrée.

Jackson Poole pleurait sans retenue, et s'éloigna soudain pour vomir. Tyrell s'approcha de lui et lui passa le bras sur les épaules. Que pouvait-il faire d'autre ? Un étranger ne pouvait rien faire pour atténuer la perte d'un ami; pis encore, la moindre parole pourrait être ressentie comme une agression. Tye tourna les yeux vers Catherine Neilsen, « militaire jusqu'au tréfonds ». Elle se tenait raide comme une statue, retenant ses larmes. Il s'écarta lentement de Poole, et s'approcha de la jeune femme.

— Vous savez qu'il n'y a rien de répréhensible à pleurer, commença-t-il gentiment, en restant à ses côtés, sans oser lui offrir une épaule pour s'épancher. Rien dans le manuel du bon soldat ne l'interdit. Vous avez perdu quelqu'un de proche.

— Je sais tout ça, répondit le capitaine, en déglutissant tandis que ses yeux s'embuaient de larmes malgré elle. (Elle se mit à trembler.) Je me sens si inutile, si déplacée.

— Pourquoi donc ?

133

– Je suis pleine de doute et de confusion alors que je suis censée, étant donné mon grade, garder la tête froide, quelles que soient les circonstances.

– Non, on vous demande seulement de ne pas montrer vos moments de doute devant vos subalternes dans les instants critiques. Nuance.

– Je... je n'ai jamais été au combat.

– Vous y êtes maintenant, capitaine. Peut-être est-ce la première et dernière fois de votre vie, mais vous aurez eu le baptême du feu.

– Je n'ai jamais vu de cadavre... Encore moins celui d'un ami.

– Ça ne fait pas partie de l'entraînement des pilotes de l'armée de l'air.

– Je devrais me montrer plus forte, ne pas être si fragile à l'intérieur.

– Vous seriez dans ce cas une dissimulatrice et une parfaite idiote, ce qui est rédhibitoire pour un officier de l'armée. On n'est pas au cinéma ici. C'est pour de vrai. Aucun soldat ne ferait confiance à un supérieur qui resterait de marbre devant la perte d'une personne chère. Et vous savez pourquoi ?

– Je ne suis pas en état de vous le dire.

– Parce qu'il mènerait son bataillon tout droit à la mort.

– Charlie est bien mort par ma faute...

– Non, vous n'y êtes pour rien. C'est lui qui a insisté pour rester à bord.

– J'aurais dû lui ordonner de nous accompagner.

– C'est ce que vous avez fait, capitaine, comme il se doit. Mais il a refusé de vous obéir.

Neilsen tourna la tête vers Hawthorne, les yeux brillants de larmes.

– Vous êtes prêt à me dire n'importe quoi pour me réconforter.

– Détrompez-vous. J'essaie d'être le plus raisonnable et le plus cartésien possible. Si mon but était d'atténuer votre douleur, je vous prendrais probablement dans mes bras pour que vous puissiez laisser libre cours à votre chagrin. Mais il n'en est pas question. D'abord vous me mépriseriez plus tard pour ce geste, et puis il va falloir que vous fassiez face au consul américain et à ses sbires. Pour l'instant, j'ai demandé qu'on les coince à la porte, mais ce sont des diplomates et on ne pourra les retenir très longtemps.

– Vous avez fait ça?

– Allez-y, pleurez maintenant, pleurez un bon coup pour Charlie et ensuite redevenez le parfait soldat. Je suis déjà passé par là, on ne m'a pas arraché mes galons pour autant.

– Pauvre Charlie! bredouilla Neilsen dans un sanglot en enfouissant son visage dans la poitrine de Hawthorne.

Il referma doucement ses bras autour d'elle et la tint un long moment en silence. Ses sanglots cessèrent peu à peu et Tye lui releva doucement le menton.

– Il y a un temps pour tout, j'ai appris ça aussi. Séchez vos larmes, mais en aucun cas vous n'avez à renier votre chagrin... Servez-vous donc de ma manche pour vous essuyer.

– Quoi?... Qu'est-ce qui se passe?

– Le consul et ses hommes arrivent. Je vais voir Poole. Je reviens tout de suite.

Neilsen le rattrapa.

– Oui? Vous avez autre chose à me dire? demanda-t-il en se retournant vers elle.

– Je ne sais pas, répondit-elle en secouant la tête tandis que la voiture officielle du consul traversait la piste. Merci, je crois... Vous avez raison, le temps du chagrin est fini; l'heure est venue de rendre des comptes à Washington.

– Alors, attaquez bille en tête, c'est toujours du meilleur effet.

Tyrell rejoignit Jackson Poole qui était adossé à un camion de pompiers, un mouchoir devant la bouche, les tempes battantes, avec sur le visage un masque de tristesse.

– Ça va mieux, lieutenant?

Poole se redressa soudain et attrapa Hawthorne par le col.

– Dans quel merdier nous avez-vous fourrés! hurla-t-il. Vous avez tué Charlie, espèce de salaud!

– Non, Poole, ce n'est pas moi qui l'ai tué, répondit Tye sans faire le moindre mouvement pour repousser le lieutenant. D'autres s'en sont chargés.

– Vous ne pouviez pas le sentir!

– Ça n'a rien à voir, ni avec le sabotage ni avec sa mort, et vous le savez très bien.

– Ouais, peut-être, concéda Poole en lâchant le col

de Hawthorne. C'est simplement qu'avant votre arrivée on était unis comme les doigts de la main, Cathy, Sal, Charlie et moi. Maintenant Charlie est mort, Sal s'est évanoui dans la nature et notre Big Lady n'est plus qu'un tas de ferraille informe.

– Big Lady ?

– C'était le surnom de notre Awacs... en l'honneur de Cathy... Pourquoi êtes-vous venu chambouler notre existence ?

– Je n'y suis pour rien, Jackson. En fait, c'est plutôt vous qui avez fait irruption dans la mienne. Je ne demandais rien à personne.

– Ouais, n'empêche que vous avez tout foutu par terre et je ne vois pas comment ça pourrait s'arranger. Et c'est pourtant pas l'imagination qui me manque.

– Demandez donc à vos ordinateurs ! rétorqua Hawthorne avec sarcasme. Mais il faudra bien un jour ou l'autre que vous releviez le nez de vos écrans, lieutenant, et que vous sortiez de votre petit monde. Il y a quelque chose que vos machines et vos consoles ne pourront jamais intégrer, c'est l'aspect humain. C'est avec cette matière que des gens comme moi ont affaire, jour après jour, heure après heure. Il ne s'agit pas de bips sur des machines, mais d'hommes et de femmes de chair et de sang qui peuvent être vos amis ou vos ennemis. Demandez donc à vos puces de malheur de mettre ça en équation !

– Vous semblez bien remonté !

– C'est le moins que l'on puisse dire ! Il y a deux jours à peine, l'un des meilleurs agents secrets de la planète m'a tenu le même sermon que celui que je viens de vous faire et je l'ai traité de « vieux fou ». Pourquoi ne peut-on jamais revenir en arrière !

– Si on arrêtait deux minutes de se chamailler ? proposa le lieutenant tandis que la voiture du consul s'éloignait sur la piste. Cathy vient juste d'en finir avec les types du gouvernement et elle a l'air pas mal tracassée.

Neilsen les rejoignit, partagée entre la tristesse et l'incrédulité.

– Ils retournent vers leurs lignes protégées et leurs secrets d'État, annonça-t-elle, avant de toiser du regard l'ancien officier de marine. Dans quoi nous avez-vous entraînés, Hawthorne ?

– J'aimerais bien pouvoir vous répondre, capitaine.

Tout ce que je sais, c'est que je ne fais pas le poids. Ce qui s'est passé ce soir me le prouve.

– Pauvre Charlie...

– Ça suffit, Cathy, lança Jackson Poole avec une soudaine brusquerie. Nous avons du pain sur la planche et devant Dieu je jure d'aller jusqu'au bout – pour Charlie !

La décision ne fut pas acceptée de gaieté de cœur, mais le commandant de la base aérienne de Cocoa, malgré sa fureur, dut se plier aux doubles exigences de la marine et de la CIA, soutenues par les experts politiques de la Maison-Blanche. Le sabotage de l'Awacs-II devait rester secret. La version officielle expliquerait qu'une fuite de kérosène a provoqué l'explosion d'un avion d'entraînement américain qui avait dû atterrir sur le territoire français, suite à de graves avaries. On ne déplorait heureusement aucune victime. Les proches du sergent-chef Charles O'Brian, qui n'était pas marié, seraient emmenés à Washington où le directeur de la CIA leur demanderait à chacun une discrétion absolue sur cette affaire, tout comme il l'avait exigée de ses enquêteurs : « Agissez vite, mais en silence. »

L'opération *Petite Amazone*, ainsi qu'on la nommait dans les cercles les plus fermés de la diplomatie, était la priorité numéro un des services secrets du monde entier. Tous les vols internationaux des quatre coins de la planète étaient minutieusement contrôlés, les passagers fouillés, certains malchanceux se retrouvaient enfermés pendant plusieurs heures dans une cellule, le temps que leurs papiers soient analysés au scanner sous toutes les coutures, vérifiés et revérifiés dix fois, à la recherche de la moindre anomalie. Le nombre de passagers ainsi bloqués à la douane dépassa bientôt le millier. Le *New York Times* criait au scandale et dénonçait ce « harcèlement policier sans fondement » ; le *Herald Tribune* parlait de « flambée paranoïaque » qui n'avait donné aucun résultat : ni arme saisie ni le moindre gramme de drogue. Mais les gouvernements, que ce soit à Londres, à Paris ou à Washington, se gardaient bien de répondre à ces attaques, et encore moins d'offrir quelque explication que ce soit. Le nom de Bajaratt devait rester ultra-secret, de même que les motifs de l'opération en cours... On cherchait une femme d'une trentaine d'années voyageant avec un jeune homme, un adolescent, tous les deux de nationalité inconnue.

Tandis que les forces de police s'activaient un peu partout, le Lear-25 atterrissait à l'aéroport de Fort Lauderdale, avec trois personnes à son bord : un pilote qui avait plus de cent fois effectué ce vol, un copilote – une forte femme, ancien membre de l'armée de l'air israélienne – qui avait rassemblé son épaisse chevelure brune sous sa casquette, et enfin, assis à l'arrière, un grand jeune homme – seul et unique passager. Parmi les douaniers recrutés pour l'occasion se trouvait un charmant représentant de l'État qui les accueillit en prononçant quelques mots de bienvenue en italien, avant de tamponner rapidement leur visa. Amaya Bajaratt et Nicolo Montavi étaient arrivés sur le sol américain.

– Je ne sais pas combien d'appuis haut placés vous avez, lança Jackson Poole en entrant dans la chambre d'hôtel où Hawthorne et Catherine Neilsen étudiaient les listings du lieutenant, mais il est évident que vous avez le bras sacrément long !

– En clair, pour la brave fille de fermier que je suis, ça veut dire que nous ne sommes pas démis de nos fonctions ?

– Au contraire, capitaine. Ce pirate yankee vient de nous acheter, avec ou sans notre consentement.

– J'ai, à Gorda, un bateau plein d'esclaves qui m'attend, répondit Tyrell, en reportant son attention sur les cartes qu'il examinait à l'aide d'une loupe empruntée aux autorités de l'aéroport.

– Expliquez-vous, lieutenant.

– Nous sommes à son service, Cathy.

– C'est juste une impression, rassure-toi, rétorqua le capitaine Neilsen.

– C'est vrai que l'on s'est portés volontaires. Les ordres sont de ne pas embaucher de pilote local puisque c'est quelqu'un d'ici qui a fait sauter la Big Lady. Ils veulent le black-out total. Puisque tu t'y connais en bateau, tu es la personne toute choisie, et comme je suis plus jeune que lui, et sans doute plus costaud, la base s'en lave les mains et nous dit : faites ce qu'il veut.

– Ils ne vous ont pas dit aussi qu'il fallait m'emmener en promenade, demanda Hawthorne, toujours penché sur ses documents, et vérifier que je prends bien mes pilules ?

– Allez, ça va, intervint Catherine Neilsen. Vous nous avez fait comprendre que vous aviez besoin de nos services, mais vous pouviez difficilement nous demander de vous aider, et encore moins l'exiger. Nous le faisons de notre plein gré. Pour Charlie.

– Je ne sais pas ce qui nous attend dehors, et je préfère vous avertir que je ne suis pas devin.

– Ça suffit, Tye, assez tergiversé, lança Cathy. Par où commence-t-on ?

– Je connais bien ces îles. C'est un petit atoll volcanique sans grand intérêt. Rien que des rochers et des cailloux si tranchants qu'ils couperaient vos rangers en deux. Il n'y a rien à voir là-bas.

– Sauf sur l'une d'entre elles, rétorqua Poole. Mes machines ne se trompent pas !

– Je sais, reconnut Hawthorne. Il va falloir qu'on aille sur place y jeter un coup d'œil. Les Français ont mis à notre disposition un hydravion – un bimoteur insonorisé – et nous avons rendez-vous ce soir avec un sous-marin de poche à huit kilomètres au sud de l'atoll – un biplace qui sera remorqué par un aéroglisseur de Gorda.

– Un biplace ? s'exclama Neilsen. Et moi ?

– Vous resterez avec l'hydravion et le bateau.

– Pas question ! Demandez aux Anglais d'envoyer un pilote, sans donner la moindre explication. On fait ça tout le temps... Peu importe les grades ! Charlie était comme un grand frère pour moi. Je vais avec vous. Point. Et, de toute façon, vous n'avez pas le choix.

– On peut savoir pourquoi ?

– C'est évident. Qu'est-ce que vous comptez faire du sous-marin lorsque vous partirez en reconnaissance ? Le laisser s'enliser dans la vase ?

– Nous l'échouerons sur la plage et nous le camouflerons. J'ai une certaine expérience en ce domaine.

– Comparée à l'alternative que je vous propose, votre solution, en matière de sécurité, est une aberration et sachez que j'ai, en ce domaine particulier, une certaine expérience, moi aussi. Si votre île est là, il faudra que...

– Elle est là, rétorqua Poole. Mes machines ne mentent pas.

– Très bien, partons de ce principe... J'imagine, dans ce cas, qu'on n'entre pas dans un tel endroit comme dans un moulin. Vous allez tomber sur des moyens de protection importants, tant en hommes qu'en matériel, et en particulier sur des systèmes d'alarmes automatiques. Il est effectivement relativement simple de parsemer le rivage de cellules électroniques, n'est-ce pas, Jackson ?

– Exact, Cathy.

– Il serait également plus futé de faire surface à quelques centaines de mètres du rivage et de vous laisser gagner la côte à la nage pour aborder l'île en un point que nous aurons déterminé de visu.

– Même si on se glisse à l'eau discrètement, sans gros plongeon ni gros plouf, je continue à penser que c'est inutile. Vous surestimez, je crois, les ressources technologiques de cette île. Ce n'est qu'un bout de rocher quasi désert.

– Rien n'est moins sûr, Tye, répliqua le lieutenant. Je pourrais bricoler un système de surveillance comme celui dont parle Cathy avec un brave micro-ordinateur, un générateur à trois cents dollars et une vingtaine de cellules électriques. Et ça, ce n'est pas de la surestimation !

– Vous êtes sérieux ? demanda Tyrell en jetant un regard mauvais vers Poole.

– Je vais vous raconter une petite histoire qui va vous éclairer, poursuivit Poole. Quand j'avais dix ou douze ans, mon père a acheté un magnétoscope à télécommande. C'était le cadeau le plus démesuré qu'il pouvait nous faire, mis à part un micro-ordinateur. Il n'a jamais su le faire fonctionner, en particulier lorsqu'il s'agissait de programmer l'enregistrement d'un match des Saints [1] ou d'une émission qu'il voulait regarder plus tard. Ça le rendait fou de rage d'être tenu en échec par cette Némésis des temps modernes et l'engin finit par atterrir à la poubelle. Et mon père n'est pas un idiot ; c'est un sacré avocat, mais les chiffres, les symboles et tous ces boutons qu'il fallait presser pour commander la machine étaient devenus ses ennemis personnels.

– Je ne vois pas le rapport, lança Hawthorne.

– Détrompez-vous, il y en a un, répondit Poole. Il détestait tout ce qu'il n'avait pas appris à manier dans son enfance. Il faisait un blocage techno-psychologique.

– Il faisait un quoi ?

1. Équipe de football de La Nouvelle-Orléans. (N.d.T.)

– C'est un homme généreux et ouvert, il trouve normal que les Noirs veuillent être représentés au gouvernement. Mais il ne peut s'adapter aux nouvelles technologies parce qu'elles vont trop vite et qu'elles n'ont rien d'humain. En fait, il en a peur.

– Lieutenant, où voulez-vous en venir à la fin ?

– Que tout ça est moins compliqué que ça en a l'air. Ma petite sœur et moi on a grandi avec les ordinateurs et les jeux vidéo – papa ne nous en a jamais empêché, mais ça lui faisait mal de nous voir le nez collé sur nos écrans. Nous nous sommes ainsi familiarisés avec tous ces boutons, tous ces symboles... Même la fabrication des puces n'a plus de secret pour nous.

– Et alors ?

– Ma petite sœur travaille à Silicon Valley et gagne déjà dix fois mon salaire, mais je travaille avec des machines qui la font pâlir d'envie.

– Ça suffit. Allez au fait !

– Eh bien, Cathy a raison, et moi aussi j'ai raison. Son intuition et mon expérience coïncident. Ma petite histoire de micro-ordinateur et de cellules électriques à trois francs six sous confirme sa théorie. D'un point de vue technique, c'est enfantin, mais cela pourrait nous attirer de sérieux ennuis.

– Vous m'avez raconté toute cette histoire dans le seul but de me dire qu'on devrait emmener le capitaine Neilsen avec nous ? Vous vous fichez de qui ?

– Écoutez, Tye, je tiens beaucoup à cette petite dame et je n'aime pas l'idée qu'elle fasse du zèle, mais je la connais bien. Elle se trompe rarement, en particulier lorsqu'il s'agit de procédures d'approche et de tactiques sur le terrain. Elle a lu tous les manuels !

– Et c'est dans les livres, je suppose, qu'elle a appris à piloter un sous-marin de poche ?

– Je peux piloter tout ce qui a un moteur, que ce soit dans le ciel, sur terre, ou sous l'eau, annonça Neilsen. Laissez-moi une heure devant les commandes et je vous emmène au bout du monde.

– Ce que j'aime chez vous, c'est votre modestie. Cela ne me dit rien qui vaille.

– Allons, les nageurs de combat apprennent à les piloter en vingt minutes !

– Moi, il m'a quand même fallu une demi-heure, rétorqua futilement Hawthorne.

– Parce que vous êtes lent, c'est normal. Écoutez, Tye, je ne suis pas complètement idiote. Si on m'avait demandé de vous accompagner en patrouille, j'aurais refusé. Non parce que je suis peureuse, mais parce que je ne suis pas préparée, sur un plan physique et mental, à ce genre de mission et que je pourrais être une gêne. En revanche, aux commandes d'un engin, je peux vous être d'une aide précieuse. Nous resterons en contact radio, et je pourrais aller vous récupérer où et quand vous voudrez sur l'île. J'assurerai votre retraite en cas de problème.

– Elle est toujours d'une logique aussi implacable, Jackson ?

Alors qu'un Poole souriant s'apprêtait à répondre, le téléphone se mit à sonner. Le lieutenant s'approcha de la table de nuit et décrocha.

– Oui ? Qui le demande ?... commença-t-il prudemment. (Il se tourna alors vers Hawthorne, la main sur l'écouteur.) Un certain Cooke voudrait vous parler.

– Ce n'est pas trop tôt ! lança Tyrell en lui prenant le téléphone des mains... Qu'est-ce que vous foutez, nom de Dieu !

– Je pourrais vous rétorquer la même chose, répondit Cooke, à Virgin Gorda. Nous venons de rentrer. Pas le moindre message de votre part et en plus on s'est fait voler !

– Comment ça ?

– Il a fallu que je téléphone à cet abruti de Stevens pour savoir où vous étiez !

– Marty ne vous a rien dit ?

– Marty n'est pas là, ni son copain Mickey. Évanouis dans la nature, tous les deux !

– Ce n'est pas possible ! rugit Hawthorne. Et cette histoire de vol, c'est quoi ?

– Il s'agit de l'enveloppe que j'avais laissée pour vous dans le coffre de l'hôtel ; disparue, elle aussi. Tout y était ! Nos contacts, les photos... tout !

– Nom de Dieu !

– Et toutes ces informations ne sont pas perdues pour tout le monde, croyez-moi...

– Je me fiche de savoir qui les a récupérées ! Je veux savoir où se trouvent Marty et Mickey ! Ils ne seraient jamais partis comme ça sans prévenir. Ils auraient laissé un mot, quelque chose... Personne ne sait rien ?

– Non, personne, à première vue. Un vieux du coin, un certain Ridgeley, a dit que, lorsqu'il est arrivé à l'atelier, il n'y avait personne et que tout était laissé en plan.

– Je n'aime pas ça! lança Hawthorne. Ce sont des amis... Mon Dieu, qu'est-ce que j'ai encore fait...

– Il y a plus grave encore..., annonça Cooke. Le réceptionniste prétend avoir donné l'enveloppe à un « gentleman » de Londres, un certain Grimshaw, qui nous connaissait tous très bien. Il aurait même dit à l'employé que cette enveloppe lui appartenait, puisqu'il avait justement payé les informations qui se trouvaient à l'intérieur.

– Quelles informations ?

– L'expertise d'un yacht que son club de San Diego devait acheter, avec coût des réparations, évaluation de l'état général. Cela pouvait se tenir, il faut le reconnaître, et le jeune type est tombé dans le panneau.

– Il faut faire la peau à cet abruti! Ou au moins le virer sur-le-champ!

– Il est déjà parti, Tye. Il a claqué la porte lorsque le directeur a commencé à le sermonner. Il a dit qu'il avait des relations haut placées chez Savoy à Londres, et qu'il en avait ras le bol de ce trou à rats. Il a pris le dernier vol pour Porto Rico, en déclarant avec arrogance qu'il allait se retrouver dans le même avion que le dénommé Grimshaw. Il a même menacé de faire virer le directeur, dès son arrivée à Londres.

– Vérifiez la liste des passagers de tous les vols pour... (Tyrel s'interrompit, et poussa un soupir.) Mais vous l'avez déjà fait évidemment.

– Évidemment.

– Et alors? Pas de Grimshaw...? annonça Hawthorne.

– Pas de Grimshaw, confirma Cooke.

– Et pas le moindre indice, nulle part...?

– Pas le moindre. Il a tout nettoyé dans sa chambre... du téléphone jusqu'aux boutons de porte!

– Un pro.

– Ce qui est fait est fait, Tye. Inutile de revenir là-dessus.

– Vous oubliez Marty et Mickey!

– J'ai lancé un avis de recherche. La police fouille l'île... Attendez une minute, Tye. Jacques arrive justement. Il veut me dire quelque chose. Restez en ligne, s'il vous plaît.

– Entendu.

Hawthorne se tourna vers Neilsen et Poole, en mettant la main sur l'écouteur.

– Nous avons été refaits à Gorda, expliqua-t-il. Deux amis à moi, qui me donnaient un coup de main, ont disparu. Ainsi que tous les renseignements que nous avions sur cette malade !

Neilsen et Poole échangèrent un regard perplexe. Le lieutenant haussa les épaules, pour dire qu'il ne comprenait pas un traître mot de ce que racontait Hawthorne. Le capitaine leva les yeux au ciel pour montrer son assentiment et fit signe à Poole de ne pas poser de questions.

– Geoff, vous êtes là ? lança Hawthorne dans le combiné, au bout de quelques instants.

Ce silence prolongé était à la fois agaçant et inquiétant. Enfin, Cooke revint au bout du fil.

– Je suis désolé, Tyrell, vraiment, commença-t-il. J'aurais aimé avoir de meilleures nouvelles à vous annoncer. Une patrouille a retrouvé le corps de Michael Simms à un kilomètre du rivage. Avec une balle dans la tête.

– Oh non !... articula Hawthorne d'une voix blanche. Comment est-il arrivé là ?

– Selon les premières analyses, au vu, en l'occurrence, des écailles de peinture accrochées dans ses vêtements, on pense qu'il a été tué à terre, puis placé dans un petit canot à moteur, et envoyé vers le large. Son corps devait pendre à moitié au-dessus de l'eau et une vague l'a sans doute fait passer par-dessus bord.

– Ce qui veut dire que nous ne retrouverons jamais Marty. Ou alors on retrouvera son corps décomposé dans un canot avec un réservoir vide.

– Je crains que la marine ne soit de cet avis. Les ordres de Londres et de Washington sont d'étouffer l'affaire.

– Bon sang ! C'est moi qui ai entraîné ces deux pauvres types dans ce merdier ! C'étaient des héros de la guerre, et ils se sont fait tuer pour des peccadilles.

– Ce ne sont pas des peccadilles, Tye. Au contraire. Cette affaire, le massacre de Miami, ce qui vous est arrivé à Saba, le sabotage à Saint-Martin prouvent que nous avons affaire à un sérieux problème. Cette femme et ces gens ont des moyens que nous ne soupçonnions pas.

– Je sais, reconnut Hawthorne d'une voix à peine audible. Mais je sais aussi ce que peuvent ressentir mes deux nouveaux associés à l'égard d'un certain Charlie.

– Charlie ?

– Peu importe, Geoff. Stevens vous a dit ce que nous comptons faire ?

– Oui. Et franchement, Tyrell, vous pensez être de taille ? Vous avez été hors du coup pendant si longtemps.

– Mais qu'est-ce que vous avez tous à la fin ! Je ne suis pas un vieux croulant ! explosa Hawthorne. Je n'ai que quarante ans, Cooke, et...

– Quarante-deux, murmura Neilsen dans son dos. C'est dans le dossier...

– La ferme !... Non, ce n'est pas à vous que je parle, Geoff. La réponse à votre question est : oui, je suis de taille. Nous partons dans une heure et nous avons du pain sur la planche. Je vous rappelle plus tard. Qui sera votre contact ?

– Le directeur de l'hôtel ? proposa l'ex-agent du MI6.

– Non, pas lui. Il est trop pris par son boulot. Prenez plutôt le patron de la buvette. Il sera parfait.

– Le grand Noir avec son fusil ? Entendu.

– Restez joignable, lança Tyrell avant de raccrocher. (Il fit volte-face vers le capitaine.) Bien que je perde la mémoire étant donné mon grand âge, lorsque je dis qu'il n'y a que deux places dans le sous-marin, je suis formel. C'est deux places et pas une de plus ! Alors j'espère que vous et votre « chéri » êtes des intimes parce que, si vous persistez à vouloir venir, vous serez couchés l'un sur l'autre !

– Vous savez que dans ce type de sous-marin, commandant Hawthorne, répliqua Neilsen, il y a en queue – à la poupe, si vous préférez – un petit coffre de rangement, contenant canot pneumatique, rations de survie pour cinq jours, armes et fusées de détresse. En se passant de cet équipement de secours, il y aura largement de la place pour moi à bord.

– Comment savez-vous tout ça ?

– Elle sortait à Pensacola avec un type de la marine qui était incollable sur les sous-marins, répliqua le lieutenant. Sal, Charlie et moi, on s'est frotté les mains de

145

joie lorsqu'elle lui a dit d'aller se faire voir ! C'était un sale type arrogant.

– S'il te plaît, Jackson. Il s'agit d'affaires privées qui ne regardent personne.

– Au même titre que mon dossier personnel ?

– C'était mon devoir de le lire. Cela fait partie du code militaire.

– Qui date de la guerre de 1812... Mais passons... (Hawthorne s'approcha des cartes posées sur la table basse.) Nous pouvons nous faire larguer à un mille au sud de la première île, tous feux éteints, évidemment, et nous diriger par Loran [1].

Il se mit à examiner les documents faxés par Washington qui regroupaient tout ce qu'on savait sur l'atoll en question. Par chance, des marins comme Hawthorne avaient pris soin de dresser des cartes soixante ans plus tôt. Le moindre récif devait être marqué, le moindre éperon volcanique, pour que les bateaux ne viennent pas s'éventrer et disparaître corps et biens dans l'océan en furie.

– Il y a une ouverture dans le premier massif de corail, donnant accès au lagon, annonça-t-il en indiquant de sa règle un point sur la carte.

– Notre sonar pourra le repérer, j'imagine ? demanda Poole.

– Si nous sommes sous l'eau, sans doute, répondit Tye. Mais, si nous faisons surface, le sonar sera inopérant et nous risquons de nous échouer sur un récif de corail au beau milieu des faisceaux des cellules.

– Alors, il faudra rester immergé, annonça Catherine.

– Nous allons ensuite rencontrer une deuxième ceinture de corail dont nous ne savons rien. Il faudra naviguer à l'aveuglette. Et ce n'est que la première île ! On ne s'en sortira pas !

– Je peux faire une suggestion ? demanda Neilsen.

– Faites.

– En entraînement de combat, lorsque nous rencontrons une grosse masse nuageuse, nous essayons de voler le plus bas possible, juste au ras de la base des nuages, là où nos instruments ont une acuité maximale. Pourquoi ne pas faire la même chose, mais à l'inverse ?

1. *Long Range Aid to Navigation* : système de radionavigation. (N.d.T.)

Nous pourrions raser la surface de l'eau, utiliser notre périscope panoramique, et avancer à vitesse minimale, de sorte que, si nous heurtons un rocher, il n'y aura pas de casse. On ne fera que rebondir dessus.

– Laissez tomber tout ce jargon ! lança Poole. C'est d'une trivialité sans fond, en fait. Il suffit de procéder par petites touches, comme avec les ordinateurs. Un coup à gauche, un coup à droite. Les yeux dans le binoculaire et les dix doigts sur le clavier.

– Quel clavier ?

– Vous pouvez me trouver un micro et une dizaine de palpeurs que je puisse coller vite fait sur la coque de ce sous-marin ?

– Bien sûr que non, soyez réaliste !

– Alors, oubliez le clavier. Mais la théorie de Cathy tient toujours.

– Je l'espère.

9

Le motel minable aux environs de West Palm Beach ne représentait qu'une halte provisoire pour le *barone cadetto di Ravello*. Sur le registre de l'établissement, il n'était encore qu'un simple ouvrier de chantier, accompagné de sa tante, femme de ménage à Lake Worth, qui l'emmenait visiter les États-Unis, parce que, comme elle l'avait dit à la réception, « c'était un bon garçon qui travaillait dur et qui avait bien du mérite ! ».

Toutefois, vers neuf heures et demie du matin, la « tante » et le « neveu » arpentaient la Worth Avenue à Palm Beach, payant en liquide les plus beaux habits dans les boutiques de luxe qui se trouvaient concentrées sur cette portion de bitume. Déjà les rumeurs commençaient à circuler. « C'est un baron italien, il vient de Ravello, il paraît, mais chut ! C'est un secret. On l'appelle le *barone cadetto*, c'est le fils héritier de la famille, et sa tante est une comtesse, un vraie comtesse ! Ils sont en train de vider tous les magasins de la rue ! Ils prennent ce qu'il y a de plus cher ! Il a perdu tous ses bagages à l'aéroport, incroyable, non ? »

Évidemment, tout le monde ne demandait qu'à le croire en entendant tinter les caisses enregistreuses. Bijoutiers et tailleurs ne tardèrent pas à alerter leurs journalistes préférés à Palm Beach ou à Miami, ne demandant qu'à rompre leur serment de discrétion si le nom de leur boutique apparaissait en toutes lettres dans l'article.

À neuf heures du soir, dans la chambre du motel débordant de malles et de sacs Vuitton, Bajaratt retira son corset matelassé et s'écroula sur le lit en poussant un long soupir.

— Je suis crevée! se lamenta-t-elle.

— Pas moi! lança Nicolo, exultant de joie. Je n'ai jamais été traité comme ça. C'est magique!

— Ce n'est que le début, Nico. Demain, nous allons dans un grand hôtel sur l'autre rive; tout est arrangé. Maintenant laisse-moi tranquille, et réfrène tes envies pour ce soir, s'il te plaît. Je dois réfléchir, et dormir un peu.

— Réfléchissez, *signora*. Moi, je vais me prendre un petit verre de blanc.

— Ne fais pas de folie. Nous avons une rude journée demain.

— *Naturalmente*, lança le garçon. Je réviserai ma leçon après. *Il barone cadetto di Ravello* doit être fin prêt, n'est-ce pas?

— Très bien.

Dix minutes plus tard, Bajaratt s'endormait. Dans le canapé, sous la lueur de l'abat-jour, Nicolo relisait la nouvelle histoire de sa vie.

— À toi, sainte Cabrini, murmura-t-il en levant son verre. Et à moi, le futur baron.

Il était vingt-trois heures quinze, le ciel était clair, le disque de la lune se reflétait sur la houle noire. L'hydravion avait retrouvé à vingt-deux heures cinq l'aéroglisseur parti de Virgin Gorda. Les trois Américains avaient abandonné leurs affaires pour enfiler les combinaisons de plongée noires fournies par les Britanniques, et s'équiper de pistolets à silencieux, de fusées éclairantes, de jumelles pour la vision de nuit et de talkies-walkies. On avait expliqué au capitaine Neilsen le maniement du sous-marin, ce qui était essentiel pour le bon déroulement de cette mission de reconnaissance. C'est elle qui serait aux commandes une fois l'engin largué. C'est un jeune soldat de commando qui avait commencé à lui expliquer la marche à suivre, avec une mauvaise grâce évidente. Non seulement on lui prenait sa place dans la patrouille, mais en plus c'était une femme qui lui infligeait cette humiliation! Sa mauvaise humeur toutefois diminua après que le capitaine l'eut entraîné à l'arrière du bateau pour avoir un petit entretien avec lui. Malgré un reste d'irritation, le soldat se métamorphosa en un formidable pédagogue. En moins d'une heure, il était fier de son élève.

— Je n'ose pas imaginer ce que vous lui avez promis, lança Tyrell tandis que Neilsen remontait sur le pont après avoir fait un petit tour avec le sous-marin pour s'acclimater aux commandes.

— Ça y est, les blagues salaces ne sont pas loin.

— Allez, capitaine, j'essayais seulement de détendre l'atmosphère. Une longue nuit nous attend.

— Je lui ai dit la vérité... À propos de Charlie. J'ai sincèrement l'impression que je dois le faire pour lui. J'imagine que j'ai été convaincante.

— Je n'en doute pas.

— Je lui ai fait comprendre aussi que, si je n'arrivais pas à le piloter, je lui laisserais la place. Je ne voudrais pas risquer deux autres vies... Cet Anglais voulait vraiment venir avec vous et il aurait pu me coincer quand il voulait, mais il ne l'a pas fait. Au contraire, il m'a mise sur les rails parce que je lui ai expliqué les raisons de ma présence ici, c'est aussi simple que ça.

— Je vous crois, capitaine, répondit Hawthorne. Nous allons jeter l'ancre dans quelques minutes devant la première île ; vous avez quelque chose à dire au pilote qui va repartir avec l'hydravion ?

— Il attend dans les soutes. Nous sommes censés n'avoir aucun contact. Je vais lui laisser un petit mot.

— C'est ce que j'allais vous proposer. Faites-le tout de suite.

— En fait, c'est si peu de chose que le commandant du bateau peut lui dire directement. C'est à propos de la gouverne de gauche, elle est un peu dure et il faudra qu'il compense. De toute façon, il va s'en apercevoir très vite.

— Je vais faire la commission. Si vous voulez soulager votre vessie, c'est le moment. Vous n'aurez sans doute pas d'autres occasions avant demain matin.

— Tout va bien, merci. Mais j'aurais deux mots à dire au type qui a dessiné ces satanées combinaisons de plongée. Encore une fois, on n'a pas pensé aux femmes.

— Debout, je ne vois pas le problème, annonça Tyrell en jetant un bref coup d'œil sur la silhouette vêtue de noir qui se profilait sous le clair de lune.

— Debout peut-être...

— C'est l'heure ! lança Jackson en les rejoignant sur le

pont arrière. Le commandant vient de me dire qu'il va bientôt treuiller le sous-marin et qu'il faut monter à bord.

– Déjà ? demanda Neilsen.

– Il est grand temps, Cathy. À la vitesse où file cet engin, nous arriverons sur notre objectif dans moins de vingt minutes.

– Mon commandant ! lança l'instructeur de Neilsen en se mettant au garde-à-vous.

– Oui, on vient de me prévenir, sergent. Nous sommes prêts à embarquer.

– Ce n'est pas le sujet de ma venue, répondit le soldat comme un marine à l'entraînement. Puis-je vous demander depuis combien de temps vous ne vous êtes pas servi de ce matériel ?

– Oh, ça fait cinq ou six ans.

– Avec du matériel anglais ?

– Le plus souvent le nôtre, mais j'ai déjà utilisé votre matériel, il y a très peu de différences.

– Je regrette, mon commandant.

– Pardon ?

– Je ne peux vous autoriser à vous mettre aux commandes.

– Quoi ?

– La dame a montré qu'elle était tout à fait capable de s'acquitter de cette tâche. Plus que capable, même.

– Vous savez, j'ai eu quelques cours particuliers à Pensacola, sergent, répondit Neilsen d'un air modeste.

– Peut-être, mais vous avez superbement assimilé cette technique de pilotage.

– Vous voulez que ce soit elle qui pilote ? demanda Hawthorne.

– Oui, mon commandant.

– Laissez tomber les « commandant ». Je connais ces îles, pas elle !

– Mais vous n'êtes pas au courant des dernières innovations technologiques. Il y a un écran de télévision qui transmet l'image du périscope afin que le pilote puisse voir ce qu'observe le passager. Et ce n'est qu'un exemple ; il y a bien d'autres équipements dont vous ne soupçonnez pas même l'existence. Non, je regrette, mon commandant, mais je ne peux vous autoriser à prendre les commandes.

– C'est idiot !

– Non, mon commandant, cet engin coûte au bas mot quatre cent mille livres et je ne peux le laisser entre les mains de quelqu'un qui n'a pas piloté depuis des années. Maintenant, si vous voulez bien vous diriger vers la proue, le pilote doit monter sur le pont pour être transféré dans l'hydravion.

– Dites-lui que la gouverne de gauche est un peu dure, annonça Catherine, sinon tout est normal.

– Entendu. Je vous appellerai dès que nous aurons débarqué le pilote, expliqua le sergent au garde-à-vous, évitant le regard de Hawthorne, avant de faire demi-tour.

– C'est une conspiration contre moi ! pesta Tyrell, tandis qu'ils remontaient vers la proue.

– Au contraire, Tye, commença Catherine alors qu'ils atteignaient le nez de l'étrange bateau boudiné. Ce sera bien mieux ainsi, sincèrement. Souvenez-vous de ce que je vous ai dit : si je ne m'en sentais pas capable, j'aurais laissé ma place.

– Et en quoi est-ce que c'est mieux ? demanda Hawthorne.

– Vous pourrez ainsi vous concentrer sur votre objectif, sans vous soucier du pilotage.

Tyrell tourna la tête vers elle, remarquant toute la détermination de ses grands yeux verts – des yeux de petite fille, pétillant sur le visage épanoui d'une femme sûre de son fait.

– Vous avez peut-être raison, capitaine. Je regrette simplement que vous ayez tout manigancé dans mon dos.

– Je ne pouvais pas faire autrement, je n'étais pas sûre que ça marche.

Hawthorne esquissa un sourire, sentant sa colère s'évanouir.

– Vous avez toujours réponse à tout, n'est-ce pas ?

– Qu'est-ce qu'ils attendent pour mettre leur barque à l'eau ? s'impatienta Poole à côté du bastingage en feignant de ne pas avoir entendu leur conversation.

– Par pitié, lança Tyrell en levant les mains devant le visage de Neilsen, dites-lui ce que vous voulez, mais ne l'appelez pas « mon chéri ».

Catherine éclata de rire.

– Un jour, on vous racontera ce qui s'est passé et vous aussi vous ne pourrez plus l'appeler autrement, expliqua Neilsen avant que ses yeux ne s'assombrissent brusquement. C'était une idée de Sal et de Charlie.

— Comment ça ?

— Plus tard, Tye, répliqua Cathy, ses yeux retrouvant leur éclat malicieux, c'est une longue histoire.

— Mon commandant, lança le sergent en sortant de l'ombre, le sous-marin est prêt à être immergé.

— Allons-y !

La première île n'était qu'un vulgaire amas volcanique. Ils avaient trouvé un passage dans le récif et avaient fait surface près du rivage. L'endroit n'était que rocaille et arbustes rabougris – une végétation chétive entretenue par les averses que le sol aride et desséché avalait en un instant.

— Laissez tomber, ordonna Tyrell au pilote. Passons à la suivante, elle se trouve à moins d'un kilomètre d'ici, est-sud-est, si je me souviens bien.

— Vos souvenirs sont exacts, répondit Catherine derrière les commandes. J'ai la carte devant les yeux. Fermez les écoutilles, on va plonger.

La deuxième île risquait encore moins d'accueillir la moindre alarme électronique. Ce n'était qu'un amas de rochers dépourvus de végétation et de plages, scories inhospitalières pour l'homme comme pour les animaux. Le sous-marin de poche se dirigea vers la troisième île qui se trouvait à six kilomètres de là. Il y avait sur celle-ci de la végétation, mais elle avait été visiblement malmenée par les récentes tempêtes. Les palmiers étaient pliés, brisés, la plupart écroulés au sol. L'îlot portait tous les stigmates d'une portion de terre vierge livrée aux éléments. Ils allaient rebrousser chemin et se diriger vers l'île suivante lorsque Hawthorne remarqua quelque chose sur le moniteur de contrôle.

— Attendez, Cathy ! lança-t-il calmement. Faites machine arrière et un quart de tour à bâbord.

— Pourquoi ?

— Il y a quelque chose qui cloche. J'ai un écho sur le radar. Plongez !

— Pourquoi ?

— Faites ce que je vous dis.

— Bien sûr, mais je voudrais savoir pourquoi.

— Moi aussi, lança Poole, coincé dans son coffre arrière.

– Taisez-vous! répliqua Hawthorne en regardant tour à tour l'écran vidéo et le radar devant lui. Laissez le périscope sorti.

– C'est fait, répondit Neilsen.

– Parfait, annonça Tyrell. Vos machines avaient raison, c'est là.

– Comment ça? demanda Neilsen.

– Il y a un mur. Un mur tout ce qu'il y a d'artificiel qui renvoie le faisceau du radar. En béton armé, j'en ai bien l'impression. Il est camouflé, mais il est bien visible sur l'écran radar.

– Qu'est-ce qu'on fait?

– On fait le tour de l'île. Je ne tiens pas à avoir de mauvaises surprises.

Ils tournèrent lentement autour de la petite île, effleurant discrètement la surface de l'eau, tandis que le faisceau du radar explorait la côte dans ses moindres détails. Poole s'était faufilé dans l'écoutille au-dessus de Tyrell et observait la côte avec ses jumelles.

– Nom de Dieu! lança le lieutenant en baissant la tête pour être entendu dans l'habitacle. L'endroit est truffé de détecteurs. Il y en a tous les vingt ou trente mètres, apparemment branchés en série.

– Qu'est-ce que vous voyez exactement? demanda Hawthorne.

– Ils ressemblent à des petits bouts de miroir. Il y en a sur les palmiers, d'autres sur des poteaux. Ceux qui sont sur les arbres sont reliés à des fils noirs ou verts qui disparaissent dans le feuillage et ceux qui sont sur les poteaux – qui semblent faits en plastique ou en fibre de verre – ne sont apparemment branchés à aucun fil, du moins d'après ce que je vois d'ici.

– Non, ils sont bel et bien reliés, expliqua Hawthorne, par des fils enterrés. À moins d'avoir le nez dessus en plein jour et encore, on ne peut pas les voir.

– Comment ça marche?

– Par fibres optiques. Mais vous aviez raison sur un point, ils sont branchés en série et chaque groupe est alimenté par ces fils colorés.

– Comme des guirlandes de Noël?

– Oui, mais avec une alimentation autonome. Si vous cassez un maillon de la chaîne, ça ne met pas hors circuit toute la série. Les fils sont reliés à des batteries dissimulées un peu partout qui relaient la moindre coupure et assurent la transmission du signal.

– Eh bien ! Pour quelqu'un qui se dit fâché avec la technologie !... Quel type de signal utilisent-ils ?

– Type volumétrique. Et ce sont vos chers petits ordinateurs qui gèrent les données. Les faisceaux mesurent la densité – la masse, si vous préférez – pour éviter que les petits animaux ne déclenchent l'alarme.

– Vous m'impressionnez, Tye.

– Vous vous amusiez encore sur vos consoles de jeu que ce système existait déjà.

– Comment on va passer ?

– En rampant. C'est aussi simple que ça, lieutenant. Au bon vieux temps – il y a cinq ou six ans – lorsque les méchants du KGB et nous les gentils du « monde libre » prenions des cuites ensemble à Amsterdam, on s'amusait beaucoup de la bêtise de tous ces systèmes sophistiqués.

– Vous avez fait ça ?

– On a tous fait ça, Jackson. C'est humain, et il n'y a pas de quoi fouetter un chat, lieutenant.

– Vous savez, commandant, vous êtes étonnant.

– Le monde, comme on dit, est une source perpétuelle d'étonnements... Nous y sommes, capitaine ! annonça-t-il à Catherine Neilsen, qui releva les yeux de son tableau de bord. Voici la crique où nous avons repéré le mur tout à l'heure.

– Qu'est-ce que je fais, je m'approche ?

– Surtout pas ! Avancez vers l'ouest sur deux cents mètres, pas plus que ça.

– Et ensuite ?

– Ensuite votre « chéri » et moi allons nous glisser gentiment dans l'eau... Descendez de là, Poole, vérifiez votre arme et attachez votre équipement.

– Tout de suite, commandant. Je sens que ce n'est pas le moment de vous contrarier.

La sonnerie stridente du téléphone tira brutalement Bajaratt du sommeil. Par réflexe, elle plongea la main sous l'oreiller pour saisir son automatique. Puis elle s'assit, le souffle court, tentant en vain de garder son sang-froid malgré son étonnement ; personne ne savait qu'elle était là. Depuis son arrivée à l'aéroport, elle avait pris trois taxis en l'espace d'un quart d'heure pour rejoindre le motel. Les deux premiers dans son déguisement d'ancien pilote de l'armée israélienne et le troisième sous les traits d'une vieille mégère qui ne parlait pratiquement pas un mot d'anglais. Le genre de motel où ils étaient descendus ne demandait guère de références et encore moins de papiers d'identité. Le téléphone sonna de nouveau ; elle décrocha immédiatement en jetant un coup d'œil vers Nicolo étendu à côté d'elle. Il dormait comme un loir, le souffle régulier, l'haleine chargée de relents de vin.

– Allô ? dit-elle calmement en regardant le cadran du radio-réveil sur la table de nuit.

Il était une heure trente-cinq du matin.

– Désolé de vous réveiller, répondit une voix d'homme affable à l'autre bout de la ligne, mais nous avons ordre de vous aider et j'ai des informations susceptibles de vous intéresser.

– Qui êtes-vous ?

– Peu importe mon nom. Il vous suffit de savoir que notre groupe tient en grande estime un certain vieillard aux Antilles.

– Comment m'avez-vous retrouvée ?

– Je sais où et comment chercher, et il n'y avait pas tant d'endroits où vous puissiez aller... On s'est rencontrés brièvement aux douanes de Fort Lauderdale. Mais c'est sans importance, c'est ce que j'ai à vous dire qui l'est. Allez, ne me rendez pas la tâche plus difficile encore. En vous appelant, je prends un risque qui dépasserait l'entendement de pas mal de gens.

– Veuillez me pardonner, mais vous m'avez surprise...

– Non, je ne vous ai pas surprise, répondit l'homme, je vous ai fait une peur bleue, nuance.

– Très bien, je le reconnais. Qu'est-ce que vous avez à me dire ?

– Vous avez produit votre petit effet cet après-midi ; les paparazzi de Palm Beach sont comme des lions en cage, j'imagine que vous vous y attendiez.

– Ce n'est qu'une petite introduction.

– Détrompez-vous, c'est déjà bien plus que ça, une petite conférence de presse vous attend demain.

– Une quoi ?

– Vous m'avez très bien entendu. Ce n'est pas New York ni Washington ici, mais nous avons une presse qui a pas mal de lecteurs, en particulier pour tout ce qui touche les riches de la côte. Il n'était pas difficile de savoir dans quel hôtel vous alliez descendre ; si bien que quelques journalistes vous attendent de pied ferme au Breakers. Il valait mieux que vous soyez prévenue. Vous pouvez toujours refuser, bien sûr, mais il était préférable que vous ne soyez pas prise de court.

– Merci. Il y a un numéro où je peux vous joindre ?

– Vous êtes folle ! lança l'homme avant de raccrocher brutalement.

Bajaratt reposa l'écouteur et se mit à arpenter la pièce de long en large pendant plusieurs minutes, parmi les malles et les sacs de voyage. « Ce n'est qu'un contretemps sans gravité », songea-t-elle. Elle contempla les affaires qu'ils avaient achetées sur Worth Avenue en se félicitant d'avoir demandé à tous les vendeurs de retirer les étiquettes sur les vêtements. Ils auraient tout le temps de faire leurs bagages demain matin. C'était effectivement un détail sans importance. En revanche, quelque chose de plus grave la tracassait.

– Nicolo ! lança-t-elle en donnant une claque sur son pied qui sortait des draps. Debout !

– Qu'est-ce qu'il y a ? Qu'est-ce qui se passe, Cabi ? Il fait nuit.

– Maintenant il fait jour, rétorqua Bajaratt en allumant l'abat-jour du canapé.

Le garçon se redressa et se frotta les yeux en bâillant.

– Combien de verres as-tu bus ce soir ? demanda Bajaratt.

– Deux ou trois, répondit-il avec agacement. C'est un crime, *signora* ?

– Non, mais est-ce que tu as révisé tes leçons comme tu me l'avais promis ?

– Évidemment. J'ai étudié hier soir ces papiers pendant des heures et puis ce matin dans l'avion, puis dans les taxis et dans la chambre avant que nous partions faire des achats. Et ce soir, je les ai relus durant au moins une heure pendant que vous dormiez.

– Tu en as retenu quelque chose ?

– Oui, presque tout. Mais pourquoi toutes ces questions, à la fin !

– Où as-tu été à l'école ? lança Bajaratt, campée devant le lit.

– Des précepteurs sont venus au château de Ravello pendant dix ans, répondit du tac au tac le jeune homme, comme un robot.

– Et ensuite ?

– Une grande école privée à Lausanne, répondit Nicolo. Pour entrer à... à...

– Plus vite ! Pour entrer où ?

– À l'université de Genève, c'est ça ! Puis mon père malade m'a fait revenir au domaine pour que je m'occupe des affaires de la famille... Oui, c'est ça : pour m'occuper des affaires de la famille.

– Je ne veux pas la moindre hésitation ! Sinon ils vont s'apercevoir que tu mens.

– Mais qui donc ?

– Et ensuite, une fois revenu à Ravello ?

– J'ai embauché de nouveaux professeurs pendant...

Nicolo marqua une hésitation, en fronçant les sourcils, jusqu'à ce que la mémoire lui revienne.

– ... pendant deux ans, à raison de cinq heures par jour, pour parfaire mes études. On m'a dit que j'ai été parmi les mieux notés à l'examen.

– Ça va, Nico, ce n'est pas si mal, annonça finalement Bajaratt en hochant la tête.

– Je peux faire mieux encore. Mais ce n'est qu'un tissu de mensonges, n'est-ce pas, *signora* ? Et si quelqu'un parlant italien commence à me poser des questions ?

– On en a déjà discuté. Il te suffit de changer de sujet. Je serai là pour t'aider.

– Pourquoi m'avoir réveillé en pleine nuit pour me faire réciter mes leçons ?

– C'était nécessaire. Pendant que tu cuvais ton vin, j'ai reçu un coup de téléphone. Quand on arrivera à l'hôtel demain, il y aura des journalistes dans le hall qui voudront t'interviewer.

– Allons, Cabi, qui voudrait interviewer un pauvre docker de Portici ? Ce n'est pas moi qu'ils veulent interviewer, c'est le *barone cadetto di Ravello*, n'est-ce pas ?

– Écoute-moi, Nico, commença Bajaratt en venant s'asseoir à côté de lui, percevant une pointe d'amertume dans les paroles du garçon. Tu peux être vraiment ce *barone cadetto* si tu veux. Les Ravello ont vu des photos de toi et ils savent que tu n'aspires qu'à devenir un homme de goût, un parfait *nobile italiano*. Ils sont prêts à t'accueillir à bras ouverts, comme leur propre fils.

– Vous me menez encore en bateau, *signora*. Aucune famille noble ne voudrait voir son sang mêlé à celui d'un docker.

158

– Mais eux, si. Car tu es leur seul espoir. Ils n'ont plus que toi. Tu dois me faire confiance, comme eux me font confiance. Tu peux échanger ta vie misérable contre une autre, pleine de richesse et de plaisirs.

– Mais en attendant, si tant est que je devienne ce fils, c'est vous et vous seule qui voulez que je sois le *barone cadetto*.

– C'est évident.

– Et ce pour des raisons, vous dites, qui ne me regardent pas.

– Étant donné tout ce que j'ai fait pour toi – entre autres te sauver la vie –, j'estime avoir le droit de garder mes petits secrets.

– Bien sûr, Cabi. Mais moi, j'ai bien le droit d'avoir une petite récompense pour avoir bien appris mes leçons, annonça Nicolo en se redressant.

Il la prit par les épaules et l'attira vers lui. Elle ne lui résista pas.

10

Il était deux heures du matin passées lorsque Hawthorne et Poole, vêtus de leurs combinaisons noires, s'agrippèrent aux éperons rocheux du troisième atoll volcanique.

— Restez à plat ventre, ordonna Tyrell dans sa radio. Et avancez comme si vous étiez collés au sol, compris ?

— Mais oui, ne vous en faites pas, répondit Poole dans un murmure.

— Une fois que nous aurons passé la première rangée de capteurs, ne vous redressez pas avant vingt ou trente mètres. Les faisceaux quadrillent le coin sur une dizaine de mètres à la ronde, partant du principe que les humains se relèveraient sitôt arrivés à terre. Ce qui n'est pas le cas des serpents et des lapins.

— Il y a des serpents ici ?

— Mais non, il n'y a pas de serpents, j'essaie simplement de vous expliquer comment ça fonctionne, rétorqua Tye. Bref, ne vous relevez pas avant moi.

— À vos ordres, répondit Poole.

Une minute plus tard, ils avaient atteint une étendue d'herbe rabougrie, une zone rocailleuse incapable de nourrir les palmiers et les flamboyants.

— Vous pouvez vous relever, annonça Hawthorne, nous sommes en sécurité.

Ils traversèrent au pas de course le pré rocailleux et se figèrent soudain en entendant au loin des sons rauques et étouffés.

— Des chiens ! murmura Tyrell dans sa radio. Ils ont senti notre odeur.

– Nom de Dieu !

– C'est le vent... Il vient du nord-ouest.

– Et alors ?

– Alors, on a intérêt à courir comme des dératés vers le sud-est. En avant !

Hawthorne et Poole partirent en oblique sur la gauche et pénétrèrent dans une palmeraie. Ils s'arrêtèrent hors d'haleine sous le couvert des frondaisons.

– Il y a quelque chose qui cloche, annonça Tyrell.

– Pourquoi ? Les chiens n'aboient plus, tout va bien.

– Nous ne sommes plus sous le vent. Mais ce n'est pas ça qui m'inquiète, expliqua Tyrell en levant la tête vers la cime des arbres. Regardez ces palmiers, ce sont des palmiers en éventail.

– Et alors ?

– Alors, ce sont les premiers à se briser en cas de tempête parce que le vent s'engouffre dans leur feuillage... Regardez, il y en a quelques-uns de cassés mais la plupart sont intacts.

– Et alors ?

– Souvenez-vous de ce qu'on a vu du sous-marin, juste en face de la crique. Tous les arbres étaient arrachés, renversés, comme après le passage d'un rouleau compresseur.

– Je ne vois pas où vous voulez en venir. Certains arbres résistent, d'autres pas, et alors ?

– Ils sont sacrément exposés au vent sur ce versant. La crique était plus abritée.

– Ce sont les anomalies de la nature, expliqua Poole, quand le vent se met à souffler sur le lac Pontchartrain, il se passe un tas de choses étranges. Tout le flanc gauche de notre chalet, par exemple, a été arraché, tandis que la niche du chien, juste devant, est restée intacte. Avec la nature, il ne faut pas chercher à comprendre.

– Peut-être... Allez, en route.

Ils se frayèrent un chemin à travers les palmiers jusqu'à atteindre un petit promontoire qui surplombait la crique. Tyrell observait les alentours avec sa paire de jumelles.

– Regardez, Jackson, là-bas... Juste à côté du sommet de cette colline.

Tyrell donna ses jumelles au lieutenant, qui explora le terrain au-dessus de la crique.

– Qu'est-ce que c'est que ça, Tye ? On aperçoit ici et là des traits de lumière derrière les arbres, qui semblent tourner à angle droit.

– Ce sont des volets anti-ouragan camouflés. Personne encore n'a inventé de dispositif parfait contre les ouragans, il y a toujours des fuites, des entrées d'air ici et là. Vos petites machines qui font bip-bip avaient vu juste, lieutenant. Il y a une maison là-bas, et ce n'est pas une vulgaire masure. À l'intérieur il y a du gros gibier, peut-être même cette malade.

– Vous ne croyez pas, commandant, qu'il serait temps de nous mettre un peu au courant ? Nous surprenons ici et là quelques mots ; vous parlez d'une malade, de terroristes, de documents top secret, de crise internationale, que sais-je encore... et on nous a bien dit de ne pas poser de questions. Alors, Cathy ne pipe mot car elle suit à la lettre le règlement et parce que, comme moi, elle fait tout ça pour Charlie. Mais la différence, c'est que je n'ai cure des ordres. Si je dois perdre mon sang si précieux pour moi, je tiens à savoir pourquoi.

– Bigre, lieutenant, quelle tirade ! Je ne vous savais pas si lettré.

– Pour votre gouverne, commandant, apprenez que j'ai plus de deux cents mots à mon vocabulaire. Alors, vous allez me le dire, oui ou non ?

– Lettré et insolent... D'accord, Poole, je vais vous le dire. Il s'agit de l'assassinat du président des États-Unis.

– Quoi ?

– Et c'est une femme terroriste qui pourrait bien faire le coup.

– Vous plaisantez ou quoi ? C'est de la folie pure !

– Pas plus que Dallas et le Ford's Théater [1]... D'après nos informateurs à la Beqaa, trois autres têtes tomberont juste derrière : le Premier ministre britannique, le président de la République française et le chef du gouvernement israélien. C'est l'assassinat de Bartlett qui donnera le signal.

– Mais c'est impossible !

– Souvenez-vous de ce qui s'est passé à Saint-Martin, de ce qui est arrivé à Charlie et à votre joujou sophistiqué malgré toutes les mesures de sécurité en place. Ce que vous ne savez pas, c'est que trois agents du FBI ont

1. Lieu de l'assassinat du président Abraham Lincoln (1809-1865). (N.d.T.)

été abattus à Miami lors d'une mission de surveillance top secret liée à notre opération, et que j'ai failli être descendu, alors que je me trouvais sur l'île de Saba pour des raisons personnelles, parce que quelqu'un venait d'apprendre que j'avais repris du service. Il y a des fuites à Paris, à Washington, peut-être à Londres. Pour reprendre les termes d'un de mes amis, qui se trouve être un excellent agent du MI6, cette femme et ses gens ont des moyens qui dépassent notre entendement. Cela répond-il à votre question, lieutenant?

— Ça fait froid dans le dos, répondit la voix de Catherine Neilsen dans la radio de Poole.

— Tu l'as dit, répondit le lieutenant en baissant les yeux vers son talkie-walkie accroché à sa ceinture. J'avais ouvert la radio, annonça-t-il à Hawthorne. J'espère que vous ne m'en voulez pas. Cela vous évitera d'avoir à le répéter.

— Je pourrais vous faire mettre à pied tous les deux pour ça! explosa Hawthorne. Il ne vous est pas venu à l'esprit qu'il pouvait y avoir dans cette maison un détecteur radio?

— Impossible, répondit Neilsen par radio. Nous sommes sur un canal militaire indétectable sur un rayon de deux kilomètres. Nous ne risquons rien... Merci, Jackson, de cette attention. Et merci, Mr. Hawthorne. Parfois les troupes ont besoin d'un indice ou deux, je suis sûre que vous pouvez comprendre ça.

— Je comprends surtout que vous êtes impossibles, l'un comme l'autre! Vous dépassez les bornes... Où êtes-vous, Cathy?

— À environ cent cinquante mètres à l'ouest de la crique, je me suis dit que vous risquiez de revenir par là.

— Très bien. Restez immergée et ne vous approchez pas à moins de quinze mètres du rivage. Nous ignorons la portée des faisceaux.

— Entendu. Terminé, répondit Poole en éteignant sa radio.

— C'était un coup en traître, Jackson.

— C'est vrai, mais nous avons fait un grand pas en avant. Ce n'est plus seulement pour Charlie que nous sommes là.

— N'oubliez pas votre Mancini, votre soi-disant copain. Il était prêt à vous envoyer en orbite sans sourciller.

– Je ne veux pas penser à lui. Ça dépasse mon entendement.

– Très bien, n'en parlons plus. Allons-y !

Les deux silhouettes vêtues de noir descendirent le versant en zigzaguant entre les arbres en direction de la crique.

– À plat ventre maintenant, murmura Hawthorne dans la radio alors qu'ils atteignaient la plage. Nous allons ramper jusqu'à cette espèce de haie. Si je ne me trompe pas, le mur se trouve juste derrière.

– C'est incroyable ! souffla Poole en passant la main à travers le feuillage, une fois qu'ils eurent atteint l'extrémité de la plage bordée de lianes et de vigne vierge. C'est bien un mur. Et en béton !

– Du béton armé, davantage bardé de ferraille qu'une piste d'aéroport ! ajouta Tyrell. C'est fait pour résister aux bombes, et pas seulement aux typhons et aux ouragans du coin... À plat ventre, j'ai dit !... J'ai dans l'idée que nous ne sommes pas au bout de nos surprises.

Ce fut effectivement le cas. Ils découvrirent d'abord un escalier de pierre, dissimulé sous une pelouse synthétique, qui menait à un surplomb de la colline, à quelques dizaines de mètres du sommet.

– Nous ne l'aurions jamais repéré d'avion, annonça le lieutenant.

– C'est vrai, Jackson. Notre propriétaire, ici, ne déroule pas des tapis rouges mais des tapis verts !

– Il ne doit vraiment pas aimer la compagnie, notre ami.

– C'est probable. Restez sur la gauche et jouez les serpents !

Les deux hommes gravirent lentement le versant sur le ventre, marche après marche, sans un bruit, jusqu'à atteindre une sorte de palier qui semblait conduire à une construction cachée sous un massif de palmiers. Hawthorne souleva la pelouse synthétique et mit à nu une allée pavée.

– C'est si simple, murmura-t-il à l'intention de Poole. On pourrait faire de même avec n'importe quelle maison des îles et aucun avion ou bateau de reconnaissance ne pourrait la repérer.

– C'est sûr, reconnut le lieutenant, impressionné. Le coup de la fausse pelouse, c'est facile, mais tous ces palmiers là-bas, c'est une autre affaire !

– Pourquoi?

– Parce qu'ils sont faux.

– Vous croyez?

– On voit que vous n'êtes pas un gars de la campagne, commandant, du moins pas de celle du Sud. Si vous aviez vécu en Louisiane comme moi, vous sauriez que les palmiers suintent aux petites heures du matin, à cause du changement de température. Regardez, il n'y a pas la moindre trace d'humidité sur ces grandes feuilles. C'est du faux, et elles sont trop grosses pour la taille des troncs. Tout est en plastique, c'est sûr.

– Ce qui voudrait dire que c'est un système de camouflage actif? Mécanisé?

– Oui, piloté sans doute par ordinateur. Ça n'a rien de dantesque si vous couplez vos capteurs au système.

– Pardon?

– C'est tout bête, Tye. C'est comme les portes de parking privé qui s'ouvrent lorsque les phares frappent les cellules électriques. C'est exactement l'inverse ici. Dès que les capteurs perçoivent un signal anormal venant du ciel ou du large, la machinerie se met en branle. On ferme la boutique!

– Tout simplement?

– Oui. Qu'un avion ou un bateau s'approche d'un peu trop près, disons à trois ou quatre mille pieds d'altitude ou à trois kilomètres des côtes, l'alerte est donnée à l'ordinateur qui active alors le système, comme ces portes de garage que l'on commande à distance. Je pourrais fabriquer un système comme ça pour quelques milliers de dollars, mais le Pentagone m'enverrait sur les roses.

– Évidemment. Vous êtes un danger public pour l'économie du pays, murmura Tyrell.

– C'est exactement ce que me disait mon père, mais heureusement ma petite sœur est dans mon camp.

– La jeunesse héritera de la terre et de tous ses boutons...

– Qu'est-ce qu'on fait maintenant? On marche sur ce parterre de fleurs en plastique et on va s'annoncer?

– Non, on rampe! Et on fait tout notre possible pour ne pas s'annoncer.

– On cherche quoi, au juste?

– Tout ce qui nous tombera sous la main.

– Et après?

165

– Tout dépend si ça brûle ou pas.

– J'aime votre sens tactique.

– Il y a des choses qui resteront à jamais hermétiques aux ordinateurs, jeune homme. Allez, en route.

À plat ventre, ils traversèrent une étendue de *zoysia*, une herbe épineuse très répandue aux Antilles, et s'approchèrent des faux palmiers. Les deux hommes examinèrent les sous-bois artificiels, auscultèrent l'écorce du premier tronc. Poole hocha la tête sous le clair de lune. C'était bien un gros tube de plastique thermoformé ressemblant à s'y méprendre à son homologue naturel, mais bien plus facile à déplacer pour le mécanisme. Hawthorne repéra une trouée dans la « végétation » et fit signe au lieutenant de le suivre.

À la queue leu leu, ils rampèrent sous un tunnel de feuillage jusqu'à un rai de lumière qui filtrait d'un des volets-tempête. Les deux hommes se relevèrent en silence et s'approchèrent ; tout semblait calme à l'intérieur. Tyrell écarta alors les lamelles pour augmenter son champ de vision.

L'intérieur de la maison ressemblait au palais de quelque noble vénitien. De grandes arches, du marbre incrusté d'or du sol au plafond et, au mur, des tapisseries anciennes à faire pâlir d'envie un conservateur de musée. Un vieil homme, dans un fauteuil roulant électrique, traversa la pièce et disparut de leur vue sous les arcades d'un couloir, suivi quelques instants après par un géant blond, portant une veste safari trop petite pour sa carrure impressionnante. Hawthorne toucha l'épaule de Poole, lui indiquant de nouveau de le suivre. Les deux hommes se frayèrent un chemin à travers les feuilles de palmier, progressant côte à côte en silence. Tyrell s'arrêta à la hauteur de la pièce où le vieillard semblait s'être rendu. Les volets-tempête ne laissaient filtrer aucune lumière. Tyrell attira Poole à côté de lui, et souleva les lamelles des volets. Un spectacle étonnant les attendait.

Ils eurent l'impression d'avoir sous les yeux le rêve délirant d'un maniaque des jeux, une sorte de casino miniature digne d'un empereur – un empereur malade et atteint d'insomnie. Il y avait des machines à sous, un billard, une longue table incurvée de black jack, une gigantesque roulette. Chaque table, chaque machine était conçue pour être accessible en fauteuil roulant, et couverte de liasses de billets. Le vieil infirme jouait à l'évidence contre lui-même et il ne risquait pas de faire sauter la banque.

Le garde du corps blond se tenait à côté du vieillard aux cheveux blancs, dissimulant ses bâillements tandis que le vieil homme glissait des pièces dans une machine à sous, souriant ou grimaçant en fonction des résultats. Un troisième individu entra dans la pièce en poussant un chariot de nourriture, accompagné d'une carafe de vin rouge. L'infirme observa le plateau-repas, fronça les sourcils et se mit à crier contre son deuxième garde du corps et cuisinier. L'homme fit aussitôt une courbette et remporta un plat, promettant apparemment de régler le problème dans la seconde.

– Allons-y, murmura Tyrell. C'est le moment. Il faut trouver un moyen d'entrer pendant que l'autre gorille n'est pas là !

– Et comment ?

– Je n'en sais rien. On va trouver.

– Attendez, une seconde ! chuchota Poole. Je connais ce type de fenêtre. Il s'agit de deux panneaux de verre avec une épaisseur de vide entre eux. Dès que l'air est entré, on peut les casser d'un coup de coude.

– Mais comment faire entrer l'air ?

– Nos pistolets sont équipés de silencieux, n'est-ce pas ?

– Certes.

– Et s'il a le jackpot, la machine va bien se mettre à sonner à tout va ?

– Exact.

– Alors on va attendre. Sitôt qu'il touche le gros lot, on fait deux trous de chaque côté et on fait tomber le tout.

– Finalement, Catherine a peut-être raison quand elle dit que vous êtes un petit génie.

– C'est ce que je me tue à vous répéter, mais vous ne voulez rien entendre. Vous visez le coin en bas à droite, moi je prends celui de gauche. On attend une ou deux secondes, le temps que l'air entre, et on casse tout. En fait, le coussin d'air amortira le bruit.

– À vos ordres, mon général !

Les deux hommes dégainèrent leurs armes.

– Ça y est, il vient de sortir le jackpot ! lança Poole tandis que le vieillard agitait les bras d'excitation devant la machine qui se mettait à clignoter frénétiquement.

Ils firent feu et relevèrent le rideau à lamelles tandis qu'une sorte de brume commençait à recouvrir les lames de verre. Ils brisèrent alors les vitres et se ruèrent à l'intérieur alors que la machine continuait à carillonner et à vomir un flot de pièces tintinnabulantes qui résonnaient dans la grande pièce dallée de marbre. Ils atterrirent sur le sol parmi les éclats de verre tandis que le garde surpris se retournait, portant la main à sa ceinture.

— Ne t'avise même pas d'essayer ! lança Hawthorne en chuchotant alors que la machine à sous cessait son tintamarre. Si l'un ou l'autre élève la voix, ce sera pour la dernière fois, je peux vous l'assurer. Je n'hésiterais pas une seconde à vous faire faire le grand saut.

— *Impossibile, nessuno puoi entrare qui !* lança le vieil homme dans son fauteuil roulant, stupéfait par l'intrusion de ces deux inconnus vêtus de combinaisons de plongée.

— Il faut croire que si, répondit Poole en se relevant le premier, son arme braquée sur l'infirme. Il se trouve que je parle un peu italien, grâce à un type que je croyais mon ami ; et si c'est à cause de vous que Charlie est mort, vous pouvez dire adieu tout de suite à votre fauteuil roulant.

— Il me le faut vivant, intervint Tyrell. Du calme, lieutenant, c'est un ordre !

— C'est plus facile à dire qu'à faire, commandant.

— Couvrez-moi, lança Hawthorne.

Il s'approcha du garde du corps, souleva sa veste et prit son revolver.

— Allez vous poster derrière cette colonne, Jackson, et collez-vous au mur. (Tyrell reporta son attention vers le gorille qui commençait à s'agiter.) Si tu as une idée derrière la tête, tu ferais mieux de laisser tomber. J'ai dit que je voulais la momie vivante, mais ce n'est pas valable pour toi. Va te glisser entre ces deux machines, et fissa ! Et ne t'avise pas de faire le moindre mouvement. Ta vie est le cadet de mes soucis. Allez, ouste !

Le géant se faufila entre les deux machines, le front ruisselant de sueur, le regard mauvais.

— Vous ne sortirez pas d'ici vivants, marmonna-t-il dans un anglais approximatif.

— Tu crois ? lança Hawthorne en allant se cacher derrière une des deux machines à sous.

Il prit son arme de la main gauche et décrocha son talkie-walkie de sa ceinture.

– Vous m'entendez, capitaine ?

– Cinq sur cinq, commandant.

Le garde sursauta en entendant résonner la voix féminine. Le vieil homme, sous le choc, se mit à trembler de rage et de peur dans sa chaise roulante, puis retrouva soudain un calme olympien. Il leva alors les yeux vers Hawthorne et lança un sourire torve – une grimace si malveillante qu'elle paralysa Tye pendant un instant.

– Quelle est votre situation ? demanda Neilsen dans la radio.

– On est à l'intérieur, Cathy, répondit Hawthorne en détournant les yeux de cette face démoniaque qui l'observait. Nous sommes tombés chez Méphistophélès. Nous en tenons deux et on attend le troisième d'un instant à l'autre. On ne sait pas s'il y en a d'autres.

– Je préviens les Anglais ? demanda Neilsen.

À ces mots, la fureur de l'infirme revint et il se pencha dans son fauteuil roulant, tentant de saisir quelque chose sous l'accoudoir. Le pied de Poole l'en empêcha, coinçant sa main dans les rayons de la roue.

– Non, on risquerait d'intercepter le message.

– Vous avez raison.

– Attendons que Jackson ait examiné leur matériel, je ne tiens pas à ce qu'on se fasse repérer. Mais, si nous perdons le contact, alors prévenez les autres rapidement.

– Laissez votre talkie allumé.

– J'en avais l'intention. L'étui risque d'assourdir le son, mais vous pourrez nous entendre quand même.

Des bruits de pas ! Des claquements de talons sur le sol marbré du couloir.

– Je coupe, capitaine ! murmura Tye en rangeant son talkie-walkie dans son étui.

Il reprit son pistolet dans la main droite et le braqua vers la tête du garde à un mètre de lui qui se tenait derrière la machine à sous.

– *Arresto !* hurla le vieil Italien en se ruant vers le couloir.

À ces mots, le gorille poussa de tout son poids contre la machine, qui se renversa et cloua au sol Tyrell, le bras droit coincé sous l'appareil. L'homme se rua sur lui tandis que retentissait un bruit de vaisselle cassée dans la pièce. Alors que les mains du gorille se refermaient sur sa gorge, l'empêchant de respirer, un coup de feu étouffé résonna au-dessus de lui, arrachant la moitié du crâne de son agresseur. L'homme s'écroula et Tye extirpa son bras de la masse d'acier qui clignotait en silence et se releva. Devant lui, Jackson Poole assenait au troisième larron une série de coups de pied et de coups de poing dans un ballet vertigineux jusqu'à ce que l'homme titube, complètement sonné. Le lieutenant s'empara alors de lui et le projeta vers l'invalide dans son fauteuil roulant, stoppant sa course en plein élan.

– Hawthorne ?... Jackson ?... s'enquit Neilsen dans la radio. Qu'est-ce qui se passe ? J'ai entendu tout un ram-dam !

– Attendez une seconde, répondit Tyrell, le souffle court, en se penchant pour arracher la prise électrique du mur.

Les clignotements spasmodiques cessèrent ; un silence pesant s'installa dans la pièce. Le vieil homme se contorsionnait sous le corps de son gorille inconscient. Poole souleva la masse inerte et la projeta au sol. Le choc du crâne contre les dalles de marbre émit un son caverneux.

– Nous avons de nouveau la situation en main, reprit Hawthorne dans la radio. Et je réitère ma demande. Je veux que le jeune lieutenant Andrew Jackson Poole soit nommé illico général. Il vient de me sauver la vie !

– Il fait de temps en temps sa b.a. Et maintenant ?

– Nous allons visiter les lieux et examiner leur matériel. Restez à l'écoute.

Tye et Jackson bâillonnèrent le garde du corps et le padrone dans son fauteuil et les ficelèrent solidement à la machine à sous renversée avec une corde à linge trouvée dans l'un des placards de la cuisine ; puis ils commencèrent à visiter la maison et les environs. Ils contournèrent les grilles d'un chenil qui se trouvait à moins de quarante mètres du bâtiment principal, en prenant soin de ramper et de ne pas se trouver sous le vent. Ils arrivèrent bientôt devant une cabane peinte en vert, entourée de palmiers. Une lueur tremblotante filtrait d'une toute petite fenêtre. Les deux hommes s'approchèrent discrètement, et aperçurent une silhouette dans un rocking-chair, entouré de plantes vertes, en train de regarder des dessins animés à la télé en gloussant.

– Ce pauvre type n'a plus toute sa tête, murmura Poole.

– C'est vrai, répondit Hawthorne, mais il peut toujours exécuter un ordre déplaisant à notre encontre.

– Qu'est-ce qu'on fait ?

– La porte est de l'autre côté. On l'enfonce, on l'attache, et vous l'endormez pour une ou deux heures, avec votre petite méthode.

– Une petite pichenette sur la nuque ?...

– Exactement... Attention ! Il a entendu quelque chose... il se dirige vers ce boîtier rouge... Vite ! Allons-y !

Les deux hommes firent le tour de la cabane camouflée, enfoncèrent la porte et se retrouvèrent nez à nez avec un homme stupéfait qui les regardait béatement au moment d'éteindre la sonnerie stridente qui s'échappait du boîtier.

– C'est le signal pour lâcher les chiens, bredouilla-t-il. C'est toujours ça le signal, ajouta-t-il en levant le bras vers un levier enchâssé dans le mur. Il faut que je le fasse tout de suite.

– Non ! cria Hawthorne. Ce n'est pas le bon signal !

– Si, si, c'est bien celui-là, répondit le gardien, le regard vague. Je ne me trompe jamais.

Sitôt qu'il eut abaissé la manette, des hurlements sauvages retentirent derrière la cabane et s'éloignèrent vers la maison.

– Ça y est. Ils sont lâchés, répondit le demeuré. Ce sont de bons petits.

– D'où vient ce signal ? lança Tyrell. D'où part-il ?

– Le bouton se trouve sur l'accoudoir du fauteuil du *padrone*. On s'est beaucoup entraînés, mais parfois le *padrone* quand il boit un peu trop, il appuie sur le bouton sans faire exprès ; c'est ce qui s'est passé tout à l'heure. J'ai entendu la sonnerie, mais ça s'est arrêté tout de suite et j'ai cru que le *padrone* avait fait une erreur et que son garde avait coupé le signal. Mais pas cette fois, il n'aurait pas fait deux fois la même erreur. C'est pour de vrai et je dois aller rejoindre mes amis. C'est très important.

– Il a un petit vélo dans la tête, lança Poole.

– Peut-être même deux, lieutenant, mais il faut que nous retournions dans la maison... Sortons nos fusées.

– Quoi ?

– Les chiens sont attirés par les odeurs, certes, mais par les lumières aussi. En particulier par les lumières violentes. Prenez deux fusées. Frottez-en une sous vos aisselles en espérant que vous n'avez pas pris de bain récemment.

– C'est très embarrassant, répondit Poole en exécutant les ordres.

– Allez-y, je vous dis !

– Mais c'est ce que je fais !

– Allumez l'autre et jetez-la par la porte le plus loin possible et lancez celle avec votre odeur sans l'allumer dans la même direction.

– Ça y est.

Quelques instants plus tard, les chiens passèrent devant la cabane à la poursuite de cette brusque lumière qui avait dessiné un arc lumineux dans le ciel. Dans un concert d'aboiements furieux, ils se ruèrent sur le cylindre grésillant, sentant l'odeur de l'homme, se mordant mutuellement de frustration.

– Écoutez-moi bien, annonça Hawthorne en se tournant vers le gardien demeuré, ce n'est qu'un jeu, vous comprenez ? Vous savez que le *padrone* aime les jeux ?

– Oh oui ! Pour les aimer, il les aime ! Parfois il joue toute la nuit.

– Tout ça n'est donc qu'un jeu, et on s'amuse beaucoup. Vous pouvez retourner à votre télévision.

– Oh, merci, monsieur, merci beaucoup.

L'homme se rassit et recommença à rire devant les dessins animés.

– Merci, Tye. Je n'aurais pas aimé tabasser un pauvre type comme ça, annonça le lieutenant.

D'un geste du menton, Tyrell fit signe à Poole de le suivre. Ils repartirent en courant vers la maison, fermèrent les portes derrière eux et firent face à l'infirme dans son fauteuil roulant, toujours à côté du garde inconscient.

– Maintenant assez joué ! lança Tyrell, il est temps de vous mettre à table.

– Je ne sais rien, rétorqua le vieil Italien en esquissant de nouveau un sourire torve. Tuez-moi et vous en saurez encore moins.

– Vous faites peut-être un mauvais raisonnement, *padrone*. C'est bien *padrone*, n'est-ce pas ? C'est comme ça que vous appelle le pauvre demeuré dans sa cabane.

Qu'est-ce que vous lui avez fait, une lobotomie ou quoi ?

– Je n'y suis pour rien, c'est Dieu qui a fait de lui un parfait serviteur.

– J'ai bien l'impression que, dans son vocabulaire limité, Dieu et vous ne faites qu'un.

– Ne blasphémez pas, commandant...

– Commandant ?

– C'est bien comme ça que votre collègue et la femme dans la radio vous appellent, non ?

Hawthorne fixa des yeux cet invalide aux airs démoniaques ; pourquoi avait-il cru un instant que le padrone le connaissait ?

– Lieutenant, allez vérifier leur installation qui n'aura pas de secrets pour vous, c'est juste derrière le...

– Je sais très bien où c'est, l'interrompit Poole. Je brûle d'impatience d'aller chatouiller quelques mémoires. Ce matériel est du haut de gamme, lança le lieutenant avant de disparaître dans le bureau du padrone.

– Autant vous dire tout de suite, commença Hawthorne en se carrant devant le vieil homme, que mon collègue est notre botte secrète. Pas un ordinateur au monde ne peut lui résister. C'est lui qui vous a trouvé, qui a localisé cet endroit. À partir d'un simple signal renvoyé par un satellite japonais.

– Il ne trouvera rien ! Rien du tout !

– Alors pourquoi est-ce que je sens un doute s'immiscer dans votre voix ? Je crois que je le sais. Vous n'êtes pas sûr qu'il ne trouvera rien et ça vous rend malade.

– Cette conversation est ridicule.

– Vous croyez ? dit Tyrell en sortant son pistolet. Il est temps que je remette les pendules à l'heure. Vous allez maintenant m'écouter attentivement. Comment rappelle-t-on les chiens ?

– Je n'en ai pas la moindre idée...

Hawthorne appuya sur la gâchette et la balle perfora le lobe de l'oreille du padrone.

– Tuez-moi et vous n'aurez rien ! lança le vieil homme tandis que le sang lui coulait dans le cou.

– Mais, si je ne vous tue pas, je n'aurai rien non plus, n'est-ce pas ?

Tyrell fit feu de nouveau, perforant cette fois la joue du padrone. Le sang gicla sur son visage et sa gorge.

– Je vous laisse encore une chance, annonça Hawthorne. J'ai pas mal bourlingué en Europe. Il y a toujours une deuxième commande pour rappeler les chiens qu'on vient de lâcher. Allez-y, sinon ma prochaine balle est pour votre œil gauche. *Il sinistro*, c'est bien comme ça qu'on dit ?

Sans un mot, l'invalide bougea son bras droit entravé par la corde à linge et approcha ses doigts tremblants d'un panneau de commande logé sur le côté du fauteuil roulant. Il pressa le cinquième bouton. Instantanément, on entendit les chiens hurler à la mort et s'éloigner.

– Ils sont rentrés dans le chenil, annonça le padrone lorsque le silence revint à l'extérieur, les portes se ferment automatiquement, ajouta-t-il avec un regard mauvais et du mépris dans la voix.

– À quoi servent les autres boutons ?

– Ça ne vous concerne en rien. Les trois premiers sont pour ma cuisinière et mes deux serviteurs. La cuisinière nous a quittés depuis longtemps et vous venez d'abattre mon majordome. Les deux derniers sont pour les chiens.

– Vous mentez. L'un de ces signaux est pour le quasi-légume dans la cabane, c'est lui qui a lâché les chiens.

– Il reçoit le signal où qu'il se trouve sur l'île et, lorsqu'il y a des invités ou du nouveau personnel, il doit rester avec les chiens pour qu'il puisse les contrôler, car il est le seul à pouvoir le faire. Souvent les débiles mentaux savent mieux communiquer que nous avec les animaux. Ce doit être une question de reconnaissance mutuelle.

– Nous ne sommes pas des invités ici, alors qui sont les nouveaux ?

– Mes deux serviteurs, dont celui qui est mort. Ils sont ici depuis moins d'une semaine et les chiens ne sont pas encore habitués à eux.

Hawthorne détacha le bras du vieil homme puis se dirigea vers une table basse en marbre où trônait un distributeur de Kleenex en or qu'il rapporta au padrone.

– Tenez, nettoyez-vous.

– La vue du sang vous dérange ?

– Pas le moins du monde. Quand je pense à ce que vous êtes, quand je pense à Miami, à Saba, à Saint-Martin, et à cette folle dingue, la vue de votre cadavre baignant dans son sang me mettrait en joie.

– Je ne suis qu'un vieillard qui essaie de faire durer son pauvre corps malade, répondit le vieil Italien en épongeant son oreille, avant de plaquer une compresse de fortune sur sa joue ensanglantée. Tout ce que je veux, c'est finir ma vie dans ce petit paradis que j'ai bien mérité. Je n'ai rien fait d'illégal. Quelques amis intimes me parlent au téléphone par satellite ou viennent me rendre visite, la belle affaire !

– Commençons par le début, comment vous appelez-vous ?

– Mon seul nom est *padrone*.

– Oui, j'ai entendu ça dans la cabane et une fois à Saba, lorsque deux mafiosi ont soudoyé les gens du port et essayé de me tuer.

– Des mafiosi ? Qu'est-ce que j'ai à voir avec la mafia ? Rien.

– Ce n'est pas ce que m'a dit l'un d'eux lorsqu'il a été confronté à l'idée de se retrouver au milieu des requins avec une épaule en sang. Quelque chose me dit que lorsque nous ferons circuler vos empreintes un peu partout, y compris à Interpol, nous aurons tôt fait d'apprendre qui vous êtes. Et ça m'étonnerait que vous soyez le gentil grand-père amateur de machines à sous que vous prétendez être.

– Vous croyez ? répondit le padrone avec son sourire inquiétant.

Il posa le paquet de mouchoirs et leva les mains vers Hawthorne en lui montrant ses paumes. Tyrell frémit sous le choc : l'extrémité de ses doigts était d'une pâleur laiteuse ; la chair avait été brûlée il y a longtemps, remplacée par une substance lisse et translucide. Des greffons d'humains, voire d'animaux.

– Mes mains ont été brûlées par l'explosion d'un tank allemand durant la Seconde Guerre mondiale. J'ai toujours voué une reconnaissance infinie aux médecins de l'armée américaine qui eurent pitié d'un pauvre résistant qui combattait avec leurs troupes.

– Arrêtez, vous allez me faire pleurer, lança Tye. J'imagine que vous avez été décoré pour ça ?

– Malheureusement aucun de nous ne pouvait s'offrir ce luxe. Les fascistes étaient des experts en représailles. Nos papiers et tout ce qui nous concernait ont été détruits par sécurité. Vous avez dû faire la même chose au Vietnam, j'imagine ?

– J'en ai les larmes aux yeux, vraiment.

– Alors vous voyez... vous n'aurez rien.

Ni Hawthorne ni le vieil homme n'avaient remarqué la silhouette élancée de Poole qui se tenait dans l'encadrement de la porte. Il s'était approché en silence et avait écouté la conversation.

– Vous avez quasiment raison, annonça le lieutenant. Il n'y a rien, ou presque. Votre système informatique tient du génie, mais, comme tous les systèmes, il n'est que le reflet de son concepteur.

– Qu'est-ce que vous racontez ? demanda Tyrell.

– Ce matériel peut pratiquement tout faire, si ce n'est décrocher la lune, et il est utilisé par quelqu'un qui sait effacer les mémoires en un clin d'œil. Il n'y a rien sur les disques, à l'exception de trois fichiers sur le dernier qui n'ont pas été effacés. De toute évidence, celui qui s'en est servi récemment n'était pas l'utilisateur habituel puisque les dernières données n'ont pas été écrasées.

– Cela vous dérangerait de parler comme tout le monde ?

– J'ai sorti trois numéros de téléphone, avec codes internationaux et tout le toutim et j'ai vérifié les destinations. Il y en a un pour la Suisse, et je mets ma main à couper qu'il s'agit d'une banque ; le deuxième est à Paris et le troisième à Palm Beach, en Floride.

11

La limousine blanche s'arrêta devant l'auvent de
l'hôtel Breakers à Palm Beach et fut aussitôt entourée
par deux portiers en livrée et trois chasseurs en uniforme rouge. Cette scène pouvait rappeler le faste de la
Belle Époque, lorsque maîtres et servants connaissaient
leurs places, les uns heureux de leurs privilèges, les
autres semblant s'acquitter avec enthousiasme de leur
servitude. Une dame distinguée, d'un certain âge, fut la
première à descendre du véhicule ; elle était vêtue des
dernières créations de la Via Condotti, la célèbre avenue des couturiers à Rome – une robe de soie fleurie,
surmontée d'un grand chapeau qui laissait dans l'ombre
son visage hâlé qui semblait appartenir à une longue
lignée d'aristocrates. Ses traits étaient vifs et harmo-
nieux, sa peau fraîche, les rides de son visage à peine
visibles, presque évanescentes. Amaya Bajaratt n'était
plus la farouche terroriste sur son canot pneumatique,
ni la combattante en uniforme de la Beqaa, ni l'ex-
pilote revêche de l'armée israélienne. Elle était désormais la comtesse Cabrini, l'une des femmes les plus
riches d'Europe, dont le frère· n'était autre que le
célèbre baron de Ravello, le richissime homme
d'affaires. Elle se retourna gracieusement et lança un
sourire au grand jeune homme séduisant qui descendait
à son tour de la limousine, vêtu d'un blazer bleu marine,
d'un pantalon de flanelle grise et de mocassins de cuir
signés Impériale.

Le directeur de l'hôtel se précipita avec ses deux
assistants dont l'un était visiblement italien et faisait

office d'interprète. On échangea moult civilités dans les deux langues, jusqu'à ce que la tante qui jouait les tutrices du *barone cadetto* lève les mains et annonce :

– Le jeune baron a beaucoup de choses à faire dans votre grand pays et il préférerait que vous vous adressiez à lui en anglais pour qu'il puisse se familiariser avec votre langue. Il ne comprendra pas bien au début, mais il y tient – et naturellement je serai là pour lui traduire ce que vous direz.

– *Signora*, commença le directeur, à voix basse, en s'approchant de Bajaratt tandis que les bagages s'amoncelaient, il y a des journalistes de plusieurs journaux locaux et des photographes qui attendent dans une de nos grandes salles de conférences. Ils veulent parler au jeune baron évidemment. Il n'y a aucune raison pour que vous ayez à subir ce genre de désagrément, je le conçois très bien et je ne sais pas comment ils ont été prévenus de votre arrivée. Mais je puis vous certifier que cela ne vient pas de notre hôtel. Notre discrétion est sans pareille.

– Oh, comme c'est fâcheux ! s'exclama la comtesse Cabrini avant d'esquisser un sourire résigné. Mais ne vous en faites pas, *signore administratore*, chaque fois que nous allons à Rome ou à Londres, c'est la même chose. Sauf à Paris, car la France croule sous les faux nobles et la presse socialiste nous snobe.

– Vous pouvez les éviter sans problème. C'est pour cette raison que je les ai regroupés dans la salle de conférences.

– Non, ce n'est pas grave. Je vais en parler au *barone cadetto*. Nous allons leur accorder quelques minutes. Après tout, il est ici pour se faire des amis, et non pour se mettre à dos vos journaux.

– Dans ce cas, je vais les prévenir et leur dire qu'il faudra faire vite. Le décalage horaire est toujours épuisant.

– Non, *signore*. Je ne crois pas que ce soit une bonne idée. Dante Paolo est arrivé hier soir et courait encore les boutiques il y a cinq minutes à peine. Nous préférons ne pas donner de fausses informations qui pourraient facilement être réfutées.

– Mais la réservation était pour aujourd'hui...

– Nous aussi nous avons été jeunes, n'est-ce pas, *signore* ?

– Je n'ai jamais eu son charme, ça je peux vous l'assurer.

– C'est vrai ; peu de jeunes gens sont aussi beaux que lui, mais ni son physique ni ses titres ne sont un frein à ses appétits sexuels bien compréhensibles à son âge, vous voyez ce que je veux dire ?

– Parfaitement, *signora*. Il a passé la soirée en compagnie d'une jeune personne.

– Même moi je ne connais pas son nom.

– Je comprends. Mon adjoint vous retrouvera dans la salle et je vais m'occuper de tout.

– Vous êtes un homme précieux, *signore administratore*.

– *Grazie, contessa*.

Le directeur prit congé et monta les marches moquettées vers la salle de conférences. Bajaratt s'approcha alors de Nicolo qui était en train de bavarder avec l'adjoint du directeur et avec l'interprète.

– Qu'est-ce que vous manigancez tous les trois, hein, Dante ? demanda la comtesse en italien.

– *Ma niente*, répondit Nicolo en lançant un sourire à l'interprète. Nous étions en train de parler de la campagne environnante et du beau temps, poursuivit-il en italien. Je lui disais que mes études et les affaires de mon père m'avaient pris tout mon temps, si bien que je n'ai pas eu le temps d'apprendre à jouer au golf.

– *Va bene*.

– Il me promet de me trouver un professeur.

– Vous avez trop de travail pour ce genre de futilité, répondit Bajaratt en entraînant Nicolo par le bras en direction de l'escalier. Nico, ne sois pas si familier ! lui souffla Amaya à l'oreille tandis que le jeune homme se retournait pour lancer un petit sourire aux deux hommes derrière lui. Ce n'est pas correct pour une personne de ton rang. Montre-toi poli mais garde à l'esprit qu'ils sont en dessous de toi.

– En dessous de moi ? s'étonna le jeune docker tandis que les portes du salon s'ouvraient devant eux. Parfois vous êtes difficile à suivre, *signora*. Vous voulez que je sois quelqu'un d'autre, pour ça j'ai révisé mes leçons, mais vous voulez aussi que je reste moi-même.

– Voilà, tu as parfaitement résumé la situation ! rétorqua Bajaratt d'un ton brusque. La seule chose que je ne veux pas, c'est que tu te mettes à penser par toi-même. Souviens-toi que c'est moi qui pense pour toi.

– Entendu, Cabi, je vous demande pardon.

– Voilà qui est mieux. Nous allons passer une folle soirée, Nico, car tout mon corps brûle d'être dans tes bras ; tu es si beau. Je savais bien que tu serais parfait !

Le jeune homme voulut passer son bras affectueusement autour de ses épaules.

– Pas de ça ! lança-t-elle en s'écartant. L'adjoint du directeur vient vers nous. Il va nous conduire jusqu'aux journalistes et aux photographes.

– Quoi ?

– Je te l'ai dit hier soir, tu vas rencontrer la presse. Il n'y a pas de quoi fouetter un chat. Ça occupera juste une ou deux colonnes dans le calendrier mondain.

– Ah oui, je me souviens. Je ne comprends pas un mot d'anglais et je me tourne vers vous quand on me pose une question.

– Et ce, pour toutes les questions, *capito* ?

– Par ici, je vous prie, annonça l'adjoint du directeur, le grand salon est juste à côté.

La conférence de presse dura exactement vingt-trois minutes. L'hostilité des journalistes à l'égard de ce noble richissime s'évanouit rapidement à la vue de ce grand jeune homme timide au visage avenant. Les questions fusaient avec une régularité métronomique : il y eut pour commencer quelques attaques que la *contessa Cabrini*, la tante du *barone cadetto di Ravello*, repoussa finement. Puis un journaliste du *Miami Herald* posa au jeune baron une question en italien.

– Pourquoi, à votre avis, vous accorde-t-on autant d'attention ? Vous pensez mériter tous ces égards ? Hormis votre naissance, qu'avez-vous d'exceptionnel ?

– Je crois que je n'ai droit à aucune considération tant que je n'aurai pas montré ce dont je suis capable, ce qui risque de prendre beaucoup de temps... En revanche, *signore*, peut-être voudriez-vous m'accompagner en plongée dans la Méditerranée à une centaine de mètres de profondeur pour participer à une expérience scientifique ? Ou peut-être préféreriez-vous me rejoindre dans une de ces équipes de secours dans les Alpes-Maritimes, où nous avons descendu des à-pics de plus de trois cents mètres pour sauver une personne que tout le monde pensait morte ?... Ma vie, *signore*, est certes entourée de privilèges, mais j'essaie d'apporter au monde ma modeste contribution.

La *contessa Cabrini* traduisit aussitôt ces paroles pour l'assemblée et s'écarta tandis que les flashes crépitaient, illuminant le visage séduisant de ce jeune baron si modeste.

— Dites donc, Dante, lança une journaliste, pourquoi ne laissez-vous pas tomber vos airs de grand noble pour jouer dans une série télé ? Vous feriez un malheur à l'écran avec votre petite gueule d'amour !

— *Non capisco, signora.*

— Je suis d'accord avec ces dames, lança un journaliste au premier rang par-dessus les rires qui fusaient, vous êtes très séduisant, mais je doute que vous soyez ici pour tourner la tête de nos jeunes filles.

Le jeune baron répliqua, sans attendre la traduction :

— Pour vous répondre, je serais effectivement très heureux de rencontrer de jeunes Américaines pour qui j'aurais le plus grand respect. À la télévision, elles semblent si vivantes, si attirantes, si italiennes, si vous me passez l'expression.

— Vous courez après une carrière politique ? demanda un autre journaliste. Si c'est le cas, le vote des femmes vous est acquis.

— Je ne cours que le matin, *signore*, douze à quinze kilomètres, c'est très bon pour le corps.

— Quel est, cette semaine, votre emploi du temps, baron ? poursuivit le journaliste au premier rang. J'ai eu votre famille au bout du fil, votre père pour être précis, et il m'a fait clairement comprendre qu'il attendait de votre voyage des informations sur les possibilités d'investissement aux États-Unis, y compris leur rentabilité à court et moyen terme, leur développement possible. C'est exact, n'est-ce pas ?

Bajaratt, à voix basse, lui traduisit longuement la question, feignant de répéter certains points, afin de donner à Nicolo ses instructions pour la réponse.

— Mon père m'a effectivement chargé de cette mission, *signore*, et je lui fais mon rapport tous les jours au téléphone. Je suis ses yeux et ses oreilles, et il a une totale confiance en moi.

— Vous allez beaucoup voyager ?

— Je crois savoir que bon nombre de chefs d'entreprise vont venir lui rendre visite, répondit la comtesse sans prendre la peine de traduire la question. Toute entreprise est à l'image de l'équipe dirigeante qui en a

181

la charge. Le *barone cadetto* est féru en économie, car il est appelé à avoir d'énormes responsabilités. Il recherche avant tout chez quelqu'un la motivation et l'intégrité.

– Mis à part ces réflexions purement économiques, lança une journaliste au visage austère encadré de cheveux courts et bruns, est-ce que quelque attention a été portée à la situation sociale régnant dans les secteurs où vous comptez investir ? Ou bien n'est-ce encore qu'une simple histoire de gros sous, comme d'habitude – l'argent appelant l'argent ?

– Voilà ce que vous appelez, je crois, une « question orientée », répliqua la comtesse.

– Une question importante, rectifia un journaliste au fond de la salle.

– Mais je vais me faire un plaisir d'y répondre, poursuivit la comtesse. Je suggère à cette dame de passer quelques coups de fil à des journalistes de son choix à Ravello, ou même à Rome. Elle sera surprise d'apprendre l'estime dans laquelle est tenue notre famille à travers toute la province. Les Ravello, que ce soit du temps des vaches maigres ou des vaches grasses, se sont toujours montrés généreux à l'égard des grandes causes, que ce soit dans le domaine de la médecine, de l'aide aux sans-abri ou de la lutte contre le chômage. Notre fortune est un don du ciel qui exige de nous responsabilités et engagements. Les Ravello ont depuis toujours une conscience sociale et ce n'est pas aujourd'hui que cela va s'arrêter.

– Pourquoi le gosse ne répond-il pas lui-même ? contre-attaqua la journaliste.

– Le gosse, comme vous l'appelez, est bien trop modeste pour oser faire l'éloge de sa famille en public. Comme vous le savez, il ne peut comprendre tout ce que vous dites, mais en scrutant son regard, vous verrez qu'il se sent offensé, en particulier parce que les raisons d'une telle hostilité dépassent son entendement.

– *Mi scusi* reprit le journaliste du *Miami Herald* en italien. J'ai moi aussi parlé à votre père, le baron – en privé, évidemment –, et je vous prie de bien vouloir excuser l'attitude de ma collègue, dit-il en lançant un sourire mauvais à la journaliste. Ce n'est qu'une emmerdeuse !

– *Grazie.*

– *Prego.*

– Peut-on revenir à l'anglais ? lança un journaliste du premier rang. Sans souscrire aux sous-entendus de notre collègue, il reste néanmoins qu'un point intéressant a été soulevé. Comme vous le savez, il existe, dans ce pays, des régions dramatiquement touchées par le chômage. Est-ce que la conscience sociale des Ravello s'appliquerait également à celles-ci ?

– Si le cas se présentait, je suis certaine que le sort de ces malheureux serait la priorité numéro un du baron. Le *barone di Ravello* est un fin homme d'affaires dont les mots clés sont la loyauté et la charité.

– Vous allez être submergés de coups de téléphone, répondit le journaliste. Vous pourriez regretter ces paroles.

– Mesdames et messieurs, il est temps, je le crains, de clore cet entretien. Cette matinée a été bien remplie et mille choses nous attendent cet après-midi.

Bajaratt entraîna le jeune homme en lançant de gracieux sourires aux journalistes, ravie de voir qu'il avait fait bonne impression. Il y eut en effet de nombreux coups de fil, comme elle l'escomptait.

La nouvelle se répandit à travers la haute société de Palm Beach avec une rapidité surprenante. À quatre heures de l'après-midi, ils avaient reçu seize appels téléphoniques d'entreprises et onze invitations chez des gens qui tenaient à recevoir à leur table le grand Dante Paolo, *barone cadetto di Ravello*.

Avec une rapidité tout aussi étonnante, Bajaratt consulta ses notes et retint les invitations les plus prestigieuses, de préférence celles où ils risquaient de rencontrer le gratin de la politique et de l'industrie. Puis elle rappela les malheureux exclus du lot, avec force excuses et regrets, en espérant de tout cœur les rencontrer chez Untel ou Untel qui les avaient invités en premier. Des vautours, songea Bajaratt, prêts à s'entre-tuer pour avoir leur part de la charogne. Ils voudraient tous être là, être vus avec elle et Nicolo.

Muerte a toda autoridad !

Ce n'était que le début de leur voyage, mais le temps pressait. Il fallait appeler Londres, Paris et Jérusalem. *Mort aux marchands de mort d'Ashkelon !*

– Ashkelon ! articula doucement une voix d'homme à Londres.

– C'est Bajaratt. Où en êtes-vous ?

– Dans une semaine, nous aurons quadrillé Downing Street. Nous aurons des hommes en uniforme de police, de gentils éboueurs dans leurs charmantes combinaisons blanches. Ashkelon sera vengé !

– Il me faudra peut-être plus d'une semaine, vous pouvez l'imaginer.

– Peu importe, répondit Londres. Plus nous attendrons, plus nous connaîtrons les lieux. Nous ne pouvons échouer !

– Souviens-toi d'Ashkelon ! Adieu.

– Ashkelon ! répondit une voix de femme à Paris.

– Bajaratt à l'appareil. Où en êtes-vous ?

– C'est un jeu d'enfant. Le vieux se promène affublé de gardes du corps si nonchalants qu'à la Beqaa nous les aurions passé par les armes ! Ces Français sont si arrogants, si méprisants du danger, que c'en est comique. Nous avons repéré les toits alentour – personne ne les surveille !

– Méfiez-vous de cette nonchalance. Les Français peuvent se rebiffer et frapper comme des cobras. Souvenez-vous de la Résistance.

– En supposant qu'ils soient au courant, ils ne nous prennent pas au sérieux. Ils n'arrivent pas à croire que nous sommes prêts à mourir ! Vengeance !

– Souviens-toi d'Ashkelon ! Adieu.

– Ashkelon, murmura une voix gutturale à Jérusalem.

– Vous savez qui je suis ?

– Bien entendu. Je prie pour vous et votre mari chaque jour sous les orangers. Il sera vengé, votre cause vaincra, c'est moi qui vous le dis !

– Dites-moi plutôt où vous en êtes ?

– Vous êtes si froide, Baj, si glaciale.

– Ce n'était pas l'avis de mon mari. Alors, où en êtes-vous ?

– Nous sommes plus juifs que nature ! Avec nos chapeaux noirs et nos rouflaquettes, affublés de ce ridicule châle blanc, nous passons nos journées à dodeliner de la tête comme des ânes devant leur satané mur ! Nous pouvons faire la peau à ce salaud à la sortie de la Knesset. Quelques-uns d'entre nous pourraient même en réchapper pour continuer la lutte. Nous attendons simplement votre signal.

– Il va me falloir un peu de temps.

– Ne vous pressez pas, Baj. Le soir nous chevauchons leurs femmes en chaleur, en priant Allah pour leur laisser un Arabe dans le ventre.

– Je vois que vous êtes toujours sur la brèche !

– Et sur leurs putes !

– Il ne faudrait pas que ce soit au détriment de votre mission !

– Jamais.

– N'oublie pas Ashkelon. Adieu.

Amaya Bajaratt s'éloigna des cabines téléphoniques qui se trouvaient dans le hall de l'hôtel, après avoir rangé dans son portefeuille les diverses cartes de crédit que Bahreïn lui avait fournies. Elle prit l'ascenseur et emprunta l'élégant couloir pour rejoindre leur suite. Le salon faiblement éclairé était vide, et dans la chambre, plongée dans l'obscurité, Nicolo était étendu sur le lit, nu. Il s'était endormi vite, et son corps abandonné était une invitation au plaisir. Bajaratt ne put s'empêcher de penser à son mari, si vite disparu. Les deux hommes avaient un corps long et musclé, avec une quinzaine d'années d'écart, certes, mais ils se ressemblaient étrangement. Elle était attirée par ce genre de corps, tout comme elle avait été attirée par celui de Hawthorne, deux jours plus tôt. Soudain, elle sentit sa respiration s'accélérer. Elle caressa la pointe de ses seins qui se durcissait, envahie par une bouffée de chaleur montant de son ventre. Un ventre à jamais tari. Un médecin de Madrid, des années auparavant, avait pratiqué une petite intervention qui l'interdirait à jamais de donner la vie.

Elle s'approcha du lit et se déshabilla.

– Nico, chuchota-t-elle. Réveille-toi, Nicolo.

– Qu'est-ce qui se passe ? bredouilla le jeune homme en clignant des yeux.

– Je suis là... mon chéri, viens...

« Ne me repousse pas. C'est tout ce qui me reste », songea-t-elle.

– Quel est le numéro à Paris, demanda Hawthorne à Poole sans quitter le padrone des yeux.

– C'est ce que j'ai voulu vérifier, répondit le lieutenant. Il est environ dix heures du matin là-bas. Je me suis dit que mon coup de fil n'aurait rien de surprenant.

– Et alors ?

– C'est incroyable, Tye. C'est le numéro d'une agence de voyages sur les Champs-Élysées.

– Qu'est-ce qui s'est passé ?

– Je suis tombé sur un numéro privé, j'en mettrais ma main à couper ! La fille au téléphone a dit quelque chose en français et, lorsque je lui ai dit en anglais que je craignais avoir fait un faux numéro, elle m'a demandé si ce n'était pas une agence de voyages que je voulais joindre. Je lui ai répondu que oui, et que c'était urgent... alors elle m'a demandé quelle était ma couleur... J'ai répondu « blanc » ; elle a ajouté : « Et puis... », et comme je ne voyais pas quoi ajouter, elle a raccroché.

– Vous n'aviez pas le mot de passe, Jackson. Et il était impossible de le deviner.

– Apparemment, je n'ai pas dit ce qu'il fallait.

– Je vais mettre Stevens sur le coup, à moins que notre *padrone* ne se décide à se montrer plus coopératif.

– Je ne suis au courant de rien ! lança l'invalide.

– C'est probable, admit Tyrell. Ce n'est pas vous qui avez passé ces derniers coups de fil ; ils ont été composés par quelqu'un qui ne savait pas comment les effacer de la mémoire. Il plane ici comme l'ombre de Rosemary Woods [1], n'est-ce pas, *padrone* ?

– Je ne sais rien, je vous dis !

– Et Palm Beach, lieutenant ?

– C'est tout aussi dingue, commandant. C'est le numéro d'un grand restaurant sur Worth Avenue. Ils m'ont dit que je devais réserver deux semaines à l'avance si je ne faisais pas partie de la liste prioritaire.

– C'est on ne peut plus clair, Jackson. C'est une autre pièce du puzzle. Pour être sur cette liste, il faut avoir un certain nom et prononcer le mot de passe ad hoc. Je passerai l'information à Stevens.

Tyrell baissa les yeux vers le vieil homme ; sa blessure avait cessé de saigner, et un morceau de Kleenex rougi pendait de sa joue.

– Nous allons faire un petit voyage, annonça Hawthorne.

---

1. Ancienne secrétaire de Nixon durant l'affaire du Watergate, accusée d'avoir effacé certains enregistrements contenant des propos compromettants tenus par le président Nixon. *(N.d.T.)*

– Je ne peux quitter cette maison.

– C'est ce que nous allons voir !

– Autant me tirer une balle dans la tête tout de suite !

– Ce serait tentant... Mais je voudrais que vous rencontriez quelques personnes, des collègues que j'ai eus dans un lointain passé, comme vous pourriez dire.

– Je ne peux survivre hors d'ici. Vous voulez avoir ma mort sur la conscience ?

– Ma conscience s'en contreficherait totalement, répliqua Tyrell. Je vous conseille donc d'emporter ce dont vous aurez besoin en prévision d'un petit vol en avion – et le strict minimum ! Vous serez admis dans un hôpital du continent dans quelques heures, et vous aurez même droit à une chambre individuelle !

– Je ne peux pas me déplacer !

– Vous voulez qu'on parie ? demanda Hawthorne en tirant de son étui son talkie-walkie qui émettait un signal d'appel.

– Nous avons un problème, annonça Neilsen d'une voix monocorde, tentant de cacher son inquiétude.

– Qu'est-ce qui se passe ? lança Poole. Tu as des ennuis ?

– Le pilote de l'hydravion a lancé un appel de détresse. Sa gouverne de gauche a lâché ! Il est tombé à une vingtaine de kilomètres de l'aéroglisseur. Ils sont allés à sa rescousse, si tant est que le pauvre gars soit encore en vie.

– Cathy, répondez-moi franchement, demanda Hawthorne. Vous qui connaissez ce type d'avion, vous pensez qu'il puisse s'agir d'un sabotage ?

– C'est bien la question que je me pose ! Je n'avais pas pensé un seul instant que... Mon Dieu, notre Awacs avec Charlie et maintenant ce pauvre type...

– Ça va. Du calme. Comment auraient-ils pu procéder ?

– Ils ont touché aux câbles, c'est évident !

Neilsen expliqua rapidement que les commandes de l'avion étaient transmises par un double jeu de câbles. Il était mathématiquement quasi impossible que les deux filins se rompent en même temps.

– C'est donc un sabotage, conclut Tyrell.

– Ils ont dû raccourcir les câbles, si bien qu'ils ont cédé au même moment, annonça Neilsen, retrouvant son sang-froid. L'idée d'un sabotage ne m'a pas effleuré l'esprit ! Quelle idiote !

– Quand vous aurez fini de vous flageller, capitaine, vous me ferez signe ? Moi non plus, je n'y ai pas pensé. Quelqu'un à Saint-Martin, sans doute grâce à une fuite des services secrets français, a fait le coup juste sous notre nez.

– Les mécaniciens ! lança le pilote dans la radio. Arrêtez tous les mécanos de l'île et passez-les aux fers rouges ! C'est l'un d'entre eux, j'en suis sûre.

– Celui qui a fait le coup est déjà loin, Cathy, croyez-en mon expérience. C'est toujours ainsi qu'ils procèdent.

– C'est terrible. Ce pauvre Anglais est peut-être mort.

– C'est comme ça, répéta Hawthorne. Vous comprenez maintenant pourquoi tant de gens à Washington, à Londres, Paris et Jérusalem ont peur de quitter leur bureau. Nous n'avons pas affaire à une simple terroriste, mais à une vaste organisation regroupant un ramassis de fanatiques prêts à mourir comme des kamikazes.

– Qu'est-ce qu'on peut faire, Tye ?

– Pour l'instant, accostez sur la plage et rejoignez-nous dans la maison. Nous allons lever les stores pour que vous puissiez nous repérer facilement.

– Je devrais peut-être rester en contact avec l'aéroglisseur pour...

– Ça ne fera pas revenir le pilote à la vie, l'interrompit Hawthorne. J'ai besoin de vous ici.

– Jackson est là ?

– Il est en train de pousser le fauteuil roulant de notre patient dans le couloir. Rejoignez-nous à terre, capitaine. Tout est sous notre contrôle. C'est un ordre !

Mais soudain, sans le moindre signe avant-coureur, tout vira au cauchemar. Des explosions se produisirent partout dans la maison. Les murs commençaient à s'écrouler, les colonnes de marbre se cassaient en deux, s'écrasaient au sol dans un fracas épouvantable. Dans le bureau, le matériel informatique volait en éclats, dans des gerbes d'étincelles, lançant des éclairs aveuglants dans la pièce. Tyrell traversa la salle de jeu en roulant au sol pour éviter les morceaux de plafond qui pleuvaient à verse, les yeux fixés sur Poole étendu dans le couloir, la jambe coincée sous un montant de bibliothèque, alors qu'une nouvelle voûte menaçait de s'écrouler. Hawthorne se releva, dégagea le lieutenant du piège et le tira vers le pied de la colonne. Mais de gros blocs de marbre commencèrent à se détacher; Hawthorne parvint à tirer son compagnon vers le fond du couloir tandis que la voûte s'écroulait tout entière, vomissant une pluie de pierres et de marbre qui les auraient écrasés dans la seconde. Hawthorne se retourna et vit le vieillard dans son fauteuil roulant, qui poussait des rires hystériques au milieu de la pièce tandis que la maison s'écroulait sur lui. Dans un dernier effort, Hawthorne passa le bras de Poole autour de ses épaules et s'élança à travers la baie vitrée et les stores d'acier. Ils finirent leur chute contre le tronc d'un faux palmier sous les cris de douleur du lieutenant.

– Ma jambe! Je ne peux plus bouger!

– Il faudra bien pourtant. Ça va être au tour de ces palmiers de sauter!

Joignant le geste à la parole, Hawthorne saisit Poole et courut en zigzaguant à travers la végétation jusqu'à atteindre le pré en contrebas.

– Lâchez-moi, nom de Dieu, nous sommes à l'abri ici et je souffre le martyre!

– C'est moi qui décide si vous avez mal ou non, lança Tyrell, haussant la voix pour se faire entendre malgré les explosions qui transformaient en ruine cette forteresse des temps modernes. Allons-y!

Trente secondes plus tard, toute la ceinture de faux palmiers disparut, comme soufflée par vingt tonnes de dynamite.

– C'est incroyable, murmura Poole, au bord de l'évanouissement, en plongeant de tout son long avec Hawthorne dans les herbes épineuses. Il est en train de tout faire sauter!

– Il n'avait pas le choix, lieutenant, répondit Tye d'un ton sinistre.

– Oh, mon Dieu! Cathy! lança brusquement Poole. Où est Cathy?

À l'autre bout du pré, une silhouette noire apparut, courant entre les colonnes de flammes et hurlant à tue-tête. Hawthorne se releva et courut vers elle en criant de toutes ses forces.

– Cathy, nous sommes là! Tout va bien!

Tandis que toute la colline s'embrasait, le capitaine Catherine Neilsen se précipita dans leur direction et tomba dans les bras de l'ex-commandant Tyrell Hawthorne.

– Dieu merci, vous êtes sain et sauf. Où est Jackson ?

– Par ici, Cathy ! lança Poole, noyé dans un trou d'ombre. Ce Yankee de malheur et moi, on est quittes, maintenant. C'est lui qui m'a tiré de cet enfer !

– Oh, mon chéri ! lança le capitaine en oubliant toute convenance militaire.

Elle lâcha Hawthorne et se jeta au cou de Poole pour l'embrasser.

– J'ai raté quelque chose, quelque chose d'important, articula Hawthorne d'un air pensif, tandis qu'il se dirigeait vers les deux silhouettes assises par terre, bras dessus, bras dessous.

12

Le quatuor de cordes jouait en sourdine sur un balcon surplombant la terrasse et la piscine qui luisait d'un
bleu turquoise dans la nuit : le décor idéal d'un début de
soirée chez les nantis de Palm Beach. Trois bars et six
buffets étaient installés autour d'une grande pelouse
taillée au cordeau, avec chacun son jeu de torches et ses
serveurs, resplendissant dans leurs vestes jaunes, qui ne
demandaient qu'à assouvir la soif et l'appétit de leurs
riches clients. C'était l'image parfaite du luxe et du plaisir dont jouissaient les privilégiés de ce monde. Et le
centre d'intérêt de cette magnifique assemblée était un
beau et grand jeune homme en smoking, la taille nouée
d'une écharpe rouge aux armoiries d'une famille italienne, qui regardait tout ce faste avec des yeux émer-
veillés. Il ne savait pas trop ce qui lui arrivait, mais une
chose était sûre : jamais sur les docks de Portici on ne
lui avait accordé autant d'attention.

Après qu'il eut été présenté – accompagné de sa tante
et interprète – à tous les invités de la soirée placés à la
queue leu leu, une maîtresse de maison possessive,
toute gonflée d'orgueil, qui avait de grandes dents
blanches de lapin et des cheveux gris-bleu, se mit à
parader en sa compagnie au milieu de ses convives.
Amaya Bajaratt suivait la procession, en veillant à ne
jamais se laisser distancer.

– Celui vers qui elle t'entraîne – tu l'as rencontré
dans la queue tout à l'heure –, c'est un sénateur. Un
type important, murmura-t-elle en s'approchant, tandis
que leur hôtesse les conduisait vers un petit homme

obèse. Quand tu seras devant lui, baragouine n'importe quoi en italien. Et dès qu'il te parle, tu te tournes vers moi. Compris ?

– Compris, *signora*.

L'hôtesse réitéra les présentations avec enthousiasme :

– Mr. Nesbitt, voici le *barone di Ravello*.

– *Scusi signora*, l'interrompit gentiment Nicolo, *il barone cadetto di Ravello*.

– Oh, bien sûr, suis-je bête ! Mon italien est un peu rouillé.

– Vous êtes sûre qu'il a été flambant neuf un jour, Sylvia ? répondit le sénateur en lançant un petit sourire à Nico et en saluant de la tête la comtesse. Ravi de vous connaître, jeune homme, poursuivit-il en lui serrant la main. Mais, sans vouloir vous froisser, j'espère que vous ne remplacerez pas votre père avant plusieurs années.

– *Scusi ?* répondit l'imposteur en se tournant instinctivement vers Bajaratt qui lui traduisit la remarque en italien. *Oh ! Prima di cent' anni no, signore senatore !* s'exclama Nicolo.

– Il dit qu'il espère bien que ça n'arrivera pas avant cent ans, traduisit Bajaratt. Bel exemple d'amour filial.

– Ça fait plaisir à entendre de nos jours, répondit Nesbitt en tournant la tête vers la comtesse. Peut-être pourriez-vous demander au jeune baron – pardonnez ma formulation incorrecte...

– Le terme exact est *barone cadetto*, rectifia Bajaratt dans un sourire, cela veut dire le « prochain de la lignée ». D'ordinaire on dit *baroncino*, mais son père est de la vieille école et considère que *barone cadetto* est moins réducteur et conserve une sorte d'autorité. Dante Paolo ne faisait que préciser son titre, mais il y accorde bien moins d'importance que tout l'enseignement qu'un homme d'expérience comme vous peut lui apporter, sénateur... Vous vouliez que je lui pose une question ?

– En effet. J'ai lu les articles concernant sa conférence de presse hier – pour être honnête, c'est ma secrétaire qui me les a montrés parce que je ne suis pas un passionné du Bottin mondain – et j'ai été frappé par son discours à propos de la loyauté et de la charité. Sa famille prône donc autant les vertus de la loyauté que celles de la charité ?

— C'est exact, Mr. Nesbitt. L'une comme l'autre ont fait la fortune de la famille.

— Je ne suis pas originaire de cet État, Mrs. Cabrini... pardonnez-moi, *contessa* Cabrini...

— Vous pouvez laisser tomber les titres, cher ami.

— Merci. Au fond, je ne suis ni plus ni moins qu'un petit avocat de campagne à qui la vie a souri.

— La campagne est la colonne vertébrale d'un pays.

— C'est une jolie métaphore. Je suis sénateur de l'État du Michigan, où il règne, c'est vrai, de nombreux problèmes, mais je reste persuadé qu'il y a d'énormes possibilités d'investissement, en particulier avec le faible taux d'inflation actuel. Et nous avons une main-d'œuvre dévouée et qualifiée pour assurer une reprise économique.

— Téléphonez-nous demain, Mr. Nesbitt. Je demanderai à la réception de nous passer votre appel ; entretemps, j'aurai expliqué à Dante Paolo combien votre point de vue m'a semblé judicieux.

— En fait je suis en vacances, lança l'homme aux cheveux gris en consultant pour la troisième fois sa Rolex incrustée de diamants qui était le symbole de sa réussite. Je dois rester près du téléphone, j'attends un appel de ces banquiers de Genève qui ne dorment jamais, vous voyez ce que je veux dire ?

— Très bien, *signore*, répondit Bajaratt. Le *barone cadetto* et moi-même avons été très intéressés par vos suggestions... Effectivement, ce sont de remarquables possibilités d'investissement.

— Croyez-moi, comtesse, les Ravello pourraient faire de sérieux bénéfices. Mes sociétés en Californie travaillent pour le Pentagone – on traite sept pour cent de son budget, et ça ne peut qu'augmenter. Notre credo, c'est la haute technologie. Le reste n'est que roupie de sansonnet comparé à nous, si vous voyez ce que je veux dire. Les autres vont se ramasser mais pas nous : dans notre conseil d'administration, nous avons douze anciens généraux et huit amiraux.

— Téléphonez-nous demain. Je préviendrai la réception.

– Vous comprenez bien que je ne peux vous donner, à vous ou au petits gars, tous les détails, mais l'espace c'est l'avenir et c'est notre créneau. Nous sommes dans les petits papiers de tous les membres du Congrès qui voient plus loin que le bout de leur nez... et bon nombre d'entre eux ont investi beaucoup d'argent dans notre département de recherches appliquées, au Texas, en Oklahoma et au Missouri. Et je vous assure que les retombées vont être sidérantes ! Si vous voulez, je peux vous mettre en cheville de façon tout à fait discrète avec un bataillon de sénateurs et de types du Congrès.

– Téléphonez-nous demain. Je préviendrai la réception.

– Les partis politiques, c'est le grand Disney Parade du pays, expliqua un homme d'une trentaine d'années aux cheveux roux après avoir serré la main du *barone cadetto* et fait une révérence exagérée à la *contessa*. Vous auriez tôt fait de vous en rendre compte si votre hôtesse vous avait lâchés d'une semelle – cette chère Mrs. Defarge qui a les dents longues, au propre, comme au figuré.

– Il se fait tard et je crois que Sylvia commence à accuser une certaine fatigue, répondit Bajaratt en riant. Elle nous laisse maintenant nous débrouiller tout seuls, sachant qu'elle a présenté à Dante les plus importants de ses invités.

– C'est qu'elle m'a oublié dans la précipitation, alors, rétorqua l'homme. Elle aurait pu s'en souvenir ; après tout, c'est elle qui m'a envoyé une invitation à la dernière minute.

– Qui êtes-vous ?

– Je suis l'un des plus grands stratèges politiques du pays, mais malheureusement ma réputation ne s'étend pas au niveau national... quoiqu'un grand nombre de gouverneurs fassent appel à mes services.

– Alors, vous n'êtes pas une personne si importante que ça, conclut la comtesse. Pourtant vous avez reçu une invitation, comment expliquez-vous cela ?

– Parce que le *New York Times*, reconnaissant mes talents exceptionnels, m'ouvre régulièrement une de ses colonnes. C'est mal payé mais, à force d'avoir votre nom imprimé dans le journal du pays, ça finit par rapporter gros, c'est aussi simple que ça.

– Ç'a été une conversation agréable et très instructive, mais je crains que le *barone cadetto* et moi-même ne devions nous retirer, il se fait tard. Nous allons vous souhaiter bonne nuit, *signore giornalista*.

– Attendez, comtesse, vous aurez peut-être du mal à le croire mais je suis de votre côté, à condition que vous et le gamin soyez de vrais nobles.

– Pourquoi en serait-il autrement ?

– Ce n'est pas l'avis de mon collègue, expliqua le jeune journaliste en montrant discrètement du menton un homme au visage basané qui les observait de loin.

C'était le journaliste du *Miami Herald* qui parlait couramment italien à la conférence de presse.

– C'est à lui qu'il faut aller poser la question, pas à moi. Il est persuadé que vous êtes deux imposteurs.

Hawthorne, le corps tout endolori, s'assit à côté de Poole sur la plage baignée par la clarté lunaire. Les deux hommes avaient retiré leurs combinaisons en lambeaux et attendaient en caleçon que Catherine Neilsen ressorte du sous-marin de poche posé sur le sable.

– Comment va la jambe ? demanda Tyrell avec une voix chargée de fatigue.

– Rien de cassé, juste quelques hématomes, répondit le lieutenant. Et votre épaule, ça va ? Vous avez pas mal saigné malgré le pansement de Cathy.

– C'est fini maintenant. La compresse était mal scotchée, c'est tout.

– Seriez-vous, par hasard, en train de critiquer les talents d'infirmière de mon supérieur ? demanda Poole avec un air malicieux.

– Je ne me permettrais pas – pas devant toi, *mon chéri*.

– Ça vous titille toujours, hein !

– Mais non ! Seulement, je trouve ça plutôt troublant après ce que tu m'as dit la dernière fois à propos d'affection à sens unique.

– J'ai parlé de « petites chaleurs », je crois, rien de plus profond.

– Voilà des mots bien étranges dans ta bouche. Y aurait-il deux « lieutenant Poole » ?

– Un peu. Il y a le Poole futur marié qui a attendu en vain sa fiancée à l'église le jour de son mariage.

– Mille regrets, je ne comprends rien à ce que tu racontes, lança Hawthorne en ouvrant les yeux pour regarder le lieutenant qui contemplait la lune avec un sourire mi-figue mi-raisin.

– Des regrets, j'en ai bien davantage. J'en ai tellement que cela en devient risible – une sorte de blague, comme « mon chéri ».

– Cela te dérangerait de t'expliquer ?

– Pourquoi pas, au fond, répondit Poole en lançant un petit rire tandis que ses souvenirs remontaient à sa mémoire. Elle n'est jamais venue à l'église et je me suis pris une cuite mémorable, c'est tout. Nous devions nous marier dans la plus belle église baptiste de Miami, et la trouver n'était pas une mince affaire dans ces quartiers huppés de la ville. Les deux familles étaient là et, après deux heures d'attente, sa demoiselle d'honneur a déboulé en pleurs dans l'église avec un mot pour moi... Ma fiancée venait de s'envoler avec un guitariste.

– Ça doit en fiche un sacré coup, c'est vrai !

– C'est du passé. Mieux valait que ça se passe à ce moment-là plutôt qu'après, avec deux gosses dans la balance. Mais je suis devenu complètement *bayou*.

– Complètement quoi ? demanda Hawthorne, malgré la fatigue qui le gagnait.

– C'est comme ça qu'on dit en Louisiane. Je suis parti comme une flèche de cette satanée église. Je me suis acheté deux bouteilles de bourbon et je suis descendu en ville avec ma voiture de noces – vous savez, avec des casseroles accrochées au pare-chocs et des vitres décorées... J'ai écumé Miami et les endroits les plus chauds de la ville. Plus je buvais, plus je croyais que j'allais pouvoir culbuter une des filles ! C'était sordide... Enfin, c'est loin tout ça...

– Eh ! Ne t'arrête pas en si bon chemin !

– Eh bien, Cathy, Sal et Charlie se sont doutés que j'allais faire des conneries, alors ils sont partis me chercher en ville. Ce n'était pas très difficile de me repérer ; ma voiture ne passait pas inaperçue...

– C'est évident. Comment ça s'est terminé ?

– Par une bagarre générale ! Ils m'ont retrouvé dans une boîte où j'avais fait l'erreur de poser les mains sur la poule du propriétaire cubain. Sal et Charlie se débrouillaient pas mal en combat à mains nues – pas aussi bien que moi, mais ils étaient loin d'être mauvais... Bref, ils ont convaincu un certain nombre de types de me laisser tranquille. Mais le vrai problème, c'est quand il a fallu me faire sortir de la boîte.

196

– Pourquoi ?

– Parce que je voulais à tout prix tirer mon coup !

– C'est sordide, en effet, marmonna Hawthorne en laissant retomber sa tête sur sa poitrine, ivre d'épuisement.

– Cathy m'a alors pris dans ses bras et s'est mise à me murmurer à l'oreille : « Mon chéri, mon chéri, mon chéri » ; c'est comme ça qu'elle a réussi à m'entraîner à l'extérieur.

– C'est tout ?

– Oui, c'est tout.

Après un moment de silence, Tyrell lança d'une voix ensommeillée :

– Vous êtes vraiment une bande de dingues !

– Dites donc, qui a trouvé cette île ?

– J'ai dit « des dingues », pas « des abrutis ».

– L'aéroglisseur vient de nous donner nos instructions, lança Neilsen en sautant du petit sous-marin et en s'enfonçant dans l'eau jusqu'à la taille dans sa combinaison de plongée – des ordres confirmés par Washington et Paris. Un hydravion de la base de Patrick viendra nous prendre à l'aube, c'est-à-dire d'ici trois ou quatre heures. Et le pilote a survécu. Il a une jambe cassée et a bu une bonne tasse, mais il s'en sortira.

– Où vont-ils nous emmener ? demanda Hawthorne.

– Ils ne l'ont pas précisé.

– Et nos petits copains ? demanda Poole, tandis qu'on entendait au loin leurs aboiements affolés. Je ne pars pas d'ici avant que quelqu'un se soit occupé de ces bêtes.

– Un maître chien sera à bord de l'appareil. Il va s'occuper d'eux ainsi que du jardinier. Il accompagnera le détachement. Ils resteront sur place pendant un jour ou deux pour mener leurs investigations.

– Encore une fois, où est-ce que votre avion va nous emmener ? insista Hawthorne avec agacement.

– Je ne sais pas. Peut-être à la base de Patrick.

– Pas question ! Il faut que je retourne à Virgin Gorda. Je suis prêt à sauter en parachute s'il le faut. Ce ne sera pas la première fois.

– Mais pourquoi cet entêtement ?

– Parce que deux de mes amis y ont laissé leur peau, et je veux savoir qui les a tués et pourquoi ! Voilà la seule piste que je veux suivre – la seule qui ait un sens.

Parce que l'autre folle furieuse a son QG quelque part aux Antilles ! Cela vous suffit comme explication ?

– Dès que nous serons à bord, vous pourrez contacter qui vous voudrez. Vous avez déjà montré que vous aviez le bras long ! Inutile de vous énerver.

– Vous avez raison, reconnut Hawthorne en retrouvant son calme. Je suis désolé. Je n'ai pas à passer mes nerfs sur vous.

– En effet. Nous avons l'un comme l'autre perdu des amis. Je croyais que nous étions une équipe. C'est bien ce que vous avez affirmé, il y a deux ou trois heures ?

– Tout ce que Catherine essaie de vous dire, intervint Poole, c'est que, si vous sautez sur Virgin Gorda, on vous suit. On se souvient très bien des ordres. Nous sommes à votre service, et nous ne demandons qu'à nous rendre utiles, ajouta-t-il en grimaçant de douleur au moment de s'adosser contre le muret de béton.

– Dans l'état où tu es, tu me seras d'une piètre utilité.

– Avec un bon bain et peut-être un peu de cortisone, ce sera fini demain, répondit Jackson. Je vous rappelle que j'ai quelque expérience en ce domaine. Je sais quand c'est grave ou non.

– Entendu, répondit Tye, la fatigue annihilant toute velléité de résistance. En supposant que je ne vous renvoie pas sur votre base, vous acceptez toujours que ce soit moi le chef de ballet ? Vous ferez ce que je dirai ?

– Naturellement, répondit Neilsen, c'est vous le chef.

– Ce n'est pas l'impression que j'ai eue ces derniers temps.

– Ce que Cathy veut dire, c'est que...

– Tu peux arrêter une seconde de parler à ma place ! lança Neilsen avec un regard mauvais en s'asseyant en tailleur sur le sable.

– Ça va, ça va, intervint Tye. Vous faites toujours partie de l'équipe. Mais Dieu seul sait ce qui nous attend !

– En parlant d'équipe, commença Neilsen, vous n'avez pas l'air de porter le colonel Stevens dans votre cœur ?

– Peu importe. Je ne lui dois rien.

– C'est pourtant votre supérieur...

– Absolument pas. C'est le MI6 qui a loué mes services.

– Loué vos services ? s'exclama Poole.

198

– Exactement. Nous avons convenu d'un prix, lieutenant.

Hawthorne laissa aller sa tête en arrière, à bout de
forces.

– Malgré tout ce que vous nous avez dit sur cette terroriste et son armée de fanatiques prêts à trucider tous
les chefs d'État de la planète, vous avez monnayé vos
services ? insista Neilsen, incrédule.

– Exactement.

– Vous êtes un type bizarre, commandant Hawthorne. J'ai parfois du mal à vous comprendre.

– Que vous me compreniez ou non n'a aucun intérêt
pour notre mission présente, capitaine.

– Certes... commandant.

– Il dit ça parce que tu as touché le point sensible,
Cathy, lança Poole, adossé contre le mur recouvert de
vigne vierge.

– Tu dis n'importe quoi, marmonna Hawthorne, les
yeux mi-clos, sur le point de s'endormir malgré tous ses
efforts.

– J'ai écouté votre dernière conversation au téléphone, annonça Poole. Votre femme a été tuée, selon
vous, à tort, c'est ce que j'ai cru comprendre, et c'est
pour cette raison que vous ne vouliez pas retravailler
avec vos anciens collègues, même s'ils vous offraient un
pont d'or.

– Rien ne t'échappe, murmura Hawthorne tandis que
sa tête s'affaissait sur sa poitrine. Même si tu ne sais pas
de quoi tu parles...

– Mais ce n'est pas tout, poursuivit-il. Lorsque nous
sommes allés vous chercher à Saba, vous avez fait semblant de vous fiche de tout, mais ce n'était pas vrai.
Vous ne teniez plus en place lorsque mes machines ont
commencé à faire bip-bip. Vous avez entrevu quelque
chose qui vous avait échappé jusqu'alors, et vous avez
vu tout rouge. Vous avez sauté sur Sal comme un
serpent à sonnettes.

– Où veux-tu en venir ? demanda Cathy.

– Il en sait plus qu'il ne veut nous en dire, répliqua
Poole.

– ... Des salauds... tous des salauds..., murmura Tyrell
en dodelinant de la tête, les yeux clos.

– Depuis combien de temps n'avez-vous pas dormi ?
demanda Catherine en s'approchant de Hawthorne.

– Ce n'est rien, ça va passer...

– Foutaises, répondit Neilsen en tenant l'épaule chancelante de Hawthorne. Vous êtes HS, commandant.

– Dominique! articula-t-il en se laissant aller en arrière, maintenu par le bras de Neilsen.

– Qui est-ce?

– On tient quelque chose, Cathy, lança Poole. C'est votre femme?

– Non, marmonna Tye, à demi conscient. C'était Ingrid...

– C'est elle qui a été tuée?

– Des mensonges! Rien que des mensonges. Ils ont dit qu'elle était un agent des Russes...

– C'était le cas? demanda Neilsen en accueillant contre elle Hawthorne qui sombrait dans le sommeil.

– Je ne sais pas, souffla Tyrell d'une voix presque inaudible. Elle voulait seulement que tout s'arrête.

– Tout quoi? le pressa le lieutenant.

– Je ne sais pas... Tout...

– Dormez bien, Tye, dit Cathy.

– Non, rétorqua Poole: qui est Dominique?... (Mais Hawthorne ne pouvait plus les entendre.) Ce pauvre type a bien des soucis, annonça-t-il au bout d'un moment.

– Ferme-la! Et fais du feu! ordonna le capitaine.

Un quart d'heure plus tard, les flammes d'un petit feu projetaient des ombres mouvantes sur la plage. Poole s'assit sur le sable à côté de Catherine, qui continuait de regarder Tyrell endormi.

– Il a effectivement bien des soucis, répéta-t-elle.

– Plus que nous n'en avons jamais eu, même en comptant Pensacola et Miami.

– C'est un brave type, Jackson.

– Tu sais quoi, Cathy? J'ai observé ton petit manège depuis un certain temps et, comme le dit Hawthorne, rien ne m'échappe. Je vous ai bien regardés tous les deux, et je me dis que vous feriez un sacré couple!

– Ne sois pas ridicule.

– Regarde-le donc. C'est un homme, un vrai, pas un de ces pédés qui se regardent dans les glaces.

– Ce n'est pas Redford non plus! rétorqua le pilote en soulevant la tête de Hawthorne le temps de lui confectionner avec du sable un oreiller de fortune. Disons qu'il n'est pas mal.

– Vas-y, Cathy, fonce ! Je te rappelle que je ne me trompe jamais !

– Il n'est pas prêt, Jackson. Et moi non plus.

– Tu veux me faire plaisir ?

– Quoi ?

– Laisse-toi aller, pour une fois.

Neilsen regarda le lieutenant, puis tourna la tête vers Hawthorne qui dormait contre elle. Elle se pencha et l'embrassa doucement.

– Dominique ?

– Non, commandant. C'est quelqu'un d'autre.

– *Buona sera, signore*, lança Bajaratt en traînant le jeune baron vers le journaliste du *Miami Herald*. Le jeune homme roux, là-bas, nous a conseillé de venir vous parler. Votre article d'hier était on ne peut plus élogieux. Nous en sommes très reconnaissants.

– Nous ne sommes qu'une humble gazette de la côte, lança le journaliste en plaisantant. Mais votre gamin est impressionnant, comtesse. Vous l'êtes tous les deux, d'ailleurs, à bien des égards. Mais je me présente : je m'appelle Del Rossi.

– Pourtant quelque chose vous chagrine ?

– C'est vrai, mais il est trop tôt pour que j'en parle dans un article.

– Et peut-on savoir de quoi il s'agit ?

– Je me demande, en fait, où vous voulez en venir ?

– Je ne vous suis pas bien...

– Mais lui me comprend très bien, annonça-t-il en désignant Nicolo. Il comprend tout ce que nous disons en anglais.

– Qu'est-ce qui vous fait croire cela ?

– Parce que je suis bilingue. C'est dans les yeux que cela se voit. Il y a une lueur de compréhension, une pointe d'amusement ou d'agacement dans le regard qui ne saurait être expliquée par le seul ton de la voix ou par une simple mimique du visage.

– Il saisit peut-être quelques mots ici et là, en se souvenant de conversations précédentes que je lui ai traduites. Ce n'est pas exclu, vous en conviendrez, vous qui êtes un linguiste averti ?

– Rien n'est exclu, comtesse, mais je sais qu'il parle et comprend parfaitement l'anglais. N'est-ce pas, mon gars ?

– Quoi... *che cosa?*

– CQFD, comtesse, lança Del Rossi en souriant sous le regard mauvais de Bajaratt. Mais je ne vous fais aucun reproche. En fait, c'est tout à fait ingénieux de votre part.

– Comment ça? demanda Bajaratt d'une voix glacée.

– Cela s'appelle « le jeu diplomatique de la barrière des langues ». Les ex-Soviétiques, les Chinois et les types de la Maison-Blanche sont des spécialistes en la matière. Avec ce système, on peut dire ce qu'on veut, puis se rétracter à son gré en prétextant ne pas avoir compris.

– Mais pourquoi ferions-nous ça? insista Bajaratt.

– Je n'ai pas encore trouvé. C'est la raison pour laquelle je ne vais pas publier cette information.

– Mais vous avez bien parlé au baron de Ravello?

– Certes. Mais, à vrai dire, il est loin de m'avoir convaincu. Il n'arrêtait pas de dire : *Tutto quello che dice è vero*, ou bien : *Qualsiasi cosa dica*. En résumé : tout ce qu'il dit est la vérité. Mais quelle vérité, comtesse?

– En ce qui concerne les investissements de sa famille à l'étranger, évidemment.

– Peut-être. Pourtant j'ai eu la nette impression, en parlant avec le baron, d'avoir affaire à une sorte de boîte vocale.

– Vous avez une imagination débordante, *signore*. Il est tard et nous devons partir. *Buona notte.*

– Je vais m'en aller aussi, annonça le journaliste. J'ai une longue route jusqu'à Miami.

– Nous allons faire nos adieux à nos hôtes, répondit la Baj en entraînant Nicolo par le bras.

– Je resterai à une vingtaine de pas derrière vous, comme l'exige le protocole avec des gens de marque, rétorqua Del Rossi, savourant, à l'évidence, l'humour de la situation.

Bajaratt se retourna vers lui, le regard plein de douceur, toute froideur soudain évanouie.

– Pourquoi donc, *signore giornalista?* Ce serait contraire aux principes élémentaires de la démocratie – une manière de nous désapprouver en public, de désapprouver ce que nous représentons.

– Oh non, comtesse. Je n'approuve ni ne désapprouve qui que ce soit. Dans mon métier, on ne porte pas de jugements. On raconte les faits, c'est tout.

– Faites, mon ami, mais, en attendant, marchez à mes côtés, je serai ainsi escortée de deux séduisants Italiens pour aller faire mes adieux.

– Vous n'êtes pas celle que vous prétendez être, comtesse, lança Del Rossi en offrant poliment son bras.

– Et vous, vous parlez trop par énigmes, *signore*, répondit Bajaratt tandis qu'ils traversaient la pelouse.

Soudain, la comtesse Cabrini perdit l'équilibre, le pied apparemment coincé dans un tourniquet d'arrosage, et tomba au sol dans un cri. Aussitôt les deux hommes s'agenouillèrent à ses pieds, tentant de l'aider à se relever.

– Mon pied est coincé ! Vite ! Dégagez-le ou retirez ma chaussure !

– Voilà, comtesse, dit le journaliste en tirant délicatement la cheville de la comtesse prise dans le mécanisme.

– Oh, merci ! lança Bajaratt en prenant appui sur la cuisse de Del Rossi pour se relever tandis que les invités, accourant à son secours, s'amassaient autour d'eux.

– Aïe ! fit le journaliste.

Une perle de sang apparut sur son pantalon, tandis qu'avec l'aide de Nicolo il aidait la comtesse à se remettre debout.

– Merci beaucoup. Merci à tous les deux. Ce n'est rien. Je suis seulement mortifiée par ma maladresse !

Les membres de l'assistance lui exprimèrent toute leur sympathie et l'accompagnèrent jusqu'à leurs hôtes qui se trouvaient dans le patio.

– Dieu du Ciel ! s'exclama Bajaratt en apercevant le petit filet de sang qui coulait sur la jambe droite du journaliste. J'ai dû vous écorcher avec mon fichu bracelet quand vous m'avez relevée. Mais je vous ai carrément coupé ! Je suis terriblement confuse.

– Ce n'est rien, comtesse, une simple égratignure.

– Il faudra m'envoyer la facture de nettoyage pour votre pantalon... J'adore ce bracelet, mais ces pointes dorées sont redoutables. Je ne le porterai plus jamais, c'est dit !

– Ce pantalon est sans valeur. Ne vous souciez pas de la facture... Nous sommes, vous et moi, des personnes très sympathiques, c'est entendu. Mais souvenez-vous que je ne vais pas cesser de fouiller pour autant.

– Fouiller quoi, *signore*? Les ordures?

– Je laisse ça aux autres, comtesse. Mais la terre la plus noble peut parfois se révéler empoisonnée.

– Fouillez donc, je vous en prie, répondit Bajaratt en fixant des yeux le bracelet en or qui enserrait son poignet droit, dont l'une des pointes dorées était maculée de sang et terminée par un minuscule orifice noir... béant. Vous ne trouverez rien, je vous le garantis.

LE MIAMI HERALD

Un journaliste du *Miami Herald* se tue au volant de sa voiture.

West Palm Beach, mardi 12 août. Le lauréat du prix Pulitzer, Angelo Del Rossi, l'un de nos éminents confrères, s'est tué sur la nationale 95. Son véhicule aurait, semble-t-il, quitté la route pour aller s'écraser contre le mur en béton d'un relais électrique. On présume que Del Rossi s'est endormi au volant. Bon nombre de ses collègues sont encore sous le choc. « C'était un tigre dans le métier, rien ne l'arrêtait. Il pouvait passer plusieurs nuits blanches pour finir un article. » Del Rossi revenait ce soir-là d'une soirée donnée en l'honneur du *barone cadetto di Ravello*, un certain Dante Paolo. Le jeune futur baron a exprimé tous ses regrets et son émoi, par l'entremise de son interprète, faisant savoir qu'il s'était instantanément lié d'amitié avec Del Rossi, qui parlait sa langue natale et lui avait promis de lui apprendre à jouer au golf.

Mr. Del Rossi laisse derrière lui son épouse, Ruth Del Rossi, et ses deux filles.

IL PROGRESSO RAVELLO

Un baron en croisière sur la Méditerranée

Ravello, le 13 août. Carlo Vittorio de Ravello, le célèbre baron, décoré à plusieurs reprises pour son action en faveur des déshérités, est sur le point de faire une longue croisière à bord de son yacht, *Il Nicolo*, à travers tout le Bassin méditerranéen. « Les îles magnifiques de notre mer me feront recouvrer la santé et je serai bientôt d'attaque pour reprendre mes activités », a-t-il déclaré au cours d'une soirée donnée en l'honneur de son départ sur le port de Naples.

13

Les premiers rayons du soleil embrasèrent les eaux turquoise tandis que les oiseaux se mettaient à pépier et à caqueter parmi les hautes cimes des palmiers et les frondaisons de la forêt tropicale. Tyrell ouvrit les yeux, l'air désorienté, puis s'aperçut avec surprise que sa tête reposait sur l'épaule de Catherine Neilsen, son visage endormi à quelques centimètres seulement du sien. Lentement, il roula sur le côté et se redressa, clignant des yeux, à quatre pattes sous le soleil aveuglant. Il entendit un feu crépiter et aperçut Poole qui jetait d'un air las des déchets de toutes sortes dans le foyer. La colonne de fumée noire était le seul élément dissonant dans le ciel clair et limpide.

— Qu'est-ce que tu fabriques ?... demanda Hawthorne. Qu'est-ce que tu fais ? répéta-t-il, cette fois en chuchotant car le lieutenant lui faisait signe de parler doucement pour ne pas réveiller Catherine.

— Je me disais que, si le pilote de l'hydravion n'a pas les bonnes coordonnées, il pourra au moins repérer la fumée. C'est par sécurité, c'est tout.

— Tu marches de nouveau ?

— Je vous avais bien dit que ce n'était qu'un petit bobo. J'ai passé une demi-heure dans l'eau à masser mon genou. La douleur est supportable maintenant.

— À quelle heure arrive l'avion ?

— À six heures ; ça dépend de la météo, répondit Catherine Neilsen sans ouvrir les yeux, et vous pouvez arrêter de murmurer ! ajouta le pilote en se redressant sur ses coudes. (Elle jeta un coup d'œil sur sa montre.) Mon Dieu, il est moins le quart !

– Et alors, lança Poole, t'as rendez-vous avec ton esthéticienne ?

– Presque, Jackson ! La fille que vous avez devant vous va être obligée d'aller se contorsionner dans les sous-bois pour retirer cette combinaison de malheur. En parlant de combinaisons, au fait, vous serez bien gentils de remettre les vôtres. Une femme seule sur une île déserte en compagnie de deux hommes en caleçon, dont un mouillé de façon indigne, n'est pas, à proprement parler, l'image de moi que je tiens à ramener à la base.

– À la base ? lança Hawthorne. Qui a dit que l'on rentrait à la base ?

– On a déjà discuté de ça, Tye. Peut-être ne vous en souvenez-vous pas et personne ne vous en blâmera. Vous dormiez littéralement debout, il y a quelques heures. Je n'ai jamais vu quelqu'un d'aussi épuisé. Il doit vous manquer au moins une semaine de sommeil.

– Vous avez raison, pas en ce qui concerne le sommeil mais en ce qui concerne notre discussion d'hier. Nous en avons parlé, c'est vrai. Mais peu importe les ordres, je joindrai Stevens à Washington et je descendrai à Gorda.

– Erreur, Votre Honneur ! protesta Poole. *Nous* descendrons à Gorda. Vous n'êtes pas le seul à avoir des comptes à régler. Pour Cathy et moi, il s'appelle Charlie, vous vous en souvenez ?

– Bien sûr, répondit Tyrell en observant le lieutenant. C'est entendu, nous irons ensemble à Gorda.

– Voilà l'avion ! lança Cathy en sautant sur ses jambes. Il faut que je me dépêche.

– Pas d'affolement, répondit le lieutenant. Ils attendront que tu aies fini ta mise en plis.

– Enfilez vos combinaisons ! lança Neilsen en escaladant le mur pour s'enfoncer dans le sous-bois.

– Ashkelon, murmura la voix à Londres.

– Vengeance, répliqua Bajaratt. Je ne pourrai peut-être pas vous contacter aux heures et aux endroits prévus dans les jours qui viennent. Nous nous envolons pour New York et nous n'allons pas savoir où donner de la tête.

– Ce n'est pas grave. Tout se passe ici à merveille. L'un de nos hommes a même été embauché par Downing Street comme chauffeur.

– Magnifique !

– Et vous, Baj ?

– Tout va bien aussi. Le cercle s'élargit d'heure en heure, tout en devenant plus sélectif. La vengeance est à portée de main, mon ami.

– Je n'en ai jamais douté.

– Donnez de mes nouvelles à Paris et à Jérusalem, mais dites-leur qu'ils peuvent me contacter comme prévu en cas d'urgence.

– J'ai eu Jérusalem ce matin. Ce gros couillon est sur un petit nuage.

– Comment ça ?

– Il est tombé sur un groupe d'officiers de l'état-major dans un restaurant de Tel-Aviv. Ils ont passé la nuit à boire et ils ont adoré l'entendre chanter. Notre ami s'est retrouvé invité à plusieurs fêtes.

– Dites-lui de faire attention, ses papiers sont aussi faux que son uniforme.

– Personne ne peut être plus en sécurité que lui, Baj. En plus, il a reconnu deux des officiers : il s'agit de deux sbires de cette ordure de Sharon [1].

– Intéressant, répondit Bajaratt après un moment de silence. Sharon pourrait être une sorte de cerise sur le gâteau.

– C'est ce qu'ils se disent à Jérusalem.

– Pourquoi pas, au fond ; mais il ne faut pas que ce soit au détriment du gâteau !

– Ils le savent parfaitement.

– Et à Paris ? Du nouveau ?

– Elle couche avec un membre du Parlement, un ami proche du Président. C'est une fille très futée qui a plus d'un tour dans son sac.

– Ce serait mieux si elle couchait avec le Président.

– Ce n'est pas impossible.

– Souviens-toi d'Ashkelon, lança Bajaratt pour annoncer que leur conversation était terminée.

– Vengeance, répondit la voix à Londres.

L'île de Virgin Gorda était toujours endormie lorsque l'hydravion de l'US Air Force amerrit, sur ordre de Washington, dans les eaux miroitantes des Caraïbes, à

1. Ariel Sharon, ministre israélien de la Défense du gouvernement Begin pendant la guerre du Liban en 1982 et accusé d'avoir été l'instigateur des massacres des camps palestiniens de Sabra et Chatila.

trois kilomètres au large de la marina. Hawthorne n'avait demandé aucune assistance à terre ; il préférait revenir sur l'île avec les canaux pneumatiques à bord de l'appareil pour que leur arrivée reste la plus discrète possible. Lorsqu'il eut raccroché le radiotéléphone sur son support, Catherine Neilsen se tourna vers lui.

– Un instant, grand chef, vous n'avez pas oublié un petit détail ? lança-t-elle en haussant la voix pour se faire entendre par-dessus le bruit des moteurs.

– Lequel ? Nous voilà tous les trois à Gorda, qu'est-ce que vous voulez de plus ?

– Des vêtements, peut-être. Je vous rappelle que les nôtres sont restés dans un aéroglisseur anglais à trois cents kilomètres d'ici et je me dis que nous n'allons sans doute pas passer inaperçus dans nos tenues de batraciens. Et si vous vous imaginez que je vais me balader en culotte et en soutien-gorge à côté de deux gorilles en caleçon, vous vous mettez le doigt dans l'œil, commandant !

– N'y voyez pas d'offense, Tye, mais je préférerais choisir ma tenue moi-même, lança Poole avec un sourire ironique. Je crains que Cathy et moi ne partagions guère votre goût pour les bleus de travail pleins de cambouis ; nous sommes d'une autre classe !

Hawthorne reprit donc le téléphone et appela le standard du yacht-club de la marina.

– Passez-moi Geoffrey Cooke, s'il vous plaît.

Pendant un long moment, une sonnerie de téléphone retentit, puis le réceptionniste reprit la ligne.

– Je suis désolé, ça ne répond pas.

– Essayez Mr. Ardissonne, Jacques Ardissonne.

– À votre service... (Une sonnerie retentit de nouveau en vain.) Je suis désolé, ça ne répond pas non plus.

– Je suis Tyrell Hawthorne et j'ai un petit problème...

– C'est vous, capitaine ! C'est bien ce que je me disais, mais il y a tellement de bruit sur la ligne...

– Qui est à l'appareil ?

– Beckwith, le gardien de nuit. Mon anglais vous a bluffé, hein ?

– Je t'ai pris pour un garde du palais de Buckingham, répondit Tye, soulagé de reconnaître son interlocuteur. Écoute-moi, Beck, il faut que je joigne Roger, je n'ai pas son numéro sur moi et j'ai laissé mon agenda dans le bateau. Tu veux bien aller me le chercher ?

– Ce n'est pas la peine, capitaine. Roger est ici; il remplace le serveur qui s'est fait arrêter au cours d'une bagarre. Je vous le passe tout de suite.

– Où est-ce que tu étais, Tye? lança Roger le barman. Alors, on s'évanouit dans la nature sans prévenir personne!...

– Où sont Cooke et Ardissonne? l'interrompit Hawthorne.

– On a essayé de t'appeler à Saint-Martin, mais tu avais déjà joué les filles de l'air.

– Où sont-ils?

– Ils ont quitté les îles, Tye. Ils ont eu un appel de Porto Rico vers les dix heures et demie, un appel complètement dingue, vieux. Tellement dingue qu'ils ont appelé le gouverneur et que ça a fait tout un ramdam, ici! La police les a emmenés à Sebastian's Point et les garde-côtes les ont escortés jusqu'à un hydravion prêt à décoller pour Porto Rico.

– C'est tout?

– Non, j'ai gardé le meilleur pour la fin. Ils m'ont dit de te dire qu'ils avaient un certain Grimshaw...

– Ça y est! hurla Hawthorne.

– Qu'est-ce qui se passe? s'écria Neilsen en entendant tonner la voix de Hawthorne dans la cabine.

– Qu'est-ce qu'il y a, Tye? s'enquit Poole.

– On en tient un!... Il y a autre chose, Roger?

– Non, rien de spécial, si ce n'est que ces deux guignols m'ont laissé une ardoise salée.

– Tu seras remboursé au centuple, mon pote.

– La moitié me suffira, pour le reste je trouverai bien quelques pigeons.

– Une chose encore, Roger... j'arrive avec deux amis et nous avons besoin de vêtements...

Roger les retrouva sur une plage déserte à l'abri des regards, à une centaine de mètres des quais de la marina, et tira le lourd bateau de caoutchouc sur le sable.

– Il est trop tôt encore pour les touristes et les types du port ne peuvent pas nous voir d'ici. Suivez-moi. J'ai un bungalow vide où vous pourrez vous changer, les vêtements sont là-bas... Dis donc, Tye, qu'est-ce que je fais du bateau? Il vaut bien deux mille dollars.

– Dégonfle-le et vends-le, répondit Hawthorne, mais

débrouille-toi pour effacer les numéros d'immatriculation de l'armée. Si tu ne sais pas comment faire, je te montrerai. Maintenant, allons voir ce bungalow...

Les vêtements étaient convenables et ceux de Neilsen étaient franchement élégants.

– Dis donc, Cathy, tu es magnifique ! lança Poole en sifflant d'admiration lorsque la femme pilote sortit de la chambre, vêtue d'un paréo multicolore, orné de motifs de paons et de perroquets qui mettaient savamment en valeur ses rondeurs féminines.

Instinctivement, elle tourna sur elle-même.

– C'est bien la première fois que je t'entends dire ça... sauf peut-être une fois dans une boîte de strip-tease à Miami.

– À Miami, ça ne comptait pas, et tu le sais très bien. En revanche, hormis à cette parodie de mariage dont je me souviens à peine, je ne t'ai jamais vue en robe, et encore moins en paréo. Qu'est-ce que vous en dites, Tye ? Elle peut se présenter à l'inspection, n'est-ce pas ?

– Vous êtes charmante, Catherine, répondit Hawthorne simplement.

– Merci, Tyrell. Je ne suis pas habituée à tous ces compliments. Je crois que je vais me mettre à rougir comme une petite fille.

– Ce serait mignon, répliqua Tye.

Il vit soudain en pensée le visage endormi de Cathy à côté de lui... à moins que ce ne fût celui de Dominique ? Peu importait au fond, ces deux images l'émouvaient... mais l'une lui lançait une écharde de douleur. Pourquoi Dominique l'avait-elle de nouveau abandonné ?

– Nous aurons bientôt des nouvelles de Cooke et d'Ardissonne à Porto Rico, lança Hawthorne à brûle-pourpoint pour mettre un terme à ses pensées vagabondes. Je veux ce Grimshaw, annonça-t-il en se tournant vers la fenêtre. Je veux le cuisiner moi-même et lui faire avouer comment ils ont trouvé Marty et Mickey.

– Et Charlie, ajouta Poole. N'oubliez pas Charlie...

– Mais d'où sortent-ils donc ? Comment font-ils tout ça ? pesta Tyrell en abattant son poing sur un meuble.

– Vous avez dit qu'ils viennent du Moyen-Orient, avança Neilsen.

– C'est vrai. Mais c'est trop vague. Vous ne connaissez pas la vallée de la Beqaa, moi si. Il y a là-bas une dizaine de groupuscules qui s'entre-tuent pour avoir le pouvoir, chacun prétendant être le seul champion d'Allah. Mais ce groupe-là est différent ; ce sont peut-être des fanatiques, mais ce n'est pas une simple question de religion – peu importe qu'il s'agisse d'Allah, de Jésus, de Mahomet ou de Moïse. Ils ont des contacts sur tout le globe, leur organisation est planétaire : ils ont des agents à Paris, à Washington, des liens avec la mafia, une île fortifiée, des satellites japonais, des comptes en Suisse, des planques à Miami, à Palm Beach, et Dieu sait quoi encore ! Leurs contacts ne sont pas tous des fanatiques voulant voir la suprématie de tel ou tel Dieu ou de tel ou tel prophète. Non, ils sont peut-être zélotes, mais ils ne font pas ça gratuitement. Ce sont des mercenaires, des employés du terrorisme engagés par une entreprise planétaire.

– Ils doivent avoir un sacré carnet d'adresses ! lança Poole. Comment arrivent-ils à recruter tous ces gens ?

– C'est comme une route à double sens, Jackson. Ils vendent et ils achètent.

– Ils achètent quoi ?

– La déstabilisation, un monde en crise. Ils s'approprient les instruments nécessaires pour atteindre leur objectif, tant humains que financiers.

– La question qui vient aussitôt à l'esprit, c'est : pourquoi ? annonça Neilsen en fronçant les sourcils. Je peux comprendre le fanatisme, mais pourquoi des gens étrangers à leur cause – la mafia, par exemple – acceptent-ils de coopérer, voire de les financer ?

– Parce que ces gens y voient un intérêt, qui n'est en rien lié à la moindre conviction religieuse ou idéologique. C'est une question de pouvoir. Et d'argent. Là où règne le chaos, il y a des places à prendre, et des millions à gagner... que dis-je, des milliards ! On peut profiter d'une crise politique pour noyauter un gouvernement, pour placer des gens en prévision de l'avenir, et finalement avoir le contrôle de tout un pays, le temps de le sucer jusqu'à la moelle et de le laisser exsangue, avant de disparaître en fumée ou de s'assurer un confortable asile politique à l'étranger.

– Cela peut vraiment se passer comme ça ?

– Je l'ai vu bien des fois. En Grèce, en Ouganda, à Haïti, en Argentine, au Panamá, et dans la plupart des pays du bloc de l'Est – leurs bureaucrates étaient aussi communistes que les Rockefeller !

– Le monde est pourri, lança le lieutenant Poole. Je

n'avais jamais vu les choses sous cet angle. J'ai honte d'ouvrir les yeux si tard.

– Pas la peine de te culpabiliser. C'était mon boulot, Jackson. L'infiltration est le nerf de la guerre pour tous les services secrets de la planète.

– Qu'est-ce qu'on fait, Tye ? demanda Cathy.

– Nous attendons des nouvelles de Cooke et d'Ardissonne. Il y a de fortes chances que nous nous envolions d'ici peu pour Porto Rico sous escorte militaire.

On frappa soudain à la porte.

– Tye, c'est moi ! Il faut que je te parle, lança une voix derrière la porte du bungalow.

Il était inutile de frapper puisque tout le monde avait reconnu la voix de Roger.

– Entre donc, Roger ! La porte est ouverte.

– Ce n'est pas vraiment nécessaire, annonça Roger en se glissant à l'intérieur avant de refermer la porte derrière lui.

Il se dirigea aussitôt vers Hawthorne et lui tendit un journal.

– C'est l'édition de ce matin du *San Juan Star* ; elle est arrivée il y a une demi-heure et le hall est en pleine effervescence – ça caquette de partout ! L'article est en page 3. Je te l'ai entouré.

Deux hommes rejetés par la mer sur les récifs de Morro Castle

San Juan, samedi. Les corps de deux hommes d'une cinquantaine d'années ont été retrouvés ce matin sur les rochers de cette zone de la côte, à l'ouest du village sur pilotis. Grâce à leurs passeports, les deux hommes ont pu être identifiés. Il s'agit de Geoffrey Alan Cooke, citoyen britannique, et de Jacques René Ardissonne, de nationalité française. Les victimes se seraient noyées avant de venir s'écraser sur les rochers. Les autorités vont ouvrir une enquête en Grande-Bretagne et en France.

Tyrell jeta le journal, se tourna vers la fenêtre et donna un coup de poing rageur dans la vitre. Le verre vola en éclats et lui entailla toute la main.

213

Le luxueux appartement de Manhattan qui dominait les lumières de Central Park, perché sur un immeuble de la Cinquième Avenue, scintillait de mille feux avec ses lustres de cristal, ses dizaines de chandeliers de verre festonné, disposés çà et là sur des tables recouvertes de soie. On comptait parmi les convives tous les grands de la ville : des politiciens, des magnats de l'immobilier, des banquiers, des éditorialistes influents, moult vedettes de cinéma et de télévision et une brochette d'écrivains à la mode, tous publiés en Italie. Ils avaient été invités par leur hôte, un grand homme d'affaires dont les opérations plus ou moins louches en Bourse avaient été passées sous silence alors que la plupart de ses associés s'étaient retrouvés en prison. Mais la Berezina se profilait à l'horizon ; ses dettes étaient faramineuses et ses créanciers, faisant fi des services qu'il avait pu leur rendre, étaient tous venus se rappeler à son bon souvenir. L'objet de leur attention était un jeune homme dont le père, le richissime baron de Ravello, pouvait réduire ostensiblement les difficultés financières de leur hôte.

La soirée semblait réglée comme du papier à musique. Le *barone cadetto* recevait des hommages dignes d'un fils de tsar dans les palais du vieux Saint-Pétersbourg. Bajaratt s'aperçut, avec irritation, qu'une jeune actrice de télé parlant italien continuait à bavarder avec Dante Paolo, bien que les présentations fussent faites et que tout le monde déambulât avec un cocktail à la main. Ce n'était pas la jalousie qui la tenaillait, mais la crainte du danger. Une fille bilingue de bonne famille pouvait facilement mettre en défaut la fragile noblesse de Nicolo. Heureusement, ses craintes ne tardèrent pas à se dissiper lorsque Nico se tourna vers elle pour lui présenter sa nouvelle amie.

– *Cara zia*, elle parle italien comme vous et moi ! s'écria-t-il dans sa langue maternelle.

– J'ai vu ça, rétorqua Bajaratt, également en italien, sans grand enthousiasme. Vous avez fait vos études à Rome, mon enfant, ou peut-être en Suisse ?

– Vous plaisantez, comtesse ! Après le lycée, les seuls profs que j'ai eus, ç'a été les hurluberlus de mes cours de théâtre, jusqu'à ce que je décroche ce rôle dans une série télé.

– Vous avez sûrement vu cette série, ma chère tante. Moi, je n'ai pas raté un épisode ! Chez nous, la série s'appelait *La Vendetta delle Saddles* ; tout le monde la regardait à la maison ! Elle jouait le rôle de la gentille fille qui s'occupe de son petit frère et de sa petite sœur après que des bandits eurent tué ses parents.

— On reconnaît bien là l'emphase des Latins, Dante ! Le titre original était *La Revanche des Saddles*, tout simplement. Mais peu importe. Tout ce qui compte, c'est que les gens regardent, pas vrai ?

— Ainsi, vous parlez couramment notre langue...

— Mon père a une charcuterie italienne à Brooklyn. Dans notre quartier, pratiquement personne de plus de quarante ans ne parle anglais.

— Son père vend tous les *provolones* et les fromages de Portofino et le meilleur *prichute* du sud de l'Italie. Comme j'aimerais connaître ce coin de Brooklyn !

— Je crains que le temps ne nous manque, Dante. Je repars pour la Côte demain matin, annonça l'actrice.

— Ma chère enfant, commença Bajaratt, toute froideur dissipée dans son regard, un sourire attendri aux lèvres. Il est vraiment indispensable que vous retourniez sur cette... côte ?

— Sur la Côte – la côte ouest, si vous préférez, précisa la jeune femme brune. C'est comme ça qu'on appelle la Californie. Je dois tourner dans quatre jours et j'ai au moins deux jours de jogging sur la plage qui m'attend si je veux éliminer les ravages de la cuisine familiale. La sœur aînée des Saddles doit garder la ligne.

— Si vous restiez un jour de plus, ça vous laisserait encore deux jours de jogging sur votre plage, non ?

— Certes, mais pourquoi ?

— Vous semblez plaire beaucoup à mon neveu et...

— Eh ! tout doux ! lança l'actrice en revenant soudain à l'anglais, l'air visiblement offensé.

— Ne vous méprenez pas sur mes paroles, répliqua aussitôt Bajaratt. Ce sera en tout bien, tout honneur. Toujours en public, et je ne vous lâcherai pas d'une semelle, comme tout chaperon qui se respecte. Je me disais simplement qu'après tous ces rendez-vous d'affaires avec des personnes âgées, passer une journée à jouer les touristes avec quelqu'un de son âge qui parle sa langue pourrait lui faire beaucoup de bien. Et sa vieille tante doit commencer à lui sortir par les yeux !

— Si, vous, vous êtes une vieille comtesse, alors moi je tète encore ma mère ! répondit la jeune femme, dans un sourire, en revenant à l'italien.

– Alors, c'est d'accord ? Vous restez ?

– Pourquoi pas ? répondit la jeune actrice en regardant le beau visage de Nicolo, avec un sourire aux lèvres.

– Puisque nous allons nous lever tôt demain matin, suggéra Bajaratt, peut-être pourrions-nous vous trouver une chambre dans notre hôtel ?

– Vous ne connaissez pas mon père. Lorsque je suis à New York, je dors à la maison. Mon oncle Ruggio a son propre taxi et m'attend en bas.

– On pourrait vous raccompagner dans ce cas, et voir enfin ce fameux Brooklyn, insista Nicolo, excité comme un gamin. Nous avons une limousine !

– Je pourrais même vous montrer le magasin de papa ! Les fromages, les salamis, le *prosciutto* [1].

– Allez, dites oui, *cara zia*.

– Tonton Ruggio pourrait nous suivre, comme ça papa ne se fâchera pas.

– Votre père est du genre protecteur, n'est-ce pas ? lança Bajaratt.

– Ne m'en parlez pas ! Depuis que je suis à L.A., il y a toujours quelqu'un de ma famille qui partage mon appartement – dès qu'une espionne s'en va, dans les vingt minutes sa remplaçante débarque à la maison !

– C'est un bon Italien qui élève sa famille dans le respect des traditions.

– Il s'appelle Angelo Capelli. Et moi, Angel Capell – c'est le nom de scène que m'a trouvé mon agent. Il trouvait que Angelina Capelli faisait trop serveuse de pizzas du New Jersey. On ne peut pas être plus à cheval sur les principes que mon père, mais si je lui ramène à la maison un vrai baron...

– *Zia Cabrini*, insista Nicolo avec une pointe d'autorité. Nous avons salué tout le monde. On peut s'en aller, non ? À la simple pensée des fromages et du *prichute*, j'en ai l'eau à la bouche !

– Je vais essayer d'arranger ça, mon neveu, mais j'aimerais vous parler quelques instants en privé... Ne vous inquiétez pas, mon enfant, je veux simplement lui dire quelques mots sur quelqu'un qu'il doit rencontrer avant notre départ. Les affaires avant tout.

– Je vous en prie, prenez votre temps. Il y a ici un journaliste du *Times* qui a fait sur moi un article sensa-

---

1. Jambon. *(N.d.T.)*

tionnel pour un petit rôle que j'avais dans une pièce à Greenwich Village ; c'est grâce à lui que j'ai pu faire de la télévision. Je lui ai envoyé une lettre, mais je n'ai jamais eu l'occasion de le remercier de vive voix... À tout de suite !

Tenant à la main une coupe de champagne remplie de soda, la jeune actrice se dirigea d'un pas décidé vers un gros barbu au regard de lynx et aux lèvres d'orangoutan.

— Qu'est-ce qui se passe, *signora* ? J'ai fait quelque chose de mal ?

— Pas du tout, mon chéri. Tu vas t'amuser avec quelqu'un de ton âge et c'est très bien. Mais n'oublie jamais que tu ne parles pas anglais ! Je ne veux pas voir le moindre frémissement de paupières, quoi qu'il se dise. *Capito* ?

— Il n'y a aucun risque. Nous parlons exclusivement en italien... Cabi, vous ne m'en voulez pas parce que je la trouve jolie ?

— Il faudrait être aveugle pour ne pas être sensible à son charme. Toi comme moi, nous faisons fi de la morale petite-bourgeoise, mais quelque chose me dit que tu ferais mieux de ne pas la culbuter comme une vulgaire fille de Portici.

— C'est hors de question ! Elle est peut-être célèbre, mais c'est une pure Italienne, et je respecterai son honneur comme s'il s'agissait de celui de mes sœurs. Elle ne fait pas partie de ce monde dans lequel vous voulez me faire entrer.

— Il te déplaît tant que ça, ce monde ?

— Ça me serait difficile ? Tout est si nouveau pour moi ; même dans mes rêves, je n'avais jamais imaginé ça.

— Parfait. Va rejoindre ta *bellissima ragazza*, je vous retrouverai dans un petit moment, lança Bajaratt en se retournant pour adresser un sourire à leur hôte qui semblait plongé dans une discussion qui frôlait la querelle avec deux banquiers.

Soudain, une main se posa sur son bras, doucement mais fermement. Elle fit volte-face et se retrouva nez à nez avec un vieil homme aux cheveux blancs qui semblait sortir tout droit d'une publicité anglaise pour les voitures Rolls-Royce.

— Nous nous connaissons ? demanda Bajaratt.

– Pas encore, comtesse, répliqua l'homme en lui baisant respectueusement la main. Je suis arrivé tardivement, mais je vois que tout se passe à merveille pour vous.

– C'est une charmante soirée, certes.

– C'est l'assistance ad hoc pour ce genre de réception. Tout n'est que charme, ici ; on patauge dedans comme dans de la mousse à raser. C'est fou comme le pouvoir et l'argent peuvent transformer un vulgaire ver en papillon – en noble papillon, devrais-je dire.

– Vous êtes écrivain... romancier peut-être ? J'en ai rencontré plusieurs ce soir.

– Grands dieux, non ! Je ne suis même pas fichu d'écrire une lettre sans ma secrétaire. J'ai simplement un sens de l'observation aiguisé, disons. Ce qui est appréciable dans ma branche.

– Et quelle est votre branche ?...

– Disons que j'offre une sorte de cadre aristocratique à certaines personnes de marque, des diplomates pour la plupart, venant de toutes sortes de pays – le plus souvent aux frais du ministère des Affaires étrangères.

– Comme c'est curieux !

– J'en conviens, répondit l'inconnu en souriant. Toutefois, comme je ne suis ni alcoolique ni ambitieux d'un point de vue politique, le ministère des Affaires étrangères considère que ma magnifique propriété est un terrain neutre idéal pour accueillir certains dignitaires. On ne peut pas faire du cheval avec quelqu'un, puis jouer au tennis, ou se baigner dans une piscine avec jet d'eau et cascades, faire un exquis repas à la même table, et se comporter ensuite comme un rustre pendant les négociations... Et naturellement, nous proposons une pléthore d'autres plaisirs, pour les hommes comme pour les femmes.

– Pourquoi me racontez-vous tout ça, *signore* ? demanda Bajaratt en dévisageant le prétendu aristocrate.

– Parce que tout ce que je possède, tout ce que j'ai appris, me vient de La Havane, ma chère, répondit l'homme en vrillant son regard dans celui de Bajaratt. Cela vous dit quelque chose, comtesse ?

– Pourquoi cela le devrait-il ? répliqua Amaya d'un air impassible, tout en retenant secrètement son souffle.

– Alors je vais faire vite, car nous n'avons que quel-

ques instants avant qu'un de ces flagorneurs ne rapplique. Vous avez plusieurs numéros mais vous n'avez
pas les codes. Il est temps que vous les connaissiez. J'ai
laissé une enveloppe scellée à votre hôtel ; si le sceau a
été touché, appelez-moi immédiatement au Plaza et on
changera tout. Mon nom est Van Nostrand, suite 9B.

— Et si la cire est intacte ?

— Alors, à partir de demain, vous pourrez me joindre
à l'un de ces trois numéros, nuit et jour. Vous avez
maintenant l'ami qui vous manquait.

— L'ami qui me manquait ? Vous aussi, vous parlez
trop par énigmes à mon goût.

— Ça suffit, Bajaratt, murmura la publicité vivante
pour Rolls-Royce, en continant à sourire. Le *padrone*
est mort !

Bajaratt hoqueta de stupeur.

— Qu'est-ce que vous dites ?

— Il n'est plus de ce monde... Pour l'amour du ciel,
continuez à sourire !

— La maladie aura fini par l'emporter.

— Non. Ce n'est pas sa maladie. Il a sauté avec toute
la maison. Il n'avait pas le choix.

— Mais pourquoi ?

— Ils l'ont trouvé ; c'était toujours possible. Dans ses
dernières instructions, il nous demandait de vous offrir
notre soutien et toute l'assistance que vous désireriez,
quoi qu'il lui arrive – de façon naturelle ou non. Dans
une certaine mesure, je suis dorénavant votre serviteur... comtesse.

— Mais que s'est-il passé ? Vous ne me dites rien !

— Plus tard. Pas ici.

— C'était mon père, mon seul père...

— C'est fini. Il n'est plus de ce monde. Il faut vous
reposer sur moi, et vous servir des moyens considé-
rables que j'ai à ma disposition, poursuivit Van Nostrand en hochant la tête comme s'il répondait à une
remarque de la comtesse.

— Qui êtes-vous ?

— Je vous l'ai dit, un ami dont vous aurez besoin.

— Vous êtes le contact du *padrone* aux États-Unis ?

— Entre autres, oui. Mais j'étais le seul à La Havane...
le seul qui...

— Qu'est-ce qu'il vous a dit sur moi ?

— Il vous adorait et vous admirait beaucoup. Vous

étiez sa fierté et c'est pour cette raison qu'il voulait que je fasse le maximum pour vous venir en aide.

– Comment comptez-vous m'aider ?

– En vous offrant tous mes contacts pour vous faire passer d'un lieu à un autre, d'une personne à l'autre, le plus discrètement ou le plus bruyamment possible, à votre guise. Ils auront ordre de vous obéir dans la mesure où cela n'ira pas contre mes intérêts – contre nos intérêts.

– *Nos* intérêts ?

– Je suis le chef des Scorpions.

– Les Scorpions ! s'exclama Bajaratt dans un simple murmure, inaudible parmi le brouhaha étouffé qui régnait dans la salle, contrôlant parfaitement ses émotions. Le chef du grand conseil m'a parlé de vous. Il m'a dit qu'on allait m'observer, m'éprouver, et que, si je sortais brillamment de ces épreuves, quelqu'un me contacterait et que je deviendrais alors l'une d'entre vous.

– Je n'irai pas aussi loin, mais disons que nous pouvons vous apporter une aide considérable...

– Jamais je n'ai pensé qu'il pouvait exister un lien entre le *padrone* et les Scorpions, reconnut Bajaratt.

– Le véritable génie passe souvent inaperçu... Le *padrone* est le créateur des Scorpions, avec mon inestimable concours, évidemment. En ce qui concerne vos épreuves de passage, ce que vous avez fait à Palm Beach annule de fait tout autre examen. C'était complètement fou, mais digne d'une Lucrèce Borgia. Superbe !

– Qui sont les Scorpions, vous pouvez me le dire ?

– Sans entrer dans les détails, oui, je peux vous les décrire ; cela n'a rien d'extraordinaire. Nous sommes vingt-cinq ; c'est notre limite. (Van Nostrand éclata de rire comme si la comtesse venait de faire une remarque amusante.) Nous avons divers postes et fonctions dans la société ; chacun d'entre nous est sélectionné avec beaucoup de soin pour garantir une rentabilité optimale – c'est moi qui fais les sélections compte tenu des intérêts de nos nombreux clients. Comme disait le *padrone*, « une journée où l'on ne gagne pas un million de dollars est une journée perdue ».

– Je ne connaissais pas mon père spirituel sous cet aspect. Peut-on faire confiance à tous les Scorpions ?

– Ils redouteraient trop de faillir à leur devoir, c'est tout ce que je peux vous dire. Ils obéissent, ou bien la mort est la seule alternative.

220

— Savez-vous pourquoi je suis ici, *signore* Van Nostrand ?

— Je n'avais nul besoin de notre ami commun pour le savoir. J'ai des antennes au plus haut niveau dans tous les gouvernements.

— Qu'est-ce que vous en pensez ? demanda Bajaratt en le regardant dans les yeux.

— C'est de la folie ! murmura-t-il. Mais je vois en quoi le *padrone* trouvait ça irrésistible.

— Vous aussi, ça vous fait rire ?

— Dans la vie, comme dans la mort, je devrai tout au *padrone*. Je ne suis rien sans lui. Je vous ai déjà dit ça ?

— Oui, vous me l'avez dit. On raconte qu'à La Havane il était comme un dieu ?

— Il était le Mars des Caraïbes, un Mars impitoyable aux cheveux de feu, si jeune, si beau. Si Castro s'était servi de ce génie au lieu de le bannir, Cuba serait aujourd'hui un paradis sur terre, et sa prospérité dépasserait tout entendement.

— Et le paradis du *padrone*, comment l'ont-ils trouvé ?

— Un certain Hawthorne, un ancien officier des services secrets de la marine.

Bajaratt pâlit malgré elle.

— Il va mourir, annonça-t-elle d'un ton de glace.

Bajaratt supporta l'interlude de Brooklyn uniquement parce que d'un point de vue tactique il avait une certaine raison d'être. Angelo Capelli et sa femme, Rosa, étaient étonnamment séduisants l'un et l'autre, et nulle autre union n'aurait pu donner le jour à la jeune starlette Angel Capell. Le couple était sous le charme de ce baron si modeste qui ne cessait de tarir d'éloges sur la Salumeria Capelli, une charcuterie italienne dans la plus pure tradition, où les présentoirs croulaient sous les victuailles et où de petites tables circulaires étaient disposées dans la boutique pour ceux qui voulaient déguster sur place. Les photographies de l'enfant prodige couvraient tous les murs de la maison – en majorité, c'étaient des clichés tirés des scènes des séries télé. Nicolo et le frère d'Angel, qui était âgé de seize ans et était presque aussi beau que lui, ne tardèrent pas à sympathiser. On coupa le *provolone*, on découpa des tranches de *prosciutto*, une salade de pâtes nappées de sauce tomate maison fut apportée, le tout arrosé de plusieurs bouteilles de chianti. On regroupa les tables et en un clin d'œil un grand buffet fut dressé.

– Vous voyez, *cara zia*, je vous l'avais bien dit ! s'écria Dante Paolo en italien. C'est quand même autre chose que ce que nous donnent à manger tous ces culs pincés !

– Notre hôte était mortifié, mon neveu.

– Pourquoi donc ? Quel cul étais-je censé lécher encore ? Il n'en restait pas un de sec à la ronde !

Les rires de Nicolo furent interrompus par les remontrances de Bajaratt.

– Dante, je vous en prie... Mais il y a un peu de ça, au fond.

– Vous n'avez à lécher le cul de personne, pas vous ! lança Angelo Capelli.

– Papa, surveille ton langage, s'il te plaît.

– Dis donc ! Il est quand même le futur baron de Ravello ! Et puis c'est lui qui l'a dit en premier.

– Votre père a raison, Angelina – Angel, je veux dire. C'est ma faute.

– Quel gentil garçon ! dit Rosa. Si simple et pas bêcheur pour deux sous.

– Pourquoi serais-je autrement, *signora* Capelli ? rétorqua un Nicolo en verve. Je ne suis pas venu au monde, la poitrine bardée de médailles et de titres. Heureusement pour ma pauvre mère !

Il y eut une nouvelle explosion de rires. Les dernières barrières sociales s'évanouirent en un hommage vibrant à la démocratie. Puis on frappa à la porte de la boutique. Bajaratt se tourna alors vers les Capelli.

– J'espère que vous ne m'en voudrez pas, commença-t-elle à leur expliquer en anglais, mais mon neveu voulait tellement avoir un souvenir de cette soirée qu'il m'a demandé de faire venir un photographe. Mais, si cela vous offense le moins du monde, je le renvoie immédiatement.

– Mais non, pas du tout ! s'exclama le père. C'est un grand honneur pour nous. Fiston, fais entrer cet homme. Dépêche-toi !

Après avoir réservé à la réception une limousine pour le lendemain matin, Bajaratt se dirigea vers les cabines téléphoniques qui se trouvaient au fond du hall de l'hôtel. Elle sortit un morceau de papier de son sac à main, composa le numéro du Plaza et demanda la suite 9B.

— Oui ? répondit une voix d'homme.

— C'est moi, Van Nostrand.

— Vous ne téléphonez pas de votre chambre, j'espère ?

— Question stupide ! Bien sûr que non. Je suis dans le hall.

— Donnez-moi le numéro de votre cabine ; je descends et je vous rappelle d'en bas.

Bajaratt s'exécuta et sept minutes plus tard la cabine se mettait à sonner.

— Toutes ces précautions sont-elles bien nécessaires ? demanda aussitôt Bajaratt en décrochant à la première sonnerie.

— Cette question n'est pas moins stupide que la mienne, répliqua Van Nostrand en émettant un petit rire. Je suis un conseiller éminent du ministère des Affaires étrangères et pas mal de personnes s'intéressent de près à mes communications. Les standardistes des hôtels peuvent être facilement soudoyés ; pour l'investissement d'une somme modique, les bénéfices peuvent se révéler impressionnants.

— De l'espionnage ?

— Rarement chez nous, mais surtout à Washington, ces derniers temps. Cela s'appelle « aller à la pêche ». Mais assez parlé de mes précautions soi-disant superflues. Comment était mon enveloppe ?

— Intacte. J'ai examiné le cachet de cire sous une lampe.

— Parfait. Il est inutile de vous dire que, chaque fois que ce sera possible, ces appels devront être faits à partir d'une cabine téléphonique. Ce n'est pas une nécessité, mais c'est vivement conseillé lorsque vous aurez plusieurs appels à passer.

— C'était effectivement inutile de me le dire, lança Bajaratt. Puisque vous avez des antennes, comme vous dites, dans les hautes sphères diplomatiques, j'aimerais que vous me disiez où se trouve cet ancien officier de la marine nommé Hawthorne.

— Je préférerais que vous me laissiez m'occuper de lui. Si j'en crois vos desseins, traquer cet homme ne serait qu'une perte de temps, pour vous et vos associés.

– Il est trop rusé pour un vieil homme comme vous.

– Vous semblez le connaître ?

– Je connais sa réputation. C'était le meilleur agent qu'ils avaient à Amsterdam... lui et sa femme.

– Comme c'est curieux. Je crois savoir que cette information n'est consignée dans aucun dossier.

– Moi aussi, j'ai mes sources, *signore* Van Nostrand.

– Même le *padrone* ne le savait pas ; et je ne risquais pas de le lui dire. Comme c'est étrange... Toutefois, malgré mon âge, ma chère Bajaratt, je me permets de vous rappeler que j'ai à ma disposition ici mille fois plus de moyens que vous.

– Vous ne me comprenez pas et...

– Ça suffit ! l'interrompit son contact avec humeur. Il était peut-être votre père spirituel, mais pour moi il était toute ma vie !

– Je ne vous suis pas...

– Vous m'avez très bien compris, répondit Van Nostrand d'un ton glacial. Pendant trente ans, nous avons tout partagé – tout. La Havane, Rio, Buenos Aires. Nos deux vies ne faisaient qu'une, lui le maître, moi le second, certes. Mais, jusqu'à ce qu'il ait son cancer il y a dix ans et qu'il m'envoie à l'étranger pour le représenter, nous étions les deux doigts d'une seule main.

– Je ne savais pas que...

– Pendant les deux ans que vous avez passés sur cette île, avez-vous vu la moindre femme à l'exception d'Hectra, notre amazone des îles ?

– Mon Dieu...

– Cela vous choque ?

– Pas d'un point de vue sexuel, c'est trop abstrait. Je n'avais simplement jamais imaginé ça.

– Personne. Mars et Neptune, c'étaient les surnoms qu'il nous avait donnés, l'un régnant sur les Antilles, et l'autre, dans l'ombre, comme conseiller, comme précepteur privé, lui apprenant l'art et les subtilités des grands... Maintenant, vous comprenez pourquoi je veux Hawthorne. C'est à moi que revient le devoir de le tuer ; à moi et à personne d'autre !

La limousine sillonnait Manhattan d'est en ouest et du nord au sud, passant devant l'ONU, les studios de la télévision sur les bords de l'Hudson, s'arrêtant à Battery Park, au Muséum d'histoire naturelle, et d'instant en instant le jeune Dante Paolo s'émerveillait davantage, à la grande joie d'Angel Capell dont la simple présence ouvrait toutes les portes et faisait tomber une pluie de cadeaux. Curieusement, il y avait des photographes à chaque coin de rue. Ce n'était pas une surprise pour Angel qui était habituée à susciter l'attention et qui ne cessait de dire à Nicolo : « *Anche i paparazzi devono viver* » (Eux aussi, il faut bien qu'ils vivent). Toutefois, ni la jeune vedette ni Nicolo ne s'aperçurent que les photographes évitaient soigneusement d'avoir Amaya Bajaratt dans leur angle de vue. C'était la condition *sine qua non*, imposée par la comtesse, s'ils voulaient connaître le trajet de la limousine.

Le déjeuner au Four Seasons sur la 52e Rue fut organisé par les deux propriétaires attentionnés qui offrirent à la fin du repas leur gâteau maison où était écrit, en lettres blanches sur fond de chocolat : *Bienvenue au barone cadetto et à sa belle accompagnatrice qui est la fierté de notre pays.*

– Il est peut-être temps de repartir, annonça Bajaratt alors que les jeunes gens finissaient leur deuxième part de gâteau. Il y a encore quatre endroits que j'ai promis de montrer à Dante.

– Je vais demander au serveur un doggy-bag pour que le chauffeur puisse avoir une part de gâteau.

– Voilà une noble attention, Angelina.

Au moment de sortir du restaurant, Bajaratt resta en retrait car trois photographes les attendaient à côté du vestiaire. Les reporters firent leur travail, tandis que les deux jeunes gens se prêtaient de bonne grâce à ce petit jeu en offrant leurs sourires.

Parfait.

LE NEW YORK TIMES

(page affaires)

Brooklyn, le 28 août. Dante Paolo, le *barone cadetto di Ravello*, qui est en voyage d'affaires dans notre pays à la demande de son père, le richissime baron de Ravello, vient de se lier d'amitié avec la jeune star de la série télé *La Revanche des Saddles* : Angel Capell. La photo ci-contre montre Miss Capell, dont le véritable nom est

225

Angelina Capelli, en train de converser en italien avec le futur baron en compagnie de la famille de l'actrice. De nombreuses sociétés de la région recherchent actuellement des directeurs commerciaux parlant italien.

Le New York Daily News

Idylle entre un noble italien et l'enfant chérie de l'Amérique?

Voir photos à l'intérieur. Le coup de foudre?

Le National Enquirer

Angel Capell, la petite fille de l'Amérique, serait-elle enceinte?

Qui sait? Mais ils sont davantage que de simples amis!

— C'est honteux! se révolta Nicolo en marchant de long en large dans la chambre d'hôtel, les journaux du matin à la main. C'est très embarrassant. Qu'est-ce que je vais pouvoir lui dire?

— Rien, pour l'instant, Nico. Elle est dans l'avion en ce moment. Elle t'a laissé son numéro de téléphone, tu n'auras qu'à l'appeler un peu plus tard.

— Elle va me prendre pour un ignoble individu!

— J'en doute. Elle a suffisamment l'habitude pour ne pas prendre ces articles au sérieux.

— Mais d'où sortaient tous ces photographes? Comment pouvaient-ils connaître notre itinéraire?

— Elle te l'a dit elle-même, mon bel Adonis. Les *paparazzi* ont aussi une famille à nourrir; c'est la règle du jeu, elle le sait très bien. Elle t'a peut-être un peu caché, par modestie, à quel point elle était célèbre... J'aurais dû me méfier, certes.

Bajaratt sortit de l'ascenseur et se dirigea vers les cabines téléphoniques de l'hôtel. Connaissant par cœur les numéros, elle les composa un à un jusqu'à tomber sur Van Nostrand.

– Vos deux tourtereaux sont dans tous les journaux ! lança-t-il. Quelle publicité ! Presque comme du temps de Grace Kelly et du prince Rainier ! Les Américains raffolent de ce genre de potin. Il n'y a que ça qui les fait rêver.

– Alors, j'ai atteint mon objectif. La presse a suivi à Washington ?

– Si elle a suivi ? Vos petits protégés font la une de tous les journaux, du *Post* au *Times*, jusqu'à la moindre gazette de quartier ! Et comme on savait que je me trouvais à New York, j'ai reçu un nombre d'appels incalculable du gratin de Washington me demandant si je connaissais le jeune baron – ou, encore mieux, son père.

– Et qu'avez-vous répondu ?

– Pas de commentaire. Ce qui est, évidemment, on ne peut plus explicite, puisque, par principe, seuls les intimes ne font jamais la moindre déclaration, sauf ordre contraire de l'intéressé. Pour l'instant, il reste du travail à faire en termes d'influence, mais on tient le bon bout. Même si, sincèrement, je ne vois pas en quoi cela peut vous être utile.

– Il est temps que nous nous rendions à Washington – incognito.

– À votre aise.

– Vous pouvez nous arranger ça ?

– Comment ça ? Je peux vous envoyer un avion, bien sûr.

– Non, je parle de nous recevoir chez vous, dans votre grande propriété que vous avez pu acquérir grâce à La Havane.

– C'est hors de question, répondit Van Nostrand d'un ton sans appel.

– Pourquoi donc ?

– J'ai d'autres projets. J'espère avoir comme hôte l'ancien commandant Tyrell Hawthorne d'ici quarante-huit heures. Le lendemain, vous et le gosse, vous pourrez faire ce que bon vous semblera. Le domaine sera à vous. Quant à moi, j'aurai disparu.

14

Tyrell Hawthorne, vêtu d'une veste safari bardée de poches et d'un pantalon de brousse achetés à l'aéroport, contemplait pensivement son bandage à la main qui luisait à la lueur des bougies. C'est Catherine Neilsen qui l'avait pansé la veille. Il se trouvait à présent dans le patio de l'hôtel San Juan d'Isla Verde, à Porto Rico, attendant que le lieutenant Poole revienne de la réunion où il devait rencontrer les services secrets de la marine – réunion à laquelle Tyrell avait refusé d'assister. « Je ne serai pas obligé d'entendre leurs imbécillités, avait-il annoncé d'un ton sans appel. Jackson n'a qu'à s'y rendre. Je pourrai toujours prétendre qu'il ne m'a rien dit. » Un troisième verre de chablis arriva sur la table. Le capitaine Neilsen sirotait toujours son thé glacé.

– Quelque chose me dit que vous êtes habitué à des alcools plus forts, annonça Cathy en désignant le verre de vin d'un mouvement de tête.

– Je l'étais, c'est vrai, jusqu'à ce que je comprenne que cela ne me valait rien de bon. Vous êtes satisfaite ?

– Je ne vous faisais aucun reproche...

– Mais qu'est-ce qu'il fiche, nom de Dieu ! Cette satanée réunion ne devait pas durer plus de dix minutes s'il se contentait de répéter ce que je lui avais dit !

– Vous avez besoin d'eux, Tye. Vous ne pouvez agir seul, et vous le savez très bien.

– J'ai le nom du pilote de Cooke et d'Ardissonne grâce aux confidences d'un chef mécanicien ; pour l'instant, c'est tout ce qu'il me faut. Alfred Simon. Encore une belle ordure, celui-là !

– Allons, vous disiez vous-même qu'il n'était qu'un sous-fifre, un « satellite », pour reprendre vos propres termes, bien que je doive avouer que cela reste un tantinet obscur.

– C'est évident. Il s'agit de quelqu'un qu'on paie pour faire un boulot mais qui reste hors du cercle des initiés. Il ne sait même pas qui est son patron.

– À quoi bon avoir son nom, dans ce cas ?

– Si je n'ai pas trop perdu la main, j'ai une petite chance de pénétrer ce cercle.

– Tout seul ?

– Je ne suis pas complètement idiot, Cathy, et je n'ai aucune envie de jouer les héros qui meurent pour leur pays. Je ne fonce dans le tas qu'avec des bombardiers derrière moi. Mais, en attendant l'assaut final, je préfère agir seul, c'est plus simple pour tout le monde.

– Vous pouvez être plus clair ?

– Personne, de cette façon, ne pourra me dire ce que je dois faire ou ne pas faire en fonction de l'effet que cela aurait sur des tiers dont on ne voudra rien me dire.

– Autrement dit, Jackson et moi ne sommes plus de la partie ?

– Absolument pas, capitaine. Vous restez dans le coup jusqu'à ce que les choses se compliquent vraiment, et votre petit génie des bayous de Louisiane aussi, à moins qu'il ne décide de laisser tomber. J'ai besoin d'un camp de base dirigé par des gens de confiance.

– Merci pour la confiance. Et pendant qu'on y est, merci aussi pour les vêtements. Il y a de jolies boutiques ici.

– Pour ce genre de chose, Henry Stevens est d'une aide inestimable. Il vous trouve de l'argent comme s'il avait les combinaisons des coffres de Fort Knox – peut-être les a-t-il, d'ailleurs ?

– J'ai gardé toutes les factures...

– Brûlez-les ! Des documents de ce genre peuvent se révéler extrêmement dangereux s'ils tombent entre de mauvaises mains. Qu'est-ce qu'on vous a appris, capitaine ? Vous feriez un piètre officier de terrain. Et il faut toujours dépenser tout l'argent qu'on vous donne ; c'est une règle fondamentale !

– J'essaierai de m'en souvenir, commandant.

– Cela dit, pour reprendre les mots de Poole, vous êtes effectivement magnifique.

– Merci, commandant. C'est Jackson qui a choisi ces vêtements.

– Vous savez que ce gamin parfois m'irrite au plus haut point! Il me rappelle mon petit frère; on devrait les enfermer tous les deux dans une cellule. Ces deux génies seraient capables de se faire griller les neurones à force de penser.

– Tenez, quand on parle du loup... notre petit génie vient d'arriver. Il nous cherche, visiblement.

Jackson Poole les aperçut finalement et vint s'asseoir à leur table, l'air mécontent.

– La prochaine fois qu'il y aura une réunion avec ces abrutis, c'est vous qui vous y collerez! bougonna-t-il en serrant les dents. Ces connards ne savent pas faire une phrase claire et nette.

– Cela s'appelle «noyer le poisson», lieutenant, répondit Hawthorne en souriant. Comme ça, ils ne disent jamais explicitement ce que tu crois entendre. C'est toi qui es obligé d'en tirer tes propres conclusions, de sorte qu'ils peuvent toujours nier tout en bloc, plus tard. Si quoi que ce soit marche de travers, ce sera ta faute, pas la leur... Au fait, tu leur as passé mon message?

– Oh, ils ne trouvent rien à y redire. Vous pouvez courir après votre pilote, mais il y a du nouveau qui risque de tout chambouler.

– Qu'est-ce que c'est?

– Une grosse huile, qui doit être haut placée à Washington, a quelque chose à vous dire, une information qui a un rapport direct avec la situation présente.

– Je t'écoute.

– Mais il y a un hic, Tye. Il est passé au-dessus de votre pote Stevens et vous a retrouvé grâce au ministère de la Défense. Stevens n'est au courant de rien.

– Quoi?

– Il ne veut parler qu'à vous.

– Mais pourquoi? Qui est ce type?

Poole plongea la main dans une des poches de son superbe blazer bleu marine et en sortit une enveloppe officielle, scellée par un gros bandeau rouge.

– C'est à vous de nous le dire, répondit le lieutenant. Tenez, c'est pour vous; et je peux vous affirmer que le chef des services de renseignements de la base – un type avec des yeux globuleux qui m'a emmené dans son bureau en me disant qu'il était tenu au secret absolu – faisait littéralement dans son froc. Ça l'embêtait beaucoup que vous ne soyez pas venu et il ne voulait pas me donner l'enveloppe. Alors, à la fin, je lui ai dit : « Si vous ne voulez pas que le commandant Hawthorne ait ce document, ça vous regarde. Vous verrez ça avec vos supérieurs. » Il a donc fini par céder en me disant qu'il me faisait suivre pour s'assurer que je vous remettais bien son enveloppe en main propre. J'imagine qu'en ce moment on nous mitraille sous toutes les coutures.

– On se croirait à la maternelle ! lança Hawthorne.

– Il y a une estafette qui nous observe derrière le bac à fleurs sur notre gauche, annonça Cathy.

Tye et Jackson se retournèrent. Une tête plongea derrière la haie d'orchidées, puis une chemise blanche à épaulettes disparut vers la sortie.

– Voilà, commandant, je vous ai remis le bébé.

– Voyons ce que c'est, répondit Tyrell en ouvrant l'enveloppe.

Elle contenait une simple note manuscrite. Hawthorne la lut en silence et ferma les yeux.

– ... Non, je n'ai pas le choix, articula-t-il d'une voix à peine audible, en laissant tomber le papier, le regard perdu au loin.

– Je peux jeter un coup d'œil ? demanda Cathy en ramassant lentement la lettre et en la retournant, une fois certaine que Hawthorne n'y voyait pas d'objection.

Un acte terrible a été commis et il est temps de dire la vérité. Il s'agit bien sûr d'Amsterdam. Ce que vous ignorez, c'est qu'il y a une relation entre la mort de votre femme et la Beqaa. Elle a été sacrifiée, à l'époque, pour une opération avortée qui risque fort, aujourd'hui, d'être de nouveau d'actualité. Ce que j'ai à vous dire est strictement confidentiel car vous en savez peut-être plus que vous ne le supposez, et, malgré la crise potentielle qui pèse sur nos épaules, c'est à vous, et à vous seul, de décider d'utiliser ou non cette information. Le choix vous appartient.

Je serai en déplacement lorsque vous recevrez cette lettre, mais je dois être de retour demain vers trois heures de l'après-midi. Contactez-moi, je vous prie, à mon domicile (dont vous trouverez le numéro au bas de cette page) et j'assurerai votre transport jusqu'à ma demeure dans les environs de Washington.

Bien à vous.
N.V.N.

Il y avait un numéro de téléphone dans le coin inférieur droit de la page. C'était le seul renseignement sur l'auteur de cette lettre manuscrite. Il y avait, toutefois, un post-scriptum sous les initiales du nom :

Je déteste tout effet dramatique, mais je vous prierai néanmoins de détruire ce document après avoir recopié le numéro de téléphone de mon domicile.

— Que peut-il bien savoir ? s'interrogea Hawthorne avec une pointe d'inquiétude, réfléchissant à haute voix. Et qui est ce type ?

— Le grand chef ne l'a pas précisé, mais à mon avis il n'en sait rien, sinon il se serait empressé de me le dire.

— Qu'est-ce qui te fait croire ça ? demanda Cathy.

— Je lui ai dit que mon chef n'avait pas à accepter des communiqués sauvages qui n'aient été préalablement vérifiés par les huiles de l'état-major de la marine. C'est à ce moment-là qu'il a tout déballé et qu'il m'a raconté cette histoire de ministère de la Défense et tout le secret qui entourait cette enveloppe.

— Tu ne manques pas de cran, Jackson, reconnut Tyrell.

— C'est simplement que ça me fait bondir lorsqu'un de ces connards de civils se met à vouloir passer au-dessus de nous et se croit tout permis. Chaque fois que ces rats viennent foutre le nez dans nos affaires, c'est pour faire couler le navire. J'ai toute une liste à votre disposition qui remonte jusqu'à Pearl Harbor.

— Cette fois, c'est peut-être pour une bonne raison, lieutenant ? Ma femme a été tuée à Amsterdam.

— Certes, mais pourquoi ce guignol n'a-t-il rien dit pendant cinq ans si c'était urgent à ce point ? Pourquoi se réveille-t-il maintenant ?

— Il l'a dit clairement. Il croit qu'il y a une relation entre Amsterdam et l'affaire présente ; il a dit que ma femme a été sacrifiée.

— J'en suis sincèrement désolé, mais nous savons, l'un

comme l'autre, ce que ces pourris sont capables de faire ; nous les avons vus à l'œuvre avec leurs agents aux quatre coins de la planète... Vous avez dit vous-même que ce n'était que la partie visible de l'iceberg, ce n'est pas vrai ?

– Certes.

– Notre monde est sur le point de connaître une crise internationale sans précédent, n'est-ce pas ?

– Je crois avoir été explicite sur ce point.

– Alors, quel poids pouvez-vous mettre dans la balance face à cette grosse huile qui a ses entrées chez le président des États-Unis et est en cheville avec tous les responsables des services de sécurité nationale à travers le globe ?

– Je n'en sais rien.

– Réfléchissez-y à deux fois ! Il vous donne même le choix d'agir ou non une fois qu'il vous aura livré une certaine information que vous connaissez déjà, selon lui. Sachant tout ce qui est en jeu, qu'est-ce que c'est que cette proposition ? Que vaut la vie d'un ex-officier de marine, tenu, qui plus est, en piètre estime par ses pairs, en regard de celle de l'homme le plus puissant de la planète ? Réfléchissez un peu, Tye !

– Je n'y arrive pas, marmonna Hawthorne, les mains prises de tremblements, les yeux dans le vague. Cela m'est impossible... Il s'agit de ma femme.

– Ça va, commandant. Épargnez-nous les larmes.

– Arrête, Jackson !

– Toute cette histoire pue à dix pas, Cathy. Je n'aime pas ça.

– Il faut que je sache..., articula encore Tyrell dans un filet de voix, avant de chasser ces douloureux souvenirs et de se reprendre. Nous le saurons demain, de toute façon, annonça-t-il avec une brusque assurance. En attendant, je vais aller trouver ce pilote. Il habite le vieux San Juan.

– Tout ceci doit être très pénible pour vous, j'imagine, dit Neilsen en posant sa main sur celle de Hawthorne. J'admire votre force de caractère.

– Vous avez tout faux, répondit Hawthorne en regardant Catherine avec des yeux las. Jusqu'à ce que je parle à l'auteur de cette lettre et que je sache la vérité, je resterai l'être le plus faible de la terre.

– Alors, on va le chercher, ce pilote ? lança Poole d'une voix brusque.

— Jackson, s'il te plaît...

— Je sais ce que je fais, Cathy. Cela ne sert à rien de ruminer cent sept ans. Debout, commandant, allons faire une petite virée à San Juan.

— Non, tu restes ici avec Cathy. J'y vais seul.

— Pas question, rétorqua Poole en se levant de sa chaise et en se carrant devant Hawthorne.

— Répète-moi ça ? demanda Tyrell en clignant des paupières, sentant la moutarde lui monter au nez. J'ai dit que j'irai seul, c'est pourtant clair.

— Oui, chef, répliqua Poole en jouant les bons soldats. Toutefois, je ne fais qu'appliquer le code militaire qui exige que l'officier en second prête assistance à son supérieur, s'il a l'intime conviction que celui-ci est en état de faiblesse et que cela ne nuit en rien à ses obligations en cours. C'est écrit en toutes lettres dans le manuel de l'US Air Force, article 7, alinéa...

— Ça va !

— Ne discutez pas avec lui, dit doucement Catherine en serrant une dernière fois la main de Hawthorne avant de la lâcher. Il va vous réciter toutes les pages du manuel si vous lui tenez tête. Il m'a fait le coup un nombre incalculable de fois.

— Entendu, t'as gagné, annonça Tyrell en se levant à son tour. Allons faire cette virée !

— On pourrait peut-être faire un saut aux toilettes avant d'y aller ?

— Moi, ça va. Vas-y, je t'attends dehors.

— Je préférerais que vous veniez avec moi.

— Pourquoi ?

— Vous allez comprendre pourquoi la réunion avec vos petits copains de la marine a duré si longtemps. Puisque je suis en poste en Floride depuis un bon bout de temps, je connais assez bien San Juan. Il m'a fallu un petit moment pour retrouver les boutiques qui m'intéressaient, en particulier une qui se montrerait conciliante, et l'estafette avait trop les foies pour oser dire quoi que ce soit.

— De quoi parles-tu, à la fin ?

— Puisque nous avons laissé nos armes à Gorda, j'ai pris la liberté d'en acheter, sachant que vous voudriez retrouver ce pilote et connaissant un peu l'ambiance du vieux San Juan. Ce sont des Walther PK – automatiques, trois chargeurs de huit balles avec un canon de deux pouces et demi qui passe totalement inaperçu dans la poche d'une veste.

— Il s'y connaît aussi en armes? lança Hawthorne à Catherine d'un air las.

— Je ne crois pas qu'il ait tiré sur qui que ce soit, répondit Neilsen, mais c'est un expert en manufacture d'armes à feu.

— Et en chirurgie du cerveau, il touche sa bille aussi?

— J'ai été jusqu'à la lobotomie, mais c'était trop répugnant... Alors, vous venez? Vous ne voulez tout de même pas que je vous donne un pistolet et trois chargeurs pleins devant tout le monde. Sachez qu'avec un physique de rêve comme le mien je ne passe pas inaperçu. Toutes les femmes me regardent en ce moment.

— Tu es la modestie incarnée.

— Allez, vous n'êtes pas mal non plus, dans le genre plus mûr, évidemment.

— Restez dans la chambre, Cathy, ordonna Tyrell.

— Contactez-moi toutes les demi-heures. J'y tiens.

— On essaiera, capitaine.

— Ashkelon! lança la voix dans la cabine téléphonique de l'hôtel Hay Adams à Washington.

— Je suis là, Jérusalem, répondit Bajaratt. Qu'est-ce qui se passe?

— Le Mossad a arrêté notre chef!

— Comment?

— Il y avait une fête au kibboutz Irshun aux environs de Tel-Aviv. Certains étaient moins soûls qu'il n'y paraissait et ils l'ont trouvé en train de violer une de leurs filles dans un champ.

— L'imbécile!

— Ils l'ont emmené dans la prison du kibboutz, en attendant que des responsables arrivent de Tel-Aviv.

— Vous pouvez l'approcher?

— Il y a un juif que l'on peut acheter, c'est évident.

— Alors, faites-le. Et tuez votre chef. Il risque de parler s'ils le droguent.

— Ce sera fait.

— Souviens-toi d'Ashkelon! lança Bajaratt avant de raccrocher le téléphone.

Nils Van Nostrand entra dans le bureau de son immense propriété à Fairfax, en Virginie. La grande pièce était pratiquement vide, car tout était emballé dans des cartons, destinés à être expédiés à Lisbonne avant d'être discrètement acheminés dans un manoir sur les rives du lac de Genève. Le reste de la maison, avec ses dépendances, ses étables et ses divers animaux, avait été vendu en secret à un cheikh d'Arabie Saoudite qui allait en prendre légalement possession dans un mois. C'était plus de temps qu'il n'en fallait. Van Nostrand se dirigea vers son bureau et décrocha son téléphone rouge.

— Scorpion Trois, répondit la voix au bout du fil après qu'il eut composé le numéro.

— Ici Scorpion Un. Je serai bref. Mon heure est venue, je quitte la place.

— Mon Dieu, quelle surprise ! Vous avez été un phare pour nous.

— Les temps changent, l'heure est venue pour moi de partir. Ce soir, avant de disparaître, je vais faire transférer cette ligne chez vous et en informer nos commandeurs. Un jour, ils vous contacteront car vous êtes dorénavant leur obligé. Au fait, si une femme nommée Bajaratt téléphone, donnez-lui ce qu'elle veut. C'est un ordre du *padrone*.

— Entendu. Est-ce que nous aurons de vos nouvelles ?

— Franchement, j'en doute. J'ai un dernier devoir à accomplir et je disparais à jamais. Scorpion Deux est tout à fait compétent et a une grande expérience, mais il n'a ni vos relations ni votre intellect. Il vaut mieux qu'il reste dans l'ombre.

— Vous voulez dire qu'il n'a pas un cabinet juridique à Washington comme moi.

— Peu importe, demain matin vous serez Scorpion Un.

— C'est un honneur dont j'essaierai d'être digne jusqu'à ma mort.

— Puissiez-vous vivre très longtemps.

Bajaratt sortit du taxi et fit signe à Nicolo de la suivre tandis qu'elle s'apprêtait à payer le chauffeur.

— Merci bien, c'est gentil de votre part. Mais, dites donc, ce n'est pas ce jeune gars dont on voit partout la photo ? Celui qui vient d'Italie ?

— En effet, *signore*.

– Il faudra que je dise ça à ma femme ; elle est italienne. Elle a ramené à la maison un de ces magazines avec des photos de cette actrice, *Angel Capell*, en compagnie de Son Altesse Royale.

– Ce ne sont que de bons amis...

– Je ne porte aucun jugement. C'est une jolie gosse. Tout le monde l'adore et tous ces journaux ne sont que des torchons.

– C'est vrai, c'est une charmante enfant. Merci, *signore*.

– Tout le plaisir était pour moi.

– Allez, venez, Dante, ordonna Bajaratt en entraînant Nicolo vers le café à la mode de Georgetown.

L'établissement était empli d'une foule bigarrée venue déjeuner. On y trouvait des femmes d'un certain âge en corsage, des jeunes femmes en chemisiers Armani et jeans Calvin Klein, avec le cortège habituel de *golden boys* soi-disant dans le vent qui admiraient dans les glaces l'image de leur réussite sociale, et enfin quelques membres du Congrès qui regardaient impatiemment leur montre.

– Souviens-toi, Nico, expliqua la Baj tandis que le maître d'hôtel obséquieux venait les accueillir, c'est le sénateur que tu as rencontré à Palm Beach, l'avocat du Michigan ; il s'appelle Nesbitt.

Une fois que de nouvelles présentations furent faites et que trois cafés frappés furent commandés, le sénateur du Michigan prit la parole :

– C'est la première fois que je viens ici, dit-il, mais l'un de mes assistants connaissait très bien l'endroit. Apparemment, c'est un bar très en vogue.

– C'était un petit clin d'œil, *signore*. Notre hôtesse, l'autre soir à Palm Beach, en avait parlé. C'est la raison pour laquelle j'ai suggéré que nous nous retrouvions ici.

– Oui, c'est vrai, reconnut le sénateur en jetant un regard circulaire autour de lui, une lueur d'amusement dans les yeux. Vous avez eu les documents que je vous ai fait porter à votre hôtel hier soir ?

– Oui, absolument. Et nous les avons étudiés très attentivement avec Dante Paolo... *Vero, Dante ? documenti di ieri sera, ti ricordi ?*

– *Certo zia, altro che !*

– Son père, le baron, est très intéressé, mais certains points méritent d'être éclaircis.

– Naturellement. Le rapport donnait un aperçu relativement détaillé des possibilités industrielles mais n'était en rien une analyse profonde de chaque cas. Si vous le désirez, mon équipe peut vous fournir des renseignements supplémentaires.

– Ce sera évidemment indispensable avant d'entamer la moindre négociation, mais peut-être pourrions-nous, dès à présent, approfondir certains points d'ordre général.

– Comme vous voudrez. Il y a un secteur qui vous intéresse plus particulièrement ?

– Je fais allusion à certaines garanties – une sorte de cerise sur le gâteau, si vous voyez ce que je veux dire... Des centaines de millions de dollars sont peut-être en jeu. Une certaine prise de risque est envisageable et le baron n'a jamais été timoré dans le domaine des affaires, mais certains contrôles peuvent se révéler indispensables pour prévenir tout désagrément, n'est-ce pas ?

– Encore une fois, quel secteur vous intéresse plus particulièrement, comtesse ? Le mot « contrôle » est pratiquement un terme banni dans notre économie.

– J'imagine que le mot « chômage » est encore plus tabou. Le terme « contrôle » est sans doute par trop inhibiteur, j'en conviens ; peut-être devrais-je parler de « contrat d'entente mutuelle » ?

– Quel genre de contrat, au juste ?

– Franchement, il pourrait être extrêmement fâcheux qu'au premier signe d'argent frais certaines organisations syndicales se mettent à avoir des revendications excessives...

– C'est un problème facile à résoudre, l'interrompit Nesbitt. Mes gars, ici et à Lansing, préparent le terrain comme des missionnaires ; j'ai passé moi-même un grand nombre de coups de fil. Les syndicats sont devenus bien plus matures et responsables depuis la crise économique. La plupart de leurs membres sont au chômage depuis deux ou trois ans ; ils ne tiennent pas à tuer la poule aux œufs d'or. Demandez aux Japonais, qui ont des usines en Pennsylvanie, et Dieu sait où encore ; demandez-leur comment ça se passe.

– Vos paroles nous rassurent grandement, *signore*.

– Et vous aurez ce genre de choses écrites noir sur blanc, ainsi que tout ce qui concerne la productivité et les rendements des investissements. Vous avez d'autres questions ?

– Selon les pays, les industriels ont plus ou moins affaire avec l'État ?

– Vous parlez des impôts ? s'enquit le sénateur, son front commençant à se creuser. Ils ne sont pas pires qu'ailleurs, comtesse...

– Non, non, *signore* ! Vous m'avez mal comprise. Comme on dit en Amérique, mort et impôts sont inévitables... Non, je parlais de ce qui nous apparaît, à nous Italiens, une ingérence immodérée de l'État dans les affaires économiques. Outre certains cas où la sécurité du personnel ou l'intégrité de l'entreprise étaient en cause, nous avons souvent entendu parler de retards coûtant des millions de dollars parce qu'une administration lambda commençait à chipoter sur des détails de procédure. Cela nous a fait froid dans le dos.

– Hormis les normes de sécurité, et la relative intégrité qu'exigent les lois du marché, répondit le sénateur en souriant, je puis vous garantir, grâce à tous les pouvoirs qui me sont constitutionnellement conférés, qu'aucune administration de ma juridiction ne viendra vous causer la moindre gêne. Nous n'aurons pas cette effronterie étant donné notre situation économique, et je ferai une circulaire à cet effet.

– Excellent... Il reste un dernier point, *signore senatore*. Il s'agit d'une requête personnelle que vous êtes parfaitement en droit de refuser.

– De quoi s'agit-il, comtesse ?

– Comme tous les grands de ce monde, mon frère, le baron, est fier de sa réussite personnelle, mais il éprouve également une grande fierté pour sa famille, en particulier pour son fils qui a sacrifié une jeunesse dorée bien légitime pour lui venir en aide.

– C'est un jeune homme bien méritant, en effet. Je lis la presse, comme tout le monde, et on parle beaucoup de sa liaison avec cette charmante actrice, Angel Capell...

– *Ah ! Angelina*, soupira Nicolo. *Una bellissima ragazza !*

– *Basta, Dante !*

– J'ai été particulièrement touché par la photo prise dans la charcuterie de Brooklyn, avec toute sa famille. Un directeur de campagne électorale aurait payé cher pour avoir cette photo-là avec son candidat.

– C'était tout à fait fortuit... Mais je voudrais revenir à ma requête...

– Je vous en prie. Vous parliez de la fierté qu'éprouve le baron pour sa famille et en particulier pour son fils. Que puis-je faire pour vous ?

– Serait-il possible de nous arranger une brève entrevue avec le Président ? Une ou deux minutes, pas plus, pour que je puisse lui envoyer une photo de son fils reçu à la Maison-Blanche ? Cela ferait tellement plaisir au baron.

– Cela me semble possible, quoiqu'il existe, vous le savez, une forte opposition à l'égard de tout investissement de capitaux étrangers.

– Je m'en doute. Moi aussi, je lis les journaux ! C'est pourquoi il ne s'agirait que d'une brève entrevue privée, juste Dante Paolo et moi-même, et cette photo ne figurerait que dans l'album de famille du baron et ne serait en aucun cas publiée dans la presse... Toutefois, si c'est trop vous demander, je retire cette requête et vous présente toutes mes excuses.

– Je n'ai rien dit de tel, répondit Nesbitt, l'air pensif. Ça risque de prendre quelques jours, mais je crois que cela peut se faire. Le benjamin de notre groupe au Congrès est un ami de la famille du président Bartlett, et j'ai soutenu l'un de ses projets de loi parce qu'il me semblait intéressant, quoique cela m'ait coûté quelques voix...

– Je ne vous suis pas très bien...

– C'est un proche du Président et il a apprécié mon soutien – il sait aussi ce que les capitaux du baron peuvent apporter au Michigan, et aussi ce que je peux faire pour lui, s'il me donne un petit coup de main... Oui, comtesse, je pense pouvoir vous arranger cette entrevue.

– À vous entendre, on se croirait en Italie.

– Il n'y a pas que du mauvais chez Machiavel, chère comtesse.

Hawthorne et Poole avançaient prudemment dans la ruelle des bas quartiers du vieux San Juan. Pas le moindre piège à touristes à l'horizon, à l'exception d'établissements pour marins et soldats en maraude, et autres gens avides de plaisirs plus charnels. Moins d'un réverbère sur quatre fonctionnait, si bien que les façades lépreuses étaient plongées dans la pénombre. Les deux hommes approchaient du domicile du pilote qui avait transporté les défunts Cooke et Ardissonne de Gorda à Porto Rico, lorsque retentirent soudain des éclats de voix dans un vieil immeuble de trois étages.

— On se croirait sur Bourbon Street, à La Nouvelle-Orléans. Qu'est-ce qui se passe là-dedans?

— Il y a apparemment une petite fête, lieutenant. Nous allons devoir enfoncer la porte, puisque nous n'avons pas été invités.

— Ça ne vous ennuie pas que je le fasse?

— Comment ça?

— Que ce soit moi qui l'enfonce. La jambe valide qui me reste est du tonnerre pour ce genre de chose.

— Frappons déjà à la porte, on verra bien ce qui se passe, annonça Tyrell, joignant le geste à la parole.

Une petite trappe s'ouvrit au milieu de la porte et une paire d'yeux maquillés apparut dans l'interstice.

— On nous a dit de venir ici, lança Hawthorne d'un ton léger.

— C'est quoi, votre nom?

— Smith et Jones, c'est ce qu'on nous a dit de dire.

— Tirez-vous d'ici, *gringos*! lança la femme en claquant la trappe.

— C'est le moment, je crois, de me montrer tes talents.

— Vous êtes prêt à dégainer?

— Lieutenant... exécution!

— C'est parti, commandant! lança Poole en faisant voler la porte en éclats.

Les deux hommes se ruèrent à l'intérieur, arme au poing.

— Pas un geste ou il va pleuvoir des pruneaux! hurla Poole.

Toute menace était superflue. Quelqu'un, sous le choc, était tombé sur le magnétophone et avait arraché les fils des enceintes. Le silence qui suivit fut ponctué par les cavalcades des hommes qui descendaient l'escalier en remontant leur pantalon et déguerpissaient sans demander leur reste. Le manque de pudeur ne se fit sentir que dans le salon enfumé du rez-de-chaussée, où la plupart des femmes – jeunes et moins jeunes – étaient seins nus, les fesses couvertes d'un semblant de petite culotte. Le clou du spectacle était un homme aux cheveux blonds qui poursuivait son labeur avec une brune, insensible à la panique générale et aux cris de sa compagne qui le suppliait de cesser sa besogne.

– Ferme-la, j'ai pas fini !

– Tu ferais peut-être mieux de ranger tes bijoux de famille et de l'écouter, Simon ! lança Hawthorne en s'approchant du sofa couvert de coussins bigarrés installé dans un recoin de la pièce.

– Qu'est-ce que c'est que ce bordel ! rugit l'homme en se retournant et en découvrant, avec plus d'agacement que de peur, les deux armes pointées sur lui.

– Mesdames, commença Poole en s'adressant aux filles de la pièce et à celles qui accouraient dans les escaliers, je crois que vous feriez mieux de sortir. Nous avons à parler en privé avec monsieur... C'est bon pour toi aussi, lança-t-il à la petite brune, si tu arrives à t'extraire de ce gros connard !

– *Gracias, señor ! Muchas gracias !*

– Et va dire à tes copines qu'elles feraient mieux de se trouver un autre job, lança le jeune officier tandis que les prostituées s'égaillaient vers la sortie. Vous allez toutes y laisser votre peau !

La pièce se vida en un clin d'œil tandis que le pilote à moitié soûl tirait pudiquement un dessus-de-lit pourpre sur ses cuisses.

– Qui êtes-vous, nom de Dieu ? demanda-t-il. Qu'est-ce que vous me voulez ?

– D'abord, dis-nous ce que tu as fait aujourd'hui, ordonna Tyrell. Si tu n'as pas le cerveau trop embrumé.

– Ce ne sont pas tes oignons, mon pote.

– Ce pistolet sur ta tête prétend le contraire.

– Tu crois me faire peur ? Allez, vas-y, mon pote ! Appuie donc sur la gâchette, tu me rendras service.

– C'est bien ce que je dis, tu n'as plus toute ta tête... Tu es un militaire, n'est-ce pas ?

– Autrefois. Il y a un siècle.

– J'étais militaire aussi. Qui t'a coupé les ailes, pilote ?

– Qu'est-ce que ça peut te faire !

– Je suis à la recherche de gros méchants. Allez, mets-toi à table ou tu es un homme mort.

– Ça va, ça va, quelle importance, au fond ? J'étais pilote à Vientiane pour la Royal Lao Air...

– Une succursale de la CIA, pour ainsi dire, précisa Hawthorne.

– Tout juste, mon pote. Les pourparlers de Pan-munjom [1] avaient débuté et le Sénat commençait à se poser des questions, alors les types des services secrets ont cherché un pigeon pour se débarrasser au plus vite de preuves compromettantes. Ils m'ont vendu les six zincs pour cent mille dollars – ils m'avançaient le fric et jetaient la note aux oubliettes. Six avions, pour moi – moi, un jeune pilote de campagne qui, au moment de s'engager, avait dû signer à la place de sa mère parce que son vieux était parti depuis longtemps. Nom de Dieu, je n'avais que dix-huit ans ! Tous mes zincs, sauf un, ne sont plus que des tas de ferraille ou sont partis en pièces détachées, mais il n'empêche qu'ils restent ma propriété officielle et que je les ai acquis dans des conditions plus qu'étranges.

– Il te restait tout de même un zinc qui doit valoir au bas mot deux millions de dollars. Qu'est-ce que tu en as fait ? Tu l'as vendu pour monter cette petite affaire et arrondir tes fins de mois ?

– Tu parles, c'est avec ce que j'ai volé que j'ai pu m'acheter cette tôle. Ça fait plusieurs années déjà.

– Et l'avion ? Qu'est-ce qui lui est arrivé ? C'était un sacré atout.

– Ça l'est toujours. Je l'ai ramené ici, par petites étapes, en soudoyant quelques personnes. Mais je ne m'en sers jamais. Je l'entretiens et le garde en état de marche, caché quelque part. Je ne le piloterai pas tant que je n'aurai pas de quoi m'acheter un ranch. J'enverrai alors le zinc en piqué sur le Pentagone et je ferai sauter tous ces salauds qui me tiennent en laisse depuis trente-quatre ans ! Ces chiens prétendent maintenant que je leur ai volé pour dix millions de dollars de matériel et que ça va me coûter quarante ans à l'ombre !... Tu parles ! Il ne me reste pas le quart à vivre !

– Mais apparemment cette laisse a suffi pour que tu acceptes de charger ces deux types à Gorda.

– Évidemment ! Mais ce n'est pas moi qui les ai balancés à la baille juste avant l'atterrissage. Je n'ai rien à voir avec ça !

– Ah oui ? Et qui donc alors ? rugit Poole en pressant son canon sur le front du pilote. Tu étais avec ces

1. Ville de Corée où se déroulèrent les pourparlers d'armistice de la guerre de Corée qui commencèrent en juillet 1951 et n'aboutirent que le 27 juillet 1953, après la mort de Staline.

salauds qui ont tué Charlie, et je vais te faire sauter la cervelle !

— Eh, tout doux ! s'écria l'homme avec un mouvement de recul. Le type m'a montré sa carte d'identité et m'a dit que je ne serais pas inquiété si je donnais son nom.

— Et c'est quoi, ce nom ?

— Hawthorne. Tyrell ou Tyrone Hawthorne, quelque chose comme ça.

15

Van Nostrand releva les yeux de ses dossiers et
contempla par la fenêtre la pelouse soigneusement ton-
due qui luisait de rosée. Le temps pressait et une journée entière de travail l'attendait pour régler les derniers
détails de son départ. Il ne devait laisser aucune trace
derrière lui, se forger une nouvelle identité, et couper
tous les ponts avec son passé. Sa « mort » ne devait être
mise en doute par personne. Toutefois, il ne comptait
pas vivre cette clandestinité sans un certain confort; il
était prêt à accepter l'anonymat, de bonne grâce d'ailleurs, mais certainement pas à vivre dans la misère.

Depuis bien longtemps, Van Nostrand et son compagnon le padrone – le Mars et le Neptune des Caraïbes –
avaient acheté un manoir isolé sur les berges du lac de
Genève pour leurs vieux jours. La propriété appartenait
officiellement à un colonel argentin, un vieux bisexuel
qui ne demandait qu'à faire plaisir au jeune padrone et
à son compagnon. Depuis lors, une obscure agence
immobilière de Lausanne s'assurait un revenu annuel
qui suffisait, avec sa poignée de clients, à subvenir à ses
besoins. Il y avait cependant plusieurs clauses qui, si
elles n'étaient pas respectées, entraîneraient l'annula-
tion immédiate du contrat. Clause numéro un : personne ne devait connaître l'identité du propriétaire.
Deux : les baux de location devaient être supérieurs à
deux ans et en aucun cas dépasser cinq ans. Trois : tous
les loyers devaient être versés sur un compte numéroté
à Berne, moins les vingt pour cent laissés à l'agence
pour ses services et sa discrétion. Les six mois qui

échouaient aux locataires actuels seraient remboursés et Van Nostrand leur donnait deux mois pour vider les lieux. Il en profiterait pour prendre du bon temps et partir en voyage, histoire de se faire oublier. La mort de l'assassin du padrone, ce Tyrell Hawthorne, donnerait le signal du départ – ce soir.

En attendant, il avait la journée pour achever les préparatifs de son voyage. Tous ces gens qu'il avait aidés au fil des ans ne pouvaient refuser de répondre à ses requêtes, malgré leurs caractères saugrenus. Il était vital que chacun d'eux croie être le seul à lui venir en aide. Toutefois, puisque Washington était un cloaque de rumeurs et de bruits de couloir, il était nécessaire de trouver un dénominateur commun à tous ces appels à l'aide ; donc, si la toile d'araignée qu'il avait tissée commençait à se désintégrer, fil après fil, sous la pression de la vérité, il resterait en son centre un point commun derrière lequel chacun d'eux pourrait se retrancher. Van Nostrand les entendait déjà :

Vous aussi, il vous a contacté ? Après tout ce qu'il a fait pour le pays, après tous ses sacrifices, nous lui devions bien ça, n'est-ce pas votre avis ?

Et tout le monde tomberait d'accord, évidemment. Le silence était la règle numéro un pour qui voulait survivre à Washington. Les enquêtes s'arrêteraient d'elles-mêmes, dès que la rumeur de sa mort se propagerait.

Et ce dénominateur commun ? Il fallait rester vague, ne pas donner de détails, mais trouver une histoire à vous tirer les larmes aux yeux, sachant que la victime passait aux yeux de tous pour un patriote altruiste qui, malgré sa réussite éclatante – richesse, influence, respect de ses pairs –, avait su garder une grande humilité. Un enfant peut-être... pour émouvoir un public, c'était l'arme fatale. Mais quel genre d'enfant... ? Une fille, évidemment. Il n'y avait qu'à voir tous ces gens pleurnicher devant les déboires de cette jeune Cosette, cette Angel quelque chose... Le contexte ? Évident, une fois encore. On lui arrachait la chair de sa chair, on lui interdisait de voir son rejeton depuis plusieurs années, le drame d'un père... Pourquoi ? Qu'est-ce qui s'était passé ? Un mariage ? Un décès ?... Oui, la mort ; c'était toujours plus payant. Van Nostrand était prêt ; les mots viendraient tout seuls, comme d'habitude. Mars disait souvent de son Neptune : *Tu sembles devancer les pen-*

sées; tu t'enroules à elles et tu te fonds en elles comme un serpent. J'aime ça et c'est exactement ce dont j'ai besoin.

Van Nostrand décrocha son téléphone rouge et composa le numéro privé du ministre des Affaires étrangères.

– Bruce, c'est Nils. Je suis désolé de te déranger, en particulier à ce numéro, mais je ne sais vers qui me tourner.

– Tu peux m'appeler à toute heure du jour et de la nuit, mon ami. Tu as bien droit à un peu de mon temps en regard de l'aide inestimable que tu nous as apportée. De quoi s'agit-il?

– Tu as une minute?

– Bien sûr. En fait, je sors d'un entretien irritant avec l'ambassadeur des Philippines, et je viens de quitter mes chaussures. Que puis-je faire pour toi?

– C'est assez personnel, Bruce, et cela doit rester entre nous.

– Cette ligne est protégée, tu le sais, lui rappela le ministre.

– Oui, je le sais. C'est pour cette raison que je t'appelle sur cette ligne.

– Je t'écoute.

– Heureusement que tu es là, tu sais?

– Les amis sont faits pour ça.

– Je n'ai jamais parlé de ça en public, et rarement en privé... Voilà, il y a des années, lorsque j'habitais en Europe, mon mariage est parti en lambeaux – c'était notre faute à tous les deux; c'était une Allemande coléreuse et moi j'étais un grand calme qui détestait les confrontations. Elle allait trouver d'autres partenaires qui avaient davantage de répondant et moi, de mon côté, je suis tombé amoureux d'une femme mariée; nous étions fous amoureux l'un de l'autre. Les circonstances à l'époque interdisaient tout espoir de divorce – son mari était un politicien qui se posait en défenseur ardent des vertus catholiques et n'aurait jamais accepté le divorce –, mais nous avions eu un enfant ensemble, une fille. Évidemment, elle lui a fait croire que c'était lui le père, mais il ne tarda pas à découvrir la vérité. Il interdit alors à sa femme de me revoir, et je n'ai plus jamais pu voir ma fille.

– C'est tragique! Elle ne pouvait pas se révolter, tenter l'épreuve de force?

– Il lui avait dit qu'au moindre écart de sa part il les tuerait toutes les deux, la mère et ma fille, pour sauver sa carrière politique. Un meurtre qu'il aurait évidemment maquillé en accident.

– Quel salaud !

– Oui, c'était un salaud, et il l'est toujours.

– Il est encore en vie ? Tu veux que j'organise un transport d'urgence... (le ministre réfléchit un instant) et que l'on fasse venir la mère et la fille sous immunité diplomatique ? Il te suffit d'un mot, Nils, et je règle tout avec la CIA.

– Je crains qu'il ne soit trop tard, Bruce. Ma fille a vingt-quatre ans et elle est mourante.

– Oh, je suis désolé...

– Ce que je veux, ce que je te supplie de faire, c'est de me laisser aller à Bruxelles en vol diplomatique, sans formalités de douane, sans visa d'immigration. Ce type a des yeux et des antennes partout. Je suis son cauchemar. Il faut que je débarque en Europe incognito. Je veux voir mon enfant avant sa mort et, une fois là-bas, passer mes dernières années avec la femme que j'aime, histoire de rattraper un peu le temps perdu.

– Oh, Nils, quelle tragédie ! Quelle épreuve !... Tu auras tout ce que tu demandes.

– Tu peux faire ça pour moi, Bruce ?

– Évidemment. Tu t'envoleras d'un aéroport de province – tu auras moins de risques d'être reconnu. Tu quitteras Washington sous escorte militaire et une autre t'attendra à Bruxelles ; tu seras le premier à monter à bord et le dernier à descendre, et tu auras une place à l'avant, avec un rideau coulissant. Quand veux-tu partir ?

– Ce soir. Si tu peux m'arranger ça. Naturellement, j'insiste pour payer les frais.

– Après tout ce que tu as fait pour le pays ? Pas question ! Je te rappelle dans une petite heure.

Les mots viennent tout seuls, songeait Van Nostrand en raccrochant le combiné. Envelopper le diable du voile immaculé de la bonté et de la miséricorde, voilà le secret, voilà l'essence même du mal, disait Mars. C'était évidemment l'un des enseignements que Neptune lui avait dispensés.

L'appel suivant était destiné au directeur de la CIA, qui avait souvent utilisé l'une des dépendances du domaine de Van Nostrand pour cacher des transfuges ou offrir une nouvelle santé à des agents revenant de mission.

– ... Seigneur ! C'est terrible ! Donne-moi le nom de ce salaud. J'ai assez d'hommes en mission là-bas pour lui régler son compte dix fois ! Et ce ne sont pas des paroles en l'air. D'ordinaire, je n'aime pas être réduit à cette dernière extrémité, mais ce salaud ne mérite pas de vivre une journée de plus ! Ta propre fille, mon Dieu, c'est horrible...

– Non. Je ne crois pas en la violence.

– Moi non plus, mais c'est lui qui a perpétré l'acte le plus barbare que l'on puisse infliger à un père. Passer ainsi des années à vivre sous la menace de les voir assassinées. La mère et la fille !

– Il y a une autre solution. Je voudrais te l'expliquer.

– Je t'écoute.

– Je peux les tirer de là et les cacher en lieu sûr. Cela coûtera beaucoup d'argent, mais j'en ai les moyens. Le problème, c'est que, si j'utilise les voies habituelles de transfert de fonds, il va savoir aussitôt que je suis là.

– Tu vas vraiment aller là-bas ?

– Je veux passer les dernières années de ma vie avec le seul et unique amour de ma vie.

– Je ne te suis pas très bien.

– S'il apprend que je suis là, il va la tuer. Il l'a juré !

– Donne-moi donc le nom de ce salaud !

– Pas question. C'est contre mes principes.

– Alors, qu'est-ce qu'on fait ? Tu as une solution ?

– Oui. L'anonymat le plus complet. Et avoir tout mon argent là-bas. Naturellement, je tiens à payer la part qui revient à mon pays, jusqu'au dernier dollar, mais il faut que tout le reste soit transféré confidentiellement sur un compte en Suisse, dans la banque de ton choix. J'ai vendu ma propriété pour vingt millions de dollars. L'acte de vente est signé, mais ne sera pas rendu public avant un mois.

– Si peu ? Tu aurais pu obtenir le double. Je ne suis pas né de la dernière pluie !

– Mais je n'ai pas eu le temps de négocier. Ma fille est mourante et la femme que j'aime vit dans un désespoir et une terreur absolus. Tu peux m'aider ?

– Envoie-moi une procuration pour tes comptes officiels et officieux et appelle-moi quand tu seras en Europe. J'aurai tout arrangé.

– N'oublie pas les impôts...

– Après tout ce que tu as fait pour le pays ? On reparlera de ça plus tard. Porte-toi bien et tâche d'être heureux, Nils. Dieu sait que tu le mérites.

Les mots venaient toujours aussi facilement...

Van Nostrand feuilleta une nouvelle fois son carnet d'adresses qu'il gardait en sécurité dans un tiroir blindé de son bureau ; il disparaîtrait avec lui. Il trouva le numéro de téléphone qu'il cherchait : celui du chef des Forces spéciales de l'armée américaine. L'homme était un quasi-psychopathe qui prenait un malin plaisir à mettre en défaut ses supérieurs pour atteindre ses objectifs, et ce avec une telle régularité que même la terrible CIA se méfiait de lui. Ses agents avaient non seulement infiltré le KGB, le MI6 et la DRM, mais également le Mossad, pourtant réputé impénétrable. Il avait réussi ce tour de force grâce à des agents triés sur le volet, parlant plusieurs langues et ayant sur eux des chefs-d'œuvre de faux papiers qui trompaient tous les détecteurs connus à l'heure actuelle, et aussi grâce à Van Nostrand, ce grand voyageur qui était une mine intarissable de renseignements et qui avait ses entrées partout sur la planète. Ils étaient amis de longue date et le général des Forces spéciales avait passé nombre d'exquis week-ends à Fairfax en compagnie de charmantes jeunes femmes alors que son épouse le croyait à Bangkok ou à Kuala Lumpur.

– Je n'ai jamais entendu une histoire aussi sordide, Nils ! Pour qui se prend ce connard ! Je vais y aller moi-même et lui faire sa fête ! Ta propre fille est mourante, et sa mère est menacée de mort depuis plus de vingt ans ! Quel mélo, mon pote !

– Ce n'est pas une chose à faire, crois-moi ! Dès que ma fille nous aura quittés, nous pourrons disparaître. Tuer cet individu ferait de lui un martyr aux yeux de ses fidèles... Ces fanatiques suspecteraient aussitôt sa femme car tout le monde sait qu'elle le méprise et qu'elle a peur de lui. Elle aurait immédiatement cet « accident » qu'il lui a réservé depuis des années.

– Tu ne crains pas que, si tu t'enfuis avec elle, il se mette à vos trousses, jusqu'à ce qu'il vous fasse la peau à tous les deux ?

– Sincèrement, j'en doute. Une fois notre enfant morte, tout risque de scandale sera écarté. Une épouse a le droit de quitter un grand chef politique, cela n'aurait rien d'extraordinaire. Mais que ce même homme politique ait élevé pendant plus de vingt ans un enfant qu'il pensait, à tort, être de lui, voilà qui intéresserait les journaux ! S'il a été cocufié une fois de façon aussi flagrante, combien de fois l'a-t-il été depuis ? Voilà le scandale. Voilà la honte.

– D'accord. Pas question de l'éliminer. Qu'est-ce que je peux faire dans ce cas ?

– J'ai besoin d'un passeport un peu spécial pour ce soir. Un faux passeport d'origine non américaine.

– Tu es sérieux ? demanda le général, qui trouvait la situation cocasse.

– En partie à cause de l'éventualité que tu as soulevée tout à l'heure. Il pourrait effectivement tenter de retrouver notre trace grâce aux fichiers informatiques des vols internationaux, quoique j'en doute. La véritable raison, c'est que j'ai l'intention d'acheter une propriété. Et puisque je ne suis pas un parfait inconnu, je ne tiens pas à ce que mon nom soit publié dans tous les journaux. Il ne faut pas tenter le diable.

– C'est vrai ! Tu as une préférence ?

– J'ai passé plusieurs années en Argentine, pour mes affaires, et je parle couramment espagnol.

– Va pour l'Argentine. Mais nous avons vingt-huit autres pays en magasin. Nous avons leurs plaques et les meilleurs graphistes de la planète. Tu as déjà pensé à un nom, à une date de naissance ?

– Oui. Je connaissais un homme qui est mort aujourd'hui. Il s'appelait Alejandro Schrieber-Cortez. Il était colonel.

– Épelle-moi ça, Nils.

Van Nostrand s'exécuta et lui donna une date et un lieu de naissance en fouillant dans sa mémoire.

– Tu as besoin d'autre chose ?

– Oui. Couleur des yeux et des cheveux et une photo d'identité datant de moins de cinq ans.

– Je te ferai livrer tout ça avant midi. Je pourrais le demander à Bruce, mais ce n'est pas sa spécialité.

– Cet abruti de col blanc ne serait pas plus fichu de te trouver ça que de te dénicher une belle poule en ville ! Et en plus, tu risquerais de te faire repérer s'il te collait une photo retouchée par ses sagouins !... Tu veux que mes gars se chargent de te retirer le portrait ? Couleur des cheveux, lentilles de contact ?...

– Je te rappelle que nous avons parlé de ces pratiques bien des fois. Tu m'as même donné les noms de plusieurs spécialistes de ton équipe. Tu ne te souviens pas ?

– Comment pourrais-je m'en souvenir ? lança le général en éclatant de rire. Chez toi, j'avais la tête ailleurs !

– L'un d'eux va venir d'un moment à l'autre. Un dénommé Crowe.

– Ah oui, Crowe ! Ce type est un véritable magicien... Dis-lui de m'apporter tout ça directement, je m'occupe de tout. C'est la moindre des choses...

Le dernier appel était destiné au ministre de la Défense, un homme remarquable qui s'était trompé de boulot ; il commençait à s'en rendre compte après cinq mois d'exercice. Il était autrefois un brillant homme d'affaires dans le secteur privé, jusqu'à devenir le directeur général de la troisième plus grande société américaine, mais il n'était pas de taille à résister au vampirisme des généraux du Pentagone ni à la lutte intestine et sans merci qu'ils se livraient. Il n'avait pas sa place dans un monde où la notion de pertes et profits n'existait même pas et où l'achat massif de matériel était la seule alternative pour sauver le monde de l'apocalypse. Dans l'univers darwinien des affaires, il était un exemple de sagesse et de sérénité, un chef juste qui savait récompenser ses subalternes. Mais, dans cette guerre fratricide que se livraient les divers corps d'armée, il était perdu, car les lois fondamentales du capitalisme y étaient obsolètes. Le Pentagone était aux anges.

« Ils veulent tout ! avait-il confié à son ami Van Nostrand, un serviteur de l'État comme lui, avec un passé et une tournure d'esprit identiques. Et chaque fois que je leur parle réduction de budget, ils montent sur leurs grands chevaux et me sortent un tas d'analyses, dont je ne comprends pas un traître mot, pour me prouver par A + B que la fin du monde est pour demain s'ils n'obtiennent pas ce qu'ils demandent.

– Tu devrais te montrer plus ferme. Tu as déjà eu à imposer des réductions de budget.

– Certes, avait reconnu l'ami de Van Nostrand ce soir-là en contemplant son verre de cognac, mais, à l'époque, dans chaque ordre que je donnais, il y avait le risque implicite, pour l'un ou l'autre de mes directeurs adjoints, de perdre leur poste si mes demandes n'étaient pas satisfaites. Ici, il n'y a pas moyen de virer ces connards! Et puis je n'aime pas la bagarre.

– Demande donc à tes assistants de s'en charger.

– Il ne faut pas se leurrer! Des gens comme moi vont et viennent, mais tous ces bureaucrates, tous ces fonctionnaires seront encore là demain. Comment crois-tu qu'ils s'offrent leurs petits extra, leurs séjours aux Antilles, leurs vols grand confort avec les avions de l'armée? Inutile de me le dire, je connais trop bien la réponse.

– Tu es dans une impasse, alors?

– Oui, c'est une situation inextricable, du moins pour quelqu'un comme moi – ou comme toi, j'imagine. Je me donne encore trois ou quatre mois, et je trouve un prétexte pour démissionner.

– Pour raison de santé? Toi, l'un des grands pivots de l'équipe de Yale, toi qui es le premier à pousser le Président à suivre son programme de remise en forme? Personne ne va avaler ça. On te voit courir sur tous les spots télé du gouvernement.

– Un athlète de soixante-six ans, avait lancé le ministre en riant. Ma femme déteste Washington. Elle serait ravie de s'apercevoir qu'elle fait partie de mes soucis premiers, et je suis tout à fait capable de graisser la patte à son médecin. »

Heureusement pour Van Nostrand, le ministre de la Défense n'avait pas encore annoncé sa démission. C'est donc tout à fait naturellement qu'il faisait partie du cercle d'initiés qui avaient connaissance de l'opération Petite Amazone. Et lorsque Van Nostrand lui avait annoncé qu'il était convaincu qu'il existait un lien entre cette conspiration et un certain ex-officier des services secrets de la marine nommé Hawthorne, le ministre avait foncé tête baissée. Ce que lui disait Van Nostrand était à la fois terrible et d'une simplicité enfantine. Il fallait contourner les voix hiérarchiques habituelles, passer au-dessus du colonel Henry Stevens, retrouver ce Hawthorne, lui envoyer une lettre de mise en garde... Bajaratt régnait sur un monde souterrain dont les ramifications s'étendaient aux quatre coins de la planète, un monde qu'un homme comme Van Nostrand devait forcément connaître – et si lui, avec tous ces contacts et ces agents, avait vent de quelque chose ou avait le moindre pressentiment, il fallait lui donner toute l'aide qu'il demandait !

Van Nostrand composa donc le numéro du ministre.

— Bonjour, Howard.

— Nils, c'est toi ! Je brûlais de t'appeler mais tu me l'avais fortement déconseillé. Je dois avouer, toutefois, que j'étais sur le point de craquer.

— Je te présente toutes mes excuses. Mais j'ai eu tant de problèmes à régler ces derniers temps : d'abord, il y a notre crise politique, et puis il y a des choses plus personnelles dont j'ai peine à parler tellement elles sont douloureuses... Est-ce que Hawthorne a reçu mon message ?

— Ils ont développé les négatifs hier soir et les ont envoyés – nous nous méfions des fax. C'est confirmé. Tyrell N. Hawthorne a eu l'enveloppe à vingt et une heures douze sur la terrasse de l'hôtel San Juan. Nous avons examiné les clichés au spectrographe. C'est bien lui.

— Parfait. Je vais bientôt avoir de ses nouvelles et nous aurons une entrevue. J'espère qu'il en ressortira quelque chose de positif.

— Tu ne veux pas me dire de quoi il s'agit ?

— Je ne peux pas, Howard, car certains points sont encore flous et risqueraient de jeter le discrédit sur un honnête homme. Tout ce que je peux te dire, c'est qu'il est possible que cet Hawthorne soit membre de l'organisation Alpha. Bien sûr, c'est peut-être totalement faux.

— L'organisation Alpha ? Qu'est-ce que c'est que ça ?

— Leur credo, c'est le meurtre. Ils tuent pour le plus offrant, et ils ont su, pour l'instant, éviter tous les pièges qu'on leur a tendus. Ce sont des spécialistes, des mercenaires de l'ombre. Mais nous n'avons aucune preuve tangible contre Hawthorne.

— Mon Dieu ! Tu penses qu'il pourrait travailler pour cette Bajaratt au lieu de la pourchasser ?

— C'est une possibilité, déduite de suppositions logiques. Ce soir, nous saurons si nous avons commis une erreur ou si nous avons découvert la tragique vérité. Si tout se passe comme prévu, il sera chez moi, ce soir, vers six ou sept heures. Nous allons rapidement être fixés.

— Qu'est-ce que tu comptes faire?

— Je vais lui dire ce que je sais, et il sera bien obligé de me répondre.

— C'est trop dangereux. Je vais mettre ta maison sous surveillance.

— Surtout pas! S'il est celui que nous pensons, il enverra des éclaireurs en reconnaissance; si tes hommes se font repérer, il ne viendra jamais.

— Mais il va te tuer!

— J'en doute. J'ai des gardes du corps partout dans la maison, et ils ouvrent l'œil.

— Ce n'est pas suffisant!

— Ça l'est amplement, rassure-toi. Écoute, si ça peut te rassurer, poste donc une voiture devant la maison; si Hawthorne sort de la propriété à bord de ma voiture, tu sauras que j'avais tort, et tu ne parleras à personne de cette affaire. Si, au contraire, j'ai vu juste, mes gens te préviendront sur-le-champ, car je n'aurai pas le temps de t'appeler. Mon emploi du temps est extrêmement serré. Ce sera le dernier acte de patriotisme que le vieil homme que je suis fera pour son cher pays... Car je pars à l'étranger, Howard.

— Quoi?

— Je t'ai dit il y a quelques instants que j'étais face à certains problèmes personnels. Il est, en effet, survenu simultanément deux événements dramatiques dans ma vie, et, sans vouloir blasphémer, je me demande quelquefois dans quel camp se trouve Dieu...

— Qu'est-ce qui se passe, Nils?

— Cela remonte à des années... lorsque j'étais en Europe. Mon mariage partait en lambeaux et...

Van Nostrand répéta sa petite litanie de regret, d'amour illégitime, de chagrin et d'horreur avec le même succès qu'au cours de ses précédents appels.

— ... Je dois partir, Howard, et je ne reviendrai peut-être jamais.

— Nils, c'est horrible! Comme je te plains!

— Nous essaierons de surmonter notre chagrin, sa mère et moi. Je suis un homme riche et comblé à bien des égards et je ne demande rien à personne. Mes affaires sont en ordre, et les formalités de mon voyage sont réglées.

— Tu laisseras un grand vide derrière toi.

— Mais ma vie se trouve là-bas. Et ça n'a pas de prix

en regard des modestes choses que j'ai faites en ce bas monde. Adieu, cher Howard.

Van Nostrand raccrocha le téléphone, chassant dans l'instant l'image de ce ministre de la Défense dégoulinant de compassion et de bons sentiments. Howard Davenport était cependant la seule personne à qui il avait parlé de Hawthorne. Il aviserait plus tard. Pour le moment, toute son attention se focalisait sur sa carte maîtresse : la mort de Tyrell Hawthorne. Ce serait fait de façon rapide et brutale, mais avec une précision chirurgicale, pour infliger le maximum de souffrances. Les premières balles seraient tirées dans les organes les plus sensibles, puis on réduirait en bouillie son visage, avant de lui faire sauter l'œil gauche avec la lame d'un couteau. Il ne perdrait pas une miette de ce spectacle, et savourait d'avance sa vengeance. Il entendait déjà, en arrière-plan, les éloges chuchotés entre deux portes à son sujet... *Un vrai patriote... Un grand homme, le plus grand de tous... Quelle terrible épreuve il a dû subir, quand on sait tous les autres problèmes qu'il avait... Il a fallu que cet ordure de Hawthorne n'y aille pas de main morte pour que Van Nostrand en ait été réduit à cette extrémité !... Mais silence... Il ne faut pas que ça s'ébruite, ce serait bien trop dangereux pour nous !*

Mars n'aurait sans doute pas été d'accord avec Neptune sur ce point :

« Pourquoi te salir les mains ? se serait-il écrié. Nous pouvons demander aux familles de s'en charger ! »

Et il lui aurait répondu :

« Je préfère la tactique du serpent, *padrone*, je frappe et je disparais dans les fourrés. Je ne peux faire autrement car nombreux seront ceux qui sauront que le serpent était là, même si on lui avait donné le bon Dieu sans confession. Et puis les familles discutent trop. Il faut négocier à n'en plus finir. Plus vite j'agirai, plus des hommes au-dessus de tout soupçon se sentiront redevables à mon égard. Dès que la nouvelle de ma mort leur parviendra, ils pourront se lamenter ensemble et confirmer publiquement que le pays a perdu un saint. *Finito ! Basta !* »

Mais, avant toute chose, il fallait tuer Tyrell Hawthorne.

– Il s'appelait Hawthorne ? insista Tyrell d'un air incrédule en regardant le pilote à moitié ivre qui était propriétaire d'un bordel dans le vieux San Juan.

– C'est ce qu'il m'a dit, répondit l'homme, qui commençait à reprendre ses esprits à la vue des deux armes braquées sur son front. C'est aussi ce que j'ai lu sur sa carte d'identité. C'était écrit « Hawthorne ».

– Qui est ton contact ?

– Quel contact ?

– Celui qui t'a recruté ?

– Comment voulez-vous que je le sache !

– Il a bien fallu que quelqu'un te donne tes instructions !

– C'est l'une de mes filles qui me fait la commission. Quelqu'un vient pour prendre du bon temps et laisse une note à la fille avec quelques dollars de plus. J'ai le papier dans l'heure qui suit. C'est comme ça que ça se passe. Et je ne réclame même pas le petit pourboire, parce que je ne suis pas chien avec les filles.

– Tu peux être plus clair ?

– Certains soirs, il y a une telle affluence qu'elles ne se souviennent même plus de la tête de leurs clients.

– C'est vraiment un satellite de seconde zone, commandant, lança Poole.

– Commandant ? répéta le pilote en se redressant. Vous êtes un gros poisson, alors...

– Assez gros pour te manger, mon pote... Laquelle de tes filles t'a donné tes instructions pour Gorda ?

– Celle que j'étais en train de m'enfiler... Une sacrée môme, à peine dix-sept ans et déjà...

– Espèce de porc ! rugit Poole en écrasant son poing sur la figure du pilote, qui retomba sur les coussins, la bouche en sang. Au même âge, ma sœur est tombée sur un salaud de ton espèce. Je l'ai réduit en bouillie !

– Ça va, lieutenant. Nous sommes là pour avoir une information, pas pour refaire le monde.

– Il n'y a pas de pitié à avoir pour ces ordures !

– Je suis bien d'accord, mais, pour l'heure, nous courons après un autre gibier... Tu voulais savoir si j'étais vraiment un commandant, Simon ? La réponse est oui. Et j'ai des amis haut placés à Washington. Cela te suffit ou tu veux de plus amples détails ?

– Vous pouvez leur dire de me foutre la paix ?

– Pourquoi le ferais-je ? Qu'est-ce que tu me donnes en échange ?

– Ça va, vous avez gagné ! La plupart de mes missions ont lieu de nuit, entre sept heures et huit heures, et toujours sur la même piste. C'est toujours le même contrôleur qui me donne l'autorisation de décoller ; jamais un autre.

– Comment s'appelle-t-il ?

– On ne me donne pas de nom, mais c'est un blond, il a une voix aiguë et tousse pas mal. Au début, j'ai cru que c'était une simple coïncidence, mais trop c'est trop.

– Je veux parler à la fille qui t'a donné tes ordres pour Gorda.

– Il faudrait savoir ! Vous leur avez dit de déguerpir. Elles ne reviendront pas avant que la porte soit réparée et que tout soit revenu à la normale.

– Où habite-t-elle ?

– Où habitent-elles toutes, vous voulez dire ? Ici, voyons ! Avec femme de chambre pour faire le ménage, leur lessive, et leur préparer de bons petits plats. Je suis un officier comme vous, qu'est-ce que vous croyez, et je sais entretenir le moral des troupes !

– Si je comprends bien, tant que votre porte n'est pas réparée...

– ... Elles ne pointeront pas le bout de leur nez.

– Dis donc, Jackson, si on...

– Je m'en occupe, rétorqua le lieutenant. Où est-ce qu'il planque ses outils, le maquereau ?

– En bas, à la cave.

– Je vais jeter un coup d'œil, lança Poole avant de disparaître au sous-sol.

– Quels sont les horaires des contrôleurs le soir ?

– Leur service commence à six heures et se termine à une heure du matin. Autrement dit, il vous reste une heure vingt pour les atteindre – disons une petite heure, puisque vous avez bien un quart d'heure de trajet jusqu'à l'aéroport, même en roulant bien.

– On ne risque pas, on est à pied !

– Je peux vous louer ma voiture. Mille dollars de l'heure.

– Donne les clés ou je te fais un tunnel entre les deux oreilles.

– Si vous le prenez comme ça, elle est à vous, répliqua le pilote en montrant un trousseau de clés posé sur la table basse à côté de lui. Elle est garée derrière, sur le parking. C'est une Cadillac blanche, décapotable.

– Jackson ! cria Hawthorne en arrachant le fil de l'unique téléphone de la pièce.

Il se dirigea vers la porte de la cave, pistolet toujours au poing.

— Remonte ! On s'en va !

— J'ai trouvé deux vieilles portes qui pourraient très bien...

— Laisse tomber ! On plie bagage ! On va à l'aéroport et il faut faire fissa !

— C'est parti ! lança le lieutenant en remontant les escaliers. Et lui, qu'est-ce qu'on en fait ? demanda-t-il en désignant Simon.

— Je ne bougerai pas, soyez sans crainte ! répliqua le pilote. Où voulez-vous que j'aille ?

Le contrôleur aérien n'était pas à son poste. Mais les autres l'identifièrent aussitôt lorsque Hawthorne mentionna sa voix aiguë. Il s'appelait Cornwall et cela faisait quarante-cinq minutes que ses collègues cachaient son absence, malgré les risques encourus. La situation était si critique qu'ils avaient appelé à la rescousse un contrôleur qui n'était pas de service pour venir le remplacer.

On retrouva Cornwall dans les cuisines, avec une balle entre les deux yeux. La police de l'aéroport arriva sur les lieux et les questions commencèrent, un interrogatoire qui dura près de trois heures. Les réponses de Tyrell étaient celles d'un professionnel, un savant mélange d'innocence et de regret pour l'ami d'un ami qu'il n'avait pas l'honneur de connaître.

Finalement, on les laissa partir, et Poole et Hawthorne retournèrent sur les chapeaux de roues au bordel du vieux San Juan.

— Maintenant, je répare cette porte ! lança le lieutenant avec humeur, en se dirigeant vers le sous-sol.

Tyrell se laissa tomber dans un fauteuil. Le propriétaire de l'établissement dormait déjà sur le lit. En un instant, Hawthorne rejoignit à son tour les bras de Morphée.

Les rayons du soleil tombaient dans la pièce tandis que Tyrell et le pilote se réveillaient, en se frottant les yeux, surpris par le jour. À l'autre bout du salon, sur une chaise longue, Poole dormait tranquillement, en émettant de discrets ronflements qui étaient finalement à l'image du paisible garçon qu'il était. Une porte tout à fait décente remplaçait celle qu'ils avaient fait voler en éclats la veille. Tout y était, y compris la petite trappe pour chasser les importuns.

– Qui c'est, celui-là ? demanda Alfred Simon, pas tout à fait remis, à l'évidence, de sa cuite de la veille.

– Mon aide de camp, répondit Hawthorne en tentant de se mettre debout. Ne t'avise pas de tenter quoi que ce soit contre moi, car il peut te réduire en bouillie, les mains attachées dans le dos.

– Dans l'état où je suis, même Droopy pourrait faire ça.

– Tu ne voles pas aujourd'hui ?

– Oh non ! Avec ma tête en compote, je ne risque pas de m'approcher d'un avion. Il ne faut pas tenter le diable.

– Heureux de te l'entendre dire. Car ce ne sont pas les principes qui t'étouffent apparemment...

– Épargnez-moi vos sermons... Tout ce qui compte, c'est que vous allez m'aider.

– Pourquoi le ferais-je ? Le type était mort à l'aéroport.

– Quoi ?

– Si je te le dis. Ton contrôleur avait un trou au milieu du front.

– Oh non...

– Tu n'aurais pas dit à quelqu'un qu'on était à ses trousses, par hasard ?

– Et comment ? Vous avez arraché le fil du téléphone !

– Je suis sûr qu'il y a d'autres postes ailleurs...

– Oui, un seul. Dans ma chambre au troisième étage. Si vous croyez que j'étais, hier, dans l'état de monter l'escalier, alors je me suis trompé de métier ! J'aurais dû faire acteur ! Et de toute façon, pourquoi aurais-je fait une chose pareille ? J'ai besoin de votre aide.

– Ça se tient... On a dû nous suivre, alors... Quelqu'un savait qu'on t'avait retrouvé et se doutait qu'on cherchait à remonter la chaîne.

– Vous vous rendez compte de ce que vous êtes en train de dire ? lança Simon en regardant Hawthorne d'un air livide. Je suis peut-être bien le prochain sur la liste... à avoir une balle dans la tête !

– C'est une éventualité qui ne m'a pas échappé...

– Mais faites quelque chose, nom de Dieu !

– T'as une idée ? De toute façon, à trois heures de l'après-midi, j'ai un autre rendez-vous et je serai loin.

– Et vous allez me laisser dans ce merdier ?

– Pas de panique, rétorqua Tyrell en jetant un coup d'œil à sa montre. Il est six heures et quart, ça nous laisse environ neuf heures pour trouver une solution.

– Vous pouvez régler ça sur un simple coup de fil !

– Ce n'est pas si simple. Il s'agit d'utiliser l'argent des contribuables pour protéger un pilote accusé d'avoir volé des avions de l'armée, qui se trouve être, de surcroît, le tenancier d'un bordel... Je les entends déjà pousser les hauts cris au Congrès.

– C'est ma vie dont il s'agit !

– Hier, tu me mettais au défi de tirer...

– J'étais soûl, nom de Dieu ! Vous êtes si parfait, vous ? Vous n'avez jamais pris de cuite, jamais fait la moindre connerie ?

– Peu importe ce que j'ai fait ou non. Il nous reste neuf heures et c'est le moment de se creuser les méninges. Et plus tu auras d'idées, plus je pourrai t'aider... Comment t'ont-ils recruté la première fois ?

– Ça fait des lustres. Je m'en souviens à peine...

– Il est temps que ça te revienne, et vite !

– Un grand type comme vous, avec des cheveux gris, genre de la haute. Plutôt belle gueule, comme les types de ces pubs pour fringues chicos. Il est venu me trouver et il m'a dit que toute cette histoire pouvait être effacée si je faisais ce qu'il voulait.

– Et tu as accepté ?

– Pourquoi pas ? J'ai commencé à passer des cigares cubains – des cigares ! vous imaginez ça ! Ils étaient emballés dans des sacs étanches et on les lâchait à une cinquantaine de kilomètres des côtes de Floride, au large des Keys.

– C'était de la drogue, annonça Hawthorne.

– C'est sûr que c'étaient pas des cigares !

– Et tu as continué à faire ça ?

– Écoutez, commandant, j'ai deux gosses dans le Milwaukee que je n'ai jamais vus, mais ce sont mes gosses. Lorsque j'ai compris que c'était de la drogue, je leur ai dit que je ne marchais plus. C'est à ce moment-là que l'autre dandy, qui roule du cul comme un pédé, m'a dit que le gouvernement allait me tomber dessus à bras raccourcis ! Soit je faisais ce qu'ils voulaient, soit je me retrouvais à Leavenworth pour le restant de mes jours. Et alors fini les chèques pour le Milwaukee. Plus rien pour mes deux gosses !

261

– Tu as de multiples facettes, Simon. Une vraie mouche !

– C'est ça... En attendant, je boirais bien quelque chose.

– Tu peux atteindre ton bar tout seul, ivrogne. Sers-toi un verre et recommence à te gratter les neurones !

– Il y a un type..., commença le pilote en se dirigeant d'un pas chancelant vers les bouteilles, qui vient deux ou trois fois par an, une espèce de cul pincé en costard cravate qui demande la meilleure rogneuse d'os.

– La meilleure quoi ?

– La meilleure suceuse, si vous préférez ?

– Et alors ?

– Il prend son pied, mais il ne touche pas la fille. Vous savez ce que ça veut dire ?

– Non, ce n'est pas dans mes habitudes...

– Il ne retire jamais ses vêtements.

– Et alors ?

– Alors, ce n'est pas très naturel. À tel point que j'ai demandé à l'une de mes filles, par curiosité, de lui envoyer une fusée.

– Une fusée ?

– De mettre un peu de poudre dans son verre pour le faire planer un peu.

– Merci de l'explication.

– Et vous savez quoi ? Dans son portefeuille il y avait tout un assortiment de cartes – cartes de crédit en pagaille, cartes de clubs hypersélects. Le grand jeu, quoi. C'est un avocat, un avocat de la haute qui travaille dans les affaires pour une grosse boîte de Washington.

– Et qu'est-ce que tu en déduis ?

– Je ne sais pas, mais ce n'est pas normal. Vous voyez pourquoi ?

– Pas vraiment.

– Un fan de la braguette comme lui peut se faire faire tout ce qu'il veut dans les quartiers chic de la ville. Pourquoi viendrait-il dans les bas quartiers ? Dans un boxon minable comme le mien ?

– Parce que justement ce sont les bas quartiers et que personne ne le connaît.

– C'est possible... mais les filles m'ont dit qu'il pose plein de questions. Qui sont les habitués ? Est-ce qu'elles n'auraient pas un Arabe comme client, ou un type d'Afrique du Nord ?... Ça rime à quoi tout ça quand on vient se faire sucer ?

262

– Tu crois que c'est un porte-serviette?

– Un quoi?

– Quelqu'un qui transmet l'information sans connaître forcément l'identité de l'expéditeur et du destinataire.

– D'accord, vous m'avez coincé. Ça fait un partout!

– Tu pourrais le reconnaître, au cas où ses papiers seraient faux?

– Bien sûr. Ce genre de type ne passe pas inaperçu dans le coin, répondit le pilote en se servant un demi-verre de whisky, qu'il engloutit en quelques gorgées. *Similis similibus curantor*, entonna-t-il en fermant les yeux, avant d'émettre un rot sonore.

– Pardon?

– C'est un vieux proverbe des moines trappistes, qui dit en gros: il faut soigner le mal par le mal.

– Bon, nous avons donc deux têtes d'affiche: l'homme qui t'a recruté et l'avocat de Washington qui ne tombe pas sa veste dans un bordel. Comment s'appellent-ils?

– Celui qui m'a embauché se fait appeler Neptune, mais je ne l'ai pas vu depuis des années. L'autre s'appelle Ingersol. David Ingersol, mais, comme je l'ai dit, ce n'est peut-être qu'un nom d'emprunt.

– On vérifiera... Avant Gorda, quel a été ton précédent boulot?

– Mon gagne-pain, hormis cette taule, ce sont les balades pour touristes.

– Je parle de ceux que t'a proposés ce Neptune.

– Des courses en hydravion, en moyenne une ou deux fois par semaine, pour une petite île difficile à repérer.

– Avec une crique, un petit quai et une maison plantée sur la colline.

– Exactement! Comment, vous la connaissez?

– Elle a disparu.

– L'île?

– Non, la maison. Qu'est-ce que vous transportiez là-bas? Des gens, des marchandises?

– Des vivres, principalement. Des fruits, des légumes, de la viande fraîche... Je ne sais pas qui habitait là, mais il avait l'air fâché avec son congélateur! Et de temps en temps des visiteurs, des invités qui venaient passer une journée et que je revenais chercher en fin d'après-midi.

Ils ne passaient jamais la nuit. Excepté une seule personne.

— Qui ça ?

— Je n'ai jamais entendu son nom. C'était une femme, une grande et belle femme.

— Une femme ?

— À tomber par terre. Française, espagnole, italienne, je ne sais pas trop, avec des jambes qui n'en finissaient pas, dans la trentaine...

— Bajaratt ! murmura Hawthorne.

— Pardon ?

— Rien, continue. Quand l'as-tu vue pour la dernière fois ? Et où ?

— Il y a deux jours. Je l'ai lâchée sur l'île après l'avoir récupérée à Saint-Bart.

Tyrell hoqueta de surprise, le souffle coupé. *Dominique ?... Non, impossible !*

16

— Tu mens ! hurla Hawthorne en saisissant le pilote par le col de sa chemise souillée d'alcool. (L'homme, sous le choc, lâcha son verre qui se fracassa au sol en mille morceaux.) Qui es-tu ? D'abord, tu annonces que le tueur à Gorda portait mon nom et maintenant tu oses prétendre qu'une amie à moi, une amie très proche, est la psychopathe que la moitié du monde recherche. Tu ne manques pas d'air. Qui t'a dit de raconter toutes ces salades ?

— Qu'est-ce que c'est que ce vacarme ? s'écria Poole, réveillé en sursaut par le bruit.

— Lâchez-moi, nom de Dieu ! lança le pilote en s'accrochant au bar. Vous avez des chaussures, moi je suis pieds nus et il y a des morceaux de verre partout.

— Et dans dix secondes je t'y frotte les joues ! Réponds ! Qui t'a demandé de faire ça ?

— Mais qu'est-ce que vous racontez ?

— Ça recommence. Comme à Amsterdam ! Qu'est-ce que tu sais d'Amsterdam, hein ?

— Je n'y ai jamais fichu les pieds ! Vous êtes fou à lier !

— La femme à Saint-Bart, brune ou blonde ?

— Brune, je vous l'ai dit, italienne ou espagnole...

— Quelle taille ?

— Avec des talons, à peu près ma taille, et je fais dans les...

— Son visage, sa couleur de peau ?

— Plutôt foncée, genre bronzée...

— Qu'est-ce qu'elle portait ?

— Je n'en sais rien...

– Souviens-toi !

– Elle était en blanc, je crois. Une robe ou un pantalon – un truc plutôt chicos.

– Espèce d'ordure ! Tu mens ! hurla de nouveau Tyrell en plaquant l'homme contre le comptoir du bar.

– Pourquoi est-ce que je mentirais ?

– Il dit la vérité, Tye, intervint Poole. Il n'aurait pas assez de tripes pour jouer à ce petit jeu-là ; il est au bout du rouleau.

– Oh ! nom de Dieu, commença Hawthorne en lâchant Simon, avant de se détourner des deux hommes. Ce n'est pas possible... pas deux fois..., marmonna-t-il en se dirigeant lentement vers la fenêtre qui donnait dans la ruelle, la gorge nouée. Saba, Paris... Saint-Bart – partout des mensonges, comme Amsterdam !

– Qu'est-ce qu'il a avec Amsterdam ? demanda le pilote avec innocence, marchant avec précaution entre les éclats de verre pour regagner son siège.

– Fous-lui la paix, répondit Poole en regardant Hawthorne qui s'était blotti contre la fenêtre. Il a eu son compte pour la journée.

– Qu'est-ce que j'ai à voir avec tout ça ? Qu'est-ce que j'ai fait ?

– Tu lui as dit quelque chose qu'il aurait préféré ne pas entendre.

– Je n'ai dit que la vérité.

Hawthorne se retourna soudain, sondant la pièce du regard avec des yeux emplis d'effroi.

– Un téléphone ! Vite ! Où est l'autre téléphone !

– Trois étages au-dessus, mais la porte est fermée. La clé est...

Mais Tyrell montait déjà les marches quatre à quatre, faisant trembler toute l'ossature de la vieille bâtisse.

– Il est fou furieux, votre commandant. Pourquoi dit-il que je me suis servi de son nom ? Le type à Gorda était on ne peut plus clair : je m'appelle Hawthorne. Il l'a bien répété trois ou quatre fois.

– Seulement, il y a un léger problème. Hawthorne, c'est lui.

– Seigneur !

– Dieu n'a rien à voir avec cette histoire, crois-moi !

Hawthorne s'élança de tout son poids contre la porte. Le verrou sauta à la cinquième tentative. Emporté par

266

son élan, il se retrouva à l'intérieur de la pièce et se figea un instant, surpris par la propreté de l'endroit. Il s'attendait à trouver un lieu infâme, alors que la suite qu'il avait sous les yeux était digne de figurer au catalogue des Relais et Châteaux : des meubles rustiques, un savant mélange de cuir et de vieux bois, les murs lambrissés de chêne clair, des lithographies montrant des scènes romantiques dans des jardins du XVIIIe... Hawthorne avait l'impression que c'était une tout autre personne qui occupait ces lieux.

Où est ce téléphone ? Tyrell se précipita vers le passage voûté qui menait à la chambre. Partout dans la pièce, sur la commode, le bureau, les tables de nuit, il y avait le portrait de deux enfants à des âges différents. Le téléphone était là, à droite du lit. Il se dirigea vers l'appareil, sortant un papier de sa poche où se trouvait le numéro de Paris. Il se figea de nouveau en découvrant une nouvelle photographie sous verre. On y voyait deux jeunes gens, un garçon et une fille, qui se ressemblaient curieusement. Des jumeaux ! songea Hawthorne. Ils avaient la tenue des étudiants d'université : une jupe plissée et un chemisier blanc pour la fille, un blazer sombre et une fine cravate rayée pour le garçon. Ils étaient côte à côte, souriants, sous un panneau où on lisait : *Université du Wisconsin. Bureau d'inscription.*

Puis Tyrell aperçut la petite note écrite en bas de la photo, datant de quelques années plus tôt.

Ils sont toujours aussi inséparables. Malgré leurs chamailleries, ils s'aiment et se protègent mutuellement. Tu serais fier d'eux, Al, comme ils sont fiers de leur papa qui est mort pour son pays. Herb t'envoie ses meilleures pensées, comme moi, et nous te remercions pour ton aide.

Simon avait effectivement de multiples facettes... Mais le temps pressait !

Hawthorne décrocha le téléphone, et composa le numéro de Paris inscrit sur le bout de papier.

— Allô ! Ici, le domicile de la famille Couvier, répondit la femme à cinq mille kilomètres de là.

— Pauline ?

— Ah, c'est vous, monsieur. Le monsieur de Saba ?

— C'est justement l'un des points dont j'aimerais lui parler. Pourquoi n'était-elle pas là-bas ?

— Oh, je lui ai demandé. Et madame a dit qu'elle ne

vous a jamais parlé de Saba, ce jour-là – votre imagination a dû vous jouer des tours. Son oncle s'est installé sur une autre petite île, voilà un an. Ses anciens voisins devenaient trop envahissants. Elle n'a pas pris la peine d'entrer dans les détails puisqu'elle devait immédiatement prendre l'avion pour Paris et qu'elle savait de toute façon où vous joindre lorsqu'elle reviendrait aux Antilles.

– Ça se tient, Pauline.

– Il ne faut pas être jaloux, monsieur. Il n'y a vraiment aucune raison ! Vous êtes toujours dans son cœur, je suis bien placée pour le savoir.

– Il faut que je lui parle. Tout de suite !

– Elle n'est pas à Paris, vous le savez bien.

– Donnez-moi, dans ce cas, le numéro de son hôtel.

– Elle n'est pas à l'hôtel. Madame et monsieur sont sur un yacht à Monaco.

– Il y a le téléphone sur les yachts. Donnez-moi son numéro !

– Il m'est impossible de le savoir, monsieur, je vous l'assure. Madame va me téléphoner dans une petite heure ; nous organisons une soirée pour les Suisses de Zurich. Ils ne mangent pas la même chose que nous. Ils sont si germaniques en un sens et...

– Il faut que je lui parle, c'est urgent !

– Mais certainement, monsieur. Laissez-moi un numéro et je lui demanderai de vous rappeler. Ou rappelez-moi un peu plus tard et je pourrai alors vous dire où la joindre. C'est promis.

– Entendu, je vous rappelle.

Elle se trouvait à bord d'un yacht sur la Méditerranée et elle ne laissait pas de numéro où la contacter en cas d'urgence ? Qui était cette femme que Simon avait prise à Saint-Bart ? Peut-être les vendus d'Amsterdam essayaient-ils encore de lui jouer un sale tour ? Voilà qu'une femme habillée comme Dominique débarquait d'on ne sait où et venait brouiller toutes les pistes !... Et si c'était lui qui refusait d'ouvrir les yeux ? Lui qui avait refusé de voir la vérité à Amsterdam... Il était peut-être grand temps de se réveiller !

Tyrell raccrocha le téléphone d'une main tremblante, hésitant encore à appeler Henry Stevens. Le fait que ce mystérieux N.V.N. soit passé au-dessus du chef des services secrets de la marine pour le joindre était pour le moins curieux. Il faudrait patienter jusqu'à trois heures de l'après-midi pour en savoir plus. Que faire ? Attendre que Stevens l'appelle à l'hôtel San Juan ? Il avait sûrement dû déjà essayer de le joindre... Cathy ! Mon Dieu ! Il l'avait complètement oubliée ! Tyrell l'appela aussitôt.

– Où étiez-vous passés ? s'écria Neilsen. Je me suis fait un sang d'encre. J'étais sur le point d'appeler l'ambassade, la base navale... et même votre copain Stevens à Washington.

– Vous n'en avez rien fait, j'espère ?

– Je n'ai pas eu à me donner cette peine. Il a appelé trois fois depuis quatre heures du matin.

– Vous lui avez parlé ?

– Nous sommes dans la même suite, je vous rappelle. On en est presque à se tutoyer, lui et moi, avec tous ces coups de fil.

– Vous ne lui avez pas parlé de l'enveloppe d'hier soir...

– Pour qui me prenez-vous ! s'emporta Cathy. Il n'y a pas que les hommes qui savent garder un secret. Je ne lui ai rien dit, enfin !

– De quoi avez-vous parlé, alors ?

– D'abord, il voulait savoir où vous étiez. Évidemment, je lui ai dit que je n'en savais rien. Puis il m'a demandé quand vous alliez rentrer, et il a eu droit à la même réponse. Alors, il s'est mis en boule et m'a demandé s'il m'arrivait, de temps en temps, de savoir quelque chose ! Je lui ai dit ce que j'avais appris à propos de l'argent pour les imprévus... Ça ne l'a pas fait rire du tout !

– Il n'y a pas de quoi rire, en ce moment.

– Qu'est-ce qui se passe ? demanda Neilsen.

– Nous avons trouvé le pilote et ça nous a permis de remonter jusqu'à quelqu'un d'autre.

– C'est bien. Il y a du progrès.

– C'est vite dit. L'homme était mort avant notre arrivée.

– Oh non... Et vous, comment ça va ? Quand rentrez-vous à l'hôtel ?

– Le plus tôt possible.

Hawthorne coupa la communication ; il attendit quelques secondes, le temps de rassembler ses idées, dont une menaçait de phagocyter toutes les autres. Une grande femme vêtue de blanc, avec un beau visage bronzé qui quitte Saint-Bart pour rejoindre la forteresse du padrone... Les coïncidences n'existaient pas dans ce monde qu'il avait fui jadis et dans lequel il venait de replonger... Une manipulation ? Une personne se substituant à une autre en une fraction de seconde ? Non, c'était inconcevable... Il avait l'impression que sa tête allait éclater ! *Stop ! Tire un trait. Refoule tes sentiments !* Et ce n'était pas le seul événement déstabilisant de la journée. Il y avait le mot de cet énigmatique N.V.N., cet inconnu qu'il devait appeler à trois heures de l'après-midi. *Il faut garder la tête froide... Du calme... Mon Dieu, Dominique, pas toi...*

Il décrocha le téléphone et appela Washington. Quelques instants plus tard, Stevens était en ligne.

– Votre capitaine de l'US Air Force m'a dit qu'elle ne savait pas où vous étiez ni quand vous alliez rentrer. Qu'est-ce qui se passe, nom de Dieu ?

– Vous aurez bientôt un rapport complet, Henry. Pour le moment, je vais vous donner quatre noms, et je veux savoir tout ce que vous pourrez dénicher sur eux.

– De combien de temps je dispose ?

– Disons une heure.

– Vous êtes tombé sur la tête ?

– Ça a peut-être un rapport direct avec Bajaratt et...

– Ça va, ça va. Donnez-moi ces noms.

– Le premier se fait appeler Neptune, Mr. Neptune. Un grand type distingué, cheveux gris, disons la soixantaine.

– Soit la moitié des habitants de Georgetown. Le suivant ?

– Un avocat de Washington nommé Ingersol...

– Comme le cabinet Ingersol et White ? l'interrompit Stevens.

– Possible. Vous le connaissez ?

– Je ne suis pas le seul à le connaître. David Ingersol est le fils d'un juge éminent de la Cour suprême ; il joue au golf à Burning Tree et à Chevy Chase, c'est un proche des grands de ce pays, et il a une influence considérable. Nom de Dieu, Tyrell, vous ne supposez tout de même pas que...

– Je ne suppose rien du tout, Henry, lança Hawthorne.

– À d'autres ! Et je peux vous dire que vous faites

fausse route. Il se trouve qu'Ingersol a rendu certains services à la CIA, et non des moindres, au cours de ses voyages d'affaires en Europe.

– Et en quoi cela prouve-t-il que je fais fausse route ?

– Il est dans les petits papiers de Langley. Vous savez que je ne porte pas la CIA dans mon cœur, elle écrase trop de plates-bandes – vous êtes bien placé pour le savoir –, mais ces types-là ne sont pas du genre à se laisser berner par n'importe qui. Pour explorer le passé de quelqu'un, ce sont des as. Ils ne se serviraient pas d'un type comme Ingersol sans avoir sondé son cerveau sous toutes les coutures, c'est moi qui vous le dis !

– Ils ont dû oublier de visiter les sous-sols.

– Pardon ?

– C'est peut-être une fausse piste, mais il a attiré l'attention de quelqu'un qui est mouillé jusqu'au cou ici, et cela suffit pour me mettre la puce à l'oreille.

– Entendu. J'irai en toucher deux mots à mon « ami » Gillette. Quels sont les autres noms ?

– Un contrôleur aérien de San Juan nommé Cornwall. Il est mort.

– Mort ?

– Une balle dans la tête. Juste avant que nous arrivions sur place. À une heure du matin, cette nuit.

– Comment l'avez-vous trouvé, celui-là ?

– Grâce à quelqu'un qui est justement le quatrième nom de la liste. Avec celui-là, il va falloir que vous creusiez profond.

– C'est un gros poisson ?

– Non. Je dirais plutôt une fourmi, un simple pion. C'est lui qui m'a parlé d'Ingersol. Mais il y a quelqu'un de chez vous qui le tient. Et là, ça risque d'être du gros.

– Vous insinuez que cette Bajaratt aurait des complices dans les hautes sphères de l'État ? Non pas de simples indicateurs, mais des types haut placés au-dessus de tout soupçon ?

– Exactement.

– Comme s'appelle votre gars ?

– Simon. Alfred Simon. C'était un jeune pilote à Vientiane, travaillant pour la Royal Lao Air dans le programme de la coopération internationale.

– La CIA, dit Stevens. Comme au bon vieux temps. Les poches pleines de billets pour soudoyer les villageois du Laos et du Cambodge. Les montagnards ont été les premiers touchés; comme c'étaient eux qui avaient reçu le plus d'argent, les pilotes s'en donnaient à cœur joie pour les escroquer... Comment quelqu'un à Washington pourrait s'intéresser à un type comme lui ?

— Ils se sont servis de lui pour se débarrasser de leurs zincs. Ce n'était qu'un gosse, et ils lui ont fait signer des contrats d'acquisition pour le moins suspects, probablement lorsqu'il était soûl. De cette façon, il est passé aux yeux de tous pour un mercenaire et un voleur, une sorte de pillard qui n'avait rien à voir avec nos nobles ressortissants de l'armée.

— Et puis ils ont retourné leur veste et l'ont accusé de vol, prétendant qu'il avait piqué dans la caisse tandis que nos braves GI se faisaient descendre.

— Un scénario bien pourri...

— Mais tout à fait classique. Même si votre homme était soûl, l'appât du gain lui a quand même chatouillé les narines. L'idée d'avoir ce matériel qui valait des millions de dollars pour rien a dû lui tourner la tête, et il n'a pas compris qu'après ces ordures n'allaient plus le lâcher... Pas de problème, je sais qui contacter pour savoir les dessous de cette histoire.

— Vous êtes sûr que personne ne sera au courant ?

— Absolument, affirma le chef des services secrets de la marine. Non seulement ma source est une analyste hors pair, mais elle aussi a été prise la main dans le sac, en train de piquer dans la caisse – celle de la CIA ; autrement dit, on la tient à notre merci. Naturellement, tout ça reste dans le non-dit, mais je peux vous assurer que c'est notre meilleur agent.

— Rappelez-moi à l'hôtel, annonça Hawthorne. Si je ne suis pas là, donnez les renseignements au capitaine Neilsen. Elle est classée 4-0, à moins que les idiots de chez vous ne l'aient changée de statut.

— À l'entendre, je lui aurais plutôt mis le bonnet d'âne.

— Occupez-vous de ce qui vous regarde, colonel. Sans elle, nous serions morts à l'heure actuelle.

— Ne le prenez pas mal, j'essayais simplement d'alléger l'atmosphère.

— C'est raté, Henry. Mettez-vous au travail, rappelez-moi et rentrez chez vous.

Hawthorne raccrocha le téléphone, sentant des gouttes de sueur ruisseler sur son front. Que faire maintenant ? Il fallait agir ! Rester en mouvement – et surtout ne pas penser... C'était trop douloureux. Mais il ne pouvait se mentir à lui-même. Il fallait qu'il sache – l'île de Saba, l'oncle ermite, la confidente à Paris, les causes humanitaires, les serments d'amour... des mensonges, rien que des mensonges !

Dominique Montaigne était Bajaratt !

Il allait la chasser, la traquer, même au péril de sa vie. Plus rien ne comptait sur cette terre. Plus rien. Vengeance !

Au commissariat de police de San Juan, la femme du contrôleur aérien assassiné, une dénommée Rose Cornwall, avait fait un grand numéro d'actrice. Elle s'était montrée digne et courageuse dans la douleur... Non, elle ne savait rien. Son cher mari n'avait aucun ennemi, c'était l'homme le plus gentil et le plus tendre au monde. Il suffisait de demander au curé de leur paroisse... Des dettes ? Non, ils vivaient confortablement mais nullement au-dessus de leurs moyens. Les courses, les casinos ? Non, juste de temps en temps quelques parties à vingt-cinq cents dans les machines à sous. La drogue ? Non, jamais. Il avait déjà du mal à supporter l'aspirine ! Et il ne fumait presque plus, juste une cigarette après les repas. Pourquoi avaient-ils quitté Chicago, il y a cinq ans, pour venir s'installer à Porto Rico ? La vie y était plus douce : le climat, les plages, la forêt – il adorait faire de longues promenades ; et il n'avait plus à supporter la terrible pression qui régnait à l'aéroport d'O'Hare.

– Je peux rentrer chez moi ? J'aimerais être seule un moment avant d'appeler notre curé. C'est un saint homme et il s'occupera de tout.

Rose Cornwall fut escortée jusqu'à son appartement à Isla Verde, mais elle ne téléphona pas à son curé. Elle appela à la place quelqu'un à Mayagüez.

– Ça suffit, bande d'ordures ! Je vous ai couverts, maintenant il est temps de renvoyer l'ascenseur ! lança la veuve Cornwall.

Le téléphone se mit à sonner dans la suite du San Juan tandis que Catherine Neilsen lisait l'article du journal rapportant l'assassinat du contrôleur aérien. Elle décrocha rapidement le téléphone, interrompant la sonnerie stridente.

– Oui ?

– C'est Stevens, capitaine.

– C'est le cinquième appel si je ne me trompe pas ?

– Exact. Et je présume que cette fois il est là ? Je lui ai parlé il y a une heure et demie.

– Oui, il m'a dit ça. Il est sous la douche – les deux sont sous la douche. Et ils ont intérêt à y rester un bon bout de temps car ils sentaient la cocotte à plein nez.

– Quoi ?

– La cocotte ! Ils revenaient tout droit d'un bordel, colonel ! Ça vous dit quelque chose ?

– Quoi ?

– Ça vous arrive de changer de disque ?

– Allez me le chercher, et fissa ! Il semblait tout à l'heure pressé d'avoir ses renseignements !

– D'accord, tant pis pour sa pudeur. Ne quittez pas.

Neilsen traversa la chambre de Hawthorne puis s'approcha de la salle de bains. Elle hésita un moment, tendant l'oreille, puis ouvrit la porte, surprenant un Tyrell nu comme un ver en train de s'essuyer avec un drap de bain.

– Désolée de cette intrusion, commandant, mais vous avez Washington en ligne.

– On ne vous a pas appris à frapper ?

– Quand l'eau coule, ça ne sert à rien.

– Ah oui, c'est vrai.

Enveloppé dans sa serviette, Hawthorne passa devant le capitaine pour aller décrocher le téléphone.

– Alors, Henry, qu'est-ce que vous avez ?

– Sur Neptune, presque rien.

– Comment ça : presque ?

– Nos fichiers de l'hémisphère Sud n'ont qu'un seul Neptune à leur index. Il y aurait eu un Neptune en Argentine, voilà des années, qui aurait joué un rôle dans le coup d'État des généraux, mais ce n'est qu'un surnom pour désigner un étranger qui avait prêté main-forte aux putschistes. C'est tout ce qu'on a, si ce n'est qu'il existait également un certain Mars, sans autre détail.

– Et Ingersol ?

– Pur comme de l'eau de roche ; mais vous aviez raison à propos de Porto Rico. Il s'y rend quatre ou cinq fois par an pour aller voir des clients. On a tout passé au peigne fin, tout est nickel.

– Sauf que parfois le client, c'est lui, rétorqua Hawthorne.

– Je ne vous suis pas.

– Peu importe. Et pour Cornwall, le contrôleur ?

– C'est un peu plus intéressant. Il était chef d'équipe à l'aéroport d'O'Hare, un type brillant qui se faisait un gentil salaire, mais pas de quoi se payer la lune. Toutefois, en creusant bien, on a découvert que sa femme avait des parts dans un restaurant du vieux Chicago. Ce n'est pas chez Delmonico [1], mais c'est un des plus populaires du quartier. Elle a vendu ses parts pour trois fois rien avant de partir à Porto Rico, pourtant ça leur rapportait annuellement une coquette somme.

– Ce qui soulève une question, lança Tyrell. Où ont-ils trouvé l'argent pour acquérir ces parts ?

– Et cette question en appelle une autre, reprit Stevens. Comment un contrôleur aérien de San Juan, dont la paie est sans commune mesure avec celle qu'il touchait à O'Hare, a pu s'acheter un appartement de six cent mille dollars sur la plage d'Isla Verde ? La vente des actions du restaurant ne couvrait même pas le tiers du prix.

– Isla Verde ?

– C'est le front de mer. C'est le quartier le plus chic de la ville.

– Je sais, c'est là où se trouve notre hôtel. C'est tout ce que vous avez sur les Cornwall ?

– Des suspicions mais rien de concret.

– En clair ?

– On fait subir aux contrôleurs aériens toute une batterie de tests pour savoir s'ils pourront supporter la pression. Cornwall les a passés haut la main. Il était froid, efficace, rapide, mais il semblait préférer les services de nuit – en fait il insistait pour travailler la nuit, ce qui est plutôt curieux.

– Il faisait la même chose ici, c'est comme ça que Simon l'a repéré. Quels étaient les ragots qu'on colportait sur lui à Chicago ?

– On disait que son mariage battait de l'aile, sans espoir de rémission.

– Ce qui n'était à l'évidence pas le cas, puisqu'ils sont venus ici ensemble et qu'ils ont acheté un appartement de six cent mille dollars.

1. Grand restaurant italien à Chicago. *(N.d.T.)*

275

– J'ai dit que ce n'étaient que des ragots, pas des certitudes.

– Sauf si on a la certitude qu'il courait les jupons.

– Les tests ne vont pas aussi loin. Les bons contrôleurs sont rares. Tout ce qu'on sait, c'est qu'il n'aimait pas passer les nuits chez lui.

– Et quant à notre fourmi, notre Alfred Simon ?

– Soit il ment, soit c'est le plus beau pigeon que la terre ait porté.

– Quoi ?

– C'est un vrai héros et il y a au moins deux médailles qui l'attendent si jamais il refait surface. On ne parle pas du moindre vol d'avion de la Royal Lao Air. C'était un tout jeune pilote de l'armée qui s'était porté volontaire pour les missions dangereuses à Vientiane et on ne mentionne nulle part qu'il ait volé quoi que ce soit. S'il passait les portes du Pentagone, on ferait sonner la fanfare pour lui, on lui donnerait une poignée de médailles et les cent quatre-vingt mille dollars de primes de risque et de pension militaire qui lui restent dus.

– C'est fou, Henry, il ignore tout ça !

– Pourquoi en êtes-vous aussi sûr ?

– Parce que je sais où il aurait envoyé l'argent.

– Vous pouvez être plus clair ?

– Peu importe. Le drame, c'est qu'on l'a mené en bateau pendant des années et qu'il risque bien aujourd'hui d'y laisser sa peau.

– Je ne vous suis toujours pas.

– On l'a fait chanter, Henry ; on l'a contraint à travailler pour des gens dangereux – pour le clan de Bajaratt.

– Qu'est-ce que vous allez faire ? demanda Stevens.

– Moi, je ne sais pas, mais, en ce qui vous concerne, j'ai une idée. Je vais envoyer le sous-lieutenant Alfred Simon à la base ; vous allez le rapatrier à Washington et assurer sa sécurité jusqu'à ce qu'il puisse sortir au grand jour et vivre comme un brave héros de guerre, touchant sa petite pension de l'État.

– Mais pourquoi maintenant ?

– Parce que, si nous attendons, il risque d'être trop tard... et nous avons besoin de lui.

– Pour identifier Neptune ?

– Et d'autres dont nous ne soupçonnons pas encore l'existence.

– Entendu, Alfred Simon voyagera en première classe par transport militaire jusqu'à Washington, répondit le chef des services de renseignements de la marine. Vous avez d'autres points à aborder ?

– La femme du contrôleur. Quel est son prénom ?

– Rose. Rose Cornwall.

– Quelque chose me dit que ses pétales sont empoisonnés, lança Hawthorne avant de raccrocher le combiné.

Il se tourna vers Cathy et s'adossa au chambranle de la porte.

– Je veux que vous et Jackson retourniez au vieux San Juan et accompagniez Simon à la base sur-le-champ.

– J'espère qu'il ne va pas se méprendre et essayer de me recruter.

– Rassurez-vous, vous n'êtes pas son style, répondit Tyrell en feuilletant l'annuaire téléphonique sur la table de nuit à la page des C.

– Je ne sais pas trop si c'est un compliment ou une insulte...

– Les putains portent rarement des armes. Ça fait une protubérance disgracieuse sur les hanches. Arrangez-vous pour que ça lui saute aux yeux.

– Je n'ai pas de pistolet.

– Prenez le mien, il est sur mon bureau... Ah, voilà, Cornwall, il n'y en a qu'un à Isla Verde.

– Vous savez, commença le capitaine en prenant le Walther PK sur le bureau, il est si petit qu'il pourrait tenir dans mon sac à main.

– Parce que vous avez un sac à main ? lança Hawthorne tout en notant l'adresse de Cornwall sur le bloc-notes de l'hôtel.

– D'ordinaire, je suis censée avoir un sac à dos de manœuvres, mais j'ai acheté hier un ravissant sac à main bordé de perles. Il va à ravir avec la robe... d'après Jackson.

– Qu'il aille au diable, celui-là !... Alors, c'est pour aujourd'hui ou pour demain ?

– Il vient de sortir de la douche. Je l'entends chanter.

– Eh bien, allez habiller le gamin et tirez-vous d'ici. Je ne veux pas avoir un autre cadavre sur la conscience. Allez me chercher ce Simon de malheur !

– À vos ordres, commandant.

Tyrell gara la Cadillac blanche d'Alfred Simon sur le parking derrière l'immeuble des Cornwall. Comme l'avait supposé Stevens, c'était un quartier chic d'Isla Verde. Les grands balcons fleuris des appartements dominaient non seulement la mer, mais surplombaient également une immense piscine au pied du bâtiment.

Hawthorne descendit de la voiture, entra dans l'immeuble en faisant un signe au gardien. Dans ce genre de résidence, il y avait toujours un type en uniforme dans son cube de verre qui filtrait les allées et venues. Celui-ci appuya sur un bouton devant lui et demanda :

– *Español o Ingles, señor ?*

– Anglais, répondit Tyrell. Je dois voir Mrs. Rose Cornwall, c'est très urgent.

– Vous êtes avec la police, *señor* ?

– De la police ? (Hawthorne se figea, mais eut la présence d'esprit d'ajouter d'une voix détachée :) Bien sûr que je suis avec la police. Je suis du consulat des États-Unis.

– Allez-y, *señor.*

La lourde porte s'ouvrit et Tyrell pénétra dans le hall.

– Quel est le numéro des Cornwall ? demanda-t-il au gardien dans son cube de verre.

– Le 901, *señor.* Tout le monde est déjà là-haut.

Tout le monde ? Hawthorne se dirigea vers la rangée d'ascenseurs et appuya sur le bouton d'appel avec agacement jusqu'à ce qu'une des portes s'ouvre. Les étages défilèrent lentement devant lui, une ascension interminable... Enfin, il se précipita dans le couloir du neuvième étage, et s'arrêta brusquement à la vue d'une foule de personnes massées devant une porte, d'où jaillissait de temps en temps l'éclair d'un flash. Il s'approcha doucement, remarquant que la majorité des gens était en uniforme de police. Soudain, un petit homme râblé, en costume gris et cravate bleue, sortit de l'appartement en écartant ceux qui se trouvaient sur son passage, le nez plongé dans son carnet de notes. Il jeta un coup d'œil sur Tyrell, puis se figea soudain, et se retourna pour le regarder une seconde fois de ses yeux noirs. C'était l'inspecteur qu'il avait rencontré à l'aéroport à peine huit heures plus tôt.

– Je vois, *señor*, que ni l'un ni l'autre n'avons beaucoup dormi depuis ces deux drames. Son mari a été tué hier soir et elle ce matin. Et vous, un étranger complet à cette famille, je vous retrouve chaque fois sur les lieux du crime.

– Ça va, lieutenant, je n'ai pas le temps d'écouter vos inepties. Qu'est-ce qui s'est passé ?

– Vous semblez porter un vif intérêt à ce couple. Peut-être pour détourner les soupçons ?

– C'est sûr. Je les tue un à un, et je reviens me montrer sur les lieux. Comme c'est futé de ma part ! Bon, allez, dites-moi ce qui s'est passé.

– Suivez le guide, *señor*, rétorqua l'inspecteur en entraînant Hawthorne dans l'appartement bondé.

Les meubles étaient sens dessus dessous, de la vaisselle cassée partout. Mais pas une trace de sang, ni le moindre cadavre.

– Voilà la scène de vos exploits, conforme à l'état dans lequel vous l'avez laissée, j'imagine.

– Où est le corps ?

– Vous ne le savez pas ?

– Comment le saurais-je ?

– Vous seul connaissez la réponse. Vous étiez dans les cuisines de l'aéroport lorsque nous avons trouvé le corps du mari.

– Parce que quelqu'un hurlait qu'il y avait un cadavre dans les casseroles !

– Et vous voilà de nouveau ! On peut savoir par quel étrange miracle ?

– C'est top secret... Nous ne tenons pas à ce que tous vos journaux soient au courant.

– « Nous » ? J'aimerais savoir à qui j'ai affaire...

– Je vous le dirai si vous me répondez, lieutenant.

– Les *americanos* veulent me donner des ordres, maintenant ?

– Tout au plus une simple requête. Il faut que je sache.

– Très bien. Je rentre dans votre petit jeu, *señor*.

Le lieutenant de police entraîna Tyrell jusqu'au balcon, en se faufilant entre les analystes et les releveurs d'empreintes. Les portes-fenêtres coulissantes étaient ouvertes, le store éventré, pendant à moitié dans le vide.

– C'est ici que Rose Cornwall a été invitée à rejoindre le paradis, neuf étages plus bas. La mémoire vous revient-elle, à présent ?

– Soyons sérieux, lieutenant.

– Passez-lui les menottes, lança le policier à ses adjoints qui se tenaient derrière lui.

– Mais...

– Vous êtes mon suspect numéro un, *señor*, et j'ai une réputation à défendre.

Après trois heures et demie de discussion acharnée avec un inspecteur obtus et imbu de sa personne, Tyrell fut enfin autorisé à passer un coup de fil personnel. Il appela Washington. Trente secondes plus tard, le planton de service lui rendit sa liberté en lui présentant les excuses de ses supérieurs. Ne sachant pas où avait été emmenée la Cadillac de Simon, Hawthorne prit un taxi pour rentrer à l'hôtel.

– Où étiez-vous passé ? Ça fait cinq heures que vous êtes parti ! lança Catherine.

– J'ai loué une voiture en bas, ajouta Poole, et j'étais sur le point d'aller secouer quelques types pour savoir où vous étiez.

– J'étais en prison, répondit tranquillement Hawthorne, couché sur une paillasse. Vous avez pu emmener Simon ?

– Non sans mal, répondit Neilsen. D'abord, le sieur Simon était bien éméché et m'a fait clairement comprendre que j'aurais été la perle de ses filles – ce qui est, soit dit en passant, bien plus flatteur que vos insinuations douteuses.

– Je vous présente mes plates excuses.

– Nous avons donc conduit Simon à la base et lui avons fait avaler un seau de café, poursuivit Cathy. Je me demande si ça a servi à quelque chose ; par deux fois, il m'a fait des avances lorsqu'on l'emmenait en fauteuil roulant vers l'avion.

– Il a bien droit à sa petite récompense. C'est un authentique héros de la guerre.

– Et c'est à moi de la lui donner ?

– Je n'ai pas dit ça. Je dis simplement qu'il est en droit de la demander.

– Qu'est-ce qu'on fait maintenant ? demanda Poole.

– Quelle heure est-il ?

– Trois heures moins dix, répondit Neilsen en dévisageant Tyrell.

– Dans dix minutes, nous serons fixés, répondit Hawthorne en se redressant, le front de nouveau moite de sueur malgré la climatisation.

Au fil des secondes, l'angoisse de Tyrell grandissait, les images de sa Dominique et de celle qui était le double de Bajaratt se bousculaient dans sa tête. L'heure de la vérité était imminente. C'était une sorte de fatalité. Il ne pouvait que s'armer de patience, marcher de long en large dans la pièce, presque heureux de ce temps passé au poste de police en vaines discussions et qui lui avait occupé l'esprit.

— Il est trois heures, Tye, annonça Cathy. Vous voulez qu'on vous laisse seul ?

Hawthorne cessa d'arpenter la chambre, et regarda tour à tour les deux officiers de l'armée de l'air.

— Non, je préfère que vous soyez là, parce que j'ai confiance en vous.

— On croise les doigts pour vous, commandant, ajouta Neilsen.

— Merci, répondit Tyrell en se dirigeant vers le téléphone.

Il pianota sur les touches.

— Oui, répondit une voix à Fairfax en Virginie – la voix glaciale de quelqu'un semblant parler à contrecœur.

— C'est Hawthorne.

— Un instant, je vous prie.

Une série de bips se fit entendre, puis N.V.N. reprit la ligne.

— Nous pouvons parler sans crainte, commandant, reprit la voix d'un ton beaucoup plus affable. Quoique notre conversation ne présente guère de risque.

— Nous sommes enregistrés ? C'est pour ça que j'ai entendu tous ces bruits ?

— Non, c'est précisément l'inverse, commandant. Nous sommes sous brouillage. Un magnétophone n'enregistrerait que des gargouillis inintelligibles. C'est pour votre sécurité, comme pour la mienne.

— Vous pouvez donc me dire ce que vous savez. À propos d'Amsterdam.

— Pas entièrement, car j'ai besoin de vos yeux pour comprendre toute l'histoire.

— Comment ça, de mes yeux ?

— Des photographies. Prises à Amsterdam. Elles montrent votre femme, Ingrid Johansen Hawthorne, en compagnie de trois hommes en quatre lieux différents – le Zoo Zuiderkerk, le musée Rembrandt, à bord d'un bateau-mouche sur le canal et sur la terrasse d'un café de Bruxelles. Sur chaque cliché, ils semblent en pleine discussion. Je suis convaincu que l'un d'entre eux – sinon les trois – est responsable du meurtre de votre femme, soit en paroles, soit en acte.

– Qui sont ces hommes?

– C'est trop risqué de vous le dire, même sous communication brouillée. J'ai dit «l'un d'entre eux, sinon les trois», car pour l'heure je n'ai identifié qu'un seul homme. Mais je suis certain que vous pourrez identifier les deux autres. Moi, je suis bloqué. Les dossiers me sont interdits, malgré toutes mes relations.

– Pourquoi êtes-vous si sûr que je les connais?

– Parce que j'ai appris qu'ils faisaient partie de vos contacts à Amsterdam.

– Ça fait, au bas mot, trente ou quarante personnes... Vous disiez dans votre lettre que la Beqaa était mêlée à cette histoire?

– Parce que la Beqaa dispense ses largesses aussi bien à Amsterdam qu'à Washington.

– À Washington?

– Je suis formel.

– Et cette «opération avortée» qui risque d'être de nouveau d'actualité? Vous avez dit que cela avait un rapport direct avec l'affaire qui nous occupe?

– Je le maintiens. Vous vous souvenez sans doute que, trois semaines avant la mort de votre femme, le président des États-Unis devait assister à un sommet de l'OTAN à La Haye?

– Bien sûr. La réunion a été ajournée et reportée à Toronto, un mois plus tard.

– Vous savez pourquoi?

– Évidemment. Le bruit courait qu'une dizaine de commandos avaient été envoyés par la Beqaa pour assassiner Bartlett... et d'autres chefs d'État.

– Pour être précis, les personnes visées étaient, entre autres, le Premier ministre de la Grande-Bretagne et le président de la République française.

– Mais quel est le rapport avec la situation actuelle, ce fameux lien?

– Je vous expliquerai tout ça de vive voix – lorsque vous aurez identifié les deux inconnus. Mon avion arrivera à l'aéroport de San Juan vers seize heures trente; allez au bureau de la General Aviation, ils vous indiqueront la marche à suivre... Au fait, mon nom est Van Nostrand. Nils Van Nostrand. Et si vous avez quelques doutes à mon sujet, n'hésitez pas à demander à votre contact à la marine de vous mettre en rapport avec le ministre des Affaires étrangères, le ministre de la Défense et le directeur de la CIA. Mais pas un mot, je vous en conjure, de ce que je viens de vous dire...

— Ce ne sont pas des appuis que vous avez, mais carrément des piliers.

— Ce sont des amis proches avec qui je collabore depuis des années, rétorqua Van Nostrand. Si vous leur annoncez que je veux vous rencontrer pour des raisons professionnelles, je suis certain qu'ils n'y verront aucune objection.

— Il est donc inutile que j'appelle ces gens, observa Hawthorne. En revanche, je dois vous préciser que je voyage avec deux personnes, Mr. Van Nostrand.

— Oui, je suis au courant. Un certain capitaine Neilsen et un certain lieutenant Poole, que la base de Patrick a mis à votre service. Je serais ravi qu'ils vous accompagnent, mais je ne pourrai accepter leur présence durant notre entrevue. Il y a un hôtel tout à fait correct à quelques kilomètres de chez moi. Je leur ai réservé des chambres, à mes frais évidemment, et je les y ferai conduire dès votre arrivée.

— Mais, bon sang, explosa soudain Hawthorne, puisque vous aviez cette information, pourquoi avoir attendu tout ce temps pour me contacter ?

— Il ne s'est pas passé autant de temps que ça, commandant et, pour des raisons évidentes, l'heure est venue.

— Qui est ce type que vous avez identifié sur les photos ? Je suis un professionnel, Van Nostrand, et je sais garder un secret. Je connais plus d'agents doubles ou triples que vous ne sauriez compter, et j'ai passé mon temps à dîner avec eux sans qu'ils se doutent de rien.

— Vous tenez vraiment à le savoir ?

— Oui !

— Très bien. C'est l'homme que vous suspectiez depuis cinq ans. Le colonel Henry Stevens, aujourd'hui chef des services de renseignements de la marine. Il n'avait pas le choix. Soit vous le supprimiez, soit les Soviétiques tuaient votre femme. Stevens et elle étaient amants ; cela durait depuis de nombreuses années. Il ne pouvait la laisser partir.

17

L'homme marchait dans l'une des allées du Rock Creek Park à Washington, apparaissant par intermittence dans les flaques de lumière que projetaient les réverbères à travers les frondaisons d'été. Il entendit le bruit du rapide gronder dans le ravin en contrebas et il sut qu'il approchait de son lieu de rendez-vous : un banc laissé dans l'ombre, à équidistance de deux réverbères. Il ne devait pas voir le visage de l'homme qu'il allait rencontrer ; c'était une règle incontournable. Ils faisaient partie tous deux des Scorpions.

Son contact était déjà arrivé. David Ingersol, reconnaissant la lueur du cigare de son acolyte, s'approcha prudemment, regardant autour de lui pour s'assurer qu'ils étaient seuls.

– Bonjour, David, dit Scorpion Deux – un homme roux, avec un visage bouffi et un petit nez écrasé.

– Bonjour Pat. Il fait moite, hein ?

– Il paraît qu'il ne va pas pleuvoir de sitôt, mais ces couillons de la météo se trompent tout le temps. J'ai apporté un parapluie au cas où, un de ces trucs télescopiques qui peuvent tenir dans une poche et refusent de s'ouvrir la plupart du temps.

– J'ai oublié le mien. J'ai tant de choses à régler en ce moment.

– Je l'imagine. Il y a plus de trois ans que nous ne nous sommes pas rencontrés.

– Cette fois, la situation est dramatique.

– Vraiment ?

– C'est de la folie, tu le sais, annonça Scorpion Trois.

— Je me garderais bien de porter de tels jugements. J'ai fait ma fortune en obéissant aux ordres, et non en les discutant.

— Au point d'aller jusqu'à l'autodestruction ?

— Allons, David, nous sommes des brebis égarées et avons vendu notre âme aux commandeurs voilà des années.

— Je n'ai cure de ce genre de considération philosophique. Ce qui m'intéresse, c'est de protéger les contacts que nous avons mis en place, de sauvegarder ce que nous avons acquis. Maintenant que le vieux tordu est mort, nous pouvons mettre un terme à cette mégalomanie sénile... Tu ne t'es pas demandé, O'Ryan, quel bénéfice on allait tirer de cet assassinat – et de la série qui va suivre ?

— Aucun, si ce n'est le fait que nous ne nous trouverons pas en travers de leur chemin, et c'est un atout inestimable. C'est ce qui fait toute la différence, en ce qui nous concerne. Soit on les laisse faire, soit ils nous descendent.

— Mais par qui ?

— Par ces dingues, ces fanatiques ! Elle n'agit pas seule. Elle a son armée comme Abou Nidal. Le cercle est certes plus petit, mais il n'est pas moins puissant ni moins motivé. Non, David, nous devons faire ce que nous demande Scorpion Un et, si ce train fou déraille, il pourra toujours dire dans son rapport que nous n'avons pas failli à notre mission. On n'aura rien à nous reprocher.

— Quel rapport ?

— Tu ne vas me dire, toi, l'illustre avocat, que tu n'as jamais compris quelle était la place exacte des Scorpions ? Peut-être bien que l'exercice du droit rend aveugle à certaines choses... Mais moi qui ai été agent de renseignements pendant vingt-six ans, je sais reconnaître une pyramide quand j'en ai une sous les yeux. Nous sommes peut-être dans le quart supérieur ; Scorpion Un se trouve sans doute dans le dernier huitième, mais il y a quelqu'un au-dessus, et nous ne sommes pas près de toucher le sommet.

— Je n'ai nul besoin d'un cours sur la hiérarchie, O'Ryan. En revanche, je sais quelque chose que tu ignores.

— Ça m'étonnerait, puisque, hormis Scorpion Un,

j'étais la tête de pont entre le *padrone* et notre faction ici, modeste certes, mais néanmoins très performante. En tant que Scorpion Deux, il est évident que je suis la dernière personne à qui il a parlé avant de disparaître. Il me l'a fait clairement comprendre.

– Il faut croire, pourtant, qu'il a passé un ultime coup de fil.

– Ah bon ?

– À partir de demain, et ce, pour toute la suite des opérations et pour une durée illimitée, je serai Scorpion Un. Je crains qu'il n'ait décidé de me faire passer devant toi. Tu n'as qu'à l'appeler sur sa ligne privée pour t'en assurer. Tu verras que je dis vrai.

L'analyste de la CIA contempla en silence dans la pénombre le visage anguleux de David Ingersol.

– Je ne vais pas te cacher ma déception, finit-il par annoncer, parce que je crois que je mérite dix fois plus ce poste et que j'ai l'avantage d'être bien moins en vue que toi. Certes, il est vrai que, grâce à ton cabinet, tu reçois les confidences d'un tas de gens haut placés, et j'imagine que cela a dû peser dans la balance étant donné la situation actuelle. Toutefois, en tant que vieux routier, je dois te mettre en garde, David. Fais attention, très attention. Tu es trop connu.

– Tu ne comprends pas que c'est ma couverture ? Je suis la respectabilité même.

– Un conseil dans ce cas : ne remets plus jamais les pieds à Porto Rico.

– Mais... ? sursauta Ingersol, comme si on venait de le surprendre nu comme un ver. Qu'est-ce que... ?

– Tu sais très bien de quoi je parle. Pour tout dire, je m'attendais un peu à cette nouvelle. Le gros Irlandais clownesque qui mange trop, pique des colères, et est vêtu comme l'as de pique, doit céder la place à l'élégant avocat qui a tant d'amis haut placés. C'est vrai que tu fais propre sur toi, que tu as suivi des études dans une grande université, que tu as un père qui siège à la Cour suprême et que ta famille fréquente les cercles les plus chic... mais cela fait de toi le numéro un ? Tu crois vraiment que je vais avaler ça ?... Le *padrone* savait que j'étais son premier agent de liaison ici, et je n'arrive pas à croire qu'il ait donné cet ordre. Je suis le seul à avoir mes entrées dans tous les services secrets de la planète. Tu ne fais pas le poids.

– Pourquoi Porto Rico ? insista Ingersol d'une voix blanche en ignorant le monologue de Scorpion Deux.

– J'ai quelques rapports édifiants en ma possession, faits par des putes d'un certain bordel du vieux San Juan.

– J'allais là-bas sur ordre de Scorpion Un, c'est tout ! Pour surveiller le pilote !

– Pour dire les choses crûment, Scorpion Trois, tu y as mis un certain zèle. Tu t'es même endormi un soir...

– À peine un instant, et il n'y a rien eu ; tout était intact – mes papiers, mon argent. Ils n'ont touché à rien. J'étais épuisé, ça arrive à tout le monde !

– Et selon toi, ce n'est rien ? J'ai en ma possession des photos que mes agents du vieux San Juan ont eu la gentillesse de me faire parvenir, prouvant que tu as largement dépassé le cadre de ta mission.

Ingersol secoua la tête en soupirant, comme un avocat sentant la défaite inéluctable.

– Qu'est-ce que tu veux, Patrick ?

– Le pouvoir. Je suis bien mieux armé que toi pour cette tâche. Tout ce que tu sais, c'est moi qui te l'ai appris. Je fais partie du cercle Petite Amazone, pas toi.

– Qu'est-ce que tu veux que j'y fasse ? Ce sont eux qui m'ont nommé.

– Garde-le donc, ce titre, je m'en fiche éperdument ! Si je tenais tant à l'avoir, il me faudrait t'éliminer et cela soulèverait trop de questions. Non. Tu es Scorpion Un et tu le resteras jusqu'à ce que l'heure de disparaître sonne pour toi, mais en attendant c'est moi qui tire les ficelles. C'est mieux pour tout le monde. Ce ne sera pas la mer à boire, rassure-toi ; tu seras tenu au courant de tout.

– C'est trop gentil de ta part, répondit l'avocat d'un ton caustique.

– Détrompe-toi. La générosité est loin d'être mon fort, mais je sais me montrer charitable – c'est bien comme ça qu'on dit entre gens de la haute ? Je suis d'accord avec toi, en fait, quand tu dis qu'il faut arrêter ce train fou qui est lancé. Cela ne peut qu'entraîner un chaos, et il n'en sortira rien de bon. Ils vont mettre leur nez partout, retourner toutes les pierres et les examiner à la loupe. C'est bien trop dangereux pour nous.

– Mais tu as dit toi-même que tu ne voulais pas te mettre en travers de leur chemin ? Si le train déraille, les Scorpions seront les premiers suspectés et je n'ai pas envie de me retrouver la gorge tranchée par une fine lame de la Beqaa.

– Il ne faut pas agir en terrain découvert. Ce sont nos services secrets et leur remarquable efficacité qu'il faut mettre en première ligne.

– Ils risquent de découvrir le pot aux roses.

– Ce n'est pas toi qui iras le leur dire, mon petit David. Et ils ne sauront rien. Sur mes dossiers, il sera rapporté que j'aurai envoyé mes hommes dans la mauvaise direction, et présenté de plates excuses plus tard. Tu sais où est la femme en ce moment ?

– Personne ne le sait. Elle et son jeune Lettonien se déplacent incognito. Ils peuvent être n'importe où.

– Je me suis arrangé pour qu'ils passent les douanes de Fort Lauderdale sans encombre. Ils se sont ensuite rendus à Palm Beach. Selon Scorpion Vingt-deux, ils avaient, aux dernières nouvelles, une chambre dans un hôtel miteux, puis ils ont disparu de la circulation...

– Ils peuvent être n'importe où, c'est bien ce que je dis, répéta Ingersol. On ne sait même pas à quoi ils ressemblent – pas de fiche signalétique, pas de photos, rien !

– Le MI6 et la DRM nous ont envoyé des clichés d'elle qui, entre nous, ne servent pas à grand-chose. Sur les trois photos, c'est une personne différente et, quand on connaît son don pour le déguisement, c'est sans espoir.

– Disparus, envolés... On ne sait même pas s'ils voyagent ensemble ou séparément, ni quel est le rôle de ce jeune type dans cette affaire.

– C'est une sorte de savant mélange entre le gorille bête et dévoué et l'étalon de service.

– Tu peux être plus clair ?

– D'après les douanes de Marseille, c'est une sorte de gros costaud qui ne sait sans doute ni lire ni écrire, mais qui peut briser l'échine d'un type en un tour de bras.

– Pourquoi parles-tu d'étalon de service ?

– On a tracé le profil psychologique de la belle, avec les infos que l'on a pu compiler avec le Mossad, Paris et Londres. Pour une grande part, ce sont des conneries de psy, mais il y a quelque chose d'intéressant qui en ressort... Comme la plupart des fanatiques, cette Bajaratt fait tout avec excès, ce goût des extrêmes prouvant, pour reprendre les termes du chef psy, l'existence d'une « intempérance émotionnelle ». Il semblerait qu'elle puisse avoir une activité sexuelle proche de la nymphomanie mais qu'elle soit trop méfiante pour se coucher dans n'importe quel lit. C'est pour cette raison qu'elle a besoin d'un beau mâle qu'elle puisse contrôler.

— Mais ils se sont évanouis dans la nature ! Ils peuvent être n'importe où, sous les traits de n'importe qui, peut-être même tout près de nous. Qu'est-ce qu'on peut faire ? Ils pourraient être de simples touristes en train de visiter la Maison-Blanche, ou parmi les contestataires en train de manifester devant les grilles ou encore dans une contre-allée avec des sacs remplis de grenades.

— Toutes les visites de la Maison-Blanche ont été suspendues – officiellement pour cause de travaux de réfection – et les défilés dans Washington ont été supprimés. Mais ces deux mesures sont vaines, à vrai dire, quand on connaît le style de Bajaratt. Sa tactique, c'est de tromper l'ennemi et d'attaquer à l'improviste, et non de foncer dans le tas. Ça remonte à son enfance.

— Son enfance ?

— Voilà encore un sésame que tu n'as pas, mon petit David. C'est pour cette raison que c'est moi Scorpion Un, même si je n'en ai pas le nom.

— Mais qu'est-ce qu'on peut faire ? répéta Ingersol.

— Attendre. Avant de frapper, elle sera obligée de te contacter ne serait-ce que pour organiser sa fuite – à supposer qu'elle survive à l'opération.

— Mais si elle a déjà tout organisé ?

— Personne en mission secrète ne négligerait de protéger ses arrières au cas où les choses tournent mal. Voilà encore une chose que tu ignores, Scorpion Trois. J'ai eu des agents en mission qui avaient passé des accords avec trois autres services secrets du pays, craignant que je ne sois pas en mesure d'assurer leur retour. C'est classique. Au diable la loyauté quand la survie est en jeu.

— Alors, tu penses qu'elle va m'appeler ?

— Si elle a deux sous de jugeote, elle t'appellera – et elle est loin d'être stupide, crois-moi.

Amaya Bajaratt traversait le hall de l'hôtel d'un pas nonchalant comme il seyait à une comtesse, lorsqu'elle se figea sur place, comme paralysée. L'homme aux cheveux blonds – une décoloration en fait – qui se trouvait à la réception n'était autre qu'un agent du Mossad. Il était brun autrefois. Elle l'avait connu à Haïfa. Elle avait même couché avec lui. Son sang ne fit qu'un tour et elle bifurqua aussitôt vers les ascenseurs, choisissant la fuite. Il fallait partir immédiatement, mais pour aller où ? Et quelle explication donner ? Ils recevaient tant d'appels téléphoniques – des gens importants au Sénat et à la Maison-Blanche, des politiciens qu'elle avait su appâter avec la fortune des Ravello, dont l'un d'eux – et non des moindres – était Nesbitt, le sénateur du Michigan, l'homme qui pouvait la conduire jusqu'à la confrontation finale, lui faire rencontrer le président des États-Unis. C'était un nouveau Wolfsschantze, mais cette fois elle serait plus chanceuse que ces malheureux généraux qui voulaient la mort de Hitler... *Ça suffit !* Il fallait quitter cet hôtel au plus vite. Elle s'engouffra dans l'ascenseur et appuya impatiemment sur le bouton de l'étage où se trouvait sa suite.

– Vous avez vu comme elle est belle, Cabi ? s'écria Nicolo tandis qu'il regardait à la télévision une rediffusion de la série dans laquelle jouait Angel Capell. J'ai parlé avec elle, il y a à peine une heure et maintenant elle est devant moi ! Incroyable, non ?

– *Basta, Nico !* Je te rappelle qu'elle est attirée par le *barone cadetto* et non par un pauvre type de Portici.

– Pourquoi êtes-vous si dure, *signora* ? demanda Nicolo en lui lançant un regard mauvais. Vous disiez que c'était bien si je ressentais certaines choses pour Angelina.

– Plus maintenant. On s'en va.

– Mais pourquoi ?

– Parce que c'est moi qui commande, espèce d'idiot, rétorqua Bajaratt en se dirigeant vers le téléphone. Fais nos bagages, et dépêche-toi, lança-t-elle tout en composant un numéro qui était gravé dans sa mémoire.

– Oui, répondit une voix à Fairfax en Virginie.

– C'est moi. Il me faut un toit, pas à cet hôtel ni à Washington.

– Impossible. Pas ici, pas ce soir.

– Je vous l'ordonne au nom du *padrone*. Et si vous refusez, j'alerterai ses fidèles à la Beqaa, à Palerme et à Rome, pour qu'ils vous règlent votre compte.

Il y eut un moment de silence.

— Je vais vous envoyer une voiture, répondit l'homme, mais je ne pourrai pas vous voir tout de suite, pas ce soir.

— Peu importe, tout ce qu'il me faut, c'est un numéro de téléphone. J'attends des appels.

— Vous serez logée dans un pavillon isolé de la propriété ; chaque maison possède sa propre ligne. Lorsque vous arriverez ici, vous pourrez appeler l'hôtel et leur donner le numéro de téléphone. Vos communications seront transmises vers l'Utah et renvoyées par satellite jusqu'ici, vous n'avez donc aucun souci à vous faire.

— *Grazie.*

— Je suis votre serviteur, *signora.* Mais je dois vous prévenir qu'à partir de demain vous serez toute seule.

— Pourquoi ?

— Je serai parti. Et vous ne serez officiellement qu'une amie arrivant d'Europe, séjournant chez moi et attendant de mes nouvelles. Mais vous pourrez utiliser ce numéro de téléphone pour contacter mon successeur.

— Je comprends. Et nous n'aurons plus le moindre contact ?

— Non. Plus jamais.

Le Gulfstream [1] aborda la côte des États-Unis par la baie de Chesapeake, au-dessus du cap Charles, dans le Maryland.

— Nous arrivons dans quinze minutes, annonça le pilote.

— C'est vite dit, répliqua le copilote en étudiant la carte satellite sur le tableau de bord. On a une zone de turbulences droit devant nous, nous allons être obligés de la contourner par le nord.

— Vous pouvez vraiment faire atterrir cette fusée sur un terrain privé ? demanda Poole. Il vous faut bien une piste de mille mètres.

Le copilote regarda Poole qui était en tenue civile.

— Vous êtes pilote ?

— Eh bien, j'ai quelques heures de vol, mais rien de comparable à vous, les gars. Toutefois, je m'y connais assez pour savoir que vous ne pouvez pas poser cet engin dans un champ de luzerne.

— C'est loin d'être un champ. C'est une vraie piste d'asphalte longue de plus d'un kilomètre, avec sa

---

1. Jet privé de très grand luxe. *(N.d.T.)*

propre tour de contrôle; ce n'est pas vraiment une tour, en fait c'est plutôt un cube de verre au ras du sol. On a fait deux passages ce matin pour s'entraîner, et je peux vous dire que la propriété de Mr. Van Nostrand, c'est du grand luxe.

— Apparemment, répondit Hawthorne qui s'agitait sur son siège à l'arrière de l'engin.

— Ça va, Tye ? s'enquit Neilsen.

— Ça va. Je suis juste impatient d'arriver.

Vingt et une minutes plus tard, l'avion survolait la campagne luxuriante de Virginie. Une piste, bordée de balises orange, apparut parmi les champs en contrebas; elle faisait plus de un kilomètre et demi de long. Le pilote posa l'avion, puis s'approcha d'une limousine garée en bord de piste. Une voiturette de golf attendait à côté.

À leur sortie d'avion, les trois passagers furent accueillis par deux hommes, l'un en costume noir et casquette, l'autre en veston sport et tête nue. Les deux se profilaient en ombres chinoises devant les feux orange des balises.

— Commandant Hawthorne ? demanda celui sans casquette. Si vous voulez bien monter dans cette voiturette, je vais vous conduire jusqu'à la maison. Ce n'est qu'à quelques centaines de mètres d'ici.

— Bien sûr.

— Quant à vous, commença le chauffeur en livrée à l'intention de Poole et de Neilsen, vos chambres sont retenues au Shenandoah Lodge, aux frais évidemment de Mr. Van Nostrand. C'est à dix minutes d'ici. Si vous voulez bien vous donner la peine de monter dans la voiture.

— Certainement, répondit Cathy.

— Joli carrosse ! annonça Poole.

— Je vous rejoindrai tout à l'heure à l'hôtel, annonça Hawthorne.

Le conducteur de la voiturette se retourna vers Tyrell.

— Il était prévu que vous passiez la nuit chez Mr. Van Nostrand. Tout a été préparé à cet effet.

— C'est très gentil de sa part, mais j'ai d'autres projets lorsque notre entrevue sera terminée.

— Il va être très déçu et je suis certain qu'il saura vous persuader de rester, ajouta l'autre chauffeur en ouvrant la portière de la limousine pour que Poole et Neilsen puissent y prendre place. La cuisinière a préparé un succulent dîner. J'en sais quelque chose, puisque c'est ma femme la cuisinière.

– Je lui présente d'avance toutes mes excuses.

– Nom de Dieu! Voilà que je faillis à la moindre des politesses! lança Poole en tournant le dos à la limousine pour regarder l'avion sur la piste.

– Qu'est-ce que tu racontes? demanda Cathy en se penchant par la portière ouverte.

– Toi et le commandant, vous avez dit au revoir aux pilotes mais pas moi. Ils ont été tellement gentils de me montrer tous leurs instruments de bord que je ne peux décemment pas partir sans aller les saluer.

– Mais, Poole, qu'est-ce qui te...?

– Je reviens tout de suite! lança le lieutenant en courant vers le jet.

Il parla un moment aux deux pilotes, dont on apercevait les silhouettes dans la cabine de pilotage. Poole leur serra la main et revint vers les voitures, sous les yeux étonnés de Hawthorne qui grimpait dans la voiturette de golf.

– Voilà. C'est fait! Je me sens mieux. Mon père me disait qu'il faut toujours remercier les gens lorsqu'ils se montrent gentils. Allons-y! J'ai hâte de prendre une douche. Ça fait des jours que je ne me suis pas lavé! Si ma pauvre mère me voyait... À tout à l'heure, commandant, lança finalement Poole en s'engouffrant dans la limousine.

Tyrell fronça les sourcils tandis que la voiturette se faufilait entre les balises pour se diriger vers une grande pelouse qui bordait la maison.

La grosse Cadillac quitta la piste d'atterrissage et s'enfonça dans une petite route sinueuse. De grandes barrières apparurent au loin dans le faisceau des phares, un gardien montait la garde dans sa guérite. Une autre limousine venait d'être admise dans la propriété et les croisa trop rapidement pour qu'ils puissent en distinguer les occupants. Soudain, Poole se pencha sur le siège avant, avec son Walther au poing, à la stupéfaction de Catherine.

– Arrêtez-vous, vite. On a oublié quelqu'un.

– Mais qui donc? articula le chauffeur sous le coup de la surprise.

– Le commandant Hawthorne, espèce d'ordure ! lança Poole en pressant le canon de son arme sur la tempe droite du chauffeur. Fais faire demi-tour à ce veau et éteins les phares !

– Jackson ! s'écria Neilsen. Mais qu'est-ce qui te prend ?

– Ça pue à dix pas, cette histoire ! Je l'ai déjà dit, et je le dirai encore – demi-tour, connard, ou je retapisse la fenêtre avec ta cervelle !

La limousine décrivit tant bien que mal un large U en rebondissant sur les bas-côtés tandis que le chauffeur tendait la main vers un bouton rouge sur le tableau de bord – un signal d'alarme ! L'homme ne put finir son geste. Poole le frappa à la nuque, qui émit un bruit sinistre. Le chauffeur tomba instantanément inconscient. Poole l'écarta et sauta sur le siège avant pour attraper le volant de la Cadillac qui zigzaguait dans l'obscurité. Son pied trouva la pédale de frein. La voiture s'arrêta dans un crissement de pneus sous les branches basses d'un pin, à moins de deux mètres du tronc. Poole leva les yeux au ciel en poussant un grand soupir.

– J'attends une explication, lança Neilsen, encore sous le choc. Tu prétends que ce type, qui a dit ouvertement à Tye d'appeler le ministre de la Défense, le ministre des Affaires étrangères et le directeur de la CIA, serait non seulement un menteur, mais pire que ça encore ?

– Si je me trompe, je ferai officiellement des excuses. Je rendrai mon uniforme et j'irai rejoindre ma petite sœur en Californie pour faire fortune comme elle.

– Tu te fiches de moi ? J'exige une explication !

– Je suis reparti parler à ces deux pilotes et...

– On a vu ! Il paraît que tu ne leur avais pas dit au revoir – première nouvelle ! Et puis tu es revenu raconter que cela faisait des jours que tu n'avais pas pris de douche, alors que tu as passé ce matin trois quarts d'heure sous la douche à l'hôtel San Juan.

– J'espère que Tye a reçu le message...

– Quel message ?

– Ça sent le coup fourré. Ces deux pilotes n'étaient pas les pilotes habituels de Van Nostrand, expliqua Poole. Les autres sont en vacances. Tu te souviens qu'ils ont dit qu'ils se sont entraînés ce matin ?

– Et alors ? C'est l'été. Les gens partent en vacances, c'est normal.

– Qu'est-ce qu'on fait lorsqu'on veut s'assurer le secret d'une opération ?

– On remplace le personnel, évidemment. On fait venir d'autres personnes de bases différentes. Encore une fois, je ne vois toujours pas où tu veux en venir.

– On prend des intermédiaires pour éviter le moindre contact, n'est-ce pas ?

– Évidemment.

– Quand je suis revenu, nos deux gugusses étaient en train de faire leur feuille de route pour l'aéroport Douglass à Charlotte en Caroline du Nord. Ils doivent rejoindre le terminal des vols internationaux, et se garer dans une zone de sécurité, où une escorte gouvernementale les attend. Ils sont censés avoir un seul passager à bord, avec un laissez-passer diplomatique délivré par le ministère des Affaires extérieures. Qu'est-ce que tu dis de ça ? Il est évident que ces deux pauvres types n'ont pas l'habitude de transporter ce genre de gros poisson. Ils étaient passablement nerveux et, à mon avis, c'est parce qu'ils ne sont pas blancs comme neige.

– Qu'est-ce que tu racontes, Jackson ?

– On leur a dit que le passager serait Van Nostrand et qu'ils doivent être prêts à décoller dans une heure.

– Dans une heure ?

– Ça ne laisse pas beaucoup de temps pour une rencontre au sommet, et encore moins pour un petit dîner, hein ? Pour moi, ces deux pilotes doivent traficoter ici et là et faire des transports pas tout à fait légaux, drogue ou autres.

– Ils paraissaient si gentils...

– Tu es une provinciale, Cathy. Moi, je viens de La Nouvelle-Orléans. Là-bas, on te joue un petit air langoureux à la trompette pendant que l'on te plume.

– Qu'est-ce qu'on fait ?

– Je déteste me montrer alarmiste, mais as-tu encore l'arme de Tye sur toi ?

– Non. Il l'a glissée sous son pantalon.

– Voyons ce qu'a notre chauffeur... Il en a deux, rien que ça ! Un gros et un tout petit... Tiens, prends le gros et reste dans la voiture ; je vais cacher l'autre dans ma poche. Si quelqu'un pointe son nez, tu ne discutes pas. Tu tires ! Et si cette ordure bouge, fous-lui-en un bon coup sur le crâne.

– Pas question. Je vais avec toi !

– Je ne crois pas que ce soit une bonne idée, capitaine.

– C'est un ordre, lieutenant.

– Il y a un article dans le code de l'US Air Force qui dit clairement que...

– Ferme-la ! Je vais avec toi. Point. Qu'est-ce qu'on fait de ce type ?

– Donne-moi un coup de main, lança Poole en commençant à extirper le chauffeur de la limousine et à le traîner par terre. Ôte-lui ses vêtements. Commence par ses chaussures, précisa-t-il à Cathy, qui s'exécuta aussitôt. Parfait, retire-lui son pantalon maintenant, continua Poole alors qu'il abordait une haie d'arbustes. Je vais retirer sa veste et sa chemise... Laisse le slip... Je vais m'en occuper.

Une minute plus tard, le corps nu du chauffeur était ficelé comme un saucisson avec les lambeaux de ses propres vêtements – sans le moindre égard pour sa pudeur. Poole lui assena un dernier coup sur la nuque ; l'homme fut traversé de convulsions puis s'effondra de nouveau.

– Tu ne l'as pas tué ? demanda Neilsen avec une grimace de dégoût.

– Non, mais il vaut mieux pour lui que je ne m'attarde pas ici. Ce connard allait nous tuer, Cathy, et je vais t'en donner la preuve sur-le-champ.

– Comment ça ?

– Retournons à la voiture, il y a un téléphone. Je suis sûr que j'ai raison.

Poole démarra, alluma le téléphone cellulaire et appela les renseignements pour avoir le numéro du Shenandoah Lodge.

– C'est un appel urgent de la base de l'US Air Force de Patrick, en Floride, annonça-t-il en prenant un ton neutre de fonctionnaire. Passez-moi le capitaine Catherine Neilsen ou le lieutenant A.J. Poole. C'est urgent, je répète.

– Tout de suite..., répondit le standardiste affolé. Je vais consulter notre registre, ne quittez pas... (Trente secondes plus tard, le standardiste revint en ligne.) Nous n'avons personne enregistré à ces noms à notre hôtel, je regrette.

– Ça te suffit ? lança Poole en raccrochant. Ce salaud s'apprêtait à nous abattre d'une minute à l'autre. Il aurait fallu peut-être dix ans avant que l'on retrouve nos cadavres dans les célèbres marais de Virginie.

– Il faut prévenir Tye !

– Je ne te le fais pas dire.

Hawthorne fut conduit dans la grande bibliothèque de Van Nostrand. Le conducteur de la voiturette se dirigea vers un bar en verre aux formes futuristes et lui proposa une boisson.

– Je ne bois que du vin blanc, répondit Tyrell. Le moins cher et en petite quantité.

– Nous avons un excellent pouilly fumé...

– Mon estomac ne le supporterait pas. Il est trop habitué aux piquettes.

– Comme vous voudrez, commandant. En revanche, je suis dans l'obligation de vous demander de me donner l'arme qui est fixée à votre jambe droite.

– Pardon ?

– S'il vous plaît..., insista le chauffeur en retirant son oreillette. Vous êtes passé devant quatre détecteurs à rayons X depuis que nous avons franchi le seuil de cette maison. Les quatre appareils l'ont repérée. Veuillez me la donner, s'il vous plaît.

– C'est une déformation professionnelle, répondit Hawthorne d'un faux air contrit en s'asseyant pour pouvoir remonter la jambe droite de son pantalon. Je ferais la même chose si j'étais reçu par le pape en personne... (Il retira la bande Velcro et dégagea le pistolet automatique, qu'il envoya d'un coup de pied à l'autre bout de la pièce.) Rassuré ?

– Je vous remercie. Mr. Van Nostrand va arriver d'un instant à l'autre.

– Vous jouez les éclaireurs ?

– Mon patron est un homme très prudent.

– C'est qu'il doit avoir beaucoup d'ennemis.

– Au contraire, je ne lui en connais aucun. Étant donné, toutefois, son immense fortune, je tiens, en ma qualité de chef de la sécurité, à ce que certaines précautions soient observées lorsque des gens qu'il ne connaît pas viennent lui rendre visite. Vous qui avez été membre des services secrets, je suis sûr que vous ne pouvez que m'approuver.

– Il me serait difficile de prétendre le contraire. Vous étiez dans quel service à l'armée ? Le G-2 ?

– Non. Les services secrets de la Maison-Blanche. Le Président ne voulait pas me laisser partir, mais il a fini par comprendre les difficultés financières que je pouvais avoir avec mes quatre enfants qui font leurs études à l'université.

– Vous faites votre travail avec un zèle exemplaire.

– Je fais de mon mieux. Et sachez que je serai derrière la porte lorsque Mr. Van Nostrand arrivera.

– Je vais vous préciser une petite chose, Mr. James Bond. Je suis ici à la demande de votre patron. Ce n'est pas moi qui me suis invité.

– Les invités viennent rarement avec un Walther PK caché sous le pantalon. Si je ne me trompe pas, c'est bien l'arme préférée des tueurs ?

– Je vous l'ai dit, c'est une habitude.

– Il vous sera inutile ici, commandant, annonça l'homme en ramassant l'arme.

La porte s'ouvrit et Nils Van Nostrand entra dans la pièce comme un grand seigneur, sourire aux lèvres.

– Bonjour, Mr. Hawthorne, lança-t-il en lui tendant la main. Je suis désolé de n'être pas venu vous accueillir à votre descente d'avion, mais j'avais justement le ministre des Affaires étrangères en ligne... Il me semble reconnaître votre veste. Elle vient de chez Safarics à Johannesburg, n'est-ce pas ? De la très bonne qualité.

– Pas du tout. Ça vient d'une boutique du centre commercial de l'aéroport de San Juan.

– C'est diablement bien imité ! Les vêtements ont été mon dada pendant un temps. Ce sont les poches qui font la vraie veste safari ; tous les hommes aiment avoir beaucoup de poches. Bref, je vous renouvelle mes excuses pour vous avoir négligé de la sorte.

– Nous n'avons pas perdu notre temps pour autant, répondit Hawthorne en regardant son hôte, presque hypnotisé par son apparence.

Un grand type... avec des cheveux gris, et du genre distingué... comme ces types dans les publicités pour vêtements de dandy.

– Vous avez un service de sécurité remarquable.

– Oh, vous voulez parler de Brian ? lança Van Nostrand en riant, tout en regardant avec tendresse son homme de confiance. Il prend sa tâche parfois un peu trop à cœur. J'espère que vous avez fait preuve de tact, Brian.

– Bien sûr, répondit le garde en glissant discrètement

l'arme dans sa poche. J'ai offert un verre au commandant, votre pouilly fumé, mais il a refusé.

– Vraiment ? C'est une excellente année pourtant. Peut-être préférez-vous un bourbon, avec un jus de citron ?

– Je vois que vous avez bien potassé mon dossier, mais c'est de l'histoire ancienne.

– Oui, c'est ce qu'on m'a dit. Veuillez-nous laisser, Brian. Notre ami d'Amsterdam et moi-même avons des petits secrets à nous dire.

– Certainement, répondit l'ancien agent des services de renseignements de la Maison-Blanche.

Il sortit de la pièce et referma la porte derrière lui.

– Voilà, nous sommes seuls, commandant.

– Oui, nous sommes seuls et vous avez dit une chose pour le moins surprenante à propos de ma femme et du colonel Stevens. Je veux savoir quelles preuves vous avez pour avancer ça.

– Chaque chose en son temps. Je vous en prie, asseyez-vous, et bavardons un peu.

– Je ne suis pas venu ici pour bavarder ! Quelles sont vos preuves ? Répondez d'abord à ma question et ensuite nous parlerons d'autre chose. Mais il va falloir faire vite, c'est moi qui vous le dis !

– Oui, on m'a dit que vous ne pourriez rester dîner et encore moins accepter mon hospitalité pour cette nuit.

– Je ne suis pas venu ici pour passer un week-end à la campagne. Je suis venu entendre ce que vous avez à m'apprendre sur le meurtre de ma femme et sur Stevens. Il sait peut-être quelque chose que j'ignore, mais vous avez porté une tout autre accusation ! Expliquez-vous.

– Rien ne m'y oblige. Vous êtes devant moi et, comme vous, je brûle d'impatience de connaître certains détails... mais je me fiche d'Amsterdam – ce qui m'intéresse de savoir, c'est ce qui s'est passé sur une petite île des Antilles.

Les deux hommes s'observèrent un long moment en silence, à un mètre de distance, les yeux dans les yeux.

– Vous êtes Neptune, annonça finalement Hawthorne.

– En effet, commandant. Neptune, c'est moi, mais cette information ne sortira pas de ces murs.

– Vous en êtes sûr ?

– Absolument. Vous êtes un homme mort, Mr. Hawthorne. Brian !

18

Une fusillade retentit dans l'immense pièce. Poole et Catherine Neilsen vidaient frénétiquement les chargeurs de leurs armes, faisant voler en éclats les fenêtres de la bibliothèque et semant une pluie de verre autour d'eux. Le jeune lieutenant s'engouffra à travers les décombres, roula au sol et se releva, son arme braquée sur les corps qui s'effondraient au milieu de la pièce.

— Ça va ? lança-t-il à Hawthorne, qui s'était réfugié derrière une chaise, dans un coin de la pièce.

— D'où est-ce que vous sortez, vous deux ? demanda-t-il en se relevant, le souffle coupé, les jambes comme du coton. J'ai bien cru que j'y passerais cette fois.

— J'ai eu une sorte de pressentiment...

— C'était pour ça ces adieux avec les pilotes qui n'en finissaient pas, et cette histoire de douche que tu n'aurais pas prise depuis des jours ?

— Je vous raconterai tout ça plus tard... En attendant, notre chauffeur est dans les bois, et il ne risque pas d'en sortir dans l'état où il est. Cathy et moi, on a fait le tour de la maison et on vous a vu par les fenêtres. Lorsque l'autre gorille s'est pointé pistolet au poing, on s'est dit qu'on réfléchirait plus tard.

— Heureuse initiative. Il venait de me dire que j'étais un homme mort.

— Il faut se tirer d'ici et vite !

— Est-ce que ce serait trop vous demander de m'extraire de cette fenêtre qui me laboure les fesses ? lança Neilsen. Je vous annonce, soit dit en passant, que des hommes rappliquent ici au pas de course.

300

— On va ruser, annonça Hawthorne en aidant Jackson à dégager Catherine de la fenêtre.

Il se précipita vers la porte de la bibliothèque et la verrouilla de l'intérieur. Lorsque les hommes de Van Nostrand se mirent à cogner à la porte, Tyrell fit de son mieux pour imiter la voix du maître de maison, un savant mélange d'accent du terroir et de préciosité de la côte est.

— Tout va bien, Brian vient de me montrer son nouveau joujou. Retournez à vos postes !

— À vos ordres ! répondit l'un d'eux, en une sorte de réflexe pavlovien face à l'autorité.

On les entendit s'éloigner dans le couloir.

— Pour l'instant, tout va bien, annonça Tyrell.

— Vous êtes aveugle ou quoi, lança Cathy en chuchotant. On a deux cadavres sur les bras !

— Je n'ai pas dit *in aeternum*, j'ai dit « pour l'instant ».

— L'avion doit repartir dans trente-cinq minutes, annonça Poole. Ce serait une bonne idée d'être à bord à ce moment-là.

— Dans trente-cinq minutes ? lança Hawthorne avec étonnement.

— Et ce n'est pas tout. Leur passager est censé être Van Nostrand, destination l'aéroport international de Charlotte, en Caroline du Nord ; couverture diplomatique et tout le toutim. Départ dans une demi-heure. C'est un peu juste pour un dîner aux chandelles et a fortiori pour un petit week-end de détente, sauf si l'on comptait vous faire passer le restant de vos jours au fond d'un marais.

— Nom de Dieu, tout était réglé à la minute près !

— Allons rejoindre au plus vite notre petite fusée, et à nous la liberté !

— Pas encore, Jackson, s'entêta Tye. Il y a des réponses ici. Van Nostrand était le fameux Neptune dont parlait Simon. Cela veut dire qu'il était l'un des proches du *padrone*, et donc l'un des premiers contacts de Bajaratt.

— Vous croyez ?

— J'en suis persuadé, lieutenant. Il m'a dit lui-même qu'il était Neptune, en précisant que j'emporterai cette information avec moi au paradis.

— Vous avez eu chaud !

— Une voiture nous a croisés tout à l'heure, annonça Neilsen. Peut-être n'était-elle pas là par hasard ?

– Allons voir ça de plus près, lança Hawthorne en sautant par la fenêtre.

– Il y a des chaumières un peu partout, des « maisons d'amis », j'en ai aperçu quatre ou cinq sur la route, ajouta Poole en aidant Neilsen à se faufiler entre les éclats de verre acérés.

– Pas la moindre lumière à l'horizon, annonça Hawthorne en arrivant au coin est de la maison, en scrutant la pelouse et les bois devant lui.

– Il y en avait tout à l'heure.

– C'est vrai, renchérit Neilsen, une fois dehors. Par là-bas, dans cette direction, précisa-t-elle en tendant le doigt vers le sud-ouest.

– Je ferais peut-être mieux de retourner voir les pilotes pour leur dire que tout va bien. Ils étaient plutôt nerveux, et la fusillade n'a pas dû arranger les choses.

– Bonne idée, reconnut Tyrell. Dis-leur que Van Nostrand me montrait sa collection d'armes et qu'il a un stand de tir au sous-sol.

– Personne n'avalera un truc pareil ! lança Cathy.

– Ils sont prêts à gober n'importe quoi, pourvu que cela les rassure. Tout ce qu'ils veulent, c'est décoller dans une demi-heure avec la promesse d'un gros chèque à l'arrivée. C'est tout ce qui les intéresse... Allez avec lui, Catherine. Votre présence les rassurera.

– Qu'est-ce que vous allez faire ?

– Fureter un peu. Si vous avez vu des lumières il y a quelques minutes, pourquoi est-ce que tout est éteint maintenant ? Il n'y a sûrement plus personne dans la maison, à l'exception de la cuisinière, qu'il y ait dîner ou non, et il est évident que Van Nostrand n'attendait la visite de personne d'autre puisqu'il s'apprêtait à repartir sur-le-champ.

– Voilà votre arme, annonça le lieutenant en sortant de sa ceinture le Walther PK. Ce salaud l'avait dans sa poche, en plus de son Magnum. Vous le voulez aussi ? J'ai l'impression d'être une armurerie ambulante, car j'ai déjà deux autres revolvers, grâce aux bons soins de notre chauffeur.

– Tu m'en as donné un, Jackson, précisa Neilsen.

– Il ne te servira pas à grand-chose, Cathy. Si j'ai bien compté, il ne te reste plus qu'une seule balle.

– Et j'espère bien que je n'aurai pas à l'utiliser...

– Retournez tous les deux à l'avion. Débrouillez-vous pour les rassurer. Dites-leur qu'il y aura peut-être un peu de retard sur l'horaire, mais qu'il sera minime et que Van Nostrand passe quelques coups de fil à nos quasi-dieux du gouvernement parce qu'il a deux ou trois choses à leur dire. Allez-y !

– J'ai une idée, Tye, annonça Poole.

– C'est quoi ?

– Cathy et moi pouvons très bien piloter ce zinc et...

– Laisse tomber, l'interrompit Hawthorne. Je ne veux pas laisser ces pilotes derrière moi. Je ne tiens pas à ce qu'on leur pose trop de questions lorsqu'on aura découvert les corps. Mon exécution devait se passer dans l'intimité ; les seules personnes qui pourraient nous identifier sont les deux chauffeurs. L'un gît inconscient dans la forêt, à ce qu'il paraît, et l'autre est mort. Cela nous donne un certain champ de manœuvre.

– Bien raisonné, commandant.

– C'est pour cela qu'on me paie, capitaine. Allez, filez maintenant.

Poole et Neilsen s'éloignèrent sur la pelouse pour rejoindre la piste d'atterrissage tandis que Tyrell scrutait les sous-bois en direction du sud-ouest. Il y avait des alignements symétriques de pins, comme pour assurer une sorte d'intimité à chaque chaumière, qu'on distinguait à peine sous le clair de lune. Hawthorne en apercevait deux, distantes chacune d'une centaine de mètres. Les fenêtres de l'une d'entre elles étaient allumées dix minutes plus tôt. Laquelle des deux ? Jouer aux devinettes ne servait à rien pour l'heure. Il valait mieux s'approcher. Pour ce faire, il fallait procéder avec méthode : surveiller le ciel, ramper lorsqu'un nuage masquait la lune et plongeait les alentours dans une relative obscurité, et se plaquer au sol sitôt que l'astre réapparaissait. Une fois encore, de lointains souvenirs lui revenaient en mémoire. Du temps où le paisible fonctionnaire qu'il était la journée se métamorphosait la nuit en une bête farouche, courant de rendez-vous en rendez-vous, rencontrant des hommes et des femmes dans des champs ou des églises désertes, dans des ruelles ou derrière des postes frontières infiltrés par des gens encore hors contrôle. Un monde où, à la moindre indiscrétion, vous vous retrouviez avec une balle dans la tête, quel que soit le camp auquel vous apparteniez. Un monde de fous !

Hawthorne leva les yeux vers le ciel. Un gros cumulus glissait vers le sud. Il allait masquer la lune d'une seconde à l'autre. Sitôt que l'astre disparut, Tyrell traversa la petite route et plongea sur la pelouse. Il se mit à ramper en direction de la maison la plus proche, qui se trouvait sur sa droite, et s'immobilisa dès que la lune réapparut. Tapi au sol, il sortit son pistolet.

Des voix ! Il entendit des voix, apportées par la brise, tandis que les vents en altitude chassaient les nuages. Il y avait deux personnes. Deux voix aux intonations légèrement différentes – l'une plus grave, plus rauque. Mais les deux personnes semblaient aussi nerveuses l'une que l'autre et parlaient très vite. Ce n'était pas de l'anglais... Hawthorne se redressa et tendit l'oreille, mais les voix s'étaient tues. Puis les deux voix se firent de nouveau entendre. Elles provenaient en fait de la deuxième maison, celle qui se trouvait sur sa gauche à cent mètres de là.

Soudain, une lampe s'alluma ! Une petite écharde de lumière, un point minuscule perçant les ténèbres – une petite lampe de poche peut-être, mais sûrement pas une allumette, car la lueur ne vacillait pas. Quelqu'un passait de pièce en pièce dans la maison, balayant le faisceau de lumière de droite à gauche par saccades – quelqu'un de pressé, cherchant quelque chose. Oui, ils étaient eux aussi dans le coup, à un niveau ou à un autre. Et tout à coup, comme pour confirmer ses doutes, des phares apparurent sur la petite route qui passait entre la maison principale et les chaumières au sud de la propriété. C'était une autre limousine, sans doute celle que Poole et Neilsen avaient croisée devant le portail du domaine. On revenait chercher des invités affolés, arrivés à peine une demi-heure plus tôt ; deux personnes qui avaient entendu les coups de feu ; ils ne cherchaient pas à comprendre. Ils quittaient les lieux sans demander leur reste !

La deuxième Cadillac fit demi-tour au bout de la route qui se terminait par une sorte de rond-point afin d'éviter aux véhicules de manœuvrer pour repartir vers le portail. La Cadillac s'arrêta dans un crissement de pneus devant la maison tandis que deux silhouettes se précipitaient à l'extérieur, la plus grande avec deux valises à la main. Il ne fallait pas les laisser s'échapper.

Il tira en l'air.

– Arrêtez-vous, hurla-t-il en se précipitant vers eux. Ne montez pas dans cette voiture !

Des ténèbres jaillit soudain un faisceau de lumière aveuglant centré sur Hawthorne, illuminant dans son halo deux hommes en train de grimper dans la limousine... Trop rapidement pour que Tyrell puisse les reconnaître. Un projecteur dans la nuit, des silhouettes s'enfuyant en voiture étaient de nouvelles réminiscences de l'autre monde ; il s'immobilisa, fit un écart à droite, et plongea sur sa gauche, roulant à toute vitesse dans l'herbe, pour échapper au faisceau qui jaillissait de la Cadillac, jusqu'à se tapir derrière un buisson tandis qu'une rafale de mitraillette zébrait la pelouse à l'endroit où le tireur pensait qu'il avait cherché refuge. La voiture démarra en trombe, faisant de nouveau hurler les pneus sur l'asphalte. Tye ferma les yeux de fureur et donna des coups rageurs dans le sol avec la crosse de son pistolet.

– Hawthorne, où êtes-vous ?

C'était Cathy qui appelait, accourant de l'autre côté de la route.

– Nom de Dieu, ça tirait dans tous les sens ! renchérit Poole derrière elle. Tye, dites quelque chose ! Ce n'est pas possible, il a dû être touché...

– Oh non !

– Ça va, je n'ai rien, je crois, répondit Tyrell en se relevant lentement, les mains sur les hanches pour reprendre son souffle.

– Où êtes-vous ?

– Par ici ! répondit Hawthorne.

Il y eut une courte éclaircie dans les nuages et ils l'aperçurent se faufiler entre les buissons, hors d'haleine.

– Le voilà ! s'écria Neilsen en courant à sa rencontre.

– Vous êtes blessé ? demanda le lieutenant en se précipitant à son tour. Répondez, le pressa Poole en lui tenant le bras.

– Ce n'est rien, répondit Hawthorne en portant la main à sa nuque dans une grimace. Ça n'a rien à voir avec la fusillade.

– Ah oui ? rétorqua Cathy. C'étaient bel et bien des mitraillettes, je n'ai pas rêvé.

– Il n'y en avait qu'une seule, l'interrompit Poole. Et à son bruit plutôt sourd, ce devait être un Mac, pas un Uzi.

305

– Et tu crois qu'un homme pourrait conduire une grosse voiture sur un chemin de terre avec un Mac-10 sur les genoux ?

– Ça me semble difficile, répondit Poole.

– J'ai bien failli y passer, mais ce n'est pas un Mac-10, lieutenant.

– Quelle importance cela a-t-il ? lança Neilsen avec agacement.

– Aucune, reconnut Hawthorne. Je faisais juste remarquer à notre monsieur Je-sais-tout de Louisiane qu'il n'était pas infaillible... Non, je ne suis pas blessé, je me suis froissé un muscle en faisant des galipettes. Je suis un peu rouillé. Comment vont nos pilotes ?

– Ils sont sur des charbons ardents ! répliqua Neilsen. Et je suis sûr que Jackson a vu juste. Ces deux-là ne sont pas des enfants de chœur. Ils n'ont qu'une envie, c'est de quitter les lieux.

– Vous les avez quittés avant que la fusillade éclate ?

– Trois minutes avant, pas plus, répondit Neilsen.

– Personne ne peut les empêcher de partir maintenant, et ce n'est peut-être pas plus mal.

– Quelqu'un, non, mais quelque chose..., commandant.

– Je ne te suis pas. Ils peuvent décoller quand ils veulent, non ?

– Vous entendez un bruit de réacteur en ce moment ? demanda Poole avec un sourire malicieux. Je leur ai fait le coup de « qui va à la chasse perd sa place » !

– Poole, tu mériterais que je te fiche devant un peloton d'exécution !

– C'est très sérieux, commandant, et ça marche à tous les coups. C'est toujours les choses les plus simples qui marchent le mieux. Lorsque nous étions là-bas à essayer de calmer ces deux hystériques, je me suis reculé et j'ai regardé derrière la queue de l'avion en criant : « Nom de Dieu, regardez ça ! » Et évidemment, ils ont rappliqué, s'attendant à voir débouler une bande de vengeurs masqués en motos. J'en ai alors profité pour passer le bras derrière la porte et prendre la clé qui se trouvait dans son logement. Pour les tranquilliser, bien sûr, je leur ai dit que j'avais vu un cerf traverser la piste. Ils ont poussé un soupir et, pendant que leur pression artérielle descendait, j'ai refermé nonchalamment la porte, qui se verrouille automatiquement... Ils n'iront nulle part, Tye. Et je peux vous dire que, lorsque l'avion décollera, nous serons à bord.

– Je le maintiens, Jackson, annonça Hawthorne en regardant son lieutenant, tes intuitions sont saisissantes et n'ont d'égales que tes diverses compétences. Je ferai un rapport en haut lieu.

– C'est trop gentil de votre part, commandant !

– Ne te réjouis pas trop vite ! Cette heureuse initiative peut se révéler tragique d'un moment à l'autre.

– Pourquoi donc ? rétorqua Neilsen pour prendre la défense de Poole.

– Puisque l'avion ne va pas décoller, la question est de savoir comment vont réagir les gardes à l'entrée après avoir entendu la fusillade et ce que va faire la cuisinière quand elle va s'apercevoir qu'elle ne peut contacter ni Van Nostrand ni son mari. Ils vont savoir que nous sommes toujours là puisque l'avion est encore sur la piste.

– Le mari en question, c'était notre chauffeur, je crois bien, dit Neilsen.

– Et il y a un téléphone dans la voiture, ajouta Tyrell.

– Il a raison ! s'écria Poole. Et si les gardes à l'entrée, voyant qu'ils n'arrivent pas à joindre la Cadillac, appellent la police ? C'est peut-être déjà fait à l'heure actuelle ? Ils vont être ici d'une minute à l'autre, à sonner l'hallali.

– Quelque chose me dit que non, répliqua Hawthorne. Mais je dois reconnaître que mon sixième sens s'est un peu émoussé avec le temps. Je suis resté trop longtemps inactif.

– Tout dépend de ce qui va se passer au portail, reprit Poole.

– Exact. Normalement, on devrait apercevoir des voitures et des voiturettes de golf, ou tout au moins des hommes avec des lampes-torches, or il n'y a rien. Personne. Pourquoi ?

– On pourrait se renseigner ? proposa Poole. Je peux peut-être aller jeter un coup d'œil là-bas et voir ce qui se passe ?

– Et te faire tuer, idiot ?

– Allons, Cathy, je ne vais pas y aller en sonnant la charge !

– Elle a raison, renchérit Tyrell. Je suis peut-être un peu rouillé pour pas mal de choses, mais pas pour ça.

C'est moi qui y vais, point. Vous, allez m'attendre à l'avion.

– Qu'est-ce qui s'est passé ici ? demanda Neilsen. Vous avez vu quelque chose ?

– Oui. Deux hommes, dont un grand qui portait des valises, et le plus petit avait un chapeau sur la tête. Ils ont sauté dans la voiture lorsque j'ai été surpris par le faisceau du projecteur.

– Quelle idée de porter un chapeau en plein été ! s'exclama Poole.

– C'est un chauve, précisa Hawthorne. C'est un signe distinctif chez eux... Accompagne Cathy, et essayez de tranquilliser ces pilotes...

– Je n'ai pas besoin d'un chaperon. Je suis tout à fait capable de...

– Ça va, Cathy, l'interrompit Poole. Il veut simplement dire qu'il vaut mieux que l'on soit deux au cas où ces deux gugusses donnent du fil à retordre. Il préfère que je les assomme plutôt que tu ne les tues. Tu es rassurée ?

– Comme ça, ça va.

– Si jamais je suis en difficulté, poursuivit Tyrell avec autorité, je tirerai trois fois en l'air. Ce sera votre signal pour décoller.

– Et vous laisser derrière nous ? s'enquit Neilsen d'un air étonné.

– Exactement, capitaine. Mais je crois vous avoir déjà dit que je déteste jouer les héros, parce que la plupart finissent morts. Si je suis en mauvaise posture, je préfère être seul et avoir les mains libres.

– Merci pour nous !

– C'est une habitude chez moi.

– Et si j'allais avec vous ? proposa Poole.

– Tu connais la réponse, tu l'as dite il y a un instant. Si jamais les pilotes ont des velléités de révolte...

– Allez, viens, Cath. C'est une tête de mule !

La Buick gris clair du ministère de la Défense était garée sur le bas-côté, hors de vue, cachée sous les branches basses d'un pin, aux abords de la route qui menait à la propriété de Van Nostrand. Les quatre hommes à l'intérieur s'ennuyaient ferme et étaient irrités de devoir faire des heures supplémentaires sans avoir le droit d'intervenir ni d'avoir la moindre explication quant à leur présence en ce lieu. Ils étaient là en simples observateurs et, en aucun cas, ils ne devaient se faire remarquer.

– La voilà ! lança le conducteur en ramassant aussitôt ses cigarettes sur le tableau de bord tandis qu'une limousine sortait de la propriété et tournait à droite au croisement. Si une voiture quitte les lieux après vingt et une heures, vous pouvez rentrer chez vous, ils nous ont dit.

– Alors, on rentre ! annonça un membre de la sécurité du ministère de la Défense. On a attendu pour rien.

– Encore un gros bonnet qui voulait savoir qui s'envoie en l'air et avec qui, ajouta un troisième occupant à l'arrière.

– On nous a fait sortir pour des conneries, oui ! renchérit l'homme à côté du chauffeur, en prenant la radio. Je préviens les autres et on s'en va. Parfois, Dieu a pitié du petit personnel...

Bajaratt était assise à l'arrière de la limousine, encore sous le choc, incapable de rassembler ses pensées. L'homme dans le faisceau du projecteur... c'était Hawthorne ! Comment était-ce possible ? C'était inconcevable et pourtant il était bel et bien là, en chair et en os ! Il devait y avoir une explication, quelqu'un devait savoir... le padrone ? Mais comment ? Pourquoi ?... Soudain, elle eut l'illumination. Mars et Neptune ! Le feu d'une passion perdue – un amour de chair et de sang mêlé intimement à celui du pouvoir et de l'argent. L'idiot ! Il a fallu qu'avant de disparaître il attire Hawthorne ici pour le tuer. *Il n'a pas le droit, Hawthorne est à moi, et à personne d'autre !*

Ils se trouvaient sur un échiquier maléfique, où reines et pions ne pouvaient s'attaquer sans se découvrir et se mettre en péril mutuellement... Il fallait réagir. Elle était si près du but. Encore quelques jours et le massacre d'Ashkelon serait vengé – le sens de toute sa vie ! *Muerte a toda autoridad !* Rien ne devait l'arrêter ! Rien !

Paris ! Il fallait téléphoner à Paris !

– Qu'est-ce qui se passe, nom de Dieu ? murmura Nicolo, le souffle encore court à la suite de la fusillade et de leur départ précipité. Vous ne croyez pas qu'il est temps de me le dire ?

– Cela ne te regarde pas ! répliqua Bajaratt en décro-chant le téléphone de la limousine.

Bajaratt composa l'indicatif de la France, puis le numéro boulevard de Courcelles.

– Je voudrais parler à Pauline, et à personne d'autre.

– C'est moi, répondit la femme à Paris. Et vous êtes ?...

– La seule fille du *padrone*.

– C'est amplement suffisant. Que puis-je pour vous ?

– Saba a rappelé ?

– Oui. Il était plutôt nerveux, d'ailleurs, mais je crois l'avoir calmé. Il a paru satisfait.

– Comment ça ?

– Il a bien voulu croire que votre oncle avait démé-nagé sur une autre île et que vous saviez où le joindre lorsque vous reviendrez aux Antilles.

– Parfait. À sa société des Croisières Olympic à Charlotte Amalie, c'est bien ça ?

– Je ne saurais vous dire...

– Peu importe. Je vais lui laisser un message.

– Comme vous voudrez. Au revoir.

Bajaratt coupa la communication et composa le 809 à Saint Thomas pour contacter les Croisières Olympic. Elle entendit ce qui était prévisible à cette heure de la nuit :

– *Vous êtes en communication avec le répondeur-enregistreur de la société des Croisières Olympic de Charlotte Amalie. Nos bureaux sont ouverts de six heures du matin à dix-huit heures. En cas d'urgence, veuillez presser la touche 1 pour joindre le service des garde-côtes, sinon, vous pouvez laisser un message après le bip sonore.*

– Mon chéri, c'est Dominique ! Je m'ennuie à mourir sur cette croisière. Nous sommes au large des côtes de Portofino – comme on dit chez toi en Amérique, c'est le *asshole of the Earth* ! Mais la bonne nouvelle, c'est que je reviens dans trois semaines. J'ai convaincu mon mari que je devais retourner voir mon oncle – il est sur Dog Island à présent. Je suis désolée de ne pas te l'avoir pré-cisé, mais je t'avais dit qu'il n'arrêtait pas de bouger. Pauline vient de me reprocher cette négligence. Mais c'est de l'histoire ancienne, nous serons bientôt de nou-veau ensemble. Je t'aime.

Bajaratt raccrocha, sous le regard suspicieux de Nicolo.

– Pourquoi vous avez dit ça, Cabi? demanda le jeune homme. Nous retournons aux Antilles? Où allons-nous?... Pourquoi cette fusillade? Pourquoi nous sauvons-nous comme des voleurs? Qu'est-ce qui se passe, *signora*? Je veux savoir!

– Je n'en sais pas plus que toi, Nico. Tu as entendu ce qu'a dit le chauffeur; il y a eu un cambriolage. Les richesses du propriétaire soulèvent bien des convoitises et les temps sont durs en Amérique. La loi du crime règne partout. C'est pour ça qu'il y a ces gardes à l'entrée et ces clôtures. Ils sont toujours prêts au pire. Ça n'a rien à voir avec nous, crois-moi.

– J'ai du mal à comprendre. S'il y a des gardes et tous ces systèmes de protection, pourquoi nous enfuyons-nous?

– À cause de la police, Nicolo! Elle a été prévenue et ni toi ni moi ne tenons à subir un interrogatoire. Nous sommes de simples visiteurs dans ce pays; ce serait fâcheux, pour ne pas dire humiliant... Que penserait Angelina?

– C'est vrai, reconnut le jeune docker. Mais pourquoi sommes-nous venus ici? demanda-t-il d'un ton plus doux.

– Parce qu'un ami m'a dit que nous pourrions nous y installer confortablement, avec cuisinière et domestiques à notre service... Et que notre hôte me fournirait une secrétaire car j'ai des dizaines de lettres à écrire.

– Sous combien de signatures différentes? demanda le jeune Italien en regardant le visage de cette femme qui lui avait sauvé la vie à Portici et qui apparaissait par intermittence dans le faisceau des phares des voitures. Vous êtes tant de personnes à la fois.

– Pense à l'argent que j'ai déposé pour toi. En attendant, laisse-moi travailler; j'ai un tas de choses à régler.

– Entre autres, de savoir où nous allons coucher cette nuit.

– Voilà que tu te remets à penser, lança Bajaratt en appuyant sur le bouton de l'interphone pour parler au chauffeur. Avez-vous un hôtel acceptable à nous suggérer? demanda-t-elle.

– Bien sûr, répondit le chauffeur. J'ai déjà appelé et tout est arrangé. Aux frais de Mr. Van Nostrand, bien entendu. Il s'agit du Shenandoah Lodge et je suis persuadé qu'il vous conviendra.

– Merci.

Tyrell longea la pelouse, progressant à la lisière des pins pour rester à l'ombre et ne pas être vu. La loge des gardes, avec ses deux barrières, n'était plus qu'à une trentaine de mètres, mais il lui fallait parcourir les dix derniers à découvert sur une portion d'herbe qui s'étendait entre la route et une clôture de trois mètres de haut, surmontée de pointes acérées à chaque pylône. Pas besoin d'être expert pour comprendre qu'elle était électrifiée et que les deux barrières qui s'étendaient en travers de la route n'étaient pas faites simplement de planches de bois mais de plaques d'acier boulonnées. Seul un tank aurait pu les faire plier. Une automobile, quelle que soit sa taille, s'y serait écrasée comme contre un mur. Pour l'instant, elles étaient baissées.

Hawthorne reporta son attention sur le poste de garde. C'était une construction rectangulaire, en pierre. Les fenêtres de chaque côté étaient en verre renforcé, une petite tourelle chapeautait le toit et donnait à l'ensemble un aspect médiéval. Feu Van Nostrand, alias Neptune, était un homme précautionneux. L'entrée de sa propriété était à l'épreuve des balles et des assauts, et malheur à l'étourdi qui se serait avisé d'escalader la clôture ! Il aurait été transformé en un instant en un petit tas de cendres.

Comme Tye ne voyait personne à l'intérieur, il traversa au pas de course la petite pelouse et se tapit derrière le poste de garde. Avec une lenteur infinie, il approcha la tête de la fenêtre. Le spectacle qui l'attendait à l'intérieur était non seulement étonnant, mais dépassait tout entendement. Un garde en uniforme était assis dans un fauteuil, la tête reposant sur un bureau en Formica, baignant dans son sang, le crâne criblé de balles.

Hawthorne contourna la construction pour atteindre la porte. Elle était ouverte. Il se précipita à l'intérieur et essaya d'analyser toutes les images que ses yeux lui renvoyaient. C'était un kaléidoscope de haute technologie. Un pan de mur couvert d'écrans de télévision, auscultant le moindre recoin de la propriété, restituant non seulement l'image mais aussi le son. Les pépiements des oiseaux se mêlaient au bruissement des frondaisons et aux murmures des herbes folles aux abords de la clôture.

Pourquoi le garde avait-il été tué ? À quelle fin ? Et où étaient les autres ? Jamais quelqu'un comme Neptune, ou son chef de la sécurité, n'aurait laissé un homme seul garder l'entrée principale, c'était de la folie et ni l'un ni l'autre n'étaient fous. Paranoïaques peut-être, mais pas fous. Tye contempla le matériel sophistiqué, en regrettant que Poole ne soit pas à ses côtés. Divers voyants sur les consoles indiquaient que des magnétoscopes étaient en fonctionnement. Des réponses aux questions qu'il se posait se trouvaient quelque part, derrière ces boutons, mais il fallait faire le bon choix.

Pourquoi cet endroit était-il désert ? Voilà ce qui était le plus étonnant. Pourquoi tout le monde s'était-il enfui ? À cause de la fusillade ? Cela ne tenait pas debout ; les gardes étaient armés, comme l'attestait ce malheureux, effondré sur sa chaise, qui avait un 38 à sa ceinture. Et, à l'évidence, les salaires que dispensait Van Nostrand lui assuraient la loyauté totale de ses employés. Pourquoi ses troupes surpayées ne s'étaient-elles pas précipitées au secours de leur généreux patron ? Il était plus que douteux qu'ils puissent trouver de meilleures places.

Le téléphone dans le poste de garde se mit soudain à sonner, figeant Hawthorne d'effroi pendant un instant... *Garde ton sang-froid. Sois calme et détaché. Quoi qu'il arrive, débrouille-toi pour faire croire que tout va bien.*

Des mots qu'il avait si souvent entendus pendant son entraînement et si souvent dits lui-même à tant d'autres gens à Amsterdam...

Il décrocha le téléphone et toussa plusieurs fois avant de parler.

— Ouais, articula-t-il d'un ton revêche.

— Qu'est-ce que c'est que ce bazar ? lança une femme à l'autre bout du fil. Je n'arrive à joindre ni Van Nostrand, ni Brian, ni mon mari dans la voiture – personne !... Et où étiez-vous passé ? Ça fait cinq minutes que je n'arrête pas d'appeler.

— Je faisais mon tour, marmonna Hawthorne.

— Et ces coups de feu ? Il y en a eu plein.

— Ils doivent tirer quelques cerfs, répondit Tyrell, en hommage au tour qu'avait joué Poole aux deux pilotes.

— Ils chassent la nuit ? Avec des mitraillettes ?

— Autres mœurs, autres coutumes.

313

– Des dingues, tous des dingues !

– Ouais.

– Bon, si vous voyez Van Nostrand ou les autres, dites-leur que je m'enferme dans la cuisine à double tour. S'ils veulent dîner, ils n'ont qu'à sonner ! lança-t-elle avant de raccrocher le téléphone.

Les dires de cette femme ne firent que confirmer ses craintes. Tout le monde était parti, peut-être en tuant cet homme, qui n'avait pas voulu les suivre et qui risquait de les trahir. C'était comme si le fantôme d'Attila était passé sur la propriété, ne laissant derrière lui que ruine et désolation. L'heure de l'apocalypse était venue. Sauve qui peut ! Il n'y avait pas d'autre explication... Pourtant il restait des informations ici, mais la seule et unique qui l'intéressait, la chaîne qui lui permettrait de remonter jusqu'à Bajaratt, était perdue à jamais dans le cerveau du défunt Van Nostrand.

Hawthorne sortit le calibre 38 ensanglanté de son étui et, le tenant entre le pouce et l'index, il alla le nettoyer sous le robinet de la petite salle d'eau, avant de le glisser dans sa ceinture. Puis il repartit étudier l'appareillage en concentrant son attention sur la console qui se trouvait le long de la fenêtre, supposant que c'était elle qui devait commander les barrières. Il y avait six gros boutons colorés, formant deux triangles identiques. Les boutons en bas à gauche étaient verts, ceux de droite étaient marron, et au sommet, légèrement plus gros, les deux autres boutons étaient rouges. Sous chacun d'eux on pouvait lire respectivement les inscriptions suivantes : « ouverture », « fermeture », et, sous le bouton rouge, en lettres plus grosses, « alarme ».

Tyrell choisit le triangle de gauche et appuya sur le bouton « ouverture ». Instantanément, la barrière la plus proche s'éleva lentement. Il pressa le bouton marron et elle revint à l'horizontale. À l'évidence, le triangle gauche servait pour les véhicules qui entraient dans la propriété, et celui de droite pour ceux qui en sortaient. Afin de s'en assurer, il répéta le même geste avec le triangle adjacent ; l'autre barrière réagit à ses commandes. Quel déploiement de haute technologie pour si peu de chose ! Et s'il appuyait sur le bouton « alarme » ?

Sa décision était prise, sachant que les risques étaient minimes, du moins pour l'instant. Il allait rejoindre

Neilsen et Poole sur la piste d'envol et leur en faire part. Soit ils repartaient avec les pilotes et remontaient la filière à Charlotte, notamment en pistant cette escorte qui devait accompagner Van Nostrand dans le hall des vols internationaux, soit ils restaient avec lui pour démonter pierre à pierre cette maison, des combles au grenier. Un homme quittant sa maison dans une telle panique pouvait commettre une erreur, avoir un moment d'inattention.

Hawthorne s'empara du cadavre du garde gisant sur le bureau et l'entraîna jusque dans la petite salle d'eau. Il était en train de se laver les mains dans le minuscule lavabo lorsqu'il entendit une voiture s'arrêter devant le poste de garde dans un crissement de pneus. S'était-il trompé ? Était-ce la police qui arrivait ? Par réflexe, il sortit en trombe de la salle d'eau, ramassa la casquette du garde qui gisait à terre et se posta devant la fenêtre. Il fut soulagé dans la seconde ; il s'agissait d'une Chevrolet bleue tout à fait ordinaire et elle n'entrait pas dans la propriété, elle en sortait. Il regarda les boutons de la console, sachant d'instinct qu'il allait appuyer sur celui de droite, côté sortie.

— Oui ? dit-il en trifouillant les boutons à côté du microphone.

— Comment ça « oui ? », espèce d'abruti ? retentit une voix excitée dans les haut-parleurs. Ouvre cette porte et tu diras à mon imbécile de mari que je suis partie voir ma sœur. Il n'a qu'à me téléphoner là-bas... Eh ! dis donc, qui es-tu, toi ?

— Je suis nouveau, répondit Tyrell en appuyant sur le bouton vert. Je vous souhaite une bonne soirée.

— C'est une maison de fous, c'est moi qui vous le dis ! Des avions qui vont et viennent, des tirs de mitrailleuses, qu'est-ce que ce sera la prochaine fois ?

Hawthorne ouvrit la barrière et la Chevrolet disparut dans la nuit. Il jeta un regard circulaire dans la pièce. Il n'y avait rien d'autre à faire ? Rien qu'il puisse emporter, par exemple ? Mais si !... il y avait quelque chose : sur le bureau poisseux de sang se trouvait un registre à spirale. Il l'ouvrit et tourna les feuilles ; il y avait des noms, des dates, des horaires d'entrée et de sortie des invités de Van Nostrand pour le mois en cours, c'est-à-dire sur une période couvrant les dix-huit derniers jours. Dans sa hâte, Neptune avait commis sa première erreur.

Tyrell referma le registre et le glissa sous son bras, mais la tentation était trop forte. Il le reposa brutalement sur le bureau et commença à tourner frénétiquement les pages jusqu'à trouver les entrées et sorties du jour. En particulier celles de la limousine qui était partie en trombe quelques minutes plus tôt. Un seul nom était inscrit, et cela suffisait à mettre Hawthorne sur des charbons ardents ! Car il contenait une information que l'intéressée, victime de sa mégalomanie, n'avait pu s'empêcher de glisser, persuadée qu'aucun de ses poursuivants ne saurait la décrypter. Un cas d'école à étudier par moult commissions officielles et assemblées d'éminents historiens. Il avait fallu qu'elle laisse sa marque :

Madame Léa Bajerône, Paris.

Léa Bajerône.

La Baj !

Dominique.

Bajaratt !

19

Tyrell sortit du poste de garde et remonta la route au pas de course pour rejoindre l'énorme pelouse qui le séparait de la piste d'envol. Une fois arrivé sur l'herbe, toutefois, il ralentit le pas – sans savoir pourquoi. Puis il comprit. Il s'attendait à distinguer le halo orangé des balises de la piste au loin ; or le ciel était noir. Il recommença à courir avec une ardeur décuplée et traversa par une trouée la grande haie qui bordait la piste.

Il pensait apercevoir Neilsen et Poole en compagnie des deux pilotes, en train de l'attendre à côté de l'avion... Mais la piste était déserte ; ce n'était pas normal. Il cacha le registre du poste de garde sous un buisson, le couvrit de feuilles et scruta les alentours.

Tout était silencieux. Personne en vue. Seules les lignes jaunâtres de l'avion se profilaient dans la nuit.

Soudain il perçut un mouvement... Quelque chose avait bougé à la périphérie de son champ de vision, sur la droite, de l'autre côté de la piste. Il scruta l'endroit, éclairé maintenant par la lune qui se reflétait sur le macadam. C'était la tour de contrôle, qui ressemblait moins à une tour qu'à un cube de verre surmonté d'une antenne parabolique arrimée au toit par un jeu de filins. Quelqu'un avait dû passer derrière une de ces grandes vitres, surpris un instant dans un rayon de lune.

Les nuages assombrirent de nouveau le ciel ; Hawthorne retourna vers la haie en rampant, et se mit à courir derrière la rangée d'arbustes jusqu'au bout de la piste. Après trente secondes de course, il se trouvait à moins de cent mètres de la « tour » de contrôle. Il s'arrêta, hors d'haleine, le visage ruisselant de sueur, le col dè sa chemise trempé. Les pilotes avaient-ils eu raison de Catherine et du redoutable Poole ? Cela semblait invraisemblable, tout au moins sans qu'il y ait échange de coups de feu. Et il n'y en avait eu aucun.

On bougea de nouveau derrière la fenêtre ! Une masse sombre ou une ombre était apparue fugitivement derrière la baie vitrée et s'était cachée aussitôt hors de vue... On l'avait vu traverser la haie par la trouée, et maintenant on surveillait les alentours. Une image lui vint soudain à l'esprit... un souvenir récent, datant de leur visite sur cette île au nord du passage d'Anegada, trois jours plus tôt... Le feu ! L'une des choses les plus impressionnantes, pour les hommes comme pour les bêtes ; il entendait encore les hurlements terrifiés des chiens qui s'enfuyaient de la forteresse en flammes.

Toujours caché par la haie, Tyrell fouilla le sol à la recherche d'aiguilles de pin et de feuilles brûlées par le soleil. Il en fit un petit tas, puis cassa des branchages dans la haie, cherchant à atteindre les plus feuillus. Après cinq minutes d'efforts, il avait devant lui un monticule de trente centimètres de haut sur cinquante de large ; ce serait son « allume-barbecue ». Il fouilla dans ses poches de pantalon à la recherche de la pochette d'allumettes qu'il avait toujours sur lui – une habitude qui datait de l'époque où il fumait comme un sapeur. Il alluma une allumette entre ses mains en coupe et embrasa la base du monticule, puis jeta le reste de la pochette dans le feu. Il s'éloigna alors en rampant et contourna la haie en décrivant un grand arc de cercle. Il était maintenant à moins de trente mètres de la porte métallique.

Le feu se propagea dans les fourrés avec une rapidité surprenante, et il remercia en pensée l'ardeur du soleil de Virginie. L'humidité de la nuit n'était pas encore descendue des collines ; le faîte de la haie était tout sec et l'abondant feuillage à mi-hauteur permettait aux flammes de s'étendre rapidement de part et d'autre de la rangée d'arbustes. En quelques instants, des colonnes de feu menaçantes s'élevèrent devant le poste de contrôle. Deux silhouettes, puis une troisième, apparurent devant les baies vitrées, l'air passablement affolé. Les têtes dodelinaient, les mains s'agitaient, on allait et venait de façon incohérente... La porte métallique finit par s'ouvrir et les trois silhouettes se découpèrent sur le seuil, une devant, les deux autres derrière. Tyrell ne pouvait distinguer leurs traits, mais il savait que ce n'était ni Poole ni Neilsen. Il tira le 38 de sa ceinture et observa la scène en se posant trois questions : « Où étaient Cath et Jackson ? Qui étaient ces types ? Et de quelle façon étaient-ils liés à la disparition de ses deux associés ? »

— Nom de Dieu, les réservoirs d'essence ! lança l'homme sur le seuil.

— Où sont-ils ? demanda l'un des deux autres en retrait.

Cette voix ne lui était pas inconnue... c'était celle du copilote du jet !

— Ils sont là-bas ! répondit le premier en faisant de grands gestes. Il y a de quoi nous envoyer tous sur la lune ! Il y a au bas mot cinq mille tonnes, là-dessous ! Un vrai pétard !

— Mais tout est sous terre ! protesta le copilote.

— Oui... enfermé comme dans des Cocottes-minute par des plaques d'acier boulonnées. Les réservoirs sont à moitié vides ; les vapeurs sont au-dessus et ça risque d'exploser si elles entrent en contact avec du fer rouge. Tirons-nous d'ici !

— Nous ne pouvons pas les laisser là ! s'écria le copilote. Ce serait un meurtre, et nous ne voulons pas être mêlés à ça.

— Faites ce que vous voulez, bande d'abrutis, moi je me tire !

L'homme détala alors au pas de course et disparut derrière la haie en flammes. Les deux pilotes retournèrent à l'intérieur et Hawthorne en profita pour s'approcher en rampant, jusqu'à se cacher derrière le coin de la construction. Il passa la tête de l'autre côté du mur pour voir ce qui se passait. L'incendie continuait de s'étendre et embrasait tout le ciel à présent. Soudain Poole et Neilsen apparurent sur le pas de la porte, les mains attachées dans le dos, un bâillon sur la bouche, avant d'être brutalement poussés à l'extérieur. Cathy tomba et Poole la protégea de son corps, tous deux s'attendant à être abattus. Les pilotes de l'avion sortirent à leur tour, l'air nullement rassuré, ne sachant trop que faire.

— Allez, vous deux ! lança le copilote. Debout et en route !

– Non, on ne va nulle part ! lança Tyrell en se redressant, braquant tour à tour le canon de son 38 sur le crâne des deux pilotes. Allez plutôt les aider à se relever, bande d'ordures. Détachez-les et ôtez leurs bâillons !

– Eh ! tout doux. On n'y est pour rien, nous autres ! protesta le copilote tandis qu'il aidait son collègue à délivrer Neilsen et Poole. Ce malade à la radio nous a menacés de son arme.

– Il nous a dit de les attacher et de les bâillonner, poursuivit le pilote. Comme on travaillait pour Van Nostrand – c'est lui qui nous a guidés ce matin pour l'entraînement –, il a pensé qu'on pouvait nous faire confiance.

– Ouais, c'est ce qu'il a raconté, reprit le copilote en contemplant la haie en flammes. Il paraît qu'il avait le feu vert pour nous, mais, comme il ne connaissait pas les deux autres, il ne voulait pas prendre de risques... Tirons-nous d'ici ! Vous avez entendu ce qu'il a dit, les réservoirs vont exploser !

– Où sont-ils, ces réservoirs ? demanda Hawthorne.

– À cent mètres d'ici, sur la gauche, répondit Poole. J'ai remarqué les pompes lorsqu'on vous attendait avec Cathy.

– Peu importe où ils sont, s'énerva le copilote. L'autre dingue a dit qu'il y avait de quoi nous envoyer sur la lune !

– C'est possible, répondit le lieutenant, mais peu probable. Ce genre de réservoir est isolé thermiquement, et il faudrait attaquer les parois au chalumeau pour risquer l'explosion.

– Mais ça pourrait arriver ?

– Certes, Tye. Il y a peut-être une chance sur deux cents. C'est pour cela qu'il y a des panneaux « interdiction de fumer » dans les stations-service.

Hawthorne se tourna vers les deux pilotes.

– Les probabilités sont de notre côté, les gars, annonça-t-il. Donnez-moi vos portefeuilles, cartes d'identité, passeports...

– Qu'est-ce que c'est ? Une arrestation en règle ?

– Non, sauf si vous ne faites pas ce que je vous dis. Allez, donnez-moi vos papiers, je vais vous les rendre, promis.

– Vous êtes quoi ? Un type du FBI ? lança le pilote

en donnant de mauvaise grâce son portefeuille à Hawthorne. J'espère que vous savez que nous avons été engagés tout à fait officiellement et que nous ne transportons ni armes ni marchandises prohibées. Fouilleznous si ça vous chante, et le zinc de fond en comble... vous ne trouverez rien.

– À vous entendre, vous semblez habitués à ce genre de situation...

– Je suis un honnête travailleur qui loue son savoirfaire, répliqua le copilote en tendant à son tour son portefeuille.

– Prenez leurs noms, capitaine, et allez vous renseigner, ordonna-t-il à Neilsen en lui confiant les documents. Il y a un téléphone à l'intérieur.

– Tout de suite, commandant, rétorqua Catherine en retournant dans le poste de contrôle.

– Commandant... capitaine ? s'exclama le pilote. Qu'est-ce que c'est que cette histoire ? Ça tire dans tous les sens ; il y a le feu sur la piste, et voilà maintenant la cavalerie ? Dans quoi ces tordus nous ont-ils encore entraînés, Ben ?

– Pour votre gouverne, je suis lieutenant, annonça Poole.

– Je n'en sais rien, Sonny, répondit le copilote en ignorant la remarque de Jackson, mais, si on se sort de ce coup fourré, je peux te dire que je vais effacer vite fait nos noms de leur liste !

– On peut savoir ce que c'est que cette liste ? demanda Hawthorne.

Les aviateurs échangèrent un regard.

– Vas-y, dis-lui, toi, lança le pilote. Ils n'ont aucune preuve contre nous !

– C'est celle du Sky Transport International, répondit le copilote. Une sorte de boîte d'intérim, une agence de placement de luxe, si vous voyez ce que je veux dire.

– Très bien. Où est le siège social de cette boîte ?

– À Nashville.

– De mieux en mieux. En plein cœur du fief des milliardaires.

– Nous n'avons jamais transporté, à notre connaissance, de gens recherchés par la police, ni de substances illégales...

– Vous vous répétez. Mis à part vos activités parfaitement légales, où avez-vous appris à piloter ? À l'armée ?

– Pas du tout, rétorqua le copilote avec humeur. Je suis sorti de la meilleure école civile, dont le diplôme est reconnu par la FAA [1], et j'ai cinq mille heures de vol à mon actif.

– Vous avez quelque chose contre les militaires ? demanda Poole.

– La rigidité de la hiérarchie exclut toute initiative personnelle. C'est pour ça que nous sommes de meilleurs pilotes.

– Dis donc, mon pote ! Je vais te montrer si je manque d'initiative...

– Ça va, lieutenant, lança-t-il alors que Neilsen ressortait du poste de contrôle. Des surprises ? demandat-il en lui faisant signe de restituer aux deux hommes leurs portefeuilles.

– Une ou deux, répliqua Catherine. Nos petits as du manche à balai s'appellent Benjamin et Ezekiel Jones. Ce sont deux frères. Ils ont pas mal volé durant ces vingt derniers mois. En des endroits intéressants comme Carthage, Caracas, Port-au-Prince et la Floride.

– Le triangle d'or, dont l'une des pointes traverse les Everglades.

– Des zones de largage classiques, précisa Poole avec dégoût. Came et compagnie... N'est-ce pas, Ezekiel ?

– Moi, c'est Sonny, répondit le pilote.

– On peut s'en aller ? s'enquit le copilote en regardant le mur de flammes, le front luisant de sueur.

– Bien sûr que vous allez partir, répondit Hawthorne, à condition de suivre mes instructions. Le lieutenant Poole m'a dit que vous deviez vous rendre à Charlotte, en Caroline du Nord...

– L'heure du décollage est passée, rétorqua Benjamin Jones. Et ça m'étonnerait qu'on nous donne l'autorisation d'atterrir maintenant. C'est qu'il y a du trafic làhaut !

– Vous feriez mieux de retourner à vos chères études, les gars ! lança Poole. Le temps que vous fassiez quelques cercles là-haut, je vous obtiendrai soit un nouveau plan de vol, soit la confirmation de l'ancien.

– Tu peux faire ça, Poole ?

– Bien sûr que oui, répliqua Neilsen. Moi aussi. Avec ce matériel là-dedans, on peut joindre les tours de Dulles à Atlanta. Comme le disait Ben à notre arrivée,

_____
1. Federal Aviation Administration *(N.d.T.)*.

les équipements de Van Nostrand, c'est de la première classe.

– Vous voulez que nous atterrissions au beau milieu de ces fédéraux qui attendent un passager que nous n'avons pas ? s'écrièrent les deux frères. Vous êtes fou, ma parole !

– Au contraire, ce serait de la folie de jouer les fortes têtes, répondit tranquillement Tyrell en sortant de sa poche un petit carnet qu'il avait chipé à l'hôtel San Juan. Voici le numéro qu'il vous faudra appeler en arrivant à Charlotte. Prenez une carte de crédit, parce que c'est aux Antilles, dans les îles Vierges, et que vous tomberez sur un répondeur.

– C'est bien ce que je dis, vous êtes fou à lier ! rétorqua Benjamin Jones.

– Vous avez tout intérêt à faire ce que je vous dis. Sinon, vous ne piloterez plus jamais d'avion dans ce pays. En revanche, si vous vous montrez coopératifs, vous rentrerez chez vous, libres comme l'air – à certaines conditions.

– Lesquelles ?

– Tout d'abord, vous n'allez pas tomber sur un tas de fédéraux, mais sur l'escorte diplomatique qui attend Van Nostrand, soit une ou deux personnes tout au plus. Je veux connaître leurs noms. En premier lieu, vous refusez de leur parler tant qu'ils ne vous ont pas signé une décharge.

– Une décharge ?

– Heure, date et signature, et le nom de la personne qui a mandaté cette escorte et assuré la couverture diplomatique de votre passager. Ils vont se faire tirer l'oreille, mais ils finiront par céder ; c'est de bonne guerre.

– Très bien, nous avons leurs noms, et alors ? rétorqua Ben Jones qui semblait le plus intelligent des deux. Nous n'avons pas de Van Nostrand dans nos soutes !... Où est-il, au fait, celui-là ?

– Il est indisposé.

– Qu'est-ce qu'on va leur dire ?

– Que c'était un coup pour rien ; ordres de Van Nostrand. C'est tout à fait crédible. Trouvez alors un téléphone et appelez ce numéro, ordonna Hawthorne en glissant le bout de papier dans la poche de chemise du copilote.

– Eh, pas si vite ! lancèrent-ils en chœur. Et notre bifteck ?

– Combien deviez-vous toucher ?

– Dix mille dollars. Cinq mille à l'aller, cinq mille au retour.

– Pour une journée de travail ? C'est franchement surpayé, Ezekiel. Ce doit être plus proche de deux mille le voyage.

– Disons quatre mille la navette, soit huit mille en tout. Et moi, c'est Sonny !

– Tu sais quoi, Sonny ? Ça marche pour quatre mille si tu me donnes ces renseignements, sinon, tu peux t'asseoir dessus.

– Ce ne sont que des mots, commandant. De belles paroles, mais comment, concrètement, comptez-vous nous payer ?

– Mais le plus simplement du monde. Donnez-moi douze heures après avoir laissé vos informations sur le répondeur à Saint Thomas. Indiquez alors un lieu de rendez-vous, et un messager vous apportera ça à l'heure dite sur un plateau.

– Des mots !

– Si je voulais vous duper, est-ce que je serais stupide au point de vous donner un numéro de téléphone qui vous permettrait aisément de me retrouver ?

– Et si les autres refusent de nous répondre ? insista le frère cadet.

– Ils vous répondront, c'est couru d'avance. Allez, nous perdons du temps, et de toute façon vous n'avez pas le choix ! J'imagine que vous avez récupéré les clés de l'avion ?

– C'était la clé de la porte. Un avion n'est pas une voiture, commandant – sachez, pour votre gouverne, que ça se démarre sans clé.

– C'est bon, filez !

– Ne vous avisez pas d'essayer de nous gruger, lança Benjamin. Nous ne savons pas trop ce qui s'est passé ici, mais ne vous imaginez pas que nous avons avalé cette histoire de stand de tir ; et sachez que le fait que notre client ne soit pas à bord donne pas mal à gamberger, si vous voyez ce que je veux dire. J'ai lu pas mal de trucs sur ce Van Nostrand. C'est une pointure... et je connais pas mal de journalistes qui seraient prêts à nous acheter notre histoire à prix d'or.

– Vous osez menacer un officier de la marine – membre des services secrets, qui plus est ?

– Vous comptez acheter notre silence avec l'argent des contribuables ?

– Vous êtes rusé, Jones – c'est souvent le cas des frères cadets, je suis bien placé pour le savoir –, mais cela se retourne fréquemment contre eux... Tirez-vous d'ici ! J'appellerai Saint Thomas dans deux heures.

– Contactez-moi après le décollage, lança Poole. Et restez sur les fréquences du coin.

Les deux frères échangèrent de nouveau un regard puis se tournèrent vers Hawthorne :

– Consultez votre répondeur, commandant. Et n'oubliez pas de noter l'heure et le lieu du rendez-vous. Et pas de chèque. Du liquide !

– Atterrissez déjà à Charlotte et faites votre boulot, rétorqua Hawthorne avec un air mauvais, sinon je vous garantis que je vous retrouverai, quel que soit l'endroit où vous pourriez espérer refourguer ce zinc !... Un dernier conseil encore : ne vous avisez plus de transporter de la came !

– Va te faire voir ! marmonna le copilote tandis que les deux hommes contournaient l'extrémité de la haie qui finissait de se consumer dans un nuage de fumée.

– Le feu s'éteint, annonça Cathy.

– C'est du bois sec. C'est spectaculaire mais c'est trop court pour embraser la pinède, observa Poole.

– Ça peut encore nous envoyer au septième ciel, fit remarquer Hawthorne.

– Non, je ne crois pas, corrigea Poole en retournant dans le poste de contrôle. Il y a plus de trente mètres entre la haie et les pompes.

– C'est pourquoi il n'y a aucun risque d'explosion, expliqua Neilsen.

– Je me garderai bien d'être aussi catégorique, Cathy, répliqua Poole. En attendant, j'ai du pain sur la planche... Je connais les types à la tour de contrôle d'Andrews. Ils vont m'arranger le coup avant que le moindre ordinateur n'ait le temps de s'affoler. Ce jet va se poser à Charlotte, c'est moi qui vous le dis !

– Rendez-vous à la bibliothèque, lança Hawthorne au moment où le lieutenant disparaissait derrière ses consoles. Allons-y, dit-il en se tournant vers Neilsen. Je veux démonter cet endroit pierre par pierre. Il faut à tout prix trouver le moyen d'entrer en contact avec l'autre limousine. Bajaratt est dedans.

– Vous en êtes sûr ?

– Je peux même vous le prouver. J'ai caché, de l'autre côté de la piste, le registre des entrées et des sorties du poste de garde. Cette limousine est le dernier véhicule à avoir franchi les barrières. La preuve est dans le nom qui figure sur le registre. Venez, je vais vous montrer.

Ils contournèrent en courant la rangée d'arbustes fumante pour rejoindre l'endroit où Tyrell avait caché le gros cahier à spirale. Sans même reprendre son souffle, Hawthorne s'agenouilla et se mit à creuser pour sortir le registre de son lit de feuilles.

Il n'y était plus.

Comme une bête affamée à la recherche de racines comestibles, Hawthorne se mit à gratter frénétiquement le sol, en s'interdisant de céder à la panique. Puis il se figea soudain, les yeux luisants.

– Il a disparu, murmura-t-il en clignant des paupières sous son front ruisselant de sueur.

– Disparu ? répéta Neilsen, incrédule. Vous l'avez peut-être perdu dans le feu de l'action ?

– Non. Je l'ai mis là ! rétorqua Hawthorne en tirant son 38 de sa ceinture, tous ses muscles tendus comme un cobra avant l'attaque. Et sachez que je n'ai pas l'habitude de perdre quoi que ce soit dans le « feu de l'action », capitaine.

– Excusez-moi.

– Non, c'est moi... Ça a dû m'arriver plus de dix fois, mais pas ce soir. D'abord, c'était trop volumineux, trop important... Il y a quelqu'un ici, quelqu'un qui nous observe sans se montrer.

– La cuisinière ? Les gardes de l'entrée ?

– Impossible, Cathy. Tout le monde est parti, envolé, même la cuisinière ! C'est moi qui lui ai ouvert la barrière. Elle ne pouvait plus joindre personne, c'est elle-même qui me l'a dit.

– Il ne reste plus personne, alors ?

– Hormis un vigile à l'entrée, qui a été abattu.

– Mais si ce registre a disparu, c'est que...

– Exactement. Quelqu'un est resté, quelqu'un qui sait que Van Nostrand est mort et qui veut récupérer sa part du gâteau.

– Mais pourquoi ce registre ? Ce n'est ni de l'argente-
rie ni une œuvre d'art !

Tyrell se tourna vers Neilsen, la fixant dans les yeux
pendant un instant.

– Capitaine, vous venez de mettre le doigt sur quelque chose auquel je n'avais pas songé. Notre homme
invisible est mieux renseigné que je ne le supposais. Ce
registre est sans valeur, effectivement, sauf pour
quelqu'un qui sait les pièces inestimables qu'il renferme. Je suis vraiment rouillé !

– Qu'est-ce qu'on fait ?

– Je ne sais pas. Mais on y va sur des œufs. Vous avez
une arme ?

– Jackson m'a donné le pistolet du type de la tour. Je
crois que c'est un gros calibre.

– Tant mieux. Sortez-le de façon à ce que tout le
monde le voie et suivez-moi. Imitez-moi – vous passez
par la droite, moi par la gauche. Comptez mes pas, imi-
tez le moindre de mes gestes, si vous le pouvez, ainsi
nous couvrirons tout le terrain. Vous vous sentez de
taille ?

– J'ai bien pu venir à bout d'un sous-marin que je ne
connaissais ni d'Ève ni d'Adam !

– C'est différent. Cette fois, c'est vous la machine. Il
faudra peut-être tirer au jugé sans savoir si c'est humain
ou non, et on n'aura pas le temps de tergiverser ! La
moindre hésitation pourra nous être fatale.

– Je ne suis pas complètement abrutie, Tye. Et si
vous voulez me faire peur, c'est gagné !

– Parfait. Les trompe-la-mort me fichent la frousse ;
ce sont des dangers publics !

Les deux silhouettes progressèrent lentement dans
l'obscurité, de part et d'autre de la vaste pelouse qui
ceignait la maison ; ils arrivèrent enfin sous la fenêtre
brisée de la bibliothèque. Les éclats de verre coincés
dans le cadre brillaient sous la lumière tamisée. Tyrell
passa son canon sur le bord inférieur de la fenêtre pour
réduire les risques de coupure au moment de se faufiler
dans la pièce.

– Je passe le premier et je vous tire à l'intérieur,
annonça Hawthorne tandis que Catherine scrutait les
ténèbres alentour, en agitant son arme avec des gestes
nerveux.

– Je n'ai pas très envie de tourner le dos, dit Cathy.

Je n'aime pas les armes à feu, mais, en ce moment précis, je dois reconnaître que je ne m'en séparerais pour rien au monde.

– Voilà une attitude très saine, capitaine, lança Tyrell en escaladant la fenêtre, tenant toujours son 38 dans la main droite. À vous, annonça-t-il une fois à l'intérieur. Posez votre petit copain où vous voulez et prenez ma main.

– Qu'est-ce que c'est froid! s'écria Neilsen, après avoir glissé son pistolet dans le décolleté de sa robe. Et maintenant?

– Mettez votre pied sur le rebord et poussez, je m'occupe du reste. Ce n'est rien, vous allez voir! Mais ne mettez pas votre pied sur le cadre, je vous rappelle que vous êtes pieds nus.

– J'avais de jolis talons aiguilles, vous vous souvenez? Mais je les ai perdus dans la forêt lorsqu'on est venus à votre secours!

Neilsen tenta le grand saut, la robe retroussée jusqu'aux hanches lorsqu'elle se mit à escalader la fenêtre qui se trouvait à un mètre cinquante du sol.

– Si mes dessous vous affolent, marmonna-t-elle, fermez les yeux!

Les corps de Van Nostrand et de son chef de la sécurité gisaient toujours au même endroit. Rien ne semblait avoir été déplacé. Par acquit de conscience, Hawthorne se dirigea vers la lourde porte. Elle était toujours verrouillée de l'intérieur.

– Je vais me poster à la fenêtre pour surveiller les alentours, annonça Tye. Allez examiner le téléphone sur le bureau; il doit avoir un index où sont consignées les références des numéros en mémoire. Regardez s'il n'y a pas les postes des limousines.

Dos au mur, Hawthorne se tapit contre la fenêtre tandis que Neilsen traversait la pièce.

– Il y a une plaque de plastique qui devait protéger l'index téléphonique sur un côté de l'appareil, annonça Catherine, mais elle a été arrachée. On voit encore des restes de papier accrochés aux quatre coins, comme si quelqu'un l'avait arrachée précipitamment.

– Regardez dans les tiroirs, dans la corbeille, partout où ce papier aurait pu être jeté.

Les tiroirs s'ouvrirent et se refermèrent aussitôt.

– Ils sont vides, annonça-t-elle, avant de ramasser la

corbeille en cuivre au pied du bureau. Il n'y pas grand-chose ici non plus, dit-elle en la posant sur le fauteuil. Attendez une minute...

– Qu'est-ce qu'il y a ?

– Il y a un reçu d'une compagnie de transport maritime. La Sea Lane Containers. Je la connais ; les gros pontes ont affaire à ses services lorsqu'ils sont affectés à l'étranger.

– Qu'est-ce qu'il y a d'écrit ?

– « N. Van Nostrand. Trente jours de stockage, à Lisbonne. Vingt-sept caisses d'objets personnels, pour contrôles douaniers. » C'est signé G. Alvarado, secrétaire de N.V.N.

– C'est tout ?

– Il y a une petite note, au bas. « La marchandise sera disponible au dépôt de la SLC à Lisbonne. » C'est tout... Pourquoi quelqu'un jetterait-il le reçu pour vingt-sept caisses d'effets personnels dont la plupart doivent renfermer des pièces de grande valeur ?

– Lorsqu'on s'appelle Van Nostrand, on n'a pas besoin de reçu pour récupérer ses affaires. Il y a autre chose dans cette corbeille ?

– Non, rien de spécial... Trois papiers de bonbons, deux feuilles de bloc-notes froissées, avec rien dessus, et un listing des cours de la Bourse datant d'aujourd'hui.

– Sans intérêt, répondit Tyrell en continuant de surveiller les alentours. À moins que..., ajouta-t-il pensivement. Pourquoi Van Nostrand a-t-il jeté ce reçu ? Ou, plutôt, pourquoi s'est-il donné la peine de le jeter ?

– Vous cherchez à imiter Poole ? Vous êtes aussi obscur que lui.

– Il avait une secrétaire. Pourquoi ne lui a-t-il pas simplement donné ce document ? À l'évidence, c'est elle qui s'occupait de tout ici, pourquoi l'a-t-il gardé par-devers lui ?

– Pour pouvoir récupérer ses affaires à Lisbonne ? Non, bien sûr que non, puisqu'il l'a jeté !

– Alors ?

– Je n'en sais rien, commandant. Je suis pilote, pas devin.

– Moi non plus, mais je reconnais une couleuvre quand on essaie de me la faire avaler.

– Votre sixième sens est étonnant, mais je ne vous suis toujours pas.

– C'est une simple question d'expérience. Van Nostrand, pour des raisons que je ne comprends pas, voulait que quelqu'un trouve ce reçu.

– Après sa mort ?

– Non. Il ne savait pas qu'il allait mourir. Il s'apprêtait à décoller pour Charlotte, mais il n'empêche qu'il voulait que quelqu'un trouve ce document.

– Mais qui donc ?

– Quelqu'un qui pouvait faire un rapprochement avec quelque chose qui ne s'est pas passé... C'est possible. Cela peut paraître tiré par les cheveux, mais je suis convaincu que c'est ça... Ouvrez l'œil, ne laissez rien passer. Inspectez les livres qui sont encore sur les rayonnages, fouillez les placards, le bar, partout.

– Et qu'est-ce que je suis censée chercher ?

– N'importe quoi de caché et... (Tyrell se figea soudain.) Coupez la lumière. Vite !

Neilsen éteignit le lampadaire puis la lampe du bureau. La pièce fut plongée dans l'obscurité.

– Qu'est-ce qui se passe, Tye ?

– Quelqu'un approche avec une lampe-torche. Ça fait des cercles sur le sol. C'est peut-être notre inconnu.

– Qu'est-ce qu'il fait ?

– Il vient droit sur nous.

– Mais on a éteint les lumières !

– C'est vrai. Il n'a pas eu la moindre réaction lorsqu'on a éteint. Il a continué à avancer comme un robot.

– J'ai trouvé une torche électrique ! murmura Neilsen en se redressant derrière le bureau. Je me souvenais bien en avoir vu une dans le tiroir du bas.

– Faites le tour du bureau et faites-la rouler vers moi.

Cathy s'exécuta. Tyrell l'attrapa et la posa à côté de lui tandis que la silhouette continuait d'approcher avec des gestes mécaniques. Quelques instants plus tard, la silhouette se profilait devant la fenêtre et se mit à pousser un cri perçant.

– Sortez d'ici ! Vous n'avez pas le droit d'être dans ses appartements privés. Je le dirai à Mr. Nostrand. Il vous fera tuer !

Hawthorne alluma brusquement sa torche et leva son 38 vers la silhouette. À son étonnement, il eut devant lui une vieille femme toute ridée, avec des cheveux blancs coiffés en chignon et vêtue d'une élégante robe noire.

Elle tenait, coincé sous son bras, le registre du poste de garde couvert de šang. Elle n'avait pas d'arme; dans sa main droite, une simple lampe électrique. Elle avait l'air pitoyable et ne cessait de rouler des yeux inquiets.

– Pourquoi Mr. Van Nostrand voudrait-il nous tuer? demanda Tyrell d'une voix calme et rassurante. Nous sommes ici à sa demande; c'est même son avion qui nous a déposés. Comme vous le voyez, cette fenêtre est cassée, c'est pour cela qu'il avait besoin de notre aide.

– Vous faites partie de son armée, c'est ça? demanda la vieille femme, en se calmant un peu, quoique sa voix restât rauque et éraillée.

– Son armée? répondit Tye en relevant sa torche électrique pour cesser d'éblouir la femme.

– La sienne et celle de Mars, évidemment, lança la femme avant de se figer, comme si l'air lui manquait.

– Bien sûr... Celle de Mars et Neptune.

– Il disait qu'il vous appellerait un jour; on savait tous les deux que c'était pour bientôt.

– Comment ça?

– La révolte, évidemment, répondit la femme, avec un regard de bête farouche, l'air semblant lui manquer de nouveau. Il faut nous protéger, nous et tous les nôtres.

– Des rebelles, bien sûr, répondit Hawthorne en étudiant le visage de la femme.

Malgré son trouble évident, malgré sa colère et sa terreur, il y avait dans son maintien et ses traits quelque chose d'aristocratique... Une noble d'Amérique du Sud peut-être. Elle avait un accent, espagnol ou portugais... oui, portugais. Rio de Janeiro! Mars et Neptune, Rio!

– Nous protéger de la lie de l'humanité, voilà de qui! (Sa voix n'était plus qu'un sifflement tant l'air lui faisait défaut.) Nils a œuvré toute sa vie pour améliorer leur sort, pour leur faciliter l'existence, mais ils voulaient toujours plus, toujours plus! Alors qu'ils ne méritent que le mépris! Ils sont faibles, paresseux; tout ce qu'ils savent faire, ce sont des bébés... mais le travail, ça, ils ne connaissent pas!

– Nils?...

– Mr. Van Nostrand pour vous.

La femme se mit à tousser, une quinte violente qui semblait lui déchirer la poitrine.

– Mais pour vous, c'est Nils...

– Il est comme mon fils... Ça fait des années que je suis avec les deux garçons, depuis le commencement. Au tout début, ils habitaient sous mon toit... Toutes ces soirées, tous ces banquets que nous organisions... Nous avions même notre propre carnaval ! C'était le bon temps !

– Je veux bien le croire, renchérit Tyrell en hochant la tête. En attendant que ces jours reviennent, nous devons nous protéger. C'est pour cette raison, j'imagine, que vous avez pris ce registre ? Je l'avais caché dans les buissons...

– C'était vous ? Vous êtes idiot ou quoi ! On ne doit laisser aucune trace derrière nous, on ne vous l'a pas dit ! J'ai bien l'intention de parler à Nils de votre négligence !

– *Derrière nous ?*

– Nous partons ce matin ! marmonna la vieille femme entre deux quintes de toux. Il ne vous l'a pas dit ?

– Si, bien sûr. Nous finissons les derniers préparatifs.

– Mais tout est prêt, idiot que vous êtes ! Brian vient de partir avec l'avion pour faire les derniers arrangements. Nous allons au Portugal ! C'est magnifique ! Nos affaires sont déjà là-bas... Mais où est Nils ? Il faut que je lui dise que j'ai fini.

– Il est à l'étage, il prend de derniers... effets personnels.

– C'est ridicule ! Brian et moi avons fait ses bagages ce matin, et nous n'avons rien oublié. Je lui ai mis un vêtement de rechange, un pyjama et ses affaires de toilette qu'on ferait mieux de laisser à ces Arabes qui viennent derrière nous, pour qu'ils apprennent à se laver !

– Les Arabes, bien sûr... Qu'est-ce que vous venez de finir, Mrs. Alvarado ?... Alvarado, c'est bien votre nom, n'est-ce pas ?

– Oui. Mon nom est Gretchen Alvarado. Le premier mari de ma mère était un grand héros de la guerre, et membre du grand état-major.

– Vous étiez les maîtres là-bas, poursuivit Tyrell calmement.

– *Madre de Dios !* s'exclama Mrs. Alvarado. Les premiers temps avec Mars et Neptune furent vraiment des années de rêve, mais nous n'en parlons jamais, évidemment.

– Qu'est-ce que vous venez de faire pour Nils, Mrs. Alvarado ?

– Prier. Il m'a demandé d'aller à la chapelle sur la colline et de prier pour que le Seigneur veille sur nous. Comme vous le savez, Nils est aussi dévot qu'un prêtre... En fait, jeune homme, je dois reconnaître que mes prières ont été quelque peu écourtées, car il y a eu un problème avec la ventilation. Mes yeux se sont mis à me piquer, et j'ai eu du mal à respirer. J'ai encore une terrible douleur dans la poitrine. Mais ne lui dites rien, il se fait tant de souci pour moi...

– Vous venez de la chapelle ?...

– C'est en redescendant que je vous ai vu courir – j'ai cru que c'était Brian –, j'ai voulu vous rattraper et je vous ai vu cacher le registre sous les arbres.

– Et ensuite ?

– Je ne sais plus très bien. J'étais en colère, évidemment. J'ai voulu vous crier quelque chose, mais j'ai brusquement suffoqué – ne le dites pas à Nils, promis ? Et puis ç'a été le trou noir. Quand j'ai rouvert les yeux, j'étais par terre, et il y avait des flammes partout ! J'ai l'air présentable quand même ? Nils tient à ce que je sois toujours bien habillée.

– Vous êtes parfaite, Mrs. Alvarado... Dites, j'ai une question à vous poser. Mr. Van Nostrand m'a demandé d'appeler l'une des limousines. De toute urgence. Comment est-ce que je peux faire ?

– Oh, c'est très simple... Vous comprenez, lorsque j'ai vu la lumière dans la bibliothèque, je me suis demandé qui...

La vieille secrétaire se figea et fut prise de convulsions si violentes qu'elle laissa tomber le gros registre pour porter les mains à sa poitrine. Son visage parut enfler, ses yeux sortir de leurs orbites.

– Du calme, ça va passer ! cria Tyrell, impuissant de l'autre côté de la fenêtre. Appuyez-vous contre le mur – mais je dois appeler les limousines. Dites-moi comment faire. Vite ! Vous disiez que c'était simple... Comment ?

– Oui... c'est simple..., bredouilla-t-elle en suffoquant. Mais plus maintenant. Nils m'a dit... de tout effacer...

– Les numéros ! Donnez-moi les numéros des voitures !

– Je ne sais pas... ça fait des années.

Soudain la femme s'écroula dans un râle, en se tenant la gorge, le visage virant au violet.

Hawthorne sauta par la fenêtre, perdit sa lampe dans la chute et se porta au secours de Mrs. Alvarado.

– Le bar ! lança-t-il à Neilsen qui s'était approchée des vitres brisées. Allumez une lampe et apportez-moi de l'eau !

Tyrell massait le cou de la vieille femme lorsque la lampe s'alluma dans la bibliothèque, projetant un carré de lumière autour de lui. Tye se figea devant la vision de cauchemar qu'il avait sous les yeux. Ce n'était plus qu'une parodie de visage, des chairs pourpres, déformées, des yeux rouges, des pupilles dilatées, les cheveux blancs, toujours coiffés en chignon, décollés du front – une perruque sur un crâne chauve. Mrs. Gretchen Alvarado était morte.

– Tenez ! lança Neilsen en tenant un pichet d'eau avant d'apercevoir le visage de la vieille femme. Oh ! mon Dieu, bredouilla-t-elle en détournant la tête, avec un haut-le-cœur. Qu'est-ce qui lui est arrivé ? demanda-t-elle d'une voix blanche.

– Vous le sauriez si vous pouviez sentir comme moi cette odeur ! Nos petits chimistes appellent ça le « rapido » : vous inhalez ce gaz pendant une seconde ou deux, et il vous couvre les poumons de champignons mortels. À moins de procéder à un lavement dans l'instant, à grande eau, littéralement, le sujet meurt dans la demi-heure.

– Encore faut-il avoir sous la main un docteur pour effectuer ce lavement des poumons, lança Poole en sortant de l'ombre. Sinon le sujet meurt noyé ; cette saloperie était le risque numéro un pendant la guerre du Golfe. Qui c'était ?

– La gouvernante de Mars et Neptune, anciennement leur hôtesse respectée, répondit Tyrell. Elle a été payée de ses efforts pendant qu'elle priait pour eux dans leur chapelle. Une cartouche dans les conduits d'aération, je suppose.

– Charmant.

– Allez, Jackson. Donne-moi un coup de main. Mettons-la à l'intérieur, à côté de son patron bien-aimé, et partons d'ici.

– Partir ? répéta Neilsen, stupéfaite. Je croyais que vous vouliez démonter cette baraque pierre par pierre ?

– Ce serait une perte de temps, Cathy, répondit Hawthorne en coinçant tant bien que mal le registre maculé de sang sous sa ceinture. Cette femme n'était peut-être pas aux commandes, mais elle était un petit robot fidèle pour Van Nostrand. Si elle dit qu'elle a tout nettoyé, c'est qu'elle l'a fait... Allez chercher ce reçu, on l'emporte avec nous.

Puisque le chauffeur était toujours nu, ficelé à son arbre et inconscient, Hawthorne décida qu'il était très bien là où il était.

– Courir comme ça, sauter à travers les fenêtres, lança Poole avec ironie, ce n'est plus de votre âge ! Je vais prendre le volant pour que vous puissiez vous remettre de vos émotions !

– Attention, Jackson, je peux toujours rappeler le peloton d'exécution ! rétorqua Tyrell, assis tout seul à l'arrière, en étendant ses jambes endolories sur la banquette. Capitaine, jetez un coup d'œil sur le téléphone, ordonna-t-il à Neilsen qui était installée à l'avant, à côté de Poole. Voyez s'il n'y a pas moyen de trouver les numéros des autres limousines. Fouillez la boîte à gants.

– Il n'y a rien, répondit Cathy tandis que Poole filait sur la route après avoir levé les barrières à l'entrée grâce aux instructions de Hawthorne. Qu'est-ce que je fais ? Je passe par le standard et je leur demande de me les retrouver ?

– Il faudrait avoir au moins le numéro de la limousine, ou la plaque d'immatriculation, répondit Jackson. Sinon, ils vont t'envoyer sur les roses.

– Tu crois ?

– J'en suis sûr. C'est dans le règlement de la FCC [1].

– Chiottes !

– Et votre colonel Stevens ?

– Je suis prêt à tout essayer, au point où nous en sommes ! s'exclama Hawthorne en composant rapidement le numéro sur le combiné à l'arrière du véhicule... C'est urgent, moussaillon ! Code 4-0 ! lança-t-il après avoir expliqué au standardiste qu'il appelait d'une voiture à quelques dizaines de kilomètres de là.

– Qu'est-ce que vous faites ici ? s'écria le chef des services secrets de la marine. Je vous croyais à Porto Rico, nom de Dieu !

1. Federal Communications Commission. *(N.d.T.)*

– Je n'ai pas le temps de vous expliquer, Henry. Je cherche une limousine appartenant à Van Nostrand, immatriculée en Virginie, mais je ne connais pas le numéro et...

– Vous parlez du véritable Van Nostrand ? l'interrompit Stevens, stupéfait.

– Lui-même. Il me faut le numéro de téléphone de cette voiture.

– Vous savez combien il y a de limousines dans ce seul État, en particulier aussi près de Washington ?

– Peut-être beaucoup, mais il n'y en a qu'une avec Bajaratt à son bord !

– Quoi ?

– Dépêchez-vous, colonel, s'énerva Tyrell en plissant les yeux pour lire les chiffres inscrits sur l'appareil. Rappelez-moi à ce numéro.

Il lui donna la référence de son poste et raccrocha, en s'y prenant à deux fois pour replacer le combiné sur son socle, tant sa nervosité était grande.

– Où est-ce qu'on va, commandant ? demanda Poole.

– Contente-toi de rouler. Je ne m'arrêterai que lorsqu'il nous aura rappelés.

– Si ça peut vous rassurer, continua le lieutenant, le Gulfstream a bien mis le cap sur Charlotte. Il va atterrir dans environ une heure et demie, tout dépend de la météo.

– J'ai hâte de savoir qui a organisé le voyage de cette ordure de Nostrand. Je te parie dix contre un que son nom est inscrit sur ce registre.

– Ça va, Tye ? demanda Neilsen en se retournant tandis que Hawthorne se massait les jambes.

– Bien sûr que ça va. Sauf que je suis un brave organisateur de croisières et non un membre de commando !

– On peut s'arrêter pour trouver de la glace. Ça calme la douleur, proposa Poole.

Le téléphone sonna soudain ; Tyrell se jeta sur l'appareil.

– Oui ?

– Ici le central. Le numéro de votre téléphone de voiture est bien le...?

– Laissez tomber, je reconnaîtrais cette voix entre mille, lança Stevens au standardiste. On s'est trompé de limousine.

– Veuillez nous excuser de ce dérangement...

Hawthorne raccrocha.

— Au moins, il ne perd pas de temps.

Ils continuèrent à sillonner la campagne de Virginie plongée dans l'obscurité, croisant les nombreuses réserves de chasse pour millionnaires. Ils parlaient de choses et d'autres, pour tromper leur angoisse. Dix-huit minutes plus tard, le téléphone de la limousine sonna de nouveau.

— Dans quoi vous êtes-vous encore fourrés ? demanda le colonel Henry Stevens d'un ton glacial.

— Qu'est-ce que vous avez pour moi ?

— Quelque chose que ni vous ni moi n'avons envie d'entendre. Nous avons retrouvé l'autre limousine de Van Nostrand et avons demandé au central de vérifier la ligne sous prétexte d'interférences. Tout ce qu'on a eu, c'est le message habituel : « Le conducteur a quitté son véhicule, veuillez rappeler ultérieurement. »

— Et alors ? Il faut recommencer.

— C'est inutile. Nous avons intercepté avec nos ordinateurs un rapport de police attestant que la limousine en question...

— Ils ont été arrêtés ! Il ne faut les relâcher sous aucun prétexte !

— Non, ils n'ont pas été arrêtés, l'interrompit Stevens d'un ton toujours plus glacial. On voit que vous ne savez pas qui est Van Nostrand.

— Assez pour savoir qu'il est passé au-dessus de vous pour me contacter.

— Mais...

— Il vous a laissé hors du coup, colonel, enchaîna Tyrell en coupant la parole à Stevens. Et vous pouvez remercier votre ange gardien de n'avoir pas été là, parce que sinon je vous aurais fait la peau.

— Qu'est-ce que vous racontez ?

— J'ai été convié à ma propre exécution par votre cher Van Nostrand. Et c'est un miracle si j'ai survécu.

— C'est incroyable !

— Sachez que je n'ai pas l'habitude de mentir quand il s'agit de ma vie. Il faut joindre à tout prix l'autre limousine et trouver cette Bajaratt. Où est cette voiture en ce moment ?

— Au fond d'un ravin, dans les environs de Fairfax, répondit Stevens d'un ton monocorde. Le chauffeur est mort.

337

– Où sont les autres? Il y avait deux personnes à bord, et l'une d'elles était notre Petite Amazone.

– Quoi?

– Je sais ce que je dis. Alors, où sont-ils?

– Il n'y a personne, juste le chauffeur avec une balle dans la tête... Encore une fois, Tye, est-ce que vous savez qui est Van Nostrand? La police est en route pour aller chez lui.

– Ils le retrouveront dans la bibliothèque, raide mort. À plus tard, Henry.

Hawthorne raccrocha et se laissa aller contre le dossier, les tempes battantes de frustration.

– Laisse tomber la limousine, lança-t-il à Poole en frottant ses paupières lourdes. C'est fichu, le chauffeur est mort.

– Bajaratt? lança Neilsen en se retournant. Où est-elle?

– Dieu seul le sait. Quelque part, à cent kilomètres à la ronde. Autant dire que nous ne risquons pas de la trouver ce soir. On apprendra peut-être quelque chose en étudiant ce registre ou lorsque nos pilotes auront téléphoné... Ou encore en recoupant les informations qu'on aura. En attendant, trouvons un endroit où manger et dormir. Comme m'avait dit un vieux sergent autrefois, ce sont deux armes à ne pas négliger.

– On vient de passer devant un joli hôtel, annonça Poole. Il n'est pas sûr qu'on en trouve un autre sur la route. C'est le seul que j'aie vu pour l'instant, et nous avons quadrillé tout le secteur. En fait, Cathy et moi étions censés avoir des chambres ici, grâce aux bons soins de Van Nostrand. Évidemment, c'était du vent.

– Tu parles du Shenandoah Lodge? demanda Neilsen.

– Exactement, répliqua le lieutenant.

– Très bien, fais demi-tour, ordonna Tyrell.

20

Nicolo Montavi, en proie à la panique, allait et venait dans la chambre, tremblant d'angoisse et d'épuisement, le front en sueur, les yeux exorbités, jetant des regards furtifs autour de lui. Une demi-heure plus tôt, il venait de commettre non seulement quelque chose de terrible, mais un péché mortel aux yeux de Dieu : il avait assisté à un meurtre, en simple témoin, Dieu merci, mais il n'avait rien fait pour l'empêcher ; pendant les quelques instants où il avait vu Cabi sortir un revolver de son sac à main, il était resté figé sur place. Il venait de quitter la grande propriété, terrifié par la fusillade qui avait éclaté, lorsque quelques minutes plus tard la signora avait demandé au chauffeur de s'arrêter. Sans un mot, elle avait sorti son arme et lui avait tiré une balle dans la nuque, sans plus d'émotion que si elle avait écrasé une mouche. Elle lui avait alors demandé de pousser la voiture dans le ravin qui bordait la route. Il ne pouvait qu'obéir, elle avait toujours le revolver dans la main, et il savait trop bien qu'elle l'aurait tué à la moindre rébellion de sa part. *Madonna della tristezza!*

Amaya Bajaratt était assise sur le canapé de la petite suite du Shenandoah Lodge, face à Nicolo qui arpentait la pièce de façon hystérique.

– Si tu as quelque chose à dire, vas-y, ne te gêne pas. Mais, je t'en conjure, parle doucement.

– Vous êtes folle, complètement folle à lier. Vous avez tué cet homme sans raison – vous allez nous envoyer en enfer.

— Je suis ravie de voir que tu comptes faire le voyage avec moi.

— Vous l'avez tué comme vous avez tué cette domestique noire sur l'île. Ce n'était qu'un brave chauffeur ! s'emporta le jeune Italien. Tous ces mensonges, ces vêtements... Pourquoi jouons-nous cette comédie à ces personnes du beau monde ? Tout ça, c'est pour leur soutirer de l'argent, hein ?... Finalement, ce n'est pas si différent que ce qu'on fait à Portici... Mais de là à tuer... Ce n'était qu'un simple chauffeur !

— Tu crois ? Qu'est-ce que tu as trouvé quand je t'ai dit de le fouiller ?

— Un revolver, répondit le jeune homme, de mauvaise grâce.

— Est-ce que de simples chauffeurs ont des armes sur eux ?

— Il y en a beaucoup en Italie qui en ont pour protéger leur patron.

— Peut-être, mais nous sommes aux États-Unis, et ici il y a des lois.

— C'est possible ; je n'en sais rien.

— Moi, si, et je te dis que cet homme était un tueur, un agent secret qui avait juré de m'empêcher de mener à bien notre grande cause.

— Parce que vous avez une grande cause ?

— La plus grande de toutes, Nicolo. Il n'y en a pas deux pareilles au monde. Même l'Église nous soutient en silence, parce que nous sommes prêts à nous sacrifier.

— Le Vatican ? Mais vous n'êtes même pas catholique. Vous ne croyez en rien.

— Détrompe-toi, et je peux te jurer que je crois en quelque chose, mais je ne peux pas t'en dire plus. Tu comprends, maintenant, pourquoi tes scrupules sont le cadet de mes soucis.

— Non, *signora*, je ne comprends toujours pas.

— Peu importe, lança Bajaratt d'un ton sec. Pense à tout l'argent qui t'attend à Naples et à cette grande famille qui va t'accueillir comme son propre fils. En attendant, va dans la chambre défaire nos valises.

— Vous êtes trop mystérieuse pour moi, répondit Nicolo en la regardant sans sourciller.

— C'est comme ça. Maintenant, va, j'ai des coups de fil à passer.

Le jeune homme disparut dans la chambre tandis que Bajaratt décrochait le téléphone de la table de nuit. Elle composa le numéro de leur ancien hôtel et demanda la réception. Elle donna son nom, laissa des instructions pour les bagages qu'ils avaient laissés derrière eux et réclama ses messages au réceptionniste, à qui elle avait largement graissé la patte.

– Je vous remercie de votre générosité, répondit l'homme, à Washington, d'une voix mielleuse. Et vous pouvez être assurée que je veillerai avec le plus grand soin à ce que le moindre de vos désirs soit exaucé. Nous regrettons vivement que vous ayez dû nous quitter si brusquement, mais nous espérons que vous reviendrez chez nous lorsque vous serez de nouveau dans la capitale.

– Mes messages, s'il vous plaît !

Il y en avait cinq, dont le plus important venait du sénateur Nesbitt du Michigan.

Les autres offraient des intérêts divers, sans être d'une importance vitale. En revanche, le dernier était pour le moins mystérieux. Il provenait de ce jeune conseiller en politique aux cheveux roux, qu'ils avaient rencontré à Palm Beach, celui qui écrivait des articles dans le *New York Times* et qui les avait prévenus du danger que représentait ce journaliste du *Miami Herald* – un danger si pressant que Bajaratt avait dû l'éliminer rapidement, grâce à son bracelet empoisonné. Elle choisit de rappeler en premier le sénateur.

– Je vous avais promis de vous contacter, comtesse, si j'avais des nouvelles pour vous. Mon collègue du Sénat pense pouvoir vous organiser une entrevue avec le président Bartlett dans les trois jours. Bien sûr, vous comprenez que...

– *Naturalmente !* l'interrompit Bajaratt. Le baron sera ravi, et il saura vous montrer sa reconnaissance, sénateur, soyez-en assuré.

– C'est très aimable de votre part... Votre entrevue sera tout à fait officieuse, évidemment, et ne figurera en aucun cas sur l'agenda du Président. Il n'y aura qu'un photographe, choisi par le secrétaire général de la Maison-Blanche, et vous devrez signer une déclaration spécifiant que les photos feront l'objet d'un usage strictement personnel et ne seront en aucun cas divulguées à la presse, nationale ou internationale. Je serais dans une position extrêmement embarrassante si vous ne teniez pas parole.

— Je vous assure que nous en ferons un usage strictement privé, répondit Bajaratt. Vous avez la promesse d'une grande famille d'Italie.

— Comme ça, c'est parfait, répondit Nesbitt, visiblement soulagé, en poussant un petit gloussement. En revanche, si les investissements du baron se révèlent politiquement favorables, en particulier dans les zones durement touchées par la crise économique, la Maison-Blanche fera sortir la photo de Bartlett avec le fils du baron dans tout le pays. Pour parer à cette éventualité, mon collègue du Michigan et moi-même allons faire des photographies nous montrant en compagnie de votre neveu – sans le Président !

— C'est très judicieux ! observa Bajaratt, avec un petit rire.

— Vous ne connaissez pas l'état-major du Président ! Si cette photo passe, personne d'autre ne pourra prendre le train en marche !... Où puis-je vous joindre, au fait ? Votre hôtel m'a dit qu'il ne prenait que vos messages...

— Nous voyageons beaucoup, s'empressa de répondre rapidement Bajaratt pour tuer dans l'œuf tout soupçon. J'espère qu'un jour prochain nous aurons le loisir de vous rendre visite dans le Michigan, mais tout va si vite en ce moment. Dante Paolo a l'énergie de six taureaux !

— Ça ne me regarde pas, comtesse, mais je pense que votre travail serait facilité, voire amélioré, si vous aviez un bureau et une équipe à disposition – au moins une secrétaire qui saurait où vous joindre à tout moment. Je suis certain que, parmi les amis du baron, nombreux seraient ceux qui voudraient vous prêter main-forte. Moi-même, je pourrais vous aider et mettre à votre service les gens de mon propre bureau.

— Nous ne demanderions pas mieux, mais, hélas, c'est impossible. Mon frère est, à bien des égards, au-dessus de tout reproche, mais il place la confidentialité au même rang que l'éthique, sans doute parce que le monde de la finance est peuplé de gens sans scrupule. Conseillers financiers et secrétaires sont à Ravello. Nous les appelons toutes les vingt-quatre heures, parfois même deux ou trois fois par jour. Ce sont des employés modèles et dévoués depuis des années.

– Votre frère est prudent, rétorqua le sénateur, et il a bien raison de l'être. Après les scandales de la BCCI [1], du Watergate, de l'Irangate, nous avons appris la méfiance. J'espère simplement que les lignes téléphoniques sont aussi sûres.

– Nous voyageons avec un brouilleur de réception, *signore*. C'est ce qu'on fait de mieux, non ?

– Je dois avouer que je suis impressionné. Le ministère de la Défense nous a expliqué dernièrement que les terroristes affectionnaient ce genre d'appareil.

– Nous ne savons rien de ces gens, sénateur, mais pour nous, cela nous offre une tranquillité d'esprit... J'appellerai la réception toutes les heures environ.

– C'est important, comtesse. Dans le grand zinzin de Washington, trois jours ont tôt fait de se transformer en demain ou en tout de suite.

– Je comprends...

– Vous avez bien reçu les documents supplémentaires que je vous ai fait parvenir ?

– En ce moment même, Dante Paolo est en train de parler avec enthousiasme à son père de vos propositions.

– C'est vraiment extraordinaire, comtesse. Un garçon si jeune, avec cette intelligence, cette intuition... Le baron doit être très fier de son fils. Et avoir pour sœur une femme comme vous doit être un sacré atout pour lui – vous qui savez si bien mêler charme et diplomatie. Vous n'avez jamais songé à faire de la politique ?

– Je ne la rencontre que trop souvent sur mon chemin, répliqua Bajaratt avec un sourire dans la voix. Mais j'aimerais tant pouvoir m'en passer, car elle vous détruit à petit feu.

– Allons, il faut bien que l'on vive, nous autres... Je laisserai un message lorsque je saurai le jour et l'heure du rendez-vous à la Maison-Blanche... Vous savez, évidemment, où me trouver si vous avez des nouvelles de Ravello à m'annoncer.

– Rassurez-vous, notre collaboration vous est acquise, Mr. Nesbitt, ce n'est qu'une question de temps. *Arrivederci.*

Bajaratt raccrocha le téléphone, et parcourut du regard la liste des numéros que lui avait donnés la réception de l'hôtel à Washington. Trois d'entre eux

1. Bank of Credit and Commerce International. *(N.d.T.)*

n'étaient pas urgents, le dernier non plus, mais sa curiosité, piquée au vif, l'incita à appeler ce jeune conseiller politique aux cheveux roux.

— Bonjour, vous êtes bien chez Reilly Plumbers, lança la voix sur le répondeur. Si c'est pour du travail, veuillez appuyer sur la touche 1, sinon, dégagez de la ligne! Vous pouvez toutefois laisser un message, avec votre nom, voire votre numéro de téléphone, mais je ne vous promets rien.

Il y eut un long bip.

— Nous nous sommes rencontrés à Palm Beach, Mr. Reilly, commença Bajaratt, et je réponds à votre message...

— Ravi de vous entendre, comtesse, lança Reilly en prenant brusquement la communication. Vous êtes un vrai feu follet, dites donc!

— Comment êtes-vous parvenu à nous retrouver, Mr. Reilly?

— D'ordinaire, ça vous coûterait bonbon pour le savoir, répondit le jeune homme en riant. Mais, puisque vous n'avez pas pressé la touche 1, je vais vous le dire pour rien. Cadeau!

— C'est trop gentil de votre part.

— C'est très simple, en fait. Je me souvenais des noms de quelques vieux vautours qui vous tournaient autour. Alors, j'ai appelé leur bureau. Et c'est ainsi que j'ai su où vous étiez.

— Ils n'ont pas fait d'obstacle pour vous donner cette information?

— Aucun, lorsque je leur ai dit que je revenais de Rome et que j'avais un message confidentiel à vous transmettre de la part du Big Brother et qu'il saurait se montrer reconnaissant vis-à-vis de la personne qui m'aurait donné un coup de main. Je dois dire que le nom de Ravello délie bien des langues, surtout lorsqu'il est écrit in extenso, en lettres de diamant sur un bracelet.

— Vous êtes un filou, Mr. Reilly.

— Je fais ce que je peux, comtesse. Washington est une jungle.

— Pourquoi souhaitiez-vous donc tant me joindre?

— Là, en revanche, la gratuité s'arrête.

— Je ne vois pas quel service, venant de vous, je serais prête à payer.

– Il s'agit d'une information.

– De quelle nature, de quelle valeur ?

– Ce sont deux notions différentes, et, pour être parfaitement honnête, je peux répondre à la première, mais ne saurais chiffrer la seconde. Il n'y a que vous pour en connaître le prix

– Répondez toujours à la première question.

– Très bien. Quelqu'un qui écume les bas-fonds, à la recherche d'un couple peu recommandable, s'est demandé à un certain moment si, oui ou non – avec une nette inclination pour le non –, il était possible que vous et le jeune homme soyez les personnes qu'il cherchait, mais il a vite abandonné cette hypothèse parce que cela lui semblait trop tiré par les cheveux. Seulement voilà, il se trouve que j'ai beaucoup d'imagination...

– Je vois, répondit Bajaratt en se raidissant. *Pas maintenant. Pas si près du but !* Nous sommes ce que nous disons être, Mr. Reilly, poursuivit-elle en dissimulant son trouble. Et qui sont ces gens dont vous parlez ?

– Je ne sais pas ; peut-être des combinards, des missionnaires de la mafia en quête de nouveaux marchés pour la drogue, ou encore des arnaqueurs venant de Sicile chercher des pigeons bien dodus.

– Nous ressemblons donc à ce genre de personnes ?

– Non, pas en surface. La femme est beaucoup plus jeune que vous et le gamin est décrit comme une espèce de grosse brute illettrée.

– C'est absurde !

– Oui, c'est bien ce que je me suis dit, mais j'ai une imagination débordante. Pourrais-je vous rencontrer ?

– Certainement, si cela peut vous ôter ces idées saugrenues de la tête.

– Où ça ?

– Aux abords d'une ville nommée Fairfax, il y a une sorte d'hôtel : le Shenandoah Lodge.

– Je le connais. Comme la plupart des maris volages de Washington. Je suis étonné que vous soyez descendus dans cet endroit. Je serai là dans une demi-heure.

– Je vous attendrai sur le parking, répondit Bajaratt. Je ne veux pas déranger Dante Paolo.

– Ashkelon !

– Vengeance ! Quelles sont les nouvelles ?

– Nous sommes prêts à entrer dans la phase Un. À lancer le compte à rebours.

– Qu'Allah soit loué !

– Vous feriez mieux de louer un sénateur américain.

– Vous plaisantez ?

– Pas le moins du monde ! Il est notre meilleur agent sans le savoir. Le plan se déroule avec succès !

– Vous pouvez donner des détails ?

– Inutile. Au cas où j'y reste, le nom de ce sénateur est Nesbitt. Vous pourrez avoir besoin de lui quand je ne serai plus là. On peut lui faire croire ce qu'on veut.

La limousine conduite par Poole passa le portail du Shenandoah Lodge. Grâce au nom de Van Nostrand, on a pu leur trouver deux chambres contiguës, malgré l'heure tardive et la tenue pour le moins négligée des voyageurs.

– Qu'est-ce qu'on fait, Tye ? demanda Neilsen en entrant dans la chambre que Poole et Tyrell partageaient.

– On commande quelque chose à se mettre sous la dent et on passe quelques coups de fil... Oh, bon sang !

– Qu'est-ce qu'il y a ?

– Stevens ! s'écria Hawthorne en se précipitant vers le téléphone. La police !... Ils vont boucler l'aéroport de Charlotte, arrêter nos pilotes et fiche tout en l'air !

– Vous pensez pouvoir les en empêcher ? demanda Neilsen tandis que Tyrell s'empressait de pianoter sur le cadran.

– Tout dépend quand ils arriveront là-bas... Passez-moi le colonel Stevens. Code 4-0, et que ça saute !... Henry ? C'est moi. Quoi qu'il ait pu se passer chez Van Nostrand, il faut à tout prix étouffer l'affaire !... (Hawthorne écouta pendant près d'une minute la réponse de son interlocuteur.) Je crois que je vais retirer certaines choses que j'ai dites sur vous, colonel, annonça-t-il finalement, avec un ostensible soulagement. Je vous rappelle dans deux heures pour vous donner certains noms. Il faudra tous les passer à la loupe, surveillance nuit et jour, écoutes téléphoniques, le grand jeu, quoi !... Oui, bonne idée, Henry. Au fait, moi aussi j'ai pas mal cogité ces derniers temps et il y a un autre point qui me tracasse. Cela va vous paraître totalement saugrenu étant donné la situation présente, mais je voudrais savoir comment vous avez rencontré Ingrid ?... (Un demi-sourire souleva les lèvres de Tyrell, ses paupières se fer-

346

mèrent un instant.) C'est bien ce que je pensais. Je vous rappelle ce soir vers minuit. Vous serez à votre bureau ou chez vous ?... C'est vrai, ma question est idiote, reconnut Hawthorne avant de presser le bouton de fin de communication. (Tenant l'appareil toujours à la main, il leva les yeux vers Neilsen.) Stevens avait déjà fait le nécessaire. Il a mis le black-out sur la propriété de Van Nostrand.

– Mais ce type est mort ! s'exclama Poole. Et tous les autres cadavres ? Comment peut-il garder tout ça secret ?

– Par chance, une seule voiture de patrouille a été envoyée chez Nostrand, et Stevens a pu joindre le QG de la police quelques minutes avant que la voiture n'arrive au poste de garde. Il a bloqué toutes les communications relatives à la mort de Nostrand en insérant dans le réseau ce qu'on appelle un « code sécurité d'État », ce qui laisse l'affaire sous l'entière responsabilité des services de renseignements de la marine.

– Aussi simplement que ça ?

– Oui, lieutenant. C'est ainsi que cela se passe de nos jours. On ne dit plus : « C'est top secret », ce sont les ordinateurs qui s'en chargent. Il est impossible, aujourd'hui, d'être un agent de renseignements sans avoir dans la poche un manuel d'informatique. Il n'y a pas à dire, je suis vraiment un vieux schnock !

– Vous ne vous en êtes pas trop mal sorti pour l'instant, répondit Cathy. Mieux que n'importe qui d'autre.

– Si cela pouvait être vrai ! Ce serait une manière de rendre justice à Cooke et à Ardissonne, deux vieux *has been* comme moi... Je veux la peau de cette salope ! Et de tous ces chiens qui la suivent !

– Vous vous rapprochez de plus en plus, Tye. Vous êtes tout près.

Tout près, répéta Hawthorne en pensée, tout en retirant sa veste safari maculée de sueur et de crasse. Oui, il avait été tout près, si près qu'il l'avait tenue dans ses bras, qu'il lui avait fait l'amour, et qu'un rêve qu'il croyait perdu s'était matérialisé devant lui ; les ténèbres de sa vie étaient devenues lumière, le soleil avait jailli devant ses yeux, comme une promesse de bonheur... « Va au diable, Dominique ! Des mensonges. Tout n'était que mensonges ! Mais je te retrouverai, je te rendrai la monnaie de ta pièce, et tout le mal que tu m'as fait. Quand moi je te parlais d'amour, toi tu me jouais la comédie. Pire encore, car, au plus profond de toi, il y a de la haine, rien que de la haine ! »

– Mais où est-elle en ce moment ? lança Tyrell à haute voix. Voilà la vraie question !

– Je crois que vous négligez quelque chose d'essentiel, dit Neilsen. Grâce à vous, on sait qu'elle est ici, à deux pas de Washington, et que les mesures de sécurité entourant Bartlett vont être maximales. Comment pourrait-elle pénétrer ce bouclier ?

– Parce que le Président doit bien continuer à faire son boulot de Président.

– Mais vous avez dit que toutes ses visites et apparitions en public ont été annulées, qu'il est pratiquement placé en quarantaine à la Maison-Blanche ?

– Je sais bien. Ce qui m'inquiète, c'est qu'elle le sait et que cela ne l'arrête pas pour autant.

– C'est vrai. Les fuites, les meurtres – Charlie, Miami, vous à Saba et ici, chez Van Nostrand. Qui sont ces gens qui la soutiennent ? Et pourquoi font-ils ça ?

– Je crois connaître la réponse à vos deux questions, répondit Hawthorne en s'allongeant sur le lit, les mains derrière la tête. C'est comme du temps d'Amsterdam et de tous ces jeux de dupes, où les hommes n'étaient que des pions sur un échiquier, rien d'autre que des numéros... A se sert de B pour une raison X. B se sert de C pour une autre raison, apparemment sans rapport avec la précédente ; C se sert de D qui se trouve dans l'autre camp et finalement D contacte E qui s'infiltre, car il ou elle est en mesure de le faire, et c'est justement l'effet que A recherchait. La chaîne est si tortueuse que personne ne peut la suivre de bout en bout.

– Pourtant c'est ce que vous avez fait, apparemment ? répondit Neilsen avec une pointe d'admiration dans la voix. Vos états de service le font clairement entendre : vous étiez exceptionnel.

– Parfois, et le plus souvent c'était par pur hasard.

Poole était assis derrière le bureau, et se frottait le front :

– Je viens d'écrire ce que vous venez de dire à propos de A, B, C, D et E, et il se trouve que je suis versé également dans les mathématiques, disons, pour plus de précision, que je me débrouille pas trop mal en géométrie, trigonométrie, algèbre et physique nucléaire...

Selon vous, ces gens à Amsterdam constitueraient donc une série finie d'ensembles indépendants, comme une partition ?

– Je ne comprends pas un mot de ce que tu racontes.

– Mais c'est ce que vous venez de dire.

– Ah oui ?

– Vous avez dit que personne ne savait les tenants et les aboutissants à l'exception du premier et du dernier élément de la chaîne.

– C'est très réducteur, mais correct finalement. C'est le principe des intermédiaires, des contacts qui peuvent, le cas échéant, pressentir quelque chose mais qui ne savent rien et n'ont aucun nom à donner.

– Pourquoi font-ils ça, dans ce cas ?

– Par cupidité, lieutenant. L'argent est le moteur de toute chose. Il y a toujours moyen d'extorquer des fonds, à quelque échelon que l'on se trouve sur la chaîne.

– Et vous pensez que c'est ce qui se passe pour ceux qui sont derrière Bajaratt ? demanda Cathy.

– Pas exactement. Le noyau dur semble trop bien organisé, trop puissant. Mais il est évident qu'ils emploient d'autres réseaux pour accomplir le sale boulot, brouillant ainsi les pistes. Ils s'arrangent toujours pour que l'on ne puisse pas remonter jusqu'à eux, même si on intercepte un de leurs contacts.

– Comme notre Alfred Simon à Porto Rico ? lança Poole.

– Et ce contrôleur aérien à qui il avait toujours affaire mais dont il ignorait le nom, renchérit Neilsen.

– Tous les deux à la merci de notre amazone et de ses troupes. Tous deux des pions interchangeables ; et bien que Simon ait vendu la mèche, ni l'un ni l'autre ne risquaient de donner le moindre renseignement de valeur.

– Il vous a tout de même donné un nom, objecta Cathy. Deux, même !

– Le premier est un grand avocat de Washington, qui devrait peut-être voir un psychiatre, mais, mis à part ce détail, au-dessus de tout soupçon ; quant à l'autre, ce fut un simple coup de chance. Je ne plaisantais pas, tout à l'heure : mes prétendus hauts faits d'armes ne sont, pour la plupart, que le fruit du hasard, comme ceux, d'ailleurs, de la majorité de mes collègues. Un mot, une expression, une remarque éveillent votre curiosité, et une association d'idées vient. Il se produit un déclic dans votre tête – encore un produit du hasard – car les chances pour que vous tombiez en plein dans le mille sont infimes.

– Vous parlez de Neptune ? demanda Poole.

– Oui. Simon avait dit que son Mr. Neptune semblait sortir tout droit d'une publicité du *Gentleman's Quaterly* [1], ou d'un autre magazine du même genre. Il disait vrai. À l'instant même où j'allais me faire tuer sous ses yeux, Nostrand restait stoïque et princier.

– Je n'appellerais pas ça un hasard, insista Neilsen. Mais plutôt de l'expérience.

– Je n'ai pas dit que j'étais complètement idiot, mais je ne fais que repérer quelques singularités ici et là. Il ne s'agissait que de quelques mots bredouillés par un tenancier de bordel, rond comme une queue de pelle. Il n'y a pas de quoi pavoiser. Ce n'est que de la chance, rien d'autre.

Hawthorne ferma les yeux. Il était épuisé, ses jambes le brûlaient, ses bras lui lançaient et son sang battait douloureusement dans ses tempes. Il entendait vaguement Neilsen et Poole se chamailler à propos du menu à commander, mais ses pensées étaient restées ailleurs, à passer en revue tous ces hasards qui avaient jalonné son existence. Il y en avait eu tant, et en premier lieu celui qui l'avait fait entrer dans la marine. Il était à l'université et changeait si souvent de filière qu'il aurait été incapable de dire laquelle avait sa préférence. Finalement il avait opté pour l'astronomie. « Pourquoi ne pas choisir la peinture sur macramé, pendant que tu y es, lui avait rétorqué son père, professeur. Fais ce que tu veux, mais ne t'avise pas de t'inscrire à mes cours ! Ta mère ne comprendrait pas que je refuse de te donner tes UV. »

Tout bien considéré, l'astronomie n'était pas un choix si absurde ; il naviguait depuis qu'il tenait sur ses jambes et l'idée de pouvoir d'un coup d'œil savoir où il se trouvait sur l'océan, sans l'aide d'un sextant, était pour le moins séduisante. Il était plutôt doué pour le sport, sa constitution et son ossature lui offraient un bel avenir dans les équipes de l'université, malheureusement son manque de motivation et son caractère solitaire mirent rapidement un terme à tout espoir de carrière sportive ;

1. Magazine de mode pour hommes. *(N.d.T.)*

il n'avait aucune envie de passer son temps soit à l'entraînement, soit à se faire sauter dessus par un troupeau de malabars. Quand il sortit de l'université de l'Oregon (études gratuites pour les fils des professeurs du campus), il ne savait trop que faire ; il avait, certes, décroché d'honorables notes à l'examen puisque les cours qu'il avait choisis le passionnaient, mais, sur le marché du travail, ses qualifications n'avaient aucune valeur ; les entreprises cherchaient des commerciaux, des économistes, des ingénieurs ou des informaticiens. C'est alors que se produisit le premier accident.

Il déambulait dans les rues d'Eugene, deux mois après que sa mère eut encadré son diplôme inutile, lorsqu'il passa devant un centre de recrutement de la marine. Peut-être était-ce les photos des fiers navires chevauchant l'océan qui le séduisirent, peut-être était-ce l'envie pressante de faire quelque chose, ou les deux à la fois, mais toujours est-il qu'il poussa la porte et s'engagea sur-le-champ.

— Mais tu n'as rien d'un militaire ! s'était écriée sa mère.

Son frère, qui était déjà un petit génie à l'époque, et président du comité d'honneur de son lycée, s'empressa d'ajouter :

— Tye, tu te rends compte qu'il va falloir que tu obéisses aux ordres ?

Son père, médusé, lui offrit un verre et fut plus tranchant encore que les deux autres :

— Discute avec n'importe quel marin, et tu auras tôt fait de découvrir un être blessé qui ne rêve que de fonder une petite famille. Va, lève l'ancre, mon fils, et, comme disaient les notables de Salem lorsqu'ils découvraient une sorcière : que Dieu ait ton âme !

Par chance, la marine en prit soin. Grâce à son expérience de jeune marin, qui l'avait amené à piloter de grands bateaux à voiles et à remporter des dizaines de coupes, il sortit de la base d'entraînement de San Diego comme enseigne de vaisseau seconde classe sur un contre-torpilleur, et c'est là que se produisit le deuxième coup du destin.

Au bout de deux ans, il commença à souffrir de claustrophobie dans ce petit navire de guerre. Il se mit à la recherche de nouveaux horizons. Il y avait quelques places dans des bases à terre, mais c'étaient des postes de logistique, du travail de bureau qui ne l'intéressait pas. Toutefois, un poste retint son attention, car le titre lui parut amusant : officier du protocole à La Haye.

Il décrocha le poste et gagna en prime ses galons d'enseigne de vaisseau de première classe, sans savoir que la fonction qu'il allait occuper consistait à chercher sur le terrain d'éventuels agents de renseignements pour les services secrets de la marine. Toutes ces soirées, ces réceptions à l'ambassade, ces visites et ces tours en ville avec les gros bonnets, civils ou militaires, faisaient partie intrinsèque du boulot. Puis un matin, au bout de six mois, il fut convoqué par le chargé d'affaires de l'ambassade. On lui fit des éloges démesurés par rapport à sa modeste participation et on le nomma lieutenant tout de go.

– Au fait, lieutenant, avait lancé le chef de l'ambassade, pourriez-vous nous rendre un petit service ?

Accident numéro trois ; il avait répondu oui.

L'équivalent français de Tyrell était soupçonné de passer aux Soviétiques des renseignements franco-américains. Sous le prétexte de préparer une réception, le lieutenant Hawthorne emmènerait l'homme en question prendre un verre, le ferait boire, et essaierait d'en savoir le maximum.

– Si besoin est, avait expliqué le chargé d'affaires en lui tendant un petit flacon apparemment de collyre, deux gouttes de ce produit lui délieront la langue.

Accident numéro quatre. Hawthorne n'eut pas besoin de se servir de cet ersatz. Le pauvre Pierre était au bout du rouleau et, après quelques verres de vin bien tassés, il lui livra sa terrible confession, avouant à la fois qu'il était couvert de dettes et qu'il avait une liaison avec une taupe soviétique qui menaçait de vendre la mèche et de ruiner sa vie.

Nouveau coup du sort. Sans doute à cause des nombreux bourbons, Tyrell proposa au malheureux Français, en échange de tous ses contacts au KGB, de dire qu'il travaillait en fait pour l'OTAN et qu'il essayait de s'infiltrer, suspectant qu'il y avait des fuites dans sa propre ambassade. Les joues de Hawthorne gardèrent pendant une semaine les stigmates de la gratitude du Français. L'homme devint un agent double irréprochable, et ce soudain revirement fut mis au compte du jeune lieutenant de l'ambassade.

Le général de l'OTAN le convoqua – un homme que Hawthorne respectait car ce n'était pas un fonctionnaire derrière son bureau, mais un homme au parler franc qui n'hésitait pas à retrousser ses manches pour mettre la main à la pâte.

– Je vais vous garder avec nous, lieutenant, parce que non seulement vous avez les qualifications ad hoc, mais, plus important encore, parce que vous ne le criez pas sur tous les toits. J'en ai assez de tous ces types imbus d'eux-mêmes qui m'entourent. Je préfère les gens discrets et efficaces. Ceux qui savent ouvrir l'œil. Alors, c'est d'accord ?

D'accord pour quoi ?

– Évidemment, mon général, tout ce que vous voudrez.

Tyrell était tellement intimidé par cet homme qu'il n'entendit pas ou ne voulut pas entendre certains détails de son nouveau travail ; Hawthorne était sur un petit nuage à l'idée de connaître de nouveaux horizons. Il partit donc en Géorgie, pour une mission éprouvante de douze semaines, cette fois en tant qu'officier des services de renseignements de la marine.

À son retour à La Haye, pour reprendre ses fonctions normales, le destin lui joua de nouveau des tours, certains pour le moins surprenants. Il excellait dans son travail. Victime de l'hypocrisie et de la corruption qui suintaient de l'OTAN, Amsterdam était devenue le haut lieu des services secrets du monde entier ; l'argent ne tarda pas à prendre le pas sur toutes les promesses, les grandes comme les petites. Il écumait ce monde souterrain à la recherche de contacts, pourchassant à travers toute l'Europe les marchands de mort. Ce furent tous ces cadavres, tous ces meurtres inutiles qui l'incitèrent un jour à tout plaquer.

Soudain, Tyrell sentit la présence de Neilsen. Elle se tenait au pied du lit et le regardait. Il releva les yeux.

– Où est votre lieutenant ? demanda-t-il.

– Il est au téléphone dans ma chambre. Il s'est brusquement souvenu qu'il avait un rendez-vous galant ce soir – il a déjà quatre heures de retard !

– Je voudrais bien savoir comment il va lui expliquer ça.

– Il va sans doute lui raconter qu'il est en train de tester un prototype, un engin dernier cri top secret, et qu'il s'est luxé le cou en faisant un piqué de trente-huit mille pieds.

– C'est un drôle de gars...

– C'est sûr... À quoi rêviez-vous, les yeux ouverts comme ça ?

– À rien. Juste un petit moment d'égarement... Vous savez, lorsqu'on commence à se demander ce qu'on fait là, et qui on est véritablement.

– Je peux répondre à la première question. Vous poursuivez cette Bajaratt parce que vous êtes l'un des meilleurs agents des services secrets de la marine.

– C'est faux, répondit Hawthorne en se redressant sur un coude, tandis que Neilsen s'installait sur une chaise à côté du lit.

– Stevens m'a dit ce que vous valiez, même s'il s'est fait tirer l'oreille pour l'avouer.

– Il essayait simplement de vous rassurer, c'est tout.

– Je ne crois pas. Je vous ai vu à l'œuvre, commandant. Pourquoi vous entêtez-vous à nier l'évidence ?

– Il y a quelques années, c'était peut-être vrai, mais il s'est passé quelque chose... que mes supérieurs en aient conscience ou non, peu importe ; il n'empêche que je suis le plus mauvais qui soit sur le terrain à présent. Je me fiche de savoir qui gagnera cette fois la partie. Il y a autre chose qui me préoccupe.

– Je peux savoir ce que c'est ?

– Je ne crois pas que vous apprécierez. Et puis c'est personnel – je n'en ai parlé à personne.

– Je vais vous proposer un marché, Tye. Moi aussi, je vous dirai quelque chose de très personnel, une chose que je n'ai dite à personne, ni à Jackson ni à mes parents. Cela nous ferait peut-être du bien de nous confier, sachant que nous ne nous reverrons probablement jamais après cette mission. Je commence,. d'accord ?

– Si vous voulez, répondit Tyrell en regardant le visage tendu, presque anxieux, de Neilsen.

– Poole et mes parents sont persuadés que j'ai toujours voulu être pilote d'élite de l'US Air Force et passer ma vie dans l'armée.

– Sans vouloir vous vexer, rétorqua Hawthorne, je dirais même que Poole est persuadé que vous êtes née avec un béret sur la tête.

– C'est faux sur toute la ligne ! se défendit le capitaine Neilsen. Avant d'entrer à West Point, je voulais être anthropologue. Être quelqu'un comme Margaret Mead, sillonnant le monde pour étudier des cultures inconnues, pour découvrir le mode de vie de peuplades primitives qui se montrent à bien des égards beaucoup plus civilisées que nous. Parfois je fais encore ce rêve... C'est idiot, n'est-ce pas ?

– Pas le moins du monde. Pourquoi ne foncez-vous pas ?... Je rêvais d'avoir un bateau à moi et de vivre en naviguant sous mon propre pavillon, et c'est arrivé. J'ai fait fausse route pendant dix ans, et alors ? Il n'est jamais trop tard.

– Les circonstances étaient notablement différentes, Tye. Vous naviguiez déjà quand vous étiez tout gosse, vous étiez déjà préparé à cette nouvelle vie. Moi, il faudrait que je retourne à l'école, Dieu sait pendant combien de temps.

– Combien, deux ou trois ans ? Ce n'est pas la mer à boire. Juste le temps d'assimiler les bases.

– Je ne vous suis pas.

– Vous avez un atout que quatre-vingt-dix pour cent des anthropologues de la planète n'ont pas. Vous êtes pilote : vous pouvez les emmener partout.

– J'aimerais tant que ce soit aussi simple, répondit Cathy d'un air songeur.

Elle se redressa et s'éclaircit la gorge.

– Je vous ai dit mon secret. À vous de me dire le vôtre. Chacun son tour.

– J'ai l'impression d'être retombé en enfance, mais c'est entendu, je me prête au jeu... De temps en temps, une image me revient en mémoire ; ce doit être mon côté cartésien... Une nuit, j'allais retrouver un Soviétique, un type du KGB, un marin comme moi, basé sur la mer Noire. Nous savions tous les deux que la situation nous échappait, que tous ces cadavres dans le canal, c'était de la folie. Pourquoi tous ces morts ? Les grands de ce monde se fichaient de ce qui pouvait nous arriver, et nous sommes tombés d'accord pour mettre un terme à ce massacre. Lorsque je l'ai retrouvé, il était encore vivant, mais son visage avait été tailladé à coups de rasoir. Il n'était plus que de la chair sanguinolente. J'ai compris ce qu'il me demandait... il souffrait le martyre... alors j'ai... j'ai mis fin à son supplice. C'est à ce moment-là que j'ai su ce que je devais faire. Il ne s'agissait plus simplement de chasser la corruption qui faisait naître des fortunes comme des feux follets, ni des fonctionnaires égarés qui se laissaient acheter par les ennemis de notre idéologie, il s'agissait maintenant de traquer ces fanatiques, ces malades qui étaient capables de faire ça à l'un des leurs. Tout ça au nom d'une fidélité aveugle et indéfectible qui n'était qu'une plume dans la grande balance de l'Histoire.

– C'est pire que les douze travaux d'Hercule, commandant, dit Catherine. C'est à ce moment-là que vous avez rencontré Stevens ?

– Henry l'horrible ?

– C'est son surnom ?

– Parfois, oui. Disons que son agressivité est savamment canalisée. En fait, je connaissais plutôt sa femme. Ils n'avaient pas d'enfants, et elle avait un poste à l'ambassade. Elle travaillait au service des transports et s'occupait d'organiser les déplacements de tout le personnel, et j'étais un oiseau plutôt migrateur à l'époque. Une femme charmante, qui doit avoir une influence stabilisatrice sur Stevens bien plus importante qu'elle ne le reconnaît.

– Pourtant, tout à l'heure, vous lui parliez de votre femme...

Tyrell releva la tête brusquement et vrilla son regard dans celui de Neilsen.

– Excusez-moi, je ne voulais pas..., répondit-elle en détournant les yeux.

– Je connaissais la réponse, mais il fallait que je lui pose la question, répondit-il en retrouvant son calme. Van Nostrand m'a dit quelque chose de pénible, pour me provoquer, pour tromper ma vigilance.

– Et Stevens vous a donné une autre version des faits, termina Neilsen. Vous l'avez cru ?

– Sans le moindre doute, répondit Hawthorne en souriant, amusé par un souvenir. Hormis son sale caractère, commença Tyrell en levant les yeux au plafond, Henry Stevens est un homme brillant, avec un esprit très analytique, mais la principale raison pour laquelle il a été placé dans un bureau avec une promotion en prime, c'est qu'il est totalement incapable de mentir. Rien qu'à l'entendre, on le sent déjà dégoulinant de sueur. Voilà pourquoi je suis convaincu qu'il en sait long sur la mort de ma femme – sur son assassinat –, bien davantage qu'il ne veut bien le dire... Vous imaginez sans doute pourquoi je lui ai posé cette question sur ma femme... Sa réponse était si directe, si spontanée, que j'ai su immédiatement qu'il me disait la vérité. Il m'a dit qu'il n'avait rencontré Ingrid qu'une fois, en accompagnant son épouse à la petite fête que nous donnions à l'ambassade pour célébrer notre mariage.

– Ce serait un peu gros comme mensonge, répliqua Cathy.

– Je n'en ai jamais douté. Et vous non plus, si vous aviez connu Ingrid.

– Je le regrette.

– Je suis sûr qu'elle vous aurait bien aimée, annonça Tyrell en relevant de nouveau la tête vers Neilsen, cette fois sans hostilité. Vous avez le même âge qu'elle, le même sens de l'indépendance et, comme elle, une certaine autorité – quoique, chez vous, elle soit manifeste !

– Vous êtes un mufle, commandant.

– Allez, vous êtes officier ; vous êtes bien obligée. Ingrid était une interprète quadrilingue ; ça n'a rien à voir. Et je ne cherchais en rien à vous blesser.

– Nom de Dieu, elle a tout gobé ! lança Poole en faisant irruption dans la chambre de Neilsen.

– Qu'est-ce que tu as raconté à cette pauvre fille ? demanda Hawthorne.

– Que je m'étais porté volontaire pour une expérience en apesanteur dans une bathysphère avec de l'oxygène liquide dans mes poumons ! Et ça a marché !

– Si on commandait à dîner, annonça Catherine.

Le dîner arriva trois quarts d'heure plus tard. Hawthorne en profita pour éplucher le registre du poste de garde, Poole pour lire le journal qu'il avait pris dans le distributeur du hall et Catherine pour prendre un bain chaud dans l'espoir de noyer, avait-elle annoncé, les litres d'adrénaline que son corps avait sécrétés durant ces dernières heures. La télévision était allumée, le volume réduit, afin de s'assurer qu'aucun bulletin d'information n'annonçait la mort de Van Nostrand. Une fois leur repas terminé, Tyrell appela Stevens à son bureau.

– Vous pouvez vraiment interdire toute écoute avec vos brouilleurs ?

– Vous pensez toujours que nous avons des fuites ici ?

– C'est une certitude.

– Très bien, si vous avez des preuves, faites-les-moi savoir, parce que je peux vous dire que nos conversations étaient brouillées depuis ces trois derniers jours et que, s'il y a eu des fuites, elles ne peuvent venir que de votre côté.

– Impossible.

– Nom de Dieu, Tye, cessez de jouer les je-sais-tout de service.

– Je ne sais pas tout, Henry, j'en sais simplement davantage que vous, le plus souvent.

– De votre suffisance aussi, j'en ai plus qu'assez !

– Alors fichez-moi à la porte, c'est aussi simple que ça.

– Ce n'est pas nous qui vous avons embauché !

– Si vous coupez les vivres, l'effet sera le même. C'est à vous de décider.

– Allez, ça va... Qu'est-ce que vous avez ? Des nouvelles de notre Petite Amazone ?

– Pas plus que vous, répondit Tyrell. Elle est ici, à quelques kilomètres, prête à frapper, mais où, personne ne le sait.

– Elle va se casser les dents. Bartlett est enfermé comme dans un coffre-fort. Le temps joue en notre faveur.

– J'admire votre optimisme, mais il ne pourra poursuivre ce petit jeu bien longtemps. Un Président invisible n'est plus un Président.

– Vous êtes toujours négatif, Hawthorne... Bon, allez-y, je vous écoute. Vous disiez que vous auriez des noms à me donner.

– Les voici et collez-leur aux basques vos micros les plus sensibles !

Hawthorne lut les noms qu'il avait sélectionnés dans le registre, après avoir éliminé le personnel qui venait régulièrement à la propriété – un plombier, un vétérinaire pour les chevaux, et un quator de danseurs de flamenco qui avait été embauché pour animer un barbecue en plein air.

– Mais il s'agit des plus grands pontes de l'État ! explosa Stevens. Vous êtes fou à lier !

– Chacun d'eux s'est rendu chez Van Nostrand durant les deux dernières semaines. Et puisque Bajaratt est indissolublement liée à Van Nostrand, il est possible que l'un d'entre eux, sinon plusieurs, fasse partie de la bande, sciemment ou non.

— Vous rendez-vous compte de ce que vous me demandez ? Le ministre de la Défense, le directeur de la CIA, l'autre dingue du G-2, et le ministre des Affaires étrangères ! C'est du délire !

— Ils étaient là, Henry. Comme Bajaratt.

— J'espère que vous avez des preuves, sinon je suis bon pour la chaise électrique !

— J'en ai une devant moi, colonel. Les seules personnes qui voudront vous régler votre compte seront celles qui travailleront pour Bajaratt, encore une fois sciemment ou non. Mettez-vous au boulot, nom de Dieu ! Soit dit en passant, d'ici une demi-heure je vais vous donner une piste qui fera de vous un amiral, si vous n'êtes pas tué avant.

— Charmant ! Et on peut savoir ce que c'est ? Et vers quoi cette fameuse piste va nous mener ?

— Jusqu'à la personne qui s'apprêtait à faire quitter le pays à Van Nostrand.

— Mais Van Nostrand est mort !

— Ils n'en savent rien encore. Alors, mettez-vous au travail !

Tyrell raccrocha et regarda tour à tour Poole et Neilsen qui l'observaient, bouche bée.

— Qu'est-ce que vous avez ? demanda-t-il.

— C'est ce qu'on appelle mettre les pieds dans le plat, commandant, répondit le lieutenant.

— Il n'y a pas d'autre solution, Jackson.

— Et si vous vous trompez ? s'enquit Neilsen. Et si aucun nom de cette liste n'a de lien avec Bajaratt ?

— Impossible. Et si Stevens ne trouve rien, je veillerai personnellement à ce que cette liste soit rendue publique avec tant d'insinuations — fondées ou non — qu'ils vont tous nous faire des crises cardiaques, nos chers hommes d'État ! Il y en aura pour tout le monde, personne ne sera épargné à Washington, ni les braves ni les félons !

— Un tel cynisme frôle la démence, rétorqua Neilsen.

— Sans doute. Mais, pour trouver Bajaratt, il faut faire souffler un vent de panique. Ils sont partout, ils se sont infiltrés dans les sphères les plus hautes, ici, à Londres et à Paris. Qu'un seul d'entre eux fasse une erreur pour se protéger, et nos experts passent à l'attaque avec le sérum magique.

– Ce n'est pas un peu simpliste ?

– Non, pas sur le principe. On commence par les types de cette liste qui ont été en contact étroit avec Van Nostrand, puis on élargit le champ d'investigation. Qui sont leurs amis, leurs collègues ? On passe tout le monde à la loupe. Quelles personnes dans leurs bureaux ont accès aux fichiers top secret ? Lesquelles d'entre elles semblent vivre au-dessus de leurs moyens ? Quelles faiblesses honteuses dans leur vie intime pourraient donner lieu à un chantage ? Il faut que tout aille très vite, la peur et la panique sont nos alliées les plus sûres.

Le téléphone sonna. Tyrell bondit.

– Allô ? Stevens ?... (Hawthorne fronça les sourcils et se retourna vers Poole, la main sur l'écouteur.) C'est pour toi.

Le lieutenant prit le combiné.

– C'est arrivé quand, Mac ?... Il y a dix minutes ? Très bien. Merci... Comment veux-tu que je le sache ? Fais-en ce que tu veux ! S'ils avaient le moindre sou de jugeote, ils se seraient enfuis à Cuba. (Poole raccrocha et se tourna vers Tyrell.) Le jet de Van Nostrand a atterri et apparemment c'est la panique la plus totale là-bas. Il y a eu une querelle entre l'escorte de Washington et nos deux guignols. Ils ont laissé l'avion à la General Aviation, en disant que le propriétaire les avait renvoyés, et ils ont pris la tangente.

– Je crois qu'il est temps d'appeler Saint Thomas, annonça Tyrell en prenant le téléphone.

Le visage tendu, il attendit la fin de l'annonce du répondeur.

– *Mon chéri, c'est Dominique ! Je m'ennuie à mourir sur cette croisière. Nous sommes au large des côtes de Portofino...*

Hawthorne pâlit, les yeux fixes, les muscles de son corps tétanisés. C'était faux, comme tout ce qui avait trait à Dominique. Le mensonge d'une meurtrière dont toute la vie était vouée à la duperie. Et cette Pauline à Paris faisait partie du complot... une nouvelle pièce du puzzle qui pouvait lui montrer la voie vers Bajaratt.

– Qu'est-ce qui se passe ? demanda Neilsen, en voyant l'air anxieux de Hawthorne.

– Rien, répliqua Tyrell en reprenant contenance. C'est simplement quelqu'un qui a fait un faux numéro.

Il y avait un autre message... Tyrell se tendit de nouveau...

Soudain on entendit un hurlement strident qui se mua en cris hystériques. Neilsen et Poole se précipitèrent à la fenêtre.

— C'est sur le parking ! s'écria le lieutenant. Venez voir !

Sur l'asphalte noir, sous la lumière des réverbères, ils aperçurent une femme blonde qui hurlait de terreur en s'agrippant à un homme d'une cinquantaine d'années. L'homme essayait en vain de la calmer et de l'entraîner vers la sortie.

— Tais-toi donc ! Allons-nous-en... Vas-tu te taire à la fin ! Tu vas rameuter tout le quartier !

— Mais il est mort, Myron ! Mon Dieu, regarde sa tête, elle a volé en éclats !

— Mais tais-toi donc, petite idiote !

Des serveurs en veste blanche accoururent par la porte du fond, l'un d'entre eux avec une lampe électrique. Le faisceau balaya les alentours jusqu'à s'arrêter sur le corps d'un homme, gisant au volant d'une Porsche décapotable, le torse saillant de l'habitacle par la portière ouverte. L'asphalte autour de lui luisait dans la lumière de la lampe ; son crâne avait éclaté, du sang coulait à gros bouillons.

— Tye ! Venez voir ! lança Neilsen en haussant la voix pour couvrir les cris qui résonnaient en contrebas.

— Chut ! fit Hawthorne en plaquant sa main sur son oreille gauche pour pouvoir entendre le message laissé à Saint Thomas.

— Quelqu'un vient d'être tué en bas, poursuivit Cathy. Un homme dans une voiture de sport. Ils ont appelé la police !

— Silence, capitaine. Il ne faut pas que j'en rate une bribe, lança-t-il en notant le message sur la carte du menu.

Pendant ce temps, dans le couloir de l'hôtel, Amaya Bajaratt passait rapidement devant la porte de leur chambre, en retirant de ses mains une paire de gants en caoutchouc.

21

– Nom de Dieu, c'est le ministre des Affaires étrangères ! annonça Tyrell en raccrochant le téléphone tandis que le son des sirènes envahissait le parking. Je n'arrive pas à le croire ! murmura-t-il.

– Qu'est-ce que vous n'arrivez pas à croire ? demanda Neilsen qui avait entendu ses dernières paroles malgré le vacarme. Vous savez, c'est déjà pas mal la panique, en bas.

– C'est la panique ici aussi.

– Quelqu'un a été tué, Tye !

– Peut-être, mais je ne vois pas en quoi cela nous concerne. En revanche, avec ce que je viens d'apprendre, il y a de quoi provoquer un infarctus à tout le pays.

– Comment ça ?

– L'escorte militaire qui attendait l'arrivée de Van Nostrand à Charlotte a été mandatée par le ministre des Affaires étrangères.

– Oh non !... souffla Poole en refermant la fenêtre. Quand je pense que je vous prenais pour un fou d'incriminer des gens comme ça !

– Il doit y avoir une explication, rétorqua Neilsen. Il est impossible qu'il soit de mèche avec Bajaratt.

– Peut-être, mais il l'était avec Van Nostrand, de façon si étroite qu'il était prêt à lui faire quitter le pays d'une façon pour le moins étrange ; et Van Nostrand, alias Neptune, avait comme invité notre Amazone dans un pavillon à une centaine de mètres de son QG. Pour en revenir à notre petit diagramme, si A est en relation avec B et B est en relation avec C, alors il existe une relation incontournable entre A et C.

– Cela s'appelle la transitivité, commença Jackson. Mais vous avez dit que c'étaient deux hommes qui étaient montés dans la limousine ? Dont un avait un chapeau...

– Ce qui, normalement, signifie qu'il s'agit d'un chauve, l'interrompit Hawthorne. Je sais, c'est ce que j'ai dit... mais je me trompais. Je n'ai pas cherché à voir plus loin que le bout de mon nez. Ce n'étaient pas deux hommes ; l'un des deux était une femme. Et le chapeau ne servait pas à cacher quelque calvitie, mais à dissimuler une chevelure féminine.

– Alors, c'était Bajaratt ! murmura Neilsen. Elle était là, sous notre nez...

– Oui, renchérit Tyrell en fronçant les sourcils. Nous n'avons plus le choix et il n'y a pas une seconde à perdre, ajouta-t-il, s'apprêtant à décrocher le téléphone. (On frappa brusquement à la porte.) Poole, va voir qui c'est !

Deux policiers en uniforme se tenaient dans le couloir.

– Ce sont bien les chambres du capitaine Neilsen, du lieutenant Poole et d'un parent, un oncle de Floride ? demanda l'officier de droite en consultant un registre.

– Oui, répondit le lieutenant.

– Le registre est incomplet, lança le second policier. La loi, en Virginie, exige des informations complémentaires.

– Désolé, les gars, répondit Poole, c'est moi qui ai rempli les fiches et nous étions plutôt pressés.

– On peut voir vos papiers ? rétorqua l'officier avec le registre en poussant le lieutenant pour entrer dans la chambre tandis que son collègue se carrait sur le seuil pour empêcher toute tentative de fuite. Et vous seriez aimables de me dire ce que vous avez fait durant les deux dernières heures.

– Nous n'avons pas quitté ces chambres depuis notre arrivée, répondit Hawthorne en raccrochant le téléphone. Et comme nous sommes des adultes consentants, sains de corps et d'esprit, vous n'avez pas le droit de vous immiscer dans nos vies privées, qu'elles vous choquent ou non.

– Quoi ? lança Neilsen en blêmissant, avant d'étouffer ses protestations.

– Je ne me fais peut-être pas très bien comprendre, répondit celui avec le registre. Un homme vient d'être assassiné. Nous interrogeons tous les occupants de cet hôtel, en particulier ceux qui ont laissé une fiche plus que douteuse à la réception, ce qui semble être votre cas. Nous n'avons ni votre nom ni votre adresse en Floride, et pas de numéro de carte bancaire.

– Je vous ai dit que nous étions pressés et j'ai payé en liquide.

– Au prix où sont les chambres, vous devez avoir pas mal d'argent sur vous. Peut-être même beaucoup...

– Je ne vois pas très bien en quoi ça vous regarde, rétorqua Tyrell.

– La victime en bas était attendue, contre-attaqua le policier. Le type avait apporté avec lui une boîte de chocolats dans le papier cadeau affublé d'une carte disant : « Pour mes généreux amis ».

– Quel flair ! lança Hawthorne. Nous l'avons abattu, puis nous sommes restés ici pour la parade, sans même prendre ses chocolats !

– J'ai déjà vu plus étrange.

– Ouais, beaucoup plus étrange, renchérit l'autre policier à la porte, tout en sortant son talkie-walkie et en dégrafant l'étui de son revolver. Sergent, nous avons ici trois individus pas clairs, chambres 505 et 506. Envoyez-nous du monde... Tiens, tiens... vous ne devinerez jamais ce que je viens de trouver, sergent !... Ramenez-vous en quatrième vitesse !

Quatre têtes se retournèrent et suivirent le regard du policier. Sur le bureau, il y avait le Walther PK de Poole et le calibre 38 de Hawthorne.

Bajaratt regarda la foule s'amasser en contrebas, bien que toute cette agitation la laissât froide. Elle ne connaissait que trop bien cette pantomime ; les badauds qui se bousculaient pour apercevoir leur dose de sang et les policiers qui tentaient de maintenir un semblant d'ordre en attendant qu'arrivent les supérieurs pour leur dire quoi faire. Pour le moment, le cadavre devait rester en place, à la grande joie des spectateurs excités pour qui la vue de ce corps couvert d'un drap ensanglanté ne couperait en rien l'appétit.

Bajaratt n'avait cure de cette agitation aussi inutile qu'infantile ; elle essayait en fait de repérer Nicolo, qu'elle avait envoyé s'acquitter d'une certaine tâche à son retour dans la chambre. *Il vient de se passer quelque chose de terrible, et il faut que nous nous en allions. Trouve une voiture, assomme le propriétaire si besoin est! Prends les valises et passe par l'escalier de secours!* Elle l'aperçut enfin, caché derrière un réverbère, en train d'agiter quelque chose entre ses doigts et dodelinant de la tête. Il avait réussi!

Bajaratt s'arrêta devant le miroir et ajusta sa perruque de cheveux blancs. La colle liquide qui maintenait en place ses rides, la poudre blanche, les cernes gris sous ses yeux, et ses lèvres blanchies parfaisaient son déguisement de vieille femme, et le feutre d'homme posé sur sa tête apportait une touche d'excentricité du meilleur aloi.

Bajaratt ouvrit la porte ; elle fut saisie par le vacarme qui régnait dans le couloir et par la vue de policiers en uniforme convergeant vers une chambre au bout du couloir, arme au poing. Elle se dirigea vers l'ascenseur, en se frayant un chemin entre les uniformes, le corps plié par le poids des années.

– Ne me touchez pas!

– Ôtez vos sales pattes de moi, vous autres, ou vous allez le regretter!

– Lâchez-moi, espèces de salauds!

Bajaratt se figea soudain, son corps tétanisé de la tête aux pieds. *Lâchez-moi, espèces de salauds!* Cette voix... Il n'y en avait qu'une seule... *Hawthorne!* Malgré elle, elle tourna la tête vers la mêlée qui régnait dans la chambre.

Malgré les multiples bras en uniforme qui plaquaient Tyrell contre le mur, leurs regards se croisèrent l'espace d'un instant. Les yeux de Bajaratt se plissèrent sous le choc, ceux de Hawthorne s'écarquillèrent, refusant l'indicible, l'inconcevable.

Howard Davenport se versa un second verre de cognac à son bar et revint lentement s'asseoir à son bureau. Le ministre de la Défense était un géant de la politique et de l'industrie, mais il connaissait toutefois un échec cuisant face aux intraitables et vitupérants pachydermes de l'armée. Ce soir, il était de nouveau un homme libre. Les premiers signes de sérénité étaient apparus, deux heures plus tôt, lorsque la voiture de surveillance du ministère de la Défense l'avait appelé pour lui dire que la limousine de Van Nostrand avait bien quitté la propriété avec un ou plusieurs passagers à l'arrière.

Si Hawthorne repart dans ma limousine, vous saurez que je me trompais sur son compte et vous ne parlerez à personne de mes soupçons.

Davenport se réjouissait de cette nouvelle. Il y en avait assez de cette paranoïa ambiante qui entourait l'opération Petite Amazone pour ne pas en rajouter. Inutile d'inquiéter les hommes sur le terrain avec des rumeurs qui ne feraient que semer le désordre – un de ces malades du clavier risquait de diffuser l'information dans les réseaux, et de répandre le doute dans les troupes. Van Nostrand ne le savait que trop bien ; c'est pourquoi il lui avait demandé la discrétion la plus totale s'il s'avérait que l'ex-commandant Tyrell N. Hawthorne n'était *pas* un membre de l'organisation Alpha... Nom de Dieu, quelle espèce de ministre était-il ? songea Davenport. Il ne connaissait cette organisation ni d'Ève ni d'Adam !

Il avait fait son temps. Il aurait préféré que sa femme soit là plutôt qu'au Colorado, chez leur fille qui venait juste d'accoucher de son troisième enfant. Mais allez demander à une mère de ne pas être auprès de sa fille lorsqu'elle accouche ! Elle lui manquait toutefois, parce qu'il venait de taper sa lettre de démission sur la vieille Remington que lui avait donnée son père, voilà des lustres. Les journaux parlaient souvent de cette vénérable machine à écrire ; le gratin de Washington le taquinait car il s'évertuait à se servir de cette chose antédiluvienne alors qu'il aurait pu utiliser les machines à traitement de texte les plus perfectionnées, sans parler d'un bataillon de secrétaires. Mais la Remington était comme une vieille amie, et il ne voyait aucune raison de s'en séparer.

Il s'assit dans son fauteuil pivotant et se tourna sur sa droite, vers le pupitre de la machine à écrire, pour relire sa courte lettre adressée au président Bartlett. Sa femme l'aurait soutenu, cette fois, parce qu'elle détestait Washington et se languissait de leur ranch dans le New Jersey. Elle se serait volontiers ralliée à son mensonge, en particulier depuis que les médecins de la clinique Mayo, où ils se faisaient faire un bilan de santé annuel, lui avaient dit qu'elle était en parfaite santé. Davenport avala une gorgée de cognac et sourit.

Cher Monsieur le Président,

C'est avec grand regret que je me vois dans l'obligation de vous présenter ma démission, à effet immédiat, suite à de graves problèmes médicaux touchant une personne de ma famille proche.

Cela a été un honneur de servir sous votre admirable autorité, et, grâce à votre expertise, je laisse un ministère de la Défense grandi qui vous est fidèle et dévoué. Enfin, je vous remercie du privilège de m'avoir choisi dans votre « équipe ».

Ma femme, Elizabeth, que Dieu ait pitié d'elle, se joint à moi pour vous présenter nos meilleurs souvenirs.

Bien sincèrement.
Howard W. Davenport.

Le ministre but une nouvelle gorgée de cognac, en poussant un petit rire. Peut-être, pour être en accord avec sa réputation d'intégrité, devrait-il employer le conditionnel et écrire : « Je laisse un ministère de la Défense grandi qui *devrait vous* être fidèle et dévoué. » Non, il n'y avait rien à gagner à faire des reproches, à reporter la faute sur les autres. Peut-être qu'une série d'articles pourraient être utiles à ses successeurs – ils y prêteraient sans doute une grande attention – mais, finalement, c'était à celui en poste de se débrouiller. S'il avait la carrure de l'emploi, il repérerait les défauts du système et y remédierait avec une poigne de fer. S'il ne l'avait pas, les plus ardents avertissements, les plus épaisses cuirasses ne lui seraient d'aucun secours. Et Howard Wadsworth Davenport savait qu'il appartenait à cette dernière catégorie ; en fait, il avait été catapulté à ce poste sans qu'il l'ait vraiment décidé.

Il voulut poser son verre, mais celui-ci glissa sur le bord du bureau et tomba par terre. C'est bizarre, songea Davenport. Il était sûr de l'avoir posé sur le buvard. Sa vue se brouilla et il commença à avoir du mal à respirer – pourquoi l'air était-il si étouffant ? Maladroitement, il se leva en se disant que l'air conditionné était peut-être en panne et que la nuit était chaude et moite.

Mais non, il n'y avait plus d'air du tout. Une douleur vive envahit sa poitrine et gagna tout son corps. Ses mains se mirent à trembler; ses bras furent pris de spasmes incontrôlables, puis ses jambes se dérobèrent sous son poids. Il tomba face contre sol, son nez éclata sous le choc. Il se mit à ramper vainement, le visage ensanglanté, pris de convulsions, avant de s'immobiliser définitivement, les yeux grands ouverts en train de fixer le plafond – mais il n'y avait rien à voir.

Puis ce furent les ténèbres. Howard W. Davenport était mort.

La porte du bureau s'ouvrit et un homme habillé de noir portant un masque sur le visage et des gants de soie entra dans la pièce. L'homme s'accroupit à côté d'un cylindre métallique qui contenait du gaz mortel, fixé derrière la porte à environ un mètre de hauteur. Il tourna le bouton sur la partie supérieure et vérifia à deux reprises qu'il avait bien fermé le robinet, puis il se releva, traversa la pièce et ouvrit les portes-fenêtres qui donnaient sur le patio. La moiteur de la nuit emplit la pièce de senteurs végétales. L'homme se dirigea vers la machine à écrire et lut la lettre de démission de Davenport. Il la retira du tambour, la chiffonna et la glissa dans sa poche. Il inséra alors une nouvelle page et tapa la lettre suivante :

Cher Monsieur le Président,

C'est avec grand regret que je suis dans l'obligation de vous présenter ma démission, à effet immédiat, pour des raisons de santé personnelles, dont même ma femme ignore la teneur. En deux mots, je ne peux plus exercer mes fonctions et nombre de mes collègues pourront vous le confirmer.

Je suis soigné par un docteur en Suisse, dont j'ai promis de taire le nom. Il vient de me dire que je n'ai plus que quelques jours à vivre...

La lettre se terminait brusquement, et Scorpion Vingt-quatre, conformément aux ordres qu'il avait reçus de Scorpion Un le matin même, ramassa sa cartouche de gaz et quitta les lieux par la porte-fenêtre.

La police de Fairfax avait quitté la chambre du Shenandoah Lodge pour laisser place au colonel Henry Stevens.

– Nom de Dieu, Tye, laissez tomber !

– D'accord, Henry, d'accord, répondit Hawthorne, pâle comme la mort, assis au bord du lit, tandis que Neilsen et Poole, sur leurs chaises à l'autre bout de la pièce, suivaient attentivement la discussion. C'est si inconcevable. J'ai reconnu cette femme, j'ai reconnu ses yeux, et je sais qu'elle m'a reconnu aussi. C'était peut-être une vieille femme incapable de tenir sur ses jambes, mais je sais que je la connais !

– Je vous répète, annonça Stevens en se carrant devant Tyrell, que cette femme est une comtesse italienne nommée Cabarini, ou quelque chose comme ça. Pour le moins orgueilleuse, d'après la réception. Elle a même refusé de signer le registre – tenez-vous bien – parce qu'elle ne se considérait pas habillée pour la circonstance. Elle leur a demandé de le lui apporter dans la chambre. J'ai vérifié son dossier à l'immigration. C'est du beau linge, vieille noblesse, grosse fortune et tout le toutim.

– Pourquoi est-elle partie ?

– Pour les mêmes raisons que vingt-deux autres pensionnaires sur les trente-cinq chambres que possède l'hôtel. Un homme a été abattu sur le parking, Tye, et ces touristes ne sont pas à proprement parler des super-héros.

– Ça va, ça va, je laisse tomber. Mais je n'arrive pas à oublier ce visage, répéta Hawthorne en secouant la tête. D'accord, elle était vieille, mais je connaissais ses yeux – j'en suis sûr.

– Les généticiens prétendent qu'il y a précisément cent trente-deux types d'yeux, toutes formes et couleurs confondues, ni plus ni moins, annonça Poole. C'est bien peu, comparé au nombre de gens sur la planète. C'est pour cela qu'on n'arrête pas de dire à des inconnus : je ne vous ai pas rencontré quelque part ?

– Merci pour les chiffres, répondit Hawthorne avant de se tourner vers Stevens. Au moment où ces abrutis ont débarqué, j'allais vous appeler pour vous demander quelque chose. Je ne sais pas comment vous allez vous y prendre mais il va falloir que vous trouviez une solution.

– Vous pouvez être plus clair ?

– D'abord, je veux savoir si quelqu'un peut être au courant de la mort de Van Nostrand. Et je veux la vérité.

– Impossible. L'affaire est classée top secret et la maison est sous scellés. Le standardiste de Fairfax et les deux hommes de patrouille sont des professionnels et ont parfaitement compris la situation. En cas de fuite, ils ne peuvent être incriminés car ils ont tous trois été mutés hors du secteur.

– Parfait. Maintenant je veux que vous m'arrangiez un rendez-vous avec le ministre des Affaires étrangères. Ce soir même. Nous n'avons pas une minute à perdre.

– Vous êtes tombé sur la tête, il est presque minuit.

– Oui, je sais, mais je sais aussi que Van Nostrand allait fuir le pays secrètement grâce à la couverture diplomatique du ministre.

– Je ne vous crois pas !

– C'est pourtant vrai. Notre cher Bruce Palisser avait tout arrangé, jusqu'à envoyer une escorte militaire à l'aéroport de Charlotte. Je veux savoir pourquoi.

– Et moi donc !

– Ça ne doit pas être si difficile que ça. Dites-lui la vérité, il doit être au courant de toute façon. Expliquez-lui que j'ai été recruté par le MI6, pas par vous ni par personne à Washington, parce que les gens en qui je peux avoir confiance dans le coin ne sont pas légion. Dites-lui que je détiens une information concernant l'opération Petite Amazone, que je ne veux communiquer qu'à lui puisque mon chef à Londres a été tué. Il ne pourra pas refuser, il est trop proche des Anglais... N'hésitez pas à en rajouter et rappelez-lui que, malgré nos divergences actuelles, je connais plutôt bien mon boulot, et que je n'ai pas l'habitude de déranger les gens pour rien... Voici le numéro, Henry, allez-y.

Le chef des services secrets de la marine s'exécuta et s'entretint avec le ministre des Affaires étrangères avec un savant mélange d'inquiétude, d'affolement simulé et de respect. Quand ce fut fait, Hawthorne entraîna Stevens à l'écart et lui donna un bout de papier.

– Voici un numéro de téléphone à Paris, annonça Tyrell à voix basse, contactez les types de la DRM et dites-leur de le mettre sur écoute.

– C'est quoi, ce numéro ?

– Celui d'un contact de Bajaratt, c'est tout ce qu'il vous suffit de savoir pour l'instant. Je ne vous en dirai pas plus.

Le taxi prit la direction de Georgetown, ce quartier huppé de Washington où habitait tout le gratin de la capitale. L'imposante bâtisse de quatre étages se dressait au sommet d'une pelouse bordée d'arbres. Un long escalier menait à un perron de brique brillamment éclairé, percé d'une porte de bois noir rehaussée de cuivre rutilant. Les marches de ciment étaient blanchies à la chaux, les rambardes peintes en blanc, tout était fait pour faciliter de nuit l'accès à la maison. Hawthorne paya le chauffeur et sortit du taxi.

– Vous voulez que je vous attende ? demanda l'homme en remarquant la veste safari de Tyrell.

– Je ne sais pas combien de temps ça va durer, répliqua Hawthorne en fronçant les sourcils, mais vous avez raison, il est tard. Si vous êtes libre, repassez donc par ici ; disons dans trois quarts d'heure. (Tyrell sortit de sa poche un billet de dix dollars et le glissa par la vitre ouverte.) Donnez un coup de klaxon et, si je ne suis pas là, repartez.

– C'est tranquille cette nuit, je vous attendrai un peu.

– Merci bien.

Hawthorne commença à gravir les marches de l'allée, en se demandant l'espace d'un instant pourquoi une personne d'une soixantaine d'années avait choisi une maison aussi difficile d'accès. Il eut la réponse à sa question en relevant la tête. Loin au-dessus, sur le perron en brique, il aperçut un fauteuil posé sur un rail et sous la rambarde de droite une bande de métal qui acheminait visiblement le courant électrique. Palisser avait, de toute évidence, les pieds sur terre en matière de confort. D'une manière générale, il était loin d'être un homme farfelu. Tyrell, qui ne portait pourtant pas dans son cœur le gratin de Washington, reconnaissait que Bruce Palisser était au-dessus du lot. Hawthorne ne savait pas grand-chose sur lui, mais, d'après ce qu'il avait lu dans la presse et vu lors de ses conférences de presse télévisées, le ministre avait un esprit vif et même un certain sens de l'humour, ce qui lui semblait être les deux qualités essentielles pour faire carrière dans la politique – où que ce soit dans le monde, et sous n'importe quel régime. Toutefois, il n'éprouvait que méfiance et suspicion pour le ministre des Affaires étrangères. Pourquoi avait-il rendu ce service à Nils Van Nostrand, qui était un proche de Bajaratt ?

Puisque le heurtoir en cuivre lui semblait plus décoratif qu'utile, Hawthorne choisit d'appuyer sur la sonnette électrique. Quelques instants plus tard, la lourde porte s'ouvrit devant un Palisser en bras de chemise, le visage fripé, coiffé d'une couronne de cheveux gris ondulés. Toutefois, son pantalon détonnait avec l'image qu'on pouvait avoir d'un ministre – il s'agissait d'un jean délavé, déchiré aux genoux.

– Vous avez un sacré toupet, commandant ! lança le ministre. Entrez, et suivez-moi dans la cuisine tout en m'expliquant pourquoi vous n'êtes pas allé voir le directeur de la CIA ou le G-2, ou encore votre supérieur, le colonel Stevens.

– Ce n'est pas mon supérieur, Mr. Palisser.

– Ah oui, c'est vrai, répondit le ministre en s'arrêtant dans le hall pour dévisager Tyrell. Il m'a parlé des Britanniques... le MI6, je crois, vous a recruté. Alors pourquoi n'êtes-vous pas allé chez eux ?

– Je n'ai pas confiance en ces types de Tower Street.

– Ah oui, vous n'avez pas confiance ?...

– Je n'ai pas confiance non plus en la CIA. Ni dans n'importe quel service secret, à l'heure actuelle, Mr. Palisser. Tous sont infiltrés.

– Vous êtes sérieux ?

– Je ne serais pas ici sinon, Palisser.

– « Palisser » maintenant ?... Au fond, pourquoi pas ? Ça me rappellera ma jeunesse. Venez, j'ai préparé du café.

Il poussa des portes battantes pour pénétrer dans une grande cuisine toute blanche, où trônait une grosse table de boucher. À l'autre bout de la pièce, un vieux percolateur, dans une petite niche, gargouillait.

– Tout le monde a maintenant ces trucs en plastique qui vous calculent le temps et la quantité, et Dieu sait quoi encore, en fonction du nombre de tasses, mais rien ne vaut l'odeur du bon vieux café dans une pièce. Comment le préférez-vous ?

– Noir.

– Voilà la première parole sensée que vous prononcez.

Il remplit les deux tasses et poursuivit :

– Si vous me disiez maintenant pourquoi vous êtes ici, jeune homme ? Je veux bien croire qu'il y ait des infiltrations, mais rien ne vous empêchait de contacter votre grand chef à Londres. Ça n'aurait pas dû vous poser beaucoup de problèmes.

– Non, mais, toute communication étant susceptible d'être enregistrée, je me méfie.

– Je vois. Alors, que savez-vous de si important, sur notre Petite Amazone, que vous ne puissiez dire qu'à moi et à personne d'autre ?

– Elle est ici...

– Ce n'est pas un scoop, tout le monde le sait. Bartlett est intouchable.

– Mais ce n'est pas pour ça que je tenais à vous voir.

– Non seulement vous avez du culot, commandant, mais vous commencez à m'agacer avec vos mystères. Je vous écoute.

– Très bien. Pourquoi avez-vous aidé Nils Van Nostrand à quitter le pays d'une manière pour le moins confidentielle ?

– Ne poussez pas le bouchon trop loin, Hawthorne ! lança le ministre en frappant la table du poing. Comment osez-vous vous immiscer dans les affaires privées du ministère des Affaires étrangères ?

– Il se trouve que Van Nostrand a essayé de me tuer ce soir, et que cela me donne le droit de poser quelques questions.

– Qu'est-ce que vous racontez ?

– Attendez, ce n'est que le début. Savez-vous où se trouve Van Nostrand en ce moment ?

Palisser foudroya du regard Tyrell, puis sa colère se mua en une peur proche de la panique. Il se leva brusquement, renversant la moitié de son café sur la table, et se dirigea vers le téléphone mural dont le cadran comportait un nombre de touches supérieur à la normale. Il appuya sur l'une d'elles d'un geste coléreux.

– Janet ! cria-t-il. Est-ce que j'ai eu des appels cette nuit ?... Pourquoi ne me l'avez-vous pas dit ? Ça va, ça va, c'est vrai que je n'ai pas regardé le calepin... Quoi ? Mais ce n'est pas possible !

Le ministre raccrocha lentement le téléphone et regarda Hawthorne, le visage blême d'angoisse.

– Il n'est jamais allé à Charlotte, murmura-t-il d'un air incrédule. J'étais au club... La sécurité du Pentagone a appelé pendant mon absence. Qu'est-ce qui s'est passé ?

– Répondez déjà à ma question, et je répondrai à la vôtre.

– Votre outrecuidance est exaspérante !

– Très bien, dans ce cas je m'en vais, lança Tyrell en se levant.

– Asseyez-vous ! rétorqua Palisser en revenant vers la table et en chassant d'un revers de main le café renversé. Répondez-moi ! ordonna-t-il en se rasseyant.

– Non. Vous, répondez-moi, rétorqua Hawthorne, toujours debout.

– D'accord. Mais asseyez-vous... s'il vous plaît.

Tye obtempéra, remarquant l'air malheureux du ministre.

– Je n'ai fait que me servir de certains privilèges liés à ma fonction à des fins personnelles, mais sans que cela nuise en rien à l'État.

– C'est vite dit, Mr. Palisser.

– C'est tout vu ! Ce que vous ignorez à l'évidence, c'est ce que cet homme a fait pour ce pays !

– C'est un peu léger comme justification. J'espérais mieux de votre part.

– Mais pour qui donc vous prenez-vous ?

– Simplement pour quelqu'un qui a la réponse à votre question... Vous voulez savoir ce qui s'est passé et pourquoi il ne s'est pas rendu à Charlotte ?

– Plutôt deux fois qu'une ! répondit Palisser. L'autre fou furieux du G-2 serait ravi de faire de moi la risée de tous les services de renseignements... Entendu, commandant, je vais vous répondre, mais, attention... à moins que la sécurité nationale ne soit expressément en cause, je tiens à ce que cela reste strictement confidentiel. Je ne veux pas sacrifier un homme charmant et la femme qu'il aime à cause de bruits de couloir sans fondement. Me suis-je bien fait comprendre ?

– Je vous écoute.

– Voilà ; il y a des années, en Europe, le mariage de Nils partait en guenilles – peu importe à qui la faute. C'est alors qu'il est tombé amoureux de la femme d'un homme politique influent – une sorte de mari-tyran, si vous voyez le genre... Ils ont eu un enfant ensemble, une fille, qui a aujourd'hui une vingtaine d'années et dont les jours sont comptés...

Hawthorne se laissa aller contre le dossier de sa chaise et écouta Palisser raconter son histoire mélodramatique. Lorsqu'il eut terminé, Tyrell esquissa un sourire.

– Mon petit frère, Marc, vous dirait que c'est dans le plus pur style classique de la littérature russe du XIXe siècle, Tolstoï, Tchekhov. Moi, je dis plus prosaïquement que ce sont des conneries. Vous avez vérifié cette histoire de mariage en Europe ?

– Grand Dieu, bien sûr que non ! Van Nostrand est l'un des hommes les plus respectés – pour ne pas dire vénérés – qu'il m'ait été donné de connaître. Il a été le conseiller de la CIA, de nombreux ministres et même de plusieurs Présidents.

– S'il avait été marié, c'eût été uniquement pour la devanture. Et s'il y a un gosse, c'est qu'il a dû se faire violence pour l'avoir. C'était pas vraiment sa tasse de thé, à Van Nostrand. Il vous a menti, Mr. Palisser, et je me demande combien vous êtes à être tombés dans le panneau.

– Mais expliquez-vous ! C'est agaçant à la fin !

– Chaque chose en son temps. Pour le moment, vous avez le droit d'avoir la réponse à votre première question... Van Nostrand est mort, Mr. Palisser, abattu alors qu'il venait d'ordonner mon exécution.

– Je ne vous crois pas !

– Vous feriez mieux de vous y résoudre, car c'est la vérité... Et Petite Amazone était chez Van Nostrand, dans l'une des dépendances à cent mètres de là.

– Qu'est-ce qui s'est passé, *signora* ? Pourquoi cet homme sur le parking a-t-il été tué ? (Le jeune docker s'interrompit, quitta un instant la route des yeux pour dévisager Bajaratt.) C'était vous ?

– Bien sûr que non, voyons ! J'étais en train de faire du courrier pendant que tu regardais la télévision dans la chambre ; et tu avais mis le volume si fort que j'avais du mal à m'entendre penser !... La police a dit qu'il s'agissait d'un mari jaloux ; le type qui s'est fait descendre était l'amant de sa femme.

– Vous avez toujours une explication à tout, comtesse Cabrini... Vous croyez que je vais avaler ça ?

– Oh oui ! sinon je te renvoie à Portici où la mort t'attend – où elle vous attend tous : ta mère, ton frère, tes sœurs, tous autant qu'ils sont ! *Capito ?*

Nicolo se mura dans le silence et regarda la route qui défilait dans l'ombre.

– Qu'est-ce qu'on fait maintenant ? demanda-t-il au bout d'un moment.

— Enfonce-toi dans la forêt, là où il fait noir, et trouve un coin tranquille. Nous allons dormir quelques heures, et demain matin, à l'aube, nous irons chercher le reste de nos bagages à l'hôtel. Tu seras de nouveau Dante Paolo et moi la contessa Cabrini. Regarde ! voilà une prairie avec de l'herbe haute comme celle qu'il y a au pied des Pyrénées. Enfonce-toi dedans !

Nicolo quitta la route si brusquement que Bajaratt fut projetée contre la portière. Elle le regarda en fronçant les sourcils.

Bruce Palisser se leva d'un bond, et sa chaise se renversa sous le choc.

— Ce n'est pas possible ! Nils ne peut pas être mort !

— Le colonel Stevens est encore à son bureau. Demandez donc à votre standard de vous le passer. Vous verrez bien ce qu'il vous dira.

— Non, vous n'oseriez pas affirmer une telle chose sans... preuve.

— Cela serait une perte de temps que d'appeler Stevens et, si vous voulez mon avis, chaque instant nous est compté.

— Je... je ne sais que dire, marmonna Palisser, comme s'il eût soudain cent ans, avant de ramasser sa chaise. Cela semble si incroyable.

— Le vrai n'est pas toujours vraisemblable, répondit Hawthorne. Tout semble incroyable. Ici comme à Londres, Paris ou Jérusalem. Ces gens-là ne cherchent pas à avoir la bombe ni la moindre arme nucléaire ; ils n'en ont pas besoin – ils ont bien mieux, bien plus efficace : leur credo c'est le désordre, le chaos planétaire. Et, que vous le vouliez ou non, ils en ont les moyens.

— C'est impossible. Pas une femme seule !

— Le temps joue en sa faveur, Mr. Palisser. On ne peut pas garder éternellement le Président dans une chambre forte. Il faudra bien qu'il se montre à un moment ou à un autre, et vous pouvez être sûr qu'elle sera là pour le tuer ; de plus, pendant que l'on tergiverse, ses complices à Londres, Paris et Jérusalem ont tout le temps de préparer leurs attentats contre les autres chefs d'État. Ils sont loin d'être stupides, ôtez-vous cette idée de la tête.

— Moi non plus, commandant. J'attends la suite.

— Van Nostrand ne pouvait faire ce qu'il avait prévu

avec votre seule aide. Il devait avoir d'autres gens avec lui.

– Où voulez-vous en venir ?

– Vous dites qu'il s'apprêtait à quitter définitivement le pays ?

– Exact.

– C'était si urgent, une question de jours, que vous avez voulu l'aider.

– Une question d'heures, vous voulez dire ! Il devait partir pour l'Europe sur-le-champ, pour prendre de court l'autre salaud. C'est ce qu'il m'a raconté ! Il voulait revoir sa fille avant qu'elle ne meure et emmener la mère avec lui, pour accomplir cet amour, quel que soit le prix à payer.

– C'est ce détail qui m'inquiète, répondit Hawthorne. L'argent. À commencer par sa propriété de Fairfax... elle doit valoir des millions.

– Il m'a dit, si je me souviens bien, l'avoir vendue...

– En quelques jours – pour ne pas dire en quelques heures ?

– Il n'a pas été très clair sur ce point, mais c'était bien normal, étant donné les circonstances.

– Et tous les fonds qu'il doit avoir un peu partout ; ça doit s'élever à des dizaines de millions. Un homme comme Van Nostrand ne laisse pas une fortune derrière lui sans faire quelques arrangements, et ce genre de chose ne se règle pas en deux heures.

– Il faudrait vous mettre à la page, commandant. De nos jours, avec la télématique, on fait des transferts de fonds aux quatre coins de la planète dans la seconde. Avocats d'affaires et financiers s'occupent de ces types de transactions chaque jour, les capitaux franchissent les océans dans tous les sens, et s'alourdissent de plusieurs millions à chaque voyage.

– Il est possible de suivre ces transferts d'argent...

– Oui, dans la plupart des cas. L'État tient à toucher ses dividendes.

– Mais vous avez dit que Van Nostrand voulait disparaître – qu'il devait disparaître ? Or il s'exposait aux enquêtes des petits rats du ministère des Finances ?

– Je suppose... Et alors ?

– Alors, il avait besoin de quelqu'un pour effacer toute trace de transaction afin qu'on ne puisse pas le retrouver... J'ai appris, voilà des lustres, que les gens malins évitaient de demander de l'aide aux criminels même s'ils pouvaient exaucer leurs vœux dans la seconde, non pas à cause de quelque principe moral, mais simplement pour éviter par la suite toute forme de chantage. Ils recherchaient au contraire les gens les plus respectables ; soit ils les convainquaient de les aider, soit ils les corrompaient pour arriver à leurs fins.

– Je ne vous permets pas ! s'écria Palisser en reculant sa chaise. Vous osez sous-entendre que j'ai été corrompu et que...

– Bien sûr que non. Vous faites partie du clan des convaincus, l'interrompit Tyrell. Vous dites la vérité et vous avez mordu à l'hameçon. Je dis simplement qu'une autre personne aussi irréprochable que vous lui a permis de disparaître totalement, en éliminant toute trace derrière lui.

– Mais qui pourrait faire cela ?

– Un autre ministre, par exemple, convaincu lui aussi qu'il agissait pour une noble cause... Au fait, vous lui avez fourni un faux passeport ?

– Grand Dieu, non ! Pourquoi aurais-je fait une chose pareille ? Il ne m'a rien demandé à ce sujet.

– Cela m'est arrivé des dizaines de fois, dans mon autre vie. Nom, profession, passé, photos, tout était faux, parce qu'il fallait effacer toute trace de ce que j'étais réellement.

– Je sais. Le colonel Stevens m'a dit que vous étiez l'un de nos meilleurs agents de renseignements.

– Ça a dû lui faire mal de le reconnaître. Vous comprenez pourquoi j'avais besoin de tous ces faux documents ?

– Vous venez de le dire. Le commandant Hawthorne, capitaine de corvette de la marine américaine, devait disparaître, et devenir quelqu'un d'autre, rétorqua Palisser. Van Nostrand avait donc besoin d'un autre passeport, murmura-t-il en hochant la tête, comprenant soudain où Hawthorne voulait en venir. Pour disparaître, il lui fallait changer de nom.

– Bravo ! Vous aurez droit à deux bons points.

– Vous êtes toujours aussi insolent ?

– Je fais de mon mieux. Lorsque je suis bien payé, je donne toujours le meilleur de moi-même. Je dois bien ça à mes bienfaiteurs.

– Je n'ai cure d'entendre vos explications malsaines,

Mr. Hawthorne, mais je crois que vous allez rabattre votre caquet sur ce point précis. Personne, hormis le ministère des Affaires étrangères, ne peut délivrer de passeport en bonne et due forme, et puisque vous soutenez que Van Nostrand a choisi des voies officielles, vers qui a-t-il pu se tourner pour s'en procurer un ?

— Vers un haut fonctionnaire d'un service parallèle qui connaît suffisamment votre matériel pour se passer de vous.

— Mais c'est de la corruption !

— Ou de la conviction, comme dans votre cas... (Tyrell réfléchit un instant.) Une dernière question, Mr. Palisser. Peut-être ne devrais-je pas vous la poser, mais je n'ai pas le choix. Savez-vous comment je me suis retrouvé dans le jet privé de Van Nostrand qui m'emmenait vers ma mort ?

— J'avoue ne pas m'être posé la question. J'imagine que le colonel Stevens était au courant ; c'est apparemment votre contact ici aux États-Unis, à défaut de le considérer comme votre supérieur.

— Henry était éberlué lorsque je lui ai dit que j'étais ici. Il tombait des nues car il me croyait à Porto Rico. Le petit cercle d'initiés de l'opération Petite Amazone connaît mes faits et gestes lorsque je veux qu'ils soient au courant. Pourtant quelqu'un d'entre vous avait connaissance de l'invitation de Van Nostrand, parce qu'elle m'est parvenue par un coursier de taille. Il est passé au-dessus de vous et de tous les services de renseignements pour permettre à Van Nostrand de me faire parvenir une lettre. J'ai mordu à l'hameçon et, sans le secours de deux personnes extraordinaires, je serais un cadavre à l'heure qu'il est et votre saint Van Nostrand atterrirait tranquillement à Bruxelles, en laissant Bajaratt installer son QG dans sa propriété.

— Qui a fait ça ? Qui a joué l'intermédiaire ?

— Howard Davenport, le ministre de la Défense.

— C'est inconcevable ! C'est l'un des hommes les plus respectables que j'aie jamais connus ! Vous mentez ! Vous ne respectez rien ni personne ! Sortez !

Hawthorne plongea la main dans l'une des poches de sa veste safari et en sortit la lettre de Van Nostrand, en lui montrant bien le liséré bleu sur l'enveloppe.

— Vous êtes ministre des Affaires étrangères, Mr. Palisser. Vous pouvez appeler n'importe qui partout dans le monde. Pourquoi n'appelez-vous pas le chef des services de renseignements à Porto Rico ? Demandez-lui comment m'est parvenue cette lettre et qui me la faisait transmettre.

— Nom de Dieu ! s'exclama Palisser en fermant les yeux et en renversant la tête en arrière. C'est vrai qu'au gouvernement nous ne sommes qu'un ramassis d'opportunistes ou de réformistes frileux, avec des esprits étriqués ou trop belliqueux pour être dignes réellement de gouverner, mais pas Davenport ! Pas Howard ! Il n'aurait jamais fait quoi que ce soit pour de l'argent. Il ne devait pas être au courant.

— Comme vous, sans doute.

— Heureux de vous entendre me rendre cette justice, commandant, répondit Palisser en se redressant avant de fixer Tyrell dans les yeux. C'est bon, vous avez gagné : je vous crois.

— Je veux que cela soit écrit noir sur blanc.

— Pourquoi donc ?

— Parce que Van Nostrand est notre seul lien avec Bajaratt et, comme il y a peu de chances qu'elle sache qu'il est mort, elle va sans doute essayer de le joindre.

— Vous éludez de nouveau ma question. J'appellerai de toute façon le colonel Stevens pour avoir confirmation de vos dires, mais j'aimerais quand même que vous me répondiez.

— Parce que je compte utiliser votre nom pour remonter la filière jusqu'à Bajaratt, et je n'ai aucune envie de passer trente ans en prison à Leavenworth pour usurpation d'identité.

— Voici un point qui mérite d'être discuté, commandant.

Le téléphone sonna, faisant sursauter les deux hommes. Palisser se leva et se dirigea rapidement vers le téléphone.

— Palisser à l'appareil. Qu'est-ce que c'est ?... Quoi ? lança le ministre en blêmissant. C'est incompréhensible ! (Il se tourna vers Hawthorne.) Howard Davenport vient de se suicider ! C'est la femme de chambre qui l'a retrouvé...

— Un suicide ? l'interrompit Tyrell. Vous voulez qu'on parie ?

22

Bajaratt, le visage voilé d'une dentelle noire, était au téléphone dans la chambre d'un obscur motel de campagne. Elle venait d'expliquer au sénateur du Michigan qu'elle avait dû quitter son hôtel parce qu'elle était submergée d'appels d'importuns et que, pour comble de malchance, son séjour d'une journée chez quelqu'un de sa connaissance s'était révélé encore plus éprouvant car leur hôte leur avait fait subir toutes les mondanités possibles et imaginables.

— Je vous avais bien dit que vous seriez débordés, avait répondu Nesbitt. C'est pourquoi je vous avais proposé de venir vous installer dans mon bureau et de mettre ma secrétaire à votre disposition.

— Mais je crois vous avoir dit que cela était tout à fait impossible.

— En effet, et je ne saurais blâmer le baron, mais cette ville est un nid, pour ne pas dire un cloaque d'intrus et d'importuns, dont on a bien du mal à se dépêtrer.

— Dans ce cas, peut-être pourriez-vous nous aider ?

— Je suis votre serviteur, comtesse, vous le savez.

— Connaissez-vous un hôtel qui pourrait convenir à notre position mais qui ne serait pas dans le centre-ville ?

— Il y en a un qui me vient immédiatement à l'esprit, répondit le sénateur du Michigan. Le Carillon. Il est d'ordinaire complet, mais ce sont les vacances et les touristes n'ont pas les moyens d'y retenir une chambre. Je vais m'occuper de ça pour vous.

– Le baron saura apprécier votre gentillesse et votre aimable coopération.

– J'en serais ravi. Dois-je réserver les chambres à votre nom ou préférez-vous rester dans l'anonymat ?

– Oh, je ne voudrais rien faire d'illégal.

– Rassurez-vous, comtesse, cela n'a rien d'illégal, c'est votre droit le plus strict. Tout ce qui intéresse les hôtels, c'est d'être payés. Peu importe les raisons pour lesquelles vous préférez taire votre nom. Je me porterai garant pour vous. Quel nom voulez-vous utiliser ?

– Cela me semble si étrange, comment dire... de faire une chose pareille.

– Mais non, c'est tout à fait classique. Quel nom voulez-vous que je donne ?

– J'imagine qu'il vaut mieux que ce soit un nom italien... Je pourrais donner le nom de ma sœur : Balzini, signora Balzini et son neveu.

– Ce sera fait. Où puis-je vous joindre ?

– Il... il vaut mieux que ce soit moi qui vous rappelle.

– Très bien, donnez-moi un quart d'heure.

– Sénateur, vous êtes extraordinaire.

– Sans vouloir insister lourdement, je vous serais reconnaissant de le faire savoir au baron.

– *Certo, signore.*

Leur nouvel hôtel était parfait. Elle croisa même dans le hall quatre membres de la famille royale saoudienne, avec des vêtements provenant de Savile Row[1]. Il y a quelque temps encore, elle les aurait abattus à vue, mais l'enjeu était si gros, le succès si proche, qu'elle salua poliment les quatre Saoudiens dont la fortune avait été faite sur les cadavres des siens.

– Nicolo, lança-t-elle en se levant d'un bond du fauteuil du bureau, le regard rivé sur le voyant qui clignotait sur le téléphone de leur suite. Qu'est-ce que tu fais ?

– J'appelle Angel, Cabi, répliqua Nicolo dans la chambre. Elle m'a donné le numéro du studio.

– Raccroche tout de suite ! lança Bajaratt en se ruant dans la chambre. Dépêche-toi ! Fais ce que je te dis !

Le jeune homme s'exécuta avec une mauvaise grâce évidente.

– Elle n'a pas répondu. Elle m'avait dit d'attendre cinq sonneries et de laisser un message.

1. Rue de Londres, célèbre pour ses ateliers de couture de luxe. (N.d.T.)

382

– Tu en as laissé un ?

– Non, je n'ai pas eu le temps. J'en étais à la troisième sonnerie quand vous vous êtes mise à crier.

– Parfait. Je suis désolée de t'avoir parlé durement, mais tu ne dois jamais utiliser le téléphone sans mon autorisation.

– Qui voulez-vous que j'appelle ? Je ne connais qu'elle. Vous êtes jalouse à ce point ?

– Écoute, Nico, tu peux t'envoyer une princesse, une pute ou un âne, cela m'est égal. Mais je ne veux pas que tu passes des appels qui risquent de nous faire repérer.

– Mais c'est vous qui m'avez demandé de l'appeler l'autre fois !

– Les chambres étaient à nos noms habituels, mais pas cette fois.

– Je ne comprends pas.

– Peu importe, personne ne t'a demandé de comprendre quoi que ce soit.

– Mais j'ai promis de l'appeler !

– Promis ? Ah oui ?

Bajaratt observa en silence le jeune docker de Portici. Nicolo se comportait de façon étrange en ce moment, avec de brefs accès de colère, comme un jeune lion en cage supportant de plus en plus mal sa captivité.

Il était temps de lui lâcher un peu la bride. Il serait stupide, alors qu'elle était sur le point de fondre sur sa proie, que la mauvaise humeur d'un jeune garçon fasse tout capoter. En outre, elle avait un coup de téléphone à passer, qui en entraînerait sûrement d'autres, aussi était-il plus prudent, comme l'avait prévenue Van Nostrand, de ne pas téléphoner de la chambre d'hôtel...

– Tu as raison, Nico, je suis trop dure avec toi. Voilà ce que je te propose : puisque je devais de toute façon faire quelques courses à la pharmacie à côté, je vais y aller tout de suite et te laisser un peu d'intimité. Appelle ta *bella ragazza* mais ne lui donne pas les coordonnées de l'hôtel. Dis-lui la vérité, Nico, je ne voudrais pas que tu mentes à ton amie. Si tu dois laisser un message, annonce que nous partons dans une heure et que tu la rappelleras plus tard.

– Mais on vient d'arriver !

– Il y a eu du nouveau depuis.

– *Madre di Dio*. Pourquoi maintenant ?... Ça va, je sais, ça ne me regarde pas. Si un jour on retourne à Portici, je vous emmènerai voir Ennio Il Coltello. Il fiche la frousse à tout le monde, car c'est un tueur. Il vous fait un sourire sous le menton avec son couteau quand il n'est pas content, et personne ne sait ni quand ni qui sera sa prochaine victime. Mais je suis prêt à parier que c'est lui qui aura peur de vous !

– Tu ne crois pas si bien dire, Nico, répondit Bajaratt en esquissant un sourire. Il m'a aidée à te retrouver, mais je peux t'assurer qu'il ne risque plus de faire peur à qui que ce soit à Portici.

– Ah bon ? Pourquoi ?

– Parce qu'il est mort... Allez, appelle ta jolie actrice, je reviendrai dans un quart d'heure.

Bajaratt ramassa son sac à main, se dirigea vers la porte en ajustant son voile et sortit de la chambre.

Une fois dans l'ascenseur, elle répéta mentalement le numéro de téléphone que Van Nostrand lui avait donné, celui grâce auquel elle pourrait contacter le nouveau Scorpion Un. L'ordre qu'elle s'apprêtait à donner devait être exécuté sans condition dans les vingt-quatre heures, et c'était une limite maximum. S'il avait la moindre hésitation, toute la colère de la Beqaa, en particulier celle de la brigade d'Ashkelon, s'abattrait sur Scorpion Un. Mort à tous ceux qui oseraient s'opposer à la vengeance des braves !

Les portes s'ouvrirent et Bajaratt traversa le petit hall élégant vers le perron de l'hôtel festonné de dorures. Sur le trottoir, le chasseur en uniforme la salua.

– Vous désirez un taxi, Mrs. Balzini ?

– Non, merci. Par quel heureux hasard connaissez-vous donc mon nom ?

– C'est la règle au Carillon. Tout le personnel doit connaître le nom des clients.

– C'est impressionnant... Il fait si beau cet après-midi que je crois que je vais marcher un peu.

– Bonne promenade, Mrs. Balzini.

Bajaratt le salua à son tour et s'éloigna sur le trottoir, faisant mine de regarder les vitrines des magasins pour pouvoir surveiller du coin de l'œil le chasseur. Elle se méfiait des employés trop polis qui savaient tout des allées et venues des clients ; elle en avait tant corrompu dans le passé. Mais ses inquiétudes s'évanouirent rapidement en voyant que l'homme regardait nonchalamment les piétons sans lui accorder la moindre attention.

Ce qui n'aurait pas été le cas, songea-t-elle, si elle était habillée normalement, sans ce corset matelassé que Nicolo détestait tant. Elle continua à marcher sur le trottoir jusqu'à apercevoir une cabine téléphonique de l'autre côté de la rue. Elle se dépêcha d'y entrer, tout en se répétant mentalement ce numéro qui était si vital pour venger Ashkelon.

– *Scorpione Uno?* demanda Bajaratt d'une voix douce, mais suffisamment audible pour se faire entendre malgré les coups de klaxon qui retentissaient de temps en temps dans la rue.

– C'est de l'italien, j'imagine ? répliqua une voix hésitante à l'autre bout de la ligne.

– Et j'imagine que tous ces sons curieux que j'ai entendus avant que vous ne décrochiez signifient que je peux vous parler librement et que personne ne risque d'intercepter notre conversation ?

– Vous pouvez en être assurée. Qui êtes-vous ?

– Je suis Bajaratt et...

– J'attendais votre appel ! Où êtes-vous ? Il faut que nous nous rencontrions le plus vite possible.

– Pourquoi donc ?

– Notre ami commun, qui se trouve en ce moment en Europe, m'a demandé de vous remettre un colis qui vous sera d'un grand secours dans votre entreprise.

– Qu'est-ce que c'est ?

– Je lui ai promis de ne pas l'ouvrir. Il m'a dit qu'il valait mieux que je ne connaisse pas son contenu. Il paraît que vous comprendrez pourquoi.

– Évidemment. On pourrait vous interroger, vous droguer... Ainsi Van Nostrand a survécu ?

– Survécu ?

– Il y a eu des coups de feu...

– Des coups de feu ! Mais...

– Peu importe, rétorqua Bajaratt pour clore cette discussion.

Les gardes de Van Nostrand l'avaient donc arraché aux griffes de Hawthorne. Finalement, l'ex-agent secret n'avait pas fait le poids face au tortueux Neptune. Van Nostrand avait fait suivre Hawthorne jusqu'au Shenandoah Lodge, et avait ordonné son arrestation, en laissant sans doute derrière lui un ou deux cadavres pour confondre cet encombrant trouble-fête. Elle l'avait vu se faire arrêter sous ses yeux ! Quel spectacle, si délicieusement pervers !

– Ainsi votre ancien chef se trouve en sécurité dans un pays étranger et nous n'entendrons plus jamais parler de lui ?

– Oui, c'est définitif, répondit le nouveau Scorpion Un. Où êtes-vous ? Je vais envoyer une voiture vous chercher – avec le garçon, évidemment.

– Malgré mon impatience d'ouvrir ce colis, lança Bajaratt, il y a une autre affaire qui demande à être réglée sur-le-champ. J'ai rencontré un jeune homme, un conseiller politique qui écrit des chroniques dans le *New York Times*. Il s'appelle Reilly et il est mort à l'heure qu'il est, toutefois l'information qu'il avait à vendre m'a fait comprendre que notre mission était en péril et que cette menace devait être étouffée dans l'œuf immédiatement.

– Mon Dieu, qu'est-ce qui se passe ?

– Un avocat nommé David Ingersol a lancé un avis de recherche parmi les gens de vos ghettos concernant une femme et un jeune homme voyageant ensemble, probablement d'origine étrangère. Quiconque pourra aider à les retrouver touchera cent mille dollars. Cette vermine tuerait père et mère pour une somme pareille ! Il faut faire cesser ces recherches, et éliminer cet Ingersol... Peu importe comment, mais il faut agir sur-le-champ ; je veux entendre la nouvelle de sa mort dans les journaux du matin. C'est impératif !

– Non, ce n'est pas possible..., murmura la voix au téléphone.

– Il est deux heures et demie, poursuivit Bajaratt. Cet Ingersol doit mourir avant neuf heures ce soir, sinon toutes les fines lames de la Beqaa trancheront la gorge aux Scorpions... Je viendrai chercher mon colis quand j'entendrai à la radio l'annonce de sa mort. *Ciao, Scorpione Uno.*

David Ingersol, avocat récemment promu au rang de Scorpion Un, raccrocha le téléphone qui se trouvait dans l'armoire d'acier dissimulée derrière les lambris de son bureau. Il se tourna vers la fenêtre et contempla le ciel bleu de Washington. C'était incroyable ! Il venait de recevoir l'ordre de sa propre exécution ! Pourquoi fallait-il que ça tombe sur lui ? Pourquoi lui ? Il avait toujours été contre la violence, et contre toutes les bassesses de ce monde ; il était un catalyseur, un chef d'orchestre qui influait sur les événements grâce à sa position et à ses relations, mais il ne pataugeait pas dans la fange avec la « vermine », pour reprendre les mots qu'avait employés cette Bajaratt au sujet des Scorpions du bas de l'échelle.

Les Scorpions. Oh! mon Dieu, pourquoi avait-il accepté? Pourquoi s'était-il aussi facilement laissé recruter?... La réponse était si évidente, si pathétique : à cause de son père – pour sauver la réputation de Richard Ingersol, grand avocat, et juge respecté à la Cour suprême.

« Dickie » Ingersol était né dans un milieu fortuné qui voyait ses biens fondre comme neige au soleil. Les années trente n'avaient pas été tendres avec les seigneurs de Wall Street; ces fils dorés avaient encore en mémoire le souvenir de leurs grandes propriétés familiales des années vingt, avec leur faste et leurs bataillons de serviteurs, et se rendaient compte peu à peu qu'ils n'avaient plus les moyens d'un tel train de vie et que le temps béni des limousines, des fêtes et des voyages en Europe était à jamais révolu. Le monde qui se profilait devant eux était sans pitié, un monde injuste et invivable, puis la guerre était arrivée... Pour bon nombre d'entre eux, elle marquait la fin d'un règne, la fin d'un mode de vie qu'ils ne voulaient pas abandonner. Soit ils menaient les batailles et créaient une aristocratie d'officiers sur toutes les passerelles des navires de guerre, soit ils sombraient corps et biens. La plupart d'entre eux devancèrent l'appel, bien avant que Pearl Harbor soit attaqué, et bon nombre d'hommes de leur « rang » rallièrent l'armée britannique – des héros romantiques, paradant au-dessus de la piétaille, arborant leurs uniformes impeccables et leurs mains manucurées. Comme l'avait dit Roosevelt – celui d'Oyster Bay, et non ce traître de Hyde Park [1] qui avait renié les siens : « Mon Dieu, cela vaut mieux que de conduire une Ford! »

Dickie Ingersol fut parmi les premiers à s'engager dans l'armée américaine. Il briguait l'armée de l'air et ses lettres de noblesse suffisaient à exaucer ce vœu. Toutefois l'armée apprit que Richard Abercombrie Ingersol venait d'être reçu au barreau de New York. On n'allait pas laisser filer un tel talent au bout de son

1. Respectivement Theodore (1858-1919) et Franklin Delano (1882-1945) – allusion au New Deal. (N.d.T.)

manche à balai. On l'affecta donc au service juridique de l'armée, car on y manquait cruellement d'avocats. Certains avaient tout juste eu la moyenne à l'examen, mais aucun d'entre eux n'avait été accepté à la célébrissime chambre de New York.

Dickie Ingersol passa la guerre à plaider dans des cours martiales de l'Afrique du Nord au Pacifique Sud, maudissant à chaque minute son infortune. Finalement les États-Unis remportèrent la victoire sur les deux faces du globe, et Dickie se retrouva en Extrême-Orient. Le Japon était occupé par les Américains et c'était l'époque où les procès des crimes de guerre étaient légion. Bon nombre d'ennemis furent jugés et pendus grâce au réquisitoire enflammé d'Ingersol. Puis, un samedi matin, il reçut un appel téléphonique de New York à son bureau de Tokyo. Sa famille venait d'être ruinée. Il ne leur restait plus rien, sinon la honte et leurs yeux pour pleurer. C'était la fin d'un monde.

L'armée avait une dette envers Dickie, le pays tout entier lui était redevable et le considérait en haute estime, car c'était sa famille et ceux de son rang qui avaient construit cette nation. Il passa donc des accords secrets ; des dizaines de criminels furent ainsi relaxés ou purgèrent des parodies de peines en échange d'argent, que des grandes familles d'industriels de Tokyo, Osaka et Kyoto transféraient confidentiellement sur des comptes en Suisse. Ces capitaux étaient accompagnés d'un contrat de « participation » dans les futures grandes entreprises qui allaient renaître, tels des phénix, du champ de ruines qu'était alors le Japon.

De retour aux États-Unis, une fois son compte en banque rempli, il jeta « Dickie » aux oubliettes pour devenir le grand Richard Ingersol. Il ouvrit son propre cabinet avec plus de capitaux qu'aucun autre jeune avocat sur la place de New York. Il gravit rapidement l'échelle sociale, et les grands de ce monde l'accueillirent comme l'un des leurs ; on se réjouit de le voir nommé juge à la cour d'appel, et on lui réserva un triomphe lorsque le Sénat lui offrit un siège à la Cour suprême. Enfin, l'un de sa « race » accédait à la place qui lui revenait dans les hautes sphères de la justice.

Puis un jour – encore un samedi matin –, des années plus tard, un homme qui se faisait appeler Neptune débarqua chez David Ingersol, le fils du juge de la Cour suprême, dans sa maison de McLean en Virginie. À cette époque, les affaires étaient florissantes pour le fils Ingersol, grâce à la réputation de son père ; il était le cofondateur de l'étude Ingersol & White, un grand cabinet d'avocats à Washington, et, bien que tout le monde sût que le fils n'irait jamais plaider une affaire devant la plus haute cour du pays, les clients ne cessaient d'affluer. (En fait, la majorité d'entre eux n'avait cure d'aller si loin – tous savaient que leurs doléances seraient entendues bien avant.) Le visiteur inattendu avait donc été aimablement reçu par la femme de David, sa distinction naturelle faisant oublier sur-le-champ son arrivée importune.

Mr. Neptune demanda si le jeune et brillant avocat pouvait lui accorder quelques instants d'attention pour discuter d'une affaire extrêmement urgente ; chaque minute comptait et c'était la raison pour laquelle il avait préféré se présenter directement à son domicile plutôt que de perdre un temps précieux à chercher son numéro de téléphone qui était sur liste rouge. Cela concernait son père.

Une fois dans le bureau de David, l'inconnu sortit une liasse de documents qui avaient été arrachés au sacro-saint secret bancaire de l'un des plus anciens établissements de Berne. On y trouvait non seulement l'historique des dépôts japonais datant de 1946, mais aussi des versements actuels sur le compte 00572000, appartenant au juge de la Cour suprême Richard A. Ingersol. Ces paiements provenaient de très grandes sociétés nippones et de consortiums internationaux contrôlés par les Japonais. Sur le sommet de la liasse, il y avait un répertoire des décisions de justice prises par le juge Ingersol en faveur de ces sociétés qui investissaient aux États-Unis.

La proposition de Neptune était claire et concise. Si David refusait de rallier leur organisation ultra-secrète, ils seraient forcés de rendre publique la façon dont Richard Ingersol avait fait fortune après la guerre, ainsi que ses largesses en tant que juge de la Cour suprême, ce qui mettrait un terme définitif aux carrières du père et du fils. Il n'avait pas le choix ; le fils exposa le problème à son père, qui choisit d'abandonner son fauteuil à la Cour suprême, prétextant une lassitude physique et intellectuelle, une usure générale qu'il allait combattre, après avoir pris un peu de vacances, en menant une vie plus active. Les raisons de son départ paraissaient si nobles que tout le monde salua son courage et sa droiture d'esprit, plongeant nombre de ses collègues à la Cour suprême dans des abîmes de réflexion. En fait, Ingersol père se rendit sur la Costa del Sol, en Espagne, et sa vie prétendue active tourna autour du golf, de l'équitation, du croquet et de la pêche sous-marine, accompagnés de force dîners et soirées dansantes. Richard avait retrouvé le Dickie de sa jeunesse. Et le fils Ingersol devint Scorpion Trois.

Et maintenant qu'il était Scorpion Un, voilà qu'on venait lui donner l'ordre d'organiser sa propre exécution ! C'était le monde à l'envers ! David appuya sur le bouton de l'interphone.

— Jacqueline, prenez tous les appels et annulez tous mes rendez-vous de la journée. Dites à nos clients que j'ai eu une affaire urgente à régler.

— Très bien, Mr. Ingersol... Je peux faire quelque chose pour vous ?

— Je crains que non... et puis, si, réflexion faite, vous pouvez me rendre un service. Louez-moi une voiture et demandez à ce qu'on la gare sur le côté de la maison. Je descendrai la prendre dans un quart d'heure.

— Votre limousine est au garage et le chauffeur est ici, à l'office.

— C'est une affaire privée, Jackie. Je vais sortir par l'ascenseur de service.

— Je comprends, David.

L'avocat se retourna vers le téléphone dissimulé dans l'alcôve du mur derrière lui. Il s'en empara et composa un numéro. Après avoir entendu une série de bips, Ingersol fit un nouveau numéro à cinq chiffres, et se mit à parler :

— J'imagine que vous aurez ce message dans quelques minutes. Pour reprendre votre jargon, je dirais que j'ai un problème code 4-0. Rendez-vous sur les berges, à l'endroit habituel. J'ai des choses à vous dire. Dépêchez-vous, c'est urgent !

De l'autre côté du Potomac, dans son bureau à la CIA, Patrick O'Ryan, alias Scorpion Deux... mais le véritable numéro un, sentit une légère vibration dans la poche de sa chemise. Il compta le nombre d'impulsions et comprit aussitôt ce qui se passait. Il y avait une urgence. Cela tombait mal car il devait participer à une réunion avec le directeur de la CIA dans trois quarts d'heure, et l'opération Petite Amazone était la priorité numéro un du moment. Quelle chienlit! Mais il n'avait pas le choix : l'organisation passait toujours en premier. Il décrocha son téléphone et composa le numéro du poste de Gillette.

– Oui, Pat, qu'est-ce qu'il y a?

– C'est à propos de la réunion...

– Ah oui, l'interrompit le directeur. J'ai cru comprendre que vous aviez du nouveau à nous apprendre. J'ai hâte d'entendre votre raisonnement; vous êtes notre meilleur analyste, vous savez.

– Je vous remercie de votre confiance, mais je n'ai pas tout à fait terminé. Il me faut encore deux heures pour parfaire mon analyse.

– C'est regrettable, Patrick.

– J'en suis le premier désolé. Mais j'ai un Arabe à voir, un simple porte-serviette, j'imagine, mais qui peut combler deux ou trois points qui restent encore en suspens. Je viens de l'avoir au téléphone; il est d'accord pour me rencontrer, mais dans une heure; et c'est à Baltimore.

– Allez-y donc, mon vieux! Je vais reporter cette réunion. Prenez votre temps. Passez-moi un coup de fil de Baltimore.

– Je n'y manquerai pas. Merci, Mr. Gillette.

Le pont Riverwalk n'enjambait pas le fleuve à proprement parler, mais un petit bras du Potomac qui se perdait dans la campagne de Virginie. Sur la berge est, il y avait un petit restaurant dont la nourriture plus que moyenne attirait une clientèle jeune avide de hot dogs, de hamburgers et de bière. Sur les chemins qui sinuaient dans les sous-bois sur la rive opposée, on disait que des myriades de jeunes couples découvraient les joies de l'amour comme à la belle époque de Sodome et Gomorrhe; c'était exagéré; les sentiers étaient étroits et le sol jonché de cailloux.

Patrick O'Ryan se gara sur le parking, soulagé de voir qu'il était pratiquement désert; le restaurant n'attirait les foules qu'à la nuit tombée. Scorpion Deux descendit de voiture, s'assura qu'il avait sur lui son téléphone, et se dirigea vers le pont tout en allumant un cigare. David Ingersol paraissait affolé dans le message qu'il avait laissé sur le répondeur, et cela ne lui disait rien qui vaille. Ce puritain à moitié pédé était un brillant avocat, mais personne ne savait comment il réagirait devant un peu de sang. Le petit David restait un fils à papa malgré ses compétences juridiques. Les autres l'apprendraient tôt ou tard – peut-être même plus tôt que prévu.

– Hé, mon pote ! lança un jeune homme soûl qu'on venait de vider manu militari du restaurant. Ces salauds ne veulent pas me faire crédit ! Passe-moi cinq dollars et je te serais reconnaissant pour la vie ! Je commence à redescendre à la vitesse grand V.

Par réflexe, l'analyste envisagea les différentes possibilités qui s'offraient à lui :

– Si je te donne dix dollars, voire vingt, finit-il par annoncer, tu serais prêt à faire ce que je te demande ?

– Pour ce prix-là, je veux bien me fiche à poil et te faire ce que tu veux ! J'ai besoin de fric, mon pote.

– Tu n'y es pas du tout. Et il se peut d'ailleurs que tu n'aies absolument rien à faire.

– Ça marche, mon pote !

– Suis-moi lorsque j'aurai traversé le pont, mais reste hors de vue et attends que j'entre dans les bois. Si je siffle, rapplique au plus vite et rejoins-moi. Compris ?

– Compris !

– Peut-être même que tu auras un billet de cinquante.

– Cinquante ? Hé, c'est mon jour de chance ! T'es mon sauveur, mec !

– Je compte sur toi.

O'Ryan traversa le gros pont de bois qui enjambait le torrent, et s'enfonça sur le deuxième chemin sur sa droite, une fois arrivé sur l'autre rive. Il n'avait pas fait dix mètres dans la rocaille que David Ingersol surgit de derrière un arbre.

– Patrick, rien ne va plus ! lança-t-il.

– Tu as eu des nouvelles de Bajaratt ?

– C'est de la folie furieuse ! Elle m'a ordonné de me faire tuer ! Elle a dit : « Ce David Ingersol doit mourir. » Moi, Scorpion Un !

– Elle ne sait pas qui tu es, mon petit David. Pourquoi donner un tel ordre ?

– J'ai lancé un avis de recherche les concernant, parmi nos petites frappes du milieu.

– Tu as fait ça, David ? Ce n'est pas très futé de ta part. Tu aurais dû m'en parler avant.

– Nom de Dieu, O'Ryan, tu as dit toi-même qu'il fallait arrêter cette machine infernale !

– Certes, mon petit David, mais sûrement pas de cette manière. C'était vraiment stupide. Il fallait passer par un intermédiaire. Ainsi, ils sont remontés jusqu'à toi ? Tu ne ferais pas de vieux os sur le terrain.

– Mais j'avais tout prévu ; je m'étais totalement couvert, et cet avis de recherche semblait tout à fait légal et officiel, et devenait, par là même, extrêmement tentant.

– Vraiment ? rétorqua l'analyste de la CIA. À t'entendre, c'est l'idée du siècle... Et tu peux m'expliquer comment tu as pu te couvrir, tout en conservant ce caractère légal si tentant ?

– C'est le cabinet qui a passé l'avis de recherche. Pas un individu précis, pas moi ! J'étais simplement celui qu'il fallait contacter pour toucher la récompense. J'ai même joint à cet avis de recherche un acte notarié déclarant que le jeune homme et la femme étaient des héritiers d'une grosse fortune, dépassant le million de dollars. Donner une commission de dix pour cent n'a rien d'extraordinaire en pareil cas.

– Oh, quelle ruse magnifique ! Seulement, tu as oublié un léger détail, mon petit David : c'est que ces chasseurs que tu as alléchés n'ont pas la moindre idée de ce que peut être un acte notarié, et se contrefichent de toute forme de légalité. Ils sont même les premiers à sentir l'odeur du fric là où il y en a à prendre... Tu ne tiendrais pas cinq minutes sur le terrain, voilà la triste vérité !

– Qu'est-ce qu'on peut faire ? Qu'est-ce que je peux faire ? Elle a dit que la nouvelle de ma mort devait être dans les journaux demain matin, sinon toute la Beqaa allait nous tomber dessus... Ça commence à chauffer sérieusement.

– Pas de panique, Scorpion Un, lança O'Ryan en insistant de façon sardonique sur le grade d'Ingersol. (Il consulta sa montre.) Je pense que, si les journaux annoncent simplement ta disparition, cela nous laissera un jour ou deux pour nous retourner.

– Bonne idée !

– Ce n'est qu'une diversion, mon petit David, et je sais de quoi je parle. Pour commencer, il faut que tu quittes Washington sur-le-champ... tu es trop connu, et il ne faut pas te montrer pendant quelques jours. Je vais t'emmener à l'aéroport; on s'arrêtera en chemin pour t'acheter des lunettes de soleil...

– J'en ai une paire dans ma poche.

– Parfait. Tu vas acheter un billet pour où bon te semble – en liquide, pas de carte de crédit! Tu as de l'argent sur toi?

– Toujours.

– Très bien... Il reste un problème, et pas des moindres, mon petit David. Pendant les jours qui viennent, il va falloir que l'on transfère ton numéro de Scorpion Un chez moi. Si Bajaratt appelle et n'a personne au bout du fil ou si on ne la rappelle pas après qu'elle a laissé un message, la Beqaa va nous lancer aux basques toutes ses têtes brûlées. Le *padrone* me l'a fait comprendre on ne peut plus clairement.

– Il faut que je retourne au bureau et que...

– Pas question! l'interrompit l'analyste. Crois-moi sur parole. Je connais la musique! À qui as-tu parlé pour la dernière fois?

– À ma secrétaire... Non, c'était au type de la boîte de location qui m'a apporté la voiture. Je suis venu ici par mes propres moyens. J'ai préféré ne pas prendre la limousine.

– Heureuse initiative. Ils ne commenceront vraiment à s'inquiéter que lorsqu'ils auront retrouvé la voiture. Qu'est-ce que tu as dit à ta secrétaire?

– Que j'avais une affaire urgente à régler, une affaire privée. Elle y a cru; ça fait des années qu'elle travaille pour moi.

– Tu parles qu'elle a compris!

– Épargne-moi tes sarcasmes.

– Ce n'est pas moi qui vais traîner à Porto Rico, à ce que je sache?... Tu as des rendez-vous ce soir?

– Nom de Dieu! s'exclama Ingersol. J'ai failli oublier! Midgie et moi devons aller dîner chez les Heflin, c'est leur anniversaire.

– Ils se passeront de toi! répondit O'Ryan en regardant l'avocat affolé avec un petit sourire. Tout ça tombe à pic, David. Pour faire croire à ta disparition... Revenons à ton poste de Scorpion Un. Où est-il?

– Derrière mon fauteuil, dans une niche dissimulée dans le mur. Le panneau est commandé par un bouton situé dans le tiroir inférieur droit de mon bureau.

– Parfait. J'irai changer le numéro après t'avoir déposé à l'aéroport.

– Cela se fait automatiquement si je ne réponds pas au bout de cinq heures.

– Avec Bajaratt, il vaut mieux faire le transfert immédiatement.

– Jacqueline, ma secrétaire, ne te laissera jamais entrer. Elle appellera aussitôt les gardes.

– Sauf si tu la préviens de ma venue...

– Certes.

– Alors, vas-y, appelle-la, David, dit O'Ryan en sortant son téléphone de sa poche. Ça ne marche pas très bien dans les voitures, avec tout cet acier qui fait des parasites – et nous n'aurons pas le temps d'appeler à l'aéroport. Je t'y dépose et je m'en vais tout de suite.

– Tu es sérieux ? Tu veux vraiment que je quitte Washington, cet après-midi ? Et ma femme ?

– Tu l'appelleras demain. Il vaut mieux qu'elle passe une nuit d'angoisse plutôt que te perdre pour la vie. Pense à la Beqaa...

– Donne-moi ce téléphone !

Il appela sa secrétaire.

– Jackie, je vous envoie un certain Mr... Johnson qui va venir prendre des papiers dans mon bureau. C'est une affaire extrêmement confidentielle et je vous saurais gré, lorsqu'il se présentera à l'accueil, d'aller prendre un café en laissant la porte ouverte derrière vous. Vous voulez bien faire ça pour moi, Jackie ?

– Bien sûr, David.

Ingersol raccrocha.

– Allons-y, Patrick !

– Un instant, il faut que j'aille uriner, car j'ai une bonne heure de conduite qui m'attend. Surveille les abords du pont ; je ne veux pas que quelqu'un nous voie ensemble.

O'Ryan s'enfonça de quelques pas dans les bois, en regardant l'avocat du coin de l'œil. Mais, au lieu de soulager sa vessie, il ramassa une grosse pierre. Il revint silencieusement sur ses pas, s'approcha de l'avocat qui scrutait les alentours du pont à travers le feuillage et abattit la pierre de toutes ses forces sur le crâne d'Ingersol.

O'Ryan tira le corps dans le sous-bois et siffla entre ses doigts pour appeler sa nouvelle recrue, qui répondit aussitôt présent.

– Je suis là, mon pote, lança le jeune homme en titubant sur le chemin empierré. J'entends déjà s'ouvrir le tiroir-caisse !

Ce furent ses dernières paroles, car une pierre vint lui écraser le visage. Patrick O'Ryan consulta de nouveau sa montre ; il avait largement le temps de traîner les deux cadavres dans l'eau. Et de placer le portefeuille de l'un dans la poche de l'autre. Après, ce n'était qu'une question d'organisation. Un, se rendre au bureau d'Ingersol. Deux, présenter ses plates excuses au directeur de la CIA – son contact ne s'était pas présenté au rendez-vous à Baltimore. Trois, passer quelques coups de fil anonymes, peut-être de témoins ayant aperçu les deux cadavres sur la rive ouest sous le pont Riverwalk.

Il était vingt-deux heures quinze et Bajaratt marchait de long en large dans le salon de leur suite de l'hôtel Carillon tandis que Nicolo regardait la télévision dans la chambre en avalant un dîner pantagruélique. Elle lui avait annoncé le changement de programme : ils passeraient la nuit ici, mais ils s'en iraient dès le lendemain matin. Le jeune docker n'avait pas posé de questions.

Bajaratt, aussi, regardait la télévision, mais pour suivre le journal des infos locales de dix heures. Elle ne quittait pas l'écran des yeux, avec une colère grandissante. Soudain toute tension disparut de son visage et un sourire apparut sur ses lèvres lorsque la femme-tronc interrompit son commentaire sur les revers d'une obscure équipe de base-ball pour lire une dépêche que l'on venait de déposer sur son bureau.

« Nous recevons à l'instant cette nouvelle : le célèbre avocat de Washington, David Ingersol, a été retrouvé mort, il y a environ une heure, à proximité du pont Riverwalk à Falls Fork, en Virginie. On a retrouvé à ses côtés le cadavre d'un vagabond – un dénommé Steven Cannock qu'un restaurateur du secteur venait d'expulser car il se trouvait en état d'ébriété avancée et ne pouvait payer ses consommations. D'après les premiers résultats d'enquête, Steven Cannock aurait tenté de dépouiller David Ingersol de son argent et une lutte violente se serait ensuivie, comme le laisse à penser la découverte des deux corps ensanglantés gisant côte à côte. David Ingersol, considéré comme l'un des plus grands avocats de la capitale, était le fils de l'ex-juge de la Cour suprême, Richard Abercombrie Ingersol, qui avait surpris la nation tout entière en démissionnant de son poste, annonçant qu'il souffrait de " lassitude intellectuelle "; son départ avait relancé le débat sur la nomination à vie des membres de la Cour suprême... »

Bajaratt éteignit le poste de télévision. Les martyrs d'Ashkelon remportaient une autre victoire. Le meilleur était encore à venir, mais ce n'était plus qu'une question de jours !

Il était près de deux heures du matin lorsque Jackson fit irruption dans la chambre qu'il partageait avec Hawthorne.

– Tye, réveillez-vous ! lança-t-il.

– Mais qu'est-ce qui se passe, nom de Dieu ? Je venais juste de m'endormir ! ronchonna Hawthorne en clignant des yeux. On ne peut rien faire avant demain matin ! Davenport est mort et Stevens est sur le coup et... quoi ? Il y a du nouveau ? Sur Davenport ?

– Non, sur Ingersol...

– Ingersol ?... l'avocat, l'autre porte-serviette ?

– Le cadavre, Tye. Il a été tué dans un endroit appelé Falls Fork. Peut-être que notre pilote, Alfred Simon, avait mis le doigt sur une pièce du puzzle plus importante qu'il n'y paraissait.

– Comment sais-tu qu'il a été tué ?

– J'ai regardé *Autant en emporte le vent* – quel chef-d'œuvre ! – et à la fin il y a eu un flash d'infos.

– Où est le téléphone ?

– Juste à côté de votre tête.

Hawthorne s'assit sur le lit et saisit l'appareil tandis que Poole allumait la lumière. Il appela les services secrets de la marine, certain de trouver Stevens à son bureau à cette heure indue de la nuit.

– Henry... Ingersol est...

– Oui, je le sais depuis déjà quatre heures ! répondit Stevens d'une voix lasse. Je comptais vous appeler, mais entre Palisser qui remue ciel et terre pour mener son enquête sur la mort de Davenport, la Maison-Blanche qui s'affole parce que Ingersol faisait partie de la liste des hôtes de marque, et le *New York Times* qui me tombe dessus à cause de ce meurtre sous vos fenêtres, je n'ai pas eu un moment de libre. Mais je m'attendais à avoir de vos nouvelles.

– Ingersol, nom de Dieu! il faut faire mettre les scellés à son bureau!

– C'est fait, Tye-Boy – c'est bien comme ça qu'on vous appelle aux Antilles, n'est-ce pas?

– C'est vous qui vous en êtes occupé?

– Non, c'est le FBI. Comme d'habitude.

– Nom de Dieu, on est dans de beaux draps!

– Et ça va ne faire qu'empirer avec les heures qui viennent.

– Vous ne voyez pas son petit jeu? La course contre la montre est commencée, on s'affole et on se marche sur les pieds! Elle est arrivée à ses fins : la déstabilisation. Tout le monde soupçonne tout le monde! Cette folle tourne autour de nous, et plus nous courons derrière elle, plus on se marche dessus. À la moindre brèche dans nos rangs, elle passera nos défenses!

– Pas de panique, Tyrell! Pour l'instant, le Président est en complète quarantaine.

– C'est ce que vous croyez. Qui sait quelles ficelles elle tient!

– Nous avons placé sur écoute tous les gens de votre liste.

– Et si celui qu'elle manipule n'y figure pas?

– Qu'est-ce que vous voulez que je vous dise? Je ne suis pas extralucide.

– Je finis par me demander si Bajaratt ne l'est pas.

– Cela ne nous aide guère. C'est juste une confirmation des pires rumeurs qui courent sur son compte.

– Elle a des gens avec elle, une organisation qui lui fournit soutiens logistique et financier.

– C'est l'évidence. Si vous avez la moindre piste, n'hésitez pas à la suivre.

– C'est ce que je fais, nom de Dieu! Parce que, maintenant, c'est entre elle et moi que ça se joue. Je veux cette Bajaratt, et je la veux morte! lança Hawthorne avant de raccrocher le téléphone avec fureur.

Ce n'était pas Bajaratt qu'il voulait en fait, c'était Dominique, ce mensonge vivant qui avait mis tout son être en charpie, qui l'avait fait souffrir comme personne n'aurait eu la méchanceté de le faire. Quelqu'un qui prenait l'amour et le bafouait sans vergogne, qui faisait avouer à ses marionnettes les secrets les plus intimes. Avec tant de charme, tant de constance et tant de perversité. Combien de pauvres idiots étaient tombés dans le piège de cette tueuse, persuadés d'avoir enfin trouvé la femme de leur vie?

Mais elle avait oublié un détail. Lui aussi était un tueur.

23

Patrick O'Ryan s'étendit sur sa chaise longue, impatient de voir l'été se terminer et les gosses partir à l'école – grâce aux bons soins des commandeurs. Il n'avait rien contre ses enfants, au contraire... ils occupaient sa femme et ne lui laissaient plus le temps de venir lui chercher querelle. Il n'avait rien contre sa femme non plus – il devait l'aimer à sa manière –, mais trop de choses les séparaient, ils étaient devenus deux étrangers, en grande partie par sa faute, il le reconnaissait volontiers. Un mari moyen pouvait rentrer chez lui et se plaindre de son travail, de son patron ou du fait qu'il ne gagnait pas assez. Mais à lui, aucun de ces exutoires ne lui était permis, en particulier la question financière, depuis que les commandeurs étaient venus le trouver.

Patrick Timothy O'Ryan était l'un des nombreux enfants d'une famille d'immigrants irlandais qui habitait le Queens à New York. Grâce aux bonnes sœurs et à quelques prêtres de l'école paroissiale, il n'entra pas à l'école de police, contrairement à ses trois frères aînés, qui, selon une tradition familiale, suivaient les traces du père et du grand-père. On remarqua, en effet, qu'il avait un esprit très éveillé, bien au-dessus de la moyenne des enfants de son âge, si bien qu'on l'encouragea à demander une bourse pour continuer ses études à l'université de Fordham. Il impressionna tant ses professeurs de faculté qu'il obtint une nouvelle bourse, pour faire un doctorat à l'université de Syracuse, dans le département de politique internationale, qui était l'un des pôles de recrutement pour la CIA.

Il avait rejoint l'« Agence » trois semaines après avoir obtenu son diplôme. Il apprit rapidement de la part de ses supérieurs qu'il y avait certaines règles vestimentaires à respecter – pantalon de toile froissé, veste élimée venant des fripes de Macy, et cravate orange vif sur chemise bleue étaient à proscrire. Il avait fait de son mieux pour les contenter, aidé par sa jeune épouse, une fille du Bronx d'origine italienne qui, bien que satisfaite de la tenue vestimentaire de son mari, se mit à découper dans les journaux les publicités montrant comment un Washingtonien digne de ce nom devait s'habiller.

Les années passèrent, et, à l'instar des bonnes sœurs et des prêtres de son enfance, les grands noms de la CIA finirent par s'apercevoir qu'ils avaient en la personne de Patrick Timothy O'Ryan l'un de leurs plus brillants éléments. Il n'était pas le genre de type qu'on envoie en haut lieu. Certes, sa tenue vestimentaire s'était passablement améliorée, mais il avait son franc-parler, parfois au point d'être rustre et impoli, et un langage entrelardé de mots grossiers. Toutefois ses analyses, à l'image de l'homme, étaient pointues, et il n'allait pas par quatre chemins pour dire les choses telles qu'elles étaient, sans se soucier d'épargner les susceptibilités. Dès 1987, il avait prévu l'effondrement de l'Union soviétique. Non seulement on étouffa cette prévision, mais O'Ryan se fit sermonner par un chef de service qui lui dit clairement de « fermer sa grande gueule ». Le lendemain, il montait en grade, avec une augmentation de salaire à la clé, histoire de lui faire comprendre, comme le voulait la maxime, que les bons petits gars finissaient toujours par être récompensés.

En huit ans, O'Ryan eut cinq enfants, ce qui était très lourd pour un petit employé de la CIA. Mais Patrick Timothy supportait sans broncher cette situation car le fait de travailler pour cette organisation d'État ouvrait nombre de prêts à des taux défiant toute concurrence. Ce qu'il avait du mal à supporter, en revanche, c'était que ses analyses se retrouvaient sur le devant de la scène sans qu'une seule fois il en eût reçu quelque gloire. Ses travaux étaient repris en haut lieu, par des huiles en costume cravate qui s'exprimaient dans un anglais d'Oxford ou par des sénateurs, des députés et des membres du cabinet présidentiel sur les plus grandes chaînes du pays. Il se creusait les méninges pour ces analyses et personne ne lui rendait les lauriers qu'il méritait. C'était du mépris pur et simple, et pour couronner le tout, lorsqu'il obtint enfin un rendez-vous avec le directeur de la CIA après quinze jours d'efforts acharnés, celui-ci ne lui offrit pour toute considération que cette phrase lapidaire : « Faites votre travail et laissez-nous faire le nôtre. Nous savons ce qui est le mieux pour la CIA. »

Foutaises !

Puis, un dimanche matin, voilà quinze ans, une espèce de dandy se faisant appeler Mr. Neptune lui rendit visite chez lui, à Vienne, en Virginie. Il avait avec lui un attaché-case plein des dernières études ultra-secrètes qu'il avait menées pour la CIA.

— Où avez-vous eu tout ça ? avait demandé O'Ryan, une fois seul avec lui dans la cuisine.

— Ce ne sont pas vos affaires. En revanche, nous connaissons que trop bien l'état des vôtres. Jusqu'où pensez-vous monter à Langley ? Au mieux, jusqu'au rang G-12, et le salaire n'a rien de mirobolant. Pendant ce temps-là, les autres, grâce à vos analyses, pourront écrire des livres et gagner des millions de dollars, en se faisant passer pour des spécialistes, alors que tout le mérite vous revient.

— Où voulez-vous en venir ?

— Tout d'abord, vous devez un total de trente-trois mille dollars à une banque de Washington et à deux banques de Virginie, l'une à Arlington, l'autre à McLean...

— Comment êtes-vous au courant de... ?

— Je le sais, c'est tout, l'interrompit Neptune. Le secret bancaire est des plus simples à percer. De surcroît, vous avez de lourdes charges qui pèsent sur vos épaules, et les écoles ont augmenté leurs tarifs... Vous êtes pris à la gorge, Mr. O'Ryan.

— Je ne vous le fais pas dire ! Vous pensez que je devrais démissionner et écrire mes propres livres ?

— Vous n'en avez pas le droit. Vous avez signé un document en ce sens, sauf autorisation expresse de la CIA. Si vous écrivez un ouvrage de trois cents pages, vous pourrez vous estimer heureux s'il vous en reste une cinquantaine à publier, une fois que la CIA aura exercé son droit de censure... Mais il existe une autre solution qui pourrait annihiler tous vos soucis financiers et améliorer passablement votre existence.

– Ah oui ?

– Notre organisation est très petite, très riche, et n'a à cœur que l'intérêt du pays. C'est la vérité et j'y veille personnellement. J'ai avec moi une enveloppe qui renferme un chèque issu de l'Irish Bank of Dublin d'un montant de deux cent mille dollars ; il s'agit de l'héritage de votre grand-oncle, Sean Cafferty O'Ryan du comté de Kilkenny, mort voilà deux mois en laissant un testament en votre faveur, surprenant certes, mais en bonne et due forme. Vous êtes son seul descendant connu.

– Mais je n'ai aucun oncle de ce nom.

– À votre place, je ne me poserais pas trop de questions, Mr. O'Ryan. Le chèque est là et parfaitement certifié. Votre oncle était un grand éleveur de pur-sang, c'est tout ce qu'il vous suffit de savoir.

– C'est tout ?

– C'est tout. Voici votre chèque, annonça Neptune en sortant de sa mallette une enveloppe. Peut-être pourrai-je vous parler un peu de notre organisation et de ses buts parfaitement honorables au regard de la nation ?

– Pourquoi pas, au fond ! répondit Patrick Timothy O'Ryan en acceptant l'enveloppe.

Cet épisode datait de quinze ans, et après, nom de Dieu, cela avait été la belle vie ! Tous les mois la banque de Dublin lui envoyait un virement à la Banque du Crédit suisse à Genève. Les O'Ryan vivaient dans le luxe et tout le monde crut à cette histoire du grand-oncle irlandais à force de se l'entendre répéter. Les petits allèrent dans des écoles de riches, les aînés fréquentèrent les meilleures universités, tandis que sa femme courait les boutiques et finalement les agences immobilières. Ils déménagèrent pour s'installer dans une grande maison à Woodbridge et achetèrent une ferme à Chesapeake Beach pour passer l'été.

La vie était douce et O'Ryan se formalisait de moins en moins que d'autres tirent gloire et profits de ses travaux, parce que, au fond, il aimait son métier. Mais sa tolérance s'arrêtait lorsqu'un de ces clowns à la télévision prenait de grands airs pour annoncer l'une de ses conclusions.

Et les commandeurs ? O'Ryan se contentait de leur donner tous les renseignements et tous les documents qu'ils voulaient, de la plus anodine circulaire interne jusqu'aux pièces classées top secret. En passant toujours, bien entendu, par l'intermédiaire de Scorpion Un ou du padrone. Certains documents étaient si confidentiels que pas même la Maison-Blanche et encore moins le Sénat n'en soupçonnaient l'existence – parce que ces guignols étaient soit des girouettes, politiquement parlant, soit trop bêtes ou irresponsables... ce qui n'était, à l'évidence, pas le cas des commandeurs. Quels qu'ils fussent, ce n'étaient pas des saints, et O'Ryan comprit rapidement que leurs intérêts étaient essentiellement financiers. Une chose était sûre, ils n'étaient pas communistes pour deux sous et ils avaient toutes les raisons du monde de protéger et défendre un pays qui leur offrait de si substantielles rétributions. Ils étaient, à ce titre, bien plus efficaces que les politiques qui se vantaient d'être les champions du peuple mais qui étaient prêts à rengainer leur épée au moindre pot-de-vin. Alors, si les commandeurs pouvaient gagner quelques billets en récoltant certaines informations avant les autres, cela ne pouvait qu'être bénéfique à long terme ; ils feraient tout pour que la poule aux œufs d'or restât en bonne santé... Il y avait également une dernière considération que l'analyste du Queen ne risquait pas d'oublier...

Un après-midi à Langley, douze ans plus tôt, trois années après qu'il fut devenu dans l'ombre Scorpion Deux, il sortait d'une réunion de travail avec un groupe de collègues, lorsqu'il aperçut, dans le couloir, un homme grand et très élégant qui se dirigeait vers le bureau du directeur de la CIA. Nom de Dieu, c'était Neptune ! Sans réfléchir, l'impétueux O'Ryan s'approcha de lui.

– Hé ! Bonjour ! Vous vous souvenez de moi, je suis...

– Je vous demande pardon ? répliqua l'homme d'un ton froid, avec à la place des yeux deux billes de glace. J'ai rendez-vous avec le directeur et, si vous vous avisez encore une fois de vous approcher de moi en public, votre famille se retrouvera à la rue, et vous six pieds sous terre !

Il n'était pas près d'oublier de sitôt un tel accueil.

Mais aujourd'hui, songea O'Ryan en regardant la mer depuis la terrasse de leur maison d'été, les commandeurs avaient définitivement perdu la tête. Le pauvre

Ingersol avait raison : le plan de cette Bajaratt était de la folie pure. Un groupe, un réseau, avait dû s'immiscer dans le processus décisionnel. Mais comment ? À moins que ce ne fussent les ordres de ce vieillard sénile qui continuaient d'être exécutés à titre posthume ? Peu importait la réponse, au fond ; il fallait trouver une solution pour maintenir une sorte de statu quo sans dommage pour les Scorpions. C'est pour cette raison, six heures plus tôt, qu'il avait compris qu'il devait devenir Scorpion Un, avec tous les droits et privilèges inhérents à ce rang. C'est Ingersol qui avait précipité le destin malgré lui : elle veut que je sois tué, que David Ingersol soit tué !

Ainsi soit-il ! La pérennité des Scorpions avant tout. Un jour ou l'autre, il recevrait un coup de téléphone et il n'aurait qu'une explication à donner : la vérité. Mais, pour l'heure, il lui fallait faire appel à tous ses talents d'analyste ; il n'y avait pas que Bajaratt et ceux qui la soutenaient en jeu, mais aussi le gouvernement des États-Unis.

Il entendit des rires sur la plage ; la marmaille et sa femme se trouvaient rassemblés autour d'un feu de camp. C'était le soir et ils avaient improvisé un barbecue sur le sable de la baie de Chesapeake. C'était la belle vie... Pas question que les Scorpions paient les frais. Rien ne devait changer.

Un téléphone bourdonna en sourdine ; un son grave connu de toute la famille, auquel seul le père avait le droit d'aller répondre. « Radio-espion » appelait ! C'était le surnom qu'avaient donné ses enfants au petit téléphone gris (unique poste de toute la maison) qui se trouvait dans le bureau de leur père. Cette sonnerie était l'objet de railleries et de plaisanteries constantes. O'Ryan se prêtait au jeu de bonne grâce, sachant que cela ne pouvait que renforcer leur conviction qu'il s'agissait d'une ligne directe avec la CIA, quitte à inventer de temps en temps des histoires à dormir debout, qui faisaient écarquiller les yeux des petits et ricaner les plus grands : « Tu parles ! Ils veulent que papa leur apporte une pizza ! »

Cela frisait l'humour noir finalement ; c'était drôle, pathétique, et nécessaire. Le poste gris n'avait évidemment rien à voir avec la CIA. O'Ryan se leva de sa chaise longue et traversa le petit salon pour gagner son bureau. Il décrocha, entra le code ad hoc et parla.

– Qui est à l'appareil ? demanda-t-il tranquillement.

– Qui êtes-vous ? s'inquiéta une voix de femme à l'accent italien. Vous n'êtes pas l'homme à qui j'ai eu affaire.

– Je prends temporairement la relève, ça n'a rien d'exceptionnel.

– Je n'aime pas les changements.

O'Ryan inventa une excuse en une fraction de seconde.

– Vous voulez peut-être qu'il garde sa vésicule biliaire pour vous être agréable ? Même nous, il peut nous arriver d'être malades, et si vous escomptez que je vous donne le nom de l'hôpital où il est, vous pouvez vous asseoir dessus. Vous avez eu ce que vous vouliez : Ingersol est mort, non ?

– Certes, je le reconnais et vous remercie de votre efficacité.

– Nous faisons de notre mieux... le *padrone* nous a demandé de faire tout notre possible pour vous satisfaire. C'est ce que nous faisons.

– Il y a un autre homme à éliminer, annonça Bajaratt.

Le ton d'O'Ryan se durcit.

– Le meurtre n'est pas notre créneau. C'est trop dangereux.

– Il le faut ! chuchota Amaya Bajaratt d'une voix haineuse. Je l'exige.

– Le *padrone* n'est plus de ce monde et il y a certaines limites à vos exigences.

– Vous croyez ! Je vais demander à nos guerriers de la Beqaa de vous retrouver, grâce à nos filières d'Athènes, de Palerme et de Paris ! On ne plaisante pas avec moi, sachez-le !

L'analyste choisit la prudence. Il ne connaissait que trop bien la mentalité de cette terroriste, son tempérament bilieux et son goût de la violence.

– Ça va, ne vous fâchez pas. De qui s'agit-il ?

– Vous connaissez un dénommé Hawthorne, un ancien officier de marine ?

– Nous savons tout de lui. Il a été engagé par le MI6, à cause de ses contacts aux Antilles. Selon nos dernières informations il était à Porto Rico, et ça chauffait pour son matricule.

– Il est ici, je l'ai vu !

– Où donc ?

– Dans un hôtel nommé le Shenandoah Lodge, en Virginie, près de...

– Je le connais, l'interrompit O'Ryan. Il vous a suivie ?

– Tuez-le. Lâchez vos chiens !

– Entendu, répondit O'Ryan, prêt à promettre n'importe quoi devant une fanatique. C'est un homme mort.

– Bien. Maintenant, en ce qui concerne le colis...

– Quel colis ?

– Votre Scorpion Un à l'hôpital m'a dit que son prédécesseur avait laissé un paquet pour moi. Je vais envoyer le garçon le récupérer. Où doit-il aller ?

O'Ryan écarta l'écouteur de son oreille et réfléchit à toute vitesse. *Qu'avait encore fait Ingersol ? Quel paquet ?...* En revanche, il allait pouvoir approcher le « garçon ». Il devait jouer un certain rôle dans le plan de Bajaratt, à un niveau ou à un autre... Il fallait l'éliminer.

– Dites-lui de suivre la nationale 4 vers le sud jusqu'à la 260. Au carrefour, il prendra la direction de Chesapeake Beach ; c'est fléché. Lorsqu'il arrivera là-bas, qu'il me téléphone du restaurant sur la route. Il y a une cabine sur le parking. Je le retrouverai dix minutes plus tard sur la jetée de la première plage publique.

– Entendu. Je note tout ça... J'espère que vous n'avez pas ouvert le colis ?

– Aucun risque. Ce ne sont pas mes affaires.

– *Bene.*

– Oui, c'est mieux pour tout le monde. Et ne vous faites plus de souci à propos de ce Hawthorne. Il est *finito.*

– Vous faites de grands progrès en italien, *signore.*

Nicolo Montavi attendait sous la pluie, regardant s'éloigner les feux du taxi qui l'avait déposé au pied de la jetée déserte. Le taxi avait été appelé par la réception de l'hôtel avec l'ordre exprès de le conduire là où il voudrait et de ne pas s'inquiéter pour le trajet du retour qui lui serait dûment payé. Les deux heures de voyage avaient mis à rude épreuve les nerfs du chauffeur ; à peine Nicolo était-il descendu de voiture que le chauffeur était reparti pour Washington. L'ami de la signora s'occuperait sans doute de son retour à l'hôtel, songea le jeune homme pour se rassurer. Il faisait nuit noire à présent, et l'ancien docker de Portici aperçut bientôt dans la pénombre une silhouette qui se dirigeait vers lui. Plus elle s'approchait, plus Nicolo se sentait mal à l'aise, car l'inconnu ne portait aucun colis avec lui ; en revanche, il avait les mains dans son imperméable, et quelqu'un qui va à un rendez-vous en pleine nuit sous une pluie battante ne marche pas avec cette lenteur – c'est antinaturel. L'homme escalada les rochers artificiels de la digue ; soudain, il glissa et, dans sa chute, ses mains s'échappèrent de ses poches – dans celle de droite, il y avait un pistolet !

Nicolo se retourna et plongea dans les eaux noires tandis que des coups de feu résonnèrent dans la nuit ; une balle érafla son bras gauche, une autre siffla au-dessus de ses oreilles. Il nagea sous l'eau le plus loin possible, en remerciant dans sa panique les quais de Portici de lui avoir donné de bons muscles. Il fit surface à moins de trente mètres de la plage et se retourna pour scruter la jetée. Son assassin avait une torche à la main et balayait les eaux tout en se dirigeant vers le bout de la digue, apparemment satisfait de lui. Nico resta dans l'eau, revenant lentement vers le remblai de pierre. Il retira sa chemise et se mit à l'essorer dans l'obscurité. Elle pourrait ainsi flotter une ou deux minutes avant de couler. Peut-être cela suffirait-il ? – à condition de l'envoyer au bon endroit... Nicolo nagea le long de la jetée tandis que la silhouette revenait vers la plage. Encore quelques mètres... maintenant ! Il lança sa chemise devant lui, juste sous les va-et-vient du faisceau qui glissait sur les flots.

Les coups de feu furent assourdissants ; le vêtement eut comme des soubresauts sous les impacts et finit par sombrer. C'est alors que Nicolo entendit ce qu'il attendait : le cliquetis du percuteur frappant à vide. Il s'élança soudain, escaladant quatre à quatre les rochers anguleux en s'entaillant les mains, et plongea pour attraper aux chevilles son agresseur qui n'avait plus de munitions. L'homme poussa un rugissement de défi, mais il n'était pas de taille à résister au corps d'athlète du fils de Portici. Le jeune Italien se releva et martela de coups de poing l'estomac de l'homme, puis il s'attaqua au visage, avant de le saisir à la gorge et de le jeter sur les rochers en contrebas. Le corps roula sur les pierres et s'immobilisa un instant, le crâne éclaté, les yeux écarquillés en une muette horreur, puis lentement son cadavre disparut dans les eaux.

Nicolo sentit alors la panique le gagner, lui paralyser les membres, faisant naître des filets de sueur qu'il sentait ruisseler sur son visage et sur son cou malgré la pluie battante et ses vêtements détrempés. Mon Dieu, qu'avait-il fait ? Il avait tué un homme ! C'était de la légitime défense, non ? Mais il était un étranger dans un pays étranger, un pays où régnait la loi du talion, où des gens choisis au hasard osaient se substituer à la volonté du Tout-Puissant et réclamaient l'exécution de ceux qui avaient tué d'autres hommes.

Que faire ? Non seulement son pantalon était trempé mais son torse était égratigné jusqu'au sang et la chair de son épaule était à vif. Certes, il avait déjà été blessé plus sérieusement par les rochers et les ancres à Portici lorsqu'il plongeait pour les missions scientifiques, mais il ne pourrait pas offrir cette excuse à la police des États-Unis. Ils ne croiraient pas un traître mot de tout ça ; il avait tué un Américain ; on risquait de le prendre pour un homme de main de la mafia. *Madre mia* ; il n'avait jamais mis les pieds en Sicile !

Il ne pouvait compter que sur lui-même, comprit-il. Il n'y avait pas de temps à perdre en vétilles. Il fallait agir. D'abord téléphoner à Cabrini – à cette salope de Cabrini ! Elle l'avait peut-être volontairement envoyé à la mort, et inventé de toutes pièces cette histoire de paquet ?... Non, il était trop important pour le plan de la comtesse, le *barone cadetto* était sa pièce maîtresse. Quelque chose ne tournait pas rond ; un homme en qui sa *signora salvatrice puttana* avait toute confiance lui avait tendu un piège... et tenté de lui nuire en tuant Nicolo Montavi, son petit docker de Portici.

Il courut sur la jetée pour rejoindre la plage où il serait à l'abri des regards. Il sauta sur le sable et se dirigea vers le parking ; il n'y avait qu'une seule voiture – celle de son « assassin ». Il se demanda s'il saurait encore bricoler les fils du Neiman et faire démarrer la voiture comme il l'avait fait tant de fois en Italie.

Impossible. La voiture était une typique *macchina da corsa* [1], une voiture de sport pour un riche qui tenait à protéger son investissement. Personne ne touchait à ce

1. Voiture de course. *(N.d.T.)*

genre d'engin, que ce soit à Portici ou à Naples ; à supposer qu'il arrive à ouvrir le coffre, une alarme se mettrait aussitôt en marche et rameuterait la populace à trois cents mètres à la ronde, un coupe-circuit entrerait en fonction et la direction serait bloquée.

Il y avait un téléphone devant le restaurant ! Il lui restait quelques pièces, dont certaines lui avaient été jetées à la figure par le chauffeur de taxi fou de rage qui ne retrouva son sourire que lorsque Nicolo, avec de plates excuses, lui donna un billet de vingt dollars en pourboire. Il descendit la rue sous un rideau de pluie, rasant les murs et les haies en surveillant ses arrières, prêt à se tapir chaque fois qu'une lueur de phare s'élevait à l'horizon.

Une demi-heure plus tard, il touchait enfin au but ; il aperçut l'enseigne clignotante au néon qui annonçait : Rooster's Nest. Il se cacha dans l'ombre, au coin de l'établissement, tandis que voitures et camions allaient et venaient sur la route, s'arrêtant de temps en temps devant la cabine téléphonique. (Devant les cafés elles étaient légion en Italie – une façon comme une autre d'attirer la clientèle...) Soudain une femme se mit à hurler dans la cabine avant de jeter le combiné avec une telle violence sur la porte que les battants de verre éclatèrent en mille morceaux. La femme sortit de la cabine d'un pas chancelant et alla vomir dans les buissons. Une petite troupe de badauds s'amassa autour d'elle sous la pluie et Nicolo sut que c'était le moment de passer à l'action ; la lumière était encore allumée dans la cabine. Les éclats de verre par terre luisaient d'un éclat sinistre. Il courut vers la cabine, ses pièces à la main.

– *Pronto ?* un renseignement, s'il vous plaît. Le numéro de l'hôtel Carillon à Washington. Vite !

La standardiste lui donna le renseignement et Nicolo griffonna le numéro avec la tranche d'une pièce sur le bord de l'appareil. Soudain un poids lourd s'arrêta devant la cabine, le chauffeur, un gros costaud avec une barbe hirsute, passa la tête par la fenêtre, scrutant les alentours.

– Qu'est-ce que tu fais là, toi ? lança-t-il en apercevant Nicolo le torse ensanglanté.

Suivant son instinct, le jeune homme sortit de la cabine et se mit à hurler :

– On vient de me tirer dessus, *signore !* Je suis italien et il y a des mafiosi partout. Aidez-moi, je vous en prie !

– Tu peux courir, sale Rital! lança le camionneur avant de redémarrer en trombe.

Nicolo retourna donc à la cabine.

– Tu as fait quoi? s'écria Bajaratt.

– Ne commencez pas à monter sur vos grands chevaux, *signora!* répliqua le jeune homme en colère dans la cabine téléphonique de Chesapeake Beach. Cette ordure a voulu me tuer! Et il n'y avait pas le moindre colis.

– C'est inconcevable!

– On voit que vous n'étiez pas là, et que ce n'est pas votre bras qui saigne et qui est tout enflé!

– Saloperie de traître!... Il s'est passé quelque chose, Nico, quelque chose de terrible... Cet homme devait non seulement veiller sur toi, mais encore te confier un colis pour moi.

– Il est venu sans colis, mais avec un pistolet! Et ne me dites pas que ça fait partie de notre contrat! Je n'ai pas l'intention de mourir pour vous, malgré tout l'argent que vous pouvez déposer à Naples!

– Il n'en est pas question, mon garçon! Tu es mon jeune amour, ne te l'ai-je pas assez prouvé?

– Je vous ai vue tuer deux personnes, une domestique et un chauffeur et...

– Pour les deux, je t'ai expliqué pourquoi j'ai été obligée de faire ça. Tu aurais préféré qu'ils nous tuent?

– On n'arrête pas de changer d'hôtel...

– Comme à Portici... quand il s'agissait de te sauver la vie.

– Tout ça est trop mystérieux pour moi, *signora Cabrini!* J'ai bien envie de vous planter là.

– Ne fais jamais ça, je te l'interdis! Il y a trop de choses en jeu!... Je vais venir te chercher. Où es-tu?

– Devant un restaurant appelé Rooster's Nest à Chesapeake Beach.

– Ne bouge pas, j'arrive le plus vite possible. Pense à Naples, Nicolo; pense à la vie qui t'attend. Je viens te chercher!

Bajaratt raccrocha, tremblant de fureur, ne sachant vers qui se tourner. Les Scorpions allaient mourir, tous autant qu'ils étaient! Mais à qui pouvait-elle en donner l'ordre? Le padrone était mort, Van Nostrand était injoignable en Europe, Scorpion Deux avait été tué par

Nicolo sur une obscure plage et Scorpion Un se trouvait à l'hôpital sous un nom qu'elle ne connaissait pas. Le jeune Nico avait raison : rien n'allait plus. Mais vers qui se tourner ? Le réseau de la Beqaa s'étendait aux quatre coins du globe, mais elle avait fait confiance aux contacts du padrone pour les États-Unis : les Scorpions. Et voilà qu'ils se retournaient contre elle. Hier alliés précieux, aujourd'hui dangereux rivaux.

Elle devait réagir ! Pas question de renoncer au serment qui l'avait aidée à supporter cette vie de souffrance, à surmonter sa douleur après le massacre dans les Pyrénées : *Muerte a toda autoridad !* Elle n'allait pas se laisser arrêter par des hommes en costume cravate, propriétaires de grands domaines, qui paradaient en limousines dans les hauts lieux du pouvoir, comme des pharaons d'Égypte dans leurs chars. Pas question ! Qu'est-ce qu'ils savaient de la violence et de la cruauté humaine ? Est-ce qu'ils avaient vu leurs pères et mères décapités sous leurs yeux par les autorités ?... Et ces tragédies se répétaient partout sur la planète ; les villages des Basques étaient incendiés parce qu'ils osaient réclamer ce qui leur revenait ; les frères de son mari bienaimé étaient massacrés, leurs maisons rasées au bulldozer, parce que eux aussi osaient réclamer leur dû : une terre qu'Israël leur avait volée, aidée et armée par les grandes puissances qui se sentaient coupables de n'avoir rien fait pour empêcher le génocide juif – un génocide auquel le peuple palestinien était totalement étranger. Où était la justice ? Où était la moindre équité ?... Les autorités, à travers le monde entier, devaient recevoir une leçon. Elles devaient payer, et apprendre qu'elles étaient aussi vulnérables que les peuples qu'elles spoliaient et opprimaient.

Bajaratt décrocha le téléphone et composa les numéros fournis par Van Nostrand. Pas de réponse. Elle se souvint des paroles du padrone :

– *Tous mes contacts reçoivent des stimuli envoyés par des petits appareils automatiques, comme des pacemakers, qui les contraignent à répondre immédiatement au moindre appel, en quelque situation qu'ils soient. S'ils se trouvent injoignables pendant une longue période, un transfert d'appel est programmé. Attends vingt minutes, et réessaie.*

– *Et si ça ne répond toujours pas ?*

– *Ne fais plus confiance à personne. Les codes électroniques peuvent être facilement percés avec la technologie actuelle. Assure ta protection, mon enfant. Imagine le pire et quitte les lieux très vite.*

– *Et ensuite ?*

– *Ensuite, tu seras livrée à toi-même. Il faudra te trouver d'autres appuis.*

Bajaratt attendit vingt minutes et appela de nouveau. Toujours aucune réponse. Comme lui avait conseillé le padrone, elle envisagea le pire. Scorpion Deux avait réellement voulu tuer Nicolo.

Mais pourquoi ?

Il était quatre heures trente-six du matin lorsque la sonnerie stridente du téléphone retentit dans la chambre que se partageaient Poole et Hawthorne au Shenandoah Lodge.

– Vous voulez que je décroche, Tye ? demanda le lieutenant, bien plus alerte, dans l'autre lit.

– C'est bon, Jackson, je vais le faire.

Tyrell se battit un moment avec le téléphone et finit par trouver le combiné.

– Allô ? fit-il en approchant l'écouteur de son oreille.

– Vous êtes le commandant Tyrell Hawthorne ?

– Oui. Autrefois, disons. Qui êtes-vous ?

– Le lieutenant Allen, John Allen, des services de renseignements de la marine. Je remplace temporairement le colonel Stevens qui est parti prendre un peu de repos.

– Qu'est-ce qui se passe, lieutenant ?

– Bien que je sois astreint à une certaine confidentialité, commandant, je me permets de vous appeler pour connaître votre point de vue sur un fait nouveau afin de déterminer si je dois envisager de déranger le colonel Stevens et si...

– Nom de Dieu, lieutenant, allez au fait !

– Connaissez-vous, de nom, de vue, ou personnellement, un analyste de la CIA nommé Patrick Timothy O'Ryan ?

Tyrell hésita un instant et répondit tranquillement :

– Jamais entendu parler de ce gars-là. Pourquoi ?

– Un bateau de pêche a retrouvé son corps dans ses filets au large de Chesapeake. La nouvelle m'est parvenue voilà environ une heure. J'ai préféré vous appeler avant de déranger le colonel Stevens.

– D'où vient cette nouvelle ?

– Des gardes-côtes de Chesapeake, commandant.

– La police a été prévenue ?

– Pas encore, commandant. Lorsque ce genre de chose arrive, comme la fois où un commandant a été tué dans un canot il y a une dizaine d'années, nous essayons de garder l'information pour nous le temps de...

– C'est bon, lieutenant, pas la peine de me faire un dessin. Gardez ça secret jusqu'à mon arrivée. Où dois-je aller ?

– À la marina River Bend, à quatre kilomètres au sud de Chesapeake Beach. J'y vais de ce pas. À votre avis, commandant, dois-je alerter le colonel Stevens ?

– Inutile, lieutenant. Laissez-le dormir. On avisera sur place.

– Merci, commandant. Vous m'enlevez une sacrée épine du pied.

Hawthorne sauta du lit, tandis que Poole, déjà debout, traversait la chambre pour allumer la lumière.

– Ça y est, Jackson, lança Tyrell. C'est la brèche qu'on attendait. Et une de taille !

– Comment vous le savez ?

– J'ai dit que je ne connaissais pas cet O'Ryan personnellement et c'est la vérité. En revanche, je sais que c'est le meilleur analyste de la CIA... Il a aussi pas mal roulé sa bosse à Amsterdam, il y a six ou sept ans, envoyé par la CIA pour nous chercher des poux dans la tête. On l'évitait comme la peste, celui-là.

– Je ne vois toujours pas le rapport.

– C'est un as dans sa catégorie et Bajaratt n'emploie que les meilleurs jusqu'à ce qu'ils lui soient inutiles. Alors elle les jette aux oubliettes, ou les tue pour assurer ses arrières.

– C'est plutôt ténu, Tye.

– Peut-être, Jackson, mais j'ai un pressentiment... C'est le premier accroc dans leur belle organisation, je le sens. Et c'est la seule piste que l'on ait de toute façon.

– Ça fait froid dans le dos, commandant. Il s'agit quand même du gratin des services d'espionnage du pays.

– Je sais, Jackson. Va réveiller Catherine.

Dans une rue bordée d'arbres d'un quartier chic du comté de Montgomery dans le Maryland, un téléphone se mit à sonner. Il se trouvait sur la table de nuit du sénateur Paul Seebank et émettait un son si sourd que sa femme, dormant à côté de lui, ne pouvait l'entendre – une sorte de note grave, comme un son de violoncelle, ne pouvait réveiller que celui qui se trouvait à côté de l'instrument. Seebank ouvrit les yeux, se redressa et renvoya l'appel au rez-de-chaussée, mettant fin au bourdonnement, puis lentement, sans un bruit, il se leva et descendit les escaliers pour rejoindre son bureau tapissé d'ouvrages. Il décrocha, composa le code de réception et écouta le message que lui délivrait une voix dans un anglais monocorde.

– *Il y a un problème avec nos associés et nous ne pouvons plus les joindre. C'est vous qui recevrez les appels dorénavant. Et vous prendrez toutes les décisions qui s'imposent.*

Le sénateur Paul Seebank, l'une des grandes figures de cette noble assemblée législative, entra d'une main tremblante un nouveau code qui lui donnait accès à l'organisation secrète des commandeurs. Scorpion Quatre jusqu'à présent, voilà qu'il devenait le grand chef, avec tous les risques et toutes les responsabilités que cela supposait.

Un frisson lui traversa le corps, son visage était blanc comme un linge. Jamais il n'avait été si terrifié de sa vie.

24

Le cadavre pris dans le filet était couleur d'albâtre, les chairs gonflées par l'eau offrant au regard une parodie de visage, rond comme un ballon. Les effets personnels trouvés sur le corps étaient étalés par terre et luisaient sous la lueur de l'unique réverbère du quai.

– Tout est là, commandant, annonça le lieutenant Allen. Personne n'a touché à quoi que ce soit, et ces objets ont été sortis des poches avec des pincettes. Comme vous le voyez, c'est un membre haut placé de la CIA, et tout ce qu'il y a de mort. Le médecin légiste est là et a procédé à un premier examen de la victime. Selon lui, le décès est survenu à la suite de traumatismes crâniens dus à un ou plusieurs objets contondants. Une autopsie plus fouillée pourrait nous en apprendre davantage, mais il ne promet rien.

– Parfait, lieutenant, répondit Hawthorne, tandis que Poole et Neilsen se tenaient à ses côtés, les yeux rivés sur le cadavre qui semblait sorti tout droit d'un film d'horreur. Enlevez le corps et faites pratiquer l'autopsie.

– Je peux poser une question ? demanda Poole.

– Le contraire m'eût étonné, répliqua Tyrell. Je t'écoute.

– Je sais que je ne suis qu'un cul-terreux de Louisiane, mais...

– Épargne-nous tes salades, lança Neilsen en détournant les yeux du cadavre boursouflé. Pose ta question et qu'on en finisse.

– Par chez moi, il y a plein de rivières qui partent du

lac Pontchartrain et qui remontent dans toute la région. Est-ce qu'ici le courant est normal, c'est-à-dire orienté nord-sud ?

– Je·suppose, répondit Allen.

– Bien sûr qu'il est nord-sud ! renchérit un pêcheur barbu, en surprenant leur conversation tandis qu'il s'évertuait à retirer le corps pris dans le filet. Comme partout !

– Le Nil, pour ne citer que lui, fait exception à la règle. Il coule du...

– Ça va, Jackson, intervint Hawthorne. Où veux-tu en venir ?

– Eh bien, supposons que le courant soit nord-sud, et qu'il s'agisse bien d'objets contondants. Je voudrais savoir s'il existe des barrages en amont.

– Explique-toi, Jackson, ordonna Neilsen ·en regardant son lieutenant, sachant qu'il avait une idée derrière la tête.

– Regarde un peu ça, Cathy...

– Je ne préfère pas.

– Encore une fois, où veux-tu en venir ? s'impatienta Hawthorne.

– Ce type a pris des coups sur tout le crâne – regardez ça, il est enflé de partout... Ce n'est pas un seul objet contondant qui a fait ça, mais une bonne demi-douzaine ! Vous avez des digues dans le coin ?

– Des jetées, répondit le pêcheur, les mains dans les mailles du filet. Tout le long du Chesapeake, pour que les riches du coin puissent se baigner tranquillement au pied de leur maison.

– Où est la plus proche de ces jetées ?

– Vous n'êtes pas chez les rupins ici, répondit le pêcheur. Faudrait remonter au nord de Chesapeake Beach, pour trouver votre bonheur. Il y a une jetée, là-bas ; les gosses y traînent souvent.

– Je crois que, cette fois, c'est à moi de donner le signal du départ. En route !

Bajaratt avait du mal à cacher son impatience.

– Vous ne pouvez pas aller plus vite ! lança-t-elle au chauffeur de la limousine de l'hôtel.

– Si je dépasse la vitesse autorisée, on va se faire arrêter par la police et on perdra encore plus de temps.

– Essayez, au moins, de ne pas lambiner !

– Je fais de mon mieux.

417

Bajaratt se rencogna dans son siège, les pensées se bousculant dans sa tête. Elle ne pouvait pas perdre Nicolo, c'était la clé de voûte de son plan ! Elle avait tout préparé si minutieusement, chaque étape était savamment orchestrée, le moindre mouvement réglé comme du papier à musique – encore quelques jours et elle allait porter sa dernière attaque, l'assaut final qui plongerait le monde dans le chaos. *Muerte a toda autoridad !*

Il allait falloir se montrer patiente, compréhensive et attentionnée. Une fois qu'elle aurait pénétré dans l'enceinte de la Maison-Blanche, dans le bureau du Président, le *barone cadetto* ne lui serait plus d'aucune utilité. De toute façon, il risquait de se faire tuer dans la minute où la nouvelle de la mort de Bartlett serait annoncée officiellement.

En attendant, elle devait feindre de se soucier de la vie de Nico comme de la prunelle de ses yeux ; de jurer sur tous les saints de la terre qu'elle allait traquer les responsables de cet acte éhonté, et veiller à faire l'amour à ce jeune Adonis avec une fougue et une ardeur dont il ne soupçonnait pas l'existence même dans ses rêves les plus fous. Elle était prête à tout ! Il fallait qu'il redevienne une marionnette entre ses mains expertes. Le rendez-vous avec le Président était imminent. Et ce voyage qui n'en finissait pas !

– Nous arrivons à Chesapeake Beach. Le restaurant est ici, juste sur notre gauche, annonça le chauffeur en uniforme. Vous voulez que je vous accompagne ?

– Non, c'est vous qui allez attendre dans ce restaurant. Mon ami me rejoindra ici, en privé. J'aurai peut-être besoin d'une couverture. Vous en avez une ?

– Juste derrière vous, entre les lampes. Il y a deux plaids.

– Merci. Maintenant laissez-moi seule.

– Oui, je comprends, colonel Stevens, répondit le lieutenant Allen en tremblant dans le téléphone de la voiture de la marine. Mais le commandant était tout à fait explicite, mon colonel. Il m'a ordonné de ne pas vous déranger – je vous assure.

– D'abord, il n'est plus commandant et il n'a pas à vous donner le moindre ordre ! lança Stevens. Où est-il maintenant ?

– Je crois qu'ils sont partis sur une jetée au nord de Chesapeake Beach...

– Mais c'est là où habite O'Ryan ?

– Je crois bien, mon colonel.

– La famille d'O'Ryan a été prévenue ?

– Non, mon colonel. Le commandant a dit que...

– Il n'est plus commandant, c'est clair !

– J'entends bien, mais il m'a demandé de garder tout ça secret, y compris vis-à-vis de la police locale. C'est de cette manière que nous procédons d'ordinaire. À titre temporaire, évidemment.

– Évidemment..., soupira Stevens d'un air résigné. Je vais appeler de ce pas le directeur de la CIA ; c'est à lui de se charger de cette affaire. Et vous, allez me trouver cet abruti et demandez-lui de me rappeler immédiatement !

– Excusez-moi, mon colonel, mais si ce Hawthorne n'est pas un officier de nos services de renseignements, qu'est-ce qu'il est exactement ?

– Une relique, Allen. Un empêcheur de tourner en rond que l'on préférerait ne plus avoir dans les pattes !

– Qu'est-ce qu'il fait là, dans ce cas, mon colonel ? Pourquoi est-il sur cette affaire ?

Il y eut un moment de silence, puis Stevens répondit d'une voix posée :

– Parce qu'il était le meilleur, lieutenant. On a fini par s'en apercevoir, mais un peu tard. Allez me le trouver !

Tandis que le chauffeur patientait dans le restaurant, Nicolo, torse nu sous la pluie battante, s'approcha de la vitre de la limousine. Bajaratt ouvrit la portière et le tira à l'intérieur. Elle le serra dans ses bras, en roulant le plaid autour de ses épaules meurtries.

– Ça suffit, *signora !* cria-t-il en la repoussant. Vous avez été trop loin cette fois. J'ai failli y laisser ma peau !

– Je ne comprends pas, Nico. Il doit y avoir un autre agent secret, un homme qui veut s'opposer à nous, à moi... aux souhaits mêmes du Vatican.

– Et pourquoi tout est si secret ? Pourquoi vous et tous les autres faites tant de mystères ? Pourquoi est-ce qu'aucun prêtre ne parle de votre prétendue grande cause ?

– Le monde est ainsi, mon enfant. Souviens-toi de ce

qui s'est passé lorsque tu as voulu dire à tes concitoyens que leur soi-disant protecteur était en fait un homme corrompu qui leur racontait des mensonges. Souviens-toi ! Tous les dockers de Portici voulaient te faire la peau ; ta propre famille a dû te renier sinon elle mourait avec toi. Tu comprends maintenant pourquoi tout doit rester secret ?

– Je comprends surtout que vous vous servez de moi, *signora*, et que vous avez inventé le *barone cadetto* pour arriver à vos propres fins.

– *Naturalmente !* Je t'ai choisi parce que tu avais une intelligence supérieure à la moyenne ; je te l'ai dit bien des fois déjà, non ?

– Oui, de temps en temps... Quand vous ne me dites pas que je suis un crétin de docker.

– Ce ne sont que des mouvements d'humeur ! Comment te faire comprendre, Nico... Fais-moi confiance... Dans quelques années, lorsque je ne serai plus là, et que tu seras à l'université grâce à l'argent que je t'ai laissé à Naples, tu songeras au passé et tu comprendras. Tu seras fier d'avoir participé en secret à cette grande cause.

– Mais, au nom de la Vierge Marie, allez-vous me dire enfin de quoi il s'agit ?

– D'un certain point de vue, ce n'est pas très différent de ce que tu faisais avant qu'on essaie de te pendre à Portici. Il s'agit de montrer du doigt d'autres hommes corrompus, mais pas en secret sur un quai désert – à la face du monde entier !

Nico secoua la tête. Il grelottait sous le plaid et claquait des dents.

– Des mots, toujours des mots... auxquels je ne comprends rien.

– Un jour viendra, mon chéri. Un jour... Mon pauvre amour, tu sembles souffrir le martyre ! Qu'est-ce que je peux faire pour toi ?

– C'est un restaurant là-bas, non ? Peut-être que du café ou un peu de vin... J'ai si froid.

Bajaratt sortit de la voiture et se précipita sous la pluie vers le restaurant. Soudain deux voitures s'engouffrèrent sur le parking en glissant sur le bitume détrempé, et s'arrêtèrent côte à côte alors que Bajaratt arrivait devant les portes du restaurant. Elle entendit des voix portées par le vent.

– Commandant, il faut faire ce que je vous dis ! C'est un ordre !

– Tu peux t'asseoir dessus !

– Tye, nom de Dieu, écoutez-le donc ! lança une voix de femme tandis que le groupe de chamailleurs se dirigeait vers le restaurant.

– Non ! Ils ont fait assez de conneries comme ça ! Fini les civilités. Je file chez O'Ryan et Ingersol et je vais tout retourner de la cave au plafond. Un point, c'est tout.

C'était Hawthorne ! Bajaratt, toujours déguisée en grande dame italienne, entra rapidement dans la salle et aperçut le chauffeur qui mangeait une grosse part de tarte dans une alcôve.

– On s'en va, souffla-t-elle. Vite !

– Mais qu'est-ce... Ah, c'est vous ! Bien sûr. Tout de suite.

Le chauffeur jeta trois dollars sur la table et se leva au moment où un groupe de cinq personnes, discutant ferme, poussa la porte du restaurant. Ils étaient au moins trois ou quatre à se disputer.

– Assis ! ordonna Bajaratt en saisissant l'épaule du chauffeur pour le plaquer au fond de l'alcôve.

Les cinq intrus s'installèrent dans une alcôve à l'autre bout de la salle, continuant à discuter en sourdine. Amaya Bajaratt savait que son ancien amant ne céderait pas. Elle ne le connaissait que trop bien : l'ex-agent de renseignements sentait quand il était sur la bonne piste – c'était une sorte de sixième sens chez lui. Ce cadavre était l'un des sésames qui pouvaient lui ouvrir le repaire de Bajaratt !

Bien joué, Tye-Boy, songea-t-elle, tandis qu'elle et le chauffeur restaient tapis sur la banquette. *J'ai rarement, pour ne pas dire jamais, fait l'amour à quelqu'un qui m'était inférieur. Et toi, tu ressemblais tellement à mon mari, un animal fier et farouche qui ne voulait que le meilleur, et je te l'ai donné, à toi, comme à mon cher époux. Pourquoi, dans ce monde de fous, faut-il que tu sois dans l'autre camp ? Ma cause est juste, mon chéri, crois-moi. Dieu n'existe pas ! Car, sinon, il n'y aurait pas à travers ce monde des enfants au ventre gonflé par la faim – où est donc ton Dieu, Tyrell ? Où est cet imposteur ? Qu'il se montre ! Mais est-ce vraiment ton Dieu, au fond ? Tu ne t'es jamais prononcé à ce sujet, ni dans un*

*sens ni dans un autre. Et aujourd'hui, je dois te tuer, Tye-
Boy. J'y suis contrainte; je n'ai pas pu à Saint-
Barthélemy, et ce fut une erreur de ma part – je crois que
le padrone avait vu juste. Il a senti que je t'aimais vraiment, et il a eu la délicatesse de ne pas insister, parce que
lui aussi aimait quelqu'un et qu'il n'avait pas non plus eu
la force de le tuer. Pour dire la vérité, mon chéri, les
Scorpions se sont effondrés parce que mon seul et véritable père n'a pas eu la force de faire ce qu'il aurait dû
accomplir voilà des années. Neptune devait être éliminé.
Il était trop émotif, trop vulnérable, en ce qui concernait
les choses de l'amour.*

Mais ce n'est pas mon cas, commandant!

— Maintenant, annonça Bajaratt au chauffeur assis à
côté d'elle. Levez-vous, dirigez-vous tranquillement
vers la porte, sortez, et courez jusqu'à la voiture. N'ayez
pas peur... un jeune homme blessé est assis à l'arrière.
C'est mon neveu, un gentil garçon qui vient de se faire
agresser par des individus qui l'ont dépouillé de ses
vêtements. Amenez la voiture devant la porte du restaurant. Donnez deux coups de klaxon quand vous
serez en place.

— On ne m'a jamais demandé de faire ce genre de
chose.

— Il y a un commencement à tout, et vous aurez mille
dollars en prime! Allez-y, maintenant!

Le chauffeur de la limousine, la peur au ventre, se
leva, se dirigea vers la sortie d'un pas bien trop pressé
puis poussa la porte du restaurant avec une telle force
que bon nombre de clients se retournèrent au son de
l'impact – Hawthorne, assis dans le coin, faisait partie
du lot. Bajaratt ne pouvait apercevoir son visage, et
encore moins son air perplexe, mais d'autres à sa table
s'en aperçurent.

— Qu'est-ce qu'il y a? demanda Catherine Neilsen.

— Qu'est-ce que fait ici un chauffeur en livrée?

— Le pêcheur disait qu'il y avait pas mal de riches
dans le coin. Pourquoi n'auraient-ils pas des chauffeurs?

— Certes, mais il n'avait pas l'air content...

Bajaratt ne pouvait entendre ces paroles, car tout son
être attendait les coups de klaxon qui signaleraient que
la limousine était devant la porte du restaurant. Elle les
entendit enfin – deux coups brefs.

– Un chauffeur ? répéta Hawthorne pour lui-même. Comme celui de Van Nostrand ! s'écria-t-il soudain. Laissez-moi passer ! lança-t-il en projetant Poole et Neilsen au bas de leurs chaises.

Bajaratt s'était déjà levée et se dirigeait vers la sortie. Hawthorne la trouva sur son chemin, les deux pressant le pas pour atteindre la porte.

– Pardon ! lança Tyrell en se retournant, l'espace d'un instant, vers la femme qu'il venait de bousculer.

Emporté dans son élan, il heurta la porte bardée de cuivre du restaurant et se retrouva dehors, sous une pluie toujours diluvienne. Il dévala les marches quatre à quatre et se précipita vers la limousine.

– Hé, vous ! lança-t-il, à l'attention du chauffeur invisible derrière les vitres fumées.

Mais, soudain, il se figea, comme frappé par un éclair fulgurant de compréhension, et se retourna, livide. La seconde suivante, il se mettait à courir sous les trombes d'eau, vers le restaurant et vers la femme qu'il venait de bousculer. Le Shenandoah Lodge, cette vieille femme – ces yeux ! Dominique ! Bajaratt !

Les coups de feu retentirent dans la nuit ; les balles percèrent la carrosserie de la Cadillac et ricochèrent sur le bitume tandis que Hawthorne plongeait sur la gauche, sentant une brûlure glacée, comme de la neige carbonique, dans le haut de la cuisse. Il était touché ! Il roula derrière un pick-up garé à proximité tandis qu'une autre femme se précipitait au-dehors en l'appelant. Bajaratt se retourna et fit de nouveau feu au moment de s'engouffrer dans la voiture. Catherine Neilsen s'écroula sur les marches et la limousine rejoignit la nationale pour disparaître dans la nuit.

Il était cinq heures du matin et Henry Stevens savait qu'il avait trop tiré sur la corde. Il était arrivé à un tel point de fatigue que le sommeil refusait de revenir maintenant que ce coup de fil inquiétant l'avait réveillé. Son esprit ne cessait d'échafauder des théories, de construire des schémas, dans le vain espoir d'explorer toutes les possibilités, comme entraîné dans une spirale vertigineuse. Inutile de retourner au lit. Il ne ferait que se retourner en tous sens, les yeux grands ouverts, sachant que sa femme finirait par se réveiller en l'entendant remuer dans le lit jumeau et qu'elle tenterait, comme d'habitude, de le tranquilliser. Elle savait trouver les mots... elle les trouvait toujours. Même s'il refusait de le reconnaître, il savait au fond de lui-même qu'il n'aurait pu supporter cette pression depuis toutes ces années sans le soutien de sa femme. Phyllis était d'un cartésianisme d'airain, toujours calme, posée ; c'était elle qui maintenait le cap du navire, sans jamais s'imposer, mais veillant soigneusement à ce que son mari tienne bon la barre.

Il émit un petit rire en s'asseyant sur le canapé de leur véranda. C'était une drôle d'idée de choisir une métaphore marine pour leur couple. La seule fois où il avait pris la mer, c'était durant sa dernière année de formation à Annapolis, lorsque tous les jeunes aspirants durent passer dix jours de calvaire sur un grand voilier, pour prouver qu'ils étaient les dignes descendants de leurs aïeux du XIXe siècle. Il gardait de ces dix jours de navigation un souvenir très confus puisqu'il avait passé le plus clair de son temps à vomir dans les toilettes.

Malgré ses piètres qualités de navigateur, la marine ne tarda pas à reconnaître ses autres talents, en tant qu'organisateur et technocrate. Il était un grand marin sur la terre ferme, repérant les brebis galeuses et les incompétents, leur retirant leurs fonctions sans écouter leurs pâles explications. Un travail devait être fait. Un point, c'est tout. Si un problème insurmontable se présentait, qu'on vienne lui en parler, mais pas question de s'enliser dans l'indécision. Il avait raison, la plupart du temps.

Une fois pourtant, une seule, il avait fait une erreur. Avec des conséquences funestes. À Amsterdam, il avait parlé à Phyllis des doutes qu'il avait sur la femme de Hawthorne, et elle lui avait répondu tout simplement : « Tu te trompes, Hank ; cette fois, tu te trompes. Je connais Tyrell, je connais Ingrid, et je suis sûre que quelque chose doit t'échapper. »

Le jour où on avait retrouvé le cadavre d'Ingrid dans le canal, sa femme était venue le voir dans son bureau à l'ambassade.

« Tu y es pour quelque chose, Hank ?

– Bien sûr que non, Phyll ! Ce sont les Soviétiques. Ils ont laissé leur signature partout !

– J'espère que c'est vrai, Henry, parce que tu vas perdre le meilleur agent que la marine ait jamais eu. »

Phyllis ne l'appelait « Henry » que lorsqu'elle était furieuse contre lui.

Nom de Dieu ! Comment aurait-il pu deviner ? Elle n'était pas dans les fichiers ! On lui avait tendu un piège.

– Hank ?

Stevens sursauta et tourna la tête vers la porte de la véranda.

– Oh, je suis désolé, Phyll. Je suis venu réfléchir un peu... tout va bien.

– Tu n'as pas dormi depuis ce coup de téléphone. Tu veux qu'on en parle – je peux peut-être t'aider ?

– Il s'agit de ton vieil ami Hawthorne.

– Il a repris du service ? Si c'est le cas, il va te donner du fil à retordre, Hank. Il ne te porte pas vraiment dans son cœur.

– Mais toi, tu es toujours dans ses petits papiers.

– Normal. J'étais responsable de ses voyages, pas de sa vie.

– Tu penses que je l'étais ?

– Je ne sais pas. Tu m'as dit que tu n'y étais pour rien.

– C'est vrai.

– Alors le chapitre est clos.

– Il est clos.

– Qu'est-ce que fait Tyrell au juste – si j'ai le droit de le savoir, bien entendu ? précisa-t-elle sans une once de ressentiment.

C'était le lot commun de tous les conjoints et conjointes des agents des services secrets : moins ils en savaient, mieux ça valait pour leur propre sécurité.

– Tu as fait plusieurs fois le tour du cadran, j'imagine que c'est l'alerte rouge là-bas.

– Je peux t'en dire deux mots ; de toute façon, ils savent tout, avec les fuites qu'il y a chez nous... Voilà, il y a une terroriste de la Beqaa, une femme, qui a juré d'assassiner le président Bartlett.

– C'est un doux rêve ! lança sa femme... (Elle se figea soudain et leva la tête d'un air pensif.) Peut-être pas, au fond. C'est vrai que nous autres, femmes, pouvons nous permettre des choses étonnantes, y compris de pénétrer dans des endroits d'où les hommes seraient boutés *illico presto*.

– C'est déjà le cas. Elle laisse dans son sillage un nombre ahurissant de morts ou d'accidents étranges.

425

– Tu n'es pas obligé d'en rajouter non plus...

– Non, c'est la vérité.

– Et Tyrell ? Pourquoi lui ?

– Pendant un temps, cette femme avait son QG aux Antilles et...

– Et comme Tye organisait des croisières dans le coin...

– Voilà.

– Mais comment avez-vous réussi à le réembaucher ? Je pensais que c'était impossible.

– Ce n'est pas nous. C'est le MI6. Nous lui payons simplement ses extras ; c'est avec Londres qu'il a signé.

– Sacré vieux Tye ! Jouer les cinquièmes roues du carrosse ne l'a jamais tenté, à moins qu'il ne s'agisse d'une couverture.

– Tu l'aimes bien, n'est-ce pas ?

– Toi aussi tu l'aimerais, si tu lui avais laissé une chance, Hank, répondit Phyllis en s'asseyant en face de son mari sur le fauteuil en rotin. Tye était futé – sur le papier comme sur le terrain –, mais il n'avait pas ton intelligence ; il ne pouvait postuler une place au MENSA [1] comme toi avec ton QI de cent quatre-vingt-dix et des poussières, mais il avait une intuition infaillible et la sagesse de la suivre, même si, en haut lieu, tout le monde le prenait pour un fou. Il savait prendre des risques.

– À t'entendre, on dirait que tu es amoureuse de lui.

– Toutes les jeunettes du service l'étaient, mais pas moi. Je l'aimais bien, c'est tout. J'étais fascinée par ce qu'il faisait, certes, mais ce n'était en aucun cas de l'amour. Je le considérais davantage comme une sorte de lointain cousin plein de talent, pas même comme un frère, mais comme quelqu'un dont tu suis de loin les faits et gestes parce qu'il se fiche des règles et que, de temps en temps, il met les pieds dans le plat. Ce sont tes propres paroles, je te le rappelle.

– Oui, je m'en souviens. Et il avait des résultats, en plus. Mais il a fichu en l'air pas mal de réseaux... et les rendre de nouveau opérationnels n'a pas été une mince affaire. Je ne lui ai jamais parlé de tous nos agents qui voulaient rendre leur tablier parce qu'un fou furieux leur sapait le boulot. Ils avaient tous les jetons ; Hawthorne essayait même de négocier avec l'ennemi – pour

1. Organisation internationale pour gens surdoués. (N.d.T.)

arrêter le massacre ! Voilà ce qu'il essayait de leur dire. Mais nous, nous ne tuons personne, ce sont eux, en face, les responsables !

– Et puis Ingrid a été tuée.

– Oui. Mais par les Soviétiques. Pas par nous.

Phyllis croisa les jambes et rajusta sa chemise de nuit, tout en observant son mari qui partageait sa vie depuis vingt-sept ans.

– Hank, dit-elle doucement, il y a quelque chose qui te ronge ; je sais d'ordinaire rester à ma place, mais il faut que tu en parles à quelqu'un, que tu te délivres de ce poids. Il y a quelque chose que tu n'arrives pas à assumer, mon chéri. Quoi que cela puisse être, souviens-toi que personne à la marine n'aurait fait ce que tu as fait à Amsterdam. Tu as tenu à bout de bras tout le service, que ce soit à l'ambassade, à La Haye ou à l'OTAN. Tu étais le cerveau qui se cachait derrière toutes les missions, l'intelligence supérieure qui guidait les opérations secrètes. C'est ton œuvre, Hank, malgré tes coups de gueule – personne, et encore moins Hawthorne, n'aurait pu le faire à ta place.

– Je te remercie, Phyll, articula Henry en se penchant soudain, le visage dans les mains pour cacher sa pâleur, les doigts devant ses yeux qui s'embuaient de larmes. Mais nous avons fait une erreur à Amsterdam, j'ai fait une erreur. J'ai tué la femme de Tye !

Phyllis sauta de sa chaise et vint prendre son mari dans ses bras.

– Allons, Hank. Ce sont les Soviétiques qui l'ont tuée, pas toi. Tu me l'as dit toi-même, j'ai lu les rapports. Ils ont laissé leurs marques partout...

– C'est moi qui leur ai montré leur cible du doigt... Et voilà que Hawthorne est ici, et parce que je fais erreur sur erreur il risque d'y passer aussi.

– Arrête ! lança sa femme. Ça suffit, Hank. Tu es à bout, mais tu es meilleur que tu ne le dis, bien plus solide que ça. Si c'est cela qui te ronge, mets donc Tyrell hors du coup ; ce ne doit pas être si compliqué.

– Mais il ne va jamais accepter ! Tu ne sais pas dans quel état il est en ce moment. Beaucoup de ses amis ont été tués, beaucoup trop.

– Envoie des gens et contrains-le à se retirer, que cela lui plaise ou non.

Soudain le téléphone sonna, un son grave et électrique. Phyllis se leva et se dirigea vers une petite alcôve, cachée par un paravent, où se trouvaient trois téléphones côte à côte ; il y en avait un beige, un rouge et un bleu marine.

— Ici la famille Stevens, annonça-t-elle en décrochant le téléphone rouge.

— Puis-je parler au colonel Stevens, s'il vous plaît ?

— Qui le demande ? Le colonel n'a pas dormi depuis soixante-douze heures et il a vraiment besoin de repos.

— Je comprends. Au fond, ça n'a plus rien d'urgent à présent, répondit la voix à l'autre bout du fil. Je suis le lieutenant Allen, des services de renseignements de la marine, et je me disais que le colonel serait intéressé de savoir que le commandant – pardon, l'ex-commandant – Hawthorne a été blessé à Chesapeake Beach, dans le Maryland. Pour autant que je le sache, ses jours ne seraient pas en danger, mais nous attendons l'arrivée de l'ambulance pour en savoir plus. En revanche, le pilote de l'armée de l'air est...

— Henry !

25

Poole, les yeux rouges de larmes, et Hawthorne étaient assis face à face dans le couloir de l'hôpital, devant les portes du bloc opératoire. Tyrell était installé sur une chaise, une paire de béquilles à côté de lui, et le lieutenant sur un banc, le corps penché en avant, le visage dans les mains. Ils ne se disaient pas un mot ; il n'y avait rien à dire. La blessure de Hawthorne avait nécessité l'extraction de la balle et sept points de suture. À peine recousu, il avait demandé qu'on le conduise dans la salle d'attente du bloc où le capitaine Neilsen luttait entre la vie et la mort.

– Si elle meurt, annonça Poole en rompant le silence dans un souffle à peine audible, je quitte cet uniforme et je passe le restant de mes jours à traquer ces salopards jusqu'à ce que je leur fasse la peau.

– Je comprends, Jackson, répondit Tyrell en relevant les yeux vers le lieutenant accablé de chagrin.

– Peut-être pas vraiment, commandant. Il se peut justement que vous soyez l'un de ces salopards.

– Je peux comprendre ça aussi, même si je pense que tu te trompes de cible.

– Ah oui ? lança Poole en redressant la tête pour lancer à Tye un regard mauvais. C'est tout ce que vous avez trouvé comme défense ? Dites-vous bien, Mr. Hawthorne, que vous n'êtes pas sans tache ! Il a fallu que je vous force à me raconter les dessous de cette histoire sur cette île de malheur, après la mort de Charlie, sinon vous ne nous auriez rien dit – ni Cath, ni moi, nous n'aurions su ce qui nous attendait.

– Ça a changé quelque chose?

– Comment voulez-vous que je le sache? s'exclama Poole. Je me dis simplement que vous n'avez pas joué cartes sur table avec nous, que vous avez essayé de nous mener en bateau.

– J'ai été le plus honnête possible, en vous donnant le minimum d'informations pour ne pas mettre vos vies en danger.

– Foutaises!

– C'est tout à fait sérieux. J'ai vu trop de gens mourir parce qu'ils savaient des choses – parfois des bribes seulement, mais cela suffisait à signer leur arrêt de mort. Je suis resté longtemps hors du coup, mais ces morts continuent de me hanter.

Les portes du bloc opératoire s'ouvrirent, et un médecin en blouse blanche en sortit, sa tunique d'opération maculée de sang.

– L'opération a été longue, annonça-t-il d'une voix lasse. Lequel de vous deux est Poole?

– C'est moi, répliqua Jackson en retenant son souffle.

– Elle m'a demandé de vous dire de ne pas vous inquiéter.

– Comment va-t-elle?

– On ne peut rien dire encore. (Le chirurgien se tourna vers Tyrell.) C'est vous Hawthorne, l'autre blessé?

– Oui.

– Elle veut vous voir...

– Quoi! lança Poole en se levant. Si elle veut voir quelqu'un, ce ne peut être que moi!

– Je lui ai donné le choix, Mr. Poole. J'aurais dû, d'ailleurs, interdire toute visite, mais c'est une sacrée tête de mule. Alors c'est un seul visiteur, et deux minutes maximum. Plus ce sera court, mieux ce sera, médicalement parlant.

– Comment va-t-elle, docteur? demanda Tye, répétant mot pour mot la question de Poole, mais avec une autorité qui exigeait une réponse.

– Je suppose que vous remplacez sa famille?

– Supposez ce que vous voulez, répondit Hawthorne tranquillement. Nous avons été amenés ici ensemble et vous n'êtes pas sans savoir que cette affaire concerne le gouvernement au plus haut point.

– Certes. Deux admissions sans remplir le registre,

pas de rapports de police, pas la moindre idée de ce qui s'est passé et deux blessés par balle qui nous tombent du ciel sans la moindre explication... voilà une démarche qui n'est guère orthodoxe, mais je m'incline devant l'autorité. Je n'ai jamais parlé à quiconque ayant de tels appuis au sein des services de renseignements.

– Alors répondez à ma question, je vous prie.

– Nous le saurons dans les prochaines vingt-quatre heures...

– Mais quoi ? Qu'est-ce que vous saurez ?

– Je ne peux certifier qu'elle va survivre, mais nous avons cependant de bonnes raisons de le croire. En revanche, nous ne savons pas encore si elle en sortira indemne, avec toutes ses capacités motrices.

Poole s'effondra sur son banc, la tête dans les mains.

– Oh ! Cathy, Cathy ! marmonna-t-il en sanglots.

– La moelle épinière ? demanda Tyrell avec une froideur clinique.

– Parce que vous vous y connaissez aussi en ce domaine ?

– Disons que j'ai déjà eu un certain avant-goût de ce genre de chose. Les terminaisons nerveuses, parfois, après un traumatisme ne...

– Si elles répondent, l'interrompit le médecin, elle suivra une convalescence normale dans un jour ou deux. Dans le cas contraire, je ne peux rien dire encore.

– Vous avez été on ne peut plus explicite, docteur. Je peux la voir, maintenant ?

– Bien sûr. Venez... Attendez, je vais vous aider. À ce que je vois, vous êtes passé aussi sur le billard, annonça le médecin tandis que Hawthorne se dirigeait en clopinant vers la porte du bloc. Vos béquilles ! lança le chirurgien en les lui apportant.

– Non merci. J'ai décidé de m'en passer, docteur.

Une infirmière l'accompagna jusqu'à la chambre de Catherine, avant de lui dire gentiment mais fermement que la visite ne s'éterniserait pas. Hawthorne fixait des yeux la silhouette étendue sur le lit ; des mèches blondes saillaient du filet qu'on lui avait mis sur la tête pour l'opération, son visage pâle, aux lignes harmonieuses, luisait sous la lampe de chevet. Elle entendit des bruits de pas et ouvrit les yeux. Elle tourna la tête et, apercevant Hawthorne, lui fit signe d'approcher en montrant une chaise à côté d'elle. Il clopina jusqu'au lit et s'assit.

Puis lentement, avec hésitation, leurs deux mains se rapprochèrent et s'étreignirent.

– Ils m'ont dit que vous alliez bien, fit Cathy d'une voix faible, avec un pâle sourire aux lèvres.

– Tout va bien se passer pour vous aussi, répondit Tye. Accrochez-vous, capitaine.

– Vous me décevez, Tye, j'espérais mieux de votre part.

– Je fais ce que je peux... Jackson est un peu fâché que vous n'ayez pas demandé à le voir.

– Je l'aime de tout mon cœur, mais je n'ai pas envie d'avoir un petit surdoué devant moi, et je sais d'avance ce qu'il va me dire, répondit Neilsen en parlant d'une voix hachée, cherchant son souffle.

Hawthorne leva la main pour lui dire de ne pas parler, mais elle secoua la tête, ne voulant pas s'interrompre.

– C'est le genre de décision qu'un officier en mission est amené à prendre, non ? Je crois que c'est ce que vous avez essayé de me faire comprendre à la mort de Charlie.

– Peut-être, Cathy, mais je ne suis pas le meilleur professeur qui soit. Celui qui vous disait ça a craqué à Amsterdam, je vous le rappelle.

– Mais vous ne craquerez pas aujourd'hui, jurez-le-moi.

– C'est curieux de vous entendre dire ça, mais, effectivement, j'espère bien que non. Je suis plein de colère, Cathy, pas moins qu'à Amsterdam – et vous y êtes pour beaucoup... mais pourquoi me dites-vous ça ?

– J'ai beaucoup réfléchi depuis quelque temps et j'ai peur...

– Nous avons tous peur, l'interrompit doucement Tyrell.

– J'ai peur pour vous, à cause de tout ce que vous gardez en vous... Lorsque vous êtes revenu avec Jackson de chez ce Simon dans le vieux San Juan, vous n'étiez plus le même. Je ne saurais dire pourquoi, et je ne sais pas si je veux le savoir vraiment, mais il y avait quelque chose de brisé en vous, quelque chose de terrible...

– J'avais perdu deux amis proches, rétorqua Hawthorne avec une certaine nervosité. Comme vous avez perdu Charlie.

– Et puis, plus tard, poursuivit Neilsen, en négligeant la remarque de Tyrell, vous avez écouté un message au Shenandoah. Jamais je n'avais vu un visage se métamorphoser si vite. Vous étiez soudain d'une pâleur cadavérique, presque bleu, vos yeux étaient comme animés d'une flamme, et vous avez prétendu que c'était quelqu'un qui avait fait un faux numéro. Plus tard encore – vous aviez même oublié que je me trouvais à côté de vous –, vous avez donné à Stevens un numéro de téléphone à Paris.

– C'était celui de...

– Chut, ne dites rien... Et puis, ce soir, vous vous êtes précipité sur ce chauffeur comme si vous vouliez le tuer... Je vous ai emboîté le pas et, lorsque je suis arrivée à la porte, juste avant les coups de feu, je vous ai entendu crier – hurler, même : « C'est toi ! » Et c'est à ce moment-là que la femme a ouvert le feu.

– Oui, elle a tiré, répondit Tyrell en regardant Cathy dans les yeux.

– C'était Bajaratt, n'est-ce pas ?

– Oui.

– Vous la connaissez, hein ? Je veux dire, vous l'avez connue, avant.

– Oui.

– Et même très bien, n'est-ce pas ?

– J'ai cru la connaître, oui. Mais je me trompais.

– Je suis désolée pour vous, Tye... Vous n'en avez parlé à personne, j'imagine.

– C'était inutile. Ce n'est plus la même femme. C'est une étrangère maintenant.

– Vous en êtes sûr ?

– Certain. Sa famille aujourd'hui se trouve dans la vallée de la Beqaa. De mon temps, elle appartenait à un autre monde.

– Et dans ce monde idyllique, votre bateau naviguait tranquillement d'île en île sous un soleil nonchalant ?

– Exactement.

– Et ce numéro à Paris ? Il risque de nous être utile ?

– Peut-être. Je l'espère ardemment, en tout cas.

Catherine observa son visage aux traits tirés, ses yeux qui dissimulaient tant de chagrin et de colère.

– Comme je vous plains, Tye. Toute cette histoire est bien triste. Je suis de tout cœur avec vous... Mais nous ne parlerons plus jamais de tout ça, je vous le promets.

– Je vous en saurais gré, Cathy... Comment pouvez-vous, couchée dans un lit d'hôpital dans l'état où vous êtes, penser encore à moi ?

– C'est normal, murmura-t-elle d'une voix faiblissant d'instant en instant, mais continuant à lui sourire. Ça vaut mieux que de m'apitoyer sur mon sort.

Tyrell se pencha vers elle, retira sa main de la sienne et lui caressa les joues. Leurs visages se rapprochèrent lentement et leurs lèvres s'unirent.

– Vous êtes adorable, Cathy.

– Vous faites des progrès en matière de compliment, commandant !

La porte s'ouvrit, une infirmière sur le seuil. Elle s'éclaircit la gorge.

– C'est l'heure, annonça-t-elle. La plus jolie malade de l'hôpital doit se reposer, maintenant.

– Je parie que vous dites ça à toutes celles qui sortent du bloc, lança Neilsen.

– Peut-être, mais cette fois c'est la vérité.

– Tye ?

– Oui ? répondit Hawthorne en se levant

– Gardez Jackson avec vous. Il vous sera précieux. Il peut faire tout ce que je fais, et en mieux.

– Bien sûr que je le garde avec moi... c'est vraiment ça que vous vouliez me dire ?

Neilsen secoua la tête en silence.

– Ça lui évitera de trop penser à moi.

Phyllis Stevens s'empressa d'aller répondre au téléphone. Il était près de dix heures du matin, et ce n'était qu'à six heures et quart qu'elle avait réussi à mettre au lit son mari rongé de remords. Le pilote de l'armée de l'air avait été opéré et les médecins ne voulaient pas encore se prononcer, mais, par chance, la blessure de Tye était sans gravité – un fait qui avait soulagé Henry Stevens, sans atténuer ses angoisses profondes – *à quelques centimètres près, il était mort !*

– Oui ? De quoi s'agit-il ? demanda-t-elle à voix basse, en tirant l'appareil du côté opposé au lit de son mari.

– C'est le FBI, Mrs. Stevens. Puis-je parler au colonel ?

– En toute franchise, je ne préférerais pas. Il n'a pas pris de repos depuis près de trois jours, et il vient juste de s'endormir. Vous ne pouvez pas me donner le message et je lui transmettrai ?

– En partie, seulement.

– Je comprends parfaitement.

– Phyll, qu'est-ce que c'est ? lança Henry Stevens en se redressant sur le lit. Je suis sûr que j'ai entendu le téléphone sonner.

– Il est à vous, soupira Phyllis avant de tendre le combiné à son mari qui était déjà debout.

– Ici Stevens. Qu'est-ce qui se passe ?

– C'est le FBI, colonel, Je suis l'agent Becker, chargé de fouiller le bureau d'Ingersol.

– Alors ?

– C'est difficile à expliquer. Nous avons trouvé un téléphone dans un coffre en acier caché derrière un panneau de bois, le tout encastré dans le mur. On a dû l'ouvrir au chalumeau.

– Ce n'est jamais qu'un téléphone, mais pourquoi était-il caché ?

– C'est ça qui est étrange, colonel. Nos techniciens ont passé la nuit et toute cette matinée à le désosser. Ils n'ont pas trouvé grand-chose.

– Mais encore ?

– Il y a une antenne satellite sur le toit qui est reliée au téléphone, et tout ce qu'ils ont été fichus de découvrir, c'est qu'elle est dirigée vers l'Utah.

– L'Utah ? Mais c'est au bout du monde, l'Utah !

– Il y a là-bas un éventail de plus de deux cents fréquences laser et au bas mot deux mille antennes paraboliques, colonel ; peut-être même deux fois plus.

– C'est de la folie !

– C'est ça la nouvelle technologie, colonel.

– Alors faites tourner vos ordinateurs, vos petits joujoux qui coûtent si cher aux contribuables, et tâchez de revenir avec quelque chose de plus concret.

– On y travaille, colonel.

– Eh bien ! Mettez les bouchées doubles ! rétorqua Stevens en raccrochant le téléphone. Voilà qu'ils ont leurs propres satellites maintenant ! murmura-t-il. Où va-t-on ?

– Je ne sais pas exactement de quoi tu parles, Hank, mais tout ce que je peux te dire, c'est que nous y sommes tous pour quelque chose. Avec l'argent, on fait ce qu'on veut.

– Le progrès! soupira Stevens. Ce merveilleux progrès!

– Tout dépend qui tient les commandes, répondit sa femme. On était persuadés que ce serait nous les sages parmi les sages. Apparemment, nous nous sommes trompés.

C'était la fin de la matinée et l'hôpital n'avait pas donné de nouveau bulletin de santé de Catherine Neilsen, sinon qu'elle se reposait et que son état était stationnaire. Hawthorne, en caleçon, testait sa jambe dans la chambre du Shenandoah Lodge, sous le regard attentif de Poole.

– Alors? demanda le lieutenant. Ça fait mal?

– Ça peut aller, répliqua Tyrell. Je n'ai pas si mal dormi, tout compte fait. L'important, c'est de ne pas faire porter le poids du corps sur la cuisse.

– Le mieux serait que vous restiez complètement immobile pendant deux jours, répondit Poole, le temps que ça cicatrise.

– Nous n'avons pas deux jours à perdre. Viens m'aider à resserrer cette bande. (Le téléphone sonna.) C'est probablement Stevens, Phyllis m'a dit qu'elle lui demanderait de m'appeler dès son réveil.

– J'y vais, répondit Jackson en se dirigeant vers le bureau. Allô!... Oui, oui, il est là, un instant, s'il vous plaît... (Le lieutenant se tourna vers Hawthorne.) C'est quelqu'un qui dit être votre frère, et ça doit être vrai; il a un peu votre façon de parler, mais en plus poli.

– Ce n'est qu'une impression, ça remonte au temps où il était prof, répondit Tyrell en clopinant vers le lit, avant de s'asseoir doucement. J'ai appelé Saint Thomas de l'hôpital hier soir, précisa Tye en prenant le téléphone... Allô, Marc? Je me disais bien que tu accosterais aujourd'hui.

– On a jeté l'ancre il y a une heure environ. C'est gentil de ta part de me signaler que tu es toujours vivant, lança Marc Antony Hawthorne avec sarcasme. Car tu es toujours vivant, n'est-ce pas?

– Ça va, frangin, j'ai été débordé, et ce téléphone est à usage strictement professionnel.

– Pas pour tout le monde, apparemment.

– Comment ça? Je n'ai pas écouté les messages.

– Il y en a deux. Le premier est d'un certain B. Jones.

Il a appelé hier à seize heures douze, il a laissé un numéro à Mexico en insistant fortement pour que tu le rappelles dans les vingt-quatre heures.

– Donne-le-moi... (Le frère s'exécuta et Tyrell nota une nouvelle fois le numéro sur une carte de l'hôtel.) Et l'autre message, c'est de qui ?

– D'une femme... une certaine Dominique. Elle appelait de Monte-Carlo. D'après l'horloge du répondeur, il était cinq heures, ce matin.

– Que disait le message ?

– Je vais te le faire écouter. Ce n'est pas le genre de chose qu'un innocent petit frère peut répéter décemment à son aîné... Tu es un vrai tombeur des îles, vieux.

– Fais-moi écouter ça et épargne-moi tes commentaires, mais reste en ligne.

– À vos ordres, chef !

– *Tyrell, mon chéri, mon amour, c'est Domie. J'appelle de l'Hermitage de Monte-Carlo. Je sais qu'il est très tard, mais mon mari est au casino et j'ai de grandes nouvelles à t'annoncer. J'ai joué l'épouse modèle ces derniers jours mais, franchement, je n'en peux plus et tu me manques terriblement, à tel point que je me sens le devoir impérieux de me rendre au chevet de mon oncle mourant. J'ai fait part de cette dernière considération à mon mari, et tu ne devineras jamais ce qu'il a dit. Il a dit : « Va rejoindre ton oncle, car il a besoin de toi, comme je sais également que tu as besoin de retrouver ton amant. » J'étais abasourdie, tu t'en doutes ! Je lui ai demandé s'il m'en voulait et sa réponse fut un exemple de miséricorde : « Mais non, ma chère épouse, car moi aussi j'ai des projets pour les semaines à venir. Au contraire, je suis ravi pour toi. » C'est merveilleux, non ? Je t'avais bien dit qu'il était gentil, même s'il manque d'une certaine virilité. Je file de ce pas à l'aéroport de Nice attraper le premier avion. Je serai demain à Paris, à courir partout bien sûr, car j'ai tant de choses à régler avant de prendre un si long congé. Mais, si tu veux, tu peux m'appeler à Paris. Si je suis absente, parle uniquement à Pauline. Je te rappellerai... Je sens déjà tes bras autour de moi, ton corps chaud contre le mien. C'est terrible, j'ai l'impression d'être une adolescente en mal d'amour, et pourtant ma jeunesse est déjà bien loin. Je serai aux Antilles dans un jour ou deux, au pire dans trois, et je t'appellerai dès mon arrivée. À bientôt, mon amour, mon chéri, ma vie.*

Un hurlement de rage monta dans la gorge de Hawthorne. Il parvint à l'étouffer, mais la violence de sa colère restait intacte. Oser dire ces mots d'amour avec une telle perversité, une telle hypocrisie, dans le seul but de mener à bien sa quête sinistre ! Elle l'avait appelé à peine une heure après avoir essayé de le tuer ! Elle n'était pas sur un yacht en Méditerranée, mais devant la porte d'un restaurant dans le Maryland. Comme il était facile de mentir à un répondeur, et de faire croire ce qu'on voulait à son propriétaire ! Des souvenirs d'Amsterdam lui revenaient en mémoire : assure-toi toujours une couverture, à tout prix, c'est peut-être la seule chose qu'il te restera, en cas de coup dur. Bajaratt commençait à abattre ses cartes truquées, imaginant qu'il allait mordre à l'hameçon. Ce n'était que le début ; il comptait lui faire dévoiler tout son jeu. Il appellerait donc cette Pauline au don d'ubiquité à Paris, mais en ayant pris soin, au préalable, d'alerter la DRM.

– Ça y est, Tye ! lança son frère à l'autre bout du fil. J'ai rembobiné la cassette. Ni vu ni connu ! Je te ferai remarquer, soit dit en passant, que je n'ai fait aucun commentaire salace.

– Il n'y a vraiment pas lieu d'en faire.

– Tu m'as demandé de rester en ligne, je t'écoute.

– Oh, pardon, petit frère, lança Hawthorne en se reprenant. Quelques questions pratiques... J'imagine que l'argent a été versé et que tu es en train de chercher deux bateaux de classe A ?

– Eh, doucement, Tye. J'étais en mer il y a une heure à peine ! Mais j'ai contacté Cyril à la banque de Charlotte Amalie et il m'a confirmé que nous avons eu un virement faramineux de Londres. Il est persuadé maintenant que nous sommes en cheville avec les lieutenants de Noriega !

– Il peut faire les enquêtes qu'il veut. Cet argent est aussi propre que la lingerie de la reine d'Angleterre. Commence à chercher les bateaux.

– Sans toi ?

– J'ai dit de te mettre à chercher, pas de conclure l'affaire. Si tu trouves quelque chose d'intéressant, mets une option dessus.

– Ah oui, je me souviens. Une simple option. Quand penses-tu être de retour ?

– Il n'y en a plus pour très longtemps, quoi qu'il arrive.

– Comment ça « quoi qu'il arrive » ?

– Je ne peux rien te dire. Je te rappelle dans un jour ou deux.

– Tye ?...

– Oui ?

– Fais attention à toi. Promis ?

– Promis, petit frère. Tu sais bien que je déteste les gens trop téméraires.

– Ne t'avise pas de changer d'avis !

Hawthorne se pencha en grimaçant de douleur et raccrocha.

– Où sont les notes que j'avais dans les poches de mon pantalon ?

– Ici, répondit Jackson en se dirigeant vers un paquet de feuilles froissées posé sur le bureau.

Hawthorne prit les papiers, commença à les étudier jusqu'à sortir une feuille qu'il lissa du plat de la main. Il décrocha le téléphone, grimaçant de nouveau en se retournant pour lire le numéro sur la feuille.

– Je voudrais parler au ministre Bruce Palisser, s'il vous plaît, demanda-t-il poliment. De la part de Tyrell T. Hawthorne.

– Ne quittez pas, répondit la secrétaire, je vous le passe tout de suite.

– Merci.

– Commandant ? (La voix du ministre était à l'image de l'homme : autoritaire, sans être agressive.) Vous avez du nouveau ?

– Un autre cadavre, et j'ai failli être le suivant.

– Nom de Dieu, vous êtes blessé ?

– Quelques points de suture, rien de grave. Disons que je suis tombé dans la gueule du loup.

– Qu'est-ce qui s'est passé ?

– Je vous raconterai ça plus tard, Mr. Palisser. Il y a plus urgent. Connaissez-vous un analyste nommé O'Ryan ?

– Oui, je crois bien. C'était le conseiller du directeur à notre dernière entrevue. Si j'ai bonne mémoire, cela fait un bout de temps qu'il est là, et il est considéré comme l'un des grands cerveaux qui travaillent dans l'ombre.

– Vous avez bonne mémoire, mais il est mort à

l'heure qu'il est, grâce aux bons soins de notre Petite Amazone.

— Mon Dieu, c'est terrible !

— Et, si je ne me trompe pas, il était le premier agent de liaison de Bajaratt, au sein de nos services secrets.

— Ce n'est pas un peu contradictoire ? s'étonna Palisser. S'il avait une telle valeur pour elle, pourquoi l'a-t-elle tué ?

— Peut-être avait-il commis une erreur ? Ou alors, ce qui est plus vraisemblable, il ne lui était plus d'aucune utilité et, par sécurité, elle a préféré l'éliminer.

— Cela confirme votre théorie à propos des infiltrations de la Beqaa dans les plus hautes sphères de l'État.

— Parfois à l'insu même des agents qu'elle emploie, lança Hawthorne. Comme ce fut le cas avec vous ; c'est par pure compassion et amitié que vous avez voulu aider Van Nostrand, et vous avez été mené en bateau.

— C'est si difficile à croire.

— En outre, lorsque la mort de Howard Davenport sera divulguée, ce qui ne saurait tarder, je suis sûr qu'aucun de ces journalistes à sensation qui voient des conspirations partout ne s'aventurerait à dire qu'il était un ami de Bajaratt. Vous, comme lui, n'êtes pas des candidats vraisemblables, à leurs yeux.

— Grand Dieu, j'espère bien que non !

— Mais O'Ryan était un agent tout ce qu'il y a de consentant...

— Comment pouvez-vous être si catégorique ?

— Bajaratt se trouvait à moins d'un kilomètre de l'endroit où il a été tué.

— Comment le savez-vous ?

— Je vous l'ai dit, elle a tenté d'ajouter mon nom à son tableau de chasse.

— Vous l'avez vue ?

— Disons que j'ai tout fait pour ne pas me trouver dans sa ligne de mire... Je vous en prie, le temps presse, nous reparlerons de ça plus tard. Vous avez les papiers que je vous ai demandés ?

— Je les aurai dans une demi-heure, mais sachez que je n'aime pas ce genre de procédé.

— Nous n'avons pas le choix, ni vous ni moi.

— À condition que vos états de service ne soient pas exagérés et n'aient pas été rédigés par votre maman, pleine d'admiration pour son fils chéri... Au fait, on a pris la photo d'identité qu'il y avait sur votre carte d'officier de marine, qui date de six ans. Vous n'avez pas beaucoup vieilli.

– J'ai bonne mine parce que je fais un travail qui me plaît, au grand air. Demandez donc à ma mère.

– Merci bien, mais j'ai assez d'un Hawthorne dans ma vie, quand bien même votre mère serait charmante. Envoyez votre lieutenant récupérer tout ça. Il demandera à voir le secrétaire d'État aux Affaires antillaises. Celui-ci lui remettra une enveloppe, avec tous vos documents – vous voilà un agent spécial en mission pour le consulat. Elle sera enregistrée et cachetée sous l'étiquette « Surveillance géologique, côte nord : Montserrat ».

– Montserrat ? Comme Bajaratt [1] ?

– Il faut toujours anticiper sur ce qui va se dire au Congrès, commandant. Et ne pas oublier que les sénateurs ont une mentalité d'inquisiteurs. Avec une couverture aussi grossière, personne ne va croire qu'il y a anguille sous roche.

– Ah oui ?

– C'est évident... Si un sénateur me dit : « Allons, Mr. Palisser, Monserrat et Bajaratt, c'est un peu gros, non ? », je lui répondrai : « Vous avez du flair, sénateur. Vous voyez donc que nous n'avons pas cherché à cacher le fait que nous avons engagé l'ex-commandant Hawthorne. Si nous avions voulu que cela ne s'ébruite pas, nous nous serions montrés beaucoup plus discrets. »

– En résumé, vous vous arrangez pour couvrir les arrières du ministère des Affaires étrangères.

– On n'est jamais trop prudent, reconnut le ministre. Mais vous voilà couvert du même coup, commandant. Au fait, Hawthorne...

– Oui ?

– Quelle va être votre approche avec les familles ?

– Bille en tête !

– Puisque je vous ai obtenu vos papiers, vous pourriez avoir l'amabilité d'être un peu plus précis.

– Je vais chercher la confrontation directe. Je vais prétendre qu'il y a un gros problème au ministère des Affaires étrangères, qui pourrait avoir un rapport direct avec le défunt. Je n'aurai pas le temps de m'apitoyer sur leur douleur.

1. Montserrat et Bajaratt sont phonétiquement proches en anglais. (N.d.T.)

– La famille comme les prêtres risquent de ne pas vous laisser entrer et vous allez vous faire des ennemis.

– J'espère bien, parce que moi aussi j'ai quelques comptes à régler... Disons que j'ai quelques motivations personnelles. En plus de tout ce qui vient d'arriver, j'ai une amie très chère à l'hôpital, qui ne va peut-être plus jamais marcher de sa vie, lança Tyrell en raccrochant le téléphone. (Il se tourna vers Poole qui regardait par la fenêtre d'un air pensif :) À toi de jouer, Jackson. Tu vas aller voir le secrétaire d'État aux Affaires antillaises. Il te remettra une grosse enveloppe... Qu'est-ce qui ne va pas ?

– Tout va trop vite, Tye, répliqua le lieutenant en s'écartant de la fenêtre. Le nombre des morts augmente à une vitesse faramineuse... Van Nostrand et son chef de la sécurité, sans compter le garde à l'entrée, et puis cette vieille femme, le chauffeur, ce type aux cheveux roux sur le parking, Davenport, Ingersol, et maintenant O'Ryan.

– Tu en oublies quelques-uns au passage, dit Hawthorne. Il y a aussi deux amis à moi et ton copain Charlie. Il est temps de prendre les armes.

– Vous ne me comprenez pas, commandant.

– Ah oui ?

– Nous ne sommes pas aux Antilles, là où, à deux, on peut plus ou moins contrôler la situation. Le champ de manœuvre est autrement plus grand ici, et il y a trop de gens impliqués qui nous sont inconnus.

– C'est évident. C'est vrai que nous ne connaissons pas l'emploi du temps de Bajaratt, mais son QG était ici et nous savons qu'elle élimine systématiquement tous les contacts qui risquent de nous mettre sur sa piste.

– Nous savons d'où elle vient, mais qui est avec elle ? Qui tient les commandes ?

– On va faire comme à San Juan, répliqua Hawthorne. Tu vas prendre la place de Cathy et t'occuper du camp de base. Tu seras mes yeux et mes oreilles au fur et à mesure que les informations arriveront.

– Quelles informations ? Et par quel moyen ?

– Grâce à la haute technologie, qui est censée remplacer les hommes comme moi – ceux de la vieille école. J'imagine qu'elle existait déjà de notre temps, mais on ne s'en servait pas beaucoup... nos ingénieurs de l'époque partaient du principe que nous ne saurions pas nous en servir.

– Qu'est-ce que ce sera comme matériel ?

– D'abord il y a un appareil qu'on appelle un « transpondeur »...

– Oui, c'est un émetteur-récepteur fonctionnant sur la bande UHF, rétorqua Poole. Il permet de connaître votre position dans un certain périmètre.

– C'est ce que j'ai cru comprendre, effectivement. Il sera dissimulé dans une ceinture que tu trouveras dans l'enveloppe. Il y aura également un mécanisme qui émettra une série d'impulsions électriques, si on essaie de me joindre ; deux coups rapprochés signifiant : le plus vite possible, trois coups rapprochés répétés plusieurs fois étant un signal d'alerte. C'est en fibre optique et l'ensemble sera dissimulé dans un briquet en plastique afin que je puisse passer les détecteurs de métaux.

– Qui sera aux manettes ? demanda le lieutenant.

– Toi. Je vais les prévenir.

– Il me faut, dans ce cas, tous les codes d'accès afin que je puisse connaître les types de la CIA ou du ministère des Affaires étrangères qui vous transmettront les informations. Il faudra sélectionner une petite poignée de gens triés sur le volet. Ils devront travailler par roulement de quatre heures, séquestrés dans une pièce sous la garde d'une sentinelle.

– À t'entendre, on te croirait un vieux de la vieille.

– Non, commandant, mais je suis opérateur à bord d'un Awacs. Et les fausses informations – celles sciemment délivrées – sont notre cauchemar.

– Je me demande où est Sal Mancini à l'heure qu'il est... Excuse-moi, je ne voulais pas remuer le couteau dans la plaie.

– Il n'y a pas de mal. Si jamais il me tombe entre les mains, celui-là, vous le saurez par les journaux, parce que son compte est bon – il est aussi responsable que les autres de la mort de Charlie... En attendant, veillez à ce que les types qui vous passent les informations soient bien les mêmes que ceux qui sont derrière les radars.

– Quels radars ?

– Ceux du réseau informatique qui tracent vos allées et venues grâce aux données qu'envoie le transpondeur. Une équipe seule arrive à assurer une certaine confidentialité. Mais deux équipes séparées, c'est ingérable.

– Tu ne serais pas en train de virer à la paranoïa ? Palisser m'a assuré que seul le gratin de la CIA travaillerait avec nous, les gens les plus sûrs, les plus expérimentés.

– Comme O'Ryan, autrement dit.

– Je vais en toucher deux mots à Palisser pour qu'il fasse le nécessaire, annonça Hawthorne en hochant la tête d'un air dubitatif. Allez. Finissons-en ! lança Tyrell en se relevant maladroitement sur ses jambes et en désignant du doigt sa hanche. Il faut me serrer ça très fort.

– Et vos vêtements ? répondit Poole en s'emparant du sparadrap.

Hawthorne baissa son caleçon et Poole comprima la plaie avec la bande adhésive d'une main experte.

– Vous ne pouvez pas aller chez les Ingersol ou chez les O'Ryan cul nu !

– J'ai donné mes mensurations à Palisser. Dans une heure, tout sera là. Costume, chemise, cravate et chaussures – toute la panoplie. Un fonctionnaire du ministère des Affaires étrangères ne saurait faillir au code vestimentaire de la maison.

Le téléphone sonna et Hawthorne se baissa pour l'atteindre, grimaçant une nouvelle fois de douleur.

– Oui ? demanda-t-il en serrant les dents.

– C'est Henry, Tye. Vous avez pu dormir un peu ?

– Oui. Mieux que je ne le pensais.

– Comment ça va ? Vous ne souffrez pas trop ?

– Je tourne comme un lion en cage et les sutures tiennent bon. Phyllis m'a dit que vous vous étiez finalement écroulé comme une masse. Vous ne ferez jamais dans la subtilité, n'est-ce pas, Hank ?

– Merci pour le « Hank ».

– Il n'y a pas de quoi ! Vous n'êtes pas forcément dans mes petits papiers, et un jour peut-être je vous demanderai d'éclairer quelques points mystérieux à Amsterdam, mais en attendant nous travaillons ensemble. Au fait, vous avez du nouveau ? Qu'est-ce que vous avez appris sur ce numéro à Paris ?

– C'est un hôtel particulier donnant sur le parc Monceau, appartenant à une grande famille, presque une dynastie, celle des Couvier – une des plus grosses et plus anciennes fortunes de France. Selon la DRM, le propriétaire est le dernier des grands boulevardiers du siècle ; il frise les quatre-vingts ans et vit avec sa cinquième femme qui était, il y a un an encore, serveuse sur une plage privée à Saint-Tropez.

– Des appels ?... internationaux, j'entends ?

– Quatre de ce côté de l'Atlantique. Deux des Antilles et deux du continent dans les dix derniers jours. À partir d'aujourd'hui, ils sont sur écoute, et les Français pourront nous donner les localisations précises des prochains appels.

– Les Couvier sont chez eux ?

– Non. Au dire de la gouvernante, ils sont à Hong Kong.

– Alors, c'est la gouvernante qui prend les appels ?

– C'est ce qu'en déduit la DRM, répliqua Stevens. Elle se prénomme Pauline et elle est sous surveillance rapprochée, électroniquement comme physiquement. Dès qu'il y a du nouveau, ils nous préviennent.

– On ne peut pas demander mieux.

– Je peux savoir comment vous connaissez les Couvier ?

– Je regrette, Henry, plus tard peut-être, beaucoup plus tard... Il y a autre chose ?

– Oui. Nous avons la preuve, disons, qu'Ingersol était mouillé jusqu'au cou dans le cercle de Bajaratt, commença Stevens en lui parlant du téléphone caché et de l'antenne satellite sur le toit. À l'évidence, il était connecté avec le yacht de Miami Beach et avec l'île de ce vieillard fou furieux.

– La folie est effectivement le mot clé. Je peux comprendre Van Nostrand, mais pourquoi des gens comme O'Ryan et Ingersol ? Quel intérêt y trouvaient-ils ? C'est incompréhensible.

– C'est évident, répliqua le chef des services de renseignements de la marine. Prenez l'exemple d'Alfred Simon, votre pilote à Porto Rico. Il était persuadé qu'on l'attendait au pays pour le mettre à l'ombre pour quarante ans. C'était peut-être le cas aussi pour O'Ryan et Ingersol. Au fait, la CIA va nous envoyer tout ce qu'elle a sur ces deux-là.

– Où est Simon ? Qu'est-ce qui lui est arrivé ?

– Il prend des bains de boue et se la coule douce dans une suite du Watergate, au frais d'un Pentagone confondu de reconnaissance. Il y a eu une cérémonie privée – dans le bureau du Président – où on lui a remis deux médailles et un joli chèque.

– Je croyais que Bartlett était en quarantaine ces jours-ci ?

– J'ai dit qu'il s'agissait d'une cérémonie privée. Pas de photos, pas de journalistes, et ça a duré cinq minutes.

– Comment Simon a-t-il expliqué sa longue absence ? Vingt-cinq ans, ce n'est pas rien !

– Il a bien joué le coup, disons. Il est resté suffisamment évasif pour contenter des personnes qui ne tenaient pas à avoir de véritables explications. L'avis de réhabilitation qu'on lui avait envoyé des années plus tôt avait dû se perdre dans le désert australien. Il avait beaucoup voyagé, avait vécu comme un exilé, travaillant de-ci de-là pour survivre. Personne n'en demandait plus.

– Mais Simon était un pauvre hère, répondit Hawthorne. Pas un célébrissime avocat, quasi-hôte officiel de la Maison-Blanche, ni un grand analyste de la CIA. Ingersol et O'Ryan ne portaient pas les mêmes habits que notre Alfred.

– Je n'ai pas dit ça, mais ce n'est que la qualité du tissu qui change au fond... (Hawthorne entendit une sonnerie chez Stevens.) Ne quittez pas, Tye. On sonne à la porte et Phyll est sous la douche. Je reviens.

Il y eut un long silence.

Le colonel Henry Stevens ne revint jamais en ligne.

26

– On s'en va ! lança Bajaratt en ouvrant la porte, tirant brutalement Nicolo d'un profond sommeil. Debout et fais nos valises ! Dépêche-toi !

Le jeune homme se redressa et se frotta les yeux sous les rayons de soleil de l'après-midi qui filtraient des fenêtres.

– J'ai réchappé à la mort hier soir, et c'est un miracle si je suis encore en vie. J'ai bien le droit de dormir un peu.

– Debout ! Et fais ce que je dis, s'il te plaît. J'ai appelé une limousine ; elle sera là dans dix minutes.

– Mais pourquoi ? Je suis fatigué et j'ai mal partout.

– Pour être tout à fait franche, je ne suis pas sûre que mille dollars suffiront pour que notre chauffeur tienne sa langue. Pas plus que tout l'or du monde.

– Où va-t-on ?

– Tout est arrangé. Ne te fais pas de souci. Dépêche-toi ! J'ai un autre coup de fil à passer.

Bajaratt passa dans le salon et composa le numéro qu'elle savait à présent par cœur.

– Déclinez votre identité, répondit une voix inconnue au bout du fil, et indiquez le motif de votre appel.

– Vous n'êtes pas l'homme à qui j'ai parlé hier, répliqua Bajaratt.

– Il y a eu des changements et...

– Il y en a bien trop à mon goût, annonça Bajaratt d'une voix menaçante.

– Ils sont effectués pour les meilleures raisons du monde, répondit l'homme sur la ligne des Scorpions, et

447

si vous êtes celle que je crois, vous feriez mieux de vous en féliciter.

– Comment être sûre de quoi que ce soit, par les temps qui courent ! Une telle anarchie n'aurait jamais été tolérée en Europe, et chez moi, à la Beqaa, vous seriez tous passés par les armes !

– Scorpion Deux et Scorpion Trois ne sont pas restés longtemps en activité, à ce que je sache ! Ici aussi, on abat nos brebis galeuses, Petite Amazone.

– Ne jouez pas au plus fin avec moi, *signore*, lança Bajaratt d'une voix de glace.

– Et vous non plus... Vous voulez une preuve, très bien. Je veux bien vous faire ce plaisir. Il se trouve que je fais partie du petit groupe d'initiés qui connaît les moindres actions qui sont tentées pour vous retrouver. Parmi les gens de ce cercle très fermé, il y a un certain colonel H. R. Stevens, chef des services secrets de la marine. Il travaille avec un ex-officier de renseignements de la marine, un dénommé Hawthorne, et...

– Hawthorne ? Vous connaissez cet...

– Oui, et ils ont suivi votre trace jusqu'à Chesapeake Beach. Tous les membres de notre petit groupe en ont été alertés par fax sur nos lignes rouges. Je tiens à préciser, toutefois, que le colonel Stevens ne suivra plus aucune piste. Il est mort à l'heure qu'il est, et d'un moment à l'autre on va retrouver son cadavre dans la haie derrière son garage. Les journaux de l'après-midi en parleront, et peut-être même les infos de ce soir, s'ils ne mettent pas le black-out dessus.

– Ça va, je suis rassurée, répondit Bajaratt d'une voix plus aimable.

– Si vite ? rétorqua le nouveau chef des Scorpions. D'après ce que je me suis laissé dire, vous êtes plutôt méfiante d'ordinaire.

– J'ai la preuve qu'il me faut.

– Avec ce meurtre ?

– Non, il s'agit d'un nom.

– Stevens ?

– Non.

– Hawthorne ?

– Vous n'avez pas à en savoir plus, Scorpion Un. J'ai besoin de matériel. C'est très urgent.

– Si c'est plus petit qu'un char d'assaut, vous l'aurez sans problème.

– C'est plus petit, mais la technologie interne est tout aussi sophistiquée. Je pourrais m'en faire livrer un dans la nuit par la Beqaa, via Londres ou Paris, mais je n'ai pas confiance en nos techniciens. Je ne veux prendre aucun risque.

– Les hommes de mon espèce, non plus. Et nous sommes plus nombreux qu'il n'y paraît. Vous vous souvenez de Dallas il y a trente ans ? – nous ne risquons pas d'oublier. Comment voulez-vous procéder ?

– J'ai avec moi un plan détaillé et...

– Faites-le-moi parvenir, l'interrompit Scorpion Un.

– Comment ?

– J'imagine que vous n'allez pas me dire où vous êtes.

– Bien sûr que non, rétorqua Bajaratt. Je vais laisser une copie pour vous à la réception d'un hôtel de mon choix. Je vous appellerai sitôt que je l'aurai déposée.

– À quel nom ?

– Choisissez.

– Racklin.

– Vous êtes rapide.

– C'était un lieutenant, un prisonnier de guerre qui a payé les pots cassés au Vietnam. Il avait les mêmes idées que moi ; il détestait nous voir nous enfuir de Saigon, il exécrait ces lopettes de Washington qui refusaient de nous donner les moyens de gagner cette fichue guerre.

– Très bien. Va pour Racklin. Où puis-je vous joindre ? À ce numéro ?

– J'y serai pendant encore deux·heures, pas plus. Après, j'ai une réunion... Pour parler justement de vous, de Petite Amazone.

– Charmant sobriquet. Un peu trop restrictif à mon goût, mais inquiétant à souhait, lança Bajaratt. Très bien, je vous rappellerai... disons dans une demi-heure. (Bajaratt raccrocha.) Nicolo ! cria-t-elle.

– Henry ! s'écria Tyrell dans le téléphone. Où êtes-vous passé ?

– Il y a quelque chose qui cloche ? demanda Poole.

– Je ne sais pas, répondit Hawthorne en secouant la tête. Henry se laisse facilement distraire si quelque chose de nouveau arrive et vient lui chatouiller les œillères. Peut-être qu'il vient de recevoir un rapport du cercle d'initiés de l'opération Petite Amazone. Il a dû le lire et oublier qu'il était en ligne avec moi. Je le rappellerai plus tard. De toute façon, il n'avait plus rien à me dire.

Hawthorne raccrocha le téléphone et se tourna vers le lieutenant.

— Allez, sangle-moi un bon coup et fonce au ministère des Affaires étrangères. J'ai hâte d'aller voir les veuves éplorées d'O'Ryan et d'Ingersol.

— Vous n'irez nulle part tant que vous n'aurez pas vos papiers et vos vêtements. Et, si je peux me permettre, il serait plus futé de rester couché jusqu'à ce que je revienne. J'ai suivi des cours de secourisme et de psychologie appliquée au stress des blessés, et je crois sincèrement qu'un commandant...

— Ça va, Jackson, tais-toi et resserre-moi cette bande.

Après avoir donné au Scorpion le nom de l'hôtel, Bajaratt laissa l'enveloppe contenant les plans de la redoutable machine à la réception du Carillon ; il était inscrit : « À l'attention de Monsieur Racklin, livraison par coursier. Ne pas ouvrir. »

— *Sono desolato*, murmura Nicolo tandis qu'on chargeait leurs bagages dans la limousine. Je n'ai pas retrouvé toute ma tête. J'ai promis à Angel de l'appeler de notre nouvel hôtel, et j'ai oublié !

— Je n'ai pas de temps à perdre avec ce genre de vétille ! lança Bajaratt en se dirigeant vers la grande voiture blanche.

— Mais je dois l'appeler ! supplia le jeune homme en la retenant par l'épaule. C'est une question de respect, pour moi et pour elle. Que cela vous plaise ou non !

— Comment oses-tu me parler sur ce ton !

— Écoutez-moi, *signora*. J'ai traversé de terribles épreuves avec vous et j'ai tué un homme qui voulait mettre fin à mes jours – c'est vous qui m'avez entraîné dans ce monde de fous, et vers cette jeune femme pour qui j'ai la plus grande affection. Alors, ne vous mettez pas en travers de mon chemin. Je sais que je suis jeune et que j'ai eu beaucoup de femmes pour des raisons souvent pas très nobles, mais, avec elle, cette fois c'est différent.

— Tu es plus convaincant en italien qu'en anglais. Tu n'auras qu'à appeler ton amie de la limousine, s'il le faut vraiment.

Une fois dans la voiture, le vieux chauffeur noir se tourna vers eux tandis que Nicolo décrochait le téléphone :

– Le central m'a dit que c'est vous qui m'indiqueriez notre destination.

– Un instant, s'il vous plaît. (Bajaratt toucha la joue de Nicolo.) Ne parle pas trop fort, dit-elle en italien, il faut que je me fasse entendre de notre chauffeur.

– Dans ce cas, j'attendrai que vous ayez fini car je risque de hurler de joie en entendant sa voix.

– Si tu peux patienter un petit peu plus, disons une demi-heure, tu pourras même laisser éclater ton bonheur à tout rompre.

– Ah bon ?

– Avant d'arriver à destination, nous devons faire un arrêt – *je* dois faire un arrêt. Il n'est pas utile que tu m'accompagnes. Tu pourras m'attendre dans la voiture et tu auras au moins vingt minutes pour lui parler en toute tranquillité.

– Très bien, je vais attendre, dans ce cas. Vous croyez que le chauffeur sera vexé si je lui demande de relever la glace quand j'appellerai Angel ?

– Pourquoi le serait-il ?... (Soudain Bajaratt se figea, ses yeux se rétrécirent, elle plissa les paupières en lui jetant un regard mauvais.) Mais il ne parle pas italien, or tu ne parles qu'italien avec ton actrice, n'est-ce pas ?

– Allons, *signora*, elle a vu clair en moi avant même qu'on ne parte en Californie. Elle sait très bien que je comprends l'anglais. Elle l'a vu dans mon regard dès la première fois – il paraît que je riais avec mes yeux quand quelqu'un disait quelque chose de drôle.

– Tu as parlé anglais avec elle ?

– Évidemment ! Au téléphone, tout le temps. Où est le mal ?

– Mais tout le monde croit que tu ne comprends pas l'anglais !

– C'est faux, Cabi. Ce journaliste à Palm Beach s'était tout de suite aperçu de la vérité.

– Aucune importance, il est...

– Il est quoi ?

– Peu importe.

– À quelle adresse dois-je aller ? intervint le chauffeur, entendant l'altercation en italien.

– Ah oui ! Une seconde..., répondit Bajaratt en ouvrant son porte-monnaie.

Elle en sortit un morceau de papier froissé, écrit en langage codé et en caractères arabes. En déchiffrant mentalement l'information, elle lui donna une adresse à Silver Spring, dans le Maryland.

– Vous savez où c'est ? demanda-t-elle.

– Pas de problème, je trouverai.

– Vous voulez bien relever la vitre, s'il vous plaît ?

– Mais certainement.

Une fois la vitre levée, Bajaratt se tourna avec fureur vers Nicolo.

– Est-ce que cette Angel a parlé de toi à quiconque ? lança-t-elle.

– Je ne sais pas, Cabi.

– Les actrices sont des moins que rien. Ce sont des exhibitionnistes, qui cherchent toujours à faire parler d'elles !

– Non, pas Angelina. Elle n'est pas comme ça !

– Tu as vu toutes ces photos dans les journaux, tous ces commérages ?

– Ce qu'ils disaient était des mensonges éhontés.

– Et pourquoi crois-tu qu'il y a eu tous ces articles ?

– Parce qu'elle est célèbre. C'est ce que nous nous sommes dit tous les trois.

– Foutaises ! C'est elle qui a tout manigancé. Tout ce qu'elle voulait, c'était de la publicité !

– Ce n'est pas vrai !

– Sorti des quais de Portici, tu es d'une bêtise crasse. Si elle avait la moindre idée de ce que tu es réellement, elle n'aurait pas le moindre regard pour toi.

Nicolo se mura dans le silence pendant un long moment.

– Vous avez raison, Cabi, annonça-t-il finalement en renversant la tête en arrière. Je ne suis rien ni personne. Je me suis raconté des histoires ; toute cette attention que l'on me porte m'est montée à la tête – ces beaux habits que j'ai sur le dos ne sont qu'un déguisement pour jouer le petit rôle que vous m'avez imposé.

– Tu as toute la vie devant toi, mon garçon. Vois ça comme une expérience qui fera de toi un homme. Maintenant tais-toi, il faut que je réfléchisse.

– À quoi ?

– À la femme que nous allons rencontrer à Silver Spring.

– Moi aussi, il faut que je réfléchisse, rétorqua le jeune homme de Portici, d'un air revêche.

Hawthorne enfila ses nouveaux habits avec l'aide de Poole. Celui-ci lui fit son nœud de cravate et se recula pour avoir un aperçu d'ensemble.

– Vous savez, vous n'êtes pas si mal en tenue de ville.

– J'ai l'impression d'être ficelé comme un saucisson, lança Tyrell en tendant son cou comprimé par le col de la chemise.

– Depuis quand n'avez-vous pas mis de cravate ?

– Depuis que j'ai rendu mon uniforme. Véridique !

Le téléphone sonna. Hawthorne voulut aller décrocher, mais Poole le lui interdit.

– Restez où vous êtes ! J'y vais... (Il traversa la pièce et prit le combiné.) Oui ?... Ici l'aide de camp du commandant. Ne quittez pas, s'il vous plaît... (Il couvrit de la main l'écouteur et se tourna vers Hawthorne.) Nom de Dieu, c'est le bureau du directeur de la CIA. Le grand homme veut vous parler.

– Je ne suis pas en position de refuser, répondit Hawthorne en s'asseyant maladroitement sur le lit pour prendre le combiné. Ici Hawthorne, j'écoute.

– Le directeur souhaite vous parler, ne quittez pas.

– Bonjour, commandant.

– Bonjour, Mr. Gillette. Je suppose que vous savez que je ne suis plus militaire.

– J'en sais bien davantage, à mon grand regret.

– Comment ça ?

– J'ai parlé avec Palisser. Comme lui, je fais partie de la grande arnaque de Van Nostrand. C'était rudement bien joué de sa part.

– Ce n'était pas si difficile étant donné sa position. Mais il est mort, à l'heure qu'il est.

– Il savait à quelle porte frapper. Si les choses s'étaient passées autrement, nous nous serions tous pardonné nos petits écarts au règlement étant donné les grands services qu'il a rendus à l'État. Il était un acteur consommé, et moi, comme les autres, je suis tombé dans le panneau.

– Qu'est-ce que vous avez fait pour lui ?

– Un transfert d'argent, commandant. Plus de huit cents millions de dollars envoyés dans divers comptes en Europe.

– Où est cet argent, aujourd'hui ?

– Une somme pareille finira à la caisse des contentieux internationaux, j'imagine. Mais d'abord, il faudra révéler au grand jour ce transfert illégal de fonds. Et démissionner, évidemment ! Tous les beaux projets que j'espérais réaliser en prenant mes fonctions ne verront jamais le jour.

– Vous avez touché quelque chose pour ces transferts ?

– Bien sûr que non !

– Alors, pourquoi partir ?

– Que mes intentions fussent bonnes ou non, il n'en reste pas moins que ce que j'ai fait était illégal. Je me suis servi de ma position au bénéfice d'un individu, en violant la loi et en agissant clandestinement.

– Vous êtes simplement coupable de naïveté, et vous n'êtes pas le seul. Le fait que vous soyez prêt à tout révéler devrait jouer largement en votre faveur.

– Voilà un raisonnement surprenant pour un homme portant sa croix depuis un bon moment. Vous n'imaginez pas la pression qui pèse sur le Président ! Vous vous rendez compte que l'un de ses proches collaborateurs, qui tient un poste clé, a expédié huit cents millions de dollars de façon illégale. L'opposition va hurler à la corruption. Ça va être un nouvel Irangate, et je n'ai même pas la moindre couverture.

– Ne noyez pas le poisson, Gillette, lança Hawthorne, les yeux dans le vague, avec une expression mêlée de peur et de colère. De quelle croix parlez-vous ?

– Eh bien, je pensais que c'était suffisamment clair.

– Vous parlez d'Amsterdam ?

– Évidemment. Pourquoi êtes-vous si surpris ?

– Qu'est-ce que vous savez sur Amsterdam ? lança Tyrell avec hargne.

– C'est une question délicate, commandant.

– Je veux une réponse !

– Tout ce que je peux vous dire, c'est que le colonel Stevens n'est pas responsable de la mort de votre femme. C'est le système qui est fautif, pas l'individu.

– C'est l'explication la plus ridicule que j'aie jamais entendue. C'est aussi cynique que : « Je n'ai fait qu'exécuter les ordres. »

– C'est pourtant la vérité, Hawthorne.

– Laquelle ? La vôtre ? Celle du système ? Celle où les individus ne sont que des pions ?

– Guérir le monde de ce mal était l'un de mes projets

lorsque j'ai accepté ce poste. Je ne m'en sortais pas si mal avant que vous et Bajaratt ne pointiez votre nez.

– Ne vous avisez pas de marcher sur mes plates-bandes.

– Vous êtes en colère, commandant, mais j'en ai autant à votre service. Sachez que je n'aime pas les militaires de votre espèce, ces gens surentraînés aux frais des contribuables, qui sont prêts à se vendre à n'importe quel pays. Tenez-vous-le pour dit !

– Je n'ai cure de votre opinion. C'est vous et votre système qui avez tué ma femme, et vous le savez très bien. Je ne vous dois rien, et vous n'êtes qu'une bande de salauds.

– Très bien. Alors, retournez à vos chers bateaux. J'ai à ma disposition une dizaine d'agents secrets qui vous sont largement supérieurs et que je peux mettre sur le coup sans que votre absence se fasse sentir en aucune manière. Alors, faites-moi plaisir, rentrez chez vous.

– Pas question. Des amis à moi se sont fait tuer – des amis très proches – et celle qui a survécu risque de ne plus jamais marcher de sa vie ! Vous et vos fines lames avez été aussi incompétents que d'habitude. Cette fois, je vais au charbon, et vous feriez mieux de ne pas perdre ma trace parce que je vais vous conduire tout droit à Bajaratt !

– C'est bien possible, commandant, car, comme je viens de le dire, vous êtes très bien entraîné. Quant à suivre votre trace, nous ne risquons pas de vous perdre puisque votre équipement sera relié à notre réseau. Maintenant revenons-en à ce qui nous occupe. Comme l'ont demandé vos supérieurs par l'entremise de Palisser, le transpondeur ne pourra être joint que par des lignes spéciales. En toute honnêteté, je trouve que ce genre de précaution est superflu, et notre personnel risque de s'en vexer – l'intégrité de ces gens est au-dessus de tout soupçon.

– Comme celle d'O'Ryan, j'imagine ? Vous leur avez parlé de lui ? À votre place, j'irais leur en toucher deux mots.

– Je vois où vous voulez en venir... (Le directeur marqua une petite pause.) Je devrais peut-être, finalement, quoique nous n'ayons pas la moindre preuve concrète qu'il ait trahi.

– Dites donc, ce n'est pas cela qui vous arrête, à ce

que je sache ! Bajaratt et lui étaient au même endroit au même moment. L'une est vivante et l'autre est mort. D'ordinaire, cela nous suffit amplement.

– Certes. La coïncidence est rarement, pour ne pas dire *jamais*, une explication. Peut-être devrais-je effectivement leur annoncer que nos services sont infiltrés. Cela pourrait aider à leur faire avaler la pilule. La séquestration n'est jamais bonne pour le moral des troupes et ces gens sont tous d'excellents éléments. Je vais y réfléchir.

– C'est tout réfléchi. Parlez-leur d'O'Ryan ! C'est le plus urgent. Sur plus de cent mille kilomètres carrés de côte, il était dans le même petit village que Bajaratt au moment où il a été tué.

– Cela ne prouve rien, Mr. Hawthorne.

– Il n'y avait pas davantage de preuves dans le cas de ma femme, mais vous comme moi savons très bien qui est responsable de sa mort. Il n'y a pas besoin de preuve ! Si vous n'êtes pas capable de faire cette gymnastique intellectuelle, vous n'avez pas votre place dans ce fauteuil.

– C'est ce que je fais depuis bien longtemps, mais, aujourd'hui, on me demande de faire d'autres pirouettes – moins par foi que pour des raisons pratiques. Il y a tant de choses que je voudrais réviser ici, mais je dois marcher sur des œufs. Les risques sont trop gros. Mais, que vous le vouliez ou non, Hawthorne, nous travaillons dans le même camp.

– Non, Gillette. Je travaille pour moi et pour une sorte de bien commun, si ça peut vous rassurer, mais en aucun cas pour vous. Je vous le répète, je ne vous dois rien – c'est vous qui avez une dette envers moi, une dette que vous ne pourrez jamais rembourser ! hurlat-il, sentant le sang battre dans ses tempes.

Hawthorne raccrocha avec une telle violence que le boîtier de plastique éclata sous le choc.

Raymond Gillette, le directeur de la CIA, se pencha sur son bureau et se mit à se masser le front pour soulager la terrible migraine qui l'envahissait. Sans le vouloir, le douloureux souvenir de son séjour à Saigon lui revenait en mémoire, l'emplissant de colère et de regret. Pourquoi y songeait-il maintenant ?... C'était à cause de Hawthorne, comprit-il brusquement, à cause de ce qu'il allait faire à cet ancien officier de marine. C'était comme à Saigon. Tout recommençait.

Un jour, au Vietnam, un jeune officier de l'US Air Force, frais émoulu de l'école militaire, avait dû abandonner son avion en flammes et sauter en parachute avec son équipage au-dessus de la frontière cambodgienne, à moins de dix kilomètres de la piste Hô Chi Minh. Le fait que cet homme ait survécu à la jungle et aux marais, tout en échappant aux Viêt-cong et aux Nord-Vietnamiens, tenait du miracle. Il avait réussi à se frayer un chemin à travers les rivières et les forêts, vivant de baies et de racines jusqu'à arriver en pays ami. Et le récit qu'il fit de son odyssée était stupéfiant.

Il avait découvert une installation secrète de la taille de vingt stades de football, creusée dans la montagne. Des centaines de camions et de tanks, de camions-citernes et de blindés divers y disparaissaient la journée pour n'en ressortir qu'à la nuit tombée et se diriger vers le sud. D'après le jeune officier, c'était aussi un dépôt de munitions. Il avait vu des convois entiers y pénétrer et en repartir à vide.

Gillette, qui était à l'époque un simple officier des services de renseignements chargé de l'enquête, ne se souvenait que trop bien des bases allemandes de V1 et V2 durant la Seconde Guerre mondiale. Bombarder un lieu pareil, le réduire en poussière, serait non seulement une grande victoire stratégique, mais insufflerait aussi – et c'était sans doute le plus important – une nouvelle confiance dans une machine militaire laminée, sapée par l'acharnement d'un ennemi qui se fichait des pertes humaines et n'avait de comptes à rendre à personne.

Où se trouvait donc ce sanctuaire caché dans la montagne, assez grand pour accueillir une division complète avec toute son artillerie ? Il fallait le retrouver à tout prix !

Le jeune pilote avait du mal à localiser précisément l'endroit sur les photos aériennes ; il se trouvait à ce moment-là au sol, à lutter pour survivre, tapi dans la jungle. En revanche, il connaissait les coordonnées de l'endroit où son avion avait été abattu, et il était persuadé que, s'il était largué en parachute dans ce secteur, il saurait reconnaître le chemin. En suivant ses propres pas, il pourrait retrouver ces hautes collines d'où il avait observé les allées et venues autour de la base secrète. Ce n'était pas une possibilité, mais une certitude ! Elles étaient uniques en leur genre, « comme des boules de

glace à la pistache empilées les unes sur les autres »,
mais, du ciel, il était impossible de les distinguer. Toutes
les collines se ressemblaient.

– Je ne peux pas vous demander de faire une chose
pareille, lieutenant, avait dit Gillette. Vous avez perdu
douze kilos dans ce périple et votre état de santé n'est
pas des plus encourageants.

– Ce serait une grave erreur, capitaine, répliqua le
pilote. Plus nous attendrons, plus mes souvenirs s'effa-
ceront.

– Nom de Dieu, ce n'est qu'un dépôt d'armes !

– Non, c'est le dépôt. Je n'ai jamais rien vu d'aussi
grand, ni vous, j'en suis persuadé. C'est comme s'ils
avaient creusé dans la montagne le Grand Canyon !
Laissez-moi y aller, capitaine.

– Il y a autre chose, lieutenant, je le sens. Pourquoi
tant d'impatience ? Vous êtes quelqu'un de sensé ; vous
ne courez pas après les médailles, et cette mission risque
d'être très dangereuse.

– J'ai toutes les raisons du monde de le faire, capitaine. Mes deux hommes d'équipage ont sauté avec
moi ; ils ont atterri dans un champ, tandis que moi je
suis tombé dans les arbres, à cinq cents mètres d'eux.
J'ai caché mon parachute sous une souche et je me suis
précipité vers le pré le plus vite possible. Je suis arrivé
au même moment qu'un groupe de soldats, de l'autre
côté du champ – des soldats en uniforme, pas des gosses
en guenilles ! Je me suis tapi dans l'herbe et j'ai vu ces
chiens tuer mes compagnons à coups de baïonnette !
Non seulement c'étaient des amis, mais l'un d'eux était
mon cousin. Des soldats, capitaine ! Des soldats ne mas-
sacrent pas des prisonniers à coups de baïonnette !...
Vous comprenez pourquoi je veux y retourner. Et tout
de suite ! Avant que ma mémoire se brouille.

– Vous aurez toute la protection possible. Vous serez
équipé des systèmes de transmissions les plus sophistiqués et nous suivrons le moindre de vos faits et gestes.
Les cobras ne seront jamais à plus de cinq kilomètres
derrière vous, prêts à venir vous récupérer.

– Que rêver de mieux ?

*De belles paroles ! Car ni vous ni moi ne connaissions
les règles du jeu. Les missions secrètes ne se font pas de
cette façon. Il existe une autre morale, une autre éthique
en vigueur, dont le credo est « Le boulot d'abord, les
hommes ensuite ».*

Le jeune officier fut donc envoyé au nord-est avec un transfuge viêt-cong qui avait vécu le long de la frontière cambodgienne. Ils furent largués de nuit dans la région où l'avion avait été abattu, et le pilote commença, avec l'aide de son compagnon, à suivre ses propres traces. Gillette, le capitaine des services de renseignements pour la mission, s'envola pour le nord, juste à côté de Han Minh, pour rejoindre l'unité de soutien logistique qui s'occupait des deux hommes.

— Où sont les cobras ? demanda le capitaine des services de renseignements venant de Saigon.

— Ne vous faites pas de bile, capitaine, ils sont en route, répondit le colonel.

— Ils devraient être déjà là. Notre pilote et l'éclaireur viêt-cong sont tout proches. Écoutez-les !

— C'est ce que nous faisons, répondit le capitaine en lui montrant la radio. Calmez-vous ! Ils approchent de l'objectif et nous connaissons leur position au degré près.

— S'ils envoient le signal, c'est qu'ils seront à environ deux kilomètres à l'ouest de la cible, ajouta le colonel.

— Envoyez donc les cobras les récupérer ! s'écria Gillette. Ils ont fait leur boulot !

— Pas avant qu'ils aient envoyé le signal.

Soudain, il y eut des parasites dans le haut-parleur de la radio, accompagnés par des rafales de mitraillette. Puis ce fut le silence – un silence terrifiant.

— C'est fini, lança le capitaine. Ils ont coupé. Demandez à nos bombardiers de rappliquer et de lâcher tout ce qu'ils ont. On a les coordonnées de l'objectif !

— Comment ça, « ils ont coupé » ? hurla Gillette.

— Cela veut dire, évidemment, qu'ils se sont fait repérer et qu'ils ont été tués par une patrouille nord-vietnamienne, capitaine. Ils ont donné leur vie pour une opération de première importance.

— Où sont les cobras, où sont ces hélicos qui devaient les ramener ?

— Quels hélicos ? répondit le capitaine du soutien logistique avec sarcasme. Vous ne pensez tout de même pas qu'on allait risquer de tout faire rater en envoyant des cobras à quelques kilomètres du point zéro ? Ils auraient été repérés aussitôt par les radars, la montagne en est truffée !

— Mais ce n'est pas ce qu'on leur avait dit ! J'avais donné ma parole à ce pilote !

– Votre parole, répondit le colonel, mais pas la nôtre. Nous essayons de gagner une guerre qui nous file entre les doigts.

– Bande de salauds! Je lui avais fait une promesse...

– Vous, encore une fois, pas nous. Au fait, quel est votre nom, capitaine?

– Gillette, répondit l'officier des services de renseignements, encore sous le choc. Raymond Gillette.

– Je vois d'ici ce qu'on va dire : *Les rasoirs Gillette coupent la piste « Hô Chi Minh »!* Nous avons un service de presse du tonnerre...

Raymond Gillette derrière son bureau de chef de la CIA rouvrit les yeux, renversa la tête en arrière en continuant à se masser les tempes. *Les rasoirs Gillette...* ce bon mot lui avait ouvert les portes du pouvoir mais aux dépens de la vie d'un jeune pilote et de son éclaireur viêt-cong. Allait-il recommencer, avec Hawthorne aujourd'hui? Était-il possible qu'il y eût un autre O'Ryan dans les hautes sphères de la CIA?

Tout était envisageable, décida Gillette en se levant de son fauteuil pour se diriger vers la porte de son bureau. Il allait parler à chaque membre de l'équipe de transmission, un à un, en sondant leur regard, et faire appel à tout son flair pour discerner la moindre faille en eux. Il le devait bien à ce jeune pilote et à son compagnon qu'il avait envoyés à la mort des années plus tôt. Comme il le devait à Tyrell Hawthorne, à qui il avait donné sa parole à peine quelques instants plus tôt. Il devait ausculter chaque homme, chaque femme, qui allaient avoir la vie de Hawthorne entre les mains. Il ouvrit la porte et se tourna vers sa secrétaire.

– Helen, je voudrais que vous convoquiez tous les membres de l'opération Petite Amazone. Je veux que tout le monde me retrouve dans la salle des opérations numéro cinq dans vingt minutes.

– Entendu, répondit la femme aux cheveux gris en se levant de sa chaise pour faire le tour de son bureau. Mais d'abord, j'ai promis à votre femme que je veillerai à ce que vous preniez votre pilule cet après-midi.

La secrétaire sortit un comprimé d'une petite boîte en plastique, remplit un gobelet avec l'eau d'une bouteille Thermos et lui apporta l'ensemble, tandis que Gillette piaffait d'impatience, agacé par ce contretemps.

– Votre femme insiste pour que vous vous serviez de cette eau bouillie. Elle est sans sel.

– Ma femme peut être parfois franchement casse-pieds, Helen, rétorqua Gillette en jetant la pilule sur sa langue et vidant le gobelet à grands traits.

– Elle veut aussi vous voir en bonne santé. Vous savez également qu'elle tient à ce que vous vous asseyez sans bouger pendant une minute, le temps que le médicament soit digéré. Alors, je vais vous demander de vous asseoir bien gentiment, Mr. Gillette.

– Vous vous êtes toutes les deux liguées contre moi, ma parole ! Et c'est bien la dernière chose dont j'avais besoin, lança Gillette, un sourire aux lèvres, en s'asseyant sur la chaise qui faisait face au bureau de sa secrétaire. Je hais ces pilules; c'est comme si je buvais trois bourbons d'affilée sans avoir le plaisir de les sentir passer dans le gosier.

Soudain, sans le moindre signe annonciateur, Raymond Gillette se leva de sa chaise, avec un rictus de douleur, les mains crispées sur sa gorge, et s'écroula en avant, s'immobilisant la face contre le bureau, bouche ouverte, les yeux écarquillés. Il était mort.

La secrétaire se précipita vers la porte, ferma le verrou à double tour et revint vers le cadavre. Elle tira le corps dans le bureau de Gillette et le déposa devant le canapé sous la fenêtre nord de la pièce. Elle revint vers le bureau d'accueil, referma la porte de son patron derrière elle et lentement, veillant à reprendre son souffle, elle décrocha un téléphone rouge. Elle composa le numéro du chef du service des transmissions du plan Petite Amazone.

– Allô! répondit une voix au bout du fil.

– C'est Helen, la secrétaire de Mr. Gillette. Il m'a demandé de vous appeler pour vous dire que vous pouvez allumer vos écrans dès que vous apprendrez que le commandant Hawthorne sera entré en action.

– Nous sommes au courant; on s'est mis d'accord il y a un quart d'heure.

– J'imagine que c'est une façon de vous dire de ne pas l'attendre. Il va être pris tout l'après-midi par des réunions.

– Pas de problème. On fonce dès qu'on aura le signal.

– Parfait, répondit Scorpion Dix-Sept, avant de raccrocher.

27

Il était quatre heures et demie. Poole, derrière le bureau de la chambre du Shenandoah Lodge, était impressionné par le matériel délivré par la CIA. On lui avait remis les deux appareils qu'il avait expressément réclamés : un émetteur-récepteur en ligne directe avec Hawthorne qui shuntait le central de la CIA et l'alertait, avec une simple croix jaune, de toute tentative d'écoute. Et un moniteur miniature dont le spot lui indiquait l'état de marche du transpondeur de Hawthorne. Les gens de Langley avaient pris la mouche, considérant qu'on remettait en cause leur intégrité, mais, comme l'avait dit Hawthorne à Gillette, il pouvait exister d'autres O'Ryan.

— Vous me recevez, Tye ? lança Poole en enfonçant le bouton qui le connectait avec l'émetteur de Hawthorne.

— Oui. Cinq sur cinq, répliqua Tyrell dans la voiture. Tu es seul en ligne ?

— Confidentialité assurée, répondit le lieutenant. Cet écran m'annoncerait le passage d'une mouche. Nous sommes seuls. Pas d'oreilles indiscrètes.

— Des nouvelles de l'hôpital ?

— Rien de neuf. Tout ce qu'ils disent, c'est que l'état de Cathy est stationnaire. On est bien avancés !

— Pas de nouvelles, bonnes nouvelles !

— Votre cynisme me sidérera toujours.

— C'est loin d'être du cynisme, crois-moi... Au fait, où est-ce que nos amis de la CIA me situent ?

— D'après Langley, vous êtes sur la nationale 370, et

vous devriez approcher d'une intersection avec la 301. La fille qui vous suit à l'écran dit qu'elle connaît l'endroit. Il y a une sorte de parc d'attractions de troisième zone sur la gauche, où la grande roue ne tourne plus et où on ne peut rien gagner au stand de tir car les visées sont truquées.

– Je viens de passer devant. Nous sommes en veine.

La console de Poole se mit à sonner, une sonnerie continue.

– Ne quittez pas, Tye, Langley m'appelle en urgence. Il faut que je les prenne sinon leur truc va fondre ! Je reviens en ligne tout de suite.

Dans la voiture du ministère des Affaires étrangères, Hawthorne surveillait la route d'un œil, tout entier absorbé par ses pensées. Qu'avait-il pu se passer à la CIA pour qu'ils appellent en urgence ? C'est lui qui devait envoyer des messages d'alerte, non l'inverse. Il se trouvait à une trentaine de kilomètres de Chesapeake Beach et de la maison de vacances des O'Ryan. S'il devait y avoir une urgence, ce serait une fois arrivé là-bas. Tyrell sentit le faux briquet émettre une série d'impulsions électriques. Poole avait testé le dispositif. Il fonctionnait, mais le signal paraissait un peu trop faible. Langley avait peut-être trouvé le problème ? Cela pouvait justifier un appel en urgence.

– Nom de Dieu, c'est terrible ! lança Jackson avec excitation, mais on ne change rien. On continue.

– Mais de quoi parles-tu ?

– Gillette a été retrouvé mort dans son bureau. Le cœur. Il avait des problèmes cardiaques et était sous traitement.

– Qui dit ça ? demanda Hawthorne, l'air suspicieux.

– Son docteur, Tye, répondit Poole. Il risquait la crise cardiaque un jour ou l'autre, mais pas avant plusieurs années, d'après le médecin.

– Écoute-moi bien, Jackson. Je veux une autopsie de Gillette sur-le-champ et pratiquée par un indépendant qui se concentre sur les traces de produits chimiques dans la trachée et l'estomac. Il faut que ce soit fait dans les deux heures qui viennent. Dépêche-toi !

– Mais qu'est-ce qui vous prend ? rétorqua Poole. Puisque je vous dis que c'est son propre médecin qui...

– Et moi je vais te répéter ce que m'a dit Gillette, il

n'y a pas trois heures : « La coïncidence est rarement, pour ne pas dire jamais, une explication. » Et la mort du directeur de la CIA, qui se trouve être le premier responsable de l'opération Petite Amazone, tombe par trop à point nommé ! Demande-leur de chercher en particulier des traces de digitaline, poursuivit-il. On s'en servait autant que de la scopolamine autrefois, avant qu'arrivent les Amytals [1] sur le marché, et c'est tout aussi efficace. Une personne avec un cœur de jeune homme aura une belle arythmie et, au moindre problème cardiaque, l'effet est fatal, même avec une dose infime. De plus, la digitaline disparaît rapidement dans le sang.

– Comment savez-vous tout ça ?...

– T'occupe ! répondit Hawthorne. Je le sais, c'est tout. Maintenant, à toi de jouer. Tant que tu n'auras pas un rapport d'autopsie d'un labo indépendant déclarant que tout est normal, on cesse toute communication. Quand tu auras ce document entre les mains, envoie-moi cinq bips. Ça peut prendre toute la nuit, je m'en fiche ! Je ne répondrai pas avant.

– Tye, c'est impossible. Gillette a été retrouvé voilà deux heures et demie en gros et emmené aux urgences de Walter Reed par...

– Un hôpital fédéral ! explosa Hawthorne. Il faut interrompre nos communications.

– Ce ne serait pas très futé, répliqua Poole. Je connais cet équipement, et ceux de la CIA savent que je le connais. Personne ne nous pirate. Deux fois, j'ai eu des oreilles indiscrètes sur ce genre de liaison, et les deux fois je les ai repérées illico. Nous sommes seuls sur la ligne, je peux vous le certifier.

– J'aurai une longue liste de piratages à te donner, te prouvant le contraire. Je dis simplement qu'il y a un risque.

– Ça va. Jouons les paranoïaques et disons qu'il y a un risque – ce qui est mathématiquement impossible, je le répète – et qu'il y a à Langley une foule de méchants O'Ryan, qui essaient de vous suivre pour vous faire un sale tour. Parfait, dans ce cas coupons-nous du réseau, mais gardons les transmissions.

– Je vais retirer cette ceinture avec le transpondeur

1. Marque déposée pour les amo-barbitals (famille des barbituriques).

intégré dans le fermoir et balancer le tout par la fenêtre, annonça Tyrell d'un ton qui ne souffrait aucune critique.

– Il serait peut-être plus judicieux, commandant, de faire demi-tour et de laisser cet appareil quelque part dans le parc d'attractions, par exemple à côté du train fantôme ou alors sur la grande roue.

– Poole, tu as finalement peut-être du génie. Je retourne au parc. Je meurs d'impatience de voir une équipe d'agents secrets de la CIA attaquer des squelettes de plastique.

– Ou alors bloqués, avec un peu de chance, tout en haut de la grande roue.

L'allée dallée menait à une grande demeure ceinte de colonnes, réplique fidèle d'une maison coloniale d'avant la guerre de Sécession. Bajaratt monta les marches du perron jusqu'aux doubles portes sculptées de bas-reliefs retraçant les événements marquants du voyage initiatique de Mahomet. « Foutaises », murmura Bajaratt. Il n'y avait pas de montagne sacrée ni de Mahomet, et les prophètes n'étaient que des bergers ignorants. Il n'y avait pas de Christ non plus, ce n'était qu'un agitateur juif, poussé par les factions esséniennes qui ne savaient pas cultiver leur terre. Il n'y avait pas de Dieu, mais simplement une voix intérieure en chaque être, une conscience qui incitait hommes et femmes à prendre les armes pour combattre l'injustice, pour défendre tous les opprimés du monde. Il n'y avait rien d'autre ! Bajaratt cracha par terre de mépris puis reprit contenance et appuya sur la sonnette d'un geste gracieux.

Quelques instants plus tard, la porte s'ouvrit sur un Arabe en cafetan dont les pans traînaient jusqu'au sol.

– Nous vous attendions et vous êtes en retard.

– Est-ce à dire que vous pourriez refuser de me recevoir, le cas échéant ?

– C'est possible.

– Puisque vous le prenez sur ce ton, répondit Bajaratt, je m'en vais.

Une voix féminine retentit à l'intérieur.

– Veuillez laisser entrer cette dame, Ahmet, et rengainez votre arme, c'est très discourtois.

– Elle n'est pas en évidence, répondit le domestique.

– C'est encore plus discourtois. Faites entrer cette dame.

La pièce ressemblait à n'importe quel salon occidental par ses fenêtres, ses rideaux, ses papiers peints, mais la similitude s'arrêtait là. Il n'y avait aucune chaise, mais d'énormes coussins posés à même le sol autour de petites tables basses. Sur une montagne de satin pourpre était étendue une femme noire d'une beauté rare qui semblait échapper à l'emprise des années; son visage avait les traits de ces statues antiques – un masque parfait qui aurait été souple et chaud à la fois. Lorsqu'elle sourit, ses yeux s'éclairèrent comme deux opales, montrant de l'intérêt et une curiosité quasi enfantine.

– Asseyez-vous, Amaya Aquirre, dit-elle d'une voix mielleuse qui semblait aussi douce que la soie de la grande tunique vert émeraude qu'elle portait. Comme vous le voyez, je connais votre nom et bien d'autres choses encore sur vous. Comme vous pouvez le constater, j'ai reproduit ici les coutumes arabes; tout le monde se retrouve au même niveau, par terre, comme sur le sable des Bédouins, si bien que personne n'a une position supérieure. C'est l'une des caractéristiques les plus séduisantes chez les Arabes. Même les gens qui nous sont inférieurs, nous leur parlons à même hauteur d'yeux.

– Seriez-vous en train de sous-entendre que je vous suis inférieure?

– Pas le moins du monde, mais vous n'êtes pas arabe.

– Mais j'ai combattu pour votre cause – mon mari est mort pour vous.

– Au cours d'un stupide raid qui n'a servi ni aux Juifs ni aux Arabes.

– Mais la Beqaa avait donné son accord, et même sa bénédiction.

– La Beqaa a cédé parce que votre mari était un grand guerrier, un héros du peuple, et que sa mort – qui était inévitable – allait faire de lui un martyr, un symbole de notre lutte. *Souviens-toi d'Ashkelon.* Vous ne connaissez que trop bien l'expression... Cette opération n'avait aucun intérêt, hormis son potentiel émotionnel.

– Comment osez-vous dire cela? Qu'est-ce que vous faites de ma vie et de celle de mon mari? Elles ne valent donc rien?... (Bajarratt se leva d'un bond. Aussitôt, Ahmet apparut sur le seuil de la porte.) Je suis prête à mourir pour la plus grande des causes. Mort à toute autorité ! Mort à tous ces porcs !

– C'est de cela dont nous devons parler, Amaya... C'est bon, laisse-nous, Ahmet, elle n'a pas d'arme... Votre impatience à mourir n'est pas le plus important. Loin s'en faut, ma chère. Il y a des tas d'hommes et de femmes dans le monde qui sont prêts à mourir pour leurs convictions, et le reste de la planète n'a jamais entendu parler d'eux, ni avant ni après leur mort... Non, vous méritez mieux que cela, *nous* méritons mieux que cela.

– Qu'est-ce que vous attendez de moi, au juste ? demanda Bajaratt en se rasseyant lentement sur les coussins, les yeux rivés sur la vieille femme noire aux allures de déesse.

– Vous avez parcouru tout ce chemin parsemé d'embûches, avec l'aide de certaines personnes certes, mais avant tout grâce à vos extraordinaires talents. En quelques jours, vous êtes devenue une force occulte, une haute figure que les grands de ce monde courtisent en coulisses parce qu'ils croient que vous pouvez leur être utile. Personne avant vous n'avait réussi un tel tour de force. C'est une idée de génie, un concept unique que vous avez créé de toutes pièces. Un jeune baron en puissance, rien que ça, et une famille de nobles qui a des millions à investir ! Vous avez même trouvé cette jeune actrice qui vous apporte innocemment une belle publicité. Vous n'avez pas failli à votre réputation.

– J'agis, je laisse les autres juger. Et peu m'importe, à vrai dire, ce qu'on peut penser ! Encore une fois, qu'attendez-vous de moi ? Le conseil de la Beqaa m'a demandé de vous contacter avant l'heure ultime, qui marquera la fin de ma mission pour votre peuple et sans doute la fin de ma vie pour moi. Et le moment de vérité approche.

– Je sais que je n'ai aucune autorité sur vous, seul le grand conseil a ce privilège.

– C'est vrai. Toutefois, je dois respect et fidélité à la grande amie et alliée de notre cause, et je vous écouterai... Je suis prête.

– Une amie certes, Amaya, mais alliée uniquement dans une certaine limite. Nous ne faisons pas partie des Scorpions de Van Nostrand, ce groupe de taupes opportunistes dont le seul but est de servir les intérêts des commandeurs, et dont le seul credo est pouvoir et argent. Or nous ne manquons ni de l'un ni de l'autre.

– Qui êtes-vous, alors ? Vous semblez savoir beaucoup de choses...

– Savoir est notre fonction.

– Mais qui êtes-vous, à la fin ?

– Les Allemands, pendant la Seconde Guerre mondiale, avaient ce qu'ils appelaient le *Nachrichtendienst*. Une unité de renseignements d'élite dont même le grand état-major du IIIe Reich ignorait presque tout. Ce groupe était composé d'une petite dizaine d'aristocrates prussiens qui, à eux tous, cumulaient près de neuf cents ans d'expérience et d'influence en matière diplomatique. Ils étaient tous allemands jusqu'au tréfonds, mais ils se situaient au-dessus du lot, au-dessus des passions que la guerre suscitait, et ne cherchaient que ce qu'il y avait de mieux pour la terre de leurs ancêtres ; ils ne tardèrent pas à comprendre qu'Adolf Hitler et ses lieutenants menaient le pays à la catastrophe... Nous aussi, nous avons compris que les actes terroristes contre des femmes et des enfants d'Israël étaient une impasse et ne produisaient que l'effet inverse à celui escompté.

– Je trouve cette conversation à la limite du supportable ! rétorqua Bajaratt en se relevant. Que faites-vous, vous et les gens de votre élite, de ce peuple entier chassé de sa terre ? Êtes-vous allée visiter un camp de réfugiés ? Avez-vous déjà vu les bulldozers israéliens abattre des maisons entières parce que de vagues soupçons pesaient sur les familles qui l'habitaient ? Avez-vous oublié les bains de sang de Sabra et Chatila ?

– Nous avons appris que votre rendez-vous avec le Président est pour demain soir, huit heures, annonça la femme tranquillement, en s'étendant sur les coussins de satin.

– Demain ? Huit heures ?

– Il devait avoir lieu à trois heures de l'après-midi, mais, étant donné la mauvaise presse qu'ont les investissements étrangers ces jours-ci, quelqu'un a suggéré à la Maison-Blanche qu'un rendez-vous plus tardif serait plus approprié. Afin d'éviter au maximum que les journalistes apprennent que Bartlett fait des faveurs à des aristocrates ambitieux qui veulent tirer profit de la crise économique que traverse le pays.

– Quelle a été leur réaction ? demanda Bajaratt, éberluée.

– Le secrétaire général a immédiatement approuvé l'idée. Il déteste faire plaisir aux sénateurs et aux membres du Congrès, mais le Président déteste tout autant se faire des ennemis. Vous avez donc de bonnes chances de vous en sortir – pour continuer le combat – si votre rendez-vous est maintenu à huit heures. C'est le moment de la relève des sentinelles à la Maison-Blanche, ce qui entraîne un certain relâchement dans la surveillance, le temps que des instructions de dernière minute soient données aux nouvelles équipes. Vous serez aidée par trois hommes, dont un en livrée de chauffeur de maître ; ils vous guideront, sous le prétexte de vous faire éviter la presse, à travers les couloirs de la Maison-Blanche jusqu'à une autre limousine garée derrière le bâtiment – la nôtre. Leur mot de passe sera *Ashkelon*. Vous n'y voyez pas d'inconvénient, j'imagine ?

– Je ne vous comprends pas, répliqua Bajaratt. Pourquoi faites-vous tout ça ? Vous venez à l'instant de me dire que vous désapprouviez les...

– Non, ce sont vos intentions que nous désapprouvons, l'interrompit sèchement la femme arabe. Cependant, nous avons, en échange de votre vie, une requête à vous demander, une exigence si vous préférez. Nous n'avons rien contre l'assassinat du président des États-Unis d'un point de vue politique ou humain. Ce sont les sondages qui le guident, et non plus les principes ; il est donc perdu pour le pays. Les gens le sentent bien ; il ne soulève aucune passion. Il y aura une longue enquête et chacun jouera les outragés, mais ce sera pour la galerie. Le vice-président est très populaire. Quoique cela nous semble un peu démesuré, nous pouvons accepter les meurtres des chefs d'État britannique et français, si vous y tenez vraiment. En Europe, les systèmes sont complexes, contournés, et les chefs politiques ne sont jamais des idoles. En cas de crise, leur réflexe c'est la négociation. Certes, grâce au vide politique qui va s'ouvrir dans l'appareil gouvernemental des États-Unis, nous pourrons asseoir notre influence, mais le plus important, c'est qu'un message sera envoyé à son successeur et à ses ministres. Nous n'avons peut-être pas le vote de la communauté juive ni son argent, mais nous avons quelque chose d'autre, quelque chose que le célèbre Mossad nous envie. Nous ne sommes pas une vue de l'esprit ni un délire né d'esprits dérangés. Nous sommes bel et bien réels. Pour reprendre ce que vous avez dit il y a dix minutes, nous avons avec nous des hommes et des femmes qui sont prêts à mourir pour couper la tête de l'hydre. C'est viscéral chez eux, et, comme vous l'avez prouvé avec votre superbe manœuvre, ils ne sauront jamais ni où ni quand nous frapperons et, dans les antichambres du pouvoir, ils s'y reprendront à deux fois avant de lécher les bottes des Israéliens. En un mot, les États-Unis vont apprendre à imiter l'Europe, en termes de prudence politique.

— Qu'est-ce que vous demandez, qu'est-ce que vous réclamez en échange de ma vie — qui ne pèse pourtant guère dans la balance ?

— Ne touchez pas aux juifs. Rappelez vos gens à Jérusalem et à Tel-Aviv.

— Comment oser me demander ça ? C'est le but ultime, venger Ashkelon !

— Et entraîner le massacre de milliers de nos frères, Amaya. Israël agit unilatéralement, en faisant fi de l'opinion des autres, si vous préférez. Elle se fiche de ce qui peut se passer hors de ses frontières, sauf si cela représente une menace directe. Et tout autre petit pays ayant eu à subir l'holocauste allemand adopterait la même attitude qu'Israël. Je vous l'ai dit, nos critères sont purement objectifs. Si vous assassinez un dirigeant juif, il y aura des représailles, des raids aériens qui bombarderont nos camps nuit et jour pendant des semaines jusqu'à ce que nos maisons ne soient plus qu'un champ de ruines et de chairs brûlées. Voyez les derniers événements — les juifs ont relâché mille deux cents prisonniers palestiniens pour six soldats israéliens, et en ont exilé quatre cents pour la mort d'un seul soldat dans leurs rangs. La vie de leur chef d'État vaudra celles de dix mille soldats israéliens, car il n'est pas un homme ordinaire, il est le symbole vivant de toute une nation.

— C'est un terrible sacrifice que vous me demandez là, murmura Bajaratt d'une voix à peine audible. Un sacrifice que je n'avais pas envisagé. J'attends cet instant depuis toute ma vie, cet instant sublime qui effacera toutes les souffrances que j'ai endurées durant mon existence.

— Allons, ma chère enfant..., commença la femme.

— Non ! je ne suis l'enfant de personne, rétorqua Bajaratt d'un voix froide et lointaine. Je n'ai pas eu d'enfance. *Muerte a toda autoridad !*

– Je ne vous comprends pas...

– Vous n'avez pas à me comprendre. Comme vous l'avez dit, je ne suis pas sous votre autorité.

– Certes. J'essaie simplement de vous faire entendre raison, de vous protéger.

– Me faire entendre raison ? souffla Bajaratt. Qui a déclenché toute cette folie ? Votre peuple ? Le mien ? Vos frères ont au moins la chance d'être parqués dans des camps, les miens sont chassés comme du gibier dans les montagnes, tirés à vue, exécutés, décapités – *Muerte a toda autoridad !* Partout, aux quatre coins du monde, ces chiens doivent payer !

– Je vous en prie, ma chère, répondit la femme noire, en voyant le trouble de Bajaratt. Allons, je ne suis pas votre ennemie, Amaya.

– Je vois clair à présent dans votre jeu, répondit Bajaratt. Vous essayez de m'empêcher d'accomplir ma mission ! Vous avez une armée de gardes ici qui peuvent me tuer sur-le-champ.

– Pour avoir tous les tueurs de la Beqaa sur le dos ? Vous êtes leur fille adoptive, leur chouchou, l'épouse du grand héros d'Ashkelon, une femme si respectée que le grand conseil vous consulte et vous offre sa bénédiction à vie. Une chose est sûre, c'est que toute la Beqaa est derrière vous.

– Non ! J'agis de mon propre chef, je ne reçois d'ordre de personne !

– Vous pensez agir en votre nom propre, mais rien n'est moins sûr. Vous ne courez donc aucun risque sous ce toit. Je vous en prie, vous êtes sur les nerfs, et, je vous le répète, je suis avec vous, et non contre vous.

– Il n'empêche que vous voulez que j'épargne Jérusalem ! Comment osez-vous me demander une chose pareille ?

– Pour les raisons que je viens de vous expliquer – à savoir le massacre de millions de Palestiniens. Il n'y aura plus de cause palestinienne, car le cœur du peuple aura cessé de battre.

– Ils ont volé nos terres, nos enfants, notre avenir, ils peuvent bien prendre nos cœurs !

– Des mots, Amaya, des déclarations enflammées qui...

– Jamais ils n'auront notre âme !

– Voilà des mots encore plus stupides. Une âme ne

471

peut se battre sans corps. Il faut qu'il y ait des survivants pour continuer la lutte, nous autres femmes, nous le savons bien. Et vous mieux que quiconque. Vous êtes réputée fin stratège.

– Et vous ? Qui êtes-vous pour me faire la morale, vous qui vivez ici ? lança Bajaratt en montrant d'un geste méprisant le luxe opulent de la pièce.

– Tout ceci, répondit la femme sans âge dans un petit rire, c'est l'image de la richesse et de l'autosatisfaction, une combinaison qui traduit pouvoir et influence car l'un ne va pas sans l'autre dans ce monde matérialiste. Nous sommes tous en représentation. C'est l'image qui compte ici-bas, n'est-ce pas ? Je ne vous apprends rien, vous qui êtes une experte dans le domaine de l'apparence... Vous n'êtes pas si différente, Amaya Aquirre. Vous faites diversion pour pouvoir vous infiltrer par l'extérieur. Moi, de mon côté, je me fraie un chemin de l'intérieur et, quand vient le moment, je fais sauter la coquille avec un bâton de dynamite à la main... Et c'est vous ma dynamite, ma nitroglycérine, vous êtes mon enfant – c'est ainsi, que vous le vouliez ou non, vous êtes ma fille dans cette sainte croisade que nous menons.

– Je ne suis la fille de personne ! Je sème la mort sur mon passage, je m'en repais.

– Vous êtes à moi. Quelles que soient les épreuves que vous avez traversées, elles ne sont rien comparées aux miennes. Vous citiez Sabra et Chatila, mais vous n'y étiez pas, moi si ! Et vous osez parler de vengeance, vous qui n'êtes même pas arabe. Sachez que l'ardeur avec laquelle je la désire dépasse votre entendement !

– Pourquoi alors m'interdire de tuer le juif ?

– Parce qu'il va y avoir des milliers de raids aériens contre mes frères. Contre mon peuple, pas contre le vôtre !

– Mais je suis une des vôtres, et vous le savez bien ! Je vous ai donné mon mari et je suis prête à vous donner ma vie !

– Donner ce qu'on méprise n'a que peu de valeur, ma chère Amaya.

– Et si je refuse d'accéder à votre demande insensée ?

– Alors, vous n'atteindrez jamais la Maison-Blanche et encore moins le bureau du Président.

– Ridicule ! Mon entrée à la Maison-Blanche est garantie. Celui qui m'organise un rendez-vous a senti l'odeur des millions des Ravello, et il n'est pas fou.

– Mais savez-vous qui est vraiment ce sénateur Nesbitt ? Que savez-vous de lui, au juste ?

– Ainsi, vous le connaissez ?

La femme haussa les épaules.

– Je vous ai annoncé moi-même que l'heure du rendez-vous avait été modifiée...

– C'est vrai... Il semble avoir le profil du politicien moyen. J'ai procédé à quelques recherches. Il a besoin d'être réélu, alors que le Michigan est gravement touché par le chômage ; il doit donc prouver à ses électeurs qu'il mérite son siège. Apporter une centaine de millions de dollars dans une région en pleine crise économique est le meilleur des sauf-conduits possibles.

– En effet, je vois que vous avez fait des recherches, ma chère, mais que savez-vous sur l'homme lui-même ? Diriez-vous que c'est un homme honnête, loyal ?

– Je n'en sais rien, et je m'en fiche d'ailleurs. On m'a dit qu'il était avocat ou juge, si cela peut vous rassurer.

– Cela ne me rassure guère, il y a juge et juge... Ne vous est-il jamais venu à l'esprit qu'il pouvait être un Scorpion et qu'il a accédé à votre requête parce qu'on lui en avait donné l'ordre ?

– Non, je ne me suis pas posé la question.

– Vous savez qu'il y a un Scorpion au Sénat ?

– Nesbitt m'avait dit qu'il était un Scorpion, c'est évident, lança Bajaratt, sur la défensive. Il n'avait aucune raison de me le cacher. Van Nostrand me l'a dit tout de suite. Il m'a même donné les numéros de téléphone et les codes pour joindre les autres Scorpions.

– Oui, ces fameuses transmissions par satellite que personne ne peut repérer. Nous sommes au courant de tout ça.

– C'est difficile à croire...

– Il nous a fallu presque trois ans, mais nous avons finalement réussi à acheter notre propre Scorpion. Soit dit en passant, vous l'avez rencontré en Floride, c'était votre hôtesse à Palm Beach. Elle a une charmante propriété, n'est-ce pas ? Sylvia et son mari n'auraient jamais pu se l'offrir sans notre aide financière. Le seul talent du mari a été de dépenser un héritage de soixante-dix millions de dollars en trente ans à peine.

Quant à elle, c'est la Scorpion du Bottin mondain, dénichée par Van Nostrand. Elle nous est très utile. Ce fut très simple, nous l'avons retrouvée grâce à Van Nostrand et lui avons offert plus que les commandeurs, elle est alors devenue une alliée fidèle.

– C'est elle qui m'a présenté Nesbitt. Ce sont tous les deux des Scorpions, alors ?

– Elle, oui, le sénateur, sûrement pas. C'est moi qui l'ai envoyé à Palm Beach car ses motivations politiques étaient parfaitement honorables. Il n'a pas la moindre idée de qui vous êtes ni de ce pourquoi vous êtes là. Pour lui, vous êtes la comtesse Cabrini, sœur d'un baron immensément riche à Ravello.

– Alors, cela confirme ce que je viens de dire. Vous ne pouvez rien contre moi si ce n'est me tuer, et vous avez dit vous-même que vous ne prendrez pas ce risque car vous redoutez la vengeance de la Beqaa. Je crois que cette discussion est terminée. J'ai rempli mes obligations à l'égard du grand conseil ; je vous ai sagement écoutée jusqu'au bout.

– Encore un peu de patience, Amaya. Cela ne vous fera aucun mal et cela risque même de se révéler extrêmement instructif.

La femme arabe se leva lentement avec la grâce d'un félin. Elle était étonnamment petite, sa taille ne dépassait pas un mètre cinquante, et son physique de petite poupée contrastait avec l'immense autorité qui émanait de son être.

– Nous savions que vous travailliez avec les Scorpions – notre contact à Palm Beach l'a appris de la bouche des services d'immigration de Fort Lauderdale – et, puisque votre apparition à la Maison-Blanche était imminente, je me suis arrangée pour que vous passiez me rendre visite avant.

– Vous le saviez depuis longtemps déjà, interrompit Bajaratt. Notre entrevue était prévue voilà des semaines déjà à la Beqaa. Le message était codé en arabe avec l'adresse, la date et l'heure.

– J'avais toute confiance en vous, mais je ne vous connaissais pas ; vous comprenez sans doute mon appréhension. Si vous n'étiez pas venue ce soir, nous serions allés chercher une certaine Mrs. Balzini à l'hôtel Carillon dès l'aube.

– Balzini ? Le Carillon ? Vous savez tout ça ?

– Sans l'aide des Scorpions, soyez rassurée, répondit la femme en se dirigeant vers un interphone serti d'or encastré dans le mur. Car ils n'en savent rien. Notre amie à Palm Beach nous a appelés, reprit-elle en se tournant vers Bajaratt, pour nous dire qu'elle avait des problèmes pour joindre les Scorpions qui sont ses supérieurs. À tel point qu'elle a même abandonné ses efforts, de peur d'être repérée.

– Il y a eu quelques problèmes, répondit Bajaratt sans autre explication.

– Apparemment, oui... De toute façon, les Scorpions ne nous sont d'aucune utilité, vous n'allez pas tarder à vous en rendre compte. (La femme miniature appuya sur le bouton argenté de l'interphone.) Maintenant, Ahmet ! lança-t-elle sans quitter des yeux Bajaratt. Vous allez assister, chère Amaya, à la métamorphose d'un homme qui a deux personnalités distinctes, deux identités, si vous préférez. Il y a l'homme que vous connaissez déjà, et cet autre que vous allez découvrir. Le premier est un digne serviteur de l'État. L'autre est quelqu'un qui a traversé nombre d'épreuves douloureuses dans sa vie, sans compter moult pièges... « Épreuve » est un mot trop faible, parler de supplice serait plus approprié.

Les yeux écarquillés de surprise, Bajaratt regarda l'homme qu'elle reconnaissait à peine descendre les grands escaliers, accompagné par Ahmet et par une femme aux cheveux blonds vêtue d'un négligé de soie translucide qui laissait apparaître les formes généreuses de sa poitrine et magnifiait le mouvement chaloupé de ses hanches. C'était Nesbitt ! Ahmet et la femme se tenaient de chaque côté du sénateur du Michigan et l'aidaient à descendre les marches. Le visage de Nesbitt était pâle, presque d'un blanc cadavérique, ses yeux comme deux billes de céramique, un regard vide et dénué d'expression. Il portait un peignoir bleu ; il était pieds nus, on voyait battre ses veines sous sa peau.

– Il a eu une piqûre, annonça la femme. Il ne vous reconnaîtra pas.

– Il est drogué ?

– Non, il est sous l'influence d'un produit prescrit par un éminent médecin. C'est une personne double.

– Double ?

– Une double personnalité, Amaya, un docteur

Jekyll et Mr. Hyde, mais sans cette dialectique du bien et du mal – une victime simplement de trop de désirs inassouvis... Peu après son mariage, voilà environ quarante ans, il s'est produit un événement tragique, une agression qui a laissé des séquelles irréparables chez sa femme. En un mot, elle est restée frigide. Toute idée de relation sexuelle la répugne, la simple pensée de l'acte la plonge dans un état d'hystérie, et c'est bien compréhensible. Elle a été violée par un psychopathe, un voleur qui s'était introduit dans leur appartement et qui avait attaché le jeune avocat pour le forcer à le regarder violer sa femme. Depuis cette nuit-là, sa femme n'a plus jamais accompli son devoir conjugal. Étant un mari fidèle et très croyant, il n'a pas cherché à se libérer de ses pulsions sexuelles bien naturelles. Finalement, après la mort de sa femme il y a trois ans, son esprit a basculé sous le poids de la croix qu'il portait et l'a partiellement détruit.

– Comment l'avez-vous trouvé ?

– Il y a une centaine de sénateurs et nous savions que parmi eux il y avait un Scorpion. Nous avons commencé à les passer en revue dans le détail par ordre alphabétique... et à sonder leur vie privée... Hélas, nous n'avons jamais trouvé notre Scorpion, mais nous avons découvert un homme visiblement très perturbé dont les absences fréquentes et mystérieuses étaient cachées par la seule amie proche qu'il eût, une gouvernante septuagénaire travaillant à son service depuis vingt-huit ans.

Nesbitt et ses deux gardiens arrivèrent au bas de l'escalier et se dirigèrent vers le salon.

– Il ne voit rien, murmura Bajaratt.

– Non, reconnut la femme arabe, dans une heure environ il recouvrera ses esprits, sans se souvenir toutefois de ce qui se sera passé. Il éprouvera simplement une satisfaction, une sorte de paix intérieure, une reconnaissance inavouée du corps.

– Il fait ça souvent ?

– Une ou deux fois par mois, généralement le soir, tard. Il commence d'abord par fredonner une étrange mélodie qui lui vient d'un lointain passé, puis, comme un somnambule, il se change pour enfiler des vêtements qu'il garde dans l'armoire de sa femme. Ce n'est pas la tenue traditionnelle d'un sénateur, loin s'en faut ! Mais plutôt le déguisement d'un homme prêt à errer sur les chemins de la débauche. Une veste de cuir ou de daim, coiffé souvent d'une perruque ou d'un bonnet, portant toujours des lunettes noires et jamais le moindre papier d'identité sur lui. La gouvernante vivait un enfer. Aujourd'hui, quand il a une de ses crises, elle nous appelle et on vient le chercher.

– Elle coopère avec vous ?

– Elle n'a pas le choix. Elle est bien payée, comme le chauffeur de Nesbitt.

– C'est ainsi que vous le tenez.

– Nous sommes des amis d'un genre très spécial. Nous sommes là quand il a besoin de nous, et parfois, comme aujourd'hui, c'est nous qui avons besoin de lui, besoin des privilèges que lui confère son fauteuil au Sénat.

– Je commence à comprendre, répondit Bajaratt d'un ton glacial.

– Certes, l'idéal serait de savoir qui au Sénat est le Scorpion le plus haut placé, car nous pourrions utiliser les mêmes moyens que les commandeurs pour l'obliger à travailler pour nous. Mais ce n'est plus qu'une question de temps, nous allons tôt ou tard trouver son identité. Et votre action va nous y aider car nous allons observer tous les membres de cette noble assemblée et surveiller de près leur réaction à l'annonce de la mort du Président, afin de déceler à notre tour la faille que Van Nostrand avait découverte chez l'un d'eux.

– C'est si important pour vous ?

– D'une importance vitale, ma chère Amaya, ne vous y trompez pas. Je vous le répète, nous avons une grande sympathie pour la Beqaa, et nous entretenons avec elle des relations très étroites, mais ces mercenaires que sont les Scorpions ne sont pas nos alliés. Ils sont la création de Van Nostrand et de son compagnon, ce fou furieux aux Antilles. Chacun d'eux est recruté sous la menace et tenu en laisse par l'argent – des sommes dérisoires, comparées aux immenses profits qu'ils font réaliser aux commandeurs qui ne sont autres évidemment que le *padrone* et Van Nostrand. Les Scorpions n'ont pas d'autre cause à défendre que celle de rester à couvert et de recevoir leur part du gâteau. Ces gens n'ont pas d'autre idéal qu'eux-mêmes, que leur petite vie bourgeoise, nourrie par la peur et la cupidité. Ils doivent être détruits, voire rendus inopérants... ou travailler pour nous.

– Je vous rappelle, lança Bajaratt, que les Scorpions m'ont été fort utiles, et par là même ont servi fidèlement la Beqaa.

– Parce qu'ils en avaient reçu l'ordre exprès de Van Nostrand, qui pouvait leur couper les vivres d'un simple coup de fil, sans parler de révéler leurs crimes – passés ou présents – aux autorités. Ils se contrefichent de nous comme de notre cause. Si vous n'avez pas compris ça, c'est que vous êtes bien naïve.

– Van Nostrand a quitté les Scorpions. Il est quelque part en Europe, ou il est mort. Ce n'est plus lui le Scorpion Un.

– Cela expliquerait les problèmes qu'il y a eu à Palm Beach avec les codes téléphoniques, murmura la femme arabe aux allures félines. Voilà qui est troublant... Vous êtes certaine de ce que vous dites ?

– Je ne sais pas s'il est mort ou vivant. Une autre personne que je croyais morte a bien survécu – un ancien commandant des services secrets dénommé Hawthorne. Mais une chose est certaine, c'est que Van Nostrand n'est plus là. Il m'a dit lui-même qu'il allait disparaître de la circulation.

– Ce n'est pas seulement troublant, c'est carrément inquiétant. Tant que Van Nostrand était en place, nous pouvions le contrôler. Nous avions des gens à nous parmi le personnel de sa propriété, au poste de garde, des indicateurs sûrs et fiables... Avec qui êtes-vous en contact désormais ? Je veux le savoir !

– Je ne sais pas, car...

– Pensez à la Maison-Blanche, Amaya !

– C'est la vérité. Vous dites avoir les codes d'accès, composez-les ! La personne qui répondra au bout du fil, quel que soit son rang, ne risque pas de décliner son identité.

– Vous avez raison.

– Tout ce que je peux vous dire, c'est que le Scorpion avec lequel j'ai parlé dernièrement est un homme haut placé dans les sphères de l'État, car il était au courant d'informations extrêmement confidentielles. Il savait, dans le menu, où en étaient les recherches à mon sujet. Il connaît les moindres dessous de l'affaire. Il dit faire partie du petit groupe d'initiés.

– Le groupe d'initiés ? murmura la déesse palestinienne en fronçant les sourcils, faisant naître quelques rides sur son visage lisse et poli comme une statue d'ébène. Les initiés..., répéta-t-elle en traversant la grande pièce, l'air songeur, ses doigts aux ongles vernis tapotant son fin menton. S'il s'agit du sénateur que nous recherchons, il n'y a qu'un groupe au Congrès qui puisse avoir accès à ce genre d'information top secret : la commission des services de renseignements du Sénat. Évidemment. C'est si simple, si naturel ! Depuis les scandales du Watergate et de l'Irangate, tous les services de renseignements à Washington veillent à faire un rapport détaillé de leurs opérations secrètes à la commission du Sénat. Ils ne veulent plus prendre de risques ; personne ne tient à être attaqué par le Congrès tout entier pour pratique illicite... Vous voyez, ma chère Amaya, que vous nous êtes déjà d'un grand secours.

– En outre, c'est un homme qui n'hésite pas à tuer, du moins c'est ce qu'il m'a dit. Il aurait fait abattre un certain Stevens, le chef des services secrets de la marine. D'après lui, ce Stevens était sur le point de me retrouver. Pour cette seule action, je suis déjà son obligée.

– Vous ne lui devez rien du tout ! Il n'a fait que suivre les ordres, c'est tout... Peu importe qu'il vous ait dit la vérité ou qu'il vous ait menti pour s'assurer votre fidélité. Il n'y a qu'une seule personne au Sénat susceptible de parler si crûment avec une telle effronterie : Seebank ; l'irascible et despotique général Seebank ! Merci, Bajaratt.

– Si c'est de lui qu'il s'agit, je dois vous préciser que je lui ai donné une tâche à accomplir pour tester sa fidélité envers moi. Comme vous vous en doutez, il est parfois indispensable, sur le terrain, d'éliminer certains obstacles, voire un poste de commande... On envoie alors un fantassin dans le camp ennemi, sachant qu'il n'en reviendra pas. Tout est dans sa chaussure.

– La babouche d'Allah ! lança la Palestinienne. Des explosifs sont logés dans la semelle et le talon, et l'explosion est déclenchée en frappant le bout de la chaussure contre quelque chose de dur. C'est la mort assurée pour le porteur et pour tous ceux qui se trouvent à proximité.

– Exactement. Je lui ai même fait parvenir un plan de construction détaillé, poursuivit Bajaratt en hochant lentement la tête. S'il me renvoie la bombe en état de marche, je saurai que je peux lui faire confiance. Dans le cas contraire, je romprai toutes les communications avec lui. Mais, s'il est ce qu'il prétend être, je me servirai de lui jusqu'au bout... et vous aurez votre Scorpion.

– Vos talents sont donc sans limites, Amaya ?

– *Muerte a toda autoridad !* C'est tout ce qui vous importe de savoir sur moi.

28

Le sénateur Paul Seebank marchait sur une route de campagne aux alentours de Rockville, dans le Maryland. C'était bientôt le soir, le ciel était chargé de nuages. Il avait à la main une lampe-torche qu'il allumait et éteignait nerveusement. Ses cheveux gris coupés en brosse étaient coiffés d'un bonnet, les traits anguleux de son visage dissimulés derrière le col relevé de son imperméable. Le grand et vaillant général Seebank était terrorisé, à deux doigts de céder à la panique. Il ne pouvait contrôler le tremblement de ses mains ou faire cesser ce rictus qui déformait sa lèvre inférieure.

Il devait pourtant garder toute sa tête et son sang-froid. Mais il ne pouvait étouffer la peur que lui inspirait le fait d'être Scorpion Un.

Le cauchemar avait commencé huit ans plus tôt, sur cette même route qui menait à une grange abandonnée au milieu de champs en friche tombés dans l'oubli depuis bien longtemps – la mode était aujourd'hui davantage aux jardins qu'aux cultures.

Il avait reçu un appel inquiétant sur la ligne privée de son bureau, la ligne sacro-sainte du jeune sénateur qu'il était, réservée uniquement à sa famille et à ses amis intimes. Mais la personne au bout du fil n'appartenait à aucun de ces deux clans – c'était un inconnu qui se faisait appeler Neptune.

– Nous avons suivi votre campagne avec un grand intérêt, général.

– Qui êtes-vous ? Comment avez-vous eu ce numéro de téléphone ?

– Peu importe en regard de ce qui m'amène. L'idéal serait de nous rencontrer le plus tôt possible, car mes supérieurs sont impatients que nous entrions en contact.

– Vous pouvez toujours courir !

– Vous me contraignez donc à vous rappeler sur quelle base vous avez édifié votre personnage et mené campagne. Le grand héros de la guerre du Vietnam qui a gardé ses hommes soudés, malgré des conditions de vie intolérables, grâce à son charisme de chef et à son courage exemplaire. Il se trouve que nous avons de nombreux amis à Hanoi, sénateur. Dois-je en dire davantage ?

– Mais qu'est-ce que... ?

– Il y a une vieille grange abandonnée sur une petite route aux environs de Rockville et...

Nom de Dieu ! Qu'est-ce qu'ils savaient ?

Seebank s'était donc rendu dans cette grange voilà huit ans, et il s'apprêtait aujourd'hui à y retourner parce qu'il y avait eu un appel d'un nouvel inconnu. La première fois, à la lueur d'une vieille lanterne, sous le regard du mystérieux et élégant Neptune, il avait lu les rapports des commandants des cinq camps de prisonniers dans lesquels lui et ses hommes avaient été incarcérés.

« Le colonel Seebank s'est montré des plus coopératifs et a souvent dîné avec nous...

« Le colonel nous informait des plans d'évasion des autres officiers...

« À plusieurs reprises nous avons feint de le torturer, et il hurlait pour se faire entendre de ses camarades dans les baraquements.

« Nous utilisions une solution acide pour décolorer sa peau – alors qu'il était généralement soûl – avant de le renvoyer dans ses quartiers avec des vêtements déchirés.

« Il était coopératif mais nous le méprisions... »

Tout était là, noir sur blanc. Le général Paul Seebank n'était plus un héros de guerre.

Mais il était fort précieux pour les commandeurs, si précieux qu'on lui offrit une position importante : Scorpion Quatre. On lui garantissait toutes ses élections, car aucun adversaire ne pouvait rivaliser avec de tels hauts faits de guerre. Il avait gagné son deuxième mandat en enterrant son concurrent sous une montagne de billets. Le sénateur, expert dans l'art militaire, devait simplement détourner certains contrats passés avec le ministère de la Défense vers les coffres des petits protégés des commandeurs.

La vieille grange apparut devant ses yeux, un squelette de bois se profilant sur le ciel noir, accroché à une colline d'herbes folles. Seebank quitta la route et grimpa le versant vers le lieu de son rendez-vous, en gardant sa lampe allumée, cette fois. Cinq minutes plus tard, il atteignait les panneaux branlants de planches à claire-voie qui avaient autrefois fait office de portes et appela.

— Je suis là!... Où êtes-vous?

Une autre lampe électrique s'alluma brièvement.

— Par ici, lui répondit une voix au fin fond de la ruine. C'est un grand honneur de rencontrer mon supérieur – dans une armée, certes, d'un genre différent... Éteignez votre lampe.

Seebank s'exécuta.

— Nous avons servi ensemble? Je vous connais?

— Nous ne nous sommes jamais rencontrés personnellement. Mais vous vous souvenez sans doute d'une certaine unité, voire de l'emplacement de certains baraquements... « Le camp sud », ça vous rappelle quelque chose?

— Un prisonnier. Vous étiez un prisonnier! Nous avons été prisonniers ensemble!

— Cela fait bien longtemps, sénateur, rétorqua l'homme caché dans l'ombre. À moins que vous ne préfériez que je vous appelle « mon général »?

— Je préférerais surtout savoir pourquoi vous m'avez fait venir ici.

— C'est bien à cet endroit que l'on vous a recruté? Dans cette grange? Comme moi. Je me disais que c'était le lieu idéal pour se voir dans un cas d'extrême urgence comme celui-ci.

— Vous aussi, vous avez été recruté? Mais alors vous êtes...?

— Évidemment! Vous ne seriez pas là, sinon! Permettez-moi de me présenter, mon général. Je suis Scorpion Cinq, le dernier des grands Scorpions. Les vingt autres sont des maillons vitaux, mais n'ont pas notre pouvoir.

— Je préfère ça, lança Seebank tandis que ses mains continuaient à trembler et que son rictus lui déformait toujours la bouche. C'est idiot, mais ce lieu me fait froid dans le dos. En toute franchise, je pensais avoir affaire à l'un de nos... de nos...

– L'un de nos commandeurs ? Vous pouvez le dire sans crainte.

– Oui. Un commandeur.

– Avec les événements extraordinaires des deux derniers jours, je suis surpris que vous ne les ayez pas déjà rencontrés – et soulagé dans un certain sens.

– Comment ça ?

– Eh bien, à en croire les codes, Scorpion Quatre est désormais le numéro un, avec les pleins pouvoirs, n'est-ce pas ?

– Oui, c'est ce qu'il semble, répondit Seebank tandis que sa bouche se tordait spasmodiquement.

– Vous savez pourquoi ?

– Non, pas exactement.

Le sénateur serrait sa torche pour faire cesser ses tremblements.

– C'est bien normal. Vous n'avez pas accès aux informations. Moi, si, et je me dois de réagir en conséquence.

– Vous parlez trop par énigmes, à mon goût, soldat ! Je n'aime pas ça !

– Peu importe ce que vous aimez ou non ! Scorpion Deux et Scorpion Trois ont été éliminés. C'étaient des pleutres. Ils ne pouvaient pas résister à la situation actuelle, c'est pourquoi Petite Amazone les a mis hors d'état de nuire, et je n'y trouve rien à y redire.

– Je ne comprends pas. Qui est Petite Amazone ?

– Vous ne le savez pas ? C'est vrai que vous travaillez pour les commandeurs dans un tout autre secteur, très lucratif mais bien différent du mien. Sachant qui vous êtes – et ce que nous savons sur vous –, il est évident que vous n'avez pas la carrure de l'emploi. Vous n'avez pas assez de tripes. Vous êtes un imposteur, Scorpion Quatre, et on m'a dit voilà des années de vous avoir à l'œil... Et maintenant, vous seriez le grand chef ?

– Comment osez-vous me parler sur ce ton ! rugit Seebank, au bord de la panique. Je suis votre supérieur !

– Désolé, je n'avais pas le temps d'entrer dans ces considérations – pas le temps d'attendre non plus que les techniciens reprogramment votre console pour vous mettre hors course. Si vous pouviez appeler votre femme à l'instant même, elle vous dirait qu'un réparateur du service des téléphones est venu chez vous à huit heures dix ce matin, douze minutes exactement après que vous avez quitté la maison pour vous rendre au Sénat. Il a fait ce qu'il avait à faire sur le poste de votre bureau... Vous voyez, nous sommes trop près, mon général, à deux doigts de redonner à ce pays la place qui lui revient. Nous avons été dépouillés, nos budgets militaires réduits à des peaux de chagrin, notre état-major décimé; notre armée sera bientôt la risée du monde entier. Il y a vingt mille têtes nucléaires à travers l'Europe et l'Asie braquées sur nous, et nous osons dire qu'il n'y a pas de menace !... Mais tout ça va changer lorsque Petite Amazone aura mené à bien sa mission. Nous retrouverons nos lettres de noblesse, et notre pouvoir sur la nation ! Le pays va se retrouver paralysé, et évidemment, comme toujours, tout le monde va se tourner vers nous pour que l'on joue les guides et les anges gardiens.

— Je suis de votre côté, soldat, bredouilla le sénateur en tremblant de tous ses membres. Je pourrais dire ces mêmes paroles; vous le savez très bien, n'est-ce pas ?

— Certes, mon général, mais ce ne serait que des mots. C'est tout ce que vous savez faire, mais quant aux actes... Votre lâcheté est un défaut rédhibitoire dans votre cas. Vous ne pourriez allez jusqu'au bout.

— Jusqu'au bout de quoi ?

— Jusqu'à l'assassinat du Président. Ça vous en bouche un coin, hein ?

— Il faut vous faire soigner, souffla Seebank, les mains brusquement fixes, son rictus s'effaçant pour laisser place à une immense terreur. Je ne peux croire un traître mot de ce que vous dites. Qui êtes-vous ?

— Je crois que l'heure est venue, effectivement, de vous le dire.

Un manchot apparut derrière le mur de brique, sa manche gauche repliée sous l'épaule.

— Vous me reconnaissez, général ?

Seebank fixa ce visage qu'il ne connaissait que trop bien, l'air éberlué.

— Vous ?...

— Est-ce que l'absence de ce bras vous rappelle quelques souvenirs ? Oui, sûrement; on a dû vous en toucher deux mots.

— Non... je ne me souviens pas... Je ne sais pas de quoi vous parlez.

– Allons, mon général, vous savez très bien qui je suis, même si vous n'avez pas vu mon visage à l'époque. J'étais simplement le capitaine X, pour vous – un capitaine d'un genre tout à fait particulier.

– Non... taisez-vous ! Vous délirez ! Je ne vous connais pas !

– Peut-être pas personnellement, comme je le disais tout à l'heure. Vous ne pouvez pas savoir comme cela a été drôle d'entendre votre interminable discours d'intronisation au Sénat, de vous écouter parler de votre prétendue expérience militaire, qui n'est que foutaises et qui a été inventée de toutes pièces grâce à nos bienfaiteurs communs par l'entremise de Scorpion Un. L'armée, quant à elle, m'a gracieusement offert une prothèse, un faux bras droit pour remplir la manche de l'uniforme, car le Pentagone reconnaissait que mes talents nécessitaient moins un bras qu'un cerveau et un vague talent d'orateur, comme tout militaire qui se respecte.

– Je jure devant Dieu que je ne vous connaissais pas avant de vous rencontrer au Sénat.

– Je vais me permettre de remédier à cette amnésie passagère. Vous vous souvenez du camp sud ? Vous vous souvenez qu'un obscur capitaine avait mis au point un plan d'évasion infaillible – infaillible si un officier américain n'avait pas prévenu les autorités du camp de prisonniers. Les Viets ont débarqué dans notre baraquement, et m'ont tranché le bras avec leur saloperie de sabre. Et dans un anglais pratiquement parfait, l'interprète du camp a dit : « Maintenant, essaie donc de t'évader ! »

– Je n'ai rien à voir avec cette histoire – rien à voir avec vous !

– Ça suffit, général. J'ai le droit de vie ou de mort sur vous. Quand j'ai été recruté, Neptune m'a montré la déposition des gens d'Hanoï, dont un certain paragraphe que vous n'avez jamais vu. C'est lui qui m'a demandé de vous surveiller, et qui m'a expliqué comment reprogrammer votre téléphone le cas échéant.

– Tout cela est du passé et n'a plus aucune importance maintenant.

– C'est drôle parce que ça en a encore pour moi. Cela fait vingt-cinq ans que j'attends ma vengeance.

Deux coups de feu retentirent dans la vieille grange

délabrée, tandis qu'une bruine commençait à tomber sur les champs en friche de la campagne.

Le chef du grand état-major interarmées s'éloigna dans l'herbe folle pour rejoindre sa Buick dissimulée sous les arbres. Si tout se déroulait comme prévu, Petite Amazone venait de faire un pas de plus vers son objectif.

Hawthorne se dirigeait vers McLean, en Virginie, à bord de la voiture du ministère des Affaires étrangères, en songeant avec agacement aux mystères de la famille O'Ryan. Soit ils étaient les êtres les plus crédules qu'il ait jamais rencontrés, soit O'Ryan leur avait si bien fait la leçon qu'ils pourraient tromper un détecteur de mensonges quand bien même on les prendrait la main dans le sac.

Il était arrivé au bungalow peu après cinq heures et demie, et vers sept heures Hawthorne était parvenu à la conclusion que Patrick Timothy O'Ryan était le plus grand cachottier d'origine gaélique. En lisant le dossier d'O'Ryan que lui avait remis la CIA une heure avant de quitter le Shenandoah Lodge, la curiosité de Tyrell avait été piquée au vif par une lacune étrange dans le passé de l'analyste. La brusque fortune de cette famille, qui d'une modeste maison d'un cadre moyen de la CIA s'était offert une grande demeure ainsi qu'un superbe bungalow sur la plage, ne pouvait s'expliquer par l'héritage d'un oncle éleveur de chevaux en Irlande. La CIA avait demandé à voir les actes notariés mais n'avait pas poussé plus loin ses investigations. C'était une erreur aux yeux de Hawthorne. Pour commencer, O'Ryan avait des frères aînés à New York, dans la police. Pourquoi ceux-ci n'avaient-ils pas eu droit à l'héritage de cet oncle fortuné qui, au dire de Mrs. O'Ryan, n'avait jamais rencontré aucun de ses neveux ?

– Oncle Finead était un saint homme ! s'était écriée Maria Santoni O'Ryan en sanglotant. Le Seigneur lui a dit que mon cher époux était le préféré de Jésus-Christ. Faut-il vraiment que vous me tourmentiez avec ces questions ?

« Vous n'êtes guère convaincante, Mrs. O'Ryan, songea Tyrell. Mais vous n'avez pas les réponses que je cherche. » Pas plus que ne les avaient ses trois fils et ses deux filles, qui tous faisaient montre d'une légitime colère. Et il y avait quelque chose de pourri, une odeur diffuse que Hawthorne n'arrivait pas à localiser.

Il était près de neuf heures et demie lorsqu'il s'engagea dans l'allée privée qui menait à la grande demeure coloniale des Ingersol, à McLean, en Virginie. La route à deux voies était bordée de limousines noires et de voitures de luxe – des Jaguar, des Mercedes, et un assortiment de Cadillac et de Lincoln ; une pelouse sur le côté gauche de la maison faisait également office de parking, des gens en livrée allaient y garer les voitures des nouveaux arrivants.

Il fut accueilli à la porte par le fils de David Ingersol, un charmant jeune homme, courtois, les yeux rouges d'une authentique tristesse.

– Je crois qu'il vaut mieux que j'appelle les associés de mon père, répondit le jeune homme après que Tyrell eut décliné son identité. Je ne vous serais guère utile, quel que soit le motif de votre visite.

Edward White, du cabinet Ingersol et White, était un homme râblé, de taille moyenne, au crâne chauve et aux yeux perçants.

– Je vais m'en occuper, répondit-il d'un ton sec, après avoir étudié les papiers de Hawthorne. Reste à côté de la porte, Todd, je vais aller discuter avec ce monsieur dans le couloir... (Après s'être éloigné de quelques mètres, White se tourna vers Hawthorne.) Dire que je suis surpris par votre visite un soir comme celui-ci serait un euphémisme. Un enquêteur du ministère des Affaires étrangères, alors que ce pauvre David n'est même pas enterré ! Comment osez-vous ?

– Il fallait faire vite, Mr. White, répliqua Tyrell. Une question de vie ou de mort pour nous.

– Mais pourquoi, pour l'amour du ciel ?

– Parce que David Ingersol était peut-être mêlé à une grande opération de blanchiment d'argent pour le Cartel de Medellin et celui de Cali, les deux affaires ayant été négociées à Porto Rico.

– C'est une honteuse calomnie ! Nous avons des clients à Porto Rico, en particulier David, mais il n'y a pas la moindre once de trafics clandestins là-dessous. J'étais son associé, je suis bien placé pour le savoir !

– Peut-être en savez-vous moins que vous ne le pensez. Et si je vous disais que, par l'entremise du ministère des Affaires étrangères, nous avons appris que David

Ingersol avait des comptes à Zurich et à Berne qui dépassent les dix millions de dollars ? Ces sommes ne proviennent pas de votre cabinet. Vous êtes riches, mais pas à ce point.

– Vous êtes soit un menteur, soit un paranoïaque... Allons dans le bureau de David, nous ne pouvons pas parler ici, suivez-moi...

Les deux hommes se frayèrent un chemin dans le grand salon bondé de gens venus présenter leurs condoléances et longèrent un autre couloir jusqu'à une porte qui donnait dans un bureau aux murs tapissés de livres. Tout autour d'eux, ce n'était que bois et vieux cuir – les chaises, les tables, les deux canapés, même le grand fauteuil pivotant derrière l'imposant bureau de David Ingersol.

– Je ne peux croire un mot de ce que vous me dites, répondit White en fermant la porte derrière eux.

– Il ne s'agit pas d'arrêter qui que ce soit, mais simplement d'une enquête en cours. Si vous doutez de mes dires, appelez donc le ministère, je suis sûr que vous connaissez des personnes haut placées qui sauront vous convaincre.

– Vous n'avez donc aucun scrupule ? Pensez à la famille de David.

– Je pense surtout à tous ces comptes à l'étranger qui auraient pu être ouverts par la BCCI et à un citoyen américain qui pourrait utiliser son énorme influence pour blanchir l'argent de la drogue.

– Qui êtes-vous pour proférer de telles accusations, Mr. Hawthorne ? Pour cumuler les fonctions de police, de juge et de juré ? Vous ne savez donc pas qu'il est simplissime d'ouvrir un compte à l'étranger à quelque nom que ce soit en envoyant une simple signature certifiée ?

– Je l'ignorais, mais pas vous apparemment.

– En effet, parce que j'ai quelques notions en matière bancaire, et tous les clients de notre cabinet ont de bonnes raisons d'ouvrir ce genre de comptes, en particulier si nos honoraires sont perçus directement sur ceux-ci.

– Je ne connais rien de ce monde, mentit Tyrell, mais, si ce que vous dites est vrai, il nous suffit de faxer la signature d'Ingersol à Zurich ou à Berne pour en avoir le cœur net.

– Les télécopies ne peuvent être traitées par les spectrographes. Je suis surpris de devoir vous l'apprendre.

– Vous êtes un expert, pas moi. Mais ma spécialité, c'est l'observation. J'ai des yeux de lynx. Je vous vois tous parader en ville dans vos limousines, tout auréolés de respectabilité, alors que vous vous vendez au plus offrant. Mais, au moindre faux pas, sachez que je serai là pour vous épingler.

– Voilà un langage peu académique pour un membre du ministère des Affaires étrangères. J'ai plutôt l'impression d'entendre le verbiage paranoïaque de ces super-héros de bandes dessinées, et c'est vous qui venez de faire un faux pas. Je crois bien que je vais passer ce coup de fil au ministère, comme vous me le suggériez.

– Ce n'est pas la peine, Edward, lança une troisième voix dans la pièce qui fit sursauter les deux hommes.

Le grand fauteuil du bureau pivota sur son axe. Un vieil homme y était assis, habillé avec une distinction et une élégance telles que Tyrell crut un instant reconnaître Nils Van Nostrand.

– Je m'appelle Richard Ingersol, Mr. Hawthorne. Je suis un ex-juge de la Cour suprême. Je crois que nous avons des choses à nous dire – en privé, Edward – mais pas dans cette pièce ni dans aucune autre de la maison.

– Je ne vous comprends pas, répondit l'associé d'Ingersol d'un air étonné.

– C'est une affaire qui ne vous regarde en rien, mon cher Edward. Je vous en prie, veillez à ce que ma belle-fille et mon petit-fils s'occupent de tous ces... ces hypocrites en limousine. Mr. Hawthorne et moi-même allons passer par la cuisine et faire un petit tour dehors.

– Mais vous ne...

– Mon fils est mort, Edward, et se fiche comme moi de ce que pourra bien raconter le *Washington Post* sur ces mondains larmoyants, dont la moitié rêvent de lui prendre ses clients... (Le vieil homme se leva laborieusement du fauteuil et fit le tour du bureau.) Allons-y, Hawthorne, personne ici n'a la moindre réponse à vos questions. Et puis c'est une charmante nuit pour faire une petite promenade.

Tyrell suivit le vieil homme, sous le regard mauvais d'Edward White qui leur tenait la porte. Ils traversèrent la cuisine bondée de monde et sortirent dans le grand jardin où scintillait une piscine sous les projecteurs. L'ex-membre de la Cour suprême monta les quelques marches qui menaient au dallage entourant la piscine.

– Qu'est-ce qui vous amène exactement, Mr. Hawthorne ? Et qu'est-ce que vous savez au juste ?

– Vous avez entendu ce que j'ai dit à l'associé de votre fils ?

– Cette histoire de blanchiment d'argent ? De Cartel de la drogue ? Allons, David n'avait ni le goût ni l'audace de s'occuper de ce genre d'affaire. En revanche, vous avez raison en ce qui concerne ses comptes en Suisse.

– Peut-être serait-il plus judicieux que *vous* me disiez ce que vous savez.

– C'est une histoire macabre, avec son cortège de triomphes et d'angoisses et une certaine dose de tragédie – tous les éléments d'un drame shakespearien, mais sans la majesté qui en fait des chefs-d'œuvre.

– J'apprécie la métaphore, mais cela ne m'aide guère.

– Vous me regardez d'une drôle de manière, poursuivit Ingersol sans tenir compte de la remarque de Tyrell. Est-ce simplement la surprise de m'avoir vu dans cette pièce, ou y a-t-il autre chose ?

– Vous me rappelez quelqu'un.

– C'est bien ce que je pensais. C'est tout à fait sciemment que vous faites ici une apparition aussi brutale. Vous cherchez à créer un choc, à faire perdre pied à autrui, voire à le pousser à la panique. Et votre façon de me regarder me le confirme.

– Je ne sais pas de quoi vous parlez.

– Mais si, vous le savez très bien. Il s'agit de Nils Van Nostrand – Mr. Neptune si vous préférez... C'est notre ressemblance qui vous a frappé instantanément. Je l'ai vu sur votre visage, mais je peux vous assurer que notre similarité n'est qu'en surface. Mis à part certaines caractéristiques – taille, silhouette et couleur des cheveux – les hommes de notre âge et de notre rang tendent à se ressembler. Dans notre cas, c'est surtout notre tenue vestimentaire. Vous connaissez Van Nostrand, et le dernier lieu où vous pensiez le rencontrer, c'était dans cette maison. Ça en dit long sur vous.

– Je suis donc étonné que vous admettiez connaître Neptune.

– Oh, ce n'est qu'une partie de l'histoire, poursuivit Ingersol en passant sous une tonnelle pour gagner le jardin parsemé de fleurs – un sanctuaire multicolore isolé du reste du monde. Une fois que toutes les pièces du drame furent en place, Nils vint me voir à plusieurs reprises sur la Costa del Sol. Je ne savais pas qui il était, évidemment, et nous nous liâmes d'amitié. Il semblait être comme nombre d'entre nous – des aventuriers du troisième âge ayant assez d'argent pour sauter dans un avion et aller chercher un peu de distraction à travers le monde. C'est moi qui lui ai donné l'adresse de mon tailleur à Londres.

– Quand avez-vous appris qu'il était Neptune ?

– Il y a cinq ans. Je commençais à sentir qu'il y avait anguille sous roche, à cause de ses brusques arrivées et de ses départs impromptus, et aussi lorsqu'il parlait de sa famille ou de sa fortune – il restait toujours très vague.

– Cela n'a rien de bien surprenant, lança Tyrell. Peu de personnes dans ces beaux quartiers ont envie de montrer leurs portefeuilles d'actions à leurs voisins.

– Certes, mais les origines en sont globalement connues. Un homme invente quelque chose, ou comble soudain un créneau du marché laissé vacant ; ou encore, il crée une banque au moment ad hoc, ou fait de la prospection immobilière ; il y a des tremplins connus pour quelque fortune que ce soit. Dans mon cas, avant que je ne sois nommé à la Cour suprême, j'étais le cofondateur d'un grand cabinet juridique qui avait ses bureaux à la fois à Washington et à New York. Je pouvais donc facilement m'acheter les faveurs de cette noble assemblée.

– Certes, concéda Hawthorne, se souvenant des abondantes informations que donnait le dossier sur le père de David Ingersol.

Mais il restait un point obscur : pourquoi Richard Ingersol avait-il démissionné de son siège à la Cour suprême ? Soudain, Hawthorne sentit qu'il était à deux doigts de la réponse.

– Neptune, dit Ingersol comme s'il avait lu dans les pensées de Tyrell avant de s'asseoir sur un banc en fer forgé à l'extrémité du jardinet fleuri. C'est l'autre partie de l'histoire, une partie plutôt brutale et sordide. Une nuit, sur la terrasse du yacht-club où l'on pouvait contempler la Méditerranée sous le clair de lune, Van Nostrand, toujours aussi observateur, me dit : « Il y a quelque chose qui vous dérange chez moi, n'est-ce pas ? » Je lui ai répondu que je supposais qu'il était homosexuel, mais que cela n'avait rien de bien extraordinaire. Ils sont légion dans les classes supérieures de tous les pays du monde. C'est alors qu'il m'a annoncé, avec un sourire démoniaque à faire froid dans le dos : « Je suis l'homme qui vous a ruiné, l'homme qui a le destin de votre fils entre ses mains. Je suis Neptune. »

– Il vous a dit ça aussi brutalement ?

– Ça m'a fait un choc, vous vous en doutez bien, et puis je lui ai demandé pourquoi il m'annonçait ça si tard. Quel plaisir malsain pouvait-il en tirer ? J'avais quatre-vingt-un ans et je n'étais guère en position de me battre et encore moins de le tuer. Ma femme était morte et j'étais seul, me demandant, chaque soir en me mettant au lit, si j'allais me réveiller le lendemain. « Pourquoi me dites-vous ça, Nils, insistai-je, pourquoi me faire ça aujourd'hui ? »

– Il vous a répondu ?

– Oui, Mr. Hawthorne, il m'a répondu. C'est la raison pour laquelle je suis revenu... Mon fils n'a pas été tué par un drogué ; son meurtre a été méticuleusement programmé par les gens qui m'ont « ruiné » et qui avaient le « destin » de mon fils entre leurs mains, pour reprendre les termes de Van Nostrand. J'ai quatre-vingt-six ans aujourd'hui, et tous les instants que je vis sont autant de pieds de nez que je fais à la mort. Les médecins y perdent leur latin, mais un jour ou l'autre je ne reverrai pas le jour, je le sais. C'est ainsi. En revanche, ce que je ne saurais accepter, c'est d'emporter dans ma tombe ce secret qui a fait de moi un exilé purgeant ses fautes passées et qui a causé la mort de mon fils.

– Que vous a répondu Neptune ? insista Tyrell.

– Il m'a répondu avec ce même sourire mauvais et ce regard froid comme la glace. Je me souviens de ses paroles, mot pour mot ; elles continuent encore de me hanter... « Je tenais à vous montrer ce que nous sommes capables de faire, mon vieux Dickie – et ce, en moins de deux générations. Bientôt, nous tiendrons les rênes du pays tout entier – nous, Mars et Neptune. Je voulais que vous le sachiez, et que vous compreniez que vous ne pouvez rien y faire. » La voilà, sa satisfaction ! Me jeter sa victoire à la figure, pour humilier un vieil homme dont la fortune avait été faite sur de la corruption. Mais, maintenant qu'ils ont tué mon fils, il est temps pour moi de sortir de ma prison dorée et de soulager ma conscience. Je ne sais pas par où commencer, il y a certaines choses que je ne peux dire. J'ai un gentil petit-fils à protéger – un garçon qui est à bien des égards meilleur que son père et que son grand-père – mais, quant au reste, je suis prêt à aller jusqu'au bout. Or j'ai surpris votre conversation dans le bureau, Mr. Hawthorne, et je vous ai observé attentivement. Ce sera donc vous. Il y a quelque chose chez vous qui inspire confiance, annonça Ingersol en vrillant son regard dans celui de Hawthorne. Vous ne faites pas simplement un travail, vous vous y jetez corps et âme. C'est sans doute cela qui justifie votre apparition intempestive au beau milieu de notre petite scène familiale.

– Je ne suis pas acteur, Ingersol.

– Nous le sommes tous, Hawthorne, nous allons et venons comme sur une scène de théâtre, nous apparaissons çà et là pour jouer notre rôle dans les vies d'autrui, par goût, par jeu ou par devoir.

– C'est le lot commun, non ?

– Oui, nous sommes tous des acteurs en ce bas monde... Maintenant, en ce qui concerne mon témoignage, j'ai quelques conditions à poser...

– Lesquelles ?

– Je suis prêt à vous donner certaines informations, mais je tiens à ce que mon identité reste secrète. Je serai votre « source anonyme » et nos communications devront rester strictement confidentielles.

– Impossible. J'aurai besoin de certaines confirmations.

– Dans ce cas, je retournerai à la Costa del Sol, après les funérailles ; et si Van Nostrand montre le bout de son nez, je lui tirerai une balle en pleine tête et j'irai me rendre aux autorités espagnoles. Ce ne sera ni plus ni moins qu'une histoire d'honneur, un acte sans préméditation ; ce n'est pas si rare.

– Van Nostrand ne se montrera pas. Il est mort.

Le vieil homme regarda fixement Tyrell.

– Mais personne n'en a parlé dans les journaux. Nulle part on n'a annoncé sa mort.

– Vous êtes l'un des rares privilégiés à le savoir. On a étouffé l'affaire.

– Pourquoi ?

– Disons, pour perturber l'ennemi.

– L'ennemi ? Alors, vous savez qu'il y a une organisation derrière tout ça ?

– Oui.

– Des gens recrutés, comme mon fils l'a été. Extorsion de fonds, chantage et ruine totale si les heureux élus ne cèdent pas ; autrement, grosses sommes d'argent en compensation si les nouvelles recrues filent doux.

– Sauf pour ceux qui sont repérés, ou qui semblent l'être... dans ce cas, c'est la mort assurée. Mais un grand nombre d'entre eux nous restent inconnus et nous ne savons où chercher ? Vous pouvez nous aider ?

– Est-ce que je peux *vous* aider, vous voulez dire ?

– Des amis proches ont été tués, et une personne qui m'est très chère risque de rester paralysée à vie... je n'en dis pas plus que ça.

– C'est une raison suffisante pour moi... Sachez donc qu'ils s'appellent les Scorpions, qu'ils sont numérotés de un à vingt-cinq. Les cinq premiers se trouvent au-dessus du lot dans la mesure où ils transmettent les ordres, disons, du comité directeur.

– Le comité directeur ?

– On les appelle, à juste titre d'ailleurs, les commandeurs.

– Qui sont ces gens ?

– Alors, vous acceptez mes conditions ?

– Comment voulez-vous que je vous promette de n'en parler à personne ? Vous n'avez pas la moindre idée de la gravité de la situation.

– Je ne veux pas que mon petit-fils en pâtisse. Todd a toute la vie devant lui, et je ne veux pas qu'il soit victime de l'opprobre publique parce qu'il a eu le malheur d'être le rejeton d'une famille de gens corrompus.

– Vous savez que je pourrais très bien vous mentir.

– Certes, cette idée vous traversera sans doute l'esprit, mais je ne crois pas que vous le ferez, pas si vous me donnez votre parole. C'est un risque que je suis prêt à prendre... Alors ?

Tyrell fit quelques pas, l'air agacé, leva les yeux vers la lune un court instant et puis revint se planter devant le vieil homme qui, malgré sa douleur de père, soutint son regard sans sourciller.

– Vous me demandez de transmettre l'information en disant que je la tiens d'une source anonyme ? C'est de la folie !

– Je ne crois pas. Il y a eu un certain Deep Throat [1],

1. Personnage haut placé dans le gouvernement Nixon ayant donné des informations confidentielles à Carl Bernstein et Bob Woodward, journalistes du *Washington Post*, qui ont permis de faire éclater l'affaire du Watergate. *(N.d.T.)*

vous vous souvenez, et un journal intègre qui transmettait ses informations sans révéler son identité.

– Vous avez du concret à me fournir ?

– Disons que j'ai des pistes que je crois tout à fait fiables ; pour le reste, c'est à vous de jouer.

– Ça va, vous avez ma parole, céda finalement Hawthorne. Et je ne mens pas... Je vous écoute.

– Van Nostrand possédait l'une de ces petites villas de luxe, le genre de garçonnière pour célibataire, si vous voyez ce que je veux dire. Après avoir appris qui était Van Nostrand et ce qu'il faisait, j'ai placé cette villa sous microscope, comme on dit dans les services de renseignements. J'ai acheté son domestique, ainsi que les gens de l'agence locale du téléphone et les standardistes de notre club. Je ne pouvais tuer cet homme sans en subir les fâcheuses conséquences, mais, en apprenant le maximum de choses sur cette ordure, j'aurais pu peut-être inverser la vapeur et le tenir à ma merci, comme il avait cru nous tenir, mon fils et moi.

– En utilisant les mêmes armes que lui ? lança Tyrell. Extorsion de fonds, chantage, en menaçant de révéler ce que vous saviez ?

– Exactement... en me servant de ce que m'avait dit mon fils. Il fallait se montrer extrêmement prudent, vous l'imaginez. Pas de lettres ni d'appels téléphoniques, rien de tout ça... David voyageait beaucoup, partant assez souvent d'ailleurs en mission pour la CIA afin d'enquêter sur des...

– Je suis au courant, l'interrompit Tyrell. Lorsque j'ai avancé son nom, le chef des services secrets de la marine m'a pris pour un fou. Votre fils paraissait tellement irréprochable qu'il jouait au besoin les agents de la CIA.

– C'est drôle, non... Il n'empêche que nous nous rencontrions en secret, en prenant toutes les précautions pour ne pas être vus ensemble. On se retrouvait au milieu de la foule de Trafalgar Square, ou dans des cafés bondés de la rive gauche, ou dans des hôtels perdus en rase campagne. David m'a donné les codes téléphoniques – il s'agit de transmissions par satellite, soit dit en passant.

– Nous savons ça aussi.

– Vous avez bien avancé.

– Pas assez. Continuez.

496

– Il connaissait le Van Nostrand officiel, ce qui était inévitable dans le petit cercle de Washington, mais ils se parlaient rarement en public. Et puis il y a eu une urgence – une réunion de dernière minute à la CIA. Van Nostrand ordonna alors à mon fils de transmettre les conclusions de la réunion à Scorpion Deux.

– Scorpion Deux? O'Ryan?

– Oui. David était Scorpion Trois.

– Il faisait donc partie de la bande des cinq?

– À son corps défendant, sachez-le bien. C'est pourquoi je veux que cette information reste entre nous.

– Qui sont les deux autres Scorpions?

– Il ne l'a jamais su précisément, mais il devait y avoir dans le lot un sénateur car Van Nostrand lui avait dit un jour que la commission des services de renseignements du Sénat était une source d'information précieuse. En ce qui concerne le dernier, David disait qu'O'Ryan l'avait découvert, mais il se contentait de dire que c'était « une grosse pointure du Pentagone ».

– C'est là-bas que l'on en trouve le plus au mètre carré, fit remarquer Tyrell.

– C'est juste. Cela confirmait néanmoins les informations que j'avais glanées à la Costa del Sol. Van Nostrand ne cessait d'appeler Washington chaque fois qu'il était dans sa villa, et le plus souvent au Pentagone. Mais cette liste de numéros de téléphone n'était que d'une piètre utilité, comme le disait David, puisque, lorsque Neptune voulait contacter un Scorpion, il utilisait la liaison par satellite.

– Sauf s'il avait recours à des coursiers pour transmettre ses messages, annonça Hawthorne. Votre fils a raison, cette liste est sans utilité... Vous avez appris autre chose, hormis ces coups de fil?

– Oui. J'ai trouvé une correspondance avec une agence immobilière à Lausanne. Apparemment, Van Nostrand possédait une propriété sur le lac sous un autre nom, un nom espagnol. Son nom figurait comme gardien.

– Pas la peine de creuser par là, même s'il y avait quelque chose à trouver, cela nous prendrait trop de temps. Vous avez autre chose?

– Oui, répondit Ingersol avec un pâle sourire. Une liste de vingt noms et adresses de gens inscrits sur du papier à en-tête de la Gemeinschaft Bank à Zurich. Il y a dix-huit mois, elle était dans le coffre-fort de Van Nostrand. J'ai sorti dix mille dollars pour qu'un charmant voleur, aujourd'hui sous les verrous, neutralise les systèmes d'alarme et ouvre le coffre. Vingt noms, Mr. Hawthorne. *Vingt* noms.

– Le gros filon ! murmura Tyrell. Les autres Scorpions. Votre fils était au courant ?

– Je suis un juriste avisé, Hawthorne. Je sais quand fournir des preuves, et quand les garder par-devers moi, en particulier si ces preuves peuvent se révéler dangereuses pour l'avocat.

– Je ne vous suis pas.

– Pour dire les choses sans détour, David n'était ni préparé ni enclin à occuper une telle position. C'était un bon conseiller juridique, un excellent juriste dans le domaine des affaires, mais nullement un avocat – il n'avait pas les armes pour lutter. Il faisait consciencieusement son travail en tant que Scorpion Trois, mais ce n'était qu'un exécutant. Il était constamment terrorisé, et traversait de temps en temps des crises d'angoisse et des dépressions nerveuses. Si je lui avais donné cette liste, il risquait de l'utiliser, au cours d'une de ces crises, dans le vain espoir de s'échapper de cette spirale infernale.

– Il aurait pu réussir ?

– Grand Dieu, non ! Réfléchissez un peu ! Van Nostrand était un intime du Président, avec des relations dans tout le gratin de Washington ; O'Ryan, un analyste de haut vol, initié aux secrets défense les plus confidentiels ; que valait une liste de noms inconnus délivrée par un homme en proie à la panique, qui n'avait aucune preuve pour étayer ses dires ?

– Et les codes satellite ?

– Tout accès avait été coupé instantanément par les Scorpions au moindre signal d'alarme... Si on m'avait consulté pour l'assassinat de John Kennedy, j'aurais pu montrer à quel point il était enfantin de couvrir une opération, et d'échapper totalement à la commission Warren. Les Scorpions en sont la preuve vivante.

– Pourquoi votre fils a-t-il été tué ?

– Il a paniqué. Je ne sais pas quelle erreur il a commise, mais cela a dû être tout récent. Comme je vous l'ai dit, on ne s'échangeait ni lettres ni coups de téléphone. Il était persuadé que sa maison et son cabinet étaient surveillés par les commandeurs.

– Ils étaient sur écoute ?

– La maison, sûrement pas ; le bureau, peut-être. Mais c'est peu probable. C'est un grand cabinet avec un système téléphonique complexe. La moindre dérivation pourrait soulever des soupçons.

– Vous êtes vraiment certain que la maison n'était pas sur écoute ?

– J'envoyais des équipes inspecter les lieux une fois par mois, mais je n'ai jamais pu convaincre David. Il n'arrêtait pas de dire : « Tu ne sais pas ce dont ces gens sont capables. » C'est vrai que je n'en avais pas la moindre idée ; je lui certifiais simplement que sa maison était sûre. On repère facilement le moindre micro dans une maison, comme vous le savez.

– Qui sont les commandeurs ?

– Je ne sais pas trop. Je ne peux vous fournir que des indices. Les gens rendaient visite à Van Nostrand en avion privé et, évidemment, j'ai laissé pas mal d'argent à l'aéroport de Marbella et dans les services de douanes. Il va sans dire, Mr. Hawthorne, que j'ai les noms et les lieux de départ de tous les gens qu'il voyait. Parmi eux se cachent sûrement plusieurs de ces commandeurs, mais à mon grand regret je n'en sais pas plus. Il est courant de faire de fausses déclarations sur ce genre de documents, mais je n'ai pu repérer aucun point commun, aucun élément récurrent qui m'aurait permis d'éclaircir ce mystère... En revanche, un homme et une femme, lui venant de Milan, et elle de Bahreïn, apparaissaient plus souvent que les autres sur les listes. Au début, j'ai cru qu'il s'agissait d'amants, que Van Nostrand accueillait pour garantir le secret de leur liaison. Mais je me suis vite rendu compte de ma naïveté. Ils étaient tous les deux vieux et obèses. S'ils étaient amants, il leur faudrait un treuil pour monter l'un sur l'autre. Non, Hawthorne, ils n'étaient pas amants. Selon moi, ils étaient étroitement liés aux commandeurs – à savoir leurs chefs, ou leurs courtiers.

– Milan, la porte du Nord pour Palerme, autrement dit pour la mafia, dit Tyrell, l'air songeur. Et Bahreïn, cette Suisse de l'Orient, est l'une des grandes sources de fonds pour la Beqaa. Vous pourriez les identifier, et me dire qui ils sont ?

– Chut ! lança Ingersol en levant la main droite pour faire signe à Tyrell de se taire. Quelqu'un arrive par la tonnelle.

Hawthorne s'apprêta à se retourner, mais il était déjà trop tard. Un bruit sec rompit le silence – un pistolet à silencieux. La balle perfora le front du vieil homme. Tyrell plongea sur sa droite, dans un massif de rosiers, la main sous sa ceinture, cherchant son arme. Mais une silhouette fondit sur lui comme un grand oiseau de nuit, obscurcissant les étoiles au-dessus de lui. Un lourd objet de métal s'abattit sur son crâne, et ce fut le trou noir.

29

Hawthorne sentit d'abord une douleur lui vriller le crâne, puis un filet de sang couler sur son visage. En cherchant son souffle, il tenta de relever la tête, mais les épines du rosier s'accrochèrent à ses cheveux et à sa peau. Tout son corps était pris dans les ronces du buisson, cerné de toutes parts par les branches acérées, comme si quelqu'un avait pesé de tout son poids pour l'y enfoncer. Et ce quelqu'un était celui qui avait tué Richard Ingersol, le père de Scorpion Trois.

Lentement, avec force grimaces, Tyrell s'extirpa de cet entrelacs d'épines et se releva, sentant soudain qu'il y avait un pistolet dans sa main, un pistolet trop gros, trop lourd pour être le sien. Il baissa les yeux vers l'arme qui luisait sous la lueur des projecteurs de la piscine. C'était un calibre 38 équipé d'un silencieux, l'arme qui avait tué Ingersol. Un coup monté ! songea-t-il en prenant brusquement conscience des pulsations qui titillaient sa poitrine – *un, deux, trois... un, deux, trois* –, Poole essayait de le joindre, et c'était un appel d'urgence. Depuis combien de temps l'appelait-il ?

Il sortit en titubant du parterre de fleurs. Il fit son possible pour retrouver ses esprits tout en essuyant le sang de son visage avec les pans de sa chemise. Personne alentour, hormis le cadavre d'Ingersol, le crâne éclaté par l'impact, un masque sanguinolent à la place du visage. Tye se précipita, suivant son instinct qui lui disait d'agir vite. Il souleva le corps d'Ingersol gisant sur le banc en fer forgé, et le tira à couvert, sous la haie qui bordait le jardin. Il fouilla les poches du vieil homme.

Rien, à part un portefeuille avec des billets et des cartes de crédit ; il les remit à leur place et prit le mouchoir d'Ingersol pour se nettoyer. La piscine – de l'eau !

Hawthorne courut vers la tonnelle, regardant autour de lui tout en glissant le Magnum dans sa ceinture. Toujours personne. Des voix étouffées lui parvenaient, filtrant des baies vitrées où il distinguait des silhouettes qui allaient et venaient lentement. Il humecta le mouchoir avec l'eau de la piscine, et se nettoya le visage et le haut du crâne. S'il trouvait le moyen de traverser cette cuisine bondée sans se faire remarquer, il pourrait atteindre le couloir qui menait au bureau du fils Ingersol. Il n'avait pas le choix. Il devait rappeler Jackson, savoir ce qu'il avait à lui dire et lui raconter ce qui venait de se passer. Il aperçut une serviette de bain sur une chaise longue ; il s'en empara machinalement dans le vague espoir de couvrir ses vêtements tachés de sang. Soudain il comprit que, sans ces pulsations répétées qui battaient la mesure contre sa poitrine, il serait étendu encore inconscient ; sans ces petites impulsions électriques, on l'aurait retrouvé à côté du cadavre de Richard Ingersol, le corps souillé de sang. Pour la police, il aurait fait le meurtrier idéal. Ils éliminaient ainsi deux hommes du même coup, les deux seuls peut-être, hormis Bajaratt, à connaître l'existence des Scorpions. Il n'y avait pas une seconde à perdre !

Tyrell tint la serviette devant son visage et se dirigea vers la cuisine. Il fendit la foule en tablier blanc qui s'affairait, comme s'il était l'un des invités accablés de douleur ou ayant trop bu afin d'oublier son chagrin dans la maison du défunt. Ceux qui remarquèrent son état pitoyable détournèrent les yeux – à chacun son travail, à chacun sa peine. Il longea rapidement le petit couloir jusqu'au bureau d'Ingersol, soulagé de voir que la porte était toujours fermée, comme ils l'avaient laissée. Il se glissa discrètement à l'intérieur, verrouilla la porte derrière lui et alla tirer les rideaux. L'entaille sur son crâne s'était rouverte, mais par chance les points de suture à sa hanche avaient tenu bon. Il y avait du sang sur son pantalon, mais pas dessous ; le bandage supplémentaire de Poole avait fait son effet. Il y avait un petit cabinet de toilette dans le bureau d'Ingersol – la porte était ouverte. Il irait soigner sa blessure dès que possible, mais avant tout il fallait rappeler le lieutenant Poole, qui devait s'impatienter.

– Où étiez-vous donc passé ? lança Poole avec un agacement teinté d'angoisse. Ça fait trois quarts d'heure que j'essaie de vous joindre !

– Plus tard, Jackson. Toi, d'abord. Je t'écoute. Des nouvelles de Cathy ?

– Non. L'hôpital dit que son état est toujours stationnaire.

– Qu'est-ce qu'il y a, alors ?

– Je préférerais avoir autre chose à vous apprendre, Tye, mais il vaut mieux que vous soyez au courant... Henry Stevens est mort, un grand coup de couteau dans la poitrine. On a retrouvé son corps derrière le garage... (Le lieutenant se tut un instant.) Il faut que je vous dise aussi que Mrs. Stevens a tanné Palisser pour qu'il lui donne notre numéro. Elle a laissé un message pour vous et n'en attend aucun de votre part. Je l'ai écrit et lui ai juré de vous le transmettre. Voilà ce qu'elle dit : « D'abord Ingrid, maintenant Henry. Quel sera le prochain sur la liste ? Laisse tomber, pour notre bien à tous. » Qu'est-ce que ça veut dire, commandant ?

– Elle associe deux choses qui ne sont liées en aucune manière.

Tyrell ne put s'empêcher de songer un instant à la douleur de Phyllis. Plus tard, il y penserait plus tard !

– La police a des indices sur ce meurtre ?

– Rien, si ce n'est que ce genre de blessure est plutôt inhabituel. L'affaire est tenue secrète. La police a ordre de ne rien divulguer à la presse.

– Qu'est-ce qu'ils disent sur cette blessure ?

– Il s'agirait d'une grande lame, très épaisse. Extrêmement rare.

– Qui t'a dit ça ?

– Palisser. Depuis que Gillette a eu une crise cardiaque, c'est lui qui reprend les commandes, puisque vous travaillez officiellement pour le ministère des Affaires étrangères.

– Tu lui as donc parlé directement ? demanda Tyrell.

– J'étais un peu impressionné de me trouver devant un ministre, mais oui, je l'ai fait. Il m'a donné ses lignes directes, au ministère comme à son domicile.

– Écoute-moi bien, Jackson, prends des notes et n'hésite pas à m'arrêter s'il y a quelque chose qui t'échappe, d'accord ?

Hawthorne lui raconta en détail tout ce qui venait

d'arriver chez les Ingersol, à McLean, en particulier la conversation qu'il avait eue avec le père, ainsi que sa mort violente.

– Vous êtes blessé gravement ? demanda le lieutenant.

– Je survivrai avec un ou deux points de suture supplémentaires et un mal de crâne ! Maintenant téléphone à Palisser et raconte-lui tout ce que je viens de te dire. Débrouille-toi pour que je puisse avoir accès aux dossiers de la CIA sur tous les sénateurs en fonction, sur les grands pontes du Pentagone, ainsi que sur toutes les personnes susceptibles d'avoir quelque pouvoir décisionnel que ce soit.

– J'écris aussi vite que je le peux, lança Poole. Nom de Dieu, quelle histoire !

– Tu as tout noté ?

– Oui, je suis assez fiable d'ordinaire. J'ai ce qu'on appelle une bonne mémoire auditive. Je lui dirai tout ce que vous m'avez dit... Au fait, votre frère Marc a rappelé. Il était affolé.

– Il l'est toujours. Qu'est-ce qu'il a ?

– C'est à propos des deux pilotes de chez Van Nostrand, les frères Jones. Vous avez douze heures pour les rappeler, sinon ils vont tout raconter à la presse.

– Grand bien leur fasse ! Qu'ils aillent donc trouver les journaux. Ça créera un vent de panique chez les Scorpions, et l'un d'entre eux est justement ici dans cette maison. Il m'a vu sortir dans le jardin avec le vieux, le père de Scorpion Trois. Il y en a trois d'éliminés, en comptant O'Ryan et Van Nostrand. Il en reste deux sur les cinq dirigeants. La panique ne fait que commencer.

– Tye, vous êtes sûr que ça va bien ?

– Ça tourne un peu, et j'ai un mal de crâne de tous les diables.

– Trouvez une bande quelque part et faites-vous un bandeau, bien serré. Et volez un chapeau pour cacher le tout.

– Merci du conseil, docteur... Il faut que je sorte d'ici. Dis à Palisser que je suis en route pour Langley. Il me faudra bien vingt minutes pour arriver là-bas, ce qui lui laisse amplement le temps de faire le nécessaire pour que j'aie accès aux premiers dossiers qui sortiront des ordinateurs dans les blockhaus de la CIA. Dis-lui qu'il a intérêt à se bouger le cul, et n'hésite pas à lui répéter ça, mot pour mot.

— Vous adorez leur rentrer dans le lard, aux gros bonnets, hein, Tye ?

— C'est l'un des rares plaisirs qui me restent.

Dans la salle d'autopsie de l'hôpital Walter Reed, les deux médecins légistes s'affairant sur la dépouille du colonel Henry Stevens échangèrent un regard étonné. Sur la desserte d'acier inox, au pied de la table d'opération, il y avait un assortiment de lames, quelque trente-sept modèles, allant du modeste couteau de cuisine pour éplucher les légumes au plus grand couteau existant sur le marché.

— Nom de Dieu, il s'agit d'une baïonnette, annonça le docteur de droite.

— Encore un fou furieux ! C'est signé, acquiesça son collègue.

Bajaratt se fraya un chemin à travers la foule jusqu'aux portes automatiques. Une fois dans le hall du terminal d'El Al, elle obliqua sur la droite, s'éloignant des comptoirs, vers les rayonnages des consignes. Elle ouvrit son sac à main, sortit une petite clé qu'on lui avait donnée à Marseille, et commença à examiner les numéros sur les portes des compartiments d'acier. Elle trouva enfin la consigne 116, l'ouvrit et passa la main sous la plaque supérieure où une enveloppe était scotchée. Bajaratt la décolla, l'ouvrit et en sortit un bon de retrait qu'elle glissa rapidement dans son sac à main.

Elle traversa en sens inverse le hall bondé et se dirigea vers la salle des bagages d'El Al, pour présenter son bon de retrait avec nonchalance à l'hôtesse derrière le comptoir.

— Je crois que l'un de vos pilotes a laissé un paquet pour moi, annonça-t-elle avec un sourire cajoleur. Plus on vieillit, plus on a besoin de parfums de Paris.

La jeune femme disparut avec le bon. Plusieurs minutes passèrent, et l'angoisse monta chez Bajaratt. Cela prenait trop de temps. Alors qu'elle commençait à regarder autour d'elle, comme un animal sentant un piège se refermer, l'hôtesse revint au comptoir.

— Je suis désolée, mais votre ami pilote devrait réviser son atlas, expliqua-t-elle en lui tendant un paquet cubique bardé de ruban adhésif, d'environ trente centimètres de côté. Cela ne vient pas de Paris, mais directement de Tel-Aviv... Vous savez, ajouta-t-elle sur le ton de la confidence, nous stockons les paquets en provenance de chez nous dans un endroit à part. Les gens sont si inquiets lorsqu'ils viennent ici récupérer leurs colis, vous voyez pourquoi...

– Pas tout à fait... mais, en tout cas, merci, répondit Bajaratt en prenant le paquet avant de le secouer, faisant mine d'être surprise par son poids. Ce satané pilote a dû faire un détour par chez lui, et a donné la moitié de mes flacons à une autre femme !

– Ah ! les hommes, acquiesça l'hôtesse. On ne peut pas leur faire confiance, et les pilotes encore moins !

Bajaratt fendit la foule et se dirigea vers la sortie de l'aéroport. Elle était sur un petit nuage ; l'opération avait fonctionné. Puisque les pains de plastic avaient pu franchir les systèmes de détection israéliens, ils passeraient inaperçus de ceux de la Maison-Blanche. Dans moins de vingt-quatre heures, le massacre d'Ashkelon serait vengé !

Elle traversa les portes électroniques et s'aperçut, une fois dehors, que la limousine avait disparu. Elle devait sans doute faire le tour de l'aéroport, car c'était une zone de stationnement interdit. Elle était contrariée par ce contretemps, mais sans plus ; l'arrivée de son colis l'avait mise en joie. Il avait trompé non seulement les détecteurs à l'enregistrement des bagages, mais également les contrôles effectués dans les consignes, qui étaient constants depuis les attentats qui avaient ravagé les terminaux d'El Al dans les années soixante-dix. Personne ne pouvait savoir que dans la couture inférieure de son sac à main se trouvait un petit fil d'acier, long d'un centimètre et demi à peine, qui, une fois tiré, activait de minuscules piles au lithium, armant ainsi une bombe équivalant à plusieurs tonnes de dynamite, dont l'explosion était commandée en amenant les aiguilles d'une montre-bracelet sur midi et en pressant trois fois la couronne sertie de diamants. Elle se sentait pleine de puissance, comme lorsqu'elle avait, à dix ans, poignardé avec un couteau de chasse le soldat espagnol qui était en train de la violer et de lui prendre brutalement sa virginité. *Muerte a toda autoridad !*

– Ça, par exemple ! Mais ne serait-ce pas la jolie

sabra du kibboutz Bar-Shoen ? lança brusquement une voix d'homme à côté d'elle.

À ces mots, Bajaratt reçut comme une décharge électrique, rompant net le fil de ses pensées, faisant aussitôt monter en elle une vague d'adrénaline. Elle releva les yeux et reconnut l'homme dans la seconde, malgré son déguisement. C'était l'agent du Mossad ! Celui qui s'était teint les cheveux en blond, celui avec qui elle avait couché des années plus tôt, et qu'elle avait entr'aperçu à la réception de l'hôtel.

— Sauf que je ne crois pas que ton véritable nom soit Rachela, poursuivit-il. À mon avis, il commence plutôt par un B, comme Bajaratt. Nous savions que tu avais des appuis à Jérusalem ou à Tel-Aviv, et quel meilleur endroit pour recevoir des messages ou des paquets que celui-ci, où personne n'imaginait que tu irais te montrer ? Ce n'était qu'un simple pressentiment, mais nous avons toujours la sagesse de suivre nos intuitions.

— Mon chéri, ça fait si longtemps ! s'écria Bajaratt. Prends-moi dans tes bras, serre-moi, embrasse-moi, mon amour, mon grand amour ! (Elle enlaça l'agent du Mossad, sous les regards et les sourires attendris des passants.) Ça fait si longtemps ! Viens. Allons au café, nous avons mille choses à nous dire !

Bajaratt lui prit le bras et l'entraîna à travers les groupes de gens qui se disaient adieu devant le terminal d'El Al tout en chantant des prières en hébreu. Une fois qu'ils eurent franchi les portes, elle emmena l'Israélien, pris de court, vers la plus grande queue devant les comptoirs d'enregistrement des bagages et se mit à hurler, comme en proie à une immense terreur.

— C'est lui, c'est lui ! cria-t-elle à tue-tête à la cantonade, les yeux écarquillés d'horreur, les veines saillant de son cou comme des tendons. C'est Ahmet Soud, du Hezbollah ! Regardez ses cheveux, il les a décolorés, mais c'est lui, je le reconnais ! Il a tué mes enfants et m'a violée sur la frontière. Qu'est-ce qu'il vient faire ici ? Appelez la police ! Appelez les autorités ! Arrêtez-le ! Au secours !

Des hommes sortirent des queues et se dirigèrent vers l'agent du Mossad tandis que Bajaratt s'engouffrait par les portes automatiques et remontait à contre-courant le flot humain.

Elle aperçut la limousine qui approchait lentement et

l'arrêta en cognant nerveusement contre la vitre de la portière.

— Tirons-nous d'ici ! cria-t-elle en sautant sur la banquette arrière, à côté d'un Nicolo éberlué.

— Où va-t-on ? demanda le chauffeur.

— À l'hôtel le plus proche, le moins minable possible ! répondit Bajaratt, hors d'haleine.

— Il y en a plusieurs autour de l'aéroport.

— Le meilleur fera l'affaire.

— *Basta, signora !* lança Nicolo, rivant ses yeux noirs dans ceux de Bajaratt tout en baissant la vitre insonorisée derrière le chauffeur. Cela fait deux heures que j'essaie de vous parler en vain. Alors, vous allez m'écouter maintenant !

— Des choses importantes m'occupent l'esprit. Je n'ai pas le temps, Nico.

— Vous allez le prendre, sinon j'arrête la voiture et je m'en vais.

— Comment ? Tu oserais faire ça ?

— Ça n'a rien de compliqué. Je demande au chauffeur de s'arrêter et, s'il refuse, je le fais stopper de force.

— Tu deviens bien insolent... Mais soit ! Je t'écoute...

— Comme vous le savez, j'ai parlé à Angelina...

— Oui, oui, j'ai entendu. Les acteurs sont en grève en Californie et elle revient chez elle demain.

— Elle passe à Washington d'abord, et nous devons nous retrouver à deux heures au National Airport.

— C'est hors de question ! répondit Bajaratt d'un ton sans appel. J'ai d'autres projets pour demain.

— Alors, vous les ferez sans moi, tante Cabrini.

— C'est impossible ! Je te l'interdis !

— Je ne suis pas à vos ordres, *signora*. Vous me dites que vous combattez pour une grande cause, et que des gens meurent parce qu'ils veulent vous barrer la route... mais je ne vois pas comment une domestique sur une île et un chauffeur pouvaient représenter un tel danger...

— Ils m'auraient trahie, ils auraient causé ma mort.

— Oui, vous m'avez déjà dit ça, mais ça n'explique rien. Vous me donnez trop d'ordres que je ne comprends pas. Si cette grande cause est aussi noble et juste que vous le dites, et soutenue par toute l'Église, qui plus est, pourquoi nous faisons-nous passer pour d'autres personnes ?... Eh bien, c'est fini, *signora !* Je ne marche plus. Je préfère tirer un trait sur les lires à

Naples et ne plus recevoir d'ordres de vous – je verrai Angelina quand et où ça me plaira. Je suis bien bâti et pas aussi bête que vous le croyez. Je trouverai un travail – peut-être que le père d'Angelina m'aidera lorsque je lui aurai dit la vérité, car je vais tout lui raconter !

– Il te chassera de chez lui à coups de pied !

– Je viendrai avec un prêtre, pour entendre ma confession et me donner l'absolution. Il saura ainsi que je suis sincère, que je me repens de mes péchés... mais je ne parlerai pas de l'homme qui a voulu me tuer. Il a payé, et je n'ai rien à me reprocher – c'était de la légitime défense.

– Tu lui parleras de moi ?

– Je lui dirai que vous n'êtes pas une comtesse, mais une femme riche qui joue à des petits jeux que nous ne connaissons que trop bien sur le port. Combien de fois avons-nous préparé des yachts, à Naples ou à Portici, pour des soi-disant grands *signores* et *signoras*, qui n'étaient en fait que des putes et des maquereaux de Rome.

– Tu ne peux pas faire ça, Nicolo !

– Je ne parlerai pas des choses sordides – je ne sais rien d'elles, et je vous dois bien cette discrétion puisque c'est grâce à vous que le pauvre docker que je suis a pu rencontrer Angelina.

– Nico, écoute-moi bien et ouvre grandes tes oreilles. Encore un jour de patience, un seul petit jour et tu seras un homme riche, et libre comme l'air !

– C'est vrai ?

– Demain, attends jusqu'à demain. Encore une soirée, rien qu'une ! C'est tout ce que je te demande, et je m'en irai...

– Vous partirez ?

– Oui, mon bel enfant, l'argent sera alors à toi à Naples, la grande famille des Ravello sera prête à t'accueillir les bras ouverts. Tout sera à toi, Nicolo ! Le rêve de milliers d'enfants des ports deviendra réalité... Ne gâche pas tout au dernier moment.

– Demain soir, ce sera fini ?

– Oui. Ça ne prendra qu'une heure de ton temps... Et tu pourras sans doute voir Angelina dans l'après-midi... J'ai trop de soucis en tête ; je suis désolée, j'ai la tête ailleurs en ce moment. J'irai même à l'aéroport avec toi. Ça te va ?

– Mais, attention, plus de mensonges, plus d'histoires à dormir debout, *signora* Cabrini. N'oubliez pas que je viens du bas de l'échelle. Je n'ai pas votre esprit tortueux. Chez moi, une parole est une parole.

Hawthorne raccrocha le téléphone dans le bureau d'Ingersol et jeta un regard circulaire dans la pièce. Il se dirigea vers la salle de bains et ouvrit l'armoire à pharmacie. Il y avait diverses boîtes de médicaments, dont des Valium, des pastilles contre les maux d'estomac, ainsi que deux sticks d'antiseptique, une mousse à raser, une lotion après-rasage, une boîte de Tricostéryl et un rouleau de sparadrap. Sur la tablette, au-dessus du lavabo, Hawthorne aperçut des mouchoirs en papier dans un coffret marbré. Il en prit cinq ou six, se contorsionna devant le miroir pour refermer la plaie avant d'y poser le tampon de mouchoirs. Il déchira quelques longueurs de sparadrap et se débrouilla pour fixer le pansement tant bien que mal sur le cuir chevelu. Il retourna dans le bureau et trouva un chapeau à damiers dans un placard. Il le coinça sur sa tête en priant pour que le pansement de fortune tienne jusqu'à Langley.

Il s'engagea dans le couloir et songea soudain à voler le livre d'or qui trônait en évidence, où tous les convives se pressaient d'inscrire leurs noms. Le registre au poste de garde lui avait bien été d'une aide fort précieuse... Et quelqu'un dans cette maison était un Scorpion. La mort de ce vieil homme en était la preuve, l'arme dissimulée sous sa chemise en était une autre. Mais tous ses espoirs s'envolèrent lorsqu'il arriva à la porte d'entrée.

– Vous partez déjà, Mr. Hawthorne? demanda le jeune Todd Ingersol en le rejoignant dans le hall.

– Sachez que j'y suis contraint, répondit Tyrell en sentant une colère sourde dans la voix du jeune homme. Ma présence ici était strictement professionnelle, mais votre famille a toute ma sympathie.

– N'en rajoutez pas, Mr. Hawthorne. Cette réunion commence à ressembler davantage à une petite sauterie qu'à des funérailles, c'est pourquoi j'aimerais bien retrouver mon grand-père.

– Oh?

– Il déteste autant que moi ces hypocrites. Après un petit mot de condoléances sur mon père, ils se mettent à parler d'eux comme si de rien n'était. Regardez donc le général Meyers, cette espèce de Cro-Magnon, c'est l'un des pires, celui-là. Regardez comme il a l'air atteint ! Papa le détestait ; il arrivait à peine à le supporter en public.

– Je suis désolé. C'est ça, la grande famille de Washington.

Brusquement un homme de forte carrure, le cheveu ras, affublé d'un costume bleu bon marché, s'engouffra à l'intérieur et leur passa sous le nez. L'homme se dirigea vers Meyers et lui parla à l'oreille, comme s'il donnait des ordres au général.

– Et lui, qui est-ce ? demanda Tyrell.

– C'est l'aide de camp du Big Mike. Ça fait une heure qu'il essaie de faire sortir Meyers d'ici. Je l'ai même vu tirer le général par le bras... Dites, vous savez où est mon grand-père ? Mr. White m'a dit qu'il était en train de vous parler. Il pourrait jeter dehors tous ces casse-pieds en un rien de temps – moi je ne peux pas, ce ne serait pas gentil et ma mère en ferait une jaunisse.

– Je comprends, répondit Hawthorne en sondant le regard du jeune homme. Écoutez-moi, Todd – vous vous appelez bien Todd, n'est-ce pas ?

– Oui.

– Pour l'instant, vous ne pouvez pas comprendre pourquoi je vous dis ça, mais sachez que votre grand-père vous aime beaucoup. Je ne le connais que très peu, mais les quelques minutes que je viens de passer en sa compagnie m'ont prouvé qu'il était un homme hors du commun.

– Nous savons tous que...

– Ne l'oubliez pas, Todd, quoi qu'il arrive... du moins en ce qui vous concerne.

– Mais pourquoi me dites-vous ça ?

– Je ne sais pas trop. Je voulais simplement que vous sachiez que je quitte cette maison les mains propres.

– Mais vous saignez...

Tyrell sentit des gouttes de sang couler sur ses joues. Il se retourna et s'enfuit.

Hawthorne était à mi-chemin de la CIA lorsqu'il écrasa la pédale de frein, faisant faire à la voiture du ministère des Affaires étrangères une embardée qui se termina sur le bas-côté de la route. Meyers ! *Big Mike !* Le chef du grand état-major ! Était-ce possible que ce fût la « pointure du Pentagone » dont parlait O'Ryan ? Au début, ce nom ne lui avait rien évoqué ; il n'avait pas suivi la carrière des grands pontes de l'armée ; il évitait, en fait, de lire le moindre article s'y rapportant. Mais le surnom de Big Mike venait de raviver sa mémoire pour la simple raison qu'il détestait cet homme et tout ce que ce sobriquet représentait. Mais oui, son nom de famille était bien Meyers ! C'était effectivement une pointure du Pentagone – et la plus grosse de toutes !

Tyrell appela Poole sur la ligne directe.

– Je suis là, répondit aussitôt le lieutenant.

– Des nouvelles de Cathy ?

– Elle a bougé la jambe gauche, c'est bon signe, mais on ne peut être sûr de rien encore. Et vous, comment ça va ?

– On oublie Langley. Appelle Palisser et dis-lui que je fonce chez lui. J'ai une nouvelle à lui annoncer qui va lui faire un sacré choc – un de plus !

30

– Non, pas celui-là ! ordonna Bajaratt tandis que le chauffeur s'engageait dans l'allée d'un hôtel de l'aéroport. Je préfère être plus loin des pistes.

– Ils se valent tous, vous savez, répondit l'homme.

– Essayons d'en voir un autre, je vous prie, répondit Bajaratt en regardant derrière elle disparaître l'allée circulaire, guettant le moindre signe suspect – une voiture démarrant discrètement... des lueurs de phares...

Elle sentait son cœur tambouriner dans sa poitrine, la sueur ruisseler dans son cou, tandis qu'elle serrait son paquet contre elle. Le Mossad l'avait retrouvée, malgré toutes ses précautions, toutes les fausses pistes qu'elle avait semées derrière elle ! Jérusalem était maintenant dans la course, et avait envoyé à ses trousses l'homme qui pouvait la reconnaître au premier coup d'œil, un ancien amant qui connaissait sa démarche, son corps, tous ses petits gestes, un agent de renseignements qui se souvenait du moindre détail de ses nuits d'amour passées avec elle en service commandé.

Comment le Mossad avait-il pu la retrouver ? Par quel miracle ? Était-ce en rapport avec le cercle d'initiés de l'opération Petite Amazone ?... Le nouveau chef des Scorpions était-il au courant ? Non seulement il connaissait la finalité de son projet, mais encore il l'approuvait. *Vous vous souvenez de Dallas, il y a trente ans ? Nous, nous ne risquons pas d'oublier !* avait-il annoncé avec enthousiasme. Il avait même dit qu'il détestait ces « lopettes de Washington » qui avaient refusé de lui donner les moyens de gagner la guerre du

Vietnam. Cela valait peut-être le coup de lui en toucher un mot ?

– Chauffeur, lança Bajaratt, conduisez-nous dans l'un des parkings de l'aéroport, je vous prie.

– Dans un parking ?

– Je comprends que cela puisse paraître saugrenu, mais il y a certaines choses que je voudrais récupérer dans mes bagages.

– Comme vous voudrez.

– Et essayez de vous garer à proximité d'une cabine téléphonique.

– Il y a un téléphone dans la voiture.

– Non, je préfère une cabine...

– Oui, j'ai vu ça à la télé. Il paraît que ce qu'on dit dans ces téléphones cellulaires peut être écouté de n'importe qui...

– Ce n'est guère mon problème.

« C'est une tout autre raison qui m'amène ici », songea-t-elle. Un parking à ciel ouvert n'était finalement rien d'autre qu'un vaste enclos où l'on pouvait facilement repérer les allées et venues des voitures. Elle n'allait pas tarder à savoir si on la suivait ou non – en outre elle se sentait à l'aise dans ces vastes lieux mal éclairés, l'ombre était son alliée de toujours... Elle plongea la main dans son sac et sentit le contact glacé et rassurant de son pistolet automatique. Le chargeur était plein.

La seule automobile qui arriva sur le parking dans les minutes qui suivirent fut une Jeep peinturlurée, remplie d'un groupe de jeunes gens bruyants. La sortie se trouvait à deux cents mètres de là, derrière les alignements de voitures en stationnement. Ils étaient en sécurité ; et le parking n'était pas gardé. Elle se dirigea vers la cabine.

– C'est moi, annonça Bajaratt. Je peux vous parler ?

– Je suis dans une voiture du Pentagone. Donnez-moi dix secondes, le temps que je nous mette sous brouilleur, et je vous reprends... (Huit secondes plus tard, le chef de l'état-major revint en ligne.) Vous êtes bien impatiente ! J'ai donné votre plan à un spécialiste du G-2 qui connaît parfaitement ce genre de dispositif. Il a travaillé au Moyen-Orient. Vous aurez votre engin demain matin, à sept heures dernier carat.

– Votre efficacité vous honore, Scorpion Un, mais ce

n'est pas l'objet de mon appel. Nous pouvons parler librement ?

– Vous pourriez sortir les codes de lancement de nos têtes nucléaires que personne ne le saurait.

– Mais vous êtes en voiture...

– C'est une voiture un peu spéciale. Je viens de présenter mes condoléances à une face de rat dont vous avez eu la bonté de me débarrasser. Ce petit con risquait de tout raconter.

– Peut-être l'a-t-il fait ?

– Non. Et je suis bien placé pour le savoir.

– C'est vrai que vous faites partie du cercle d'initiés.

– Oui, et ils se tapent du Big Mike à tous les menus, lança Meyers en pouffant de rire.

– Je vous demande pardon ?

– Laissez tomber, c'est une note d'humour qui ne peut amuser que moi.

– Ce que j'ai à vous dire est tout à fait sérieux. Le Mossad est sur la brèche. Vous êtes au courant ?

– Ils sont ici ?

– Exactement.

– Nom de Dieu, ce n'était absolument pas prévu. J'aurais été le premier prévenu sinon. J'ai deux bons amis chez eux, des gens fiables de droite, pas ces sales gauchistes.

– Cela ne me rassure guère.

– Je sais trier le grain de l'ivraie. Mes amis passent en premier, les autres passent après.

– Et je fais partie du second lot ?

– Vous êtes ma priorité numéro un. Grâce à vous, nous allons revenir au bon vieux temps et retrouver la place qui nous est due. Je suis donc prêt à vous décrocher la lune. J'entends déjà brailler toutes ces chiffes molles, tous ces lâches en train de faire dans leurs culottes. Ce sera notre grand retour, notre heure de gloire !

– *Muerte a toda autoridad !*

– Pardon ?

– Laissez tomber, c'est un trait d'humour qui ne peut amuser que moi.

Bajaratt raccrocha et fronça les sourcils. L'homme était plein de zèle – parfait. Mais comment savoir s'il ne lui jouait pas la comédie ? Comment savoir s'il n'était pas la pièce maîtresse de l'opération Petite Amazone qu'il prétendait justement vouloir faire capoter ? Elle le saurait demain matin lorsqu'elle démonterait la babouche d'Allah pour vérifier ses composants : seule une experte comme elle pouvait se rendre compte d'un éventuel vice de construction. Un technicien pouvait construire un faux à l'identique, mais il y avait trois points de contact qui ne pouvaient être imités sans des conséquences fatales. Peu importait au fond qu'il soit ami ou ennemi. Elle ne lui avait rien dit de compromettant.

Bajaratt inséra une pièce et appela le Carillon pour avoir ses messages. Il y en avait beaucoup, tous des demandeurs sauf un : celui-ci provenait du bureau du sénateur Nesbitt – il était d'une précision magnifique : *Le rendez-vous de la comtesse à la Maison-Blanche est prévu pour huit heures demain soir. Le sénateur l'appellera dans la matinée.*

Bajaratt revint vers la limousine, sondant du regard le parking noyé dans l'ombre à la recherche d'éventuels nouveaux arrivants, avant de scruter le ciel noir sillonné d'avions.

– Ramenez-nous au premier hôtel que l'on a vu sur la route, ordonna-t-elle au chauffeur. J'ai parlé trop vite.

Hawthorne se tenait devant le billot de boucher qui trônait dans la cuisine de Palisser ; son hôte forcé était assis à côté de son inséparable pot de café. Les esprits étaient échauffés de part et d'autre.

– À quoi vous sert votre QI, commandant, si vous vous comportez comme le dernier des idiots ! Vous avez donc perdu tout sens critique ?

– C'est vous l'idiot si vous refusez de m'écouter, Palisser !

– Je vous rappelle que vous parlez au ministre des Affaires étrangères, Hawthorne !

– Pour l'instant, vous êtes le ministre des obtus !

– Vous n'êtes pas drôle.

– Vous m'avez déjà dit ça quand je vous ai parlé de Van Nostrand. Vous aviez tort et vous avez tort cette fois encore. Alors, est-ce que vous allez enfin vous décider à m'écouter et à faire marcher vos méninges ?

– Votre second m'a déjà tout expliqué, et j'en ai encore le tournis. Comment s'appelle-t-il déjà ?

– Poole. Jackson Poole. Il est lieutenant de l'armée de l'air et il a un QI bien au-dessus du vôtre et du mien. Et tout ce qu'il vous a dit est vrai. J'étais sur place, je suis donc bien placé pour le savoir.

– Je vais vous parler franchement, Hawthorne, rétorqua Palisser. Il y a de fortes chances que le vieil Ingersol, vu les circonstances, ait perdu la tête. Il avait près de quatre-vingt-dix ans, son fils venait d'être assassiné et il avait six ou sept fuseaux horaires dans les pattes à sa descente d'avion. Étant donné son grand âge et le choc affectif, il n'y a rien d'extraordinaire à ce qu'un vieil homme comme lui voie des démons partout, responsables de la mort de son fils et prêts à plonger le pays dans le chaos. Nom de Dieu, qu'est-ce que c'est que cette histoire de Scorpions ! Un réseau de gens haut placés exécutant les ordres de mystérieux commandeurs ! C'est du niveau d'un mauvais roman policier !

– Souvenez-vous des *Schutzstaffel* [1] !

– Les anciens nazis ?

– Ceux qui, pendant l'effondrement de la République de Weimar, avaient des uniformes et plusieurs milliers de bottes de cuir à leur disposition alors que l'on pouvait à peine s'acheter un morceau de pain avec une brouette pleine de Deutsche Mark.

– Je ne vois pas le rapport.

– Il est pourtant évident. Il a bien fallu que quelqu'un fournisse ces uniformes et ces bottes ! Ces vêtements ne sont pas tombés du ciel – ils ont été achetés par des gens qui voulaient mettre la main sur un pays ! Les commandeurs sont de cette espèce. Ils veulent avoir le contrôle de ce gouvernement et un moyen d'arriver à leurs fins, entre autres, c'est de faire assassiner le Président et de profiter du chaos qui va suivre. Ils ont infiltré le Sénat et le Pentagone – c'est un fait indiscutable – et sans doute les tribunaux et les centres de communication... Ils sont prêts à sauter dans la brèche sitôt qu'elle sera ouverte.

– Comment ça, *un fait indiscutable* ?

– Les Ingersol, père et fils, l'ont deviné – le fils, suite à ce qu'il a pu apprendre de par sa position chez les Scorpions, et le père, de la bouche même de Van Nostrand lorsqu'ils se rencontraient sur la Costa del Sol.

– Van Nostrand...

– Oui, Van Nostrand. Cette espèce d'ordure tirée à

1. Les SS (*N.d.T*).

517

quatre épingles était le cœur de tout le système. Il l'a dit en termes extrêmement clairs à notre ex-juge de la Cour suprême. Il lui a même annoncé qu'il avait l'intention, avec ses hommes, de phagocyter Washington et que ni lui ni son fils n'y pourraient quoi que ce soit. Ils en étaient les preuves vivantes – chacun dans sa génération.

– C'est absurde !

– Autant il est évident que vous et Davenport, votre ministre de la Défense, étiez sans tache, autant le chef de l'état-major est noir comme le péché. C'est un Scorpion.

– Vous êtes fou furieux !

– Furieux peut-être, Palisser, et j'ai mes raisons, mais sachez que je suis loin de déraisonner – j'ai une entaille sur le crâne pour vous prouver mes dires.

Hawthorne retira le chapeau qu'il avait volé dans le bureau d'Ingersol et pencha la tête pour montrer son pansement rouge de sang.

– Ça s'est passé chez les Ingersol ?

– Il y a environ deux heures, et Big Mike Meyers, le grand manitou de l'état-major, était parmi les invités. On m'a dit que l'un des cinq Scorpions était une « grosse pointure » du Pentagone, la plus grosse de toutes. Vous voulez que je vous fasse un dessin pour vous montrer qu'entre la maison des Ingersol et le Pentagone il n'y a qu'un pas ?

– Je ferai venir ce vieillard et le ferai examiner par des médecins compétents, marmonna Palisser avec humeur.

– Je suis désolé d'avoir employé une vieille ruse à vos dépens, annonça Hawthorne d'une voix faiblissante, en se soutenant à la grosse table de bois, tandis que des gouttes de sueur perlaient sur son front. C'est une technique que j'ai mise au point à Amsterdam. Il s'agit de garder l'argument massue pour la fin, lorsqu'on a affaire à un sceptique acharné... Vous ne pourrez convoquer le juge Ingersol, pour la simple raison qu'il est mort. Une balle de 357 Magnum lui a arraché la moitié de la cervelle, et on s'est arrangé pour que ce soit moi qui porte le chapeau.

Palisser se recula sous le coup, faisant grincer la chaise sous son poids.

– Qu'est-ce que vous dites ?...

– C'est la stricte vérité.

– Ça va faire la une de tous les journaux ! On aurait déjà dû me prévenir !

– Le Pentagone ne risque pas de le faire, croyez-moi ; et il est tout à fait possible que personne chez les Ingersol n'ait eu encore l'idée d'aller faire un tour dans le fin fond du jardin, derrière la piscine. Avec un peu de chance, on ne découvrira pas son corps avant demain matin ; la réception de ce soir n'incite guère à aller baguenauder dans la verdure ou piquer une tête dans la piscine, à moins que la vulgarité de l'intelligentsia de Washington ne dépasse tout entendement.

– Qui l'a tué, et pourquoi ? demanda Palisser, le visage blanc comme un linge, les lèvres tremblant encore sous le choc.

– Ce n'est qu'une supposition, basée sur ce que j'ai vu et entendu là-bas. J'ai aperçu l'aide de camp de Meyers, visiblement dans tous ses états, se précipiter vers le général et l'entraîner presque de force hors de la maison – ce qui n'est pas, à proprement parler, l'attitude normale d'un subalterne face au chef du grand état-major. Le petit-fils Ingersol m'a dit qu'il avait vu l'aide de camp faire une première tentative une demi-heure plus tôt, ce qui correspond en gros au moment où Ingersol a été tué et où on m'a assommé.

– C'est insensé ! Pourquoi voudrait-on tuer ce brave vieillard ?

– Parce que les Scorpions ne sont pas une vue de l'esprit ; ils sont bel et bien réels. Je ne sais pas ce qu'a entendu le tueur, mais Ingersol était sur le point de me donner l'identité des deux personnes qui rendaient régulièrement visite à Van Nostrand sur la Costa del Sol. Selon lui, c'étaient des personnages clés des Scorpions – c'était son intime conviction et il était prêt à tout pour rompre l'emprise que les Scorpions avaient sur son fils.

– Alors, selon vous, l'aide de camp de Meyers aurait abattu Ingersol ?

– C'est une hypothèse raisonnable.

– Mais puisque vous vous êtes croisés sur le pas de la porte, pourquoi n'a-t-il pas montré le moindre signe de surprise en vous apercevant – vous qu'il venait d'estourbir et de laisser à moitié mort.

– Il faisait sombre dans l'entrée, je portais ce chapeau et il y avait foule. En outre, il est passé devant moi et le gosse, comme un possédé. Il n'avait qu'une idée en tête : quitter les lieux au plus vite.

– Et c'est sur ce genre de supposition que vous voulez que je mette en doute l'intégrité et le patriotisme du chef d'état-major de notre pays, un homme qui est resté quatre ans prisonnier dans les camps du Nord-Vietnam – vous voulez que j'arrête cet homme ?

– Non, ce serait la dernière des choses à faire ! s'écria Hawthorne. Je veux simplement que vous m'aidiez à terminer ce que j'ai entrepris, c'est-à-dire à jouer les taupes et à m'infiltrer dans ce cercle d'initiés le plus vite possible... Il fait bien partie du groupe qui est tenu au courant, jour après jour, heure par heure, de l'évolution de l'opération Petite Amazone, n'est-ce pas ?

– Évidemment, puisqu'il est...

– Je sais qui il est, l'interrompit Hawthorne, mais lui ignore que je sais qu'il est un Scorpion.

– Et alors ?

– Je veux le rencontrer. Ce soir. Je suis un expert en ce qui concerne Bajaratt et je vous rappelle que j'ai failli être tué chez les Ingersol.

– Mais, nom de Dieu, si ce que vous dites est vrai, c'est lui qui a ordonné votre exécution !

– Je ne suis pas au courant, cette idée ne m'a pas traversé l'esprit, répondit Hawthorne avec sournoiserie. Je suis simplement persuadé que c'est quelqu'un qui se trouvait dans la maison, et je veux le voir pour qu'il m'aide à découvrir de qui il s'agit. (Hawthorne se tourna brusquement vers la vitre noire du four, en prenant des airs de tragédien.) Réfléchissez bien, mon général ! Passez tous les noms en revue, tous les visages que vous avez en mémoire ! C'est d'une importance vitale, mon général. Quelqu'un dans cette assemblée travaille pour Bajaratt ! (Tyrell se retourna de nouveau vers Palisser.) Vous voyez le topo ?

– Il va voir clair dans votre jeu.

– Pas si je joue bien le coup. Au fait, il me faudrait un de ces petits Dictaphones qu'on glisse dans la poche de la chemise. Je veux enregistrer tout ce que cette ordure va lâcher.

– Inutile de vous dire, Hawthorne, que, si vous avez raison et que Meyers s'aperçoive que vous l'enregistrez, il va vous tuer.

– Qu'il essaie, et il ne fera pas de vieux os.

Le général Michael Meyers, chef du grand état-major, torse nu, piaffait d'impatience tandis que son aide de camp retirait la prothèse qui avait servi à combler la manche droite de son costume de civil. Une fois les sangles défaites, le général massa le moignon de chair qui pendait de son épaule, remarquant avec agacement les marbrures sur les zones de contact avec la prothèse. Il faudrait songer à changer de harnais.

– Je vais chercher la pommade, annonça l'aide de camp en suivant des yeux le regard du général.

– Sers-moi d'abord à boire, et pense à appeler les toubibs de Walter Reed demain. Demande-leur cette fois qu'ils me fassent un truc à ma taille !

– On leur a déjà dit, la dernière fois, répliqua le sergent-chef âgé d'une quarantaine d'années, et ça fait moins d'un an. Mais je te l'ai dit plus de cent fois, ces trucs-là se détendent, et, lorsque ça arrive, ça gratte et ça irrite la peau, mais tu ne veux rien savoir.

– Tu m'emmerdes !

– Sois poli avec moi, espèce de connard. Tu me dois une fière chandelle ce soir.

– Je ne risque pas de l'oublier, lança le général en riant, mais fais gaffe ou je balance dans le ravin la Porsche que tu as planquée à Easton.

– Touches-y ! Et je prends ta Ferrari que tu caches à Annapolis ; je te rappelle qu'elle est à mon nom aussi.

– Tu n'as aucune morale, Johnny.

– C'est vrai, répondit le sergent-chef en remplissant deux verres au bar. On a fait un sacré bout de chemin ensemble, hein, Mike ? On se la coulait douce, à part quelques séjours chez les Viets.

– Le meilleur est encore à venir, renchérit le général en s'asseyant dans son fauteuil, les pieds sur un coussin. Nous allons retrouver notre place d'antan.

– Grâce à ce qui s'est passé ce soir ?

– C'est sûr comme deux et deux font quatre, répondit Meyers pensivement, le nez en l'air. Les Ingersol, père et fils, étaient des véreux et des couilles molles. L'un des deux voulait lâcher le morceau à Hawthorne. Ce n'était pas bon, pas bon du tout.

– Hawthorne ?... C'est le type que tu voulais faire plonger, celui qui était avec le vieux ? Ne te sens pas obligé de me répondre, je ne suis pas curieux. Ce n'est pas aujourd'hui que je vais me mettre à discuter les ordres.

– Ed White m'a dit qu'il était avec le vieux dehors. White m'a demandé si j'étais au courant d'une enquête que menait le ministère des Affaires étrangères sur son associé. C'était un attrape-couillon. Hawthorne courait après un autre lièvre. Ce n'était pas bon.

– Leur compte est réglé, à tous les deux. On n'entendra plus jamais parler d'eux.

Le téléphone sonna. Le sergent posa son verre et alla répondre.

– Ici, la résidence du général Meyers, annonça-t-il. Oui, bien sûr... Tout de suite, lança-t-il quelques instants plus tard en se retournant vers le général, d'un air éberlué. Le général est sous la douche, mais je lui demanderai de vous rappeler sitôt qu'il en sortira..., poursuivit le sergent en prenant un stylo et un papier. Oui, c'est noté. Il vous rappelle dans quelques minutes.

Le sergent raccrocha, sans quitter des yeux le général; il déglutit et articula :

– C'était Palisser, le ministre des Affaires étrangères ! Ils ont dû retrouver les corps... Nom de Dieu, quand je pense que tu ne voulais pas partir de là-bas !

– Tu es sûr que personne ne t'a vu dans le jardin ?

– Aucun risque. Je suis un pro et tu le sais. Combien d'indics ai-je éliminés chez les bridés à Hon Chow ? Neuf morts et pas le moindre soupçon sur moi.

– C'est bon, je te crois. Qu'est-ce que t'a dit Palisser ?

– Que quelque chose de terrible venait de se produire et qu'ils avaient besoin de ton aide – il a dit « ils », au pluriel... Je ne veux pas être mêlé à ça, Big Mike. Pas question de t'emmener là-bas. Je ne tiens pas à ce qu'on me voie avec toi, pas ce soir !

– Tu as raison. Appelle ton second, Everett, dis-lui d'enfiler un costume noir et passe le chercher. En revenant, raconte-lui tout ce que tu as fait chez les Ingersol, donne les noms de toutes les personnes que tu te rappelles avoir vues. Insiste bien, compris ?

– J'y vais, lança Johnny en apportant son verre à Meyers, avant de se diriger vers la porte. Ne tarde pas trop à rappeler Palisser. Il était dans tous ses états.

– Tu oublies que tu as une écriture de cochon ! Il me faut du temps pour déchiffrer tes hiéroglyphes !

– Si tu lambines trop, il va rappeler et ce n'est pas bon !

– Mais je ne plaisante pas ! Tes 7 ressemblent à des 2, et tes 3 ressemblent à des 8...

– Espèce d'emmerdeur, il te suffit de me demander !

– Ce n'est pas aussi simple, puisque, par sécurité, je t'ai envoyé faire une course au cas où Palisser aurait à me dire des choses confidentielles. Personne, hormis le petit cercle d'initiés que nous sommes, n'a le droit de connaître la moindre information concernant une certaine femme.

– Je ne comprends rien à ce que tu dis.

– Tu vois donc que je dis vrai ! Allez, file, Johnny.

L'aide de camp ramassa son chapeau et sortit en bougonnant.

Big Mike Meyers sirotait son whisky canadien, en fixant des yeux le téléphone. Bruce Palisser était un homme intelligent, et s'était montré courageux pendant la guerre. Il était sans doute l'une des personnes les plus intègres du gouvernement, ainsi que les médias le disaient fréquemment. Il ne mâchait pas ses mots, y compris au Conseil des ministres, même si cela faisait grincer des dents. On disait même, dans les milieux autorisés, qu'il s'opposait parfois violemment au Président sur certains sujets. C'était le George Shultz [1] du gouvernement Bartlett, comme l'avait surnommé la presse, un homme qui ne rentrait pas dans les combines politicardes de Washington, loin s'en fallait. S'il avait appelé pour demander de l'aide, il devait en avoir vraiment besoin ; il était trop honnête pour inventer des prétextes. Meyers ne portait pas spécialement Palisser dans son cœur – c'était rarement le cas entre militaires et politiciens ; il y avait trop de points de litige qui les séparaient, mais il respectait l'homme.

Le général se leva lentement, prenant appui sur son bras gauche pour soulever le poids de son corps, et se dirigea vers le bar. Il posa son verre sur le marbre noir du comptoir et consulta sa montre. Sept minutes s'étaient écoulées depuis le départ de Johnny ; il décrocha le téléphone et composa le numéro qu'avait inscrit tout à fait lisiblement son aide de camp.

– Palisser à l'appareil, j'écoute, lança le ministre au bout du fil.

– Bruce, je suis désolé de te rappeler si tard, s'excusa Meyers avec aplomb, mais mon aide de camp a une écriture de cochon. J'ai fait trois faux numéros avant de

---

1. Ministre des Affaires étrangères sous l'administration Reagan, ayant dirigé les négociations entre Israël et l'OLP. *(N.d.T.)*

tomber sur toi. Je l'ai envoyé en course avant de te télé-phoner, pour que nous puissions parler tranquillement.

– Je m'apprêtais à te rappeler, Michael. Il est arrivé une chose terrible – terrible et pitoyable –, qui a peut-être un rapport avec cette Bajaratt.

– Mon Dieu, qu'est-ce que c'est ?

– Tu étais chez les Ingersol ce soir, n'est-ce pas ?

– Oui, mon service m'a donné l'autorisation de m'y rendre. David était un proche du Pentagone ; nous faisions souvent appel à lui pour nos procès.

– Tu as peut-être été mal conseillé, mais tu ne pouvais le savoir.

– Je ne te suis pas.

– Tu es au courant des récents développements de l'opération Petite Amazone, n'est-ce pas ?

– Évidemment.

– Alors, tu sais qu'on a découvert qu'elle a une orga-nisation secrète derrière elle qui la soutient – à quel niveau précis, nous n'en savons rien encore –, mais il y a nombre de gens haut placés qui l'aident.

– C'était couru d'avance, répondit le général en sou-riant d'un air sardonique pour lui-même. Elle n'aurait pas pu s'en sortir autrement.

– Nous avons eu du nouveau aujourd'hui. L'informa-tion est suffisamment sûre pour être divulguée. Et ce qui s'est passé ce soir prouve sa véracité.

– Comment ça ?

– Ingersol faisait partie des gens de Bajaratt.

– David ? s'exclama Meyers en feignant la surprise. Je tombe des nues.

– Il y a pire encore. Son père aussi, l'ancien membre de la Cour suprême.

– C'est à peine croyable. Qui soutient ça ?

– Un certain commandant Hawthorne.

– Qui ça ?... Ah oui, l'ex-agent de la marine que les Anglais ont recruté, ça me revient, maintenant.

– Il a de la chance d'être encore en vie. Il était chez les Ingersol, lui aussi.

– En vie ?... (Meyers reprit rapidement contenance.) Que s'est-il passé ?

– Il se trouvait dans le jardin, derrière la piscine, en train d'écouter le vieux Ingersol lui donner les détails incroyables de sa participation et de celle de son fils. Apparemment, on a dû les suivre, et quelqu'un a abattu

524

Richard Ingersol d'une balle dans la tête, le tuant sur le coup. Avant que Hawthorne ait pu réagir, quelqu'un lui est tombé dessus et l'a assommé, en lui laissant l'arme du crime dans la main.

– C'est incroyable ! lança Meyers en essayant de dissimuler son ennui.

– Une équipe de la CIA est venue enlever le corps en passant par les bois mitoyens à la maison, et on a dit à Mrs. Ingersol et à son fils que le grand-père, se sentant fatigué, avait été reconduit à son hôtel.

– Ils y ont cru ?

– Le fils, oui. Il a dit que, s'il avait su, il serait parti retrouver son grand-père. Puisque cette affaire concerne Petite Amazone, nous devons garder le secret et imaginer ce que nous allons pouvoir dire plus tard.

– C'est vrai. C'est dingue, Bruce, je n'ai entendu aucun coup de feu, et Dieu sait que j'ai l'oreille fine pour ce genre de chose.

– Ce n'est guère étonnant. Il s'agissait d'un 357 Magnum muni d'un silencieux. Le commandant a repris conscience avant que l'on ne s'aperçoive de quoi que ce soit. Ce sont les épines des rosiers qui l'ont réveillé. Il a pu s'échapper. Je vais te le passer ; il veut te parler.

Avant que Meyers pût se remettre de sa surprise, Hawthorne était en ligne.

– Général Meyers ?

– Oui ?...

– Avant toute chose, il faut que je vous dise que je suis l'un de vos grands admirateurs.

– Merci.

– Il faut que nous parlions en détail de cette affaire, mais pas au téléphone. Il faut que nous passions tout le monde en revue, vous et moi, que nous étudiions ensemble tous les gens qui se trouvaient chez les Ingersol ce soir. J'ai besoin de vos lumières, car je ne connais personne. Tout ce que je sais, mon général, c'est que l'un d'entre eux travaille pour Bajaratt !

– Où voulez-vous que l'on se voie ?

– Chez vous, si cela ne vous dérange pas.

– Très bien, je vous attends, commandant.

Le général Meyers raccrocha, et regarda un moment son moignon de chair pendant de son épaule. Il n'avait pas été aussi loin pour se laisser arrêter par un marin à la manque !

31

Quartier général du Mossad, Tel-Aviv

Le colonel Daniel Abrams, chef de l'unité anti-terroriste chargée de surveiller Bajaratt, s'assit au bout de la table de réunion. À sa droite se trouvait une femme d'une quarantaine d'années avec un visage anguleux, la peau tannée par le soleil d'Israël, les cheveux noirs tirés en arrière et ramenés en chignon sur la nuque. À sa gauche était assis un jeune homme aux yeux bleus, avec des cheveux blonds et un nez refait depuis que le Hezbollah le lui avait détruit au Sud-Liban. Ils étaient respectivement commandant et capitaine du Mossad, tous deux rompus aux missions secrètes.

— Notre Yakov s'est fait avoir par Bajaratt! annonça le colonel, vêtu d'une chemise à manches courtes. Il l'a repérée au terminal d'El Al de l'aéroport de Dulles, mais elle a retourné le piège contre lui. Elle a pratiquement créé une émeute en hurlant qu'il était un Palestinien terroriste et elle en a profité pour filer. Yakov a failli être lynché par les voyageurs fous furieux, Américains pour la plupart, jusqu'à ce que nos hommes acceptent de l'écouter et lisent ses papiers.

— Il n'aurait jamais dû s'approcher d'elle, rétorqua la femme. Elle allait le reconnaître au premier coup d'œil. Il avait fait sa connaissance au kibboutz de Bar-Shoen. Cela lui donnait un avantage évident.

— Cela aurait pu marcher, toutefois, précisa le jeune capitaine. Yakov ne savait pas qu'il s'agissait de Baja-

526

ratt quand elle se trouvait au kibboutz. Nous l'avons compris plus tard, après l'affaire d'Ashkelon, grâce à nos espions de la Beqaa. Il avait simplement un doute ; il y avait une chance pour qu'elle ne soit pas celle qu'elle prétendait être.

– Elle l'a amplement prouvé, dit Abrams. Pourquoi l'a-t-il laissée filer ?

– Il n'y est pour rien. Il est sorti avec elle trois ou quatre fois, en grand secret, pour voir s'il pouvait en apprendre davantage. Mais elle a dû se méfier, et c'est elle qui lui a tiré les vers du nez, sans rien lâcher de son côté. Et un matin, elle ne s'est pas montrée au réfectoire pour le petit déjeuner ; elle avait disparu.

– C'était donc stupide de sa part de s'approcher d'elle, et seul, a fortiori.

– Vous auriez peut-être préféré, commandant, rétorqua le capitaine, qu'une dizaine d'hommes fondent sur elle en plein aéroport. On aurait eu une fusillade en règle, et un tas de morts sur les bras, et des Américains pour la plupart. Nous avons préféré l'envoyer seul et le laisser agir, car il pouvait la reconnaître malgré ses dons pour le déguisement. En outre, Yakov a changé d'apparence ; ses cheveux sont désormais blonds, encore plus clairs que les miens, du moins pour ceux qu'il me reste, et ses sourcils ont été décolorés et redessinés. Ce n'était pas parfait, seule une intervention chirurgicale aurait pu réaliser une métamorphose totale, mais cela suffisait, même pour de courtes distances.

– Les hommes regardent le visage, puis le corps. Les femmes examinent le corps d'abord, avant de s'intéresser au visage.

– Je vous en prie, intervint le colonel Abrams, laissons ces considérations psycho-sexistes de côté.

– Cela a été scientifiquement prouvé, colonel, insista le commandant.

– Sans doute... En attendant, il est ressorti un fait important de cette mésaventure dont nous devons discuter... Nous avons cuisiné ce Palestinien que nous avions en cellule, ce pousseur de ritournelles qui a su tromper la vigilance de vos infaillibles officiers, ce ramassis d'idiots ! Un garde nous a fait part d'une tentative de corruption pour le délivrer. Nous avons donc transféré notre prisonnier vers le Néguev et envoyé le garde fouetter d'autres chiens.

– Je croyais que les gens de Bajaratt avaient juré de mourir sous la torture plutôt que de révéler le moindre secret, lança la femme d'un air méprisant. Où est le fameux courage arabe !

– Voilà une remarque ridicule, commandant, s'offusqua le colonel. Aucune torture – au sens commun du terme – n'aurait donné de grands résultats. Quand comprendrons-nous que ces gens sont aussi convaincus d'être dans leur bon droit que nous ? Ce n'est que lorsque nous aurons accepté ce fait qu'une ébauche de paix sera possible. Nous n'avons pas employé la torture physique – nous avons utilisé des drogues.

– Je retire ce que je viens de dire, colonel Abrams. Qu'avons-nous donc découvert ?

– Nous l'avons travaillé sur les divers coups de fil que Bajaratt lui a passés des États-Unis, en analysant chaque mot, chaque nom... tout ce qui pouvait nous donner un indice. Il y a environ deux heures, nous avons trouvé... (L'officier du Mossad sortit un calepin de sa chemise et l'ouvrit.) Voici les mots en question : *Un sénateur américain... Tactique d'approche réussie... il va nous servir d'intermédiaire... son nom est Nesbitt.*

– Qui est-ce ?

– Un sénateur de l'État du Michigan. C'est lui la clé de voûte du plan de Bajaratt. Nous allons prévenir Washington bien sûr, mais pas par les voies habituelles. À vrai dire, je n'ai plus confiance ; il y a eu récemment trop d'incidents.

– Nous n'avons besoin de personne maintenant pour coincer Bajaratt, renchérit le jeune capitaine. C'est une perte de temps.

– L'arrogance est toujours mauvaise conseillère, capitaine. Nous ne sommes pas sur place, et nous avons affaire à une adversaire de taille. De plus, elle est, comme les autres, prête à tout pour arriver à ses fins. Cela doit remonter à son enfance, c'est peut-être même la seule et unique cause de son fanatisme.

– Comment comptez-vous les prévenir ? demanda la femme avec impatience.

– Grâce à vous deux, répliqua le colonel. Vous prenez l'avion ce soir ; vous serez à Washington demain matin. Vous irez trouver directement Bruce Palisser, le ministre des Affaires étrangères, et personne d'autre. Je vous arrangerai un entretien avec lui, dès votre arrivée.

– Pourquoi lui? demanda le capitaine d'un ton presque indigné. Pourquoi ne pas choisir quelqu'un des services secrets?

– Je connais Palisser. C'est un homme de confiance. C'est le seul à qui je puisse me fier, à l'heure actuelle. Cela peut sembler paranoïaque, je sais.

– C'est le moins que l'on puisse dire, répliqua la femme.

– Peut-être, mais c'est comme ça, annonça le colonel.

Bajaratt se tenait derrière la fenêtre au double vitrage de la chambre d'hôtel qui assourdissait les va-et-vient des avions sur les pistes. Les premières lueurs du soleil perçaient la brume matinale, annonçant l'aube du plus grand jour de sa vie. L'excitation qu'elle éprouvait était finalement assez semblable à celle qu'elle avait ressentie, des années plus tôt, lorsqu'elle avait entraîné un soldat espagnol dans la forêt, un long couteau dissimulé sous sa robe. Il y avait une certaine similarité, car ce sale militaire avait été sa première proie... Mais, aujourd'hui, l'ivresse qu'elle éprouvait était sans commune mesure avec cette excitation enfantine. Aujourd'hui, c'était le triomphe d'une femme accomplie qui l'attendait, une femme adulte qui avait su percer les défenses de la plus puissante nation du monde. Elle allait entrer dans l'Histoire, elle allait changer la face du monde, et ce serait l'œuvre de toute sa vie. *Muerte a toda autoridad!*

La petite fille de son enfance lui souriait en pensée, un sourire plein d'amour et de reconnaissance pour la femme qu'elle était devenue. L'heure de la vengeance était proche, pour elles deux. *Nous marchons main dans la main, sur le sentier sanglant de la Justice. Ne sois pas apeurée, petite fille. Tu n'as pas eu peur autrefois, et ta main ne tremblera pas non plus aujourd'hui. La mort est une bienheureuse nuit, et le plus grand des supplices pour nous deux serait sans doute de survivre. Si jamais ce drame arrive, ne laisse jamais s'éteindre, petit ange, les flammes de la haine et de la colère qui brûlent dans ton cœur.*

– *Signora!* s'écria Nicolo en se redressant dans le lit. Quelle heure est-il?

– Il est bien trop tôt pour te lever! répliqua Bajaratt. Ton Angel n'est même pas encore dans son avion.

– Enfin, c'est le matin, soupira le jeune homme en bâillant bruyamment et en s'étirant de tout son long. Dieu, que la nuit m'a paru longue !

– Appelle donc la réception et commande-toi un de ces petits déjeuners gargantuesques dont tu as le secret. Quand tu auras terminé, j'aurai un service à te demander. Il faudra t'habiller et aller au Carillon, prendre le reste de nos bagages, ainsi qu'un colis qu'on aura laissé pour moi à la réception, et rapporter le tout ici.

– Tant mieux, ça me fera passer le temps... Vous voulez manger quelque chose ?

– Non. Juste un peu de café, Nico. J'irai ensuite me promener, faire une longue marche sous ce soleil glorieux qui va s'élever dans l'azur.

– Voilà que vous nous faites de la poésie, *signora* ?

– Oui. Ce n'est pas très bon, mais ces mots-là me transportent de bonheur. Toute cette journée est un hymne à la joie.

– Pourquoi vous regardez le ciel comme ça, en parlant tout bas ?

Bajaratt se retourna et regarda le docker allongé dans le lit.

– Parce que la fin est proche, Nicolo, la fin d'un long et douloureux voyage.

– Ah oui, c'est vrai... vous avez dit que je serai libre de faire ce que je veux, à partir de ce soir. Je pourrai retourner à Naples et prendre tout l'argent que vous avez laissé pour moi à la banque, et rejoindre cette grande famille de nobles qui m'attend les bras ouverts.

– Tu feras ce que bon te semblera.

– Cabi, j'ai beaucoup réfléchi, cette nuit. Bien sûr, je vais retourner en Italie et, sans doute, j'irai voir les Ravello pour les remercier au moins de leur gentillesse – que je reste ou non avec eux... mais cela ne peut-il pas attendre quelques jours ?

– Pourquoi donc ?

– Vous ne devinez pas, *bella signora* ? J'aimerais bien passer un peu de temps avec Angelina.

– Comme tu voudras.

– Mais vous avez dit que vous partiez ce soir...

– C'est exact, répondit Bajaratt. Et alors ?

– Je vais avoir besoin d'argent, de beaucoup d'argent, car je suis le *barone cadetto di Ravello* et je dois afficher un certain train de vie.

– Où veux-tu en venir, Nicolo ?

– Vous avez très bien compris, *mia bella signora*, répondit le jeune Italien en rejetant les draps, dévoilant son corps nu et en regardant sa bienfaitrice dans les yeux. Un enfant des docks reste un enfant des docks, Cabi, à mon grand regret. J'ai étudié les factures que vous me demandiez de récupérer dans les hôtels et les restaurants, et j'ai vu ce que vous faisiez... vous passiez un coup de fil et l'argent arrivait dans une grosse enveloppe, généralement la nuit. Palm Beach, New York, Washington, chaque fois c'était le même manège.

– Comment crois-tu que nous vivons ? demanda Bajaratt, avec détachement, en lui lançant un gentil sourire. Avec des cartes de crédit ?

– Comment vais-je vivre après votre départ ? J'aimerais bien rester ici un moment. J'imagine que vous n'avez pas pensé à ça, et je suis très triste de voir que ce détail ne vous a pas effleuré l'esprit. Les jeunes dockers ne quittent jamais leurs passagers d'une semelle de peur qu'ils ne s'évanouissent dans la nature, et que les pourboires s'envolent avec eux.

– Tu veux de l'argent, c'est ça que tu es en train de me dire ?

– Exactement, et j'aimerais bien que vous vous en occupiez dès ce matin.

– Avant ce soir ?

– Bien avant, *signora*. Je veux l'argent dans l'une de ces grosses enveloppes afin que je puisse la remettre à Angel dès cet après-midi à l'aéroport. J'ai même réfléchi à un montant raisonnable, compte tenu de nos dépenses quotidiennes, poursuivit Nicolo en soutenant le regard furieux de Bajaratt. La vie est si chère, ici, avec le train que nous menons... Je pense donc que vingt-cinq mille dollars américains est une somme honnête. Évidemment, vous pourrez déduire cette avance de mon compte à Naples, et je vous signerai une reconnaissance de dette à cet effet.

– Tu n'es qu'un cloporte, un moins que rien ! Comment oses-tu me demander une telle chose ? Moi qui t'ai tout appris ! Je refuse d'en entendre davantage !

– Très bien, alors n'espérez pas que j'aille chercher ces bagages à l'hôtel, ni même que je sois encore ici quand vous reviendrez de votre petite promenade... Et pour votre rendez-vous de ce soir, dont vous faites tant de mystères, vous n'avez qu'à y aller toute seule. Une grande dame comme vous n'a sûrement pas besoin d'un cloporte comme moi.

– Nicolo, tu vas rencontrer l'homme le plus important du monde, comme je te l'ai promis ! Tu vas voir le président des États-Unis !

– Qu'est-ce que vous voulez que ça me fasse ? Ce n'est pas moi qu'il veut voir, mais le *barone cadetto di Ravello* !

– Ne joue pas à ce petit jeu avec moi ! cria Bajaratt. Il s'agit de l'œuvre de toute ma vie ! Tu ne peux pas comprendre !

– Peut-être, mais je sais ce qu'est une enveloppe. Je la confierai à Angelina qui me la remettra à Brooklyn lorsque j'irai la retrouver là-bas. Je sais dans mon cœur qu'elle ne me laissera pas tomber et qu'elle m'aidera à tirer un trait sur le passé... (Nicolo se leva, les yeux rivés dans ceux de Bajaratt.) Allez, Cabi ! Demandez cet argent, sinon je m'en vais !

– Espèce de petite ordure !

– Je ne fais que suivre l'exemple du maître, *bella signora*. Lorsque nous avons débarqué sur cette île mystérieuse après cette terrible tempête, je vous ai traitée de monstre... Mais je suis bien en deçà de la vérité, vous êtes le mal personnifié, et votre cruauté dépasse tout entendement. Alors décrochez ce téléphone et appelez vos sbires. Je veux l'argent ici avant midi, sinon, *ciao* tout le monde !

Quartier général du MI6, Londres

Il était minuit passé lorsque l'homme noir à la coiffure afro débarqua dans la salle de réunion, referma la porte et s'installa rapidement sur la chaise libre à sa gauche. Il portait une veste de daim à franges et un pantalon rouge feu. Il y avait trois autres personnes installées autour de la grande table circulaire : à gauche, le chef du MI6, sir John Howell ; en face, un homme en costume noir ; à sa droite, un inconnu drapé dans un cafetan, son turban posé devant lui, à côté d'un classeur. Sa peau était sombre, ni blanche ni noire. C'était un Arabe.

– Je crois que nous tenons une piste, annonça le Noir

avec un accent d'Oxford, en lissant de la main ses cheveux récalcitrants. L'information vient de l'équipe des mécaniciens.

— Des mécaniciens ? s'étonna l'homme en costume.

— Oui, de l'un des chefs mécanos de Downing Street. À plusieurs reprises, il a remarqué que les capots de deux voitures officielles avaient été soulevés pour régler un problème mécanique, sans doute survenu au cours d'un déplacement.

— Et alors ? lança sir John Howell. Si un moteur donne du fil à retordre, il faut bien soulever le capot pour régler le problème, non ?

— Il s'agit de véhicules diplomatiques, sir, répondit l'agent arabe. Tout bidouillage dans le moteur est strictement interdit.

— Et tous les chauffeurs sont soumis à des contrôles draconiens ; si ça continue, ils vont demander à voir leurs encéphalogrammes avant de les embaucher.

— C'est justement là où je veux en venir, reprit le Noir à l'accent anglais irréprochable. Le moindre problème mécanique doit être déclaré au central, même l'incident le plus bénin. En outre, la serrure du capot de ce genre de véhicule est plombée. Si ce sceau est cassé avant les contrôles classiques de révision, une bande de plastique, dissimulée à l'intérieur de la serrure, se colore en jaune. Aucun problème mécanique n'a été rapporté sur ces deux voitures en question ; or, chaque fois que le capot a été ouvert, il s'agissait du même chauffeur.

— Leur demander un encéphalogramme n'est peut-être pas une si mauvaise idée, ironisa l'homme en costume sombre, en s'autorisant à esquisser un sourire. Notre homme est peut-être un amnésique.

— Ou un sujet très habile et surentraîné, répondit l'officier noir. Assez, tout au moins, pour arriver à se faire embaucher dans l'équipe des chauffeurs.

— Allez au fait ! Vous avez évidemment son nom, et quoi d'autre encore ?

— Beaucoup de choses ! D'abord, il se fait passer pour un Égyptien naturalisé, un ancien chauffeur d'Anouar el-Sadate, mais ses papiers sont faux, évidemment, quoique d'une qualité remarquable.

— Comment a-t-il pu obtenir sa naturalisation ? demanda l'homme en costume. Ses papiers indiquent qu'il est américain, en tout cas.

– Le putsch militaire contre Sadate incluait l'élimination de tous ses hommes de confiance. C'est ainsi qu'il a obtenu l'asile politique.

– C'est futé, intervint Howell. Sadate était un ami proche du Foreign Office. Ils ont fait des pieds et des mains, avec bien trop de zèle à mon goût, pour aider les anciens collaborateurs de Sadate – il y avait trop de brebis galeuses dans le troupeau. Mais passons... Continuez, je vous prie.

– Il se fait appeler Barudi, et je l'ai suivi une bonne partie de la soirée. Il est allé à Soho, dans les endroits les plus mal famés, pour y rencontrer chaque fois une personne différente... Je dois faire ici une courte digression pour rendre justice à ceux à qui tout le mérite revient.

– Pardon ?

– Je parle de l'entraînement qu'on a eu au Sussex. C'était réellement étonnant. Je parle de cette méthode qui consiste à subtiliser des effets personnels d'un sujet donné lorsqu'on manque cruellement d'information immédiate sur la personne en question.

– Vous pouvez être plus clair ?

– Je crois que James fait référence aux techniques des pickpockets, expliqua l'homme en costume. Il est passé maître dans cet art.

– J'ai, en effet, réussi à subtiliser les portefeuilles de deux de ces personnes ; le sac à main de la femme était solidement fermé, et le quatrième type n'avait pas de poches accessibles. J'ai emporté les portefeuilles dans les toilettes, et j'ai passé tous les papiers sous ma photocopieuse de poche, avant de restituer leurs biens à leurs propriétaires respectifs ; malheureusement, pour l'un d'eux, j'ai été obligé de glisser le portefeuille dans une poche différente.

– Un geste malheureux, effectivement, lança Howell. Alors, qu'est-ce que vous avez découvert sur les comparses de notre chauffeur ?

– Encore une fois, les papiers d'identité, comme le permis de conduire, ou encore les cartes de crédit sont authentiques, à l'exception évidemment du nom. Cependant j'ai trouvé, caché tout au fond des deux portefeuilles, une feuille pliée si étroitement qu'elle ne tenait pas plus de place qu'un timbre-poste. (L'agent du MI6 sortit d'une poche de sa veste de cow-boy quatre petits rouleaux de papier, qu'il déroula sur la table comme des tentacules.) J'ai photocopié le contenu de ces deux feuilles et voilà le résultat.

– Qu'est-ce que c'est ? demanda l'homme en costume tandis que les bandes de papier circulaient autour de la table.

– C'est de l'arabe classique, pour les passages dactylographiés, annonça l'homme en cafetan. Les lignes manuscrites sont des traductions.

– De l'arabe ! s'exclama Howell. C'est Bajaratt !

– Comme vous le voyez, il y a une série de dates, d'horaires et de lieux...

– Ce sont des petits chefs-d'œuvre de traduction, annonça l'Arabe, et certains mots sont pratiquement intraduisibles. Qui en est l'auteur ?

– J'ai appelé notre expert en culture arabe de Chelsea ; il les a examinés vers neuf heures. Ça ne lui a pas pris beaucoup de temps.

– C'est impressionnant, répondit l'officier arabe. Il connaissait les lieux et, après avoir traduit les premiers, il a su trouver les clés, et la phonétique a fait le reste. C'est du beau travail.

– Qu'est-ce que ça raconte ? insista le président du MI6. Il s'agit de lieux de rendez-vous ?

– C'est pour ça que je suis en retard. J'ai passé les trois dernières heures à les visiter tous un à un – il y en avait douze sur chaque liste – et au début j'étais complètement perdu. Ce n'est que quand je suis arrivé au cinquième lieu que j'ai commencé à comprendre... et lorsque je me suis remémoré les quatre premiers, il n'y avait plus aucun doute possible. Ce ne sont pas des lieux de rendez-vous, sir, ce sont des cabines téléphoniques.

– Nos types y reçoivent des appels mais n'en envoient aucun, c'est évident, annonça l'Arabe.

– Qu'est-ce qui vous fait dire ça ? demanda l'Anglais sur sa gauche.

– Il serait simple de coder les chiffres en arabe, sans doute en y ajoutant ou en y retranchant un nombre donné pour éliminer tout risque d'erreur, or il n'y en a aucun ici. S'ils étaient censés passer des appels et non en recevoir simplement, ils auraient donc entre quatre-vingt-seize et cent quatre-vingts chiffres à retenir par cœur, ce qui est quasi impossible.

– Et s'il n'y avait qu'un seul numéro ? dit James.

– C'est possible, répliqua l'Arabe, mais cela voudrait dire que l'interlocuteur qui reçoit ces appels reste toujours au même endroit, ce qui exclut Bajaratt. En outre, il est toujours très dangereux en opération d'utiliser chaque fois le même numéro, et tous les profils psychologiques établis sur Bajaratt attestent que c'est une maniaque en matière de discrétion, ce qui veut dire qu'elle se passe, la majeure partie du temps, d'intermédiaires. Elle préfère joindre directement ses associés.

– Ça se tient, répondit Howell. Quand et où aura lieu le prochain contact? demanda-t-il en examinant la bande de papier sous ses yeux.

– Demain à midi, Brompton Road, Knightsbridge, devant chez Harrods, répondit l'agent noir. Sept heures du matin, heure de Washington.

– À cette heure-là, il y a foule, fit remarquer l'homme en costume. Cela ressemble aux méthodes de l'IRA.

– Le suivant? poursuivit le chef du MI6 avec impatience.

– Vingt minutes plus tard, au coin d'Oxford Circus et de Regent Street.

– Il y aura encore plus de monde, annonça l'officier au teint olivâtre. Et beaucoup de circulation.

– Inutile de vous dire, James, ce qui vous reste à faire, annonça Howell. Je veux un véhicule d'écoute aux deux endroits, avec accès direct aux lignes de Washington et au central téléphonique gérant les deux cabines. Je veux une localisation instantanée, et je dis bien *instantanée*.

– Entendu. J'ai pris la liberté d'alerter nos équipes de transmission, mais il va falloir que vous contactiez les services du téléphone; ils ne voudront rien savoir avec moi. Et je crois qu'il faut l'accord de la Haute Cour pour mettre une cabine sur écoute.

– La Haute Cour, je m'en bats l'œil! explosa le chef du MI6 en écrasant brutalement sa main impotente sur la table, prenant aussitôt conscience de son infirmité. Quand je pense que j'ai envoyé Geoffrey Cooke à la mort! Il était là, dans cette pièce, à tourner les pages de l'atlas pour moi, à me faire part de son expérience... Je veux la peau de cette salope! Faites-le pour moi et pour Geoffrey Cooke.

– Nous sommes prêts à foncer, c'est promis, lança James en se levant de sa chaise.

– Attendez, intervint Howell en relevant la tête, le regard intense, tandis que les idées se bousculaient dans son esprit. J'ai dit « accès direct aux lignes de Washington », c'est trop large et bien trop risqué. Bajaratt a ses légions de taupes là-bas. Il faut se fixer sur une seule ligne.

– Laquelle ? demanda l'homme en costume.

– Qui a pris la place de Gillette à la CIA ?

– Pour l'instant, le vice-président. Un type de toute confiance d'après nos informateurs là-bas, répondit James.

– Très bien, je l'appellerai en communication brouillée. Et ce type qui suit Hawthorne, comment s'appelle-t-il déjà ?

– Stevens. Colonel Henry Stevens des services de renseignements de la marine.

– Pour l'instant, tout ce qu'on apprendra devra rester entre nous trois ; je veux le plus grand secret jusqu'à ce qu'on décide ensemble comment utiliser l'information.

Dix heures et demie après cette réunion nocturne, les véhicules espions étaient en place à Knightsbridge et à Oxford Circus. Au même moment, sur l'aéroport de Dulles, sept heures du matin allaient bientôt sonner.

32

Bajaratt longea l'allée cimentée de l'hôtel puis traversa la bordure de pelouse et se cacha derrière le coin du bâtiment pour surveiller les portes. Elle consulta sa montre sertie de diamants, il était six heures trente-deux. Elle était restée dans la chambre jusqu'à ce que Nicolo s'habille et dévore son petit déjeuner comme un ogre, en le pressant – pas trop durement toutefois pour ne pas l'affoler davantage.

Bajaratt vit le jeune docker, resplendissant dans son blazer bleu marine et son pantalon de flanelle, descendre rapidement les marches du perron pour rejoindre un taxi. Il était un véritable Apollon, le mâle parfait, sculpté par la reine de tous les Pygmalions du monde – un homme dans toute sa splendeur, jeune et vibrant de vie –, mais cette belle perfection devait être sacrifiée pour atteindre le Graal qu'elle s'était choisi.

6 h 47. Elle pouvait revenir tranquillement à l'hôtel. Elle avait cinq coups de fil à passer ; deux à Londres, un à Paris, un à Jérusalem et le dernier à la banque qui détenait les fonds illimités de la Beqaa. Elle pouvait se servir du téléphone de l'hôtel maintenant... cela n'avait plus aucune importance. Elle serait partie avant une heure et laisserait l'adresse d'un autre hôtel à Washington où Nicolo devrait aller déposer leurs affaires – il serait bien obligé de suivre ses instructions s'il voulait recevoir son argent, ces quelques misérables liasses de billets qu'il n'utiliserait jamais.

Sur Brompton Road, juste en face de l'entrée du grand magasin Harrods, trois hommes attendaient dans une camionnette maquillée avec les emblèmes du Scotch House. L'équipement électronique à l'intérieur dépassait de loin l'entendement du simple mortel qui éprouvait déjà quelques difficultés à comprendre le mode d'emploi de sa télévision. Les parois insonorisées du véhicule étaient équipées de vitres teintées – transparentes dans un sens, opaques dans l'autre. L'homme qui se tenait derrière la vitre côté trottoir était l'officier noir du MI6 nommé James. Il scrutait les allées et venues devant la cabine téléphonique, tandis que ses deux compagnons réglaient leurs appareils de détection, une paire d'écouteurs sur les oreilles, en observant les écrans de leurs consoles.

– Le voilà ! lança James d'une voix brusque mais sans affolement.

– Lequel est-ce ? demanda l'un des deux techniciens en chemise à manches courtes, en levant les yeux vers la fenêtre.

– Le type en costume gris avec une cravate de bidasse, celui qui a un journal sous le bras.

– Il ne ressemble pas vraiment aux deux types que tu as vus à Soho, rétorqua le troisième technicien en pivotant sur sa chaise – un gringalet portant des lunettes. Il a plus l'air d'un de ces culs pincés de banquiers du Strand.

– Peut-être bien, mais il n'empêche qu'il consulte sa montre et qu'il se dirige vers la cabine... Regardez, il vient de repérer une femme qui s'apprête à passer avant lui.

– Bien joué ! lança le technicien en manches courtes avec un grand sourire. Il a dû jouer au rugby dans sa jeunesse, il lui a pratiquement fait un plaquage, à la pauvre vieille !

– Elle est folle de rage, remarqua l'autre technicien qui travaillait sur la console opposée. Elle le fusille du regard.

– Elle est visiblement trop pressée pour perdre du temps à faire une scène, répondit James en regardant le petit drame qui se jouait sur le trottoir. Elle se dirige déjà vers la cabine qui est au bout de la rue.

— *Quatre-vingt-dix secondes pour le programme de recherche*, lança une voix dans le haut-parleur de la console côté trottoir.

— Vérifie ta ligne avec Washington, ordonna l'agent du MI6.

— Allô, Washington ! Vous m'entendez, vieux ?

— Je vous reçois cinq sur cinq, Londres.

— Vous garantissez toujours que cette ligne est totalement sûre ?

— Oui, jusqu'au moindre crachotement. Même des astronautes en orbite ne pourraient pas capter notre communication. Mais on aimerait bien envoyer la police sur les lieux dès qu'on aura localisé l'appel. On appelle ça une « alerte rouge ». On leur fait parvenir la description des suspects sans autre détail et ils interviennent dans la minute.

— Ça ne pose pas de problème, Washington, vous avez le feu vert.

— Merci, Londres.

— Tous les canaux sont ouverts, annonça l'agent du MI6. Le programme de recherche est lancé.

Il y eut un moment de silence.

Quatre-vingt-sept secondes s'écoulèrent, ponctuées seulement par la respiration des trois membres des services secrets britanniques. Soudain une voix de femme retentit dans les haut-parleurs, accompagnée de crachotements sur la ligne.

— Ashkelon, c'est moi !

— Vous paraissez tendue, vous la fille élue d'Allah, répondit la voix à dix mètres de la camionnette garée le long du trottoir.

— C'est pour ce soir... en début de soirée, mon fidèle !

— Déjà ? Nous ne saurons jamais assez vous remercier, et nous sommes fin prêts ! Nous avons travaillé d'arrache-pied.

— Vous êtes surpris ?

— En ce qui vous concerne, rien ne saurait plus me surprendre. Je suis simplement étonné, encore une fois, par vos talents. Vous désirez nous donner des détails ?

— Non. Restez simplement à côté de vos postes radio. Lorsque vous entendrez la nouvelle, passez à l'action. Tous les gouvernements se réuniront en cellule de crise.

Ce sera le chaos dans toutes les capitales, le désordre le plus complet. Que voulez-vous que je vous dise de plus ?

— Rien d'autre, car les ténèbres là-bas entraîneront les ténèbres ici. Et l'ombre et le chaos sont les bonnes étoiles qui guident les pas du chasseur. C'est un jeu d'enfant, l'affolement général sera notre meilleure protection. C'est l'évidence même, car ils ne savent pas ce qui les attend... Que souffle le vent de la débâcle !

— Vous avez toujours été un de nos grands sages et...

— Taisez-vous ! lança l'homme dans la cabine vitrée en tournant brusquement la tête vers la gauche.

— Nom de Dieu, s'écria James dans la camionnette, une paire de jumelles devant ses yeux, il nous regarde !

— Filez, quittez les lieux ! rugit la voix à dix mètres du haut-parleur. Il y a une camionnette, les vitres sont opaques, toutes noires ! Allez-vous-en ! Ils vous ont repérée.

L'homme en costume sombre raccrocha le téléphone, sortit de la cabine, se fraya un chemin au milieu des passants de Brompton Road et se fondit parmi les chalands de Harrods.

— Merde ! lâcha l'agent du MI6. On l'a perdu.

— Washington, répondez ! lança le technicien derrière sa console. Ici Londres. On a un pépin de notre côté. Répondez !

— Oui, on est au courant, Londres, répondit une voix américaine dans les haut-parleurs. Nous entendions aussi la communication, je vous rappelle.

— Vous avez quelque chose ?

— On vient de localiser l'endroit. Il s'agit d'un hôtel à l'aéroport de Dulles.

— Excellent, vieux. Vous y foncez ?

— Il n'y a pas de quoi faire les fanfarons, mais on y va quand même.

— Comment ça ? lança l'officier du MI6 en se penchant sur la console.

— D'abord, répliqua l'Américain à l'autre bout du fil, l'hôtel a deux cent soixante-quinze chambres, ce qui veut dire deux cent soixante-quinze numéros de téléphone desquels on peut appeler Londres ou les quatre coins de la planète sans passer par le standard.

— Ce n'est pas sérieux, lança James avec irritation. Sondez leur putain de terminal !

541

– Il faut être réaliste, Londres, ce n'est qu'un hôtel, ils ne sont pas équipés comme la CIA. Inutile, toutefois, de vous énerver, la police de l'aéroport est en route et arrivera sur les lieux rapidement.

– Rapidement! Mais pourquoi n'y sont-ils pas déjà?

– Parce que l'aéroport de Dulles couvre une superficie de cinq mille hectares, et nous manquons cruellement de personnel car nos budgets ont été sévèrement tronqués, en particulier en ce qui concerne la surveillance dans les zones publiques.

– Mais ce n'est pas possible! Il s'agit de la priorité mondiale numéro un!

Le directeur de l'hôtel de l'aéroport de Dulles se redressa d'un bond derrière son bureau, téléphone à la main. Il était en train de réprimander le service de blanchisserie lorsque la communication fut brusquement interrompue par une voix au bout du fil, lui annonçant qu'il y avait une urgence et qu'il devait rester en ligne pour les services de police. Un homme se présenta ensuite, d'un ton sec et glacial, comme étant le chef de la sécurité de l'aéroport. Il formula ses exigences de manière courte et concise. L'ordinateur de l'hôtel et tous les ascenseurs devaient être coupés immédiatement – il raconterait aux clients qu'il y avait une panne d'électricité ou n'importe quoi qui lui paraîtrait crédible –, mais il fallait retarder le plus longtemps possible tout départ et consigner tous les chasseurs à l'office. Le directeur affolé appela sa secrétaire et transmit les ordres.

À deux cents mètres de là, les trois premières voitures de patrouille, se frayant un chemin à coups de sirène dans le trafic, convergeaient vers l'hôtel.

– Qu'est-ce qu'on cherche au juste? demanda le policier au volant. Je n'ai rien entendu!

– Une femme entre trente et quarante ans voyageant avec un petit jeune musclé qui ne parle pas deux mots d'anglais, répliqua son collègue à côté de lui en tendant l'oreille vers le haut-parleur de la radio pour entendre ce que disait le central parmi le concert de klaxons et de sirènes.

– C'est tout?

– Oui, c'est tout.

– S'ils se sauvent, ils vont se séparer, nom de Dieu!

542

– Alors on cherchera d'abord le gamin, et puis la femme qui sera sûrement dans tous ses états... Quoi! s'écria le policier dans son microphone. Répétez un peu ça, je veux être sûr d'avoir bien compris... Entendu, message reçu. (Il raccrocha le microphone.) J'ai de mauvaises nouvelles, annonça-t-il au conducteur. Nos deux zigotos sont armés et considérés comme extrêmement dangereux, des tueurs. On passe par-devant et les autres couvriront les côtés en surveillant les sorties de secours et les fenêtres.

– Ensuite ?

– Les gars auront des fusils à pompe et, si nous parvenons à en isoler un, on ne va pas leur conter fleurette, on tire dans le tas.

Le téléphone blanc sonna dans le bureau du directeur intérimaire de la CIA. La ligne était réservée à l'opération Petite Amazone; le chef du département des transmissions avait un ton froid de professionnel. Il voulait à tout prix parler au nouveau directeur, qui selon sa secrétaire, était injoignable. Le directeur participait à une conférence téléphonique avec les chefs des services de sécurité de trois pays étrangers, une conférence demandée par le Président lui-même pour montrer combien le nouveau directeur des services secrets américains était prêt à coopérer avec les pays alliés. On ne pouvait l'interrompre à un tel moment.

– Donnez-moi votre information et je cours la lui communiquer sur-le-champ.

– Je vous fais confiance, c'est de la plus haute importance.

– Je vous en prie, ça fait dix-huit ans que je travaille ici, jeune homme !

– Très bien, alors ouvrez vos oreilles. C'est pour ce soir. Petite Amazone va frapper aujourd'hui en début de soirée. Prévenez la Maison-Blanche !

– Pour plus de sécurité, envoyez un fax ici immédiatement.

– Il est en train de partir pendant que nous parlons, par ligne directe, sans sortie papier de mon côté, directement par ordinateur.

L'information donnée par le membre de l'opération Petite Amazone sortit sur le fax de la secrétaire.

Scorpion Dix-Sept craqua une allumette et brûla le document au-dessus de la corbeille à papier.

Bajaratt referma les deux valises, cachant ses affaires restantes sous le lit. Elle se dirigea ensuite vers la salle de bains, mouilla une serviette et se frotta rapidement le visage pour en retirer le maquillage et prit le tube de crème hydratante qui se trouvait sur la tablette. Avec la même rapidité d'exécution, elle étala la crème sur ses joues, son front et ses paupières, et revint dans la chambre. Elle prit son chapeau à voilette sur le bureau, le posa sur sa tête et descendit le voile sur son visage avant de prendre son sac à main et ses deux valises. Elle ouvrit la porte et scruta le couloir à gauche et à droite. Elle aperçut ce qu'elle cherchait à côté des distributeurs de boissons.

Elle tira les valises dans le couloir, referma la porte et se dirigea vers la petite enclave éclairée au néon qui abritait machines à café et distributeurs de sodas. Elle laissa les deux valises à côté des machines – dans moins d'une heure, elles seraient volées, songea-t-elle tandis qu'elle rajustait sa robe et son voile, et s'éloignait vers l'escalier.

Quatre étages plus bas, un grand désordre régnait dans le hall de l'hôtel. Des groupes de gens ne cessaient de s'amasser devant le comptoir de la réception, et des piles de bagages s'entassaient depuis les portes jusque sur le trottoir. Bajaratt comprit aussitôt la situation. On avait donné des ordres – on discutait, on remettait les choses à plus tard, on donnait de vagues excuses, même l'ordinateur était en panne : à l'évidence, on cherchait à retarder son départ.

Des cris de colère fusaient des gens qui avaient un avion à prendre, soutenus par ceux qui s'indignaient que l'hôtel n'assure pas un service minimal dans ce genre de cas ; les insultes volaient, certains clients se dirigeaient vers les portes en jetant leurs clés par terre, en criant leur courroux : « Vous aurez affaire à mon avocat, bande d'incapables !... Si je rate mon avion, vous allez le payer cher !... Qu'est-ce que vous attendez pour réparer vos satanés ascenseurs ! »

« Parfait », songea Bajaratt tandis qu'elle sortait de l'hôtel à pas lents – une fragile vieille femme se dirigeant laborieusement vers la station de taxis. Brusquement une voiture de police, toutes sirènes hurlantes, les gyrophares allumés, s'engouffra dans l'allée de l'hôtel, bloquant la sortie des véhicules. Deux hommes de patrouille sautèrent du véhicule, jetèrent un coup d'œil à l'intérieur du premier taxi de la file puis se ruèrent vers le hall bondé en poussant les gens pour se frayer un chemin. Un murmure de mécontentement s'éleva, et les voyageurs à bout de nerfs laissèrent libre cours à leur colère. Puis deux autres voitures de police surgirent et les hurlements de leurs sirènes combinés aux gyrophares tournoyants firent taire la foule dans la seconde, les cris de protestation se muant en murmures de stupeur, chacun sentant l'imminence d'un danger.

Les policiers s'égaillèrent dans toutes les directions et encerclèrent le bâtiment, fusil au poing. « Parfait », songea Bajaratt en se dirigeant lentement vers le taxi en queue de file.

– Conduisez-moi à la plus proche cabine téléphonique, s'il vous plaît, demanda Bajaratt en glissant un billet de vingt dollars dans la fente ménagée dans la paroi de verre à l'épreuve des balles qui séparait le chauffeur du passager. J'ai un coup de fil à passer et après je vous dirai où me conduire.

– Ça marche, répondit le chauffeur aux cheveux longs en prenant le billet de vingt dollars.

Moins de deux minutes plus tard, le taxi s'arrêtait devant une dizaine de cabines téléphoniques. Bajaratt descendit du véhicule et se dirigea vers la première cabine libre. Faisant appel à sa mémoire, qui heureusement ne lui avait jamais fait défaut, songea-t-elle avec satisfaction, elle composa le numéro de l'hôtel Carillon.

– Ici Mrs. Balzini, annonça-t-elle à la réception, est-ce que mon neveu est arrivé ?

– Pas encore, Mrs. Balzini, répondit une voix mielleuse au téléphone, mais un colis est arrivé pour vous, il y a moins d'une heure.

– Oui, je suis au courant. Lorsque mon neveu sera là, dites-lui de m'attendre ici, je viendrai l'y rejoindre.

Bajaratt raccrocha et revint dans le taxi, l'esprit en ébullition. Comment Londres avait-il pu être au courant de ses rendez-vous téléphoniques ? Qui avait fait une erreur ? Ou, pis encore, qui avait été découvert ?

Non, il ne fallait surtout pas s'encombrer l'esprit de questions sans réponse : elle ne devait penser qu'à aujourd'hui, qu'à ce soir. Ce serait le signal qui déferlerait sur le monde comme une nuée ardente ! Rien d'autre ne comptait. Un jour, plus qu'un jour à tenir.

Il était deux heures quarante-huit du matin lorsque Hawthorne quitta le domicile de Michael Meyers, à Arlington, en Virginie. Alors qu'il s'engageait dans la rue, il sortit de sa poche le petit magnétophone, s'apercevant avec satisfaction que le témoin lumineux d'enregistrement était toujours allumé. Il rembobina la bande pendant quelques secondes, appuya sur le bouton « lecture », et leurs voix résonnèrent dans l'habitacle. Malgré lui, son pied enfonça l'accélérateur ; c'était à la fois un geste de joie comme une authentique impatience de rejoindre le Shenandoah Lodge. Tout avait marché à merveille ; il avait enregistré près de deux heures de conversation avec le chef de l'état-major – avec le dernier des grands Scorpions.

Meyers l'avait dévisagé longuement à son arrivée, avec un regard mêlé de respect et de colère, comme quelqu'un évaluant un adversaire et s'apercevant qu'il risquait de se révéler plus dangereux mort que vivant. Tyrell ne connaissait que trop bien ce genre d'hommes. Ils étaient légion à Amsterdam, ordonnant les meurtres en secret, tous affublés d'un ego démesuré. Et Hawthorne venait caresser celui de Big Mike Meyers dans le sens du poil ; il lui demandait de l'aide, à lui, le grand parmi les grands, et Meyers ne tarda pas à se laisser entraîner trop loin par son orgueil et sa fatuité. Son admirateur obséquieux était un parfait idiot ; il pouvait dire tout ce qu'il voulait en toute impunité, l'adoration que cet homme lui portait était la meilleure de ses défenses, si tant est qu'elle lui fût nécessaire.

« Meyers avait pourtant davantage besoin de protection qu'il ne le supposait », songea Tyrell en s'engageant sur la nationale. Hawthorne le comprit sitôt que l'aide de camp eut ouvert la porte. Au premier coup d'œil, Hawthorne s'aperçut que l'homme en question n'était pas celui qu'il avait vu dans le hall mal éclairé des Ingersol. Ils se ressemblaient, mais c'étaient deux personnes différentes. On avait demandé au tueur de s'éclipser momentanément.

Hawthorne se gara sur le parking du Shenandoah Lodge à trois heures et demie. Deux minutes plus tard, il retrouva Poole dans la chambre, installé derrière ses consoles électroniques.

– Des nouvelles de Cathy? demanda Tyrell.

– Rien de neuf, alors que je les ai bien appelés dix fois depuis notre dernier coup de fil.

– Tu as dit qu'elle a bougé une jambe. C'est bon signe, non?

– C'est ce qu'ils ont soutenu au début, mais maintenant ils ne s'avancent plus – tout ce qu'ils veulent, c'est que je cesse de les appeler; ils m'ont promis de me joindre dès qu'il y aura du nouveau. Alors, pour m'occuper l'esprit, j'ai fichu un peu la pagaille à Langley.

– Comment ça?

– Quelqu'un a piqué le transpondeur, et les types des transmissions y perdent leur latin. Ils n'arrêtent donc pas de m'appeler pour savoir si nous sommes toujours en contact. Je leur réponds qu'évidemment et que l'on s'appelle de temps en temps. Ils ne comprennent pas pourquoi vous vous êtes arrêté à Wilmington avant de prendre la direction du New Jersey.

– Qu'est-ce que tu leur as répondu?

– Que le matériel de l'armée était plus performant que le leur, et qu'en fait vous vous dirigiez vers Georgia.

– Ne les induis plus en erreur; s'ils rappellent, dis-leur la vérité : je suis ici et nous avons du travail. Ce qui est le cas.

– Vous avez la bande? demanda Poole en écarquillant les yeux.

– Trouve-nous du papier pour prendre des notes... (Hawthorne rembobina la cassette et posa le Dictaphone sur la commode.) C'est parti, annonça-t-il tandis que le lieutenant revenait avec deux blocs-notes et que Tyrell s'étendait avec précaution sur le lit.

– Comment va la tête? demanda Poole en arrêtant le magnétophone pour l'installer sur le bureau.

– La gouvernante de Palisser m'a mis un paquet de gaze et une bande dessus, mais je préfère, par sécurité, garder mon chapeau sur la tête. Maintenant, mets en marche ce satané engin!

Les deux hommes écoutèrent la conversation enregistrée; elle dura près d'une heure et demie. Chacun prit des notes, et, lorsque ce fut fait, l'un comme l'autre désirèrent réentendre certains passages.

– Vous avez de véritables dons d'acteur, commandant, lança Poole avec admiration. Pendant un moment, j'ai vraiment cru que vous étiez dans le camp d'Attila.

547

– Je retrouve les réflexes peu à peu, Poole, mais il y a encore du travail... Allez, continuons.

– On reprend depuis le début et on réécoute les extraits à la queue leu leu. Je sauterai les moments sans intérêt car j'ai pu repérer les passages où les preuves sont confondantes.

– On croirait entendre un avocat devant le box des jurés !

– Ne m'en parlez pas. Mon père voulait que j'en sois un, comme lui, mais je me suis...

– C'est bon, Jackson, l'interrompit Tyrell, épargne-moi les détails. Contente-toi d'appuyer sur « play ».

Hawthorne : *Y avait-il quelqu'un, chez les Ingersol, que vous ne vous attendiez pas à voir ? Quelqu'un dont la présence vous a surpris ?*

Meyers : *C'est difficile à dire, Mr. Hawthorne. Tout d'abord, il y avait beaucoup de monde, et il faisait assez sombre – il n'y avait que ces chandeliers sur les tables du buffet comme éclairage, et, comme je m'abstiens de manger entre les repas, je ne me suis pas approché des lumières. Un soldat se doit de garder la ligne, n'est-ce pas ?*

Hawthorne : *Absolument. Mais personne en particulier n'a attiré votre attention ? On m'a dit que vous avez une mémoire exceptionnelle. Il paraît que vos attaques tactiques contre les Viêt-cong étaient basées sur des photographies aériennes dont personne, hormis vous, n'avait souvenance.*

Meyers : *C'est vrai, c'est vrai, mais j'avais mes seconds, il ne faut pas les oublier... Oui, à bien y songer, la présence de plusieurs membres du Sénat m'a quelque peu étonné. Politiquement, ils sont vraiment à gauche, si vous voyez ce que je veux dire, or tout le monde sait que David Ingersol était un proche du Pentagone.*

Hawthorne : *Vous pouvez être plus précis, mon général ?*

Meyers : *Oui, bien sûr. Il y avait ce sénateur de l'Iowa, celui qui ne cesse de geindre, disant que les fermiers sont sacrifiés au profit des dépenses de la Défense, alors que ce sont eux qui touchent le plus de subventions. Comme à son habitude, il était en train de pontifier avec ses airs de vieux paysan du Middle West. Il y avait également deux autres gauchistes dont je ne me souviens plus des noms, mais j'irai voir le registre du Congrès et je vous le dirai.*

Hawthorne : *Cela me sera d'une grande aide, mon général.*

Meyers : *Vous croyez ?*

Hawthorne : *Tout élément nouveau peut être d'une utilité précieuse, mon général. La présence de telles personnes peut semer la suspicion. Nous savons qu'il y a des dissensions dans les rangs de Bajaratt.*

Meyers (l'interrompant) : *Ah bon ?...*

Hawthorne : *Cela prend de l'ampleur. Dans un jour ou deux, voire dans quelques heures, nous aurons des noms.*

Meyers : *Cela semble incroyable, commandant... Et Dieu sait pourtant que c'est mon plus grand souhait.*

— Bon, voilà le premier passage, lança Poole en interrompant la lecture. Des commentaires. Pourquoi avez-vous choisi cet extrait, Tye ?

— Parce que j'étais chez les Ingersol et que j'ai vu Meyers s'empiffrer au buffet ; non seulement ces chandeliers éclairaient très bien, mais il y avait des appliques au mur. En revanche, je me fiche des gens qu'il a pu voir, je voulais simplement lui faire citer des noms pour que je puisse le remercier de son aide.

— Et lui ficher un peu la frousse en lui parlant de ces dissensions dans les rangs de Bajaratt ? ajouta Poole avec un sourire malicieux.

— Les psy appellent ça « introduire un facteur déséquilibrant ». Moi j'appelle ça « lui mettre un suppositoire dans le cul pour lui faire faire dans son froc ». Passons au second extrait.

— C'est court, mais ça vaut le coup que l'on s'y arrête, à mon avis. D'ailleurs, il fait également partie de votre sélection.

Hawthorne : *Est-ce que David Ingersol, qui était un traître et qui travaillait pour Petite Amazone, a déjà tenté de vous donner sciemment de mauvais conseils ?*

Meyers : *Grand Dieu, j'ai eu un nombre incalculable de fois des doutes quant au bien-fondé de ses avis en matière juridique ! Certes, je ne suis pas avocat, mais il y avait anguille sous roche, c'était évident.*

Hawthorne : *Avez-vous mené votre propre enquête ?*

Meyers : *Pour sûr ! Mais rien n'a été écrit noir sur blanc. Dites, il jouait au golf avec le Président !*

— Cela s'appelle « noyer le poisson », annonça Poole. Sans écrits, il est impossible de prouver quoi que ce soit.

— Absolument, renchérit Tyrell. Passons au suivant.

– Il est court aussi, et nous l'avons tous les deux noté.

Hawthorne : *Edward White, l'associé d'Ingersol, vous a demandé si vous saviez que le ministère des Affaires étrangères menait une enquête sur les affaires de David Ingersol. Vous avez répondu non, or vous étiez forcément au courant, mon général, puisque vous suivez heure par heure l'évolution de l'opération Petite Amazone...*

Meyers : *Quelle est votre question?*

Hawthorne : *Ce n'est pas une question, mon général; je voulais simplement vous remercier de diriger aussi bien cette opération secrète. Bon nombre de gens n'ayant pas votre valeur seraient tombés dans le piège.*

Meyers : *Vous auriez voulu que je révèle le fait que je fais partie du groupe d'initiés? Si jamais l'un de mes hommes divulguait la moindre information à ce sujet, je le ferais abattre sur-le-champ! Évidemment j'étais au courant, mais je ne risquais pas de le dire.*

– Foutaises, annonça Tyrell, je ne figurais pas sur les dossiers. C'est Palisser qui m'a obtenu les papiers, et la manip est restée secrète.

– C'est pour cette raison que je l'ai choisi, renchérit Poole, passons au suivant, d'accord?

Meyers : *Que s'est-il passé à votre avis, commandant, chez les Ingersol?*

Hawthorne : *Je peux vous montrer ce qui m'est arrivé, mon général, j'en porte les traces sur le haut de mon crâne. Ce n'est pas très ragoûtant à voir, mais c'est comme ça.*

Meyers : *C'est terrible, tout à fait terrible – évidemment j'ai vu bien pire, mais c'était durant la guerre, pas à une veillée mortuaire dans un quartier chic de McLean.*

Hawthorne : *Vous étiez le meilleur officier que l'armée avait sur le terrain.*

Meyers : *Non, ce n'est pas moi, c'étaient mes hommes.*

Hawthorne : *Vous êtes d'une modestie exceptionnelle, quand on connaît vos exploits.*

Meyers : *Il serait malvenu de parader, en particulier lorsque ce sont d'autres personnes qui marchent à votre place sous les bombes, n'est-ce pas?*

Hawthorne : *Vous avez de nouveau mille fois raison, mon général... Mais quelqu'un a tué Richard Ingersol, et m'a agressé dans le jardin, et je n'ai même pas eu le temps de voir mon agresseur; il faut que nous découvrions de qui il s'agit.*

Meyers (l'interrompant) : *Vous auriez dû suivre un entraînement de commando, Mr. Hawthorne. À l'exception des SEAL* [1]*, j'imagine qu'on n'enseigne pas ce genre de chose au marin moyen. En revanche, j'ai appris que vous vous en êtes bien sorti aux Antilles, lorsque vous étiez sur les traces de Petite Amazone. Deux de vos anciens collègues ont été tués, un Anglais et un Français, mais vous avez réussi à vous en tirer de justesse. Ça demande de sacrés talents, commandant...*

— Attends, Jackson, lança Tyrell en se redressant et en faisant signe à Poole d'arrêter le magnétophone. Je veux être sûr d'avoir bien entendu. C'est bel et bien un autre mensonge. À aucun moment Londres ou Paris n'ont reconnu que Cooke et Ardissonne étaient envoyés par le MI6 et la DRM. Meyers a donc eu cette information par le réseau des Scorpions. Washington ne l'a jamais mentionnée dans ses communiqués. Les services secrets américains ne parlent pas des services secrets alliés, et inversement.

— Encore une pierre dans le jardin de notre Big Mike, remarqua Poole. Maintenant, sondons le psychisme du général. Nous avons tous les deux choisi l'extrait suivant parce qu'il en dit long sur son profil psychologique. C'était du beau travail, Tye... Écoutons ça.

Hawthorne : *Vos états de service, mon général, sont un honneur pour la nation tout entière et un exemple pour tout soldat ayant servi sous notre drapeau...*

Meyers (l'interrompant) : *C'est très gentil de votre part, mais, comme je l'ai dit tout à l'heure, je n'étais jamais seul. Même dans les cachots et les pièges des Viêtcong, je savais que le peuple américain était derrière moi. Je n'ai jamais perdu la foi.*

Hawthorne : *Alors je me pose une question, mon général, qui n'a rien à voir avec ce qui m'amène ce soir... Comment pouvez-vous accepter que les budgets militaires soient à ce point diminués ? Je me permets de vous poser cette question parce que je suis l'un de vos fervents admirateurs.*

Meyers : *Mais il n'en est pas question ! Il y a des missiles balistiques pointés sur nous aux quatre coins du globe ! Il faut nous armer, et nous armer encore ! Les Soviétiques ne représentent plus une menace, mais*

─────

1. SEAL (phonétiquement « phoque ») : unité de nageurs de combat dans la marine. *(N.d.T.)*

d'autres ont pris le relais. Il faut réarmer, pour l'amour du ciel, il faut réarmer et reprendre la position que nous occupions !

Hawthorne : *Je suis tout à fait d'accord avec vous, mon général, mais comment faire ? Les politiciens des deux bords ne cessent de demander des réductions de budget en promettant à la population une redistribution des fonds prélevés sur le ministère de la Défense.*

Meyers (à voix basse) : *Vous voulez savoir comment on peut faire ? Je vais vous le dire, commandant, mais que cela reste entre nous, entendu ?*

Hawthorne : *Sur mon honneur d'officier – cela ne sera connu que de Dieu seul et de moi, mon général.*

Meyers (d'une voix à peine audible) : *Il faut d'abord déstabiliser le pays, Hawthorne, faire peur à la population, lui montrer que les ennemis sont partout ! Et, une fois que les gens auront peur, nous pourrons reprendre notre rôle de gardiens de la nation.*

Hawthorne : *Mais comment leur faire peur, mon général ?*

Meyers : *En leur montrant le danger qui guette une société décadente laminée par d'éternels mécontents et par des groupes de gens indésirables. Nous devons faire preuve de force et remplir le vide laissé par ces incapables qui nous dirigent.*

– Il est presque risible, lança Poole en éteignant le magnétophone. Il serait même un bon comédien s'il avait le moindre sens de l'humour. Mais ce n'est pas le cas ; il est tout simplement grotesque.

– C'est un paranoïaque, ajouta tranquillement Tyrell, le Scorpion idéal pour les commandeurs, fidèle et dévoué. Non seulement son compte en banque est rempli – il doit s'en fiche d'ailleurs plus ou moins –, mais encore il est persuadé que sa croisade est juste et que la victoire est à portée de main. Ce qui fait froid dans le dos, c'est que son heure de gloire risque effectivement d'arriver d'un moment à l'autre – grâce à cette Amazone qui continue de nous échapper, grâce à cette femme qui fait de l'exécution du Président le couronnement de toute sa vie ; il lui suffit de faire feu ou de lancer une grenade au bon moment... Mais où est-elle, nom de Dieu ?

33

Il était huit heures douze lorsque l'hôtel Carillon accueillit de nouveau Mrs. Balzini et son neveu, toutes les formalités ayant été effectuées par un réceptionniste coopératif grassement récompensé pour ses efforts. À huit heures cinquante-huit, Bajaratt téléphona à la banque de la Beqaa dans les îles Caïmans, donna son mot de passe et fut assurée que la somme de cinquante mille dollars américains serait livrée à l'hôtel dans l'heure suivante, sans la moindre trace écrite. L'argent arriva, comme prévu, dans une enveloppe scellée.

– Je peux la prendre ? demanda Nicolo quand l'employé de la banque s'en alla.

– Tu n'auras que la part qui te revient. Il se trouve que j'ai demandé également une certaine somme pour moi ; j'espère que le noble docker que tu es n'y voit pas d'inconvénient ? Tu auras tes vingt-cinq mille dollars, le reste est pour mes dépenses personnelles. Pourquoi me regardes-tu avec cet air étrange ?

– Qu'est-ce qui va se passer pour vous, *signora* ? Qu'est-ce que vous allez faire ? Où irez-vous ?

– Tu auras toutes les réponses ce soir, mon bel enfant adoré.

– Si vous m'adorez, pourquoi ne pas me répondre tout de suite ? Vous dites que vous allez partir ce soir, vous envoler, disparaître, et que je serai tout seul... Essayez donc de comprendre, Cabi. J'ai partagé votre vie pendant tout ce temps. Je n'étais rien, et maintenant je suis quelqu'un grâce à vos bontés. Je penserai à vous jusqu'à la fin de mes jours. Vous ne pouvez pas disparaître ainsi et m'abandonner sans un mot d'explication.

— Tout s'éclairera ce soir et je ne t'abandonne pas. Tu as Angel, n'est-ce pas?

— Ce n'est pas si sûr.

— Assez parlé, lança Bajaratt en se dirigeant vers le bureau pour ouvrir l'enveloppe scellée par trois cachets de cire.

Elle retira vingt-six mille dollars de l'enveloppe, en donna mille à Nicolo et déposa les vingt-cinq mille restants sur la table. Bajaratt referma l'enveloppe qui contenait encore vingt-quatre mille dollars et la tendit au jeune docker.

— Ces mille dollars devraient suffire à tes dépenses pour ton voyage à New York, annonça-t-elle. Ça me paraît tout à fait honnête et équitable.

— *Grazie*, dit Nicolo. Je donnerai cette enveloppe à Angelina cet après-midi.

— Tu es sûr de pouvoir lui faire confiance?

— Oui, elle n'est ni de votre monde ni du mien. Je lui ai parlé voilà quelques minutes, elle allait partir pour l'aéroport. Elle arrivera à quatorze heures vingt-cinq, porte 17. Je brûle d'impatience.

— Qu'est-ce que tu vas dire à ta petite vedette?

— C'est le cœur qui parlera, *signora*, pas la tête.

Bruce Palisser avait été réveillé par un appel de la Maison-Blanche à cinq heures quarante-six du matin. À six heures dix, il traversait Washington en limousine, s'apprêtant à retrouver le Président dans son bureau. Les négociations entre la Syrie et Israël étaient dans une impasse; la guerre – peut-être nucléaire – était sur le point d'éclater, malgré les efforts conjoints des États-Unis, de la Grande-Bretagne, de la France et des Allemands pour calmer les esprits les plus belliqueux dans les deux camps. À six heures treize, la femme de Palisser prit l'appel du commandant Hawthorne; il voulait parler au ministre sur-le-champ, pour une affaire urgente.

— Apparemment, il y a d'autres affaires urgentes ce matin, répliqua Janet Palisser. Il a dû partir à la Maison-Blanche.

– Je suis désolé, mais nous avons ordre de ne pas interrompre la réunion du Conseil de sécurité, sous quelque prétexte que ce soit.

– Supposez, lança Tyrell avec irritation, qu'un missile balistique soit en vol et se dirige tout droit vers la Maison-Blanche ! Vous me les passeriez, non ?

– Vous dites qu'un missile est en train de...

– Non, je n'ai pas dit ça ! Je dis simplement que je dois contacter le ministre des Affaires étrangères sur-le-champ !

– Appelez le ministère.

– Non, je ne vais pas appeler le ministère... C'est à Palisser en personne que je veux parler, j'ai pourtant été assez clair, il me semble !

– Appelez-le donc par son bip...

– Je ne sais pas comment...

– Si vous n'avez pas ce numéro, c'est que votre affaire ne doit pas être si urgente que ça !

– Je vous en prie, il faut que je contacte le ministre, c'est de la plus haute importance !

– Attendez une seconde... Quel est votre nom, déjà ?

– Hawthorne.

– Oh ! je suis désolée. Votre nom était en toute fin de liste dans l'ordinateur. Et c'est écrit si petit, vous savez ce que c'est... Donnez-moi votre message, s'il vous plaît.

– Demandez-lui de me rappeler immédiatement. Il sait où me joindre. J'attends son coup de fil. Il faut qu'il ait ce message tout de suite !

– Je suis en train de lui envoyer à l'instant même, Mr. Hawthorne.

Il y eut un clic sur la ligne. La secrétaire avait raccroché.

Hawthorne se tourna vers Poole qui était assis dans un fauteuil, la tête dans les mains.

– Il se tient en ce moment une cellule de crise à la Maison-Blanche et la secrétaire a dû cligner des yeux pour lire mon nom tellement il était écrit petit alors que je veux prévenir le ministre qu'un fou furieux, assis à la même table que lui, fomente l'assassinat du Président.

– Qu'est-ce qu'on fait ?

– Le plus terrible, répondit Tyrell. On attend.

Le couple passa les douanes américaines et pénétra dans le terminal numéro 1 de l'aéroport international de Dulles. Leur allure était anodine, mais leur présence ici ne l'était pas. C'étaient des agents du Mossad, et leur mission était d'une importance vitale, comme toutes celles du Mossad. Ils connaissaient l'identité de la pièce maîtresse du plan de Bajaratt, un sénateur nommé Nesbitt, qui, sans le savoir, allait mener la terroriste vers sa victime, et cela pouvait se produire n'importe quand, à n'importe quelle heure.

Ils étaient arrivés par El Al, sur le vol 8002, en provenance de Tel-Aviv, et, ainsi qu'ils l'avaient expliqué aux autorités douanières, leur séjour serait très court. Ils étaient des ingénieurs travaillant pour le gouvernement israélien et venaient à Washington participer à une conférence de sensibilisation pour collecter des fonds en vue de nouveaux travaux d'irrigation dans le désert du Néguev. Le douanier, qui n'avait cure de leur explication, tamponna leurs visas et leur souhaita un bon séjour, avant d'appeler le voyageur suivant.

Les agents du Mossad traversèrent rapidement le grand hall de l'aéroport ; la femme était vêtue d'un tailleur sombre et strict, l'homme d'un costume tout aussi strict et passe-partout. Chacun portait un sac de voyage en bandoulière et avait à la main un attaché-case identique. Ils se dirigèrent d'un même pas vers les alignements de cabines téléphoniques.

– Je vais téléphoner à son bureau du ministère des Affaires étrangères, annonça la femme. Au numéro que nous a donné Abrams.

– Entendu, mais faites vite, répondit son collègue, un homme aux cheveux blonds clairsemés, qui essayait de masquer avec ses mèches sa calvitie naissante. Si, après cinq sonneries, ça ne répond pas, raccrochez, commandant.

– Je sais... (Après cinq sonneries, la femme raccrocha.) Pas de réponse.

– Très bien, essayons de le joindre chez lui. Nous devons éviter tous les standards.

– J'ai son numéro, annonça le commandant en récupérant sa pièce pour la glisser de nouveau dans la fente.

– Allô ! répondit une voix de femme.

– Nous voudrions parler au ministre des Affaires étrangères, s'il vous plaît. C'est très urgent.

– Décidément, c'est la journée ! rétorqua la femme avec agacement. Si vous êtes si pressée, appelez-le donc à la Maison-Blanche. Moi, je vais dans notre bungalow à St. Michaels, pour avoir un peu la paix!

– Elle a raccroché, annonça la femme en se tournant vers le capitaine. Elle avait l'air en colère. Elle a dit d'appeler la Maison-Blanche...

– Ce qui nous est strictement interdit, rétorqua l'homme. Nous devons parler à ce Palisser en personne.

– Le problème, c'est qu'il est là-bas...

– Nous ne pouvons passer par le standard... c'est trop risqué. Abrams l'a prévenu par voie diplomatique qu'il allait recevoir notre visite. Le colonel et le ministre sont amis, et, sachant que c'est lui qui nous envoie, Palisser a forcément compris que c'était urgent.

– Dans ce cas, il faut désobéir aux ordres. Puisque Palisser est à la Maison-Blanche, je ne vois pas pourquoi nous n'appellerions pas là-bas pour lui laisser un message. Abrams a dit que chaque heure comptait.

– Quel genre de message? Nous ne devons pas dire qui nous sommes.

– Nous dirons que les cousins de son ami le colonel David sont arrivés à Washington, et que nous allons essayer de le joindre sur sa ligne directe ou à son domicile, voire par le ministère, si nous ne...

– Par le ministère? l'interrompit le capitaine en fronçant les sourcils.

– Chaque heure est vitale, rétorqua sa supérieure hiérarchique. Nous ne nous identifierons pas, et il a peut-être dit à un adjoint ou à sa secrétaire comment et où le joindre? Il faut que nous lui donnions le nom de ce Nesbitt... Nous allons trouver une limousine – équipée d'un téléphone.

Le douanier à l'air indolent attendit quelques instants pour être sûr que le couple ne risquait pas de se retourner. Une fois rassuré, il posa un écriteau rouge sur son comptoir, interdisant momentanément l'accès de sa guérite aux voyageurs, et décrocha son téléphone. Il pressa trois touches, joignant aussitôt le chef du service d'immigration qui se trouvait dans un bureau au-dessus – une pièce tapissée d'écrans de télévision et de consoles électroniques.

– C'est peut-être les deux Israéliens que nous attendons, annonça le fonctionnaire. Un homme et une femme, leurs signalements concordent.

– Professions?

– Ingénieurs. C'est ce qu'ils m'ont expliqué et c'est inscrit sur leurs papiers.

– But de leur visite?

– Une conférence en vue de collecter des fonds pour le désert du Néguev. Ils doivent être dans le terminal, maintenant. La femme est un peu plus grande que l'homme et elle est vêtue d'un tailleur noir, l'homme a un costume gris, et tous deux portent un sac de voyage et un attaché-case.

– On va les repérer sur les moniteurs et vérifier tout ça. Merci.

Le chef du service d'immigration, un homme obèse au visage bouffi et aux yeux globuleux, se leva de son bureau installé derrière une grande paroi de verre et pénétra dans la salle des opérations, de l'autre côté de la cloison, où cinq personnes étaient assises derrière des consoles, en train de surveiller les écrans de télévision.

– Cherchez un couple! ordonna-t-il. La femme est un peu plus grande que l'homme. Elle est en tailleur noir, et lui en costume gris.

– Je les ai, lança la femme derrière le quatrième poste de commande, après moins de trente secondes de recherche. Ils parlent à côté d'une cabine.

– Beau travail! lança le chef de service en se dirigeant vers la technicienne. Fais-moi un gros plan.

La femme tourna un bouton sur sa console, pilotant le zoom électrique sur l'une des caméras de surveillance du terminal. Les visages apparurent sur les écrans, mais le chef eut une mimique de dépit.

– Ils ne ressemblent pas du tout aux photos! Laissez tomber! Ce ne sont pas eux, et on a en bas un rond-de-cuir qui ferait mieux de changer de lunettes!

– Qu'est-ce qu'on cherche au juste, Stosh? demanda un technicien.

– Un couple qui pourrait faire entrer en fraude des diamants.

– Je peux descendre leur donner mon numéro de coffre à la banque?

Le chef éclata de rire avec son équipe et se dirigea vers la porte.

– Pour la peine, je te laisse la boutique; il faut que j'aille pisser!

558

Le chef de la sécurité sortit de la salle de contrôle, tourna à gauche au bout du couloir et pressa le pas. À l'extrémité du corridor, il y avait un petit balcon flanqué d'une rambarde qui surplombait le terminal. L'homme sortit de sa poche un talkie-walkie, et syntonisa l'appareil sur une autre fréquence. Une fois l'accord réalisé, il approcha le micro de sa bouche, tout en scrutant des yeux la foule en contrebas, jusqu'à repérer le couple qu'il avait vu sur l'écran.

– Catbird appelle Rattler. Catbird appelle Rattler...

– Ici Rattler. Qu'est-ce qu'il y a?

– Nos oiseaux sont là.

– Le couple du Mossad? Où ça?

– Ils se dirigent vers les limousines. L'homme a un costume gris, et la femme est en tailleur noir; elle est un peu plus grande que lui. Vas-y. Fonce!

– Ça y est! Je les vois, souffla une troisième voix dans la radio. Je suis à moins de vingt mètres d'eux! Nom de Dieu, ils marchent vite; ils ont l'air pressés.

– Nous aussi, Copperhead, rétorqua le chef du service d'immigration, classé numéro quatorze sur la liste des Scorpions.

Les deux agents du Mossad s'installèrent à l'arrière de la limousine, leurs attachés-cases et leurs sacs de voyage posés devant eux sur les strapontins; la mallette du capitaine était ouverte. Dans sa main gauche il avait une carte plastifiée où étaient inscrits tous les numéros dont ils pourraient avoir besoin aux États-Unis – ambassades, consulats, services de renseignements alliés ou ennemis, bars et restaurants à la mode, ainsi que le numéro personnel de plusieurs femmes qui seraient ravies de son appel.

– Où avez-vous eu cette carte? demanda la femme commandant.

– C'est moi qui l'ai faite, répondit le capitaine. Je déteste chercher dans les annuaires. Je vous rappelle que j'ai été en poste ici pendant dix-huit mois... (Il glissa une carte de crédit dans la fente du téléphone de voiture et attendit que l'écran lui annonce que la ligne était ouverte.) Taisez-vous maintenant, précisa-t-il, tout en composant un numéro. J'appelle le standard de la Maison-Blanche. Ils ne posent pas de questions; ils se contentent de prendre les messages.

– Vous avez déjà téléphoné là-bas ?

– Plusieurs fois. Il y avait une charmante femme de ménage au deuxième étage, dans les appartements privés, qui... Chut ! j'ai une opératrice.

– Ici la Maison-Blanche, annonça une voix pleine de lassitude.

– Excusez-moi de vous déranger, mais je viens de parler à la femme du ministre des Affaires étrangères, Mrs. Bruce Palisser, qui m'a dit que son mari était avec le Président. J'aimerais lui laisser un message...

– Vous avez une autorisation ? Sinon, je ne peux interrompre le Conseil de sécurité.

– Je ne comptais pas interrompre quoi que ce soit. Je veux simplement lui laisser un message.

– Je vous écoute.

– Dites-lui, s'il vous plaît, que les cousins de son vieil ami le colonel David sont arrivés et essaieront de le contacter à son bureau ou à son domicile. Qu'il laisse un message à notre intention pour nous faire savoir où nous pouvons le joindre.

– Il y a un numéro où il peut vous rappeler ?

– Voilà qui serait bien présomptueux de notre part, et je ne veux pas vous déranger davantage ; vous avez été déjà fort aimable.

– Je lui transmettrai le message dès que la réunion du Conseil sera terminée.

Le capitaine du Mossad raccrocha et se renfonça dans son siège.

– Nous l'appellerons à son bureau et à son domicile toutes les cinq minutes. Il faut à tout prix que nous le prévenions pour Nesbitt, même si cela doit se passer par téléphone.

Le capitaine se penchait pour ranger son index téléphonique dans sa mallette, lorsqu'il aperçut soudain une autre limousine qui venait à leur hauteur sur la nationale. Les vitres arrière étaient ouvertes... et dans l'ouverture luisaient des canons de mitraillettes !

– Couchez-vous ! hurla-t-il en se jetant sur la femme commandant pour la protéger tandis qu'une fusillade interminable crépitait, traversant verre et métal, criblant de balles les corps des deux passagers.

À la fin des tirs, une grenade atterrit à l'intérieur par la vitre brisée. La limousine sortit de la route, fit une série de tonneaux et s'écrasa contre un mur antibruit dans une gerbe de flammes.

34

La bretelle d'autoroute qui partait de l'aéroport de Dulles n'était plus qu'une scène de cauchemar. Trente-sept véhicules encastrés les uns dans les autres, formant, en travers de la route, un mur de flammes que le réservoir criblé de balles de la limousine ne cessait d'alimenter. Au bout de quelques minutes, le hurlement des sirènes et le rugissement assourdissant des turbines d'hélicoptères emplirent le ciel, accompagnés bientôt par les pin-pon! stridents des ambulances filant sur les bandes d'arrêt d'urgence jusqu'au lieu du carambolage.

Non seulement deux messagers de Tel-Aviv étaient morts, mais avec eux vingt-deux personnes avaient péri, des hommes et des femmes innocents qui rentraient tranquillement chez eux rejoindre leur famille après un harassant voyage. C'étaient les scories sanglantes laissées par une terrible organisation occulte qui sévissait bien avant qu'une fillette voie père et mère décapités dans une montagne perdue des Pyrénées. Spectacle dantesque à dix heures cinquante-deux du matin, par une belle journée d'été.

11 h 35

Bajaratt était sur le point de perdre son sang-froid, pour ne pas dire tout discernement. Impossible de joindre Nesbitt! Elle avait eu d'abord une standardiste, puis une employée de bureau obtuse, puis la secrétaire particulière du sénateur, et finalement son adjoint.

– Ici la comtesse Cabrini ! annonça Bajaratt d'un ton sec. Je crois savoir que le sénateur désire me parler et que c'est extrêmement urgent.

– C'est exact, Mrs. Cabrini, mais il n'est pas dans son bureau. Ce sont les vacances d'été au Sénat, vous savez, et les horaires sont moins stricts que durant les sessions parlementaires.

– Vous voulez dire que vous ne savez pas où le joindre ?

– Je m'y emploie. Il est peut-être en train de jouer au golf ou chez des amis...

– Il a une gouvernante et un chauffeur, jeune homme. Ils doivent savoir où il est !

– La gouvernante sait simplement que le sénateur est parti en voiture et que, pour l'heure, son téléphone de voiture annonce que le correspondant n'est pas dans le véhicule.

– C'est insensé ! Je regrette vraiment de ne pouvoir parler au sénateur en personne.

– Lui aussi, j'en suis sûr. Mais si vous téléphonez à propos de votre rendez-vous à la Maison-Blanche, je peux vous assurer qu'il est toujours maintenu. J'ai l'autorisation devant les yeux. On viendra vous prendre à l'hôtel Carillon à sept heures et quart précises ce soir. C'est un peu tôt, mais on ne sait jamais avec les embouteillages.

– Voilà qui me rassure. Je vous remercie infiniment.

12 h 17

Hawthorne bondit vers le téléphone dans la chambre du Shenandoah Lodge.

– Oui ! lança-t-il.

– C'est Palisser. Je suis surpris de n'avoir pas eu de nouvelles de vous.

– Pas eu de nouvelles ? J'ai laissé au moins une demi-douzaine de messages !

– Ah bon ?... Mais vous aviez l'autorisation pour me contacter directement.

– Je le sais bien ! La standardiste aussi. Mais on m'a dit chaque fois qu'on vous envoyait mon nom sur votre bip.

– Je n'ai rien reçu. Il faut dire, toutefois, que c'était

le branle-bas de combat ici, ce matin. Il y a une crise internationale et, avec un peu de chance et quelques menaces, nous avons peut-être pu éviter la guerre... Alors, comment cela s'est passé avec Meyers? Franchement, il s'est comporté comme un parfait idiot à la réunion du Conseil. Tout ce qu'il savait dire, c'était : « Envoyez-leur nos dragées Fuca ! »

– Nos quoi?

– Des missiles à frappes chirurgicales, dirigés sur les propriétés des chefs d'État des deux camps – et il ne plaisantait pas, c'est moi qui vous le dis !

– C'est encore plus grave que ça. C'est un Scorpion ! J'en ai la preuve formelle. Nous avons tout sur bande. Il savait des choses que seul le réseau des Scorpions avait pu lui apprendre. C'est l'un des leurs, cela ne fait plus aucun doute. Vous pouvez me croire ! Arrêtez-le, enfermez-le et filez-lui donc un peu de sérum de vérité, vous verrez !

– J'ai du nouveau aussi, de mon côté. Un vieil ami à moi en Israël, un colonel du Mossad qui prétend que nos services sont de vraies passoires tellement il y a de fuites, a envoyé deux de ses agents pour me communiquer une information de la plus haute importance. Ce doit être effectivement très important, sinon il ne prendrait pas autant de précautions. Attendons que ses messagers me contactent et nous agirons alors de conserve.

– Ça me va. On y va tous ensemble et on envoie en enfer cette salope !

– Comment dit-on en pareil cas ? Ah oui, « puisse Dieu vous entendre »... Haut les cœurs, commandant !

Hawthorne raccrocha. La télévision diffusait les images du carnage sur la bretelle d'accès à l'aéroport de Dulles, filmées d'hélicoptère. On voyait sur l'écran du poste télé des véhicules en feu, des carcasses qui explosaient soudain, des corps carbonisés sur l'asphalte, une vision d'horreur.

Le chef du service d'immigration sentit les petites impulsions contre sa poitrine, signe que les Scorpions essayaient de le joindre. Il quitta son bureau une nouvelle fois et se dirigea rapidement vers la cabine téléphonique la plus proche.

– Ici numéro quatorze, annonça-t-il après avoir entré sa sempiternelle série de codes.

– Ici numéro un, annonça la voix d'un ton sec à l'autre bout du fil. Beau travail, quatorze. Toutes les chaînes en parlent !

– J'espère surtout que c'était le bon couple, annonça Scorpion Quatorze. C'est cette histoire de conférence pour le désert du Néguev qui m'a mis la puce à l'oreille.

– C'étaient bien nos oiseaux. Je le sais de source sûre – un type à Jérusalem de toute confiance. S'il pouvait faire sauter tous ces cols blancs du gouvernement, il serait le premier à appuyer sur le bouton. Il veut la même chose que moi, et nous allons bientôt sabrer le champagne !

– Ne me dites rien, Scorpion Un. Je ne veux rien savoir.

– Entendu, mais la victoire est proche !

À douze mille kilomètres de là, dans la rue Ben Yehuda, à Jérusalem, un septuagénaire de forte corpulence s'assit derrière son bureau, et se mit à étudier le contenu d'un dossier. Son visage était comme du cuir tanné, strié de profondes rides, percé de petits yeux méchants. Le téléphone de sa ligne privée sonna. Si c'était un appel d'un membre de sa famille, il l'expédierait rapidement, car la ligne devait rester libre. C'était crucial.

– Oui ? demanda le vieil Israélien.

– *Shalom*, Mustang, lança la voix à l'autre bout du fil.

– Nom de Dieu, Stallion, ça fait une heure que j'attends de vos nouvelles !

– Nous pouvons parler librement ?

– Question stupide ! Je vous écoute.

– Les messagers ont été déviés de leur route...

– Nom de Dieu, vous n'êtes pas sur écoute ! Parlez donc normalement !

– La limousine du couple a été mise en pièces et a brûlé...

– Les documents ? demanda l'Israélien d'un ton coupant. Ordres de mission, signalement et autres identifications ?

– Tout a été détruit dans l'explosion, et, même s'il restait quelque chose, il faudrait plusieurs jours au labo pour recoller les morceaux. Ce sera trop tard.

– Parfait ! Vous avez autre chose à me dire ?

– Notre contact à la CIA nous annonce que c'est pour ce soir. Londres a intercepté l'appel.

– Alors, la Maison-Blanche est prévenue !

– Non. Ils ne sont au courant de rien. Notre contact a court-circuité l'info, et tout passe entre ses mains. Pour les gens à Washington, l'écoute du MI6 n'a jamais eu lieu. Aujourd'hui est un jour comme les autres pour eux. RAS.

– Bravo, Stallion. On ne peut rêver mieux !

– Merci du compliment, Mustang.

– Une immense vague de terreur va déferler sur le monde ! Et si on réussit à Londres et à Paris – puisse Dieu nous accorder ce bonheur –, le monde va s'embraser comme un fétu de paille, et nous, les soldats, nous serons les maîtres du monde !

– J'ai prononcé ces mêmes paroles il y a une heure à peine. Mais tout cela ne serait pas arrivé sans votre coup de fil, cher ami.

– « Cher ami » ? lança l'Israélien. Non, nous ne sommes pas amis. Vous êtes, général, le plus grand antisémite que la Terre ait porté. Nous avons simplement besoin l'un de l'autre, chacun pour des raisons différentes. Vous voulez récupérer vos gros joujoux d'antan et moi je veux qu'Israël conserve sa puissance, ce qui ne peut se faire sans les largesses américaines. Lorsque ce sera terminé et que nous montrerons du doigt les Arabes comme étant les instigateurs de cette ignominie, votre gouvernement et le Congrès ouvriront leurs coffres pour nous – parce que ce seront nos ennemis de toujours qui vous auront fait cette chose horrible et abjecte !

– Nous voyons les choses de la même manière, Mustang, et vous ne saurez jamais à quel point je vous suis reconnaissant de m'avoir prévenu.

– Vous savez pourquoi je vous ai appelé ?

– J'ai l'impression que vous venez de me le dire...

– Non, non, ce n'est qu'une explication de surface. Ce n'est pas le pourquoi du comment.

– Je ne vous suis pas très bien.

– Ce vendu de colonel Abrams, ce chef du tout-puissant Mossad, se confie à moi. Rendez-vous compte que ce soi-disant génie est persuadé que je suis de son bord et que je veux la paix avec ces sales Arabes, pour la simple raison que j'ai été le plus grand héros de l'histoire de notre pays, et que je fais du lèche-bottes à ces abrutis du gouvernement pour garder ma position et rester sur le devant de la scène... Vous savez ce que m'a dit Abrams ? – et je jure sur la Torah que c'est vrai. Il m'a dit : « Il y a trop de fuites, à tous les niveaux, je ne peux plus me fier aux voies habituelles. » Alors je lui ai demandé : « En qui avez-vous confiance ? » Et il m'a répondu : « En Palisser. En lui seul. Nous avons sympathisé lorsque j'étais chargé des Affaires militaires à l'ambassade ; j'ai même passé un week-end dans son bungalow sur la plage. Nous parlons la même langue tous les deux. » Je lui ai donc proposé d'envoyer des messagers : « Pas un, mais deux, je lui ai dit, au cas où il y aurait des problèmes ; et qu'ils aillent lui porter l'information en personne. Dites que ce sont des ingénieurs – tout le monde est ingénieur de nos jours ! – et que j'ai un chantier en vue dans le Néguev. Je vous appuierai... » Et, comme une marionnette, il s'est enthousiasmé pour cette idée et s'est mis à louer mon imagination fertile et mes talents de stratège ! Maintenant, plus personne ne pourra arrêter ce Nesbitt, votre petit sénateur du Michigan !

– C'est alors que vous m'avez appelé, reprit Meyers.

– Oui, je vous ai appelé, reconnut le vieil héros de guerre israélien. Nous nous sommes rencontrés deux fois, *cher ami*, et, les deux fois, j'ai eu affaire à un homme rempli de haine, une haine qui n'avait d'égale que la mienne pour des raisons similaires. Mon intuition me disait de tenter le coup. Je n'ai fait qu'énoncer les faits, sans autres précisions, et vous avez fait le reste.

– Votre intuition était juste.

– Les grands soldats, en particulier ceux qui ont été sur le champ de bataille, savent un peu lire dans les âmes, vous n'êtes pas de cet avis ?

– Peut-être, mais vous faites erreur sur un point. Je ne suis pas antisémite.

– Mais si, voyons ! Tout comme moi, d'ailleurs ! Je veux le bien de l'armée, avant celui des juifs, et vous aussi ! Les synagogues et les églises sont autant de pierres sur notre chemin.

– Finalement, vous avez peut-être raison.

– Qu'est-ce que vous allez faire ? Pour ce soir, j'entends.

– Rester près de mon téléphone, ou peut-être même à la Maison-Blanche. Après tout, il va falloir que je prenne les choses en main très vite. Mieux vaut être sur place.

– C'est là que ça va se passer ?

– Évidemment... Je doute que nous nous reparlions de nouveau.

– Il ne vaut mieux pas. Au revoir, Stallion !

– Au revoir, Mustang ! lança le général Meyers, chef de l'état-major américain, avant de raccrocher.

35

14 h 38

Angel Capell passa la porte numéro 17 à l'aéroport national, cernée par les passagers et les paparazzi, qui l'assaillaient de questions. Elle repéra dans la foule le *barone cadetto* accompagné de sa tante ; un employé de la compagnie aérienne les conduisit dans un bureau privé.

– Je suis confuse, Paolo ! Tout ce charivari doit te porter sur les nerfs !

– Tout le monde t'aime ! Pourquoi cela me gênerait-il ? Au contraire...

– Eh bien, moi, ça m'énerve. Ma seule consolation, c'est qu'un mois après la diffusion de la série on m'aura oubliée et que j'entendrai des trucs du genre : « Tu as vu, ce ne serait pas cette Angel Capell, celle qui jouait dans... »

– Jamais on ne t'oubliera !

Bajaratt interrompit la conversation et donna à Angel l'enveloppe cachetée.

– Le père de Dante Paolo ne veut pas que son fils lise ces instructions avant demain.

– Pourquoi donc ?

– Je n'en sais rien en fait, Angelina. Mon frère a ses raisons que je ne me risquerais pas de discuter. Tout ce que je sais, c'est que je suis débordée de travail et que Dante Paolo désire aller à New York demain matin pour vous rendre visite à vous et à votre famille.

– Bien entendu, si cela ne te dérange pas, Angel, précisa Nicolo en soulevant ses sourcils d'un air inquiet.

– Me déranger ? Grand Dieu, non, je suis ravie ! J'ai acheté à mes parents un chalet près d'un lac dans le Connecticut. On ira tous là-bas passer le week-end et je te montrerai qu'une actrice sait aussi cuisiner, mon petit prince.

L'employé de la ligne aérienne qui les avait escortés dans le bureau ouvrit soudain la porte.

– Miss Capell, nous avons joint votre studio et ils sont d'accord. Vous aurez un jet privé pour vous emmener à New York ; ce sera beaucoup plus simple et on ne vous embêtera plus.

– Ils ne m'embêtent pas. Ces gens-là sont mon public.

– Mais ils ont quitté leurs sièges et ils se sont agglutinés dans les allées pendant le vol pour vous voir.

– Je pense surtout que c'est vous que ça embête.

– Pour des raisons de sécurité, Miss Capell.

– Alors, c'est tout à votre honneur.

– Merci beaucoup. Si cela ne vous dérange pas, nous aimerions que vous décolliez tout de suite. Il y a carrément une émeute à la porte 17.

Angel se tourna vers Nicolo.

– Eh, mon petit prince, tu peux venir embrasser ta belle si tu veux. Ni les photographes ni mon père ne sont là.

– Merci, Angel.

Ils s'enlacèrent et s'embrassèrent tendrement, puis la jeune star de télévision quitta la pièce en compagnie du représentant de la ligne aérienne, emportant avec elle une enveloppe de papier kraft contenant vingt-quatre mille dollars.

15 h 42

– Vous l'avez arrêté ? demanda Hawthorne au téléphone. Cela fait près de trois heures que je n'ai pas eu de nouvelles de vous ! Vous le faites exprès ou quoi ?

– Et moi, je n'ai toujours pas de nouvelles des deux Israéliens qui devaient m'apporter cette information cruciale, il y a de quoi s'énerver aussi ! lança Palisser en faisant de son mieux pour garder son calme.

– Et Meyers ?

– Il est sous haute surveillance, c'est tout ce que le Président a voulu accepter avant qu'on ait des preuves plus substantielles. Il m'a fait clairement comprendre qu'arrêter un héros de la guerre de la stature de Meyers serait très impopulaire. Il a proposé de lâcher le morceau au Sénat et de les laisser se débrouiller.

– Il se dégonfle, n'est-ce pas ?

– Disons qu'il hésite.

– Charmant. Où est Meyers ?

– En ce moment, dans son bureau en train de faire Dieu sait quoi.

– Son téléphone est sur écoute ?

– Il l'aurait su aussitôt. J'ai abandonné cette idée tout de suite.

– Du nouveau de la part de la CIA ?

– Rien. J'ai parlé avec le vice-directeur en personne et il n'est au courant de rien. À l'évidence, Londres a fait chou blanc, sinon le MI6 et la CIA auraient alerté tout le monde. Remarquez, il semble y avoir tant de fuites chez eux que je n'ose pas faire la moindre enquête, même via le réseau supposé sûr.

– Il existe un vieil adage : quand la barque prend l'eau, laissez-la couler et, si quelqu'un vous en parle, faites comme si vous n'étiez pas au courant.

– Qu'est-ce qu'on peut faire, Hawthorne ? Qu'est-ce que *vous* pouvez faire, pour être plus précis ?

– Quelque chose que je ne devrais pas, mais c'est plus fort que moi. Je vais aller voir Phyllis Stevens.

– Vous pensez qu'elle sait peut-être quelque chose ? Qu'elle peut vous aider ?

– Peut-être, même à son insu. Elle a toujours su protéger Henry quand il avait des problèmes. Elle était comme un mur de béton autour de lui, un rempart infranchissable. C'est une piste que nous n'avons pas encore explorée.

– La police a tenu l'affaire secrète, mais ils n'ont pas trouvé le moindre indice qui...

– Les gens à qui nous avons affaire ne laissent pas d'indices, l'interrompit Tyrell, du moins pas ceux que la police a l'habitude de chercher. Ce qui est arrivé à Henry Stevens a un rapport avec moi.

– Vous en êtes sûr ?

– Pas vraiment, mais les probabilités sont de mon côté.

– Pourquoi donc?

– Parce que Hank a commis une erreur, la même qu'à Amsterdam. Malgré sa réserve professionnelle, il a parlé plus qu'il n'aurait dû. Comme il l'a fait en Hollande.

– Vous pouvez être plus clair?

– Au point où nous en sommes, pourquoi pas? Votre directeur de la CIA, Gillette, savait qu'il y avait un lourd passif entre nous; il me l'a dit lui-même. Pire encore, il connaissait la cause même de notre problème relationnel, qui avait un caractère très personnel. Henry avait eu un geste malheureux, disons.

– Je ne vois toujours pas le rapport. Je vous rappelle que vous n'avez jamais caché votre hostilité envers le colonel Stevens. Tout le monde sait qu'il n'a pas réussi à vous recruter, ce qui a laissé le champ libre aux Anglais.

– De l'hostilité, oui, mais je n'en ai jamais détaillé les raisons à quiconque. J'ai simplement précisé qu'il n'était pas mon supérieur.

– Quand vous aurez fini de couper les cheveux en quatre!

– C'est le métier qui veut ça... Il y a un autre axiome qui remonte du temps des pharaons lorsqu'ils envoyaient des espions en Macédoine : la victime peut porter toutes les accusations qu'elle veut, mais le bourreau doit se taire. Henry ne risquait pas de parler du problème qu'il y avait entre nous deux. Cela aurait soulevé trop de questions à propos de sa propre conduite. La clé est là, Mr. Palisser : à qui a-t-il pu parler cette fois? À quelqu'un, de toute évidence, qui a vu un intérêt immédiat à l'éliminer, sachant que je me retrouverais ainsi isolé et que l'on ne pourrait plus me joindre.

– Je ne vois toujours pas le rapport, protesta Palisser. Comment ça, vous isoler?

– Stevens était mon agent de liaison jusqu'à ce que je vous trouve, Mr. Palisser.

– Cela reste toujours assez brumeux.

– C'est vrai, lança Tyrell, mais Phyllis pourra peut-être m'aider à y voir plus clair.

La vapeur était si dense qu'on distinguait à peine la silhouette effondrée dans un coin du sauna. Le sifflement des buses cessa, la porte s'ouvrit et une seconde personne entra, une grande serviette à la main, et se dirigea vers l'homme nu gisant sur le banc carrelé. Les volutes de vapeur se dissipèrent, révélant le corps luisant de sueur du sénateur Nesbitt. Son regard vacillait, il haletait, bouche ouverte, suffoquant dans l'atmosphère saturée d'eau.

– Je me suis encore évanoui, n'est-ce pas, Eugène ? articula-t-il d'une voix rauque en se relevant maladroitement, tandis que son garde du corps lui jetait le drap de bain sur les épaules.

– Oui, Margaret a remarqué les premiers signes juste après le déjeuner.

– Après le déjeuner ? Mon Dieu, nous sommes déjà l'après-midi ? lança le sénateur d'un air paniqué.

– Cela fait longtemps que cela ne vous était pas arrivé, annonça le garde du corps en sortant son patron du sauna pour le conduire sous la douche. Juste une ou deux petites attaques dernièrement.

– Dieu merci, c'est l'été et ce sont les vacances parlementaires... Vous m'avez emmené là-bas, dans le Maryland ?

– Impossible, nous n'avions pas le temps. Le docteur est venu ici. Il vous a fait deux piqûres et nous a donné ses instructions.

– *Pas le temps ?*

– Vous avez rendez-vous à la Maison-Blanche, Mr. Nesbitt. Nous devons aller chercher la comtesse et son neveu à sept heures et quart.

– Oh non ! je ne peux pas y aller dans cet état !

– On va arranger ça, Mr. Nesbitt. Après votre douche, Maggie vous fera un massage et une injection de vitamines B1. Vous aurez une heure pour vous reposer et vous serez en pleine forme, vous verrez.

– En pleine forme, Eugène ? répéta Nesbitt avec une expression pathétique. C'est un doux rêve, un luxe que je n'ai jamais connu, je crois bien. Je vis avec un horrible cauchemar, un cauchemar qui me hante, qui me tombe dessus au moment où je m'y attends le moins. Je suis comme prisonnier. Parfois, j'ai l'impression que c'est Dieu qui m'envoie cette épreuve pour tester ma résistance, pour voir si je vais commettre le péché de me donner la mort pour échapper à mes tourments.

– Mais nous sommes là, Mr. Nesbitt, répondit le garde du corps en déposant son fardeau humain sur un tabouret sous la douche avant de tourner le mélangeur graduellement jusqu'à envoyer de l'eau froide sur le corps nu du sénateur. Vous perdez un peu la tête de temps en temps, mais, comme le dit le docteur, le reste du temps vous surpassez en intelligence la plupart de vos collègues... Je vais refroidir l'eau encore un peu. Attention... ne bougez pas...

– Ahhh! s'écria Nesbitt tandis que le jet glacé le frappait de plein fouet. Ça suffit, Eugène!

– Encore quelques secondes de patience... c'est bientôt fini.

– C'est gelé!

– Il faut tenir encore quinze secondes, ordre du docteur.

– C'est insupportable!

– Quatre, trois, deux, un... voilà, c'est fini, annonça le garde du corps-infirmier en remettant la serviette sur les épaules du sénateur avant de l'aider à sortir de la douche. Alors, ça va mieux! Vous voilà de retour dans le monde des vivants.

– Il paraît que je dois prendre mon mal en patience, Eugène, répliqua le sénateur, retrouvant un regard normal, les muscles du visage détendus, tandis que son chauffeur l'aidait à sortir de la douche. Ils disent que cela disparaîtra à la longue en suivant un traitement, ou que je devrai me bourrer de drogues jusqu'à la fin de mes jours pour limiter les crises. À ce rythme-là, je vais finir à l'état de légume.

– Rien de toutes ces horreurs n'arrivera tant que nous serons là.

– Oui, je le sais, Eugène, et je saurai vous récompenser de votre dévouement dans mon testament. Mais c'est terrible! Je suis deux personnes à la fois! Et je ne sais jamais quand l'une va prendre le pas sur l'autre! C'est un enfer que je ne souhaite à personne!

– Oui, nous le savons, Mr. Nesbitt, et vos amis dans le Maryland aussi. Nous prenons tous grand soin de vous.

– Vous vous rendez compte, Eugène, que je ne sais même pas qui sont ces amis dans le Maryland !

– Mais si, Mr. Nesbitt, rappelez-vous. Leur docteur est venu nous trouver lorsqu'il y a eu ce petit problème dans ce cinéma porno de Bethesda. Vous ne faisiez rien de mal, mais il y avait quelques personnes qui pensaient vous avoir reconnu.

– Je ne m'en souviens pas.

– C'est ce qu'a supputé le docteur... Alors, patron, ça va mieux, n'est-ce pas ? Vous voilà de retour sur terre et une grande soirée vous attend, pas vrai ? Vous avez rendez-vous avec le Président, Mr. Nesbitt ! Vous allez gagner plein de voix grâce à cette comtesse et à son richissime neveu.

– Oui, sans doute, Eugène. Appelez Margaret pour qu'elle me fasse un massage, après quoi je ferai un petit somme.

17 h 07

La secrétaire du vice-directeur de la CIA avait pour la troisième fois pris l'appel de Londres en annonçant que le nouveau directeur avait déjà eu l'information par le groupe Petite Amazone et courait, pour l'instant, de réunion en réunion à travers tout Washington. Il était en ce moment même à la Maison-Blanche avec le Président et il rappellerait le chef du MI6 dès que possible. Elle s'était montrée aussi ferme que sa position le lui permettait, peut-être même un peu trop, mais il n'y avait pas d'autre solution. Après l'opération réussie à l'aéroport de Dulles, elle était le passage obligé ; elle devait bloquer tous les appels de Londres. Elle regarda sa pendule de cristal posée sur le bureau, c'étaient les dernières minutes qu'elle passait dans cette pièce.

Scorpion Dix-Sept rassembla ses papiers, se leva et s'approcha du bureau de son patron ; elle frappa à la porte

– Entrez ! répondit la voix à l'intérieur.

– C'est une rude journée, n'est-ce pas ? annonça la secrétaire en ouvrant la porte pour se diriger vers le vice-directeur et déposer sur le sous-main une pile de documents et de messages. Voici les papiers que vous m'avez demandés, et tous les appels que vous avez reçus pendant que vous étiez au téléphone ; on croirait que tout le gratin de Washington cherche à vous joindre !

— Tout le monde a un conseil à me donner et veut me faire savoir tout le bien qu'il pense de moi. Évidemment, tout ça cessera dès que le Président aura nommé le successeur définitif de Gillette.

— Je pensais que vous saviez...

— Que je savais quoi ?

— On raconte que le Président vous aime bien. Il apprécie et respecte votre travail ici, et il sait que dans les hautes sphères de la maison on préfère que ce soit vous qui repreniez les rênes plutôt qu'un bleu sorti tout droit du parti.

— J'ai entendu ça, mais je ne miserai pas ma chemise dessus. Le président Bartlett a pas mal d'ascenseurs à renvoyer à ses amis politiques, et un vice-directeur ne pèse pas lourd dans la balance.

— Si vous n'avez plus besoin de moi, je vais regagner mes pénates.

— Rien de nouveau du côté de Petite Amazone ? Je tiens à être informé immédiatement.

— Le message est dans la pile. Vous étiez au téléphone avec le vice-président.

— Nom de Dieu, il fallait me le passer !

— Ce n'était pas la peine de vous interrompre. Je ne connais pas tous les tenants et aboutissants de l'affaire, mais j'imagine que l'expression : « Ils ont fait chou blanc à Londres » ne traduit pas à proprement parler un succès.

— Nom de Dieu ! explosa le vice-directeur. Si je pouvais régler cette affaire, j'aurais peut-être une chance de rester derrière ce bureau !... Où puis-je joindre ce machin-chose qui dirige l'opération ?

— Il était en réunion avec les autres membres du groupe depuis trois heures du matin, et ils ont travaillé pendant près de quinze heures d'affilée. À l'entendre, il fermait boutique et espérait que la nuit porterait conseil – ils n'étaient plus bons à rien tellement ils avaient sommeil.

— D'accord. Je lui parlerai demain. C'est bon, Helen, vous pouvez vous en aller.

— Je peux rester avec vous si vous voulez.

— Pourquoi ? Pour me regarder panser mes blessures et préparer mon départ de ce grand et impressionnant bureau ? Rentrez chez vous, Helen.

– Bonne nuit.
– Ce serait trop beau.

La secrétaire se rendit dans le centre commercial le plus proche de la CIA. Elle se gara sur le parking et se dirigea vers une cabine téléphonique plantée à côté d'un supermarché. Elle inséra une pièce, composa un numéro depuis longtemps gravé dans sa mémoire. Après avoir entendu une série de bips, elle entra un code à cinq chiffres et, quelques instants plus tard, une voix lui répondit à l'autre bout de la ligne.

– Scorpion Dix-Sept, je présume ?
– Oui, c'est moi... Comme pour la plupart d'entre nous, mon temps est révolu. Je ne peux pas retourner à mon poste demain matin.
– Je m'en doutais un peu. Je vous ferai quitter le pays ce soir. Ne prenez avec vous que le strict nécessaire.
– Je n'ai rien. Tout ce à quoi je tiens se trouve déjà en Europe, depuis plusieurs années.
– Où ça ?
– Même à vous je ne le dirais pas.
– Cette précaution vous honore. Quand voulez-vous partir ?
– Le plus tôt possible. Je n'ai besoin de rien, si ce n'est mon passeport et quelques bijoux. Je passerai à mon appartement en taxi. Tout restera en l'état, comme si je n'étais jamais repassée par chez moi. Je n'habite pas loin, je serai prête dans quinze ou vingt minutes.
– Alors, filez en taxi à Andrews et allez voir la sécurité. Vous serez inscrite sur le prochain vol militaire sous couverture diplomatique pour Paris.
– Bonne idée. A quelle heure l'avion décolle-t-il ?
– Dans une heure et demie. Soyez heureuse, Scorpion Dix-Sept.
– J'y compte bien. Je l'ai bien mérité.

36

Tandis que Poole, sur ordre de Hawthorne, était resté dans la chambre du Shenandoah Lodge à attendre des nouvelles de l'état de santé de Catherine Neilsen, Tyrell s'engagea dans une rue de banlieue bordée d'arbres et se gara devant la maison du feu colonel Henry Stevens, chef des services de renseignements de la marine. Dans l'allée, il aperçut une voiture de patrouille du ministère de la Marine. Un sous-officier armé accompagna Hawthorne jusqu'au salon ; la femme de Stevens se tenait à la fenêtre, vêtue de noir, contemplant le jardin d'un air absent.

L'atmosphère fut au début chargée de malaise – Phyllis et Tye s'étaient perdus de vue à la suite d'un drame douloureux, et leurs retrouvailles en ces circonstances pénibles ne leur rappelaient que trop la tragédie d'Amsterdam. L'essentiel fut dit par leur silence, par leurs regards, puis Hawthorne s'approcha doucement, et elle fondit en larmes dans ses bras.

– Tout est si pourri, si pourri ! hoqueta-t-elle.
– Je sais, Phyll. Je sais.

Ils s'étreignirent un moment sans rien dire, deux personnes dignes dont une part d'existence avait été réduite à néant, victimes d'une conspiration machiavélique qui dépassait leur entendement. De longues minutes s'écoulèrent puis Hawthorne relâcha lentement la femme de Henry Stevens.

– Tu veux quelque chose, Tye ? Du thé, du café, un verre de whisky ?

– Non, merci, répondit Hawthorne. Une prochaine fois, si ton invitation tient toujours...

– Évidemment. Assieds-toi, je t'en prie. Je sais bien que tu n'es pas venu dans le simple but de me montrer ta sympathie ; tu as d'autres chats à fouetter en ce moment.

– De quoi es-tu au courant, Phyll ?

– Je suis la femme d'un officier des services de renseignements, cela ne fait pas de moi un agent secret pour autant, mais j'ai pu recoller certaines pièces du puzzle – sans doute bien plus que ne le supposait Henry. Il avait travaillé près de quatre jours d'affilée sans dormir... Et il se faisait un sang d'encre, à cause de toi. Tu dois être crevé, Tye, toi aussi...

– Tu sais donc que nous sommes à la recherche de quelqu'un ?

– Évidemment. Quelqu'un d'extrêmement dangereux. Et je sais aussi qu'elle est soutenue par des gens tout aussi dangereux.

– *Elle* ? Tu sais donc qu'il s'agit d'une femme ?

– Hank me l'a dit. C'est une terroriste de la Beqaa. S'il n'avait pas été si fatigué, je n'en aurais sans doute rien su.

– Phyllis, murmura Hawthorne en se penchant vers la veuve qui avait été son amie autrefois à Amsterdam. Il faut que je te pose quelques questions à propos de ce qui s'est passé ces derniers jours, avant que Hank soit tué. Je sais que ce n'est pas le moment, mais le temps presse et...

– Je comprends. J'ai déjà connu ce genre de chose il y a quelques années, tu te souviens ?

– Tu es seule, ici ?

– Pas en ce moment. Ma sœur est venue du Connecticut pour me tenir compagnie ; elle est sortie faire des courses pour l'instant.

– Je veux dire, Hank et toi, vous viviez seuls ici ?

– Oh oui ! avec tout un tas de protections possibles et imaginables. Des patrouilles armées jusqu'aux dents faisaient des rondes autour de la maison vingt-quatre heures sur vingt-quatre, une limousine venait le prendre sur le pas de la porte et le récupérait à sa sortie du bureau, et il y a ici un système d'alarme qui ferait peur à des fabricants de missiles ! Oui, nous étions en sécurité, si c'est là le sens de ta question.

– Je suis désolé, mais, à l'évidence, vous ne l'étiez pas. Quelqu'un est entré et a tué Henry au moment où il était en ligne avec moi.

– Je ne savais pas que c'était à toi qu'il parlait, mais j'ai déjà tout raconté aux gens de la marine et de la police ; j'ai retrouvé le téléphone de la cuisine décroché... Mais, en un certain sens, tu as raison. Il y avait toujours des livreurs, des réparateurs de toutes sortes ; on ne pouvait pas tous les empêcher d'entrer, on se serait fait haïr, et nous étions comme tout le monde, tu sais ; on commandait de temps en temps une pizza. Hank, d'ordinaire, prévenait les patrouilles lorsqu'on attendait des invités, mais, au fil des mois, il oubliait de les appeler ; cela paraissait si déplacé ici ; ce n'était pas comme à Amsterdam. Il disait qu'il ne fallait pas être paranoïaque.

– En d'autres termes, un type avec une caisse à outils, ou un démarcheur en costume cravate, ou encore un militaire en uniforme, pouvait entrer ou sortir sans être inquiété, résuma Tyrell.

– Sans doute, reconnut la veuve, mais, pour répondre à la question qui te brûle déjà les lèvres, la marine et la police sont au courant et ont interrogé en détail la patrouille de garde à l'heure du crime. Les deux gardes disent qu'à l'exception du gamin qui livre les journaux personne ne s'est approché de la maison.

– Et ils étaient garés devant la maison tout le temps ?

– Non, pas exactement. Pas comme les types qui sont de faction en ce moment – mais quelle importance, au fond ? J'ai précisé qu'ils passaient devant la maison. Hank y tenait, à la fois pour des raisons pratiques, et à la fois pour des questions de bon voisinage.

– Ils *passaient* devant la maison ?

– Oui, ils faisaient le tour du pâté de maisons, soit un passage toutes les une minute dix.

– C'était donc cela, les raisons pratiques de Hank, marmonna Hawthorne en hochant la tête. Une voiture de patrouille immobile, banalisée ou non, est trop facilement repérable.

– C'étaient des voitures banalisées, précisa Phyllis, mais nos voisins n'auraient pas apprécié de voir des véhicules inconnus garés pendant de longues périodes dans la rue. Ce n'est pas le genre du quartier, quoique cela eût alimenté moult ragots. Si je n'étais pas aussi

579

vieille, les gens auraient raconté que je recevais des hommes toute la journée.

– Tu n'es pas vieille, Phyll, et tu es très belle.

– Je vois que tu n'as pas perdu ton côté charmeur ! Cela m'a manqué après ton départ de l'ambassade.

– Donc, quiconque connaît l'itinéraire des patrouilles peut être l'assassin de Henry. Une minute et dix secondes équivaut à une heure et dix minutes tactiquement parlant.

– Tu penses que quelqu'un de la marine aurait pu...

– Oui, un type suffisamment bien placé parmi les militaires pour avoir accès aux feuilles de route des patrouilles.

– Ça te dérangerait d'être plus explicite ? demanda Phyllis d'un ton sec.

– Je ne peux pas, pas maintenant.

– Il s'agit de mon mari, Tye !

– Alors, je vais te dire ce que ton mari t'aurait répondu, en pareil cas, le plus honnêtement possible : « Je préfère te tenir à l'écart de certaines choses. »

– Foutaises ! J'ai le droit de savoir. Vingt-sept ans de vie commune me donnent ce privilège, commandant !

– Allons, Phyll ! lança Hawthorne en prenant les mains de Phyllis. Je fais exactement ce que Henry aurait fait à ma place. Contrairement à ce que j'ai pu dire, c'était un fin analyste ; peut-être pas le meilleur sur le terrain – il n'avait pas la tournure d'esprit pour ça –, mais dans les bureaux peu de gens lui arrivaient à la cheville. Je le respecte pour cette raison... et encore plus pour avoir eu l'intelligence de t'épouser.

– Arrête tes boniments de vieux loup de mer ! lança Phyllis Stevens en esquissant un pâle sourire... (Elle étreignit un instant les mains de Tyrell et les relâcha.) Vas-y, pose donc tes questions.

– Il y en a trois en tout et pour tout. Quand a-t-il parlé de moi, devant qui et pourquoi ?

– Lorsque tu as été blessé devant ce restaurant du Maryland, il est devenu comme fou, et se disait qu'il était encore une fois responsable.

– *Encore une fois ?*

– On en parlera plus tard, Tye, répondit doucement Phyllis.

– Tu parles d'Ingrid ?

– C'est compliqué. Plus tard, je t'en prie.

– Entendu, céda Hawthorne en déglutissant, sentant le sang battre dans ses tempes. Continue.

– Il a prononcé ton nom, peut-être trois ou quatre fois, en demandant que tu aies le meilleur médecin, et en précisant que, si quiconque faillissait à sa tâche, il aurait affaire à lui.

– À qui a-t-il dit ça, Phyllis ?

– Je n'en sais rien. À quelqu'un qui avait un lien avec ce que tu faisais. Hank lui a dit qu'il voulait un rapport officiel, pour ne rien laisser au hasard.

– Cela veut dire que tout le groupe Petite Amazone l'a eu entre les mains, y compris la « pointure ».

– Peut-être ; je ne sais pas de quoi tu parles, de toute façon...

– Peu importe...

– J'aimerais que tu changes de disque. À Amsterdam, chaque fois que tu revenais avec un bras en écharpe ou le visage tuméfié, et que les gens qui t'aimaient te demandaient ce qui s'était passé, tu répondais sempiternellement : « Peu importe. »

– Je suis désolé, vraiment, marmonna Tyrell en secouant lentement la tête.

– Tu as d'autres questions à me poser, Tye ? demanda la veuve.

– Non, pas pour l'instant. Je vois les grandes lignes à présent. Comme Henry le disait : « Il faut distinguer les grandes lignes avant tout ; c'est cela qu'il faut chercher en premier », alors que je m'arrêtais sur des détails.

– Mais c'est grâce aux petites pièces que tu dénichais que Henry pouvait discerner les grandes lignes du dessin. Il ne cessait de t'en rendre justice, même s'il ne le disait pas devant toi.

– Il s'en est bien gardé, effectivement... En attendant, c'est un indice de plus contre ce général fou à lier, c'est toujours ça. Je crois que c'est tout, à moins, Phyll, que tu ne voies autre chose – n'importe quoi, même si cela te paraît parfaitement anodin de prime abord.

– Il y a peut-être ces appels de Londres ?

– De Londres ?

– Ils ont commencé vers sept ou huit heures ce matin. C'est ma sœur qui a répondu.

– Pourquoi n'as-tu pas voulu répondre toi-même ?

– Parce que j'avais mon compte ! Henry a donné sa vie pour ces combines pourries et je ne veux rien savoir de Londres ou de Paris, ni des antennes d'Istanbul, du Kurdistan ou du Bassin méditerranéen. Nom de Dieu, le pauvre malheureux est mort ! Qu'on le laisse en paix – et moi, aussi !

– Phyll, ces gens ne savaient pas qu'il était mort !

– Et alors ? J'ai demandé à ma sœur de les renvoyer vers le ministère de la Marine Que ces salauds aillent donc raconter leurs salades ailleurs, je ne veux plus avoir affaire à eux !

– Où est le téléphone ?

– Henry ne voulait pas qu'il y en ait dans le salon. Ils sont sous la véranda – trois postes de couleurs différentes.

Hawthorne se leva et se dirigea vers la porte-fenêtre qui donnait dans la véranda. Sur une table dans le coin gauche se trouvaient trois téléphones : un beige, un rouge et un bleu marine, en partie cachés derrière un paravent. Il décrocha l'appareil rouge et pressa sur la touche 0 pour obtenir le standard.

– Ici le commandant Hawthorne, l'adjoint du colonel Henry Stevens. Je voudrais parler à l'officier de garde au QG des services de renseignements.

– Tout de suite, mon commandant.

– Capitaine Ogilvie, ligne rouge, j'écoute, répondit une voix au quartier général. Vous vous appelez Hawthorne ? Une seconde... j'entre votre nom dans l'ordinateur.

– Faites, capitaine, car j'ai une question à vous poser.

– Sur cette ligne, je répondrai à tout ce que vous voulez, dans la limite de mes compétences.

– Est-ce que Londres a essayé de joindre le colonel Stevens à son bureau ?

– Non, pas que je sache, commandant.

– Je veux du précis, capitaine ; j'ai besoin d'une réponse catégorique sur-le-champ, dans un sens ou dans un autre.

– Ne quittez pas... (Au bout d'une dizaine de secondes, Ogilvie revint en ligne.) Non, il n'y a eu aucun appel de Londres, commandant. Pas le moindre message non plus.

– Merci, capitaine.

Tyrell raccrocha et revint dans le salon.

– Londres n'a pas cherché à contacter Henry à son bureau du ministère, annonça Hawthorne.

– C'est étrange, répondit Phyllis en tournant la tête vers Tyrell. Ils ont bien appelé cinq ou six fois ici.

– Je me demande bien quelle voie ils ont utilisée, s'interrogea Hawthorne. Tu sais quel téléphone a sonné ?

– Non, comme je te l'ai expliqué, c'est ma sœur qui a été répondre. Tout ce qu'elle m'a dit, c'est que c'était chaque fois le même homme, un type haut placé et plutôt nerveux. Et, à chaque coup de fil, elle répondait d'appeler le ministère.

– Mais, de toute évidence, il ne l'a pas fait, répondit Hawthorne. Il a préféré continuer à tenter sa chance ici... Pourquoi ? C'est tout ce que ta sœur t'a dit ?

– En gros, oui. Je n'écoutais que d'une oreille...

– Où est-elle ?

– Au supermarché, partie faire quelques courses. Elle va revenir d'un instant à l'autre. Quand tu es arrivé, j'ai cru que c'était elle qui rentrait. (Un petit coup de klaxon retentit dehors.) La voilà ! Le garde va l'aider à prendre les paquets.

Les présentations furent succinctes, l'urgence du moment n'étant que trop évidente. Le garde emporta les sacs de victuailles à la cuisine, et Tyrell conduisit la sœur de Phyllis jusqu'au salon.

– Mrs. Talbot, commença-t-il.

– Vous pouvez m'appeler Joan ; Phyll m'a beaucoup parlé de vous. Mon Dieu, que s'est-il passé ?

– C'est ce que nous allons tenter d'éclaircir, grâce à vous... Ces appels de Londres, qui les a passés ?

– C'était terrible, vous savez, je ne me suis jamais sentie aussi mal à l'aise ! s'écria Joan Talbot en parlant à toute vitesse. Cet homme ne cessait de demander à parler à Henry, en disant que c'était urgent et qu'il devait absolument le joindre. Vous vous rendez compte que j'ai été obligée de raconter que nous ne savions pas où il était, qu'il fallait demander au ministère... Chaque fois, il me disait que la marine lui répondait qu'il était injoignable – injoignable ! Il était mort, nom de Dieu ! Et la marine ne voulait pas le reconnaître ! Alors moi, je devais mentir – c'était terrible !

– Il y a de bonnes raisons, Joan, de très bonnes raisons...

– De faire vivre à ma sœur cet enfer ? Pourquoi croyez-vous qu'elle ne voulait plus répondre ? Ni moi ni le marin dans le couloir ne l'aurions laissée faire de toute façon. Tous ces derniers temps, elle devait répondre aux gens qui appelaient Henry : « Il est sous la douche », « il joue au golf », « il est en réunion »... comme si elle s'attendait à le voir pousser la porte d'un instant à l'autre en lançant : « Quand est-ce qu'on mange ? » Quel genre de monstres êtes-vous donc tous ?

— Joannie, ça suffit, intervint la femme de Henry. Tye essaie simplement de faire son travail, un travail qu'il déteste autant que toi. Maintenant, réponds à sa question. Qui était au bout du fil ?

— Il parlait une espèce de charabia, rendu plus incompréhensible encore à cause de cet accent anglais à couper au couteau ; c'était à vous fiche la frousse, en fait.

— Qui c'était, Joan ?

— Il ne m'a pas donné son nom, juste « M » quelque chose, division machin-truc.

— MI6 ? suggéra Hawthorne. Division spéciale ?

— Oui, c'était quelque chose comme ça.

— Qu'est-ce que le MI6 voulait ? murmura Tyrell pour lui-même, la bouche pincée, le regard perdu au loin, tentant en vain de discerner une lumière dans le brouillard. Il devait s'agir d'une info hors réseau.

— Encore votre satané jargon ! lança la sœur du Connecticut avec agacement.

— Peut-être, reconnut Hawthorne. Il n'y a que vous qui puissiez me le dire. De quel téléphone provenaient ces appels ?

— Du poste bleu, toujours le bleu.

— C'est bien ça ! Il s'agit d'une ligne directe, sans interception possible.

— Je commence à y voir plus clair, ajouta Phyllis. Chaque fois que Hank voulait parler à l'un de ses homologues, que ce soit en Europe ou au Moyen-Orient, il se servait toujours de ce téléphone.

— C'est normal. Il s'agit d'un réseau mondial reliant entre eux toutes les huiles des services secrets alliés et leurs homologues des renseignements militaires. Il n'existe pas de ligne internationale plus sûre, mais il faut connaître les numéros des correspondants, ce qui n'est pas mon cas. Je vais appeler Palisser, il me donnera le numéro du type du MI6.

— Vous parlez du numéro de Londres ? demanda

Joan Talbot. Si c'est ça que vous voulez, il est sur le bloc-notes à côté du téléphone.

– Il vous a donné son numéro?

– Oui, après avoir répété que le numéro serait « modifié demain matin », avec des airs mystérieux à glacer le sang.

– Avec un peu de chance, ils ne l'ont peut-être pas encore changé, lança Hawthorne en se dirigeant rapidement vers la véranda.

Il trouva le calepin, composa le numéro de quatorze chiffres pour contacter Londres. Ce faisant, il sentit un nœud se former dans sa poitrine, une douleur sourde qu'il avait trop souvent éprouvée autrefois et qui n'avait rien à voir avec sa santé – c'était un signal que lui envoyait son sixième sens; en interrogeant Phyllis, il cherchait à lever un voile du mystère, à trouver un indice qui puisse l'aider à découvrir le chaînon manquant entre lui et le meurtre de Henry Stevens. Il sut qu'il le tenait lorsque Phyllis lui annonça que Henry avait demandé un rapport officiel sur son état de santé après la fusillade de Chesapeake Beach, un rapport exigé pour garantir sa sécurité, mais qui était passé, évidemment, entre toutes les mains des initiés de l'opération Petite Amazone, dont celles de Big Mike Meyers, le Scorpion, l'ennemi juré des politiques en costume cravate, celui qui pouvait avoir accès, sans le moindre problème, au planning des patrouilles qui surveillaient la propriété des Stevens. Il était là, le chaînon qu'il recherchait... mais cette histoire d'appel du MI6 était totalement inattendue; ils avaient utilisé la ligne bleue ultra-confidentielle et étaient passés au-dessus du ministère de la Marine pour contacter Stevens à son domicile... Ce n'était pas normal; voilà pourquoi l'angoisse montait en lui, voilà pourquoi il ressentait cette douleur sourde dans la poitrine. Il existait une règle dans les services secrets : se méfier de l'inattendu lorsqu'il vient d'un territoire ami. Il y avait un bug dans le programme! comme aurait dit Poole.

– Oui! lança la voix à Londres en criant presque.

– C'est Stevens, mentit Hawthorne, espérant que son débit haché ferait illusion au cas où son correspondant connaîtrait Henry.

– Nom de Dieu, colonel, qu'est-ce que vous foutez tous là-bas? Impossible de joindre votre chef de la CIA,

585

et cela fait près de dix heures que je m'évertue à vous avoir au bout du fil !

– On a eu une journée mouvementée.

– J'espère effectivement que vous avez de bonnes raisons de rappeler si tard parce que vous risquez sinon de vous en mordre les doigts ! Puisque nous ne nous connaissons pas, je me présente. Je m'appelle Howell, John Howell – le nom complet, c'est sir John Howell au cas où vous voulez vérifier sur votre ordinateur, mais vous pouvez oublier le « sir ».

– Vous êtes du MI6, division spéciale ?

– Autrement dit, je ne torche pas les chevaux de la reine ! J'espère que de votre côté vous avez pris toutes les précautions qui s'imposent. C'est le cas chez nous et à Paris. Nous n'avons pas de nouvelles de Jérusalem, mais nous avons souvent un métro de retard sur eux. Ils ont dû déjà planquer leur bonhomme dans un abri anti-atomique sous le mont Sinaï.

– Nous sommes donc sur la même longueur d'onde, John. Dites, puisque j'ai été coincé par une cellule de crise toute la journée et que j'ai peut-être raté quelques nouvelles, vous voulez bien me résumer la situation ?

– Vous plaisantez ou quoi ! s'écria Howell. C'est vous l'agent de liaison du commandant Hawthorne, que je sache !

– Certes, répondit Tyrell, en réfléchissant frénétiquement pour trouver une logique là où il n'en voyait aucune. Au fait, merci de l'avoir recruté...

– Les lauriers reviennent à Geoffrey Cooke, que Dieu ait son âme. Moi, je n'y suis pour rien.

– Oui, je sais ; mais, comme je vous disais, je viens juste de recevoir votre message en rentrant chez moi. Je n'ai rien eu à mon bureau.

– Nom de Dieu, colonel, je n'allais pas laisser mon nom et mon adresse ! Votre nouveau directeur à la CIA et moi étions d'accord pour garder cette affaire secrète ; elle devait rester entre nous trois ; vous faisiez partie du lot puisque vous êtes le contact de Hawthorne. Qu'est-ce qui se passe, nom de Dieu ? Pourquoi votre directeur de la CIA ne vous a-t-il rien dit ? Sa secrétaire, une espèce de bonne femme pète-sec, soit dit en passant, m'a raconté que son patron avait eu le résultat de l'opération par l'unité de transmission et était au courant de tout, mais comment est-ce possible s'il ne vous contacte pas régulièrement ?

– Il y avait un problème israélo-syrien, répondit laconiquement Tyrell. Tout le monde en parle à la radio et à la télévision.

– Qu'est-ce que c'est que ces salades ! lança le chef des services secrets britanniques. Ils font ça pour la parade, l'un comme l'autre. Si cela ne tenait qu'à moi, ils pourraient bien s'entre-tuer et se réduire en bouillie ! Comparé à ce qui nous menace, leurs chamailleries sont des broutilles...

– Attendez un instant, Howell, l'interrompit tranquillement Tyrell, tandis que son visage pâlissait, comprenant que son pressentiment était fondé. Vous avez parlé d'une opération avec une unité de transmission de la CIA... Vous faites référence à une écoute téléphonique simultanée entre vous à Londres et Langley ?

– C'est insensé ! Vous n'allez tout de même pas me dire que vous n'êtes pas au courant ?

– Au courant de quoi, John ? lança Hawthorne, le souffle suspendu.

– C'est pour ce soir ! Bajaratt a dit qu'elle attaquait ce soir ! Heure de Washington !

– Nom de Dieu !... souffla Tyrell, le visage blanc comme un linge. Et vous dites que le directeur de la CIA est au courant ?

– Bien sûr.

– Vous en êtes certain ?

– Écoutez, vieux, j'ai parlé en personne à cette cul-pincé de secrétaire. Elle a dit que son patron courait de réunion en réunion... et, à mon dernier appel, il était à la Maison-Blanche, avec le Président.

– À la Maison-Blanche ?... Pour quoi faire ?

– Dites, c'est votre pays, vous êtes mieux placé que moi pour le savoir. Notre Premier ministre, quant à nous, est déjà en quarantaine, sous la protection de Scotland Yard, et toutes les réunions au 10 Downing Street sont depuis longtemps suspendues ; il y a des tas de gens ici qui seraient trop contents de lui envoyer une bombe sur la tête.

– C'est sans doute le cas ici aussi...

– Pardon ?

– Peu importe... Vous dites que le directeur de la CIA est au courant de cette nouvelle, et que la logique voudrait qu'il ait transmis l'information à tous ceux qui devaient en être avertis au cours de ses multiples réunions de la journée ?

— Écoutez, vieux, c'est un bleu, et il a dû paniquer ; ne soyez pas trop dur avec lui. J'aurais peut-être dû me méfier. On m'a dit que c'était un homme d'expérience, et un type compétent.

— C'est sans doute vrai, mais vous oubliez un petit détail.

— Ah oui ?

— Je pense qu'il n'a jamais eu la nouvelle.

— Quoi ?

— Inutile de modifier ce numéro, sir Howell. Je vais le brûler et je vous recontacterai par les voies classiques.

— Nom de Dieu, ça vous dérangerait de vous expliquer !

— Plus tard, le temps presse. Je vous rappellerai...

Tyrell raccrocha le téléphone bleu tout en décrochant l'appareil rouge. Peu après avoir enfoncé la touche 0, quelqu'un répondit au bout de la ligne.

— Ici le commandant Hawthorne...

— Oui, commandant, nous venons de nous parler, répondit le standardiste. Vous cherchiez à joindre l'officier de garde au QG des services de renseignements.

— Oui, je l'ai eu, merci. Je voudrais maintenant parler au ministre des Affaires étrangères, si possible sur cette ligne. Vous pouvez m'obtenir une liaison sûre ?

— Sans problème. Je vais essayer de le trouver.

— Je reste en ligne. C'est très urgent.

Ce faisant, Tyrell songea à la façon dont il allait annoncer la nouvelle à Palisser, une révélation qu'il aurait du mal à croire. L'écoute téléphonique entre Londres et Washington était loin d'être un échec ; c'était au contraire un succès ! Bajaratt avait été interceptée, on avait enregistré sa conversation : elle allait attaquer ce soir ! Le drame, c'est que tout le monde refuserait de le croire !... Non, pas tout le monde, songea Hawthorne, quelqu'un savait, et ce quelqu'un avait court-circuité l'information. Nom de Dieu, où était encore passé ce Palisser !

— Commandant ?...

— Je suis là. Où est le ministre ?

— Nous avons du mal à le contacter. Nous avons votre numéro sur cette ligne. Si vous voulez, dès que je l'aurai retrouvé, je le connecte sur votre poste.

588

– Non, je préfère rester en ligne.

– Comme vous voudrez.

La ligne redevint silencieuse, et plus le temps passait, plus la douleur grandissait dans sa poitrine. Il était dix-huit heures passées, s'aperçut-il en jetant un coup d'œil sur sa montre – il était même près de six heures et demie ! Il faisait encore jour, mais c'était bel et bien le soir ! Nom de Dieu, Palisser, répondez !

– Commandant...

– Oui ?

– Je ne sais comment vous dire ça, mais nous n'arrivons pas à joindre le ministre des Affaires étrangères.

– C'est insensé ! s'écria Tyrell, répétant les mêmes paroles que sir John Howell quelques instants plus tôt.

– Mais nous avons pu joindre Mrs. Palisser à St. Michaels, dans le Maryland. Son mari l'a appelée pour lui dire qu'il faisait un saut à l'ambassade d'Israël et qu'il la rappellerait dans une heure...

– Et alors ?

– Nous avons eu l'attaché d'ambassade – l'ambassadeur est en déplacement à Jérusalem – et il a dit que Mr. Palisser était resté environ une demi-heure. Ils ont discuté d'« Affaires étrangères », pour reprendre son expression, et puis Mr. Palisser est reparti.

– Quelles affaires ?

– Il nous était difficile de lui poser la question, commandant.

– Depuis quand les ministres américains vont-ils raconter leurs misères à l'ambassade d'Israël ?

– Je ne sais pas, commandant...

– Moi, si, peut-être... Connectez-moi avec cet attaché d'ambassade, et dites-lui que c'est une urgence. S'il n'est pas à son bureau, trouvez-le-moi, où qu'il soit !

– Tout de suite.

Trente secondes plus tard, une voix grave retentit sur la ligne.

– Ici Asher Ardis, ambassade d'Israël. On m'a dit qu'il s'agissait d'un appel urgent de la part d'un officier des services secrets de la marine. C'est bien ça ?

– Mon nom est Hawthorne, et je travaille avec Palisser.

– Un homme charmant. En quoi puis-je vous être utile ?

– Vous êtes au courant d'une opération appelée

Petite Amazone ? Nous sommes sur ligne rouge, vous pouvez parler sans crainte.

— Sans doute, Mr. Hawthorne, mais je ne sais rien de cette opération. S'agit-il d'une collaboration avec le gouvernement israélien ?

— C'est le cas, Mr. Ardis. Avec le Mossad, pour être précis. Mr. Palisser vous a-t-il parlé de deux agents du Mossad qui seraient venus d'Israël lui remettre quelque chose ? C'est extrêmement important, Mr. Ardis.

— Voilà qui est bien vague, Mr. Hawthorne. Il peut s'agir d'une lettre, de plans, comme d'un cageot de nos succulentes oranges.

— Je n'ai pas le temps de jouer aux devinettes, Mr. Ardis.

— Moi non plus, mais je suis curieux de nature. Nous avons poussé la courtoisie jusqu'à lui donner une ligne directe avec Israël dans un cabinet privé pour qu'il puisse joindre le colonel Abrams, qui travaille, comme tout le monde le sait, pour le Mossad. C'était une requête pour le moins inhabituelle, vous en conviendrez, et nous nous sommes montrés pour le moins aimables également d'y accéder.

— Je ne suis pas diplomate, vous savez...

— Le Mossad opère souvent hors des voies classiques, ce qui est passablement irritant, mais nous comprenons qu'il doive veiller à son image de marque, à rester cette pieuvre occulte qui étend ses tentacules invisibles aux quatre coins de la planète...

— Je vois que vous ne portez pas le Mossad dans votre cœur, l'interrompit Tyrell.

— Je ne vous citerai qu'un nom : Jonathan Pollard [1], qui croupit dans vos prisons pour un nombre indéterminé d'années. Inutile d'en dire davantage, n'est-ce pas ?

— Encore une fois, vos luttes intestines ne me concernent pas, seule la visite de Palisser à votre ambassade m'intéresse. A-t-il eu le colonel Abrams au bout du fil et, si oui, que se sont-ils dit ? Je vous rappelle que je suis sur une ligne rouge... vous pouvez donc imaginer que je suis en droit de vous poser ces questions – encore une fois, nous travaillons ensemble, nom de Dieu ! Si

---

1. Juif américain, analyste des services secrets de la marine américaine ayant donné à Israël des informations classées secret défense ; il fut arrêté en novembre 1985 et condamné à perpétuité. (N.d.T.)

vous voulez une confirmation, compulsez donc vos fichiers de malheur !

– Vous semblez bien nerveux, Mr. Hawthorne.

– J'en ai marre d'entendre vos conneries !

– Ce n'en sont pas pour moi. La colère du juste révèle la vérité.

– Ce n'est pas la peine de me citer le Talmud ! Qu'est-ce qui s'est passé entre Palisser et Abrams ?

– En fait, il n'a pas pu le joindre. Le colonel du Mossad avait joué les filles de l'air, mais, lorsqu'il reviendra dans son bureau, il aura un message lui demandant de rappeler le ministre des Affaires étrangères de toute urgence avec une liste de six numéros de téléphone, lignes confidentielles comme régulières. Cela répond-il à votre question ?

De dégoût, Tyrell raccrocha brutalement le téléphone et revint dans le salon. Phyllis l'attendait devant la porte-fenêtre.

– Un certain lieutenant Poole a téléphoné sur la ligne normale. Je l'ai pris dans la cuisine...

– Des nouvelles de Cathy ? du capitaine Neilsen ?

– Non, cela concernait le général Michael Meyers, le chef de l'état-major interarmées. Il t'a téléphoné. Il veut te rencontrer le plus vite possible. Il dit que c'est extrêmement urgent.

– Le contraire m'eût étonné ! Il veut ajouter un trophée à son tableau de chasse.

18 h 47

La limousine immatriculée DOS 1 [1] filait vers le sud sur la nationale 50, longeant la côte en direction du village St. Michaels dans le Maryland. À l'arrière, le ministre Palisser pressait les touches de son téléphone de voiture avec une irritation grandissante. Finalement, à bout de patience, il baissa la vitre qui le séparait du chauffeur et lança :

– Nicholas ! Qu'est-ce qui se passe avec ce satané téléphone ? Je ne peux joindre personne !

– Je ne sais pas, Mr. Palisser, répliqua le chauffeur embauché par les services secrets. J'ai eu des problèmes

1. Department of State (DOS) : ministère des Affaires étrangères (N.d.T.).

aussi pour contacter le QG. Je n'ai jamais réussi à avoir le standard.

– Dites donc ? Vous n'êtes pas Nicholas, vous ! Où est-il ?

– Il a dû être remplacé.

– Remplacé ? Pour quelle raison ? Où est-il allé ? Il était au volant quand nous nous sommes garés devant l'ambassade d'Israël.

– Peut-être une urgence personnelle. On m'a appelé pour que je prenne sa place, c'est tout ce que je sais, Mr. Palisser.

– C'est tout à fait contraire à la procédure normale. Mon bureau aurait dû m'en avertir, c'est la règle.

– Ils ne savaient pas où vous étiez.

– Ils avaient ce numéro.

– Le téléphone ne fonctionne pas, Mr. Palisser.

– Attendez un peu ! Si personne ne savait où j'étais, comment avez-vous pu me trouver, vous ?

– Nous avons nos propres réseaux d'information, Mr. Palisser. Nous avons des oreilles partout.

– J'exige une réponse !

– Je n'ai que le droit de donner mon nom, mon rang et mon matricule. C'est la règle à suivre face à l'ennemi.

– Je vous demande pardon ?

– Vous avez proféré des accusations contre le général hier soir, vous avez fait un tel ramdam à la Maison-Blanche qu'il est à présent sous surveillance. Ce n'est guère aimable pour ce grand homme qu'est le général Meyers.

– Quel est votre nom, soldat ?

– Johnny suffira.

Le chauffeur vira brutalement à gauche et s'engagea dans un chemin de terre à peine visible de la route. Il enfonça la pédale d'accélérateur, et la voiture rebondit pendant un moment sur le sol accidenté jusqu'à une petite clairière où trônait un hélicoptère Cobra.

– Veuillez descendre de voiture, Mr. Palisser.

Le ministre, encore secoué par les cahots, chercha à tâtons la poignée ; il la trouva enfin et s'extirpa du véhicule en titubant dans l'herbe folle. Trois mètres plus loin se tenait le chef de l'état-major en uniforme, la manche droite nouée sous l'épaule.

– Tu étais un bon soldat pendant la Seconde Guerre mondiale, Bruce, mais tu as oublié la règle numéro un lorsqu'on fait une incursion en territoire ennemi, annonça le général. Quand on passe les lignes, il faut savoir reconnaître ses amis. Tu as fait une erreur de jugement pour l'un d'eux à la Maison-Blanche. Si cette personne avait interrompu le Conseil de sécurité pour te donner tes messages, elle aurait été abattue.

– Seigneur! articula Palisser. Hawthorne disait donc vrai! Non seulement tu es prêt à laisser le Président se faire assassiner, mais tu y participes activement!

– Ce n'est qu'un homme, Bruce, un politicien aveugle qui se laisse guider par ceux qui veulent voir l'armée des États-Unis décimée. Mais tout ça va changer ce soir; le monde entier va changer, ce soir.

– Ce soir?

– Oui, dans un peu plus d'une heure.

– Mais de quoi parles-tu?

– C'est vrai que tu n'es pas au courant... Les messagers du Mossad n'ont pas pu te contacter, n'est-ce pas?

– Abrams! lança Palisser. Le colonel Abrams!

– Un individu dangereux, reconnut Meyers. Pour des questions stupides de morale, il refuse de voir les avantages de cette opération. Au fait, il avait raison de se méfier de tout le monde... Il envoyait deux de ses agents pour te donner en personne un nom, le nom d'un obscur petit sénateur qui va rendre tout possible... dans bientôt une heure.

– Mais comment sais-tu tout ça?

– Grâce aux bons soins de quelqu'un que tu n'as pas même remarqué – une petite main, un assistant anonyme dans le Conseil de sécurité, celui-là même qui a intercepté ce matin les messages de ce traître de Hawthorne. Une petite taupe à la Maison-Blanche à qui l'on donnerait le bon Dieu sans confession; le Président s'est pris de sympathie pour lui et ils parlent beaucoup tous les deux. C'est l'un de mes anciens adjudants, un lieutenant-colonel aujourd'hui – c'est moi qui lui ai trouvé cette place. Nous parlons beaucoup... (Meyers consulta sa montre, en tournant le cadran vers les derniers rayons du soleil couchant.) Dans un peu plus d'une heure, le Président, pour être agréable à ce petit sénateur innocent, tiendra une audience privée, à l'insu de tous, et devine avec qui, Bruce? Je vois que tu commences à comprendre. Oui, Bruce, avec Petite Amazone en personne... et alors, boum! Le bruit de l'explosion va retentir dans le monde entier.

– Espèce d'ordure! rugit Palisser en se ruant sur Meyers, les mains en avant, son corps âgé tétanisé par la fureur.

Le chef de l'état-major passa son bras gauche sous sa veste et tira de sa ceinture une baïonnette. Alors que le vieux ministre saisissait le général à la gorge, Meyers planta la longue dague dans le ventre de Palisser et, d'un brusque mouvement de bas en haut, il fit remonter la lame jusque dans la cage thoracique.

– Débarrasse-moi du cadavre, ordonna-t-il à son sergent-chef, et va balancer la voiture au bout de la barge qui se trouve en face de l'île Taylor.

– Entendu, Big Mike.

– Où est le chauffeur?

– Personne ne le retrouvera, tu peux me croire.

– Parfait. C'est un petit soubresaut dans l'Histoire, rien de plus. Dans une heure, personne ne s'en souciera, plus rien n'aura d'importance. Je file à la Maison-Blanche. Je serai dans le salon au deuxième étage.

– Dépêche-toi. Quelqu'un doit être là pour reprendre les rênes.

Dans une ruelle sombre de Jérusalem, sous une pluie battante, un corps gisait au sol, ses habits trempés, son sang se mêlant aux ruisselets d'eau qui sinuaient entre les pavés. Le colonel Daniel Abrams, chef du groupe anti-Bajaratt, avait été abattu de six balles dans le corps avec un pistolet à silencieux. Et une silhouette massive s'éloignait vers le Sharafat, convaincue d'avoir participé à une cause juste.

37

18 h 55

Bajaratt ajusta sa robe pour le soir le plus important de sa vie, celui qui allait donner un sens à toute son existence. Tout en observant son reflet, elle vit dans la grande glace une enfant de dix ans qui la regardait avec émerveillement et adoration.

Nous avons réussi, ma chérie ! Personne ne peut plus nous arrêter aujourd'hui, car nous allons écrire une nouvelle page de l'Histoire. Le mal que l'on nous a infligé dans les montagnes sera lavé par le sang qui va bientôt couler à travers le monde, et toi et moi nous serons vengées de l'horreur que nous avons vécue... Tu te souviens lorsque nous avons vu les têtes de papa et de maman rouler sur les cailloux, tranchées de leurs corps, leurs yeux grands ouverts, demandant à leur Dieu inique pourquoi il permettait une telle abomination, priant peut-être pour notre salut, pour toi et moi qui allions vivre le restant de notre vie avec cette image gravée en nous ?... Muerte a toda autoridad !... Nous allons réussir, toutes les deux, ensemble, car nous sommes une et indivisible, nous sommes invincible !

L'image de la petite fille s'évanouit lorsque Bajaratt s'approcha du miroir pour examiner les mèches grises dans ses cheveux et peaufiner la touche d'ombre sous ses yeux afin de grimer subtilement son visage. Sa tenue était élégante et savamment retaillée : la robe de soie bleu marine qui lui tombait sous les genoux était affublée de coussinets discrets qui arrondissaient les lignes de ses hanches et de ses seins; l'ensemble était exécuté avec goût, pour donner l'impression d'une femme de cinquante ans qui se démenait pour rester attrayante. Un double collier de perles, une paire de collants bleu clair et des escarpins bleu marine complétaient la tenue. L'image générale était celle d'une riche Italienne de noble souche, habituée à se montrer sur la via Condotti, l'équivalent à Rome du Faubourg-Saint-Honoré à Paris. Et, pour parfaire ses atours, elle portait à l'épaule un petit sac à main bleu avec un fermoir de perles – pour tout le monde, ces deux perles seraient aussi authentiques que celles qu'elle portait autour du cou.

Au poignet de cette élégante femme du monde se trouvait une fine montre sertie de diamants qui provenait à l'évidence de chez Piaget. Ce qui n'était pas le cas. C'était une superbe contrefaçon, pouvant résister à un ouragan en mer, avec un mécanisme simplissime mais qui était capable d'envoyer une puissante impulsion radio à un récepteur placé à cinquante mètres de là en pressant trois fois sur la couronne de diamants – rien n'arrêtait le signal, ni le verre, ni le bois, ni le plâtre le plus épais. Le récepteur en question se trouvait dans la doublure du sac à main : un minuscule module circulaire fixé à un mince pain de plastic qui jouerait le rôle de détonateur pour faire exploser un autre pain dissimulé dans la doublure opposée. Le potentiel de destruction égalait celui de sept cents grammes de nitroglycérine ou d'une bombe classique de cent kilos. *Muerte a toda autoridad!* Mort aux chefs de tous pays qui ordonnaient la mort soit par commissions interposées, soit en pratiquant la politique de l'autruche.

– Cabi! lança Nicolo dans la chambre, faisant sursauter Bajaratt qui se regardait dans le miroir.

– Qu'est-ce qu'il y a? demanda-t-elle en s'approchant de la porte de la chambre à coucher.

– Ces bidules en or ne veulent pas entrer dans les trous! J'y suis arrivé pour celui de gauche mais pas pour celui de droite.

– C'est parce que tu es droitier, Nico, lança Bajaratt en se dirigeant vers lui. Tu as toujours eu des problèmes pour mettre les boutons de manchettes de la manche droite, tu ne te souviens pas?

– Non, je ne me souviens de rien, je pense trop à demain.

— Pas à ce soir ? Tu vas pourtant rencontrer le président des États-Unis en personne.

— Je suis désolé, *signora*, ça a peut-être une importance pour vous, mais moi, je m'en fiche. Tout ce qui compte à mes yeux, c'est ce qui m'attend à New York. Je suis comme sur des charbons ardents. Vous avez entendu ce qu'a dit Angel à l'aéroport ? Elle propose que nous passions le week-end ensemble – *la fine di settimana* – sur un lac quelque part avec sa famille.

— Comme ça tu pourras faire plus ample connaissance avec elle, Nico, dit Bajaratt en refermant le bouton de manchette avant de se reculer pour avoir une vue d'ensemble. Tu es magnifique, mon beau docker.

— Magnifique peut-être, mais je reste un docker, *signora*, n'est-ce pas ? lança Nicolo, les yeux rivés dans ceux de sa créatrice. Vous êtes toujours là pour me rappeler mes origines. Vous m'avez promené dans la belle société, mais vous n'avez cessé de me dire que je ne suis qu'un stupide docker. Quel plaisir cela vous procurait-il ?

— Je t'ai emmené le plus loin et le plus haut possible. Maintenant, c'est à Dieu de décider du reste.

— Ce sont des paroles bien étranges dans votre bouche, vous qui n'avez ni Dieu ni maître... C'est bien ce que vous m'avez dit, non ? Je ne comprends rien à ce rêve qui vous obsède, mais je vous plains de tout mon cœur. Ça me fait de la peine de vous voir vous donner tant de mal... Vous savez, cette cause autour de laquelle vous faites tant de mystères, je ne suis toujours pas convaincu qu'elle est aussi noble et juste que vous le dites.

— Inutile de pleurer sur mon sort, Nico, j'accepte ma destinée.

— Votre destinée ? C'est un trop grand mot pour moi, *signora*. Ce genre de considération me dépasse.

— Alors, le débat est clos... Enfile ta veste, celle avec les boutons dorés.

Le jeune homme s'exécuta et Bajaratt recula pour admirer son travail sur la matière humaine, son œuvre.

— Tu es incomparable. Ta taille, tes larges épaules, tes hanches fines, ton doux visage encadré par ces cheveux noirs et fougueux : tu es splendide !

— Ça suffit, vous me gênez. J'ai un frère qui est plus grand que moi... Il mesure un mètre quatre-vingt-onze, et moi je ne dépasse pas un mètre quatre-vingt-huit.

– Je l'ai rencontré évidemment; c'est une brute épaisse. Son visage est amorphe, ses yeux sont éteints et il a de la gelée à la place du cerveau.

– C'est un gentil garçon, *signora*, et il est bien plus fort que moi. Si quiconque s'avise de manquer de respect à mes sœurs, il est capable de projeter le malotru contre un mur à trois ou quatre mètres de là – moi, si j'atteins les deux mètres, c'est le bout du monde.

– À t'entendre, on croirait que c'est le bon Dieu!

– C'est normal, c'est l'aîné et il s'occupe de la famille depuis que papa est mort.

– Mais est-ce que tu l'admires? Est-ce un modèle pour toi?

– Mes trois sœurs l'adorent, c'est lui le *padrone* maintenant et il prend soin de toute la famille.

– Mais toi, Nico, toi, est-ce que tu l'admires?

– Ça suffit, *signora*, peu importe.

– C'est important pour moi, mon bel enfant, car je veux que tu saches pourquoi je t'ai choisi.

– Choisi? Pour quoi faire?

– Voilà encore une question à laquelle je ne répondrai pas. Allez, dis-moi, que penses-tu de ton grand frère?

– Bah! fit Nicolo d'un haussement d'épaules en secouant la tête de dépit. Il n'a rien dans la tête, tout dans les muscles, si vous tenez vraiment à le savoir. Tout ce qu'il sait faire, c'est semer la terreur sur les quais avec ses gros bras. Mais il viendra, un jour ou l'autre, un autre caïd, et il se fera descendre. C'est un idiot!

– Alors tu as compris pourquoi je t'ai choisi! Je cherchais la perfection et je l'ai trouvée.

– Et moi je crois que vous êtes folle. Dites, je peux appeler Angelina à Brooklyn? Elle doit être arrivée à l'heure qu'il est.

– Comme tu voudras. Va donc lui conter fleurette, mais que cela ne dure pas plus de dix minutes, le sénateur va venir nous chercher.

– J'aimerais bien lui parler seul.

– *Naturalmente*, répondit Bajaratt en sortant de la chambre et en refermant la porte derrière elle.

Hawthorne était fou de rage. Tous les gens que lui et Phyllis connaissaient dans les divers services de renseignements à Washington étaient partis pour toute la journée, injoignables, ou ne voulaient pas parler à un commandant qu'ils ne connaissaient ni d'Ève ni d'Adam. Les mots « Petite Amazone » n'ouvraient aucune porte ; le secret avait été si bien gardé, le cercle d'initiés était si restreint, que personne n'avait les compétences ni le statut pour prendre la moindre responsabilité. C'était un serpent qui se mordait la queue ; personne n'était en mesure de lancer le signal d'alerte, car aucun n'avait l'autorité nécessaire pour contacter les sphères supérieures. La standardiste de la Maison-Blanche était la plus obtuse de tous.

— Nous recevons ce genre d'appel plus de dix fois par jour, commandant ! Si vous avez vraiment quelque chose de vital à annoncer, appelez donc les services secrets ou le Pentagone.

L'entretien avec les services secrets fut réduit à sa plus simple expression :

— Nous avons pris note de votre appel, commandant, et nous vous assurons que le Président est en parfaite sécurité. Maintenant, si vous voulez bien nous excuser, nous avons, comme vous, beaucoup de travail. Au revoir.

Tyrell ne pouvait pas appeler le Pentagone car Big Mike Meyers serait aussitôt alerté ; le chef des Scorpions couperait instantanément toutes les communications.

Bruce Palisser, le ministre des Affaires étrangères, s'était évanoui dans la nature, comme son contact en Israël le colonel Abrams du Mossad. Que se passait-il donc ?

Un téléphone sonna sous la véranda et Phyllis Stevens, qui était la plus proche, décrocha.

— Tye ! cria-t-elle. C'est Israël. Le téléphone rouge ! Un espoir, peut-être ?...

Hawthorne sauta de sa chaise et se rua sur le téléphone.

— Je suis votre contact ! lança-t-il. Qui est à l'appareil ?

– Je vous retourne la question, répondit la voix à Jérusalem.

– Je suis le commandant Tyrell Hawthorne, temporairement attaché à Bruce Palisser, ministre des Affaires étrangères, et je suis aussi l'homme de terrain du colonel Henry Stevens des services de renseignements de la marine. Si ce n'était pas le cas, je ne serais pas sur cette ligne !

– C'est exact, commandant.

– Alors, qu'est-ce que vous avez de votre côté ?

– De terribles nouvelles, mais il vaut mieux que vous soyez au courant... Le colonel Abrams a été abattu à Jérusalem. La police a retrouvé son corps dans une ruelle, il y a quelques minutes à peine...

– Je suis désolé, sincèrement... mais Abrams avait envoyé deux agents du Mossad pour transmettre un message à Palisser !

– Je sais ; c'est moi qui me suis occupé de leurs papiers. Je suis – enfin, j'étais – l'aide de camp du colonel Abrams. Palisser a laissé six numéros où le joindre aux États-Unis. Parmi eux, il y avait une ligne rouge pour vous contacter personnellement sur le téléphone du colonel Stevens.

– Vous pouvez me dire quelque chose ?

– Oui, sans doute, et j'espère que cela vous sera utile. La clé est le sénateur Nesbitt de l'État du Michigan ; c'est l'information que devaient transmettre nos agents à Palisser.

– Un sénateur du Michigan ? Qu'est-ce que ça veut dire, nom de Dieu !

– Je ne sais pas, commandant, mais c'est ce que nos agents devaient annoncer à Palisser. Selon le colonel Abrams, c'était une information tellement confidentielle qu'il ne voulait pas passer par les voies diplomatiques classiques.

– Merci, Jérusalem.

– À votre service, commandant, et si vous apprenez ce qui est arrivé à nos agents, je vous serais reconnaissant de me rappeler dès que possible.

– Dès que j'ai une info, je vous téléphone, répondit Tyrell en raccrochant.

Il ne savait plus quoi penser.

Il se passait quelque chose ! La voiture de Nesbitt était en retard, très en retard – près de vingt minutes ! C'était étrange de la part d'un politique qui, grâce à une brève apparition dans le bureau du Président, pouvait rapporter des centaines de millions de dollars dans son État, et assurer ainsi une réélection sans cela plus qu'hypothétique... *On viendra vous prendre à l'hôtel Carillon à sept heures et quart précises, ce soir. C'est un peu tôt, mais on ne sait jamais avec les embouteillages.* C'étaient les paroles exactes de l'adjoint de Nesbitt. Sept heures et quart précises... Pourvu que Nesbitt n'ait pas été victime d'une de ses attaques ! Il était peut-être redevenu encore une fois ce vieil homme pathétique affublé d'une perruque et d'étranges habits ?... Il avait trompé la surveillance de ses gardiens pour aller se perdre de nouveau dans les quartiers chauds de la ville et assouvir ses instincts... Non, c'était impossible ! Son cerveau dérangé ne pouvait chanceler au moment crucial de son existence, au moment pour elle d'effacer une vie de souffrance qui avait débuté dans un cauchemar au fin fond des Pyrénées ! Non, il ne pouvait pas lui faire ça, il n'avait pas le droit !

– Nicolo, mon chéri, lança Bajaratt d'un ton monocorde qui trahissait son angoisse, reste ici et surveille les alentours au cas où la voiture arrive ; je vais dans le hall téléphoner.

– Entendu, répliqua le jeune docker, qui patientait sous l'auvent, tandis que tous les regards des passants se tournaient vers lui, impressionnés par son apparence de jeune premier, comme s'il était une célébrité ou une vedette de cinéma dont le nom leur échappait.

Une fois entrée dans une cabine, Bajaratt composa le numéro de Silver Spring.

– C'est moi, annonça-t-elle. Il y a un problème.

– Vous pouvez parler librement, Amaya, la ligne est sûre, l'interrompit la femme arabe miniature dans la banlieue nord.

– La limousine de Nesbitt n'est toujours pas arrivée, ce n'est pas normal. Et lui, vous savez si son état est normal ou pas ?

– Il a eu une attaque cet après-midi, mais le médecin l'a vu et...

– Il ne peut pas me lâcher ! souffla Bajaratt d'une voix rauque. Ou alors j'y vais toute seule ! Mon rendez-vous est pris !

– Je crains que cela ne soit impossible. Votre entretien est hors protocole et, sans Nesbitt, on ne vous laissera jamais entrer.

– Il le faut, pourtant ! Les Scorpions se sont retournés contre moi ! Ils essaient de m'arrêter. Ils ont pris Nesbitt !

– C'est possible, car ils aiment par-dessus tout le statu quo et vous représentez maintenant pour eux une menace. Mais ne faites rien d'inconsidéré. Ne raccrochez pas. Je vais appeler la voiture de Nesbitt sur l'autre ligne.

Bajaratt resta au téléphone, le corps raide, le visage comme une chape de béton. Soudain elle sentit une présence derrière elle ; elle fit volte-face. Sans rien laisser transparaître de sa surprise, elle reconnut la femme élégante de Palm Beach, celle qui les avait reçus chez elle et qui avait des cheveux aux reflets bleus et des dents de lapin. Dans sa main gauche, elle tenait un grand sac à main ; il était entrouvert. Sa main droite tenait la crosse d'un pistolet automatique ; Bajaratt distinguait nettement les doigts refermés sur l'acier dans la pénombre du sac.

– Vous n'irez pas plus loin, annonça la femme-Scorpion.

– Tout ce que vous gagnerez, ce sera un millier de lames dans votre gorge, lança Bajaratt d'un ton glacial.

– Mais songez à ce que nous perdons si vous foutez en l'air ce que nous avons, rétorqua la femme de la haute société de Palm Beach.

– Grand Dieu, quel langage pour une ambassadrice des bonnes manières et de la distinction !

– Et les choses vont rester en l'état, c'est moi qui vous le dis, miss la Beqaa, répondit la femme de bonne famille.

– Vous commettez une grave erreur, insista Bajaratt. La Beqaa est avec vous, elle a toujours été de votre côté. L'existence même de notre *padrone* le prouvait et...

– Il est mort ! l'interrompit la femme. L'île n'est plus

que cendres, tout le monde le sait; et nous ne pouvons plus joindre aucun des cinq Scorpions. Toutes les communications sont coupées, et tout ça, c'est à cause de vous!

– Allons discuter ailleurs. Pas ici, dit Bajaratt en raccrochant le téléphone. Je rappellerai plus tard, ce n'était pas si important, et de toute façon vous n'allez pas m'abattre ici, en plein hall; ce serait, pour reprendre l'expression consacrée, un acte gratuit, pour ne pas dire stupide. Vous seriez arrêtée, voire tuée... Venez donc, il y a une porte sur le côté – pour les livraisons et les voitures officielles –, nous serons plus tranquilles pour discuter. Et soyez sûre que je suis tout à fait consciente que vous avez une arme braquée sur moi. Je saurai rester bien obéissante, car je ne suis pas armée.

Tandis que les deux femmes se dirigeaient vers la porte bordée de cuivre, Bajaratt lança:

– Dites-moi, comment m'avez-vous retrouvée? Ne voyez dans cette question que l'expression d'une certaine admiration.

– Vous vous doutez que je connais tout le monde à Washington, répondit la femme, marchant à côté d'elle, son sac à main orienté obliquement vers Bajaratt, le canon cognant de temps en temps contre ses hanches.

– Rien ne saurait me surprendre de votre part.

– Je suis un Scorpion, naturellement.

– Commençons par le début... Comment m'avez-vous retrouvée?

– Je savais que vous et le gamin changiez constamment de noms, mais vous ne pouviez pas changer d'apparence, du moins en ce qui concernait le garçon. J'ai demandé à ma secrétaire de vérifier dans les grands hôtels, en annonçant que mon pauvre mari avait oublié vos noms et l'hôtel où vous étiez descendus – c'est une habitude chez lui bien connue. Le reste a coulé de source, *Mrs. Balzini.*

– Comme c'est ingénieux! lança Bajaratt en ouvrant la porte qui donnait sur un passage couvert et enfumé où se répercutait le brouhaha du trafic de l'avenue jouxtant l'hôtel. Je comprends pourquoi on vous a choisie pour être un Scorpion.

– Et je compte bien le rester, rétorqua la femme de Palm Beach avec véhémence. Nous comptons tous le rester! Nous savons ce que vous avez l'intention de faire, et je vous empêcherai d'aller plus loin!

– Grand Dieu, que voulez-vous que je fasse?

– Ne cherchez pas à me raconter d'histoires, miss la Beqaa! s'exclama la femme. Un autre membre de notre groupe est – ou plutôt était – la secrétaire du directeur de la CIA. Helen est en Europe à présent, envolée et disparue, mais elle m'a appelée pour me dire ce qui allait se passer. Elle était horrifiée... Le nouveau Scorpion Un a exigé que l'on suive ses instructions, elle n'avait pas le choix si elle voulait rester en vie... Mais, à partir d'aujourd'hui, fini les ordres! Nous voulons sauvegarder ce que nous avons; et personne ne nous en empêchera! Vous attendez que votre vieil ami Nesbitt passe vous prendre?... Ça va, beauté, laissez tomber votre air étonné, il m'appelle Sylvia et c'est moi qui vous ai présentés, je vous le rappelle. Avec ce que m'a dit Helen, et un coup de fil chez Nesbitt, j'ai pu rassembler les pièces du puzzle et la solution m'est apparue! Je crains que la limousine de ce cher Nesbitt n'ait eu un petit accident, vous m'en voyez désolée... et vous allez être victime à votre retour d'un accident tout aussi regrettable... une balle perdue au cours d'un vol à main armée qui sont légion ici – et quel meilleur endroit pour cette tragédie que cette caverne de béton, on l'on se voit à peine, et où on ne s'entend pas à dix pas?

La femme prénommée Sylvia jeta un coup d'œil circulaire autour d'elle et commença à lever son pistolet.

– Si j'étais à votre place, je ne ferais pas ça, commença Bajaratt, apercevant un gros camion du service de ramassage des ordures s'arrêter devant le portail.

– Peut-être, mais vous n'y êtes pas!

– Peu importe ma vie, continua Bajaratt, mais on m'a dit que vous teniez à la vôtre; même une traîtresse a envie de vivre...

– Qu'est-ce que vous racontez?

– Silver Spring, dans le Maryland, cela vous dit quelque chose? Il se trouve qu'hier j'ai rendu visite à une reine arabe dans son palais – vous travaillez pour elle. Vous avez trahi les Scorpions pour toucher un peu plus d'argent. Rien que pour l'argent... comme si vous n'en aviez pas assez.

– C'est absurde!

– Allez donc expliquer ça à Scorpion Un. Vous ne pouvez pas le joindre, mais moi je le peux. Nous sommes en contact constant. Si je ne peux pas entrer à la Maison-Blanche ce soir, il y aura demain matin, sur son bureau, une longue lettre... Vous avez oublié qui je suis, ma chère – je suis Bajaratt ! Je ne cesse de fouiner, de chercher et, lorsque je découvre une faiblesse, je m'arrange pour en tirer profit, pour en faire un atout de plus dans mon jeu.

Bajaratt se tourna lentement vers la femme qui la regardait avec ses yeux maquillés, ses grandes dents de lapin saillant de sa bouche entrouverte, blême de stupeur.

– Maintenant, dites-moi, *signora*, vous avez toujours autant envie de me tuer ?

La réponse ne vint jamais, car Bajaratt recula d'un pas et, feignant de trébucher, elle propulsa, d'un coup d'épaule, la femme de Palm Beach sous les roues du gros camion de la voirie qui arrivait à leur hauteur. Le hurlement des freins ne put empêcher le drame. La riche héritière de Floride gisait sous le camion.

– Je vais appeler une ambulance ! lança-t-elle en s'engouffrant dans l'hôtel.

Sitôt passé la porte, elle se mit à marcher calmement et se dirigea, avec une totale maîtrise d'elle-même, vers les cabines téléphoniques. Elle inséra une pièce et appela Silver Spring.

– Oui ? répondit la femme arabe.

– Ils m'ont retrouvée, annonça Bajaratt d'une voix atone. La voiture de Nesbitt a eu un accident.

– Nous sommes au courant. J'ai envoyé une limousine, elle sera là d'un moment à l'autre.

– Les Scorpions se sont retournés contre moi !

– C'était prévisible, mon enfant, nous le savions toutes les deux.

– C'était votre bonne femme de Palm Beach, c'était elle !

– Ce n'est pas étonnant. Elle a beaucoup de relations à Washington, en particulier avec le réseau de renseignements des Scorpions.

– C'est ce qu'elle m'a dit, mais ce seront ses dernières paroles. Elle est morte sous les roues d'un camion d'éboueur, c'est là qu'est sa place – avec les ordures !

– Je vous remercie d'avoir réglé ce problème. Chaque fois qu'un Scorpion tombe, nous nous élevons un peu plus... Une limousine va venir vous prendre et vous emmener à la Maison-Blanche où tout est arrangé ; c'est ce qu'on appelle un échange de bons procédés. À huit heures, deux agents du FBI, avec leurs laissez-passer officiels épinglés à leurs poches, descendront du salon du deuxième étage. Ils seront rejoints par un chauffeur en livrée, lui aussi affublé d'un laissez-passer, qui aura une arme sur lui en cas de problème. Les trois hommes vous conduiront jusqu'à la porte du bureau du Président, et ils attendront dans le couloir que vous en ressortiez. Comme je vous l'ai dit, le mot de passe est « Ashkelon ». Suivez-les sans attendre.

– Des agents du FBI ?

– Lorsque nous nous infiltrons, c'est en profondeur, Amaya Aquirre. Inutile que vous en sachiez davantage. Maintenant, à vous de jouer, fille d'Allah.

– Je ne suis pas la fille d'Allah, je ne suis la fille de personne, rétorqua Bajaratt. J'agis en mon nom seul.

– Très bien. Alors, allez *en votre nom propre* accomplir votre mission.

Bajaratt et Dante Paolo, le *barone cadetto di Ravello*, montèrent dans la limousine et s'installèrent à côté du sénateur du Michigan sur la grande banquette arrière.

– Je suis désolé de ce contretemps, s'excusa Nesbitt, mais, vous vous rendez compte, nous avons eu un accident. Tout l'avant est en miettes et le chauffeur de l'autre voiture a commencé à nous faire un scandale. Heureusement mes gens sont efficaces, et ils m'ont envoyé une autre voiture.

– Vous ferez à votre équipe tous mes compliments.

– Oui, ce sont des gens adorables... Vous savez que le Président est très impatient de vous voir ? Il m'a dit qu'il croit se souvenir d'avoir rencontré le baron et son père – votre père – à son arrivée à Anzio, pendant la Seconde Guerre mondiale. Il a dit que beaucoup d'aristocrates avaient apporté leur concours. Il n'était qu'un jeune lieutenant à l'époque.

– C'est tout à fait possible, répondit la comtesse avec enthousiasme. La famille était contre les fascistes depuis le début. Tout en feignant de collaborer avec ce porc de *Duce*, elle travaillait avec la Résistance, remuant ciel et terre pour faire rapatrier les pilotes abattus par la DCA.

– Cela vous fera un sujet de discussion commun.

– Vous savez, je suis née après la guerre...

– Certes, je n'en doute pas.

– Mon frère est beaucoup plus âgé que moi.

– Je n'ai jamais voulu sous-entendre que vous aviez connu la guerre, comtesse.

– Aucune importance, répondit Bajaratt, jetant un coup d'œil vers Nicolo en souriant. Au fond, je ne suis pas née très longtemps après.

La limousine traversait Washington sous le crépuscule. S'il n'y avait pas trop d'embouteillages, ils arriveraient à la Maison-Blanche dans un quart d'heure, peut-être moins.

19 h 33

La standardiste avait donné à Hawthorne le numéro de téléphone du domicile de Nesbitt ; une femme avait répondu, elle disait n'être au courant de rien.

– Je ne suis que la gouvernante. Le sénateur ne me dit pas où il va, et je ne vois pas pourquoi il le ferait. Je suis là simplement pour assurer ses repas.

– Nom de Dieu ! pesta Tyrell en raccrochant le téléphone, couleur beige cette fois.

– Tu as essayé à son bureau ? demanda Phyllis en rejoignant Tyrell sous la véranda.

– Évidemment ! Il y a un répondeur qui débite ses banalités d'usage pour ses électeurs... « Le sénateur ou un membre de son secrétariat vous répondra soit par téléphone, soit par courrier si vous voulez bien laisser vos nom, adresse et numéro de téléphone. Le sénateur est toujours disponible pour... », etc.

– Tu as essayé ses adjoints ? insista Phyllis. Lorsque Hank voulait une information sur quelqu'un, il s'arrangeait pour l'avoir de la bouche d'un des bras droits de cette personne ; c'était bien plus rapide que d'essayer de contacter le grand chef qui était classiquement injoignable.

– Ce n'est pas une mince affaire. Je n'ai pas la moindre idée des gens qui secondent Nesbitt.

– Hank le savait, répondit Phyllis en se dirigeant vers un gros meuble de quatre-vingts centimètres de haut sur soixante centimètres de large – une commode de bois noir, avec des figurines orientales sculptées dans la masse, sur laquelle était posée une lampe. C'est son classeur, expliqua-t-elle en faisant courir ses doigts sur le flanc droit. Oh non ! il l'a fermé, et je n'ai jamais su la combinaison ; il disait que je n'avais pas besoin de la connaître.

— Mais de quoi parles-tu, Phyll ?

— C'est un coffre chinois, nous l'avons ramené voilà des années d'un voyage à Hong Kong. Si le côté droit refuse de s'ouvrir, il faut appuyer sur ces figurines dans un certain ordre.

— Non, je parle de ce qu'il y a dedans. C'est quoi ?

— Henry y gardait les listes, remises constamment à jour, de tous les gens connus de Washington, ainsi que leurs assistants ou bras droits, qu'il pouvait avoir besoin de contacter en cas d'urgence. Il y a là tous les noms des sénateurs et des membres du Parlement. Henry était un...

— Je sais, l'interrompit Tyrell. Il était d'un pointillisme sans bornes pour ce genre de chose. Comment allons-nous ouvrir ce truc ?

— Comme ça, répondit Phyllis en saisissant la lampe avec son gros socle et en arrachant le fil électrique. À toi de Jouer, Tye. Vas-y, frappe !

Hawthorne écrasa à plusieurs reprises le socle plombé de la lampe sur le dessus du coffre. Au septième coup, la planche de bois céda ; Tyrell et Phyllis se penchèrent au-dessus du coffre éventré, retirèrent les débris de bois avant de pouvoir fouiller dans les rayonnages de dossiers.

— Le voilà ! lança la femme de Henry Stevens, en sortant une épaisse chemise. *Parlement et Sénat*. Tout est là.

La première personne que Hawthorne put joindre sans tomber sur un répondeur ne fut pas l'adjoint du sénateur, mais un obscur assistant qui s'était trouvé en début de liste parce que son nom commençait par un A.

— Il paraît qu'il va aller à la Maison-Blanche, ce soir, commandant, et je n'en sais pas plus. Je viens d'être embauché, mais j'ai une maîtrise en science politique.

— Merci et bonne chance, répondit Tyrell en raccrochant. (Il se tourna vers Phyllis.) Au suivant, et essaie de me trouver un responsable digne de ce nom !

— Ah ! en voici un ! annonça Phyllis, et elle lui dicta le numéro.

Cette fois, il tomba sur la secrétaire particulière de Nesbitt. Ce qu'elle lui dit glaça le sang de Tyrell, faisant jaillir un éclair de douleur qui lui traversa tout le corps.

– C'est un grand jour, commandant. Le sénateur a obtenu une entrevue privée avec le Président ce soir. Il emmène la comtesse Cabrini et son neveu, un fils d'un richissime baron italien qui veut investir dans nos...

– Une comtesse et un neveu ? l'interrompit Tyrell. Une femme et un jeune homme ?

– Oui, commandant. Je suppose que je ne devrais pas vous le dire, mais c'est un joli coup de la part du patron. Avec tous ces dollars qui vont pleuvoir sur notre État...

– À quelle heure est prévue la rencontre ?

– Vers huit heures ; entre huit heures et huit heures et quart, je crois. La Maison-Blanche n'est jamais très précise quant à l'horaire de ces rencontres hors protocole.

– Vous voulez dire qu'ils vont le rencontrer dans ses appartements privés ?

– Oh non ! l'épouse du Président a refusé catégoriquement, en particulier parce qu'il y a leurs petits-enfants. Cela se passera dans le bureau du Président et...

Hawthorne, le visage pâle comme la mort, raccrocha.

– Bajaratt est en route pour la Maison-Blanche ! murmura-t-il. Et le gamin est avec elle ! Nom de Dieu, elle est passée à travers toutes les mailles des filets !... La patrouille, dehors, Phyll, ils sont bons ?

– Ils n'ont pas le droit de quitter les lieux, Tye.

– Et je n'ai pas le temps de demander leur détachement. Mais je connais le chemin ; je suis passé devant le 1600 [1] tout à l'heure, et j'ai une voiture du ministère avec sur le tableau de bord un bouton marqué : sirène.

– Tu vas y aller seul ?

– Je n'ai pas le choix. Impossible de joindre Palisser ; la CIA est hors course ou, pis, de mèche avec Bajaratt ; le Pentagone est intouchable et les services secrets ne voudront pas m'écouter ; quant à la police, en deux minutes ils me mettront la camisole de force !

– Qu'est-ce que je peux faire ?

– Essaie de joindre tous les gens qui ont une dette envers Henry, toutes ces fripouilles des services de ren-

1. *1600 Pennsylvania Avenue* : adresse de la Maison-Blanche à Washington. *(N.d.T.)*

seignements de la marine ou de tout autre ministère avec qui il travaillait, et demande-leur de se débrouiller pour que je puisse franchir les grilles de la Maison-Blanche.

– J'ai plusieurs noms qui me viennent, dont un amiral que Henry avait sorti d'un mauvais pas. Il joue au poker avec le chef de la sécurité de la Maison-Blanche.

– Parfait, Phyll. Fonce !

19 h 51

La limousine du sénateur s'arrêta devant le portail sud de la Maison-Blanche ; on vérifia son nom sur la liste, et le garde des marines s'empressa de les saluer et de les laisser entrer. Quelques instants plus tard, comme prévu, le chauffeur obliqua vers l'entrée principale et non vers l'aile ouest où se trouvait le bureau du Président. Une fois arrivés devant les marches du perron, Nesbitt ouvrit la marche, échangea quelques paroles polies avec les gardes, et conduisit la comtesse et son neveu à l'intérieur.

– Je vous présente mon collègue du Michigan, annonça-t-il rapidement. L'autre sénateur de notre État.

On échangea des poignées de main, oubliant dans l'instant les noms devant l'urgence du moment, tandis qu'un photographe émergeait d'une porte dérobée, appareil au poing.

– Comme je vous l'ai précisé, comtesse, mon collègue est un proche du Président et a joué un rôle crucial pour l'obtention de ce rendez-vous.

– Oui, je m'en souviens parfaitement, répondit Bajaratt. Vous souhaitez avoir une photo de vous deux en compagnie de Dante Paolo, tous les trois ensemble.

– Avec vous, évidemment, si vous le voulez.

– Non, *signore*, mon neveu est votre catalyseur, pas moi. Mais, je vous en prie, faites vite.

Quatre photos successives furent prises, puis une silhouette accourut dans le couloir.

– Excusez-moi ! lança l'homme en costume noir en s'approchant. Il a dû se produire un malentendu. Vous deviez vous rendre à l'entrée ouest.

– Malentendu, mon cul ! souffla le jeune sénateur à

l'oreille de Nesbitt. Le secrétaire général ne nous aurait jamais laissés faire une photo !

– Chut ! marmonna Nesbitt. Pas d'esclandre, Josh.

– Effectivement, il doit s'agir d'un malentendu, commença-t-il à répondre au nouveau venu.

– Si le garde ne nous avait pas alertés par radio, vous risquiez d'attendre un bon bout de temps ici, répondit l'homme, révélant ainsi un des nombreux vices d'organisation de la Maison-Blanche. Veuillez me suivre, je vais vous conduire dans l'aile ouest.

Quarante-six secondes plus tard, après avoir suivi un dédale de couloirs, le quatuor arriva dans le bureau du Président et fut présenté – présenté de nouveau pour deux d'entre eux – au secrétaire général de la Maison-Blanche. C'était un homme longiligne, avec un visage au teint pâle, souligné de rides tenaces, comme s'il s'attendait constamment à devoir essuyer un assaut armé dans son dos. Ses manières restaient toutefois affables et n'avaient rien de menaçant ; il parlait franc et sans détour, comme un homme débordé de travail.

– Je suis ravi de vous rencontrer, annonça-t-il en serrant la main de Nicolo et de Bajaratt. Le Président va bientôt arriver, mais vous comprendrez, comtesse, que votre entrevue devra être très brève.

– Nous n'en demandons pas plus, *signore*. Juste une simple photo pour l'album de famille de mon frère, le *barone di Ravello*.

– Le Président tenait à ce que vous sachiez – il vous le dira sans doute lui-même – qu'il regrette que les affaires de l'État doivent écourter cette entrevue, mais la véritable raison est que sa grande famille, dont douze petits-enfants, lui rend visite cette semaine, et son épouse lui a imposé un emploi du temps draconien.

– Toutes les mères, a fortiori toutes les grands-mères, sont comme ça. Nous autres Italiennes sommes les premières réputées pour avoir des ribambelles de gamins braillards.

– Je vous remercie de votre compréhension. Asseyez-vous, je vous en prie.

– Quelle pièce magnifique, n'est-ce pas, Paolo ?

– *Non ho capito.*

– *La stanza. Magnifica !*

– *Ah, si, zietta.*

– Quand on pense que c'est ici que se décide le sort de l'univers... C'est vraiment un grand honneur !

– De l'univers, je ne sais pas, comtesse, mais certainement d'une bonne partie du monde... Messieurs les sénateurs, vous pouvez vous asseoir.

– Merci, Fred, ça ira, répliqua le jeune sénateur. Nous sommes tous un peu pressés.

– Jeune homme ?... Baron ?... poursuivit le secrétaire général en invitant Nicolo à prendre une chaise.

– Mon neveu est trop excité pour s'asseoir, *signore*.

– *Ah, bene*, répondit Nicolo comme s'il n'avait que vaguement compris la remarque de sa tante.

Soudain une voix d'homme retentit dans le couloir. Les deux sénateurs s'empressèrent d'aller saluer le nouvel arrivant.

– Nom de Dieu ! si l'un de ces gamins s'avise encore une fois de me donner un coup de poing dans le ventre ou de me faire une clé au bras, je fais des pubs pour le contrôle des naissances !

Le président Donald Bartlett serra rapidement la main des sénateurs et entra dans le bureau. Il était âgé d'une soixantaine d'années, pas très grand, avec des cheveux gris et des traits anguleux de vieil acteur ayant gardé les traces de son charme d'antan. Un homme politique accompli capable de briller dans toutes les situations. Il avait un charisme indéniable.

– La comtesse Cabrini et son neveu, commença le secrétaire général en guise de présentation. Le baron de... de...

– Seigneur ! je suis absolument confus ! s'exclama Bartlett avec un accent de sincérité. Je me croyais en avance... *Scusi, contessa. Non l'ho vista ! Mi perdoni.*

– *Lei parla italiano, signore Presidente ?* demanda Bajaratt, étonnée, en se levant de sa chaise.

– Très mal, malheureusement, répondit le Président en lui serrant la main. *Per favore, si sieda.* (Bajaratt se rassit donc.) J'ai un peu appris pendant la guerre. Je m'occupais du ravitaillement pendant la campagne d'Italie, et je peux vous dire que les grandes familles italiennes nous ont été d'une aide précieuse. Vous savez, beaucoup de gens ne portaient pas Mussolini dans leur cœur.

– Ce porc de *Duce* !

– J'ai souvent entendu ces paroles, comtesse. Avant le débarquement, nous larguions des vivres et des munitions la nuit en des endroits précis au cas où les choses tournent mal et que nos troupes se retrouvent bloquées.

On appelait ça des « centres de ravitaillement ». Et je crois, comme je l'ai dit au sénateur, avoir justement rencontré votre frère à Ravello.

– Ce devait être notre père. Tout homme d'honneur se devait de combattre les fascistes.

– Il s'agissait de votre père, bien sûr ! *Scusi di nuovo.* Avec l'âge, je perds la notion du temps. À supposer qu'à l'époque vous soyez déjà de ce monde, vous deviez n'être qu'une enfant.

– En bien des domaines je suis restée une enfant, une enfant chargée de trop de souvenirs.

– Ah bon ?

– *Non importa.* Permettez-moi de vous présenter mon neveu, le *barone cadetto di Ravello.*

Bajaratt se leva de nouveau tandis que Bartlett se tournait vers Nicolo pour lui serrer la main. Le jeune homme se montrait, comme il se devait, aussi réservé qu'impressionné.

– Mon frère, poursuivit Bajaratt, qui est prêt à faire des investissements substantiels dans l'industrie américaine, aimerait avoir une photo de vous au côté de son fils.

– Pas de problème, comtesse. Mais que ce jeune homme soit un futur baron ou le capitaine des Redskins [1], cela ne fait pas grande différence pour moi... Dites donc, il faudrait peut-être que je monte sur un bottin, je vais passer pour un nain à côté de ce grand gaillard !

– J'ai réfléchi au problème, annonça le photographe officiel de la Maison-Blanche. Je vous propose de vous photographier côte à côte, assis sur deux chaises. En train de vous serrer la main, naturellement.

Tandis que le photographe et le secrétaire général installaient les chaises, Bajaratt glissa son petit sac à main serti de perles entre le dossier et le coussin de sa chaise. Lorsque les flashes crépitèrent, elle l'enfonça plus profondément, jusqu'à le faire disparaître totalement sous le coussin.

– C'est merveilleux ! Mon frère sera ravi et ne saura pas comment vous remercier !

– Je le serai si les Ravello considèrent qu'il y a effectivement matière à un ou deux investissements dans notre pays.

1. Équipe de football de Washington. *(N.d.T.)*

– Soyez sans crainte. N'hésitez pas à en discuter en détail avec vos deux sénateurs ; vous verrez que la position de mon frère est très claire à ce sujet et que vous ne serez pas déçu.

– J'y compte bien, comtesse, répondit Bartlett en se levant de sa chaise avec Nicolo, sourire aux lèvres. Si cela peut me permettre de boire un verre tranquillement et d'échapper à ces démons qui m'attendent à l'étage au-dessus ! Le moindre moment de répit est le bienvenu.

– Vous êtes un filou, *signore* ! lança Bajaratt en riant, acceptant la main que lui tendait le président des États-Unis. Mais je sais que vous aimez votre petite famille.

– C'est vrai. Vous présenterez mes respects à votre frère.

– *Ma guardi !* lança Bajaratt en regardant sa montre sertie de diamants. Il est huit heures passées. J'ai promis à mon frère de l'appeler sur notre ligne directe dans moins d'une demi-heure.

– Ma voiture vous ramènera à votre hôtel, répondit Nesbitt.

– Je vais vous raccompagner jusqu'au porche, comtesse, annonça l'homme qui les avait conduits dans l'aile ouest. La limousine du sénateur vous y attend déjà.

– Nous avons pris assez de votre temps. Et le baron sera très déçu si je ne lui téléphone pas.

– Lignes directes, fréquences réservées, canal satellite privé, je ne me ferai jamais à tous ces gadgets électroniques, lança Bartlett.

– Vous avez vaincu les *fascisti, tenente* Bartlett ! Vous avez remporté une victoire sur le genre humain. Il n'y a pas de plus grand triomphe qui soit.

– Vous savez, comtesse, depuis que j'occupe ce fauteuil, j'ai accompli beaucoup de choses, des bonnes et des moins bonnes, c'est inhérent à ma fonction. Mais ce sont, je crois, les paroles les plus gentilles que l'on puisse dire à un homme dans ma position.

– N'exagérons rien. Vous savez, comme moi, que sur cette terre nous devons tous, chacun à notre échelle, faire progresser l'humanité. Sinon, notre vie est vaine... Allez, venez, Paolo, votre père attend notre appel.

Hawthorne pénétra dans l'enceinte de la Maison-Blanche par la porte sud, son admission ayant été demandée sur la ligne rouge par le chef de la sécurité en personne. On ne lui demanda aucun papier et la barrière s'ouvrit sitôt qu'il se fut engagé dans l'allée. Phyllis avait fait son travail, et honorablement. Tyrell bifurqua vers l'entrée de l'aile ouest, et s'arrêta dans un hurlement de pneus. Il sauta de voiture et gravit quatre à quatre les marches de marbre vers un capitaine des marines flanqué d'un groupe de quatre sentinelles.

– Le bureau du Président, vite ! lança Hawthorne d'un ton sans appel.

– J'espère que vous avez de sacrées références, commandant ! rétorqua le marine en posant la main sur l'étui ouvert de son arme. C'est ce que les autres prétendent ; il n'empêche que jamais une telle chose n'est arrivée, et que ça risque de chauffer pour mon matricule si c'est une entourloupe !

– Si c'était le cas, je n'aurais pas pu passer les portes, capitaine. Allons-y !

– Attendez ! Pourquoi le bureau du Président ?

– Il faut aller interrompre un entretien en cours. Où il est, ce bureau ?

– Pas question ! lança le marine en dégainant son 45 et en faisant signe à ses hommes de l'imiter.

– Qu'est-ce qui vous prend ? s'écria Hawthorne, furieux, tandis que cinq armes étaient pointées sur lui. Vous avez des ordres !

– On n'a pas à les suivre lorsqu'on entend un mensonge évident comme celui-ci.

– Quoi ?

– Il n'y a pas d'entretien ! rétorqua le garde d'un air menaçant. Nous avons reçu cet appel il y a un quart d'heure, et j'ai vérifié – personnellement.

– Quel appel ?

– L'appel qui vous a fait entrer ici avec les codes d'urgence. Je ne sais pas comment vous avez fait, mais je peux vous assurer que vous n'irez pas plus loin...

– Mais qu'est-ce que vous racontez !

– On m'a dit : « Allez chercher le grand chef, faites-lui quitter cet entretien et emmenez-le à la cave... »

– Qu'est-ce que vous voulez de plus ?

– Le problème, c'est qu'il n'y a pas d'entretien ! Nous avons foncé jusqu'au bureau du Président, et nous sommes tombés sur le secrétaire général. Il nous a dit, texto, que nous ferions mieux de consulter nos registres, que le Président n'avait pas le moindre rendez-vous prévu pour ce soir, et que, si nous voulions l'emmener où que ce soit, il faudrait aller le chercher dans ses appartements privés et faire avaler la pilule à sa femme, parce que toute la famille est là au grand complet, avec une ribambelle de petits-enfants !

– Ce n'est pas l'information que j'ai, capitaine.

– Vous feriez mieux de vérifier vos renseignements, commandant. Puisque nous sommes ici en détachement provisoire, le secrétaire général nous a fait clairement comprendre que, si c'était la presse qui nous envoyait fureter pour faire ses choux gras, nous pouvions dire adieu à la plus belle planque que nous aurons jamais dans le corps des marines.

– C'est stupide !

– Je le dis à ma façon, mais il a été très clair sur ce point. Alors, je vous conseille de ne pas faire d'histoires et de me suivre bien gentiment.

– Ça suffit, espèce d'abruti ! rugit Tyrell. Je ne sais pas ce qui se trame ici, mais je sais ce que je fais ! Maintenant je vais foncer au bout de ce couloir, capitaine, et vous pouvez ouvrir le feu si ça vous chante, mais sachez que tout ce que j'essaie de faire c'est d'empêcher quelqu'un d'assassiner le Président.

– Qu'est-ce que vous dites ? souffla le marine en se figeant de stupeur.

– Vous avez très bien entendu, capitaine. Allez interrompre cet entretien, nom de Dieu !

– Mais il n'y a personne ! Le secrétaire général a dit que...

– Peut-être qu'il ne voulait pas que vous soyez au courant, c'est sans doute la raison pour laquelle cet entretien n'est pas consigné dans le registre – et puisque j'ai l'autorisation pour entrer dans ce bureau, pourquoi ne pas venir avec moi pour en avoir le cœur net ! Maintenant, assez discuté ! Allons-y !

Hawthorne partit en courant dans le grand couloir

tandis que le chef des gardes faisait signe à ses hommes de le suivre. Quelques instants plus tard, les cinq marines avançaient de conserve avec Tyrell.

– Qu'est-ce que nous cherchons ? demanda le chef du peloton tout en courant.

– Une femme et un gamin...

– Un gamin ?... Un petit gamin ?

– Non, un grand gamin, un garçon d'environ dix-huit ans.

– À quoi ils ressemblent ?

– Peu importe, nous les reconnaîtrons aussitôt... C'est encore loin ?

– Juste au coin. La grande porte sur la gauche, répondit le capitaine en montrant le bout du couloir, qui se séparait en deux à angle droit.

Tyrell leva la main pour faire ralentir les gardes. Ils s'approchèrent à pas de loup et entendirent des voix dans le bureau du Président, un méli-mélo de « *Addio* », d'« *Arrivederci* » et de « au revoir ». Soudain trois hommes apparurent derrière eux ; deux d'entre eux étaient vêtus de costumes noirs, et le troisième était en livrée et casquette grise de chauffeur ; tous trois arboraient un laissez-passer officiel au revers de leur veste.

– Ashkelon ! cria le chauffeur, à l'adresse de quelqu'un dans le bureau.

– Qui êtes-vous ? demanda le capitaine, sous le coup de la surprise.

– Agents du FBI, assignés au ministère des Affaires étrangères, sécurité diplomatique, répondit l'homme visiblement inquiet à côté du chauffeur, en jetant des coups d'œil vers les silhouettes qui sortaient du bureau du Président. Nous venons escorter la comtesse à son hôtel. Le central ne vous a pas prévenus ?

– Quel central ? FBI ou non, pour tout ce qui concerne le bureau du Président, c'est notre service de sécurité qui me prévient, et ce, au minimum une heure à l'avance ; c'est le règlement !

– Il ment ! marmonna Hawthorne en passant derrière le capitaine pour sortir son arme. Ils ont utilisé le mot « Ashkelon », et cela ne veut dire qu'une seule chose... Bajaratt ! cria-t-il soudain en se retournant et en tirant en l'air.

Sa tentative de donner l'alerte se révéla bien vaine. La fusillade éclata aussitôt ; le capitaine fut le premier touché, prenant une balle en plein ventre, tandis que les autres marines plongeaient derrière l'angle du mur. Les membres du groupe Ashkelon battirent en retraite en tirant tous azimuts et en poussant des cris, dans le but évident de couvrir la sortie de quelqu'un tant qu'ils pouvaient contenir le tir adverse. Un marine jaillit du coin est et tira cinq rafales, faisant tomber les deux agents du FBI, l'un d'eux continua à tirer, recroquevillé au sol comme un fœtus, tandis qu'une femme, derrière eux, traversait le couloir en hurlant :

– Tuez-le ! Tuez le gosse ! Il doit mourir !

– Cabi !... Cabi ! lança une voix de jeune homme invisible de l'autre côté du couloir. Mais qu'est-ce que tu dis ?... Ahh !

Un deuxième marine s'élança et fit voler en éclats la tête du chauffeur, qui s'écroula devant Bajaratt.

Tyrell empoigna le marine.

– Faites sortir le Président ! cria-t-il. Sortez-le d'ici !

– Pourquoi, commandant ?

– Faites ce que je vous dis !

Bajaratt repoussa le corps du chauffeur qui tombait sur elle, lui prit son arme au passage, et s'éloigna dans le couloir tandis que le marine, bientôt rejoint par ses compagnons, se ruait vers le bureau du Président. Hawthorne, arme au poing, s'accroupit et passa l'angle du mur, pour tenter d'apercevoir la femme qu'il avait autrefois aimée et qui n'était plus qu'un sujet de haine, un serpent au regard de glace et à la langue de vipère. Elle était déjà au bout du couloir ! Tyrell se mit à courir avec une telle hargne qu'il sentit sa blessure se rouvrir, et le sang imbiber la jambe de son pantalon.

Une fois arrivé à mi-chemin, il y eut une grosse explosion dans le bureau du Président. Horrifié, Hawthorne se retourna, regardant avec stupéfaction la fumée et les débris en suspension dans l'air, puis il aperçut, par une porte-fenêtre ouverte au bout du couloir, des silhouettes courir sur la pelouse ; les marines avaient fait ce qu'il leur avait demandé... le Président et quelques autres personnes s'égaillaient sur la pelouse, affolés, mais hors de danger – sains et saufs. Hawthorne fit volte-face, et se figea sur place – Bajaratt avait disparu ! Où était-elle passée ? Il recommença à courir et déboucha bientôt dans une rotonde d'où partaient trois couloirs à angle droit, flanqués d'un grand escalier. Elle avait emprunté l'un d'eux, mais lequel ? Soudain des sirènes et des sonneries retentirent dans les entrailles de la bâtisse. Puis il y eut des voix, des cris affolés, montant de nulle part, résonnant tout autour de lui. Et dans cette cacophonie, un homme de grande taille descendit lentement les escaliers, un manchot, le visage fermé, les yeux luisants d'excitation, comme un sadique assistant avec délice à un acte de barbarie.

— C'est fait, n'est-ce pas, général ? lança Hawthorne. Vous avez réussi !

— Vous ! rétorqua le chef de l'état-major tandis que des groupes de marines et de civils sortaient des couloirs et traversaient la rotonde pour se précipiter vers le bureau du Président. Aucun d'eux ne remarqua le célèbre général et l'homme blessé qui s'approchait de l'escalier en claudiquant.

— Et vous êtes arrivé trop tard, n'est-ce pas ? poursuivit Meyers en passant son bras dans le dos et en fixant des yeux l'arme de Tyrell pointée sur lui. J'ai été mis en joue des milliers de fois, et pas une seule fois je n'ai tremblé.

— Il n'y a aucune raison d'avoir peur, général. Je vais tout au plus vous faire sauter les deux genoux, car je vous veux en vie. Je pourrai alors montrer au monde entier votre carcasse en train de se contorsionner par terre... Il se trouve que je ne suis pas arrivé trop tard, et que vous avez perdu.

Sans le moindre signe avant-coureur, le moindre frémissement de paupières, Meyers leva son bras et d'un mouvement circulaire abattit la lame de sa baïonnette sur la poitrine de Hawthorne. Tyrell fit un bond en arrière alors qu'une tache de sang s'étoilait sur sa chemise, et il pressa la gâchette d'un geste réflexe. Le général Big Mike Meyers s'écroula dans l'escalier, une bonne partie du cou arrachée, une masse de tissu blanc sanguinolent, de chair rouge vif d'où pendait sa tête, quasi décapitée.

À Bajaratt maintenant !

Un coup de feu – un cri ! Au fond du couloir de droite. Dominique avait encore tué. Non, ce n'était pas Dominique, mais cette Bajaratt !

En épongeant le sang avec sa chemise, Hawthorne courut, clopin-clopant, vers le couloir où avait retenti la déflagration ; les murs étaient couleur crème ; des chandeliers de cristal éclairaient l'endroit, au lieu des tubes fluorescents habituels. Il s'agissait d'un petit couloir, flanqué d'antichambres, où les invités, lors des cérémonies officielles, pouvaient se refaire une beauté. Il y avait deux portes de chaque côté. Pas le moindre cadavre en vue, mais des traces rouges étaient visibles sur le sol, devant la deuxième porte de droite, comme si on avait traîné un corps à l'intérieur. C'était un piège – un piège que seul un autre tueur de l'espèce de Bajaratt pouvait reconnaître. Dans ce genre de situation, il ne fallait surtout pas suivre le sang, mais chercher dans la direction opposée. Tyrell se plaqua contre le mur de gauche et avança lentement, sentant le sang couler abondamment le long de sa cuisse. Il atteignit la première porte et, rassemblant toutes les forces qui lui restaient, il écrasa son épaule contre le panneau de bois, tout en tournant la poignée de sa main gauche. La porte céda ; la pièce était vide, tapissée de miroirs qui reflétaient à l'infini son image ; il revint rapidement dans le couloir sous un concert assourdissant de sirènes en tout genre. Il s'approcha de la porte suivante ; c'est là qu'elle s'était réfugiée, il le sentait. C'était le seul endroit possible dans la logique tortueuse de l'assassin.

Une fois encore, il rassembla ses forces, tourna la poignée et enfonça la porte. Personne !... En un éclair de compréhension, il fit volte-face et se jeta sur le côté – Bajaratt avait renversé le piège ! Elle jaillissait déjà de la porte en face, se ruant dans la chambre, les vêtements en lambeaux, son visage comme un masque démoniaque, les yeux exorbités, les traits déformés par la fureur. Elle fit feu deux fois : la première balle égratigna la tempe gauche de Hawthorne au moment où il plongeait ; la seconde fit voler en éclats le miroir d'une coiffeuse ; à la troisième tentative, il y eut un clic... L'arme qu'elle avait prise des mains de son complice était vide.

– Tire ! hurla Bajaratt. Tue-moi !

Une tempête se déchaîna au tréfonds de Tyrell, des éclairs de douleur jaillirent sous son crâne, aveuglant ses pensées, annihilant sa raison, sans occulter toutefois cette image de cauchemar qu'il avait sous les yeux. Les vents contraires de la haine et de la compassion s'entrechoquaient au souvenir de cet amour défunt tandis qu'il contemplait les traits haineux de cette fille de Satan qui s'était blottie, amoureuse, dans ses bras... dans une autre vie, un autre temps.

– Qui dois-je tuer ? demanda-t-il d'une voix blanche, en respirant difficilement. Dominique ou cette terroriste qu'ils appellent Bajaratt ?

– Quelle importance ? Ni l'une ni l'autre n'a plus le droit de vivre, tu ne l'as pas encore compris ?

– Une part de moi s'y refuse encore.

– Tu es un faible ! Tu as toujours été un faible, toujours prêt à t'apitoyer sur ton sort ! Tu es pathétique, mon pauvre Tyrell ! Mais tire donc ! Qu'est-ce que tu as dans le ventre ?

– Je crois que le courage n'a rien à voir avec ça. Abattre un chien enragé n'exige aucune bravoure. En revanche, il en faut beaucoup pour tenter de le capturer vivant afin de pouvoir l'examiner et de découvrir les causes de sa folie meurtrière – et être ainsi en mesure d'éliminer les autres bêtes malades de la meute.

– Jamais ! hurla Bajaratt en donnant une chiquenaude sur le bracelet en or à son poignet avant de se ruer, bras en avant, sur Hawthorne.

Affaibli par sa blessure à l'aine, Hawthorne tomba à la renverse sous le choc, toutes ses forces évanouies. Il n'était pas de taille à résister aux muscles tétanisés de la fanatique. Mais lorsque le bracelet s'approcha de sa gorge, alors qu'il tentait vainement de repousser l'assaut de Bajaratt, il aperçut un orifice noir à l'extrémité d'une des pointes dorées, et une goutte y perler, luisant d'un éclat sinistre. Il fit feu – à bout portant dans sa poitrine.

Bajaratt hoqueta et roula sur le côté, le corps traversé de spasmes.

– *Muerta a toda...*, articula-t-elle.

Puis la tête d'Amaya Aquirre retomba sur le côté, et s'immobilisa dans le creux de son épaule. Son visage avait rajeuni, toute trace de haine évanouie – le visage d'une enfant de dix ans, reposant en paix.

ÉPILOGUE

THE INTERNATIONAL HERALD TRIBUNE

(édition parisienne – page 3)

Estepona, Espagne, 31 août – La police, accompagnée de l'ambassadeur américain, a mis les scellés sur la villa de Richard A. Ingersol, ancien juge de la Cour suprême des États-Unis, victime d'une crise cardiaque fatale alors qu'il assistait aux funérailles de son fils en Virginie. Le juge Ingersol était un membre influent du cercle très fermé de la Playa Cervantes, sur la Costa del Sol. L'ambassadeur américain devait veiller, conformément aux instructions de la famille, à ce que les archives personnelles du défunt retournent aux États-Unis – documents qui contiendraient certaines informations confidentielles intéressant au plus haut point le gouvernement américain.

THE WASHINGTON POST

(première page, cadre inférieur droit)

Le général Meyers retrouvé mort ; un suicide...

Washington, DC, 5 septembre – Le corps du général Michael Meyers, chef de l'état-major interarmées, a été retrouvé, ce matin, à quelques centaines de mètres du

Mémorial du Vietnam. Il est mort d'une balle de revolver dans le cou, tirée à bout portant, et on a retrouvé l'arme dans la main du général. La thèse du suicide paraît fort probable si l'on se souvient des paroles prononcées lors de son dernier discours en mai à la grande convention nationaliste *Forever America* : « Un jour viendra où mon état de santé m'empêchera d'accomplir au mieux mon travail, je saurai alors me retirer discrètement plutôt que d'être un fardeau pour ce pays que je chéris tant. J'espère que je retrouverai là-haut mes hommes, tous ces magnifiques soldats qui ont su se sacrifier pour la nation. » Rappelons que le général Meyers a été prisonnier de guerre au Vietnam, et a été de nombreuses fois blessé au combat.

Les hauts faits de la carrière militaire du général sont résumés dans la rubrique nécrologique de cette édition. Le porte-parole du Pentagone a annoncé que le drapeau du bâtiment serait mis en berne pendant toute la semaine, et qu'une minute de silence serait respectée aujourd'hui, à midi.

THE NEW YORK TIMES

(page 2)

Une nouvelle purge ?

Washington, DC, 7 septembre – Des sources proches de la CIA, des services de renseignements de la marine et du service de l'immigration font état qu'un grand nombre d'agents et d'employés intérimaires de ces trois services sont soumis à des interrogatoires poussés. Aucune de ces personnes n'a voulu dire quelle était la raison de cette opération, mais les dizaines d'arrestations qui ont d'ores et déjà été prononcées attestent qu'une vaste purge est en cours.

Mexico – Deux pilotes américains, Ezekiel et Benjamin Jones, se sont présentés dans les locaux du journal mexicain *La Ciudad*, prétendant avoir des révélations importantes à faire à propos de la « disparition » de Mr. Nils Van Nostrand, le célèbre milliardaire, conseiller financier des trois derniers gouvernements et membre d'importantes commissions au Congrès. Le secrétaire de Mr. Van Nostrand, qui affirme ne pas connaître les deux pilotes, se déclare amusé par cette histoire de disparition, puisque, selon lui, Mr. Van Nostrand fait simplement une croisière de trois mois – il s'agirait, au dire de son secrétaire, d'un projet qui lui tenait à cœur depuis de nombreuses années. La société de charter à Nashville, où les deux pilotes prétendent avoir été embauchés, annonce n'avoir nulle trace d'un quelconque contrat d'engagement les concernant. Ce matin, on apprend que deux hommes, correspondant au signalement des deux frères Jones, auraient volé un jet Rockwell, et se seraient envolés, avec de faux papiers, vers l'Amérique du Sud.

– Vous savez à présent toute la vérité, Mr. Capelli, annonça Nicolo en se penchant nerveusement sur sa chaise, la poitrine sanglée sous sa veste et le bras gauche en écharpe. (La famille se trouvait au grand complet dans la vaste salle à manger au-dessus du magasin.) Je ne suis qu'un fils de docker de Portici, même s'il est vrai qu'une grande famille à Ravello est prête à m'accueillir à bras ouverts, pour remplacer le fils qu'elle a perdu... Mais je ne peux pas faire ça, il est temps que je redevienne moi-même. J'ai assez menti, assez joué la comédie.

– Ne sois pas si dur envers toi-même, Paolo... pardon, *Nicolo*, rectifia Angel Capell, assise sur une chaise à l'autre bout de la pièce – une tactique mise au point par son père protecteur. Mon avocat a discuté avec les types du gouvernement et...

– Son « avocat », t'entends ça, papa ! railla le petit frère de l'actrice. Angelina a un avocat !

– *Basta !* rétorqua le père. Si tu travailles à l'école, tu pourras peut-être un jour devenir l'avocat de ta sœur... Qu'est-ce qu'il a dit, cet avocat, Angelina ?

– C'est classé secret d'État, papa ; toute l'affaire est étouffée. Nicolo a passé les quatre derniers jours coupé du monde entier, on lui a posé des centaines de questions, et il a dit tout ce qu'il savait. Certains voulaient le mettre[1] en prison pendant des années, mais la loi ici exige qu'il y ait un procès. Quiconque accusé d'un crime a droit à un avocat pour se défendre – et pour tout te dire, papa, je leur ai garanti que mon avocat lui trouverait alors les meilleurs spécialistes en la matière.

Angel Capell, Angelina Capelli de son vrai nom, marqua une pause et rougit légèrement en lançant un sourire à Nico.

– Évidemment, ce procès risquerait de faire beaucoup de bruit, et on m'a dit que pas mal de têtes tomberaient au gouvernement et un peu partout à Washington, parce que bien des gens ont aidé cette terroriste, pensant pouvoir en tirer profit.

– Ce n'est pas croyable ! pesta Capelli père.

– Si, papa. Et dans leurs déclarations, les gardes et l'officier de marine sur les lieux de l'attentat attestent avoir clairement entendu la femme ordonner l'exécution de Nicolo. Elle voulait le tuer, papa !

– *Madre di Dio*, murmura Mrs. Capelli en regardant Nico. Un si gentil garçon... peut-être pas parfait, mais *non cattivo*.

– C'est vrai, maman, il n'est pas méchant. Il vient de la rue, comme tant de jeunes aujourd'hui qui se retrouvent dans des gangs à faire des bêtises, mais, lui, il a voulu s'en sortir. Combien de jeunes dockers en Italie ont été au lycée ? Nico a le mérite de l'avoir fait !

– Alors, il n'ira pas en prison ? demanda le frère d'Angelina.

– Non, répliqua-t-elle. Tant qu'il jure de ne rien divulguer à la presse, ils accepteront le fait qu'il n'était qu'une marionnette – *un fantoccio*, papa – pour cette fanatique. Mon avocat a tout arrangé, et Nico n'a plus qu'à signer les papiers cet après-midi.

– *Scusa*, lança le père, les yeux encore écarquillés de surprise, ton ami – ce *barone cadetto*... ce Paolo ou ce Nicolo – a parlé d'une grosse somme d'argent à Naples, sans compter cette enveloppe qui contient plus de billets qu'il ne m'en passera entre les mains en six mois.

– C'est à lui, papa, répondit Angel. Mon avocat a appelé la banque à Naples... les instructions sont très claires. Si Nicolo Montavi se présente avec une carte d'identité et réclame cet argent, il est à lui. Au cas où il meurt, la somme est restituée au déposant qui a effectué la transaction ; et si personne ne vient réclamer l'argent, les fonds seront transférés, au bout de six mois, sur un compte numéroté à Zurich.

– C'est la vérité, *signore* Capelli, renchérit Nicolo. Je n'en sais pas plus, sinon qu'il s'agit officiellement d'une somme gagnée au *sciarada*, une sorte de jeu d'argent qui est très prisé sur les quais de Portici.

– Et vous pouvez encore aller chercher cet argent ?

– Ce n'était pas prévu..., reconnut le jeune homme, ses traits se raidissant sous un brusque accès de colère. (Il ferma les yeux.) Comme vous l'a dit Angelina, elle avait ordonné mon exécution, précisa-t-il d'une voix atone.

– Mais tu es vivant et cet argent est à toi ! lança Angel. D'après mon avocat, il nous suffit de prendre l'avion pour Naples, de nous présenter aux guichets, et l'affaire est dans le sac, Nico !

– Nous... ? Tu veux dire, tous les deux, ensemble ?

– Il est tellement innocent, papa, qu'il serait fichu de se tromper d'avion.

– Combien d'argent y a-t-il sur le compte ?

– Un million de dollars.

– Emmène ton avocat avec toi, Angelina, ordonna Angelo Capelli en s'éventant le visage avec un menu. Il te faut un chaperon... Mais attention, si cet avocaillon est de la même race que ton agent, cet immonde individu qui a osé changer ton nom, ma malédiction vous suivra jusqu'à la fin de vos jours !

Chère Cathy,

C'était merveilleux de te voir hier, et cela l'est encore plus d'apprendre qu'avec un peu de rééducation tu pourras remarcher comme avant. Tu étais resplendissante, au fait, mais c'est vrai que tu m'as toujours fait craquer. Je préfère t'écrire, comme ça tu ne pourras pas prendre tes grands airs de capitaine devant moi, ni me parler comme à un petit frère qui risquerait de se perdre dans le premier grand magasin venu. Ils m'ont donné une permission ; c'est bien, mais, à vrai dire, je crois que je vais la refuser.

Je sais que je parle beaucoup de mon père; je t'ai dit que c'était un grand avocat et tout, mais je ne crois pas t'avoir précisé qu'il a pris sa retraite l'année dernière. Eh oui! Cathy, il n'est pas aussi jeune que je le laissais croire. Je t'entends déjà te moquer... C'est vrai qu'il nous a eus sur le tard: il avait la quarantaine passée à notre naissance. N'empêche que mon père dit que c'est pour cette raison qu'on a eu, ma sœur et moi, un vague cerveau, parce que ma mère et lui étaient dans la force de l'âge – théorie, évidemment, qui ne pourrait figurer dans la moindre étude sur l'hérédité. En fait, rien ne me pousse à rentrer parce qu'ils sont rarement à la maison ces derniers temps. Ils ont sillonné l'Europe en large et en travers comme deux gamins, et, maintenant qu'ils ont écumé tous les recoins du Vieux Continent, ils ont mis le cap ailleurs – aux dernières nouvelles, ils se trouvaient dans un trou perdu appelé Adélaïde, en Australie. J'imagine qu'il doit y avoir un casino là-bas, parce que maman adore les jeux et que papa aime boire quelques bourbons avec les gens du cru et faire la nouba! J'ai bien pensé aller rendre visite à ma sœurette, on s'entend bien tous les deux, mais elle s'est amourachée d'un type qui a sa propre société d'informatique. Le gugusse veut la débaucher pour faire d'elle une sorte de vice-P-DG, et quand je l'appelle, elle me dit: Ne t'avise pas de montrer ton nez, frérot, sinon, c'est à toi qu'il va proposer la place! Je crois qu'elle dit vrai. La môme est douée et très inventive, mais c'est moi qui lui ai appris pratiquement tout ce qu'elle sait. Nom de Dieu, je vaux une fortune dans le secteur privé! D'accord, j'exagère peut-être un peu, mais il ne vaut mieux pas que je m'approche de la Silicon Valley.

Qu'est-ce que tu veux que je fasse? Je suis donc rentré à la base, c'est la seule véritable maison que j'aie en ce moment, et j'espère que tu ne m'en veux pas trop d'être parti sans te dire au revoir. Maintenant, j'aimerais te parler un peu de toi. Je crois que le moment est venu pour toi de réfléchir sérieusement et de faire le point – pardonne-moi de te parler ainsi sans détour. Je te connais, Cathy, ça fait cinq ans que je t'observe et il est inutile de te dire que je t'aime – et parfois, j'ai des pensées pour le moins brûlantes! – mais je sais quand l'heure est venue de m'esquiver. Tu as au moins sept ou huit ans de plus que moi et je ne veux pas tirer avantage de ma jeunesse – je plaisante, capitaine. Tout ce que je veux dire, c'est qu'à

627

l'inverse de moi tu as le choix entre deux possibilités, dont l'une est de partir avec un type que je respecte profondément, un homme, un vrai – entre autres parce qu'il se fiche de montrer qu'il en est un. Il n'a rien à prouver. Je m'en suis rendu compte la première fois à la mort de Charlie, et je n'étais pas beau à voir... Tu te souviens ? Il est venu te parler, à toi aussi. Il y a des instants comme ça qui en disent long sur un gars, tu vois ce que je veux dire. Tye a peut-être « quitté le navire », comme ils disent, mais pour moi il reste « un officier et un gentleman », et tant pis si cette expression peut te sembler ridicule. C'était sa nature, il ne jouait pas la comédie – mais si je lui disais ça en face, je pense qu'il ne m'adresserait plus jamais la parole.

J'ai toujours soutenu mordicus que tu étais faite pour l'armée et pour diriger, et c'est sans doute vrai ; mais c'était avant que Tye m'apprenne ce que tu rêvais de faire comme métier si tu avais eu l'argent nécessaire pour aller à l'université. Tu pourrais peut-être sauter le pas, comme le suggérait le commandant ? Réfléchis-y sérieusement... Rien n'est impossible ; qui sait, je serai peut-être un jour le Big Boss de l'US Air Force ?

L'hôpital m'a dit que tu as remis l'uniforme. Franchement, je te préfère en robe.

Je t'aime, Cathy. Je t'aimerai toujours. Réfléchis, je t'en prie, à ce que je viens de te dire. Soit dit en passant, je ferais un oncle du tonnerre pour tes gosses ! Combien de parents pourraient s'enorgueillir d'avoir un vrai génie pour aider leurs enfants à faire leurs devoirs ? Sans rire.

Jackson.

Vêtue de son uniforme bleu de l'armée de l'air, le commandant Catherine Neilsen, dans un fauteuil roulant, était assise seule à une table, sur la terrasse de la cafétéria de l'hôpital qui dominait le Potomac. Devant elle, il y avait un grand verre de café frappé ; de l'autre côté de la table, dans un seau à glace, une demi-bouteille de vin blanc. C'était la fin de la journée ; le soleil orange disparaissait à l'horizon, étirant les ombres sur la surface mouvante des eaux en contrebas. Le bruit des portes vitrées s'ouvrant lui fit relever la tête. Tyrell Hawthorne, en claudiquant, se fraya un chemin entre les visiteurs et les patients jusqu'à la table de Catherine qui se trouvait au fond de la salle, près des baies vitrées. Elle rangea rapidement la lettre de Poole dans son sac.

– Bonjour, lança Tyrell en s'asseyant. L'uniforme vous va à ravir.

– J'en avais assez de l'accoutrement que me fournissait l'hôpital, et, puisque je ne pouvais sortir faire des courses, Jackson m'a envoyé ça de la base... Je vous ai commandé du chardonnay, j'espère que ça ira ; ils ne servent pas d'alcool fort, ici.

– C'est un nectar trop bon pour moi, mon estomac risque de ne pas le supporter.

– En parlant d'estomac, comment vont les coutures ?

– Les points de suture tiennent bon, merci, mais ils sont pris dans le plâtre. Le capitaine des marines a eu plus de chance : la balle lui a traversé le flanc ; c'était impressionnant, mais finalement il y a eu plus de peur que de mal.

– Comment s'est passée la réunion ?

– Imaginez une cage pleine de visons plongée dans une mare de boue... C'est la panique générale, ça pépie dans tous les sens ; le fait qu'elle ait pu franchir leur système de sécurité réputé inviolable dépasse leur entendement.

– Il faut reconnaître, Tye, que sa stratégie était tout à fait ingénieuse.

– Ça n'explique pas tout, Cathy. C'était ingénieux parce que nous étions minés de l'intérieur, un camion aurait pu se glisser dans nos brèches. Nom de Dieu, le gosse était dans tous les journaux, et la fausse comtesse se tenait à l'arrière-plan, dans l'ombre peut-être, mais elle était bel et bien là. Que faisaient tous ces petits génies en col blanc des services de contre-espionnage avec leurs ordinateurs qui peuvent vérifier, revérifier et contre-vérifier toutes les informations possibles et imaginables ?

– Vous êtes arrivé un peu tard dans la course et Poole n'était pas aux consoles.

– J'aimerais pouvoir croire ça, en ce qui me concerne, mais, comme d'habitude, c'est encore le hasard qui m'a donné un coup de pouce... Poole et vous avez été extraordinaires dans cette affaire... En attendant, Howell – sir John Howell –, du MI6, était en ligne à la Maison-Blanche. Londres a arrêté quatre complices de Bajaratt ; les autres, si tant est qu'ils existent, sont sans doute repartis pour la Beqaa. Paris a bien joué le coup. La DRM a envoyé le signal que le commando de la Beqaa attendait : à deux heures du matin, toutes les radios et chaînes de télévision ont annoncé qu'une réunion extraordinaire du Parlement venait de se tenir. Seule une catastrophe planétaire, ou un terrible événement politique encore tenu secret, pouvait motiver une telle action ! Et les autorités ont coincé cinq terroristes qui sortaient de leurs tanières.

– Et Jérusalem ?

– Ils s'en sont bien sortis aussi. Ils ne voudront pas le reconnaître, mais tout est sous leur contrôle. Même la mort de Van Nostrand va être maquillée. Un beau jour, on annoncera qu'il a eu un accident sur la route, ou une crise cardiaque au beau milieu de l'océan, et on fera son panégyrique à titre posthume.

– Et la Maison-Blanche ?

– Ils s'en tiennent à cette version : le bureau du Président est en travaux pour une durée de deux semaines, ce qui interdit les visites touristiques. Au besoin, ils peuvent présenter un faux contrat passé avec le génie et avec une société de construction civile.

– Ça va marcher ?

– Qui irait dire le contraire ? Leur version est inattaquable : le Président, officiellement, était à l'étage avec sa famille dans ses appartements privés, et l'explosion a fait bien plus de bruit à l'intérieur qu'à l'extérieur.

– Mais des gens sont morts, Tye. Il faut autre chose qu'un coup de balai pour faire disparaître des cadavres.

– Les services secrets ont agi vite et ont fait ce qu'il fallait faire.

Une serveuse s'approcha pour ouvrir la bouteille de vin. Tye et Catherine échangèrent quelques mots avec elle.

– Merci, répondit Tyrell, nous commanderons plus tard.

– Alors c'est réglé, dit le capitaine en regardant Hawthorne vider son verre en quelques gorgées, les traits tirés par la fatigue.

– Oui, c'est réglé, reconnut Tyrell, mais c'est loin d'être fini, ça ne fait que commencer. Bientôt il y aura des fuites et les journaux vont répandre la nouvelle. « Ils étaient à deux doigts de toucher au but, elle a failli réussir ! » Le cri de ralliement *Ashkelon !* sera sans doute remplacé par : *Bajaratt, souviens-toi de Bajaratt !...* Une terroriste connue également sous le nom de

Dominique – Dominique Montaigne, ajouta Hawthorne dans un filet de voix en remplissant son verre. J'espère que nous saurons au moins en tirer les leçons, ajouta-t-il dans un murmure.

– Quel genre de leçons?

– Soit on connaît tous les maillons de la chaîne, tous ceux à qui on peut se fier, soit il faut lâcher le morceau aux médias et rendre tout public.

– Ça risquerait d'engendrer la confusion, de provoquer la panique?

– Je ne crois pas, en fait; j'ai beaucoup réfléchi à la question ces temps-ci. Pendant la guerre, lorsqu'un bombardement était imminent, sirènes et projecteurs donnaient l'alarme, et dans leur grande majorité les gens se dirigeaient calmement vers les abris, sachant que les soldats feraient tout leur possible pour protéger leurs vies et les intérêts du pays. La situation n'est guère différente et ça pourrait être un moyen de dissuasion efficace... Imaginez que le FBI, de concert avec la CIA, ait fait une conférence de presse – une sorte de mise en garde officielle – déclarant qu'une femme et un jeune homme, entrés clandestinement dans le pays, s'apprêtaient à perpétrer un acte terroriste, etc. Croyez-vous que Dominique... (Hawthorne marqua une pause, soupira en serrant son verre), Bajaratt, je veux dire, serait passée inaperçue à Palm Beach ou à New York? J'en doute fortement; forcément un journaliste aurait fait le rapprochement ou aurait tout au moins posé des questions dérangeantes. Il est même possible que cela se soit produit une ou deux fois: il y avait ce type du *Miami Herald*, ou bien ce petit fouineur aux cheveux roux nommé Reilly.

– Vous avez sans doute raison. Il vaut peut-être mieux tout rendre public.

– Raison ou non, c'est ce que j'ai soutenu cet après-midi... J'aimerais bien une autre bouteille de vin.

Tyrell montra à la serveuse son seau à glace; elle acquiesça et se dirigea vers le bar.

– Est-ce que..., commença doucement Cathy, est-ce que vous leur avez dit à propos de vous et de Bajaratt?

– Non, répliqua Hawthorne en relevant ses yeux voilés de fatigue. Je n'avais aucune raison de le dire, et toutes les raisons de le taire. Elle n'est plus de ce monde, et tous les démons qui l'habitaient se sont évanouis avec elle. Un cordon ombilical la reliait à la Beqaa, et tout le reste n'était que couverture, un masque dangereux pour celui qui s'en approchait, comme ce fut le cas pour moi.

– Je ne vous critique pas, répondit Cathy en posant la main sur son bras. Je crois que vous avez pris la bonne décision. Ne vous fâchez pas, je vous en prie.

– Excusez-moi, ce n'est pas contre vous – Dieu sait que ce n'est pas contre vous ! Je suis simplement pressé de retrouver les Croisières Olympic et de voir de nouveau l'étrave d'un bateau fendre l'eau.

– C'est la belle vie là-bas, non ?

– Un vrai baume du Galaad, comme dirait mon érudit de frère, rétorqua Hawthorne en souriant – un sourire mi-figue mi-raisin.

– Oui, sans doute, répondit Cathy en sondant les yeux de Tyrell. Je suis désolée, vraiment désolée de tout ce qui vous est arrivé.

– Et moi donc ! Mais il n'y a pas de raison de s'apitoyer. Apparemment, j'ai le chic pour tomber sur des femmes qui se font tuer, pour de bonnes ou de mauvaises raisons. Remarquez, c'est un moyen comme un autre d'éviter le divorce !

– Vous êtes bien acerbe, mais je suis sûre que vous ne croyez pas un mot de ce que vous dites.

– C'est vrai, mais je n'ai pas le cœur à rire. J'en ai assez de voir la même histoire se répéter. Mais cessons de parler de moi – j'en ai marre, je ne me supporte plus. Parlons plutôt de vous.

– Pourquoi ?

– Je vous l'ai déjà dit. Parce que votre personne m'intéresse, parce que je tiens à vous.

– Encore une fois, pourquoi, commandant Hawthorne ? Parce que vous êtes blessé ? – profondément blessé, je vous l'accorde – et que je suis là, prête à vous écouter, prête à ramasser les morceaux, comme l'a fait Dominique ?

– Si c'est ce que vous pensez, capitaine, rétorqua Tyrell en se levant de sa chaise, nous n'avons plus rien à nous dire !

– Asseyez-vous donc, espèce d'idiot !

– Pardon ?

– Vous venez de dire exactement ce que je voulais entendre, tête de mule !

– Comment ça ? Qu'est-ce que j'ai dit ?

– Je ne suis ni Dominique, ni Bajaratt, ni je ne sais quel autre nom, et je ne suis pas davantage le fantôme de votre Ingrid... Je suis moi.

– Je n'en ai jamais douté.

– Mais je voulais l'entendre de votre bouche.

– Mais enfin, Cathy, lança Hawthorne en se rasseyant, ou voulez-vous en venir, à la fin ?

– J'ai une ou deux propositions à vous faire. Bartlett en personne a ordonné à l'armée de me donner un congé illimité, le temps que je me remette sur pied, ce qui, d'après les docteurs, prendra trois ou quatre mois.

– J'ai appris que Poole était finalement retourné à la base ?

– Il n'avait nulle part où aller, Tye. L'armée, les ordinateurs, c'est toute sa vie. Jackson est comme ça, mais ce n'est pas forcément mon cas.

Hawthorne se pencha lentement vers Neilsen, ses yeux vrillés dans les siens.

– Dites donc, commença-t-il doucement, je me trompe ou je vois se profiler quelqu'un d'autre derrière cet uniforme ? Ne serait-ce pas cette jeune fille qui voulait être anthropologue ?

– Je ne sais pas, l'armée adore les retraites anticipées. Le pays ne peut pas s'offrir le luxe d'entretenir des militaires inactifs. Je n'ai rien décidé encore.

– Vous savez que les Antilles abondent en trésors anthropologiques ? On y trouve par exemple les traces des dernières tribus Kuri et Ciboné, qui ont colonisé la Guyane jusqu'à l'Amazone. Il y a eu aussi les anciens Arawak, dont les lois pour garantir la paix et la pérennité de leur civilisation étaient en avance de deux siècles sur leur temps. Il y avait aussi le grand peuple guerrier des Indiens Caraïbes qui occupaient autrefois toutes les Petites Antilles, et qui étaient passés maîtres dans l'art de la guérilla, à tel point que les conquistadores détalaient devant eux comme des lapins... d'autant plus qu'ils servaient souvent de civets. Von Clausewitz[1] aurait approuvé cette tactique, tant d'un point de vue stratégique que psychologique... Tout cela remonte bien

1. Carl von Clausewitz (1780-1831), général et historien-philosophe militaire prussien, dont les écrits inspirèrent, de diverses manières, Hitler, les théoriciens du marxisme, ainsi que les stratèges soviétiques et chinois. (N.d.T.)

avant la traite des esclaves. La cohésion de ces grandes civilisations était assurée par le son des tam-tams, par les flottes de pirogues et par des chefs qui voyageaient d'île en île pour rendre la justice, comme nos juges itinérants du Far West, lorsqu'ils n'étaient ni ivrognes ni corrompus. Cette période est fascinante, et on en connaît si peu de chose.

– À vous entendre, vous semblez avoir étudié la question, vous êtes un spécialiste en la matière.

– Oh non ! je suis un simple quidam assis au coin du feu qui écoute ce que racontent les vieux. Je n'étudie pas, mais vous, vous pourriez.

– Il faudrait déjà que je reparte à l'école, à l'université.

– Il y a de grandes universités entre la Martinique et Porto Rico, et on m'a dit que certains anthropologues éminents y enseignaient. Cela pourrait faire un bon point de départ, Cathy.

– À vous entendre, cela paraît bien tentant... Mais cela veut-il dire que... ?

– Oui, capitaine, je vous propose de venir avec moi. Nous ne sommes plus des enfants, ni vous ni moi, et nous saurons bien nous apercevoir si nous faisons fausse route. Voyons les choses en face, nos agendas respectifs sont loin d'être pleins, nous ne sommes pas à quelques mois près. Vous préférez peut-être retourner à la ferme de vos parents ?

– Oui, peut-être un jour ou deux. Pas plus, sinon papa va me coller à l'étable pour soigner les bêtes ; et je ne pourrai pas y échapper !

– Alors, pourquoi ne pas essayer, Cathy ? Vous n'êtes pas sous contrat, vous pourrez toujours partir quand vous voudrez.

– J'aime bien quand vous m'appelez Cathy.

– Les lauriers en reviennent au lieutenant.

– C'est vrai. Laissez-moi votre numéro de téléphone.

– C'est tout ce que vous avez à me dire ?

– Non, commandant. La réponse est oui : je viens.

– Merci, capitaine.

Ils échangèrent un sourire qui se mua en un rire serein, et leurs mains s'unirent.

LITTÉRATURE GÉNÉRALE

AGUEEV M.
Roman avec cocaïne

ALBERONI FRANCESCO
Le choc amoureux
L'érotisme
L'amitié
Le vol nuptial

AL-NAFZAWI MOUHAMMAD
La prairie parfumée où s'ébattent
  les plaisirs

AL-TIFACHI AHMAD
Le délice des cœurs

ARNAUD GEORGES
Le salaire de la peur

BARJAVEL RENÉ
Les chemins de Katmandou
Les dames à la licorne
Le grand secret
La nuit des temps
Une rose au paradis

BARTOL VLADIMIR
Alamut

BERBEROVA NINA
Histoire de la Baronne Boudberg
Tchaïkovski

BERNANOS GEORGES
Journal d'un curé de campagne
Nouvelle histoire de Mouchette
Un crime

BESSON PATRICK
Je sais des histoires
Nostalgie de la princesse

BLANC HENRI-FRÉDÉRIC
Combats de fauves au crépuscule
Jeu de massacre

BODROV SERGUEI
Liberté = Paradis

BOULGAROV MICHAEL
Le Maître et Marguerite

BOULLE PIERRE
La baleine des Malouines
Contes de l'absurde
L'épreuve des hommes blancs
La planète des singes
Le pont de la rivière Kwaï
Le sacrilège malais
William Conrad

BOYLET C.
Water Music

BRAGANCE ANNE
Annibal
Le voyageur de noces

BRASILLACH ROBERT
Comme le temps passe

BRONTË CHARLOTTE
Jane Eyre

BRONTË EMILIE
Hurlevent

BURGESS ANTHONY
L'orange mécanique

BUZZATI DINO
Le désert des Tartares
Le K
Nouvelles (Bilingue)

CARRÉ PATRICK
Le palais des nuages

CARRIÈRE JEAN
L'épervier de Maheux

CARRIÈRE JEAN-CLAUDE
La controverse de Valladolid
Le mahabharata
La paix des braves
Simon le mage

CESBRON GILBERT
Il est minuit, docteur Schweitzer

CHANDERNAGOR FRANÇOISE
L'allée du roi

Achevé d'imprimer en avril 1996
sur les presses de l'Imprimerie Bussière
à Saint-Amand (Cher)

POCKET - 12, avenue d'Italie - 75627 Paris Cedex 13
Tél. : 44-16-05-00

— N° d'imp. 833. —
Dépôt légal : avril 1996.
Imprimé en France